제3판

사회정서발달

정옥분 지음

Social and Emotional Development

학지사

제3판 머리말

『사회정서발달』은 초판이 출간된 지 11년 만인 2017년에 개정판이 출간되었으며, 7년 만에 다시 제3판을 출간하게 되었다. 제3판에서 특히 역점을 두어 보완한 부분은 2017년에 개정판이 출간된 이후 지난 7년 동안 새로이 이루어진 국내외 연구와 관련된 부분이다. 사회정서발달의 각 영역에서 국내외에서 최근에 발표된 연구들을 될 수 있는 대로 많이 소개하고자 노력하였다.

제13장 '가족 외적 영향: 학교, 텔레비전, 컴퓨터'에서는 '스크린 타임'과 '딥페이크'에 관해 정리해 보았다. 오늘날 많은 아동들은 유아기 때부터 TV나 컴퓨터, 스마트폰 등을 사용하고 있다. 최근에 와서 TV나 DVD의 영향뿐만 아니라 비디오 게임, 컴퓨터, 아이패드 등의 과도한 사용에 대한 경각심을 일깨우기 위해 '스크린 타임(screen time)'이라는 용어가 사용되고 있다. 최근 세계보건기구(World Health Organization: WHO)에서는 3~4세 유아가 하루에 1시간 미만의 '스크린 타임'을 갖도록 권고하였다.

딥페이크(deepfake)란 인공지능 기술을 이용해 영상의 일부를 합성하는 기술, 혹은 그 결과물을 뜻한다. 딥페이크가 전 세계적으로 문제가 되는 이유는 인공지능의 딥 러닝 기술을 이용해 교묘하게 가짜를 만들어 내기 때문이다. 이처럼 AI 기술을 활용해 진짜처럼 만든 가짜 편집물(이미지, 음성, 동영상)인 딥페이크의 신가성은 진짜와 가짜, 사실과 허구를 구분할 수 없다는 것이다.

제14장 '성취동기와 성취행동'에서는 '학업성취와 COVID-19'에 관해 정리해 보았다. 2020년 COVID-19 팬데믹 상황에서 바이러스 확산을 막기 위해 미국을 비롯

한 여러 나라에서 대면수업에서 비대면수업으로 전환하였다. 등교수업이 정상적으로 이루어지지 못함으로써 기초학력 미달 비율이 증가하는 등 학생들의 학업성취도가 떨어졌다는 사실이 우리나라 국가 공식지표로 확인된 바 있다. 뿐만 아니라 사회적 거리두기와 마스크 착용 일상화로 인해 팬데믹 현상은 아동의 사회정서발달과 교우관계에도 부정적인 영향을 미치는 것으로 나타났다.

제15장 '사회정서발달장애' 중 '우리나라 청소년 비행의 현황'에 관해서는 2023년 『청소년백서』를 중심으로 새로운 통계자료를 제시하였다. 또한 발달장애의 분류에서는 DSM-5 진단기준을 개정하여 발간된 DSM-5-TR(미국정신의학협회, 2023)을 이용하여 다시 정리하였다.

3판의 편집업무를 꼼꼼히 챙겨 주신 편집부 김진영 부장님의 노고에 감사드리며, 그동안 『사회정서발달』을 사랑해 주신 독자 여러분께 깊은 감사를 드린다.

2024년 초겨울에
지은이 씀

개정판 머리말

2006년에 출간된『사회정서발달』은 벌써 10년의 세월이 흘러 이번에 개정판을 출간하게 되었다.『사회정서발달』은 2007년에 '대한민국학술원 우수학술도서'로 선정된 바 있다. 이듬해 출간된『정서발달과 정서지능』(공저, 학지사) 또한 같은 해에 '문화관광부 우수학술도서'로 선정되었다.

개정판에서 특히 역점을 두어 보완한 부분은 2006년 초판이 출간된 이후에 지난 10년 동안 새로이 이루어진 국내외 연구와 관련된 부분이다. 사회정서발달의 각 영역에서 국내외에서 최근에 발표된 연구들을 될 수 있는 대로 많이 소개하고자 노력하였다.

특히 11장 '사회화와 가족의 영향'에서는 최근 들어 다문화가정 아동의 수가 크게 증가한 한국사회 가족구조의 변화를 반영하기 위해 '다문화가정의 자녀'를 가족구조의 변화에 첨가하였다. 15장 '사회정서발달장애'에서는 지금까지 DSM-IV를 근거로 이루어지던 발달장애의 진단과 분류를 2013년에 출간된 DSM-5의 진단 및 분류기준에 의해 재정리하였다. 그리고 '불안장애' 편에서는 '신경지(neuroception)'라는 새로운 용어를 소개하였다. 신경지는 인지와는 다른 자율신경계의 무의식적인 반응으로 안전이나 위험을 감지하는 것을 의미한다. 만약 신경지에 문제가 발생하면 자폐증, ADHD, 불안장애, 반응성 애착장애 등의 발달장애가 나타날 수 있다. 끝으로 '우리나라 청소년 비행의 현황'에 관해서는 2015년『청소년백서』를 중심으로 새로운 통계자료를 제시하였다.

그 외에도 그동안 강의 등을 통해 보완이 필요하다고 생각되어 정리해 놓은 부분을 추가하였으며, 표지와 관련해서는 우리나라 어린이 사진으로 새로이 꾸며보았다.

개정판의 편집업무를 꼼꼼히 챙겨주신 편집부 백소현 차장님의 노고에 감사드리며, 그동안 『사회정서발달』을 사랑해 주신 독자 여러분들께 감사드린다. 그리고 표지모델이 되어 준 사랑스러운 우리 윤준이와 '귀요미' 친구 승현에게도 고마운 마음을 전한다.

2017년 정월에
지은이 씀

초판 머리말

저자가 대학에서 사회정서발달 강의를 시작한 지도 벌써 20여 년의 세월이 흘렀다. 그동안 주로 원서를 교재로 하여 대학원생들을 대상으로 이 과목을 강의하다 보니 우리말로 된 교재의 필요성을 절감하지 못했었다. 뿐만 아니라 지금까지 인간발달 관련 저서를 계속해서 출간하느라 시간적 여유도 별로 없었다. 그러나 저자의 필요에 의해 집필하기 시작했던 발달 관련 저서들도 이제 웬만큼 정리를 마쳤고, 정년퇴직까지 앞으로 몇 년이나 더 남았는지를 생각해보던 중에 더 늦기 전에 저자의 주요 관심분야인 사회정서발달에 관한 저서도 출간해야겠다는 결심을 하기에 이르렀다.

인간발달은 대체로 세 영역으로 이루어지는데 생물학적 발달, 인지적 발달, 사회정서적 발달이 그것이다. 생물학적 발달은 신체적 변화와 관련이 있으며 인지적 발달은 개인의 사고, 지능, 언어에서의 변화를 포함한다. 그리고 사회정서적 발달은 대인관계, 정서, 성격의 변화, 사회적 환경의 변화 등을 포함한다.

국내의 인간발달 연구경향을 분석한 몇몇 자료에 의하면 아동의 애착과 정서가 포함된 사회정서발달 분야가 상당 부분을 차지하는 것으로 나타났다. 이는 인간발달 영역 가운데서도 사회정서발달 분야가 큰 비중을 차지하고 있음을 말해준다.

이렇게 큰 비중을 차지하고 있는 분야임에도 불구하고 사회정서발달 관련 저서가 국내는 물론이고 외국에서조차도 매우 드문 것이 사실이다. 이번에 그에 관한 집필에 앞서 문헌조사를 해본 결과 '사회심리학(Social Psychology)' 저서는 꽤 있는 것으로 조사되었다. 그러나 사회심리학은 주로 성인을 대상으로 연구하는 것이고 다루는 주제도 태도와 태도변화, 편견, 집단의 영향, 리더십, 법과 질서, 권위주의, 조직의 효율성 등 우리에게 낯선 주제들이 많은 실정이다. 반면, 기존의 사회성발달 관련 저서는 유아나 아동을 대상으로 하여 애착, 자녀양육행동, 성역할, 도덕성, 또래관계 등을 주로 다루고 있다.

이번에 출간하는 『사회정서발달』에서는 사회정서발달과 관련이 있는 주제들을 남김없이 망라하여 내용을 좀더 상세히 서술하려 노력하였고, 가능한 한 국내자료를 많이 활용하여 한국인의 사회정서발달을 이해하는 데 도움이 되고자 하였다. 특히, 이 책에서는 사회심리학에 발달심리학을 접목하여 인간의 사회정서발달을 이해하고자 하는 전생애발달적 접근법을 시도해보았다.

이 『사회정서발달』에서는 사회정서발달의 주요 주제인 애착, 정서, 기질, 자기이해, 성역할, 공격성, 도덕성과 친사회적 행동 등을 다루고 있다. 그리고 사회정서발달의 중요한 환경맥락인 가족의 영향과 더불어 가족 외적 영향으로 학교생활과 또래관계, 텔레비전과 컴퓨터의 영향 등을 다루었으며 마지막 장에서는 사회정서발달장애에 관해 정리하였다.

이 『사회정서발달』은 대학이나 대학원에서 사회성발달이나 사회정서발달 또는 사회심리학 강의를 위한 교재나 부교재로 사용할 수 있을 뿐만 아니라 인간의 사회정서발달에 관심이 있는 모든 분들에게도 참고가 되기를 기대한다.

끝으로, 이 책을 집필하도록 권고하고 독려하는 한편, 컬러판으로 출간이 가능하도록 배려해주신 학지사 김진환 사장님과 편집부 여러분의 노고에 감사드리며, 국내자료를 수집하고 정리해준 고려대학교 박사과정 박연정 조교에게도 고마운 마음을 전하고 싶다.

2006년 3월에

정옥분

차례

◉ 제3판 머리말 _ 3
◉ 개정판 머리말 _ 5
◉ 초판 머리말 _ 7

1장 사회정서발달의 이론 ⋯ 19

1. 라스푸틴은 어떻게 해서 러시아 황후의 환심을 사게 되었는가 / 20
2. 정신분석이론 / 26
   1) 정신분석이론의 개요 _ 26   2) '라스푸틴 이야기'에 적용하기 _ 28
3. 역할이론 / 33
   1) 역할이론의 개요 _ 33   2) '라스푸틴 이야기'에 적용하기 _ 36
4. 자극-반응이론 / 37
   1) 자극-반응이론의 개요 _ 37   2) '라스푸틴 이야기'에 적용하기 _ 40
5. 형태(게슈탈트)이론 / 41
   1) 형태(게슈탈트)이론의 개요 _ 41   2) '라스푸틴 이야기'에 적용하기 _ 43
6. 장이론 / 44
   1) 장이론의 개요 _ 44   2) '라스푸틴 이야기'에 적용하기 _ 47

2장 연구방법 ⋯ 49

1. 과학적 연구의 과정 / 50
   1) 문제의 제기 _ 51   2) 중요한 요인의 발견 _ 51
   3) 문제의 검증 _ 52   4) 가설의 수락 또는 기각 _ 52

2. 과학적 연구의 요소 / 53

   1) 이론 _ 53   2) 변수 _ 53

   3) 개념 _ 53   4) 가설 _ 54

3. 표집의 문제 / 55

4. 연령변화의 연구방법 / 57

   1) 횡단적 접근법 _ 58   2) 종단적 접근법 _ 59

   3) 순차적 접근법 _ 60

5. 연구설계 / 62

   1) 기술연구 _ 62   2) 상관연구 _ 67

   3) 실험연구 _ 69

6. 비교문화연구 / 72

7. 인간발달연구의 윤리적 문제 / 73

   1) 피험자를 신체적 또는 심리적 위해로부터 보호한다 _ 74

   2) 연구에 참여할 것인지 말 것인지를 자유롭게 선택하게 한다 _ 74

   3) 피험자의 사생활을 보호한다 _ 77

   4) 연구의 성격과 이용에 대해 정직하게 알려준다 _ 78

3장 애착의 발달 ··· 79

1. 애착발달의 이론 / 80

   1) 정신분석이론 _ 80   2) 학습이론 _ 82

   3) 인지발달이론 _ 84   4) 동물행동학적 이론 _ 86

2. 애착형성의 단계 / 88

   1) 전 애착단계 _ 88   2) 애착형성단계 _ 89

   3) 애착단계 _ 89   4) 상호관계의 형성단계 _ 90

3. 애착의 유형 / 90

   1) 안정애착 _ 91   2) 회피애착 _ 91

   3) 저항애착 _ 92   4) 혼란애착 _ 92

4. 안정애착과 불안정애착의 영향 / 94

5. 보육이 애착에 미치는 영향 / 96

   1) 어머니와 유아의 관계 _ 96   2) 또래와의 관계 _ 98

6. 애착반응: 낯가림과 분리불안 / 99

   1) 낯가림 _ 99   2) 분리불안 _ 101

7. 애착과 영향요인 / 102

8. 애착의 전생애발달 / 106

4장 정서의 발달 … 111

1. 정서발달의 접근법 / 112

   1) 생물학적 접근법 _ 112   2) 인지발달적 접근법 _ 114

   3) 사회학습적 접근법 _ 114

2. 정서표현의 발달 / 115

   1) 일차정서 _ 116   2) 이차정서 _ 120

3. 정서이해 능력의 발달 / 124

   1) 영아기의 정서이해 능력 _ 124   2) 유아기의 정서이해 능력 _ 126

   3) 아동기의 정서이해 능력 _ 128   4) 성인기의 정서이해 능력 _ 129

4. 정서규제 능력의 발달 / 129

5. 정서지능 / 133

   1) 정서지능의 정의 _ 134   2) 정서표현불능증과 정서지능 _ 137

   3) 정서지능의 증진방안 _ 140

5장 기질과 성격의 발달 … 143

1. 기질의 정의 / 144

   1) 기질은 타고나는 것인가 _ 144   2) 기질은 안정적인 속성인가 _ 145

   3) 기질은 생의 초기에 나타나는 속성인가 _ 146

2. 기질의 구성요소 / 147

    1) NYLS 모형 _ 147　　　　　　　　2) EAS 모형 _ 149

    3) Rothbart 모형 _ 150

3. 영아의 기질과 부모의 양육행동 / 152

4. 기질과 행동문제 / 155

    1) 까다로운 영아 _ 155　　　　　　　2) 행동억제 영아 _ 157

5. 기질과 문화 / 159

6. 성격의 발달 / 161

    1) 특성 모델 _ 162　　　　　　　　　2) 자아개념 모델 _ 165

    3) 사건의 발생시기 모델 _ 167　　　　4) 단계 모델 _ 169

6장　자기이해와 정체감의 발달 … 183

1. 자기이해의 발달 / 184

    1) 자아개념 _ 184　　　　　　　　　2) 자아존중감 _ 187

    3) 자기효능감 _ 192　　　　　　　　　4) 자기통제 _ 193

    5) 사회인지와 타인이해 _ 195　　　　　6) 자아실현 _ 197

2. 자아정체감의 발달 / 203

    1) 자아정체감의 형성 _ 204

    2) 자아정체감은 왜 청년기에 문제가 되는가 _ 205

    3) 자아정체감의 네 가지 범주 _ 206　　4) 자아정체감 상태와 관련변인 _ 210

    5) 자아정체감발달에서의 성차 _ 212

7장　성차와 성역할의 발달 … 215

1. 성격과 사회적 행동에서의 성차 / 216

    1) 심리적 성차의 실상 _ 216　　　　　2) 놀이유형과 또래관계에서의 성차 _ 218

    3) 부모자녀관계에서의 성차 _ 219　　　4) 성취 상황에서의 성차 _ 219

2. 성역할발달의 이론 / 220
　1) 정신분석이론 _ 221　　　　　　2) 사회학습이론 _ 221
　3) 인지발달이론 _ 223　　　　　　4) 성도식이론 _ 225
　5) 성역할 초월이론 _ 227
3. 성역할발달의 인지적 요소 / 228
　1) 성 항상성 _ 228　　　　　　　2) 성역할 고정관념의 형성 _ 230
4. 성역할발달과 영향요인 / 231
　1) 생물학적 요인 _ 232　　　　　2) 문화적 기대 _ 232
　3) 부모의 역할 _ 233　　　　　　4) 또래와 교사의 역할 _ 234
　5) 텔레비전의 영향 _ 235
5. 새로운 성역할 개념 / 238
　1) 심리적 양성성 _ 238　　　　　2) 성역할 측정도구 _ 239
　3) 심리적 양성성과 관련연구 _ 241
6. 청년기의 성역할 강화 / 242
7. 성인기의 성역할 변화 / 244
　1) '부모의 책임' 가설 _ 246　　　　2) '양성성으로의 변화' 가설 _ 247

8장　공격성과 반사회적 행동 … 249

1. 공격성의 정의 / 251
　1) 의도성의 문제 _ 251　　　　　2) 수단적 공격성과 적대적 공격성 _ 252
2. 공격성의 이론 / 254
　1) 본능이론 _ 254　　　　　　　2) 학습이론 _ 262
　3) 사회적 정보처리이론 _ 266　　4) 특성이론 _ 270
3. 공격성과 관련요인 / 272
　1) 사회문화적 영향 _ 272　　　　2) 가족의 영향 _ 274
　3) 연령에 따른 공격성 _ 277　　　4) 공격성의 성차 _ 280

4. 공격성과 반사회적 행동의 통제방법 / 283

1) 공격행동을 유발하는 자극을 제거한다 _ 283

2) 공격적 행동에 대한 보상을 제거한다 _ 284

3) 공격적 행동과 양립할 수 없는 행동을 유발하고 보상한다 _ 285

4) 타임아웃 기법을 사용한다 _ 286

5) 감정이입의 발달을 촉진시킨다 _ 286

9장   도덕성발달 ··· 289

1. 도덕성발달의 이론 / 290

1) 인지발달이론 _ 290   2) 사회학습이론 _ 304

3) 정신분석이론 _ 309

2. 도덕성발달에서의 성차 / 313

1) Freud와 Kohlberg의 이론 _ 313   2) Gilligan의 도덕성발달이론 _ 313

3. 도덕성발달과 영향요인 / 317

1) 부모의 영향 _ 318   2) 또래의 영향 _ 319

3) 대중매체의 영향 _ 320

4. 성인기의 도덕적 사고 / 320

10장   친사회적 행동 ··· 325

1. 친사회적 행동의 이론 / 326

1) 사회생물학적 이론 _ 326   2) 사회교환이론 _ 328

3) 정신분석이론 _ 329   4) 인지발달이론 _ 330

5) 사회학습이론 _ 332

2. 이타적 행동과 감정이입 / 333

1) 이타적 행동 _ 333   2) 감정이입 _ 335

3. 자녀양육 방식과 친사회적 행동 / 338
　　1) 부모의 애정-냉담 양육 차원 _ 339　　2) 부모의 허용-통제 양육 차원 _ 340
　　3) 설교와 추론 _ 341
4. 친사회적 행동과 상황요인 / 342
　　1) 방관자 효과 _ 343　　2) 정서상태 _ 344
　　3) 수혜자의 특성 _ 348
5. 친사회적 행동과 그 외의 관련요인 / 349
　　1) 사회문화적 영향 _ 350　　2) 도농 간 차이: 시골 대 도시 _ 351
　　3) 성격요인 _ 353　　4) 성차 _ 354

11장　사회화와 가족의 영향 ⋯ 357

1. 부모의 역할 / 358
　　1) 어머니의 역할 _ 358　　2) 아버지의 역할 _ 359
2. 사회변화와 부모역할의 변화 / 361
　　1) 핵가족화 · 소가족화 _ 361　　2) 여성의 사회참여 _ 363
　　3) 결혼의 불안정성 _ 364
3. 부모의 양육행동 / 365
　　1) 애정과 통제 _ 365　　2) 자애로움과 엄격함 _ 368
　　3) 아동학대 _ 370
4. 형제자매와 출생순위 / 378
　　1) 형제자매관계 _ 379　　2) 출생순위 _ 381
5. 조부모의 역할 / 382
6. 가족구조의 변화 / 384
　　1) 이혼가정의 자녀 _ 384　　2) 한부모가정의 자녀 _ 386
　　3) 재혼가정의 자녀 _ 387　　4) 맞벌이가정의 자녀 _ 389
　　5) 다문화가정의 자녀 _ 393

12장 **또래관계와 놀이** … 397

1. 또래관계 / 398
  1) 또래관계의 이론 _ 399   2) 또래 간 상호작용의 중요성 _ 404
  3) 또래집단의 기능 _ 407   4) 또래집단에서의 인기도 _ 410
  5) 또래관계와 영향요인 _ 412
2. 우정의 발달 / 415
3. 놀이 / 418
  1) 놀이이론 _ 418   2) 놀이와 유아발달 _ 421
  3) 놀이의 유형 _ 424   4) 우리나라의 전통놀이 _ 429
4. 성인기의 여가생활 / 431

13장 **가족 외적 영향: 학교, 텔레비전, 컴퓨터** … 437

1. 학교환경 / 438
  1) 교사의 영향 _ 439   2) 열린 교육 _ 440
  3) 학부모의 참여 _ 443   4) 학교폭력 _ 444
  5) 집단따돌림 _ 446
2. 텔레비전의 영향 / 448
  1) TV와 가족생활 _ 450   2) TV 폭력물의 영향 _ 451
  3) TV가 사회적 고정관념에 미치는 영향 _ 453
  4) TV와 친사회적 행동 _ 455
  5) TV가 인지발달에 미치는 영향 _ 456
3. 컴퓨터의 영향 / 458
  1) 인터넷 _ 459   2) 비디오 게임 _ 461
  3) 뮤직비디오 _ 463

14장 성취동기와 성취행동 ··· 465

1. 성취개념의 정의 / 466
   1) 성취의 동기적 견해 _ 466   2) 성취의 행동적 견해 _ 467
2. 성취동기와 성취행동에 관한 이론 / 468
   1) McClelland의 성취동기이론 _ 469   2) Atkinson의 성취욕구이론 _ 471
   3) Weiner의 귀인이론 _ 473   4) Dweck의 무력감학습이론 _ 477
3. 불안수준과 성취행동 / 480
4. 자기효능감과 성취행동 / 482
   1) 성취에 대한 자기효능감의 근원 _ 483
   2) 성취에 대한 자기효능감의 매개과정 _ 486
5. 성취행동과 관련요인 / 489
   1) 부모의 양육행동 _ 489   2) 출생순위와 가족의 크기 _ 492
   3) 사회계층 _ 494   4) 사회문화적 요인 _ 495
   5) 성취행동에서의 성차 _ 496

15장 사회정서발달장애 ··· 499

1. 자폐스펙트럼장애 / 501
2. 주의력결핍 과잉행동장애 / 506
3. 품행장애 / 511
4. 성격장애 / 513
5. 불안장애 / 514
6. 학교공포증 / 517
7. 우울증 / 519
8. 자살 / 522

9. 청소년 비행 / 523

   1) 비행 청소년의 특성 _ 524   2) 비행 청소년의 가족 _ 525

   3) 우리나라 청소년 비행의 현황 _ 526   4) 기타 청소년 비행 _ 528

◉ 참고문헌 _ 531

◉ 찾아보기 _ 601

1장

사회정서발달의 이론

　이론이라는 것은 미래에 일어날 사건을 예측할 뿐만 아니라 과거에 일어났던 사건을 설명할 수 있는 일련의 논리적으로 정리된 서술을 말한다. 이러한 이론은 이미 형성된 정보의 조직화를 도울 뿐만 아니라 미래를 탐색할 길잡이 역할을 한다.

　많은 이론들이 사회정서발달에 관한 것을 설명하려고 한다. 그러나 그 어떤 이론도 모든 사회현상을 적절하게 설명해주지는 못한다. 이것은 사회심리학에만 국한된 문제는 아니다. 일찍이 카우프만은 물리적 현상을 다루는 학문 전체에 사용될 수 있는 이론, 즉 모든 것을 아우르는 이론은 없다고 주장한 바 있다.

　현재 사회심리학 분야에는 몇 가지 이론적 접근법이 있는데, 각 이론은 나름대로 동일한 현상을 이해하는 데 어느 정도 기여하고 있다. 그러나 동일한 현상을 다루는 이론일지라도 그 이론에서 강조하는 요인은 각기 다르다. 예를 들면, 보울비의 애착이론은 아동의 사회적 행동을 이해하기 위해 아동과 양육자와의 애착관계를 우선적으로 관찰한다. 반면, 사회학습이론은 개개의 아동이 행하는 특정 행동에 관심을 갖는다. 그러나 각각의 이론이 사회정서발달의 특정 측면에 대해서는 의견을 달리 하더라도, 대부분의 경우 이들 이론은 상반된다기보다 오히려 상호보완적이다. 즉, 다양한 이론들을 통해서 우리는 사회정서발달이라는 복잡하고 다양한 현상을 좀더 잘 이해할 수 있게 된다.

이 장에서는 동일한 사회적 현상에 대해 각기 다른 관점을 제시하는 정신분석이론, 역할이론, 자극-반응이론, 형태(게슈탈트)이론, 장이론 등에 관해 살펴보고자 한다. 여기서 예로 제시되는 사회적 현상은 '러시아의 황후 알렉산드라를 지배한 라스푸틴'[1]에 관한 내용이다.

1. 라스푸틴은 어떻게 해서 러시아 황후의 환심을 사게 되었는가

사진 설명 러시아의 마지막 황제, 니콜라이 2세

1905년경에 러시아의 황제 니콜라이 2세의 미래는 불안해 보였다. 황제가 모르는 사이에 러시아 군주제의 종말이 다가오고 있었다. 왕실에서 왕족들이 사치와 허영으로 풍요로운 생활을 영위하고 있는 동안 농민들은 기아에 허덕이고 추위에 떨며 절망감에 빠져 있었다.

정치적 혼란 외에도 니콜라이 황제와 알렉산드라 황후는 왕위 계승자인 외아들에 대한 걱정이 태산이었다. 첫째부터 넷째까지 모두 딸이었는데 1904년 8월에 드디어 아들이 태어났다. 하지만 알렉세이 왕자는 태어난 지 6주 만에 배꼽에서 출혈이 시작되었다. 왕자는 혈액이 응고하지 않는 혈우병에 걸렸지만 당시의 의학으로는 그 치료가 불가능하였다. 어린 알렉세이 왕자는 며칠씩 앓아 누웠지만, 궁정의들은 단지 두 손을 비벼 대며 연민의 정을 나누는 것 외에 달리 아무것도 할 수 없었다.

알렉세이의 병세가 주는 의미를 국민들이 깨닫기 시작할 무렵 라스푸틴이 등장하였다. 그때 라스푸틴은 30대 초반이었는데, 그는 젊은 여성과의 정사나 폭음을 하고 난동을 부리는 것으로 러시아 전역에 소문이 나 있었다. 그의 외관은 몹시 지저분하게 보였는데, 오랫동안 목욕을 하지 않아 머리카락은 헝클어지고 기름기가

---

1) '라스푸틴 이야기'와 위의 다섯 가지 이론들을 '알렉산드라와 라스푸틴'에 적용해서 설명한 내용들은 대부분 Wrightsman(1977)의 『Social Psychology』에서 발췌한 것임을 밝혀둔다.

흘렸으며, 옷을 갈아입지 않아 몸에서는 악취가 풍겼다. 그와 같은 혐오스러운 외모에도 불구하고 그의 눈빛만은 매우 강렬하였기 때문에(사진 참조) 그와 눈이 마주치면 사람들은 전율을 금치 못했다.

　라스푸틴의 성장배경을 간단히 살펴보면, 그는 니콜라이 황제가 태어난 지 3년 뒤인 1871년에 시베리아에서 태어났다. 가난한 소작농의 아들로서 그는 한 번도 정규교육을 받은 적이 없었고 제대로 읽고 쓰는 법조차 배우지 못했다. 그는 싸움질을 하고, 술을 마시며, 말을 훔치고, 마을 여자들을 농락하며 세월을 보냈다. 그리하여 곧 '방탕한 난봉꾼'이라는 악명을 얻게 되었다. 사실 라스푸틴은 그의 본명이 아니고 '방탕한' 또는 '타락한'이라는 의미의 별명이다.

　1904년경에 라스푸틴은 자신이 회개하였음을 교회에서 맹세하고는 가난과 고독 그리고 금욕적인 생활을 해야만 하는 수도승으로서의 삶을 시작하였다. 1905년 라스푸틴이 러시아의 수도 상트페테르부르크에 도착할 무렵에는 이미 신비스러운 힘을 지닌 수도승으로서의 명성을 얻고 있었다. 왕족 중 한 사람이 그의 주술적인(불

사진 설명　라스푸틴과 알렉산드라 황후

가사의한) 매력에 흠뻑 빠져 그를 왕궁으로 데려왔다.

라스푸틴은 황제의 자녀들과 놀아주고 그들에게 옛날 이야기(설화)와 시골생활에 관한 여러 가지 일화들을 들려주면서 황제와 황후의 환심을 사기 시작하였다. 더 중요한 것은 그가 알렉세이 왕자의 고통을 덜어줄 수 있는 것처럼 보였다는 것이다. 라스푸틴은 의사들조차 포기해버린 알렉세이의 병세를 호전시켰다. 그는 자신이 이 궁궐 안에 머물고 있는 한 왕자는 안전할 것이라고 황제와 황후를 안심시켰다. 황후는 라스푸틴을 신이 보낸 사람이라고 믿게 되었다. 구체적으로 라스푸틴의 어떤 행동이 왕자의 병세를 호전시켰는지에 대한 직접적인 증거는 없지만, 왕자에게 출혈이 멈출 것이라고 최면을 걸었거나 아니면 다른 사람을 강하게 끄는 그의 개인적인 매력과 자신감으로 왕자에게 영향을 미쳤을 것이라고 추측해볼 수 있다. 사실, 현재 알려진 바로는, 정서적 스트레스가 혈우병의 증세를 악화시킬 수 있다고 한다. 혈우병이라는 것이 자의로 조절할 수 없는 병이기는 하지만, 라스푸틴의 카리스마 넘치는 성격으로라면 아마도 왕자의 흥분상태를 누그러뜨리고도 남았으리라 짐작된다.

그의 실체가 무엇이었든지 간에 라스푸틴은 황후에게 막강한 영향력을 행사하기 시작하였다. 그의 영향력은 알렉세이의 문제뿐만 아니라 정치적 영역에까지 뻗쳤다. 라스푸틴은 궁정 정치에 깊숙이 간여하게 된 것이다. 1916년 러시아가 1차 세계대전에 개입했을 때 그는 독일전선을 공격할 시기와 작전방향에 대해 황후에게 지시를 하기도 했다. 황후는 당시 최전방에서 군사작전을 지휘하고 있던 황제에게 그의 지시내용을 전달하였다.

라스푸틴의 모든 시도가 다 성공적이었던 것은 아니었다. 어떤 여성들은 그의 무례하고 뻔뻔스러움에 분개하기도 했다. 궁정 연회에서 그는 무례하게 굴었으며 더러운 손으로 수프나 음식을 집어 먹었다. 사람들은 그에게서 경멸감과 공포심을 동시에 느꼈다. 그들은 그런 기괴한 인물이 왕실에 영향력을 행사하고 있다는 사실에 분개하였다. 그 당시 라스푸틴은 교회 당국의 조사를 받기도 했는데, 그 결과 그가 부정한 수도승—그는 결혼을 해서 3명의 자녀가 시베리아에 살고 있었다—임이 밝혀졌다.

그러나 이 모든 사실들도 그에 대한 황제와 황후의 태도(신임)를 바꾸어 놓지는 못하였다. 그를 비난한 일로 교회의 고위 성직자가 해고되거나, 라스푸틴에 대한 악의적인 글을 게재하는 신문에는 벌금을 물리겠다고 엄포를 놓기도 하였다. 한편, 라스푸틴은 자신에 대한 나쁜 소문이 무성할 때조차도 왕실의 자문역을 계속 맡고 있었다. 마침내 라스푸틴을 암살하려는 계획이 비밀리에 진행되었다. 심지어 그의 암살과 관련된 사건조차도 불가사의한 일임을 곧 알게 될 것이다.

젊은 유소포프 왕자는 라스푸틴이 왕실을 황폐화시키고 있다고 생각하고 그 수도승을 살해하기로 결심하였다. 드미트리 대공을 비롯한 몇 사람이 유소포프의 뜻에 동참하였고 드디어 1916년 12월 29일 저녁에 그를 살해하기로 계획하였다. 라스푸틴은 왕자의 매력적이고 젊은 아내가 자신을 즐겁게 해주리라는 기대에 부풀어 그날 밤 유소포프의 집을 방문하였다. 라스푸틴이 도착하기 전에 그가 좋아하는 케이크를 만들어 청산가리 가루를 뿌려놓았다. 케이크에 독을 탄 의사의 말에 따르면, 그 독은 너무 강해서 건장한 남자 몇 사람을 한꺼번에 죽이고도 남는다는 것이었다.

유소포프 왕자

라스푸틴은 지하실로 안내되었고 케이크를 대접받았다. 그는 케이크 두 개를 게

사진 설명 집시 여인

걸스럽게 먹어치웠다. 그러나 아무 일도 일어나지 않았는데 유소프프는 이를 보고 경악하였다. 라스푸틴은 와인을 청하여 두 잔을 단숨에 마셔버렸다. 이 와인에도 물론 독이 타져 있었다. 하지만 여전히 아무 일도 일어나지 않았다.[2]

라스푸틴은 여전히 건강해 보였고, 유소프프 왕자에게 기타를 치면서 노래를 불러줄 것을 요청하였다. 왕자는 안절부절못하면서 라스푸틴을 접대하였다. 한편, 다른 공모자들은 초조하게 기다릴 수밖에 없었다. 2시간이 지난 후 유소프프는 더 이상 긴장상태를 견딜 수 없어 위층으로 황급히 올라가서 권총을 꺼내어 들고 지하로 다시 내려왔다. 라스푸틴은 계속해서 독이 든 와인을 마시면서 집시 여인들에게 수작을 걸고 있었다. 유소프프는 라스푸틴을 십자가상 앞으로 끌고 가서 기도하라고 말한 뒤 그의 가슴에 총을 발사하였다.

라스푸틴은 바닥에 쓰러졌고, 다른 공모자들은 지하로 뛰어내려왔다. 의사는 맥박을 짚어보고 나서 그가 사망했음을 알렸다. 공모자들은 시신을 처리할 준비를 하기 위해 총을 가지고 다시 위층으로 올라갔으며 유소프프는 지하에 그대로 남아 있었다. 그러나 라스푸틴은 죽은 것이 아니었다. 그는 두 눈을 하나씩 차례로 뜬 뒤 벌떡 일어나서 유소프프의 목을 조르기 시작하였다. 왕자는 허겁지겁 도망을 치고 라스푸틴은 그 뒤를 쫓아갔다. 그 순간 라스푸틴은 정원을 통해 탈출을 시도하였다. 한 공모자가 탈출하려는 라스푸틴을 향해 네 발의 총을 발사하였다. 두 발은 빗나갔으나 한 발은 그의 어깨에 맞았고 나머지 한 발은 그의 머리를 관통하였다. 라스

---

2) Bergamini(1969)에 의하면, 청산을 만들어내기 위해서는 흡수된 청산가리와 결합할 염산이 필요한데, 20명 중 1명 꼴로 위에서 염산이 분비되지 않는다고 한다. 청산은 산화과정을 방해하기 때문에 이 물질을 섭취하게 되면 즉사한다. 이것이 현재로서는 '라스푸틴의 암살사건'에 대한 가장 적절한 설명인 것으로 보인다.

푸틴은 총을 맞고 눈 위에 쓰러졌는데 다시 일어나보려고 했지만 그럴 수 없었다. 암살자들이 그에게로 달려가 몽둥이로 마구 때리고, 피범벅이 된 시신을 커튼으로 둘둘 만 다음 노끈으로 꽁꽁 묶었다. 시신은 얼어붙은 네바 강으로 옮겨져서 얼음을 깨고 강 속으로 던져졌다. 라스푸틴의 시신이 3일 후에 발견되어 시체를 부검한 결과 놀랍게도 사인은 독극물도 아니고, 총알도 아니고, 익사한 것으로 밝혀졌다. 즉, 그의 폐가 물로 가득차서 사망했다는 것이었다.

알렉산드라 황후는 라스푸틴의 시신을 짜르스코에 셀로에 있는 공원으로 운반해 오게 해서 거기에다 교회를 짓고 매일 밤 그의 죽음을 애도하였다. 그가 사망한 지 넉 달 만에 혁명이 일어났고 군주제는 철폐되었다. 황제와 황후 그리고 그들의 자녀들은 체포되어 우랄 산 마을로 쫓겨났으며 1918년 여름에 처형당했다.

어떤 사학자들은 라스푸틴의 죽음이 왕족 내의 갈등과 분열을 초래하였으며, 황제는 그가 암살된 이후로 국정을 돌보지 않아 혁명이 발발하였다고 주장한다. 물론 로마노프 왕조의 몰락과 볼셰비키 정부의 수립을 초래한 이유가 오로지 왕족에 대한 라스푸틴의 영향력 때문만이라고 가정하는 것은 지나치게 단순한 발상이다.

사진 설명 제정(帝政) 러시아 시대 화려함과 호사함의 극치로 상징되던 '호박방(琥珀房 · 사진)'이 25년 만에 복원돼 상트페테르부르크 소재 예카테리나 궁(宮)에서 언론에 공개되었다.

1917년에 혁명이 발발한 데에는 분명히 수많은 다른 요인들이 작용하였을 것이다. 러시아 전역에 기근이 만연하였고, 패전으로 인해 중요한 자원을 잃게 되었지만 왕실에서는 여전히 호사스런 생활이 계속되었으며, 2백만 명의 젊은이들이 전쟁터에서 목숨을 잃었다. 그럼에도 불구하고 라스푸틴의 강력하면서도 불건전한 영향력이 군주제 몰락의 한 원인이 된 것은 자명하다. 라스푸틴의 존재로 인해 황제는 다른 사람들의 충심어린 충고를 받아들이지 못한 것이다. 라스푸틴에 대한 반발로 대중들은 황제를 저버리고 러시아 의회조차도 포기해 버렸다.

지금까지 라스푸틴에 관한 이야기를 자세하게 살펴보았다. 알렉산드라 황후는 라스푸틴의 모든 행위에 대해 다 알고 있었음에도 불구하고 알렉세이 왕자의 치료에 관해서뿐만 아니라 국가의 중대 사안에 대해서도 라스푸틴에게 의지했다. 그 이유는 무엇일까? 다음 절에서는 사회심리학의 주요 이론들이 이 문제에 어떻게 접근하는지 살펴보고자 한다. 주요 목표는 각각의 이론이 동일한 현상을 어떻게 다르게 해석하는지를 알아보는 것이다.

2. 정신분석이론

1) 정신분석이론의 개요

Sigmund Freud

Freud의 정신분석이론은 본질적으로 심리치료에 대한 접근법의 일부로서 개발된 성격이론이다. 하지만 사회적 행동을 이해하고 설명하는 데에도 매우 유용한 이론이다.

정신분석이론은 정신이 모든 인간행동의 기초가 된다는 가정 하에 인간 내부의 충동적인 힘이나 인간의 행동에 영향을 주는 경험들을 밝히고자 하는 이론이다. 정신분석이론에 의하면, 발달은 무의식적인 것이며, 우리의 행동은 단지 표면상 나타나는 특성일 뿐이다.

Freud(1933)에 의하면, 인간발달은 영아기로부터 시작하여 리비도의 충족을 가져오는 신체부위나 성감대에 따라 명명된 일련의 예정된 단계를 거치게 된다고 한다. 단계마다 다른 신체부위로부터 쾌락을 얻고 발달이 진행되기 때문에, 쾌락과 만족을 추구하는 자극이 두드러진 신체부위의 심리성적 유형에 따라 구강기, 항문기, 남근기, 잠복기, 생식기로 발달의 각 단계를 명명하였다.

Freud는 각 단계마다 아동이 추구하는 쾌락을 만족시켜야 다음 단계로 넘어갈 수 있다고 한다. 만일 쾌락의 추구가 빈번히 좌절되면 다음 발달단계로 넘어가지 못하고 그 시기에 고착하게 된다고 주장한다.

Freud에 의하면 성격은 원초아(id), 자아(ego) 그리고 초자아(superego)로 구성되어 있다고 한다(〈그림 1-1〉 참조). 원초아는 성격의 가장 원초적인 부분으로서 생물학적 본능으로 구성되어 있는데, 이 본능은 주로 성적, 공격적인 것이다. 원초아는 전적으로 무의식 세계에 존재하며, 현실세계와는 접촉이 전혀 없다. 원초아는 쾌락원리(pleasure principle)에 의해 지배되는데, 이 원리는 쾌(快)를 최대로 하고 고통을 최소로 한다. 여기서 쾌는 긴장감소를 말한다.

그러나 우리는 자신의 충동만을 따라서 살 수는 없으므로 현실을 다루는 법을 배워야 한다. 이와 같이 즉흥적인 충동을 억제케 하고 현실을 고려하도록 하는 것이 바로 자아이다. 자아는 현실을 고려하므로 현실원리(reality principle)를 따른다.

옳고 그름에 대한 판단역할을 하는 것이 초자아이고, 초자아는 우리가 흔히 양심이라고 부르는 것과 자아이상으로

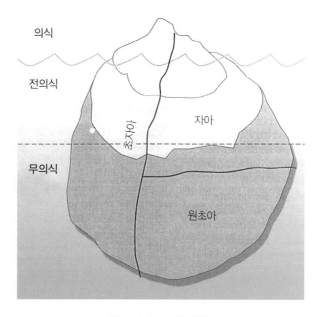

〈그림 1-1〉 Freud의 성격구조

구성된다. 자신의 잘못한 행동에 대해 죄책감을 느끼는 것이 양심이고, 자신의 잘한 행동에 대해 자부심을 느끼는 것이 자아이상이다. 자아와 초자아는 의식 세계와 무의식 세계에 걸쳐 존재한다.

일반적으로 원초아와 초자아는 서로 상반된 목적을 추구하기 때문에 본능적 원초아와 이를 억제하려는 초자아 간에는 긴장이 발생한다. 이때 자아의 중재역할이 제대로 발휘되지 못하면 갈등을 느끼는데 이것이 바로 불안이다. 이 불안은 매우 고통스럽기 때문에, 그것을 방어하는 기술을 발달시키게 되는데 이것이 방어기제이다.

2) '라스푸틴 이야기'에 적용하기

라스푸틴과 알렉산드라 황후의 관계를 설명하는 데 이 정신분석이론이 어떻게 적용되는지를 살펴보기로 하자. 정신분석이론은 우선 알렉산드라의 어린 시절에서 그 실마리를 찾으려고 할 것이다. 그녀는 1872년 독일의 귀족가문에서 태어났다. 알렉산드라의 어머니와 가정교사는 모두 영국인이었지만 그녀는 독일어를 사용하고, 독일 교회에 다니고, 독일의 관습을 따랐다. 어린 시절 알렉산드라는 언제나 웃음이 끊이지 않는 밝고 명랑한 소녀였다. 그녀는 귀족이라는 특권을 가지고 있었지만 버릇없이 굴지는 않았다. 그녀의 가정교사는 모든 활동들을 정해진 시간에 계획대로 할 것을 강조하였는데, 이러한 습관은 러시아에 가서도 그대로 지켜졌다. 황후로서 알렉산드라는 러시아 왕족들이 정해진 시간에 식사하도록 하였고, 자녀들의 스케줄도 엄격하게 관리하였다.

알렉산드라가 여섯 살이 되던 해에 독일 전역에 디프테리아라는 전염병이 창궐하였다. 네 살 된 여동생이 첫 번째 희생자가 되었고 일주일 뒤에는 어머니마저 세상을 떠났다. 이 이중의 비극은 어린 소녀로 하여금 타인으로부터 자신을 봉인해버리도록 만들었다. 무관심의 단단한 껍질이 그녀의 감정을 에워쌌고 그녀의 밝은 미소는 점차 자취를 감추었다. 속으로는 애정을 갈구하면서도 겉으로는 표현을 하지 않았다. 그녀는 점차 낯선 장소를 싫어하게 되고 낯선 사람들을 피하게 되었다. 오로지 편안한 가족모임과 같이 그녀가 따뜻함과 이해를 느낄 수 있는 곳에서만 긴장

사진 설명 빅토리아 여왕. [左上] 만년의 여왕. [左下] 여왕의 보석상자. [右] 프랑스를 방문한 여왕의 가족

을 풀었다. 그녀의 할머니인 영국의 빅토리아 여왕[3]이 그녀의 양육과 교육에 대한 책임을 지려고 했지만, 알렉산드라는 그녀의 아버지와 함께 독일에 남아 있었다.

　알렉산드라가 12세 때 러시아를 방문하는 동안 그녀의 남편이 될 니콜라이를 처음 만났다. 5년 후 그들은 다시 만나게 되었는데 러시아의 왕족과 결혼한 언니의 집에 머무는 동안 그 둘은 자주 만나기 시작하였다. 알렉산드라와 니콜라이는 곧바로 사랑에 빠졌고 1년이 채 못 되어 약혼을 하게 되었다. 그리고 1894년 11월 26일에 서둘러 결혼식을 올렸는데 니콜라이의 아버지인 알렉산더 3세가 3주 전에 서거했기 때문이었다. 26세의 니콜라이와 22세의 알렉산드라가 결혼해서 부부가 되고 러

---

3) 한 번 상처가 나면 좀체 피가 멎지 않는 혈우병을 '왕가(王家)의 병'이라고 부른다. 19세기 유럽 왕실에 혈우병 환자가 유독 많았기 때문이다. 이 유전병의 시원(始原)은 영국의 빅토리아 여왕이었다. 여왕에겐 딸이 다섯 있었는데, 그중 두 명이 겉으로는 증세가 없었지만 혈우병의 유전인자를 가지고 있는 보인자(保因者)였다. 이 딸과 손녀들이 독일과 러시아 왕실과 혼인을 하게 되면서 혈우병은 여러 유럽 왕가로 퍼져 나가게 되었다.

니콜라이 2세의 대관식

러시아 마지막 황제의 '백합'
제정 러시아의 공예가 칼 파베르게가 1898년 마지막 러시아 황제 니콜라이 2세의 요청에 따라 제작한 달걀 공예작품 '백합'이 스위스 취리히의 한 박물관에서 선보였다. 니콜라이 2세는 당시 황후에게 선물로 주기 위해 작품을 의뢰했다.

시아의 통치권자가 되기까지는 한 달도 채 안 걸렸다.

그들의 결혼생활은 행복했다고 전해진다. 니콜라이와 알렉산드라는 서로 사랑하였고, 서로에게 헌신적이었다. 하지만 알렉산드라는 새로운 나라, 새로운 언어, 새로운 종교, 새로운 남편, 새로운 이름 그리고 러시아 황후로서의 새로운 직무에 적응해야만 했다. 이듬해 봄에 알렉산드라는 잉태를 했는데, 부부는 모두 왕위를 계승할 아들을 원했지만 딸을 낳았다. 그리고 계속해서 3명의 공주를 더 낳았다. 알렉산드라가 32세가 되던 1904년에 비로소 기다리고 기다리던 아들을 낳았지만 그 아이는 건강하지 못했다.

황후의 이후의 행동을 설명하기 위해 정신분석이론가들은 남편과 자녀들과의 관계를 알아보고자 할 것이다. 라스푸틴과의 관계를 이해함에 있어서 알렉산드라의 과거 행적의 몇몇 측면들은 특별히 강조될 것이다. 예를 들면, 어머니의 죽음은 알렉산드라로 하여금 죄책감을 느끼게 했을 것이다. 어머니가 사망하던 해에 여섯 살이던 알렉산드라는 엘렉트라 콤플렉스를 경험하고 있었을 것이다. 엘렉트라 콤플렉스는 아버지에 대한 사랑과 애착으로 어머니가 이 세상에서 사라지기를 바라는 마음이다. 이때 어머니의 갑작스런 죽음은 은밀한 기쁨이면서 동시에 죄책감을 불러일으킨다.

　한편, 어머니의 죽음은 알렉산드라와 아버지와의 관계를 더욱 돈독하게 해주었을 것이다. 아버지와의 친밀한 관계를 바라는 리비도적 소망의 가장 큰 걸림돌이 제거된 것이다. 아버지로서 대공(大公)은 가부장적이었고, 지배적이고, 의지력이 강한 사람이었다. 정신분석이론가들이 주장하듯이 알렉산드라가 너무 이른 나이에 어머니를 여읨으로써 남근기에 고착하게 되었다면 그녀는 자신의 아버지와 같은 사람을 원했을 것이다. 니콜라이는 분명히 그런 류의 사람이 아니었다. 그는 호인이었지만 황제의 역할에 필요한 강한 의지나 확신이 없는 다소 나약한 인물로 묘사되곤 한다. 아버지와 같은 남자를 갈망하던 알렉산드라의 욕구는 아마도 라스푸틴에게서 충족되었을지 모른다. 그는 니콜라이에게 부족한 자신감과 카리스마를 분명히 소유하고 있었으니 말이다.

　알렉산드라의 성격 또한 라스푸틴과의 관계를 정신분석학적으로 설명하는 데 있어서 또 다른 중요한 요인이 된다. 그녀는 가족에게 매우 헌신적이었던 것으로 알려져 있다(Almedingen, 1961). 그녀는 신앙심이 매우 깊었으며 신비롭고 영적인 것에 쉽게 끌렸다(Wolfe, 1964). 그녀는 시어머니나 러시아 대공과 결혼한 언니와 잘 지내지 못했다. 낯선 이들 앞에서는 수줍어했으며 무관심했다. 자신의 시종들에게는 친절했지만 거리를 두었다. 그녀는 도덕적이고 얌전했으며 쉽게 선입견을 가졌고 그것에서 벗어나는 데에도 시간이 걸렸다. 그녀는 사물을 전부가 아니면 아무것도 아닌 식의 관념으로 보았다. 즉, 사람들은 완벽하게 착하거나 아니면 철저히 악하다는 생각을 가지고 있었다. 그리고 이성적이기보다는 감정적이고 충동적으로 사람들에게 반응하였다(Buxhoeveden, 1930). 알렉산드라의 시녀는 그녀를 쉽게 우울증에 빠지고 평정을 찾지 못하는 염세주의자로 묘사하였다.

　정신분석이론에서는 알렉산드라를 나약한 자아와, 사물을 도덕적인 관점에서 바라보게 하는 강한 초자아를 가진 것으로 설명할 것이다. 그녀가 왕실의 소문들에 상당한 관심을 보이면서도 한편으로는, 상트페테르부르크 사회의 해이해진 도덕성에 대해 혐오감을 나타내었다. 하지만 그런 행동은 투사(projection)라 불리는 방어

기제를 반영한 것인지 모른다. 다른 사람의 부도덕성에 대해 이야기함으로써 초자
아에 의해 응징되고 자아에 의해 억압된 자신의 성적 충동을 어느 정도 해소하였을
수도 있다.

정신분석이론에 의하면 여성들은 남근에 대한 부러운 감정, 즉 남근선망(penis
envy)을 갖게 되는데, 아들을 출산하는 것은 남근에 대한 선망을 충족시키는 수단
이 된다고 한다. 그러나 외동아들인 알렉세이가 혈우병 환자였으며, 그 책임이 자
신에게 있다는 생각이 알렉산드라의 신경증적인 성격을 더욱 강화시켰을 것이다.[4]

혈우병은 '왕가(王家)의 병'이라고도 불리는데, 19세기 유럽 왕실에 혈우병 환자
가 유독 많았기 때문이다. 이 유전병의 시원(始原)은 영국의 빅토리아 여왕이었다.
여왕에겐 딸이 다섯 있었는데, 그중 두 명이 겉으로는 증세가 없었지만 혈우병의 유
전인자를 가지고 있는 보인자(保因者)였다. 이 딸과 손녀들이 독일과 러시아 왕실과
혼인을 하게 되면서 여러 유럽 왕가로 퍼져 나가게 되었다(〈그림 1-2〉 참조).

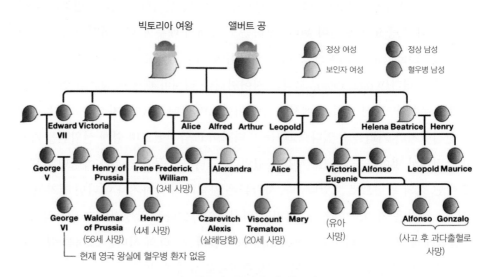

〈그림 1-2〉 '왕가의 병', 혈우병

출처: Kimball, J. W. (1983). *Biology* (5th ed.). Reading, MA: Addison-Wesley.

---

4) 알렉세이의 혈우병은 반성유전(sex-linked inheritance)에 의한 병으로 모계로부터 유전된 것이다. 앞에
　서도 언급했듯이 알렉산드라는 이 유전병의 근원인 영국 빅토리아 여왕의 손녀였다.

황후의 도덕적이고 신비주의적인 성향은 그녀 안에 권위주의적 성격 증후군(authoritarian personality syndrome)이 존재하는 것을 암시한다. 권위주의적 성격이론(Adorno, Frenkel-Brunswik, Levinson, & Sanford, 1950)은 정신분석이론에 기초를 두고 있다. 권위적인 사람은 권력과 동일시하고, 권력에 복종하며, 신비한 현상을 믿고, 사회적으로 용납될 수 없는 자기 자신의 감정을 부정한다.

이미 앞에서 황후가 러시아 왕실에서의 비도덕적 행동을 경멸하면서도 동시에 그런 소문들에 상당한 관심을 표명하였다는 것을 언급한 바 있다. 알렉산드라의 미신적인 성향은 신비주의와 문제를 초자연적인 방법으로 해결하려는 권위주의적 수용태도에서 확인할 수 있다. 그녀는 금요일에는 결코 일을 시작하지 않았고, 달을 볼 때면 항상 오른쪽에서 조심스럽게 쳐다보았다. 그녀는 악운이 두려워 초록색 드레스는 절대 입지 않았으며, 테이블 위에 세 개의 초가 놓여 있는 것을 보게 되면 실성한 사람처럼 보였다(Mouchanow, 1918).

요약하면, 정신분석적 접근에서는 황후가 라스푸틴으로부터 그렇게 많은 영향을 받은 이유를 상황적인 요인보다 거의 전적으로 성격적인 요인으로 설명하고자 한다는 것을 알 수 있다. 설명의 초점은 항상 알렉산드라에게 있다. 그리고 그녀는 과거의 경험과 발달의 산물이다. 그러므로 정신분석이론은 역사적 인과관계(historical causation)를 강조한다고 볼 수 있다.

3. 역할이론

1) 역할이론의 개요

사회적 행동을 설명함에 있어 역할이론은 두 가지 특징이 있다. 첫째, 이 장에서 소개되는 다른 이론들에 비해 완성도가 떨어지므로, 가설과 구성개념 간에 연결 정도가 느슨하다는 정도로만 이해되어야 할 것이다(Neiman & Hughes, 1951; Shaw & Costanzo, 1970). 둘째, 정신분석이론과는 대조적으로 역할이론은 사회적 행동의 개별적이고 내적인 결정요인을 고려하지 않는다. 대신, 사회적 행동을 개인이 처한 입장이나 지위의 관점에서 설명하려고 하거나 역할, 역할기대와 요구, 역할기술 그리고 사회적 상호작용에서 참조가 되는 준거집단(reference groups)의 측면에서 설명을 하고자 한다. 따라서 역할이론의 접근법은 이 장에서 살펴보고 있는 다섯 가지 접근법들 중에서 가장 사회학적인 이론이라 할 수 있다.

역할이라는 용어는 일반적으로 특정의 사회적 맥락에서 특정한 위치에 있는 사람에게 적합한 행위나 직분(구실)으로 정의될 수 있다(Biddle & Thomas, 1966; Shaw & Costanzo, 1970). 학생으로서의 영희는 수강신청을 하고, 강의를 듣고, 리포트를 작성하고, 시험을 보는 등의 특정 행동을 수행한다. 학생의 역할을 수행하는 영희와 상호작용을 할 때, 사람들은 그녀가 특정한 방식으로 행동할 것이라고 가정하는데 이것을 역할기대(role expectations)라고 한다. 예를 들면, 교수들은 학생들이 출석을 잘하고, 성적에 신경을 쓰기를 기대한다. 어떤 교수들은 학생들로부터 존경받기를 기대할지 모른다. 규범(norms)이라는 것은 직책과는 상관없이 특정의 사회적 맥락에서 모든 사람들에게 적절한 것으로 여겨지는 행동에 대한 보다 일반적인 기대이다. 규범과 역할기대의 예를 들면, 학생과 교수 모두가 수업에 늦지 않도록 기대하는 것이 규범이고, 교수가 학생들에게 수업시간에 떠들지 말고 조용히 하라고 말하는 것은 역할기대이다.

역할갈등은 한 역할을 수행하기 위해 다른 역할을 할 수 없을 때나(역할 간 갈등) 또는 한 역할 내에 양립할 수 없는 역할기대가 공존할 때(역할 내 갈등) 발생한다. 우리는 물론 하루에도 여러 번씩 서로 다른 역할들을 수행한다. 예를 들면, 직장에서 중요한 프로젝트를 끝내기 위해 야근작업을 해야 되는 경우와 집에 가서 어린 자녀를 돌봐야 하는 경우에 역할 간 갈등이 발생한다. 역할 내 갈등의 예로는 다음날 아침까지 모두 끝내야 하는 학기말 리포트 작성과 심리학 시험공부 중에서 둘 중 하나를 선택해야 하는 경우를 들 수 있다. 〈그림 1-3〉은 한 개인이 여러 가지 서로 다른 역할들을 수행하는 내용에 관한 것이다.

나의 진짜 모습은 위와 같지만
아래에서처럼 여러 가지 모습으로 보일 수도 있다.

〈그림 1-3〉 한 개인이 수행하는 서로 다른 역할들을 여러 관점에서 보여주고 있다.

2) '라스푸틴 이야기'에 적용하기

역할이론에서는 라스푸틴과 알렉산드라의 관계를 역할, 역할책임 그리고 역할기대의 관점에서 설명하고자 할 것이다. 어머니로서 알렉산드라의 역할은 아들의 건강을 회복시키는 것이라면 무엇이든 해야 할 판이었다.

황후의 면전에서 보이는 라스푸틴의 진지하고도 침착한 행동을 근거로 그녀는 그의 초자연적 능력을 믿어 의심치 않았다. 황후의 생각으로는 라스푸틴은 분명 러시아 제국의 제반 문제에 대한 신의 대답이었다. 그러한 기대를 가지고 있었기 때문에 황후가 라스푸틴으로부터 그토록 많은 영향을 받을 수 있었다는 사실은 결코 놀라운 일이 아니다.

역할이론은 또한 어떤 직책을 가지고 있는 사람의 행동이 그 직책에서 기대되는 행동범위에서 벗어날 때, 주변인들은 그 사람에 대해 더 많이 알고 있는 것으로 믿게 된다고 지적한다(Jones, Davis, & Gergen, 1961). 라스푸틴을 때와 장소에 어울리지 않는 비인습적인 인물이라고 묘사하는 것은 적합하지 않은 표현일는지 모른다. 기대역할에서 벗어난 그의 행동은 오히려 사람을 끄는 매력요인이 되었을 수도 있다. Moorehead(1958, p. 71)는 다음 글에서 이러한 설명을 뒷받침하고 있다.

사진 설명 어떤 사람의 행동이 자신의 직책에서 기대되는 행동범위에서 벗어날 때 우리는 그 사람에 대해 더 많은 것을 알게 된 것으로 믿는다.

사회(대중)의 눈으로 본 라스푸틴의 진정한 범죄는 바로 그가 관습을 깨뜨렸다는 것이며, 그들과 같은 삶의 방식을 따르지 않았다는 점이다. 그는 그의 부유한 후원자들의 허세, 거드름, 어리석음을 폭로함으로써 가학적 즐거움을 만끽하였다. 상트페테르부르크 사회는 썩을 대로 썩어 있었고 라스푸틴은 그 사실을 잘 알고 있었다. 그는 황제 주변의 아첨꾼들을 욕보이고 창피를 줄 수 있었는데, 그 이유는 바로 그들이 정말 아첨꾼들이었으며, 따라서 돈에 좌우될 뿐만 아니라 겁쟁이들이었기 때문이다. … 게다가 그는 매우 영리했다. 그의 사람들에 대한 일상적인 관찰은 … 매우 날카로웠으며, 그는 상트페테르부르크에 있는 대부분의 관료들보다도 더 능숙하게 중상모략적인 정치를 다룰 수 있었다. 결국, 그는 뛰어난 연기자였던 것이다. 그는 그것을 절대적으로 믿고 있는 것처럼 자신의 역할을 연기했고, 그리고 아마도 그는 정말 그렇게 믿었을지 모른다.

4. 자극-반응이론

1) 자극-반응이론의 개요

사회적 행동에 대한 세 번째 접근법인 자극-반응(S-R)이론에 의하면, 사회적 행동은 자극과 반응 간의 관계를 연구함으로써 이해될 수 있다고 한다. 이 접근법은 자극과 반응이라는 특정한 단위의 분석을 강조한다(Kimble, 1961). 그리고 변화된 개인의 행동이 반응이다. 반응과 연관된 강화(reinforcement)의 정도는 같은 반응이 다시 발생할 것인가 아닌가를 결정하는 데 중요한 역할을 한다. 일반적으로 긍정적인 결과는 그 행동이 다시 발생할 가능성을 높이고, 부정적인 결과는 반대되는 결과를 초래한다.

자극-반응이론은 복잡한 행동의 분석은 자극-반응 단위의 구성요소를 분석하는

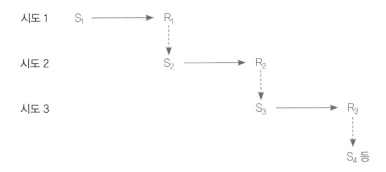

〈그림 1-4〉 S-R 연합의 연속

것으로 이루어져야 함을 강조한다. 여기서 반응은 자극에 대한 반응일 뿐 아니라 다시 앞으로 일어날 사건에 대한 자극으로 제공된다. 반응과 자극 간의 이러한 연계는 더욱 확대되어 복잡한 학습에 대한 기초를 제공한다. 〈그림 1-4〉에서 보는 바와 같이 S-R 연합의 연계가 다음의 S-R 연합 그리고 그 다음의 S-R 연합 등으로 연결되며, 거기에서 앞의 S-R 연합의 반응이 그 다음의 S-R 연합의 자극이 된다.

자극-반응이론이라는 큰 틀 안에서 각기 다른 요인을 특별히 강조하는 몇 가지 이론들이 있는데 이들 이론들은 모두 강화의 중요성을 강조하는 데 공통점이 있다. Miller와 Dollard의 모방 측면을 강조하는 모방이론, 관찰 쪽의 역할을 강조하는 Bandura의 사회학습이론, 사회교환 측면을 강조하는 Homans의 사회교환이론을 차례로 살펴보기로 한다.

Neal Miller

John Dollard

(1) 모방이론

Miller와 Dollard(1941)에 의하면, 모방(imitation)은 자극-반응 간의 관계와 강화의 개념을 확장함으로써 이해될 수 있다고 한다. 여기서 기본 가정은 대부분의 인간행동과 같이 모방이란 학습되는 것이며, 사회적 행동과 사회적 학습은 일반적인 학습원리를 통해 이해될 수 있다는 것이다. Miller와 Dollard는 아동이 어떻게 사회적 행동을 학습하는가를 설명하는 데 있어서 모방의 중요성을 강조하였다. 모방은 또한 사회규범을 익히고 따르는 데 있어서도 매우 중요한 것이라고 역설하였다. 예를 들면, 퇴근 시에 아이들에게 사탕이나 초콜릿 등을 사다주는 아버지의 습관 때문에 아버지가 퇴근해서 집으로 돌아오기를 기다린다고 가정해보자. 차소리가 나는 것을 듣고 형이 차고 쪽으로 달려가는 것을 보고서 동생도 형을 뒤쫓아 간다. 아버지로부터 캔디를 받음으로써 동생은 형의 행동을 모방한 자신의 행동이 보상받는다는 사실을 깨닫게 된다. 그래서 동생은 화가 났을 때 소리를 지르거나, 형과 같은 스타일로 머리를 빗거나, 형처럼 나쁜 욕설을 하는 등 다른 상황에서도 형의 행동을 흉내내게 된다. 다시 말하면, 모방행동이 보상을 받게 되면 앞으로 다른 상황에서도 모방행동이 일반화된다는 것이다.

(2) 사회학습이론

사회학습이론(Bandura, 1965b; Bandura & Walters, 1963)은 자극-반응이론을 확장시킨 이론이다. 이 이론에서는 환경-특히, 다른 사람들, 집단, 문화적 규범 또는 기관-의 사회적 측면의 결과로서 발생하는 학습된 어떤 행동도 모두 관심의 대상이 된다(McDavid & Harari, 1974). Bandura와 그 동료들(Bandura, 1965a, 1969; Bandura, Ross, & Ross, 1961, 1963)은 사회적 자극에 대한 반응을 학습하는 데 있어 관찰의 역할을 강조한 바 있다. 성인이 좌절에 대해 특정한 반응을 함으로써 보상을 받는 장면을 목격한 아동은 비슷한 상황에서 성인의 반응을 그대로 모방하는 경향이 있다고 한다. 이런 상황에서의 강화는 대리적인 강화도 될 수 있다(Berger, 1962). 즉, 아동이 관찰만 하고서 당장 어떤 반응도 하지 않는다면 아동은 강화를 받을 수가 없다. 그럼에도 불구하고, 아동은 그 반응을 학습하게 되고 나중에 적합한 상황에서 전에 학습한 대로 반응하게 된다는 것이다.

Albert Bandura

(3) 사회교환이론

자극-반응이론의 세 번째 유형인 사회교환이론 또한 강화의 원칙을 강조한다. Homans(1958)는 사회적 행동을 물질적 자원과 비물질적 자원(예: 인정이나 명성)의 교환으로 본다. Homans는 사람들이 공평한 관계와 이윤을 창출하기 위해 상호이익을 가져다주는 행동을 다른 사람들에게 강요한다고 본다(Sahakian, 1974).

George Casper Homans

John Thibaut(左)와 Harold Kelley(右)

Thibaut와 Kelley(1959)는 S-R 이론가는 아니지만, Homans와 마찬가지로 S-R 이론으로 설명될 수 있는 사회적 상호작용의 사회교환이론을 발전시켰다. Thibaut와 Kelley에 의하면, 대인관계의 상호작용에서 서로가 서로에게 영향을 미친다고 한다. 만약 보상이 비용보다 더 크다면 그 관계는 지속되지만, 비용이 보상보다 더 크다면 그 관계는 종결된다. 사회교환이론은 카드놀이 친구를 선택하는 것에서부터 결혼생활의 유지에 이르기까지 다양한 사회적 상황에 적용될 수 있다.

2) '라스푸틴 이야기'에 적용하기

S-R 이론가들은 우선 알렉세이 왕자의 혈우병 증세 하나하나가 모두 그의 어머니에게는 자극이 되었을 것이라고 지적할 것이다. 그러한 자극들에 대한 황후의 특정의 반응들―의사를 부르고, 기도하고, 아들을 간호하는 등―은 성공적이지 못했다. 그러나 라스푸틴을 아들과 함께 지내도록 한 한 가지 반응은 매우 성공적인 것으로 보였다. 원하는 목표(병세의 호전)가 달성되었으므로 황후는 알렉세이가 발병할 때마다 라스푸틴을 불러들였다. 즉, 라스푸틴을 불리들이는 반응이 강화되었으므로, 황후는 알렉세이가 아플 때마다 이 특정 반응을 하게 된 것이다.

황후가 알렉세이의 문제뿐만 아니라 왜 다른 문제까지도 라스푸틴의 영향을 받았는지는 자극 일반화(stimulus generalization)의 개념으로써 설명할 수 있다. 라스푸틴이 혈우병의 증세를 완화시킬 수 있다는 사실을 알고 나서 황후는 다른 문제가 발생했을 때에도 라스푸틴과 상의하게 된 것이다. 유감스럽게도 황후는 그의 충고가 타당한지 어떤지를 판단하지 못했다.

사회교환이론에 따르면, 라스푸틴과 황후가 상호작용을 계속했던 이유는 서로에게 보상이 손실보다 더 컸기 때문이었다. 라스푸틴에게는 권력과 여성들에 대한

용이한 접근이라는 보상이 손실을 능가하였고, 알렉산드라에게는 손실이 크기는
했지만 아들의 계속된 고통에 비한다면 그 손실은 관계를 끊을 만큼 큰 것이 아니
었다.

5. 형태(게슈탈트)이론

1) 형태(게슈탈트)이론의 개요

　네 번째 접근법인 게슈탈트이론은 자극-반응이론과 정반대의 입장을 취한다. 게
슈탈트(Gestalt)는 독일어로서 우리말로 쉽게 번역되지 않는 용어인데, 일반적으로
형태, 형상 또는 형성 등으로 번역된다. 형태이론의 기본 가정은 전체는 부분의 합
(合)보다 크다는 것이다. 다시 말하면, 만약 어떤 행동을 특정의 자극-반응의 연합
으로 세분한다면, 그 본질을 잃게 될 뿐만 아니라 인간경험의 전체성을 무시하게 된
다는 것이다. 예를 들면, 모차르트의 피아노 협주곡 제23번은 일련의 피아노 건반
이 내는 소리 이상이며, 영화 '바람과 함께 사라지다'는 영화장면들의 연속 그 이상
이다(사진 참조).
　형태이론에서 인간의 행동은 통합적이고, 의도적이며, 목적 지향적이다. 따라서

형태심리학이 사회적 행동의 연구에서 강조하는 점은 자극-반응이론과는 대조적이다. S-R 이론에서 자극-반응 연합의 고리를 강조하는 것은 인간의 행동을 수동적 반응의 연속으로 격하시키면서 인간의 품위를 떨어뜨린다고 형태이론은 주장한다. 형태이론가들은 자신이 이루고자 하는 목표에 다다르기 위해 인간이 하는 반응들은 항상 상호연관되어 있다는 사실을 S-R 이론이 인식하지 못한다고 생각한다.

어떤 형태이론가들은 현상학적 접근(phenomenological approach)을 이용하는데, 이 접근법은 "직접 경험을 가능한 한 있는 그대로 설명하는 것이다"(Koffka, 1935, p. 73). 따라서 현상학적 접근법은 어떤 사람이 세상을 어떻게 지각하는지를 안다는 것은 그 사람의 행동을 이해하는 데 도움이 된다고 주장한다. 사회학자 Thomas의 말을 인용하면 "진실이라고 정의된 상황은 그 결과에서도 진실이다." 예를 들어, 한 남자가 퇴근해서 집으로 돌아왔는데 저녁식사가 내용이 부실하고 맛도 형편없다고 가정해보자. 그는 곧 아내가 음식에 독을 타서 자기를 죽이려 한다고 믿기 시작한다. 그러나 사실은 그의 아내가 남편의 건강을 염려해서 너무 기름진 음식을 먹지 않게 하려고 그렇게 한 것이다. 만약 그 남자가 어느 날 밤 아내를 폭행했다면, 그 남자의 행동을 이해하기 위해 현상학적 접근법에서는 아내의 실제 의도와 음식의 질보다는 그에 대해 남편이 어떻게 지각하는가에 초점이 맞춰질 것이다(Köhler, 1961).

Asch(1946)의 인상형성(impression formation)에 관한 연구는 게슈탈트 접근법의 좋은 예가 된다. 이 연구에서 Asch는 대학생들을 두 집단으로 나누어 한 집단에게 그는 "지적인, 능숙한, 근면한, 따뜻한, 단호한, 노련한, 신중한" 등의 가상 인물의 특성을 묘사하는 단어목록을 읽어주었다. 또 다른 집단에게도 같은 목록을 읽어주었는데, 다만 '따뜻한'이란 단어가 '냉정한'이란 단어로 대체되었다. 이렇게 한 단어가 바뀐 것이 큰 차이를 가져왔다. 즉, 두 집단은 가상의 인물에 대해 매우 다른 인상을 받았다.

Solomon Asch

이러한 연구결과는 성격특성을 기술한 단어목록이 단순히 단어를 서로 더하거나 그것들을 평균한 것이 아니라는 형태이론의 가설을 지지하는 것이다(Zajonc, 1968). 반면, '따뜻한'이나 '냉정한'과 같은 어떤 특성들은 핵심적인 것으로 어떤 사람에 대한 전반적인 인상뿐만 아니라 특정의 성격을 판단하는 데에도 큰 영향을 미친다. 게슈탈트 접근법의 가정은 또한 후광 효과(halo effect)에도 반영된다. 후광 효과란 어떤 사람의 어떤 특성에 대한 평가에서 그 사람이 주는 일반적인 인상이 평가에 미치는 영향을 의미한다. 즉, A라는 사람의 어떤 특성(예: 성실성)에 대해 평가하고자 할 때, 그 사람의 용모가 단정하거나 사교적이라면, 이러한 인상이 주어진 특성에 대한 평가에 긍정적으로 작용한다는 것이다.

형태이론으로부터 파생된 또 다른 이론이 귀인이론이다(Jones & Davis, 1965; Kelley, 1971). 귀인이론(attribution theory)은 본질적으로 다른 사람의 행동의 원인을 어디에 귀인시키는가에 관한 이론이다(Kelley, 1967). 예를 들면, 만약 영희가 카페테리아에서 나를 본 것 같은데 나에게 아는 척을 하지 않았다면, 그녀의 행동을 어떻게 해석해야 하는가? 영희가 눈이 나빠서 나를 보지 못한 것인가? 아니면 다음 시간에 시험이 있기 때문에 혼자서 조용히 공부하려고 일부러 못 본 척 한 것인가? 그것도 아니면 나에게 기분 나쁜 일이 있어서 모른 척 한 것인가? 귀인이론은 우리가 인식하여 얻은 정보와 동떨어진 외부세계의 자극은 처리할 수 없다는 게슈탈트 접근법의 가정을 반영한 것이다.

2) '라스푸틴 이야기'에 적용하기

라스푸틴과 황후의 관계에서 이해하기 힘든 측면 중 하나는 그에 대한 온갖 나쁜 소문에도 불구하고 황후가 라스푸틴을 계속해서 신임한 것이다. 형태이론가들은 라스푸틴에 대한 전반적인 인상이 너무 좋았기 때문에, 황후는 라스푸틴이 자신의 나쁜 소문에 대해 전부 부정하는 것을 쉽게 받아들인 것이라고 지적할 것이다. 황후는 심지어 라스푸틴의 음주벽이나 성추행에 관한 소문들조차도 라스푸틴은 왕자를 돕기 위해 신이 보내주신 성자라는 믿음 속에 묻어버렸다. 합치(good fit)와 폐쇄(closure)라는 형태이론의 원리는 자신이 형성하고 있는 인상과 합치되지 않는 정보를 재해석하거나 거부하려는 인간의 욕구를 강조하는 것이다.

Leon Festinger

Fritz Heider

형태이론에서 파생된 Festinger(1957)의 인지적 부조화이론(theory of cognitive dissonance)에 의하면, 인간은 서로 상반되는 두 개의 인식 또는 신념을 가지고 있을 때 두 신념 간의 갈등으로 인한 부조화를 해소하려는 동기를 갖게 된다고 한다. 라스푸틴의 방탕한 행동에 대한 황후의 인식은 그가 신의 대리인이라는 그녀의 믿음과 일치하지 않았을 것이다. 니콜라이 황제에게 보낸 편지에서 황후는 다음과 같이 주장하고 있다. "사람들은 우리의 친구(라스푸틴)가 여자들에게 키스하는 것을 비난하고 있습니다. 사도 신경을 읽어보십시오. 사도들은 인사의 의미로 모든 사람들에게 키스를 하고 있지 않습니까?"(Moorehead, 1958, p. 73).

황후는 또한 라스푸틴에 대한 소문 중 일부는 라스푸틴을 시기하는 사람들에게서 나온 것이라고 생각했기 때문에 그 소문들을 믿지 않았다(Lawrence, 1960). Heider(1958)의 균형이론(balance theory)이나 귀인이론에 의하면, 부정적인 출처로부터 나온 누군가에 대한 부정적인 정보는 받아들여지지 않는다고 한다. 사실, 그런 정보는 라스푸틴에 대한 황후의 믿음을 더욱 공고히 해주었을 것이다. 왜냐하면 만약 탐탁지 않은 사람들이 그를 제거하려고 한다면 라스푸틴은 분명히 좋은 사람일 것이기 때문이다.

6. 장이론

1) 장이론의 개요

Lewin(1951)에 의해 개발된 장이론(field theory)에 의하면, 인간의 행동은 인간과 환경의 함수관계라고 한다. 이것은 B=f(P, E)로 표현되는데, 여기서 B는 행동(behavior)이고, P는 인간(person)이며, E는 환경(environment)이다. 이 공식에서 P와 E는 상호의존적인 변인들이다. 즉, 인간과 환경은 지속적이며 상호적으로 서로 영향을 주고받는다는 것이다. 장이론에서는 한 개인의 행동은 그 개인의 내적 특성(예컨대, 유전, 능력, 성격, 건강상태 등)과 그 개인이 현재 처한 사회적 상황(예컨대, 타인의 존재 또는 부재, 개인의 목표달성이 불가능한 정도, 사회적 가치관 등)과 관련이 있다고 한다. 이와 같이 인간의 행동을 두 가지 요인으로 설명하는 것에 주목할 필요가 있다. 그 이유는 사회심리학의 다른 이론들은 이 두

Kurt Lewin

요인 모두를 한꺼번에 고려하지 못하기 때문이다. 성격특성이나 성격유형을 강조하는 성격이론들은 행동이 내적 결정요인의 결과라고 주장함으로써 행동에 영향을 미치는 요인으로서의 사회적 상황에는 관심이 전혀 없다. 한편, 인간의 행동을 자신이 행하는 역할에 대한 반응이라고 주장하는 역할이론은 역할에 대한 반응에서 개인차를 인식하지 못한다.

장이론에서 가장 기본적인 개념은 생활공간(life space)이다. 인간의 행동을 이해하기 위해서는 인간과 환경을 상호의존적인 요인들로 이루어진 집합체로서 고려해야 한다. 상호작용에서 모든 환경적, 개인적 요인들의 총합은 생활공간이라고 불

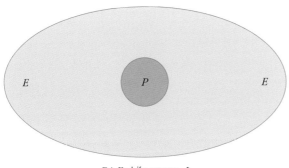

P=Person(인간)
E=Fnvironment(환경)
L=Life Space(생활공간)

$P+E$=Life space, L

〈그림 1–5〉 르윈의 생활공간

린다(〈그림 1-5〉 참조). 연구와 분석의 목적 때문에 개인과 환경은 서로 분리되지만, 그들은 상호관련이 있다는 사실을 명심해야 한다. S-R 이론가들은 행동을 외부적 자극에 대한 작용으로 생각하지만, Lewin(1938)은 개인과 환경 둘 다를 언급하지 않고 행동의 결정요인을 고려하는 것은 의미가 없다고 주장한다.

장이론의 또 다른 강조점은 '지금 여기(here and now)'이다. 즉, 심리적 사건은 현재 존재하고 있는 생활공간의 속성에 의해 설명되어야 한다는 것이다. 따라서 장이론에서는 정신분석이론에서 자주 사용되는 역사적 인과관계를 거부한다. 장이론가들에 의하면, 만약 29세의 한 남성이 미혼이고, 수줍음을 타고, 자기비하적 성격이라면, 그가 12세 때에 자동차 사고를 당해서 얼굴에 큰 상처를 입었기 때문이라는 설명은 적절하지 않다고 한다. 현재 그 남성이 여성과의 데이트를 꺼리는 이유는 단지 그의 외모에 대한 현재의 감정이나 그의 얼굴에 대한 모욕적인 언사 등과 같은 그의 현재 기억들을 포함하는 장의 현재 속성이 작용하였기 때문이다. 과거는 현재의 행동에 간접적으로만 영향을 미칠 수 있다. 즉, 과거 사건에 대한 표상이나 대안으로서만 현재에 유입될 수 있다는 것이다. 이러한 작용원리는 분명해 보이지만, 다른 이론들에서는 이 원리가 지켜지지 않을 때가 종종 있다. 예를 들면, 성인의 성적 억압은 과거에 일어난 일을 중시하는 이론들에 의해 다음과 같이 설명된다. 한 남성이 일곱 살 때 부모의 성관계 장면을 목격했거나, 한 여성이 15세 때 강간을 당한 과거의 사건들 때문에 성이 억제되었다는 것이다. 이런 설명과는 대조적으로 Lewin의 장이론에서는 현재의 성적 억압을 당시의 기대, 자기평가 그리고 기억들의 결과라는 점을 강조하고 있다. 그런데 기억은 어떤 일이 실제로 일어났는가에 대해 100% 정확하게 표상하지는 못한다.

긴장체계 또한 장이론의 기본 개념이다. 충족되지 못한 심리적 욕구는 해결되지 못한 긴장체계를 만들어낸다. 이것은 개인으로 하여금 목표를 향해 나아가도록 해준다. Lewin에 의하면, 끝내지 못한 과업은 계속해서 긴장체계를 만들지만, 과업을 완수하게 되면 긴장은 사라지고 그 과업은 기억에 남지 않게 된다고 한다.

2) '라스푸틴 이야기'에 적용하기

장이론에서는 황후의 행동이 자신의 성격뿐만 아니라 그녀가 당시 처한 상황에 의한 결과라는 사실을 주목할 것이다. 황후의 동기는 한편으로는 자신이 혈우병 보인자라는 죄책감과 같이 내재된 감정으로부터 발생한다. 또 다른 한편으로는 외부 압력-군주제에서 왕위 계승자의 사회적 중요성-이 황후로 하여금 라스푸틴을 받아들이게 하는 데 기여하였다. 장이론은 황후가 아들(건강한)을 하나 더 낳았거나 아니면 알렉세이가 왕위 계승자가 아니었더라면 라스푸틴에 대한 황후의 태도는 크게 달라졌을 것이라는 지적을 할 것이다. 황후의 생활공간에 대한 표상은 첫째, 건강한 아들을 소망하는 목표를 향한 긴장체계, 둘째, 알렉세이의 혈우병으로 인한 그 목표의 좌절, 셋째, 황후로 하여금 목표를 달성하도록 하는 외부 압력 등이라고 장이론은 설명할 것이다. 그래서 라스푸틴은 장애를 극복하고 목표를 향해 앞으로 나아갈 수 있도록 도와주는 요인으로 설명될 수 있다.

모든 행동을 긴장체계에 대한 반응으로 설명하는 것 외에도 Lewin은 사회심리학의 장에 다른 유용한 개념들을 많이 소개하였다. 그는 갈등을 접근-접근, 회피-회피, 접근-회피 등의 세 가지 범주로 구분하였다. 접근-회피 갈등 상황에서 개인은 긍정적인 면과 부정적인 면을 다 가지고 있는 서로 반대되는 힘에 노출된다고 한다(Lewin, 1935). 예를 들면, 라스푸틴의 무례한 행동을 참아내는 것과 같은 바람직하지 않은 영역을 통과해야만, 건강한 아들을 갖게 되는 것과 같은 바람직한 영역을 얻을 수 있을 것이다. 알렉세이의 건강을 원하는 것과 같이 그 목표가 매우 간절하거나 중요한 것일 때에 바람직하지 아니한 영역(라스푸틴의 야비함)을 만드는 세력은 과소평가되거나 약화되는 경향이 있다. 다시 말하면, 아들을 살리려는 긍정적인 목표에 도달하는 것이 매우 중요했기 때문에, 황후는 라스푸틴의 행동을 참아낼 수 있었던 것이다.

지금까지 모두 다섯 가지 이론을 살펴보았지만 어떤 이론도 라스푸틴과 황후의 관계를 완벽하게 설명해주지는 못하는 것으로 보인다. 또한 어떤 이론도 사회심리학 분야에서 일어나는 다양한 현상들을 모두 다 다루고 있지 못하다.

사회적 행동을 설명하는 데 있어 각각의 이론은 제 나름으로 장단점을 가지고 있다. 그리고 황후와 라스푸틴의 관계에 대한 설명에서도 이들 이론들 간에 상충되는 부분이 있다. 그러나 이론의 상대적 타당성에 대해 성급한 결정을 내리는 대신에 이론들 간의 차이점뿐만 아니라 그 이론만의 고유한 공헌점을 중시해야 할 것이다.

2장

연구방법

인간발달을 이해하기 위해서는 과학적인 연구가 필요하다. 오늘날 어떤 분야를 막론하고 우리들이 감사해야 할 것은, 상상에서 사실을 분리하고, 우리 주변에서 일어나는 사건들을 이해하려고 노력하면서, 진리를 찾아내기 위해 자신의 생을 바친 이들의 노력이다. 이 같은 모든 노력의 연속이 바로 과학인 것이다.

과학은 그 탐구과정이 시작되기 이전에 존재했던 것과는 다른 어떤 것을 형성하기 위해 사실이나 지식을 하나로 연결하는 방법이다. 과학을 한다는 것은 세상에서 일어나고 있는 단편적인 사건들을 서로 연결시키고 통합하는 것을 의미한다. 하나의 사실(예를 들면, 아동기에 보존개념이 획득된다는 것)을 연구하는 것은 이 사실이 아동의 인생에서 일어나는 다른 사건들과 어떻게 관련이 되는가를 연구할 때만이 의미를 가진다. 과학은 건축가가 각 부분의 단순 합 이상의 어떤 독특한 것을 만들어내기 위해서 각기 다른 부분들이 어떻게 맞추어지는지 이해하기 위해 사용하는 청사진과 매우 비슷한 것이다.

과학은 "어떻게" 사건이 일어나는가를 설명하는 '동적' 특징과 "어떤" 사건이 일어나는가를 묘사하는 '정적' 특징을 갖는다. 과학의 동적·정적 특징들은 부분적으로 서로를 결정하기 때문에 서로 협조한다. 과학을 한다는 말은 결과를 산출해내는 것은 물론 어떤 종류의 문제를 해결하기 위한 논리적 접근을 의미한다.

과학적 연구는 다음과 같은 특성을 갖는다. 첫째, 과학적 연구는 경험적(empirical) 연구이다. 만일 어떤 발달심리학자가 한 가정의 부모자녀관계를 관찰해봄으로써 그 가정의 의사소통 양식을 알 수 있다고 확신한다면, 그 심리학자는 어떻게 해서든 자신의 신념을 객관적으로 검증해 보여야 한다. 다시 말해서 그의 신념은 객관적 사실에 비추어 검증되어야 한다는 것이다.

둘째, 과학적 연구는 체계적(systematic) 연구이다. 예를 들어, 어떤 유형의 양육행동이 아동의 이타적 행동과 관련이 있는지 알아보고자 한다고 가정해보자. 이러한 목적을 달성하기 위해서 발달심리학자는 아동의 이타적 행동에 영향을 미칠 수 있는 가외변인을 모두 통제한 체계적인 연구를 해야 한다는 것이다.

셋째, 과학적 연구는 자기수정(self-correction)의 특성을 갖는다. 다시 말하면, 과학적 연구는 특정 의문에 대한 해답이나 특정 문제를 이해하려는 노력을 개선하도록 돕는 자기수정 과정이다. 과정 그 자체의 본질 때문에 그에 대한 해답은 가치 있는 피드백을 제공한다. 어떤 의미에서, 의문은 끝이 없으며 해답을 찾았는가 하면 또 다른 의문이 재형성되기 때문에, 과학자는 어떤 문제이든 옳고 그름, 즉 정당성을 증명하려 하지 않는다. 대신 과학자는 문제나 가설을 '검증'한다.

이 장에서는 과학적 연구의 과정과 요소, 표집의 문제, 연령변화의 연구방법, 연구의 설계, 비교문화연구, 인간발달연구의 윤리적 문제 등에 관해 논의해보고자 한다.

1. 과학적 연구의 과정

과학적 연구의 과정은 네 단계로 나눌 수 있다. 첫째, 문제를 제기하고, 둘째, 그 문제에 관해 조사할 필요가 있는 요인이나 요소를 찾아내며, 셋째, 문제를 검증하고, 넷째, 본래의 문제가 근거했던 전제를 수락하거나 기각하는 단계들이 그것이다 (Salkind, 1985).

1) 문제의 제기

　　첫째 단계인 '문제의 제기'는 어떤 문제가 좀더 깊이 연구될 필요가 있는가를 인식하는 단계이다. 이러한 최초의 문제제기는 대체로 실험실에서나 회의석상에서는 이루어지지 아니한다. 그러한 장소에서 중요한 문제가 확인되거나 언급될 수는 있지만, 주로 과학적 연구의 발단은 일상적인 경험과 사건에서 촉발된다. 예를 들면, 아르키메데스는 따끈한 목욕통에 앉아서 부력의 기초 원리를 발견했으며, 뉴턴은 나무 밑에 앉아 있다 떨어지는 사과에 맞았기 때문에 그 유명한 중력의 법칙을 발견할 수 있었다. 아르키메데스와 뉴턴의 예가 다소 과장되었다 하더라도, 세상의 진리나 과학의 원리는 이처럼 일상주변에 널려 있는 것이다. 그러나 모든

Isaac Newton

사람이 다 동일한 경험에서 중요한 측면들을 찾아내거나 새로운 지식을 유도할 수 있는 종류의 문제를 제기할 수 있는 것은 아니다. 훈련되지 않은 사람들에게는 혼란과 무질서로 보이는 것도 훈련된 사람들은 거기서 중요하고 결정적인 사건들을 선별해낸다. 추려지거나 선별되지 아니한 채 널려 있는 것에서 그 줄기를 찾아내는 것이 바로 과학적 훈련이다.

2) 중요한 요인의 발견

　　과학적 연구과정의 둘째 단계는 중요한 요인들을 찾아내고, 이러한 요인들을 어떤 방법으로 조사할 것인가를 결정하는 단계이다. 이 단계에서 과학자는 중요한 요인들을 조작적으로 정의하고, 변수들 간에 있을지도 모르는 관계를 진술하며, 실제로 연구를 수행하기 위한 방법을 결정한다.

3) 문제의 검증

셋째 단계는 문제를 검증하는 단계로서 네 단계 중에서 실제로 연구가 수행되는 단계이다. 이 단계에서 문제를 해결하는 데 필요한 자료들을 수집한다. 수집된 자료가 최초의 단계에서 제기되었던 가설과 일치하는가를 결정하기 위해 통계적 검증이나 객관적 준거와 같은 수단을 적용한다.

4) 가설의 수락 또는 기각

마지막 단계는 본래의 문제가 기초로 한 전제를 수락할 것인가, 기각할 것인가를 결정하는 단계이다. 그러나 그 결과가 수락이든 기각이든 과학적 연구의 과정이 여기서 끝나는 것은 아니다. 만약 가설이 수락되면 연구자는 또 다른 질문을 하게 되고, 각 질문은 방금 설명한 단계들을 통해서 거듭 수행된다. 반대로 가설이 기각되면 다시 본래 문제의 전제로 되돌아가서 결과와 일치하도록 재구성한다. 〈표 2-1〉은 과학적 연구의 네 단계와 예문들이다.

표 2-1 과학적 연구의 과정

네 단계	예
문제를 제기한다.	서로 다른 가정에서 양육된 아동들은 지능면에서 서로 다른 수준으로 발달하는가?
중요한 요인은 무엇이며 어떻게 검증할 것인가를 결정한다.	중요한 요인들로서 부모의 양육행동, 가정환경, 아동의 지적 능력을 들 수 있다. 서로 다른 가정에서 자란 아동집단 간에 지적 능력의 차이가 비교될 것이다.
문제를 검증한다.	두 집단 간에 차이가 있는가를 판단하기 위한 검증을 할 것이고, 만약 두 집단 간에 차이가 발견된다면 이 차이가 부모의 양육방법에 따른 것인지 아니면 우연과 같은 그 밖의 다른 요인에 의한 것인가를 검증한다.
문제가 근거한 전제를 수락하거나 기각한다.	전 단계의 결과에 따라 최초의 문제는 재검토될 것이며, 필요하다면 보다 더 구체적인 문제가 제기될 것이다.

출처: Salkind, N. J. (1985). *Theories of human development.* New York: John Wiley & Sons.

2. 과학적 연구의 요소

과학적 연구에서 중요한 요소가 되는 것은 이론, 변수, 개념 그리고 가설이다(Salkind, 1985).

1) 이론

Neil Salkind

이론은 미래에 일어날 사건을 예측할 뿐만 아니라 과거에 일어났던 사건을 설명할 수 있는 논리적인 진술이다. 이론은 이미 형성된 정보의 조직화를 도울 뿐만 아니라 미래를 탐색하는 길잡이 역할을 한다. 이런 점에서 이론은 책의 목차나 색인 비슷한 역할을 한다. 만약 책에 목차나 색인이 없다면 특별한 정보를 찾는 것이 얼마나 어렵겠는가를 상상해보라. 이론은 사실을 이해하기 쉽게 하며 문제가 제기될 수 있는 틀을 제공한다.

2) 변수

변수 또한 과학적 연구에서 중요한 요소가 된다. 둘 이상의 수치와 값을 지니는 모든 것이 다 변수(variable)이고, 단일 수치만이 부여될 때에는 상수(constant)라고 한다. 변수의 예로 생물학적 성(남성 혹은 여성), 사회경제적 지위(상, 중, 하) 등이 있다. 어떤 행동을 야기하는 원인이 되는 조건이 독립변수이고, 그 원인으로 말미암아 유발되는 반응이나 결과가 종속변수이다.

3) 개념

과학적 연구에서 또 다른 중요한 요소는 개념이다. 개념은 상호연관이 있는 일련의 변수들을 묘사하는 것이다. 예를 들면, 애착이라는 개념은 부모와 자녀 간의 눈 맞추기, 신체적 접촉, 언어적 상호작용과 같이 여러 가지 다른 행동들로 구성된다. 이러한 일련의 행동들은 애정과 같은 다른 용어로 명명될 수도 있다. 그러나 일련의 변수들이 어떻게 명명되느냐에 따라서 개념의 유용성이 결정된다. 개념을 정의하기 위한 용어가 너무 좁은 범위의 매우 제한된 일련의 행동들로 정의된다면, 그 개념은 변수 이상의 아무것도 아니며 그 용도 또한 매우 제한적인 것이 될 것이다.

4) 가설

과학적 연구의 요소 중 최고의 단계는 가설이다. 가설은 변수와 개념들 간에 "~이면 ~이다(if ~ then)"라고 가정하는 '훈련된 추측(educated guess)'이다. 가설은 과학자들이 한 변수가 다른 변수에 미치는 영향력을 좀더 잘 이해하기 위해서 제기하는 문제이다. 예를 들면, "TV 폭력물을 많이 시청하는 청년은 공격성 수준이 높을 것이다"가 그것이다. 가설은 연구문제를 보다 직접적으로 검증할 수 있게 해준다.

과학자는 수립된 가설이 사실로서 수락될 수 있는 것인지 아니면 거짓으로서 기각될 것인지를 어떻게 알 수 있는가? 통계적 검증과 같은 외적 준거를 적용함으로써 과학자는 결과의 신뢰 정도를 알 수 있다. 즉, 연구결과가 가외변인이 아닌 독립변수에 의한 것이라고 얼마나 확신할 수 있는가이다. 예를 들면, TV 폭력물의 시청과 아동의 공격성과의 관계의 예에서 폭력물 시청유무(독립변수) 외에 아동의 성격, 지능, 건강, 가정환경 등 가외변인도 아동의 공격성 수준에 영향을 미칠 수 있다. 따라서 연구자가 연구의 결과를 신뢰할 수 있기 위해서는 그러한 가외요인들이 고려되어야 하고 또한 통제되어야 한다.

〈그림 2-1〉은 과학적 연구의 과정과 요소에 관한 도식이다.

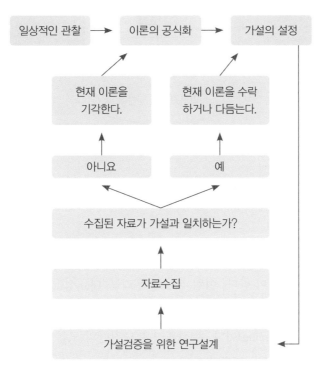

일상적인 관찰 → 이론의 공식화 → 가설의 설정

현재 이론을 기각한다.   현재 이론을 수락하거나 다듬는다.

아니요   예

수집된 자료가 가설과 일치하는가?

자료수집

가설검증을 위한 연구설계

〈그림 2-1〉 과학적 연구의 과정과 요소

출처: Sigelman, C., & Shaffer, D. (1995). *Life-span development* (2nd ed.). California: Brooks/Cole Publishing Company.

3. 표집의 문제

　우리가 어떤 특정 부류의 사람들(예를 들면, 비행 청소년 집단)을 연구하고자 할 때 그 부류에 속한 사람들을 전부 다 연구할 수는 없다. 대신 전체 비행 청소년들 중에서 표본을 추출하여 연구하게 된다.

　표본(sample)이란 연구대상자 전체의 특성을 반영하는 모집단(population)의 대표적인 일부분이라고 할 수 있다. 따라서 모집단의 특성을 가능한 한 잘 대표할 수 있는 표본을 추출하는 것이 연구자의 중요한 임무이다. 왜냐하면 표본을 대상으로 연구하지만, 여기서 나온 연구결과는 모집단에 일반화하기를 원하기 때문이다(〈그

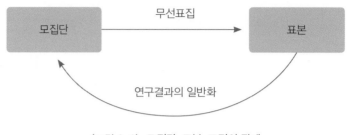

〈그림 2-2〉 모집단, 표본, 표집의 관계

림 2-2〉 참조). 이와 같은 이유로 표집(sampling) 과정은 연구방법론에서 매우 중요한 것이다.

이상적으로는 우리가 연구하는 표본의 특성이 연구결과를 일반화하고자 하는 모집단의 특성과 동일해야 한다. 이런 경우에 우리는 '대표성(representativeness)'이 보장되는 표본을 갖게 된다. 대표성이 보장되는 표본을 추출하는 가장 확실한 방법은 무선표집(random sampling)이다. 무선표집은 모집단의 모든 구성원이 표본에 뽑힐 기회(확률)를 똑같이 갖는 표집방법이다.

예를 들어, 비행 청소년이 1,000명이라고 가정해보자. 무선표집을 하기 위해서는 우선 모집단의 모든 비행 청소년을 확인해서 1번부터 1,000번까지 일련번호를 붙인다. 그리고 나서 난수표를 이용하거나 기타 다른 방법(예: 모자 속에 1,000명의 비행 청소년의 이름을 적은 용지를 넣고, 잘 섞은 다음 특정 수를 끄집어낸다)을 이용하여 표본을 추출한다. 만약 1,000명의 비행 청소년 중에서 100명을 표본으로 뽑는다면 모든 비행 청소년이 표본에 추출될 확률은 각각 $1/10$이 된다.

그러나 현실적으로는 어떤 연구에서든 무선표집을 하는 것이 거의 불가능하다. 대신에 우리가 손쉽게 구할 수 있는 표본으로 대체하는 경우가 허다하다. 이때 추출된 표본은 물론 대표성이 보장되지 않는다. 그리고 대표성이 보장되지 않을 경우에는 표집상의 문제가 발생하게 된다.

인간성욕에 관한 선구자적 연구로 유명한 Kinsey의 '성보고서'는 표집상의 문제가 있는 연구의 유명한 예이다. 미국 인디애나 대학의 동물학 교수인 Kinsey가 1938년에 대학생을 대상으로 그들의 성행위에 관한 조사연구를 시작할 때만 해도 인간성욕에 관한 과학적인 자료는 전무하였다. Kinsey는 곧이어 5,300명의 남성과 6,000명의 여성을 대상으로 하는 전국적 규모의 연구에 착수하였다. 이 연구에서 Kinsey는 면접법을 사용하여 피험자들에게 동성애, 혼외정사, 자위행위 등에 관한 질문을 하였다. 그 결과 1948년에는 '남성의 성적 행동(Sexual Behavior in the Human Male)' 그리고 1953년에는 '여성의 성적 행동(Sexual Behavior in the Human Female)'에 관한 유명한 성보고서가 이 세상에 나오게 되었다. 보고서에 나타난 여러 가지 연구결과 중에서도 특히 여성의 62%가 자위행위를 하며, 남성의 37%와 여성의 17%가 혼외정사 경험이 있다는 내용에 대해서 여론이 분분하였다.

Alfred Kinsey

이에 대한 비판으로 연구방법론적인 결함이 지적되었다. 가장 심각한 문제로서 Kinsey의 표본에 대해 대표성의 문제가 제기되었다. 즉, 연구대상이 무선표집에 의한 표본이 아니고 자발적으로 연구에 참여한 사람들이라는 점이 문제가 되었다. 왜냐하면 성적 행동에 관한 연구에 자발적으로 참여한 사람들의 특성은 모집단의 특성과는 여러 면에서 다를 것이라고 생각되기 때문이다.

4. 연령변화의 연구방법

인간발달연구에서는 연령과 그 밖의 다른 변수와의 관계를 알아보는 것이 중요하다. 이때 연구자에게는 몇 가지 대안이 있다. 첫째, 각기 다른 연령의 사람들을 연구해서 이들을 비교하거나, 둘째, 같은 피험자들을 일정 기간에 걸쳐 계속 연구하거나, 셋째, 이 두 가지 방법을 병행하는 것이다. 횡단적 접근법, 종단적 접근법, 순차적 접근법이 그것들이다.

1) 횡단적 접근법

횡단적 접근법(〈그림 2-3〉 참조)은 각기 다른 연령의 사람들을 동시에 비교하는 연구이다. 각기 다른 연령집단(예를 들어, 1세, 5세, 10세, 15세)이 IQ, 기억, 또래관계, 부모와의 애착관계 등에 관해서 비교될 수가 있다.

이 접근법의 주된 장점은 자료수집이 비교적 짧은 시간 내에 이루어질 수 있다는 점과 피험자가 나이가 들기를 기다릴 필요가 없다는 점이다. 그러나 이 접근법은 시간절약이라는 장점에도 불구하고 몇 가지 단점이 있다. 첫째, 개인의 성장곡선의 형태를 밝힐 수 없다는 점이다. 왜냐하면 평균치로는 아동의 개별적 성장곡선을 알 수 없기 때문이다. 둘째, 어떤 특성의 안정성에 대한 정보를 얻을 수가 없다는 점이다. 예를 들면, 횡단적 접근법으로는 아동기에 사교적이었던 아동이 사춘기에도 여전히 사교적인지를 알 수가 없다. 셋째, 연령효과와 출생시기 효과를 구분하여 볼 수 없다는 점이다. 다시 말하면, 횡단적 접근법에서의 연령 간 차이는 연령 그 자체의 영향이라기보다는 동시대 출생집단(cohort) 효과 때문일 수 있다(Hohls et al., 2019; Schaie, 2016). 2015년을 기준으로 볼 때, 5세 아동이 출생한 연도는 2010년이

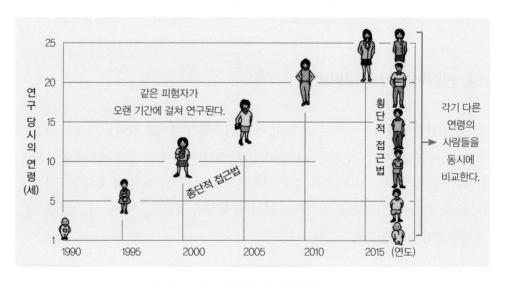

〈그림 2-3〉 횡단적 접근법과 종단적 접근법

고, 15세 아동이 출생한 연도는 2000년이다. 2000년에 태어나서 자란 세대의 시대적 배경과 2010년에 태어나서 자란 세대의 시대적 배경이 아동의 또래관계에 미친 영향면에서 같다고 보기는 어려울 것이다. 따라서 횡단적 접근법에 의한 연령 간 차이는 연령이 증가해서 나타난 결과(발달적 변화)라기보다는 연령집단의 공통적 경험(동시대 출생집단 효과)이 그 원인이 될 수 있는 것이다(Schaie, 2012, 2013, 2016; Schaie & Willis, 2010).

2) 종단적 접근법

종단적 접근법(〈그림 2-3〉 참조)에서는 같은 피험자가 오랜 기간에 걸쳐(보통 수년 또는 수십 년) 연구대상이 된다. 모든 피험자들은 동일한 시기에 출생했고(동시대 출생집단), 동일한 사회문화적 환경에서 성장했으므로, 종단적 접근법은 발달연구에서 규명하려고 하는 연령변화에 대한 정보를 제공해준다. 따라서 횡단적 접근법에서는 알 수 없는, 성장하면서 보여주는 변화까지 알 수 있다는 것이 종단적 접근법의 장점이다(Cicchetti, 2013; Cicchetti & Toth, 2015; Reznick, 2013).

한편, 종단적 접근법의 단점은 다음과 같다(Krämer & Rodgers, 2020). 첫째, 비용이 많이 들고, 둘째, 시간소모가 많으며, 셋째, 오랜 기간에 걸쳐 연구되기 때문에 피험자의 탈락현상이 있다는 점이다. 따라서 남아 있는 피험자만 가지고 나온 결과를 일반화하는 데 다소 문제가 있다. 넷째, 반복되는 검사로 인한 연습효과가 있다. 피험자들은 한 번 이상의 검사를 받기 때문에, 다음번 검사에서 점수가 높게 나오는 것은 검사상황에 보다 익숙해지거나, 이전 검사에서 비슷한 문제를 어떻게 풀었는지를 기억하는 것과 같은 연습효과를 반영하는 것일 수도 있다. 그러므로 지능이 증가한 것처럼 보이는 것은 능력상의 진정한 향상이라기보다는 수행상의 향상을 반영하는 것인지 모른다.

그러나 어떤 종류의 연구문제는 종단적 접근법에 의해서만 해결될 수 있다. 예를 들어, 인생초기의 경험, 즉 부모의 과보호가 아동의 성격발달에 어떤 영향을 미치는가를 알기 위해서는 종단적 접근법을 사용해야만 한다.

3) 순차적 접근법

순차적 접근법(〈그림 2-4〉 참조)은 횡단적 접근법과 종단적 접근법을 절충 보완한 접근법으로서 연령효과와 동시대 출생집단의 효과 및 측정시기의 효과를 분리해 낼 수 있다. 여기서 연령효과는 단순히 연령이 증가함으로써 나타나는 효과이고, 동시대 출생집단 효과는 같은 시대에 태어나서 같은 역사적 환경에서 성장함으로써 나타나는 효과이며, 측정시기의 효과는 자료가 수집될 당시 상황의 효과이다.

이 접근법은 몇 개의 동시대 출생집단을 몇 차례에 걸쳐 측정하는 연구방법이다. 어떤 면에서는 순차적 접근법은 몇 개의 종단적 접근법을 합쳐 놓은 것과 같은 것이라 할 수 있다.

예를 들어, 연령이 증가함에 따라 지적 기능에 변화가 있는지 알아보기로 하자. 〈그림 2-4〉에서 보는 바와 같이 세 개의 대각선의 평균들은 동시대 출생집단의 효과뿐만 아니라 측정시기의 효과도 감안한 연령차이를 나타낸다.

제1횡렬의 세 연령집단의 지능을 평균하면 1985년 동시대 출생집단 효과가 나오

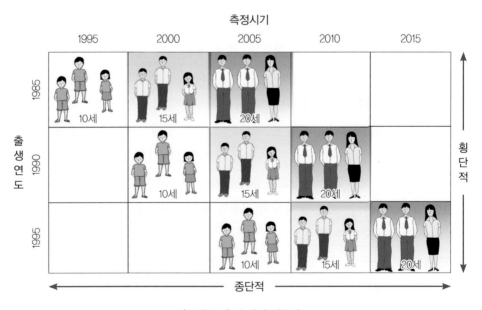

〈그림 2-4〉 순차적 접근법

고, 제2횡렬의 세 연령집단의 지능을 평균하면 1990년 동시대 출생집단 효과가 나
오며, 제3횡렬의 세 연령집단의 지능을 평균하면 1995년 동시대 출생집단 효과가
나온다. 이상 세 집단 간의 평균지능은 지적 기능에 있어서의 동시대 출생집단의
효과를 반영하는 것이다.

그리고 1995년, 2000년, 2005년, 2010년, 2015년에 지능을 비교함으로써 측정시
기 효과를 알 수 있다. 적절한 통계처리를 함으로써, 우리는 동시대 출생집단 효과
와 측정시기의 효과를 배제하게 되어 진정한 연령의 변화를 알 수 있게 된다.

〈표 2-2〉는 이상 세 가지 접근법의 절차, 목표 및 장단점을 요약한 것이다.

표 2-2 횡단적, 종단적, 순차적 접근법의 절차, 목표 및 장단점

	횡단적 접근법	종단적 접근법	순차적 접근법
절차	각기 다른 연령의 사람들을 동시에 연구한다.	동일 연령의 사람들을 오랜 기간에 걸쳐 연구한다.	횡단적 접근법과 종단적 접근법의 결합: 각기 다른 연령의 사람들을 몇 번에 걸쳐 연구한다.
목표	연령의 차이를 기술한다.	연령의 변화를 기술한다.	연령의 차이 및 변화를 기술한다.
장점	연령의 차이를 나타냄으로써 발달의 경향을 알 수 있다 시간이 절약되고 경제적이다.	시간에 따른 발달의 변화를 알 수 있다. 이전의 경험 또는 행동과 나중의 경험 또는 행동과의 관계를 알 수 있다.	한 동시대 출생집단이 경험하는 발달의 변화가 다른 동시대 출생집단이 경험하는 발달의 변화와 유사한지 어떤지를 알 수 있다.
단점	연령 효과는 진정한 발달의 변화가 아니라 동시대 출생집단 효과의 반영일 수 있다. 시간에 따른 개인의 변화를 전혀 알 수 없다.	연령 효과는 발달의 변화가 아니라 측정시기 효과의 반영일 수 있다. 시간과 비용이 많이 든다. 연구 초기에 개발된 측정도구가 시간이 지나면서 부적합한 도구가 될 수 있다. 피험자의 탈락현상이 일어날 가능성이 있다.	시간이 오래 걸리고 복잡하다. 가장 효율적인 방법이기는 하지만 발달의 변화를 일반화하는 가능성에 대해서는 의문의 여지가 있다.

출처: Sigelman, C. K., & Shaffer, D. R. (1995). *Life-span development* (2nd ed.). California: Brooks/Cole Publishing Company.

5. 연구설계

연구설계는 연구자가 자료를 수집하고, 분석하고, 해석하기 위한 구체적인 방법이다. 인간의 행동을 연구하는 데 사용되는 연구설계에는 기본적으로 세 가지가 있다. 기술연구, 상관연구, 실험연구가 그것들이다.

1) 기술연구

인간행동연구의 첫째 목표는 인간의 사고와 감정 그리고 행동을 기술하는 것이다. 현재의 어떤 상태를 묘사하기 위해 고안된 연구를 기술연구라 하며, 이 연구는 어떤 시점, 어떤 상황에서의 사고나 감정 그리고 행동에 대한 대강의 윤곽(snapshot)을 제공해준다. 기술연구에는 문서연구, 사례연구, 조사연구, 현장연구 등이 있다.

기술연구의 장점은 복잡한 일상사를 간단하게 묘사하는 것이다. 예를 들면, 조사연구는 많은 사람들의 생각을 파악할 수 있게 해주고, 자연관찰은 사람이나 동물들의 자연발생적 행동을 묘사해준다. 그래서 기술연구는 현재 일어나고 있는 일에 대한 이해를 도와준다. 기술연구의 단점은 현재의 상황에 대한 이해에는 도움이 되지만, 그것은 아주 제한된 정적인 상황에 대한 이해일 뿐이라는 점이다(Gravetter & Forzano, 2019; Leedy & Ormrod, 2013).

(1) 문서연구(Archival Research)

문서연구란 기존의 기록된 자료를 이용하는 방법으로서 여기에는 특정의 사건이나 행동에 대해 직접 경험한 사람이 작성한 기록뿐만 아니라 기존의 자료를 분석한 기록도 포함된다. 연구대상이 되는 문서로는 유명인사의 일기, 편지, 자서전이나 구전동화, 회의록, 공문서, 신문의 사설, 잡지의 표지(사진 참조) 등이 있다.

문서연구의 장점은 다음과 같다. 첫째, 연구대상이 되는 문서라는 것은 본질적으

사진 설명 잡지의 표지를 분석한 문서연구에 의하면 남성은 얼굴을, 여성은 몸매를 강조하는 것으로 드러났다.

사진 설명 이 그림은 남아와 여아에게 기대하는 성역할이 각기 다를 것이라는 가설을 검증하기 위해 이용된 그림책의 한 장면으로서, 이 그림에서 여아는 어머니와 함께 주방에서 일을 하고 있는 반면, 남아는 어머니로부터 차 대접을 받고 있다.

로 반응을 하지 않는 것이므로(nonreactive) 자료수집에 영향을 미치지 않는다. 둘째, 일정 기간에 걸쳐 어떤 현상의 경향을 알아볼 수 있다는 점이다. 셋째, 과거에 발생한 사건에 대한 회상연구(retrospective studies)가 가능하다는 점이다. 넷째, 가설검증이 가능하다는 점이다(사진 참조).

문서연구에는 몇 가지 단점도 있다. 첫째, 연구하려는 현상에 대한 자료를 구하는 일이 쉽지 않다는 점이다. 둘째, 접근이 가능한 자료에만 의존할 수밖에 없기 때문에 일반화가 어렵다는 점이다. 셋째, 기록자의 편견으로 인해 자료가 왜곡된 내용일 수 있다는 점이다. 예를 들면, 원주민의 풍속에 대하여 문화인류학자가 왜곡된 설명을 하는 것 등이다.

(2) 사례연구(Case Study)

관찰연구가 비교적 많은 수의 피험자의 행동을 연구하는 것이라면, 사례연구는 한 명이나 두 명의 피험자를 깊이 연구하는 것이다. Piaget(1952)가 자신의 자녀들을 관찰함으로써 인지발달의 단계이론을 전개한 것처럼, 사례연구는 정상적인 사람을 연구하기도 하지만, 대부분의 경우 사례연구는 독특한 상황을 경험하거나, 인생에서 어려운 상황에 처해 있거나, 사회적으로 적응하지 못한 사람들을 주의깊게 연구함으로써 인간의 본질에 대해 알아보고자 하는 것이다.

사진 설명　Piaget가 아동들을 관찰하고 있다.

Freud는 그의 환자 중 가장 흥미 있는 경우를 주의깊게 관찰하여, 비정상적 심리를 연구함으로써 성격이론의 기초를 마련하였다. Freud의 '어린 Hans'에 대한 사례연구는 고전적인 예가 되는데, Hans는 말(馬)에 대해 비현실적인 공포심을 가진 소년이었다. Freud(1959)는 어린 Hans가 가지고 있는 말에 대한 공포심을 억압된 성적 충동으로 해석하였다.

사례연구의 단점은 매우 제한된 수의 피험자의 경험에 의존하기 때문에, 연구결과를 일반화하기가 어렵다는 점과 관찰의 객관성이 문제된다는 점이다(Yin, 2012). 예를 들면, Freud의 심리성적 발달이론에서 정신적으로 문제가 있는 몇 사람을 대상으로 연구한 것에 기초하여, 인

사진 설명　Freud와 그의 진찰실

간발달의 일반이론을 도출해내는 것이 얼마나 타당한가 하는 것이 문제점인 것이다. 그리고 사례연구에서는 연구자가 피험자와 가까이 지내면서 자료를 수집하기 때문에 객관성이 결여될 위험이 있다. 따라서 사례연구는 과학적 결론을 이끌어 내기에는 미흡하지만 보다 통제된 연구에 아이디어를 제공하는 데에는 유용하다.

(3) 조사연구(Survey Research)

체계적인 자료수집 방법 중의 하나인 조사(Survey)는 아주 오랜 역사적 전통을 가지고 있다. 조사를 바탕으로 한 연구방법인 조사연구는 사회과학의 연구방법 중에서 가장 빈번하게 사용되는 방법이다.

조사연구란 모집단으로부터 표본을 추출하여 이들을 대상으로 질문지나 면접 등의 체계적인 수단을 사용하여 수집한 정보를 모집단에 일반화하는 방법이다(〈그림 2-2〉 참조). 이때 자료를 수집하는 주요 방법으로는 면접법과 질문지법 등이 있다.

면접법(interviews)은 면접자가 질문을 구두로 하고 응답자의 반응을 기록하는 것으로, 면접은 주로 일대일로 얼굴을 맞대고 이루어지지만(사진 참조), 가끔은 전화면접도 가능하다. 면접법에는 구조적 면접법과 비구조적 면접법이 있다. 정보를 얻는 것을 목적으로 하는 조사면접이 구조적 면접법이고, 진단이나 치료 등 임상적 목적을 가진 상담면접이 비구조적 면접법이다.

구조적 면접법의 경우 질문의 예는 다음과 같다. "지난 2주간 몇 번이나 친구에게 고함을 질렀는가?" "작년에 얼마나 자주 학교에서 친구와 싸웠는가?" 비구조적 면접법에서 질문의 예는 "너는 얼마나 공격적인가?" 등이다.

경험이 있는 노련한 면접자는 상대방을 편안하게 해서 더 많은 정보와 솔직한 반응을 유도해낸다. 예를 들어, 부모와 아동 간의 갈등에 관한 질문에서, "글쎄요, 우리 부모님과 갈등이 많은지, 적은지 잘 모르겠는데요"라는 식으로 얼버무리면, 이때 면접자는 보다 구체적이고 명확한 답변을 요구하면서 다음과 같은 질문을 하게 된다. "부모님과 언쟁한 가장 나쁜 일에 대해 얘기해봐요"가 그것이다. 이러한 면접기술은 면접자로 하여금 아동들과 거리감 없이 가까운 느낌을 갖게 해서 아동발달을 보다 더 잘 이해할 수 있게 해준다.

질문지법(questionnaires)은 구조적 면접법과 매우 비슷한데, 면접자의 질문에 대답하는 것이 아니라, 반응자가 질문을 읽고 자신이 직접 표시하는 것이다. 질문지법의 장점은 많은 수의 아동들을 한꺼번에 연구할 수 있다는 점이다. 훌륭한 조사연구는 간결하고, 구체적이며, 애매모호하지 않은 질문을 함으로써, 아동들로부터 믿을만한 답변을 얻어내는 것이다. 질문지법의 단점은 의도적이든 아니면 기억을 하지 못해서이든 답변을 왜곡할 가능성이 있다는 점이다. 우리 인간은 유쾌하지 못한 일보다는 기분 좋은 일을 더 잘 기억하는 편이다.

(4) 현장연구(Field Study)

현장연구는 자연관찰로서 실제 상황에서 자연스럽게 일상생활을 관찰하는 것이다.

예를 들면, 발달심리학자가 아동들이 운동장에서 노는 것을 관찰하여 그들의 상호작용을 기술한다든지(사진 참조), 생리심리학자가 자연환경에서 동물을 관찰한다든지, 사회학자가 대도시에서 사람들이 어떤 대중교통수단을 이용하는지를 알아보는 것 등이다. Margaret Mead가 수행한 사모아의 청년기 연구나 뉴기니 세 부족의 성역할 연구는 모두 현장연구의 예들이다.

자연관찰(naturalistic observation)은 인간의 행동을 관찰하고, 관찰된 행동을 객관적인 방법으로 기록하는 것으로서 가장 오래된 연구방법이다. 관찰이 과학적이고 효율적이기 위해서는 무엇을 관찰하려는 것인지, 누구를 관찰할 것인지, 언제, 어디서, 어떻게 관찰할 것인지, 그리고 어떤 형태로 기록할 것인지 등을 먼저 결정해야 한다. 즉, 관찰이 체계적으로 이루어져야 한다는 것이다. 아동의 공격행동을 예로 들어보자. 신체적 공격을 연구할 것인가, 언어적 공격을 연구할 것인가, 아니면 그 모두인가? 연구대상은 아동인가, 유아인가, 아니면 둘 다인가? 학교에서 관찰할 것인가, 가정에서 관찰할 것인가, 아니면 그 모두인가? 관찰결과를 기록하는 일반적인 방법은 속기나 부호를 이용하는 것이지만 녹음, 녹화, 일방경의 이용 등은 관찰을 보다 효율적인 것이 되게 한다.

현장연구는 흔히 관찰자가 연구대상 집단의 일원으로 현장에 참여하는 참여관찰(participant observation)과 관찰자가 현장에는 있으나 그 장면에서 일어나는 활동에 개입하지 않고 관찰만 하는 비참여관찰(nonparticipant observation)로 구분된다(사진 참조). 참여관찰은 문화인류학자들이 특정 종족의 생활상을 알아보기 위해 일정한 기간 동안 그 집단 속에서 그들과 함께 생활하면서 연구하는 전통적인 접근법이다(사진 참조).

사진 설명 비참여관찰

참여관찰은 연구대상과 상당한 기간 동안 가까이 지내면서 관찰장면에 연구자가 참여하기 때문에 선입견이 발생할 수 있고 객관성을 유지하기가 어렵다. 또한 피험자들이 관찰자의 존재로 인해 자신들이 관찰당하고 있다는 사실을 인식함으로써 부자연스럽게 행동할 수도 있다. 반면, 비참여관찰은 관찰장면에 연구자가 직접 참여하지 않기 때문에 객관성을 유지하기는 용이하나 그 대신 관찰의

사진 설명 참여관찰

기회가 적어 필요한 정보를 모두 수집하기가 어렵다는 단점이 있다.

2) 상관연구

상관연구는 둘 또는 그 이상의 변수 간의 관계를 알아보는 연구이다(Graziano &

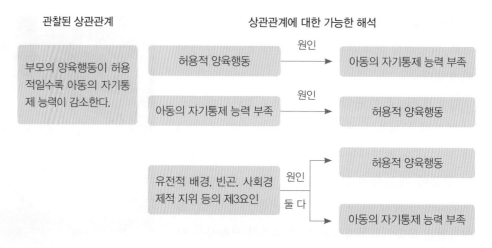

관찰된 상관관계

상관관계에 대한 가능한 해석

부모의 양육행동이 허용적일수록 아동의 자기통제 능력이 감소한다.

허용적 양육행동 —원인→ 아동의 자기통제 능력 부족

아동의 자기통제 능력 부족 —원인→ 허용적 양육행동

유전적 배경, 빈곤, 사회경제적 지위 등의 제3요인 —원인/둘 다→ 허용적 양육행동 / 아동의 자기통제 능력 부족

〈그림 2-5〉 상관관계에 대한 가능한 해석

Raulin, 2020). 예를 들면, 한 연구에서 부모의 양육행동이 허용적인 것일수록 아동의 자기통제 능력이 감소하는 것으로 나타났다면, 이 결과는 부모의 양육행동과 아동의 자기통제 능력이 서로 연관이 있음을 말해줄 뿐이다. 즉, 부모의 양육행동이 반드시 아동의 자기통제 능력의 원인이 된다고 볼 수는 없다. 오히려 아동의 자기통제 능력 부족이 부모로 하여금 손들게 만들어 아동의 행동을 통제하는 것을 포기하게 만들 수도 있다. 유전적 배경, 빈곤, 사회경제적 지위와 같은 제3의 요인이 두 변수 간의 상관의 원인이 될 수도 있다(〈그림 2-5〉 참조).

상관연구에서는 두 변수 간의 관계의 정도를 밝히기 위해 통계석 분석에 기초한 상관계수를 사용한다. 상관계수의 범위는 -1에서 1까지이다. 양수는 정적 상관을 의미하며 음수는 부적 상관을 의미한다. 부호에 관계없이 상관계수가 높을수록 두 변수 간의 관계가 강하다고 할 수 있다.

상관연구의 장점은 현재 우리가 가지고 있는 정보로써 미래상태를 예측할 수 있다는 점이다(Heiman, 2014, 2015; Levin, Fox, Forde, 2014). 예를 들면, 고등학교의 성적, 수능점수, IQ 점수 등으로 대학에서의 성공여부를 예측할 수 있는 것이다. 상관연구의 단점은 변수 간의 원인과 결과를 파악할 수 없다는 점이다(Gravetter et al., 2021; Heiman, 2015; Howell, 2014; Spatz, 2012; Stangor, 2015).

3) 실험연구

　상관연구가 단지 두 변수 간의 관계를 말해주는 것이라면, 실험연구에서는 두 변수 간의 원인과 결과를 정확하게 알 수 있다. 실험연구에서는 독립변수를 조작하고 종속변수에 영향을 미칠 수 있는 가외변인을 모두 통제한다. 실험연구는 상관연구가 할 수 없는 두 변수 간의 인과관계를 파악하게 해준다. 이때 독립변수는 원인이 되고 종속변수는 결과가 된다(Christensen, Johnson, & Turner, 2015, 2020; Harrington, 2020; Kirk, 2013).

　예를 들면, TV 폭력물을 시청하는 것이 아동의 공격성에 영향을 미치는가를 알아보기로 한다면, TV 폭력물을 시청하는 아동과 시청하지 않는 아동을 무작위 할당에 의해 두 집단으로 나눈다. 무작위 할당이란 실험집단과 통제집단에 연구대상을 작위적이지 않게 분배함으로써 종속변수에 영향을 미칠지 모르는 가외변수를 모두 통제하는 것을 말한다(사진 참조). 이렇게 함으로써 종속변수에 영향을 미칠지 모르

실험집단

통제집단

는 연령, 사회계층, 지능, 건강 등에서 두 집단이 서로 다를 가능성을 크게 줄여준다(Gravetter & Forzano, 2019; Kantowitz, Roediger, & Elmes, 2015; Kirk, 2013). 이 연구에서 TV 폭력물을 시청하는지 않는지가 독립변수가 되고, 공격성이 종속변수가 된다. 만약 연구결과가 TV 폭력물을 시청하는 아동의 공격성이 그렇지 않은 아동보다 더 높은 것으로 나타났다면, 이는 단지 독립변수(TV 폭력물 시청 여부) 때문이다(〈그림 2-6〉 참조).

원인과 결과의 파악이 가능하다는 점에서 실험연구가 상관연구보다는 좋은 것이지만, 다음과 같은 경우에는 상관연구가 보다 현실적인 것이다.

① 연구가 새로운 것이라 어떤 변수를 조작해야 할지 모를 때

② 변수를 조작하는 것이 불가능할 때

③ 변수를 조작하는 것이 비윤리적일 때

실험연구의 타당도를 평가하는 데에는 두 가지 기준이 있다. 그중 하나는 내적 타당도이고 또 다른 하나는 외적 타당도이다(Campbell & Stanley, 1966). 내적 타당도(internal validity)는 과연 독립변수가 원인이고 종속변수가 그 결과로서 나타나는가를 알아보는 인과관계(causal relationships)에 대한 것이다. 왜냐하면 독립변수가 아닌 다른 가외변인이 종속변수에 영향을 미쳐서 그러한 결과가 나타날 수도 있기

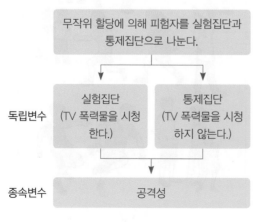

 TV 폭력물의 시청은 아동의 공격성을 증가시키는가?

〈그림 2-6〉 실험연구의 예

때문이다. 내적 타당도가 없다면 연구결과를 신뢰할 수 없기 때문에 내적 타당도는 실험연구에서 매우 중요한 것이다.

외적 타당도(external validity)는 연구결과의 일반화(generalizability) 가능성에 대한 것이다. 다시 말하면, 그것은 연구결과를 다른 모집단 과 다른 상황에도 일반화할 수 있는가의 문제이다. 일반적으로 연구 자들은 연구결과를 자신의 연구대상과 연구상황을 넘어 다른 모집단 과 다른 상황에도 적용하기를 원하기 때문에 외적 타당도 또한 실험연 구에서 지극히 중요한 의미를 갖는다.

Donald T. Campbell

연구설계는 내적 타당도와 외적 타당도를 모두 갖춘 것이 이상적이 지만, 이 두 가지를 모두 갖춘 완벽한 연구설계는 실제적으로는 불가 능하다. 왜냐하면 내적 타당도를 높이는 연구설계는 외적 타당도를 낮추게 되고, 그 역도 성립하기 때문이다. 만약 연구결과를 제대로 해 석할 수 없다면 그 결과를 일반화하는 데에도 문제가 있다. 따라서 내 적 타당도는 외적 타당도의 선결조건이다. 그러나 내적 타당도가 있

Julian Stanley

다고 해서 외적 타당도가 자동적으로 보장되는 것은 아니다. 연구자들은 이 둘 간 에 균형을 유지해주는 연구설계를 채택하도록 노력해야 한다.

〈표 2-3〉은 이상 세 가지 연구설계의 특성을 요약한 것이다.

표 2-3   세 가지 연구설계의 특성

연구설계	목표	장점	단점
기술 연구	어떤 사건의 현재 상태에 대한 대강의 윤곽을 파악한다.	현시점에서 무슨 일이 일어나고 있는지 비교적 상세하게 알 수 있다.	변수 간의 관계를 알 수 없다.
상관 연구	둘 또는 그 이상의 변수 간의 관계를 알아본다.	변수 간에 예상되는 관계를 검증하고 예측할 수 있다.	변수 간의 인과관계를 알 수 없다.
실험 연구	독립변수가 종속변수에 미치는 영향을 알아본다.	변수 간의 인과관계를 알 수 있다.	모든 변수를 다 조작할 수는 없다.

출처: Stangor, C. (1998). *Research methods for the behavioral sciences*. Boston, New York: Houghton Mifflin Company.

6. 비교문화연구(Cross-Cultural Research)

다른 문화나 다른 소수민족 사람들의 생활을 연구할 때에는 그들에게 의미 있는 측정도구를 사용해야 한다. 공격성을 예로 들면, 공격성은 모든 문화권에서 나타나는 보편적인 현상이지만, 공격성이 표현되는 양상은 문화에 따라 매우 다르다. 예를 들면, 남아프리카의 !Kung 문화에서는 공격적인 행동을 하지 못하게 저지하지만, 남미의 Yamomamo 인디언 문화에서는 공격적인 행동을 장려한다. 이곳 젊은이들은 다른 사람을 때리고 싸우고 죽이지 못하면 성인의 지위를 획득할 수 없다.

Richard Brislin

비교문화연구에서는 에믹(emic) 접근법과 에틱(etic) 접근법을 구별할 필요가 있다(Brislin, 1993). 에믹 접근법의 목표는 다른 문화권과는 상관이 없고 한 문화권의 사람들에게만 중요한 의미를 갖는 행동을 묘사하는 것이고, 에틱 접근법의 목표는 다른 문화권에도 일반화할 수 있는 행동을 묘사하는 것이다. 다시 말하면 에믹 접근법은 특정 문화에 국한된 것이고, 에틱 접근법은 범문화적인 것이다. 만약 연구자가 에믹 접근법에 의해 질문지를 구성한다면, 그들의 관심사는 연구되는 특정 문화에 국한되는 것이 될 것이고, 에틱 접근법에 의해 질문지를 구성한다면 모든 문화권에 익숙한 개념을 반영하게 될 것이다.

예를 들어, 가족연구의 경우 에믹 접근법과 에틱 접근법은 각각 어떻게 반영될 것인가? 에믹 접근법에서는 연구자들은 연구결과가 다른 소수민족에게 적합한 것인지 또는 일반화될 수 있는 것인지에 상관없이 중산층 백인가족에만 초점을 맞출 것이다. 에틱 접근법에서는 중산층 백인가족뿐만 아니라 하류계층 백인가족, 흑인가족, 아시아계 미국인 가족들도 연구할 것이다. 소수민족을 연구함으로써, 연구자들은 백인미국 가족에게서보다 소수민족에게서 확대가족이 훨씬 더 중요한 지원망이 되고 있다는 것을 발견하게 될 것이다. 따라서 에믹 접근법은 에틱 접근법과는 다른 양상의 가족구성원 간 상호작용을 보여줌으로써, 백인 중산층 가족만을 대상으로 한 연구결과는 모든 문화권에 언제나 일반화할 수 있는 것이 아니라는 사실을 알 수 있게 해준다.

1992년 "발달연구에서의 인종차별주의"를 주제로 한 미국심리학회 심포지엄에서는, 연구대상에 소수민족들을 보다 많이 참여시켜야 한다고 결론지었다. 지금까지의 연구에서는 소수민족들을 대부분 제외시켰으며, 소수민족의 사람들은 규준이나 평균에서 단지 변이로만 인식되었다. 소수민족들은 연구에서 일종의 소음(noise)으로 인식되어, 수집된 자료에서 의도적으로 제외되었다. 이렇게 오랫동안 연구에서 제외됨으로써, 현실에서는 연구에서 나타난 결과에서보다 더 많은 변이가 있게 되었다(Lee, 1992).

7. 인간발달연구의 윤리적 문제

인간을 대상으로 하는 연구의 어려움 중의 하나는 그들이 연구되고 있다는 사실을 지각함으로써 부자연스런 반응을 한다는 것이다. 따라서 연구자들은 될 수 있으면 피험자들로 하여금 이 사실을 깨닫지 못하게 해서 자연스런 반응을 얻어내려고 한다. 그러다 보니 연구자들은 가끔 윤리적 문제에 직면하게 되는데, 때로는 연구내용을 잠시 속이는 경우도 발생한다. 어떤 경우는 피험자들로 하여금 긴장이나 불안감, 부정적 정서를 경험하게 하고 약한 전기충격에 노출시키기도 한다.

물론 연구자들의 이런 행위에는 타당한 이유가 있다. 첫째, 이러한 상황을 연출하는 것이 중요한 어떤 현상을 객관적으로 연구할 수 있는 유일한 방법이라는 것이다. 둘째, 피험자들에게는 대가가 따르겠지만 이 연구로부터 얻어지는 혜택도 크다. 혜택은 이 연구를 통해 얻어지는 인간행동에 관한 지식이다. 셋째, 피험자도 연구에 대한 지식을 갖게 되고, 과학적 연구에 이바지했다는 만족감을 느낄 수 있다. 그러나 어떤 경우에라도 피험자가 연구에 참여함으로써 얻게 되는 혜택이 대가를 능가해야 한다는 사실을 연구자들은 명심해야 한다(Graziano & Raulin, 2013; Jackson, 2015; Neuman, 2020).

미국심리학회(APA)와 아동발달연구학회(SRCD)는 인간을 대상으로 하는 연구의 윤리강령을 발표하였는데 그 내용을 요약하면 다음과 같다.

1) 피험자를 신체적 또는 심리적 위해로부터 보호한다

아래에 언급된 연구들은 피험자가 신체적 또는 심리적 상처를 받을 가능성이 있는 연구의 예들이다.

① 권위에 대한 복종을 조사한 Milgram(1974)의 연구에서 남성 피험자들은 연구자의 지시에 따라 다른 사람에게 전기충격을 가하도록 되어 있었다. 이 연구에서 Milgram은 피험자들이 어느 정도까지 권위에 복종하는지를 알아보고자 하였다. 대부분의 피험자들은 연구자의 지시(권위)에 따라 다른 사람에게 전기충격을 가할 때 커다란 심리적 갈등을 겪었으며, 심한 스트레스를 받은 것으로 보고하였다.

② 자아존중감 손상의 효과를 알아보기 위한 연구(Hull & Young, 1983)에서는, 피험자들에게 지능검사와 사회적 기초능력 검사에서 그들이 실패했다고 속였다.

③ 우울증이 학습에 미치는 효과를 알아보기 위한 연구(Bower, 1981)에서는, 피험자들로 하여금 부정적 정서를 경험하게 하였다.

④ 대학생들이 어떤 상황에서 커닝을 하는지 알아보기 위한 연구(Kahle, 1980)에서, 시험을 본 후 답안지를 학생들에게 돌려주어 그들로 하여금 재점하게 하였다. 학생들이 자신의 답을 쉽게 고칠 수 있는 상황에서 많은 학생들이 그렇게 하였다. 그러나 학생들은 모르고 있었지만 연구자는 누가 답안을 고쳤는지 알 수 있었다.

2) 연구에 참여할 것인지 말 것인지를 자유롭게 선택하게 한다

연구자는 피험자에게 연구의 목적과 연구가 끝났을 때 예상되는 결과에 대해 충분히 설명해주어야 할 의무가 있다. 그리고 피험자들로부터 연구에 참여하겠다는 승낙서(informed consent)를 받아야 한다. 승낙서에 포함되는 사항은 다음과 같다.

① 연구에 소요되는 시간과 연구절차
② 연구에 참여함으로써 예상되는 위험이나 불편
③ 연구로부터 예상되는 혜택
④ 연구에 참여하는 것이 전적으로 자유의사라는 점을 주지시킨다.

다음에 언급된 연구들은 피험자들로부터 승낙서를 받지 않아 문제가 된 예들이다. 1940년 말에서 1970년 사이에 미국정부는 핵전쟁이 일어났을 경우 방사능의 효능을 알아보기 위하여 성인과 아동을 대상으로 방사능 물질을 주사하는 실험을 실시하였다. 1993년 말에 이 연구 사실이 폭로되었을 때, 많은 사람들이 경악을 금치 못하였고, 심지어는 2차 세계대전 시 나치가 유태인들을 대상으로 행한 '의학적' 실험과 비교하기도 하였다. 일제시대 제731부대에서 일본군이 저지른 '생체실험'의 만행도 이와 유사한 예이다.

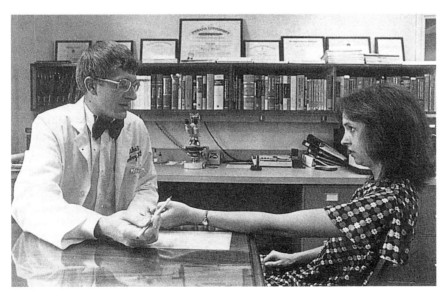

사진 설명 연구자가 한 피험자에게 승낙서에 관한 설명을 하고 있다.

James H. Jones

미국정부가 후원한 또 다른 악명높은 연구는 1932년에 매독에 걸린 흑인 청년들을 대상으로 한 40년에 걸친 종단연구이다(Jones, 1981). 1932년 미국 앨라배마 주 '매콘 카운티'에는 가난한 흑인들 사이에 매독이라는 성병이 급속도로 퍼져나갔다. 매독은 그 증상이 신체적 마비, 실명, 정신이상, 심장질환 등으로 나타나고 끝내는 죽음에 이르는 경우도 있다. 그 당시 매독치료는 안전성이나 효율성 면에서 미심쩍었다. 미국 연방정부와 주정부가 합세하여 매독치료를 받아본 일이 전혀 없는 399명의 흑인 남성들을 대상으로 매독이란 병이 치료를 받지 않을 경우 어떻게 진행되는지 알아보는 연구(Tuskegee 연구라 칭함)에 착수하였다. 혈액검사와 건강진단을 무료로 해주고 점심을 제공하고 사망 시 장례식을 무료로 치러준다고 유혹하여 피험자들로 하여금 고통스러운 척수천자(spinal taps)[1]를 정기적으로 받게 하였다. 대부분이 문맹인 피험자들에게는 연구의 본질과 목적을 숨기고 척수천자가 매독을 치료하기 위한 것이라고 거짓

사진 설명 간호사 Eunice Rivers가 Tuskegee 연구의 한 피험자인 농부가 일하고 있는 목화밭을 방문하고 있다.

---

1) 척수에 주사침을 찔러 척수액을 채취하는 것.

말을 하였다. 물론 앞으로 매독 치료약이 개발된다고 해도 그 치료에서 이들을 제외한다는 사실도 알려주지 않았다. 그들의 목표는 '피험자들을 사후에 부검하는 것'이었다. 1940년대에 페니실린이 발명된 후에도 그 사실을 피험자들에게 알리지 않았고, 혹 페니실린의 발명사실을 알고 있는 사람들에게도 주사를 맞지 않도록 유도하였다. 연구자들의 생각에는 이 놀랄 만한 '신약'의 사용이 급증하고 있기 때문에, 치료를 전혀 받지 않은 매독환자들을 연구하기에는 이 Tuskegee 연구가 마지막 기회라고 여겼다. 그러나 실제로는 통제집단(치료를 받은 매독환자 집단)이 없는 것과 같은 방법론상의 결함과 더불어 몰래 치료를 받은 피험자들이 있다는 사실이 그 연구결과를 쓸모없게 만들었다.

　Tuskegee 연구에 관한 보고서가 의학전문잡지에 가끔 실렸지만 1960년대 중반까지는 아무도 이에 대해 이의를 제기하지 않았다. 그러다가 1972년에 언론이 이 사실을 폭로하였으며 국회진상조사특위가 구성되어 이 연구를 종결시켰다. 그때까지 살아남았던 이 연구의 피험자들은 국가를 상대로 소송을 제기하여 승소하였다. 그러나 피해자들에 대한 미국정부의 공식 사과는 계속 미루어져 왔는데, 용기를 내어 사과하고 용서를 구한 사람은 바로 미국 42대 대통령 빌 클린턴이다. 그는 1997년 5월, 생존해 있던 Tuskegee 연구 참여자 중 5명을 백악관으로 초청하여 사과하였다(사진 참조).

3) 피험자의 사생활을 보호한다

　행동연구에서 윤리적 문제와 관련된 잠재적 문제는 피험자의 사생활 보호나 익명성 보장에 대한 침해이다. 이 문제는 연구결과가 인쇄되어 피험자의 신분이 노출되는 경우 심각한 것이 된다. 따라서 연구자들은 연구보고서에서 가끔 가명을 사용하기도 한다.

대부분의 경우 자료가 개인 단위로 보고되지 않기 때문에 피험자의 사생활 침해는 큰 문제가 되지 않지만 성행동이나 음주, 흡연에 관한 개인적인 정보에 관한 연구일 경우는 익명성이 보장되어야 한다.

4) 연구의 성격과 이용에 대해 정직하게 알려준다

연구의 성격과 연구결과를 어떻게 이용할 것인지에 대해 피험자에게 정직하게 말하는 것이 중요하지만, 거짓말이 불가피한 경우가 있다. 이타적 행동에 관한 연구를 예로 들면 만약 연구자가 연구를 시작하기 전에 이 연구에 관해 얘기한다면 피험자의 행동은 왜곡될 것이다. 그래서 어떤 종류의 연구에서는 거짓말이 불가피하다. 미국심리학회 윤리강령에서도 거짓말이 불가피한 경우에는 이것을 인정하고 있다.

연구윤리정보포털

연구윤리 확보를 위한
지침(법령)

우리나라의 경우 한국아동학회, 한국인간발달학회, 심리학회의 발달심리분과에서 인간을 대상으로 하는 연구의 윤리적 문제에 대해 자주 논의한 바 있다.

2010년 현재 '한국학술단체총연합회'에서 연구윤리 지침을 마련하고 있는데, 이 지침은 학술연구분야 표절 및 중복게재 등과 관련한 기준을 제시하여 연구윤리에 대한 사회적 의식을 제고하고, 건전한 학문발전에 이바지함을 목적으로 한다. 그리고 2018년에는 「연구윤리 확보를 위한 지침[교육부 훈령 제263호]」을 제정하면서 연구자가 지켜야 할 윤리규범을 법령으로 제시하였다. 이를 반영하여 한국연구재단에서는 「CRE 연구윤리정보포털」 사이트에서 이에 대한 내용들을 제시하고 있다.

3장

애착의 발달

인간은 태어나는 순간부터 사회적 존재가 된다. 영아기에 발생하는 가장 중요한 형태의 사회적 발달은 애착이다. 애착이란 영아와 양육자(주로 어머니) 간에 형성되는 친밀한 정서적 유대감을 말한다. 애착은 종족을 보존하기 위해 주위환경에 적응하는 데 필요한 요소로서, 애정이나 사랑과 같은 긍정적 정서의 의미를 지닌다. 영아가 특정 인물에게 애착을 형성하게 되면 그 사람과 있을 때에 기쁨을 느끼고, 불안한 상황에서는 그의 존재로 인해 위안을 받는다.

영아는 다른 영장류에 비해 애착을 형성하는 데 훨씬 오랜 시간이 걸린다. 영아는 출생 시 곧바로 성인에게 매달리거나 기어갈 수가 없으며, 어머니와 다른 사람을 구별하지도 못한다. 그럼에도 불구하고 출생 직후부터 영아와 어머니에게는 상호적응의 패턴이 나타나는데, 이를 통해 서로 애착관계를 형성하게 된다.

영아기에 형성된 애착은 이후 인지, 정서, 사회성발달에 중요한 영향을 미친다. 일반적으로 안정된 애착관계를 형성한 영아는 유아기에 자신감, 호기심, 타인과의 관계에서 긍정적인 성향을 보이는 것으로 나타났다. 또한 아동기에 접어들어서도 도전적인 과제를 잘 해결하고, 좌절을 잘 견디며, 문제행동을 덜 하는 것으로 나타났다. 뿐만 아니라 영아기에 형성된 애착은 이후 주변세계에 대한 신뢰감으로 확대되기도 한다.

여러 이론들이 애착의 형성과 발달에 대해 설명하고 있다. 정신분석이론은 어머니가 음식물을 제공함으로써 구강기의 성적 욕구를 충족시켜주기 때문에, 유아가 어머니에게 애착을 형성한다고 주장한다. 학습이론은 애착을 학습경험의 산물이라고 보는 반면, 인지발달이론은 유아의 애착행동은 기본적 사고구조 및 사고과정의 변화를 반영하는 것으로 본다. 한편, 동물행동학적 이론에서는 애착을 종의 생존을 보장해주는 진화된 행동체계라고 본다. 이상의 모든 이론들은 유아가 애착을 통해 사회적 환경에 대한 기본적 신뢰감과 안전감을 발달시킨다는 점을 강조한다.

이 장에서는 애착발달의 이론, 애착형성의 단계, 애착의 유형, 안정애착과 불안정애착의 영향, 보육이 애착에 미치는 영향, 애착반응, 애착과 영향요인, 애착의 전 생애발달 등에 관해 살펴보기로 한다.

1. 애착발달의 이론

David Perry

여러 이론들이 영아가 생후 1년 이내에 특정 대상과 상호의존적인 정서적 유대관계를 발전시킨다는 데에는 뜻을 같이 하지만, 애착의 형성과 발달에 대한 구체적인 설명은 각기 달리하고 있다(Perry & Bussey, 1984).

1) 정신분석이론

Freud(1938)는 정신분석이론에서 애착의 발달을 심리성적 발달로 설명하고 있다. 즉, 어머니가 영아에게 수유를 함으로써 빨기와 같은 구강성적 자극에 대한 만족감이라는 본능적 욕구를 충족시키고, 따라서 어머니는 영아의 애정의 대상이 되어 정서적 관계를 유지한다는 것이다.

Erikson(1963) 또한 영아의 수유욕구를 비롯한 기본적 욕구를 충족시켜 주는 일

은 영아기의 안정된 애착관계 형성뿐만 아니라 더 나아가
서 세상 전반에 대한 신뢰감을 심어줄 것이라고 본다. 그
러나 Erikson은 영아의 욕구에 대한 전반적 반응이 수유
그 자체보다 더 중요하다고 주장한다.

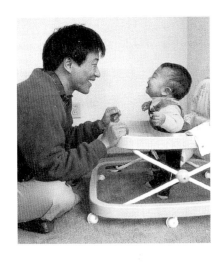

　정신분석이론에서는 애착이라는 개념을 사용하지 않았
을 뿐 아니라, 오늘날에도 애착을 설명하는 데 성적 결속
을 강조하는 그들의 뜻에 동조하는 학자는 거의 없다. 그
러나 영아의 생리적 욕구를 조절하는 어머니의 역할이 긍
정적인 애착을 형성하는 데 바탕이 된다는 견해는 이후
애착발달의 이론과 연구에 몇 가지 중요한 영향을 미쳤다.

　첫째, 어머니만을 애착의 일차적 대상이라고 강조했던 Freud의 견해는 연구자들
로 하여금 수년간 어머니-유아관계에만 주목하게 하였다. 즉, 연구자들은 아버지
를 비롯하여(사진 참조) 어린이집 교사나 기타 인물들의 영향은 간과해왔다.

　둘째, 어머니가 유아의 성적 욕구를 만족시켜 주기 때문에 어머니에게 애착한다
는 Freud의 견해에 동조하는 연구자들은 거의 없지만, 어머니가 유아의 생물학적
욕구를 만족시켜 주기 때문에 가치를 지니게 된다는 점에는 많은 이들이 동의한다.
예를 들면, 초기의 학습이론가들은 생물학적 욕구의 충족을 애착형성의 필수조건
이라고 한 Freud의 주장을 지지하였다.

　셋째, Freud는 부모의 양육행동이 자녀의 성격에 지속적인 영향을 미친다고 믿
었다. 그는 특히 수유상황에서 어머니가 아기의 구강기적 성적 욕구를 어떻게 다루
었는가에 관심이 많았다. Freud는 유아의 구강기적 욕구가 지나치게 충족되거나
좌절되면 구강기에 고착하게 된다고 주장하였다.

　구강기적 욕구가 지나치게 충족된 경우에는 낙천주의, 의존성, 수다떨기, 과식이
나 과음, 과도한 흡연, 사랑받고 보살핌받고 싶은 욕구 등과 같이 어릴 때의 행복한
상태로 돌아가려는 행동을 나타낸다. 반면, 구강기적 욕구가 지나치게 좌절된 경우
에는 염세주의, 우울증, 불만족, 의심 등과 같은 속성을 나타내며, 특히 젖니가 난
후에 좌절감을 경험한 경우에는 공격적 행동, 신랄한 비평, 빈정거림 등의 행동이

나타난다. 연구자들은 Freud의 가설에 의거해서 일정한 스케줄에 따라 수유하는 것이 좋은가 아니면 아기가 원할 때마다 수유하는 것이 좋은가, 모유 수유와 인공 수유 중 어느 것이 더 나은가, 이유는 빨리 하는 것이 좋은가 아니면 천천히 하는 것이 좋은가 등의 특정한 수유방식의 효과에 대해 연구하게 되었다. 연구결과, 특정한 수유방식과 아동의 성격과는 별로 관계가 없는 것으로 밝혀졌다(Caldwell, 1964).

2) 학습이론

학습이론에서는 애착행동을 다른 행동과 마찬가지로 학습경험의 축적이라고 본다. 학습이론가들은 세 가지 기본 원리를 가지고 애착발달을 설명하고 있다. 첫째, 학습이론에서도 정신분석이론과 마찬가지로 수유가 애착의 발달에 중요한 요인이 되는 것이라고 믿는다. 즉, 어머니는 아기를 품에 안고 젖을 먹임으로써 배고픔을 해결해줄 뿐만 아니라, 수유하는 동안 눈을 맞추고 신체접촉을 통해 따뜻하고 포근한 느낌이나 청각적 자극 또는 촉각적 만족을 끊임없이 제공해준다(사진 참조). 이런 일이 반복되면서 영아는 어머니와 즐거운 감정을 연결시키게 되고, 이로 인해 어머니는 이차적 강화인(secondary reinforcer)의 지위를 획득하게 된다. 이차적 강화인은 처음에는 중립적 자극이던 것이 다른 강화 자극과 반복적으로 짝지어짐으로써 강화인의 지위를 얻게 되는 것을 말한다. 이와 같이 어머니가 이차적 강화인의 역할을 하기 시작하면, 영아는 어머니의 관심을 끌기 위해 또 어머니와 가까이 있기 위해 무엇이든 필요하다고 생각되는 행동(미소 짓기, 울기, 옹알이하기, 따라가기 등)을 하게 된다고 한다. 정신분석이론과 마찬가지로 학습이론에서도, 일차적 욕구충족을 통해 발달한 긍정적인 정서적 유대관계를 애착이라는 개념보다는 의존성과 관련된 개념으로 설명한다(Sears, 1972).

둘째, 주양육자는 변별자극의 속성을 획득하게 된다. 변별자극이란 유아에게 언제 어떤 반응을 하면 보상받을 수 있는지를 알려주는 자극이다. 빨간 불이 켜졌을 때 지렛대를 눌러야만 먹이를 얻어먹을 수 있었던 쥐는 빨간 불이 켜질 때에는 지렛대를 눌러야 한다는 것을 학습하게 된다. 이때 빨간 불이 변별자극이다. 아마도 유아는 미소짓고, 옹알이하고, 주의를 끌 만한 행동을 하면 보상을 받는다는 것을 학습하게 되고, 또 이러한 행동을 낯선 사람보다 양육자가 더 많이 보상한다는 것을 학습하게 된다. 따라서 유아는 낯선 사람에게보다 양육자에게 사회적 반응을 더 많이 하게 된다. 여기서 어머니와 유아의 관계는 빨간 불과 쥐의 관계와 같다.

셋째, 유아의 독특한 애착행동 패턴은 양육자가 베푸는 상이나 벌에 달려 있다. 예를 들어, 유아가 울 때에만 주목하고 웃을 때에는 무시한다면, 그 유아는 울보가 될 것이다.

유아기에는 상당히 많은 학습이 이루어진다. 그러나 앞에서 설명한 세 가지 학습원리를 가지고 유아의 학습을 얼마나 정확하게 기술할 수 있는지는 분명하지 않다. 특히 세 번째 원리—유아의 반응이 단순한 강화의 법칙에 따른다는 가설—는 많은 연구자들의 공격을 받았는데, 그중 대표적인 연구자가 Ainsworth(Bell & Ainsworth, 1972)이다. 동물행동학적 개념과 인지적 개념으로 애착을 설명하는 심리학자인 Ainsworth는 학습이론가들이 쥐가 지렛대를 누르거나 비둘기가 컴퓨터 자판기를 쪼는 것(사진 참조)과 동일한 학습원리를 가지고 유아의 사회적 반응을 설명함으로

써 오류를 범했다고 주장한다. 사실상 그녀는 유아의 울음이나 미소, 그 외 다른 사회적 신호에 재빨리 반응하는 양육자의 행동이 유아의 특정한 반응을 강화하는 것이 아니라, 그러한 행동은 양육자의 행동을 예측하고 통제할 수 있다는 자신의 능력에 대한 유아의 신념을 강화하는 것이라고 믿는다. 다시 말해서, 유아는 양육자의 즉각적인 반응을 통해 양육자가 가까이 있다는 것과 자신이 신호를 보내면 양육자가 올 것이라는 것을 학습하게 된다. 따라서 유아의 울음이나 기타 신호에 대한 즉각적인 반응은 유아의 우는 빈도를 증가시키기보다 오히려 감소시키게 된다는 것이다. 왜냐하면 양육자의 즉각적인 반응은 유아로 하여금 안전감을 느끼게 해서 ("내가 부르기만 하면 엄마는 올 것이다") 사소한 스트레스 정도는 울지 않고도 혼자서 해결할 수 있기 때문이다.

요약하면, Ainsworth는 양육자의 즉각적인 반응이 유아의 외적 행동만을 강화하는 것이 아니라 자신의 행동이 다른 사람에게 미치는 영향력에 대해서도 가르친다고 주장한다. 유아의 행동에 영향을 미치는 것은 바로 이 점이다.

3) 인지발달이론

인지발달이론에서는 영아의 사회적 행동은 영아의 기본적인 인지과정과 관련이 있는 것이라고 보기 때문에, 영아의 지적 발달이 선행되어야 특정 인물에 대한 애착을 형성할 수 있다고 본다(Schaffer & Emerson, 1964). 애착을 형성하기 전에 영아는 우선 낯선 사람과 친숙한 사람을 구별할 수 있어야 하며, 대상영속성 개념 또한 획득해야 한다. 애착대상이 시야에서 사라짐으로써 더 이상 존재하지 않는다고 믿는다면, 그 사람과의 애착관계를 형성하기가 어렵기 때문이다(Schaffer, 1971). 따라서 영아가 대상영속성 개념을 획득하기 시작하는 시기인 7∼9개월경에 처음으로 애착현상을 보이는 것은 우연이 아닐지도 모른다.

Kagan(1971)은 웃기, 울기, 탐색하기와 같은 유아의 행동을 특정 형태의 기본적인 인지활동을 나타내는 반응이라고 본다. Kagan에

Jerome Kagan

의하면 '웃기'는 어떤 자극에 대한 성공적인 동화를 의미한다고 한다. 즉, 처음에는 친숙하게도 낯설게도 보였던 어떤 것이 마침내 친숙한 것임을 깨닫게 되었다는 의미이다. 아기가 웃는 것을 보고 있으면 '웃기'가 동화과정이라는 Kagan의 주장이 옳다는 생각이 든다. 예를 들어, 유아에게 여러 번 본 적이 있는 얼굴을 보여주면 유아는 몇 초 동안 숨도 쉬지 않고 그 얼굴을 들여다보다가 갑자기 그 얼굴을 기억해낸 것처럼 환하게 웃는다. 그때의 미소는 "아하! 내가 아는 얼굴이구나!"라는 의미인지도 모른다.

한편, '울기'는 동화(assimilation)의 실패를 의미한다. 유아가 지각적 불일치를 경험했지만, 어떤 반응을 보여야 할지 모를 때에는 '울기' 반응을 보인다고 Kagan은 주장한다. 예를 들어, 낯선 사람이 불쑥 나타났을 때 유아는 어떤 반응이든 보여야 한다고 생각할지 모른다. 그러나 그 사람이 누구인지 또는 그 사람의 습관이 어떤지를 모르기 때문에 유아는 그 사람의 행동을 자신 있게 통제하거나 조정하는 반응을 할 수가 없다. 이와 같이 유아는 자신을 자극시키지만 자신이 예측하고 통제할 수 없는 자극을 대할 때에는 울게 된다는 것이다.

탐색반응(예: 낯선 사람이나 사물을 주의깊게 살피는 것) 또한 지각적 불일치로 인해 발생한다. 유아는 친숙한 것과 친숙하지 않은 것이 섞여 있는 대상에 매혹되는데, 그것이 자신의 기존 표상에 부합되는지 아닌지를 보기 위해 새로운 자극에 동화하려고 애쓴다. 새로운 자극이 유아를 지나치게 자극하거나 위협하지 않는 한 그리고 위로받고 싶을 때마다 달려갈 수 있는 애착대상과 멀리 떨어져 있지 않는 한 유아는 탐색을 계속할 것이다. 탐색결과 유아는 마침내 조절(새로운 도식의 형성)하게 된다. 조절(accommodation)은 기존의 도식(schema)으로서는 새로운 사물을 이해할 수 없을 때, 기존의 도식을 변경하는 것을 말한다. 예를 들어, 유아는 낯설지만 상냥한 사람을 주의깊게 살펴본 후 마침내 그 사람에 대한 심상(mental image)을 형성할 것이다. 이것은 작지만 의미 있는 창조행위이다. 더욱이 그 사람을 다시 보게 되었을 때, 그 사람을 알아보고서 유아는 활짝 웃게 되는데, 이것이 바로 조절과정이다. 동화와 조절이 인지발달이론에서 인지적 성장의 두 가지 중요한 과정이라는 사실을 상기하기 바란다. 요약하면, '웃기'는 성공적 동화를, '울기'는 동화의 실패를 그리고

'탐색'은 조절을 통한 동화를 의미한다.

4) 동물행동학적 이론

John Bowlby

Bowlby(1973)의 애착이론에 의하면, 애착의 발달은 사회적 학습에 의해 촉진되기는 하지만, 근본적으로는 생존유지와 보호를 위한 본능적인 반응의 결과로서 이미 생래적으로 계획되어 있다고 한다. 즉, 애착행동은 인간의 생득적인 반응인 빨기, 울음, 미소, 매달리기, 따라다니기와 같은 초기 사회적 신호체계를 모체로 하고, 어머니 또한 영아를 마주 보고 안거나, 영아와 접촉하는 것을 통해 만족감을 느끼는 것 등의 내재적인 특별한 반응양식이 있어, 모자간의 사회적 상호작용을 통해 애착이 발달한다고 보았다.

Bowlby(1969, 1973)는 유아도 다양한 형태의 프로그램된 행동을 나타내는데, 이러한 행동은 생존뿐만 아니라 정상적인 발달에도 유용하다고 주장한다. 예를 들면, 아기의 울음은 어머니의 주의를 집중시키는 생물학적으로 프로그램된 '고통 신호(distress signal)'로 여겨진다(사진 참조). 아기가 자신의 고통을 전하기 위해 큰 소리로 우는 것도 생물학적으로 프로그램된 것이고, 어머니가 아기의 울음에 반응하는 것도 생물학적으로 프로그램된 것이다. 아기 울음의 적응적인 요소는 첫째, 아기의 기본 욕구(배고픔, 목마름, 안전 등)가 충족되고, 둘째, 아기가 애착관계를 형성하는 데 필요한 충분한 접촉을 할 수 있다는 점이다(Bowlby, 1973).

사진 설명 아기의 울음은 어머니(또는 양육자)의 주의를 끄는 '고통 신호'이다

아기의 애착행동—미소짓기, 옹알이 하기, 잡기, 매달리기, 울기 등—은 선천적인 사회적 신호라고 Bowlby는 주장한다. 이러한 행동들은 부모로 하여금 아기에게

접근해서 보살피고, 상호작용하도록 독려할 뿐만 아니라 아기를 먹이고, 위험으로부터 보호하고, 건강한 성장에 필요한 자극과 애정을 기울이게 해준다. 이것은 인간의 진화적 유산의 일부로서 다른 영장류와도 공유하는 적응기제이다. 유아의 애착발달은 새끼 새에서 보여지는 각인형성보다 훨씬 더 복잡한 것인데, 이것은 어머니(또는 양육자)와 장기간에 걸친 유대관계를 통해 형성된다(Bretherton, 1992).

　사회적 상호작용을 강조한 Bowlby의 애착이론은 애착이 배고픔과 같은 일차적 욕구 충족과 관계없이 발달한다고 밝힌 Harlow의 연구결과에 그 토대를 두는 것이다. Harlow와 Zimmerman (1959)의 유명한 원숭이 실험에서, 원숭이 새끼들은 어미와 격리되어 '철사엄마'와 '헝겊엄마'의 두 대리모에 의해 양육되었다. 철사엄마와 헝겊엄마에게 우유병을 부착해서 이 중 반은 철사엄마에게서 우유를 얻어먹게 하고, 나머지 반은 헝겊엄마에게서 우

Harry Harlow

Robert R. Zimmermann

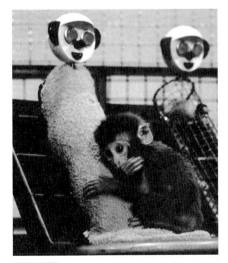

사진 설명 우유병이 '철사엄마'에게만 부착된 경우에도 원숭이 새끼는 '헝겊엄마'와 애착형성을 이루었다.

사진 설명 두려운 물체가 나타나자 원숭이 새끼는 '헝겊엄마'에게 매달렸다.

유를 얻어먹게 하였다. 연구결과 원숭이 새끼들은 어떤 엄마에게서 수유를 받았든 그와 상관없이 모두 헝겊엄마를 더 좋아하는 것으로 나타났다. 심지어 철사엄마에게서만 젖을 먹을 수 있었을 때조차도 젖먹는 시간만을 제외하고는 대부분의 시간을 헝겊엄마와 함께 보냈다(사진 참조). 그리고 낯선 물체가 나타났을 때에도 두려워하는 반응을 보이면서 모두 헝겊엄마에게로 달려가 매달렸다(사진 참조). 배고픔을 덜어준 것이 철사엄마였기 때문에, 원숭이 새끼들은 철사엄마를 더 좋아해야 하는데 그렇지 않았다. 이 연구결과는 수유가 애착형성에 결정적 요인이 아니라는 것을 시사해준다.

Bowlby의 애착에 관한 연구는 인간의 애착관계의 질이나 유대과정(bonding process)에 관한 여러 가지 연구를 촉진하였다. 그중 대표적인 것이 Mary Ainsworth가 유아의 애착을 측정하기 위해 개발한 '낯선 상황(strange situation)' 실험이다. 그뿐만 아니라 그것은 진화적 맥락에서 아동발달의 다른 측면(예를 들면, 아동의 공격적 행동, 또래 간의 상호작용, 사회적 놀이, 인지발달 등)에 관한 연구에도 자극을 주었다.

2. 애착형성의 단계

영아가 어머니와 어떻게 애착을 형성해 나가는가에 대해 Bowlby(1969)는 영아의 발달단계와 관련해서 애착의 발달단계를 전 애착단계, 애착형성 단계, 애착단계, 상호관계의 형성단계라는 네 단계로 분류하고 있다.

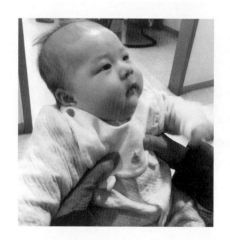

1) 전 애착단계
(Preattachment Phase: 출생 후~6주)

영아는 붙잡기, 미소짓기, 울기, 눈 응시하기(사진 참조) 등 다양한 신호체계를 통해 주위 사람들과 가까운 관계를 유지한다. 그러나 이 단계에서는 아직 애착이 형성되지 않는다. 따라서 낯선 사람과 혼자 남겨져도 영아는 별로 개의치 않는다.

2) 애착형성단계(Attachment in the Making: 6주~8개월)

이 단계에서 영아는 친숙한 사람과 낯선 사람에게 다르게 반응하기 시작한다. 예를 들어, 영아는 어머니와의 상호작용에서 더 많이 웃거나 미소지으며(사진 참조), 옹알이를 더 자주 한다. 영아는 자신의 행동이 다른 사람에게 영향을 미친다는 것을 깨닫게 되고, 자신이 필요할 때 어머니가 언제든지 반응할 것이라는 신뢰감을 발달시키기 시작한다. 그러나 낯선 얼굴과 친숙한 얼굴을 구별할 수 있음에도 불구하고 부모가 자기를 혼자 남겨 놓고 자리를 떠나도 아직 이 단계에서는 분리불안을 보이지 않는다.

3) 애착단계(Clear-Cut Attachment: 6-8주~18개월)

이 단계에서는 영아가 이미 애착이 형성된 사람에게 적극적으로 접근한다. 따라서 애착대상이 떠나면 분리불안을 보인다. 분리불안은 모든 문화권에서 보편적인 현상인 것으로 돌 전후에 나타나기 시작해서 15개월까지 계속 증가한다. 분리불안은 애착대상이 시야에서 사라져도 계속 존재한다는 대상영속성의 개념을 영아가 획득했다는 증거이기도 하다. 연구에 의하면 대상영속성 개념을 획득하지 못한 영아는 분리불안을 보이지 않는 것으로 나타났다(Lester et al., 1974).

Barry M. Lester

4) 상호관계의 형성단계
(Formation of Reciprocal Relationships: 18개월~2세)

2세 말경이 되면 영아는 정신적 표상과 언어발달로 인해 이미 애착을 형성한 사람의 행동을 예측할 수 있게 된다. 즉, 어머니가 언제 다시 돌아올지 예측할 수 있으므로 결과적으로 분리불안이 감소한다. 이 단계에서 영아는 양육자와 협상하고, 자신이 원하는대로 그 사람의 행동을 수정하고자 한다. 예를 들어, 어머니가 어디로 가고 언제 돌아올 것인지를 물어보고, 빨리 다녀와서 이야기 책을 읽어달라고 부탁한다.

Bowlby는 이상과 같은 네 단계를 거쳐 부모-자녀 간에 형성되는 애착관계는 개인의 성격발달에 큰 영향을 미친다고 보고 있다. 그러나 Bowlby의 이론은 발달단계에 따른 애착의 형성에 초점을 맞추고 있기 때문에, 동일한 연령집단 내에서의 개인차는 간과하고 있다. 이점에 착안하여 애착을 측정하기 위해 가장 보편적으로 사용되는 방법이 Ainsworth 등이 개발한 '낯선 상황(strange situation)' 실험이다.

3. 애착의 유형

Marry Ainsworth

Ainsworth(1983)는 8가시 에피소드(〈표 3-1〉 참조)로 구성된 낯선 상황 실험을 실시하여, 애착형성을 안정애착, 회피애착, 저항애착의 세 가지 유형으로 구분하였다. 이후 Ainsworth의 제자였던 Main과 Solomon(1986, 1990)은 낯선상황 실험에서 분리와 재결합 상황을 녹화한 비디오테이프를 분석한 결과, 이들 세 유형에 속하지 않는 또 다른 애착유형이 있음을 발견하고, 이를 혼란애착으로 분류하였다.

표 3-1 | Ainsworth의 낯선 상황 실험[1]

에피소드	내용	관찰되는 애착행동
1	실험자가 어머니와 영아를 실험실로 안내하고 떠난다.	
2	영아가 장난감을 가지고 노는 동안 어머니는 그 곁에 앉아 있다.	안전기지로서의 어머니
3	낯선이가 들어와 앉아서 어머니와 이야기를 나눈다.	낯선이에 대한 반응
4	어머니가 방을 나간다. 낯선이가 영아와 상호작용하고, 영아가 불안반응을 보이면 진정시킨다.	분리불안
5	어머니가 돌아와 영아를 반기고 필요하다면 영아를 진정시킨다. 낯선이가 방을 나간다.	재결합 반응
6	어머니가 방을 나간다.	분리불안
7	낯선이가 들어와서 영아를 진정시킨다.	낯선이에 의해 진정되는 정도
8	어머니가 돌아와 영아를 반기고 필요하다면 영아를 진정시킨다. 영아의 관심을 장난감으로 유도한다.	재결합 반응

출처: Ainsworth, M., Blehar, M., Waters, E., & Wall, S. (1978). *Patterns of attachment*. Hillsdale, NJ: Erlbaum.

1) 안정애착(Secure Attachment)

연구대상의 65% 정도를 차지하는 안정애착 유형은 주위를 탐색하기 위해 어머니로부터 쉽게 떨어진다. 그러나 낯선 사람보다 어머니에게 더 확실한 관심을 보이며, 어머니와 함께 놀 때 밀접한 관계를 유지한다. 또한 어머니와 분리되었을 때에도 어떤 방법으로든 능동적으로 위안을 찾고 다시 탐색과정으로 나아간다. 이들은 어머니가 돌아오면 반갑게 맞이하며, 쉽게 편안해진다.

2) 회피애착(Avoidant Attachment)

연구대상의 20% 정도를 차지하는 회피애착 유형은 어머니에게 반응을 별로 보이

---

1) 에피소드 1은 30초간 진행되고, 나머지 에피소드는 모두 3분간 진행된다. 에피소드 4, 6, 7은 영아가 심하게 울거나 어머니가 중단시킬 것을 요청하면 끝낼 수 있다. 에피소드 5와 8은 영아를 진정시키는 데 시간이 더 필요하다면 연장될 수 있다.

지 않는다. 이들은 어머니가 방을 떠나도 울지 않고, 어머니가 돌아와도 무시하거나 회피한다. 어머니와의 관계에서 친밀감을 추구하지 않으며, 낯선 사람과 어머니에게 비슷한 반응을 보인다.

3) 저항애착(Resistent Attachment)

연구대상의 10~15%를 차지하는 저항애착 유형은 어머니가 방을 떠나기 전부터 불안해하고, 어머니 옆에 붙어서 탐색을 별로 하지 않는다. 어머니가 방을 나가면 심한 분리불안을 보인다. 어머니가 돌아오면 접촉하려고 시도는 하지만, 안아주어도 어머니로부터 안정감을 얻지 못하고 분노를 보이면서 내려달라고 소리를 지르거나 어머니를 밀어내는 양면성을 보인다.

 **사진 설명** 낯선 상황 실험

4) 혼란애착(Disorganized Attachment)

연구대상의 5~10%를 차지하는 혼란애착 유형은 불안정애착의 가장 심한 형태로 회피애착과 저항애착이 결합된 것이다. 어머니와 재결합했을 때, 얼어붙은 표정으로 어머니에게 접근하거나 어머니가 안아줘도 먼 곳을 쳐다본다.

12~18개월 영아의 낯선상황 실험절차에 따른 애착유형 분포를 살펴보면, 김은하 등(2005)은 35명의 영아를 대상으로 연구한 결과, 안정애착을 형성한 영아가

62.9%로 가장 높게 나타났으며, 회피애착이 14.3%, 저항애착과 혼란애착이 각각 11.4%인 것으로 보고하였다. 반면, 12~18개월 영아 40명을 대상으로 한 진미경 (2006)의 연구에서는 안정애착이 67.5%로 가장 높게 나타났고, 회피애착 2.5%, 저항애착 22.5%, 혼란애착 7.5%로 나타났다.

　이러한 연구결과들에 대하여 정성훈, 진미경, 정운선, 임효덕(2006)은 회피애착과 저항애착 유형이 제각기 다르게 나타난 이유는 각 연구들에서 절차를 다소 수정하거나 평정기준을 수정하는 과정에서 다른 기준을 적용하였기 때문이라고 해석하였다. 예를 들면, 예비연구에서 영아의 과도한 스트레스를 피하기 위하여, 영아가 혼자 남겨지는 에피소드를 포함시키지 않는다거나 각각의 에피소드를 2분으로 단축시키는 등 한국 실정에 맞게끔 절차상 수정을 하였다는 것이다.

　낯선 상황 실험이 애착의 질을 측정하기 위한 중요한 지표가 되기는 하지만, 이를 안정애착 유형과 불안정애착 유형으로 해석하는 데는 주의가 필요하다. 안정애착 유형과 불안정애착 유형의 구분은 부모가 방으로 들어왔을 때의 반응에 근거하고 있으나, 이러한 반응은 상황요인의 영향을 크게 받는다. 또한 영아 자신의 기질이나 부모의 양육태도 등 여러 요인이 그것에 영향을 미치게 된다.

Everett Waters

　최근에는 그 대안으로 애착 Q-sort(Waters et al., 1995)를 많이 사용한다. 애착 Q-sort는 "어머니가 방으로 들어오면 영아는 함박웃음을 지으며 어머니를 맞이한다" 또는 "어머니가 움직이면 영아도 따라간다"와 같은 애착과 관련된 90개의 문항에 "매우 그렇다"부터 "매우 그렇지 않다"까지 9점 척도에 부모가 답하도록 되어 있다. 총점을 계산해서 안정애착 유형과 불안정애착 유형으로 나누는데, 연구결과 애착 Q-sort와 낯선 상황 실험은 상당히 일치하는 것으로 나타났다(Pederson et al., 1998).

4. 안정애착과 불안정애착의 영향

Ainsworth(1979)와 Sroufe(1979a)에 의하면, 유아는 안정애착을 느끼게 하는 요인들을 통해 자신은 유능하고 효율적인 존재라는 자신에 대한 개념뿐만 아니라 다른 사람들에 대한 개념—믿음직하고, 신뢰할 수 있고, 도움이 필요할 때 나를 도와준다는—도 발달시킨다. 자신과 타인에 대한 이러한 기본적 인지는 유아의 사회적 행동에 중요한 영향을 미친다. 안정애착의 유아는 불안정애착의 유아에 비해 또래 아동이나 낯선 어른들과 더 조화로운 관계를 이루며, 도전해볼 만한 새로운 문제에도 더 열심히 접근한다(Perry & Bussey, 1984).

안정애착 유아와 불안정애착 유아가 낯선 어른에게 보이는 반응을 비교해보기 위해 Main과 Weston(1981)은 유아의 주의를 끌 목적으로 어릿광대 복장을 한 어른

을 유아들에게 소개하였다. 이때 양친 부모 모두에게 안정애착을 이룬 유아들은 어릿광대의 코를 만지고 즐거워하면서 긍정적인 반응을 보였다(사진 참조). 불안정애착을 이룬 유아들은 접근반응과 회피반응을 번갈아하고, 굳은 표정을 짓고, 몸을 앞뒤로 흔들고, 이상한 자세를 취하거나, 갑자기 헛웃음을 웃는 등 갈등반응을 많이 보였다. 한쪽 부모에게만 안정애착을 이룬 유아들은 중간 정도에 해당하는 반응을 보였다. 이와 같이 애착의 안정감 수준은 낯선 사람에 대한 유아의 반응과 관련이 있는 것으로 보인다.

안정애착의 유아는 성장함에 따라 어머니와의 신체접촉의 욕구는 덜 보이는 반면 탐색활동이나 또래집단에 대한 관심은 더 많이 나타낸다. 그러나 불안정애착의 유아는 그렇지 못하다. 모순되게도 유아기를 지나서까지 부모에게 가장 많이 매

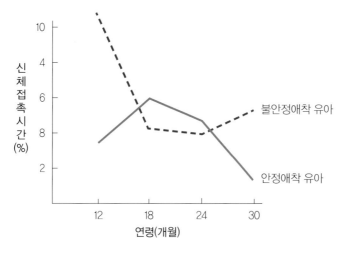

<그림 3-1> 안정애착 유아와 불안정애착 유아의 신체접촉 시간 비율상의 변화

출처: Clarke-Stewart, K. A., & Hevey, C. M. (1981). Longitudinal relations in repeated observations of mother-child interaction from 1 to 2 years. *Developmental Psychology, 17*, 127-145.

달려 있으려는 아동은 불안정애착의 아동이다. Clarke-Stewart와 Hevey(1981)는 12~30개월 사이의 유아를 대상으로 한 가정방문관찰에서 안정애착의 유아와 불안정애착의 유아가 어머니와 신체적 접촉을 갖는 시간적 비율상의 변화를 조사하였다. <그림 3-1>에서 보는 바와 같이 두 집단의 발달적 경향은 완전히 반대로 나타났다. 즉, 안정애착 유아가 어머니와 신체접촉을 갖는 시간은 24개월 이후 감소하는데 반해, 불안정애착 유아는 오히려 시간이 증가하였다. 이 점에 대해 연구자들은 "불안정애착 아동은 안정애착 아동보다 어머니와 더 많은 신체접촉을 하고 계속해서 어머니 곁에서 떨어지지 않으려고 하였다"라고 말했다.

불안정애착 유아는 행동장애를 보일 위험 또한 높다. 이들은 어머니뿐만 아니라 다른 사람들에게도 비협조적이고 비순종적이며, 칭얼대고 떼쓰기 행동을 많이 한다(Londerville & Main, 1981; Matas et al., 1978). 어릴 때 반항적이고 비순종적이었던 유아는 나중에 커서 심각한 문제행동, 특히 공격성 통제의 문제를 일으킬 위험이 높다.

우리나라에서 애착장애 아동 21명을 대상으로 그들의 임상적 특성에 관해 살펴본 연구(신의진 외, 2003)에 의하면, 애착장애 아동은 애착발달의 이상성, 사회성발달의 문제, 언어발달의 지연 및 감정조절능력에 문제가 있는 것으로 나타났다.

지금까지 불안정애착이 수반할 수 있는 여러 가지 부정적인 결과에 대해 살펴보았다. 그러나 불안정애착은 돌이킬 수 없는 것이 아니다. 노력하면 언제라도 좋아질 수 있다.

5. 보육이 애착에 미치는 영향

현대사회에서는 맞벌이 부부의 증가로 어머니 혼자서는 아이의 양육을 담당하기 어려운 실정에 있다. 어머니가 직장을 가진 5세 미만의 유아 중에서 절반 이상이 보육시설에서 양육되고 있으며, 나머지는 가족이나 친지 등의 도움을 받아 양육된다. 보육시설에서 양육한 유아와 가정에서 양육한 유아를 비교함으로써 보육이 유아발달에 미치는 영향을 알아본 연구들이 있다. 여기서 주의해야 할 점은 보육시설이 여러 가지 면(예를 들면, 교사와 아동의 비율, 교사의 훈련과 경험 정도, 공간의 크기, 위생 정도, 설비 수준, 사회적 자극의 수준)에서 차이가 많이 나기 때문에 보육의 일반적 효과를 한 마디로 말하기는 어렵다는 것이다. 따라서 그 연구결과를 일반화하는 데는 문제가 있을 수 있다(Belsky & Steinberg, 1978).

또한 비교대상이 되는 유아들은 무선할당된 것이 아니며 취업모 중에는 원해서 취업한 경우도 있지만 피치 못해서 취업한 경우도 있다. 따라서 보육유아와 일반유아 간의 차이는 어쩌면 부모의 태도와 가정형편상의 차이를 반영한 것인지도 모른다. 여기서 보육이 어머니와의 관계 및 또래와의 관계에 어떤 영향을 미치는지 알아보기로 한다(Perry & Bussey, 1984).

1) 어머니와 유아의 관계

Bowlby(1969)는 유아가 어머니와 늘 떨어져 있으면 애착발달상의 문제를 나타내며 정서적 안정감도 손상을 입는다고 주장한다. 그렇다면 직장 때문에 유아와 함께 있지 못하는 어머니는 어떻게 하면 유아에게 애정적이고 민감하게 대할 수 있으며, 필요하면 언제나 어머니가 함께 할 것이라는 점을 가르칠 수 있는가?

어떤 유아는 보육을 시작할 때 경계심을 보이는데, 특히 분리불안이나 낯가림을 시작하는 시기라면 더욱 그러하다. 이들은 보육시설에 처음 왔을 때에는 울기만 하고, 새로운 환경에 관심을 보이지 않을지 모른다. 그러나 대부분의 유아들은 매우 빠르게 적응한다. 한 연구(Ragozin, 1980)에서 보육을 시작한 지 3개월이 지나면 유아들은 별로 울지 않으며, 어머니와 떨어져서 놀이활동에 참여하고 있음을 발견하였다.

유아가 어머니와 매일 떨어져 있는 것은 유아와 어머니의 관계에 부정적인 영향을 미치는가? 이 문제를 해결하는 한 가지 방법은 Ainsworth의 '낯선 상황' 실험을 통해 보육유아와 일반유아의 불안정 애착 증후를 비교해보는 것이다. 보육시설에 다닌 지 몇 개월 안 되는 유아들 중에는 불안정애착 증후(예: 재결합 장면에서 어머니를 피함)를 보이는 유아도 있었지만(Blehar, 1974), 보육기간이 길면 길수록 불안정애착의 증후는 감소하였다(Blanchard & Main, 1979). 사실상 수준 높은 보육시설에 다니는 유아를 대상으로 한 대부분의 연구에서 보

Jay Belsky

면, 보육유아와 일반유아 간에는 애착발달의 차이가 없는 것으로 나타났다(Belsky & Steinberg, 1978; Moskowitz, Schwarz, & Corsini, 1977; Portnoy & Simmons, 1978; Ragozin, 1980). 그러나 이것은 보육양육이 불안정애착과 전혀 무관하다는 의미는 아니다. 빈곤층의 어머니가 첫돌이 되기 전의 유아를 떼어놓고 취업했을 때 그 유아들은 불안/회피애착을 상당히 많이 나타내었다(Vaughn, Gove, & Egeland, 1980). 연구자들은 애착이 형성되고 확립되는 첫 1년 동안에 어머니와의 분리로 인한 스트레스는 유아에게 매우 해롭다고 강조하였다. 그러나 이 연구의 대상이 된 어머니들은 가난하고, 교육을 받지 못했으며, 출산휴가를 끝내고 복직과 관련된 엄청난 스트레스를 경험한 사람들이었음을 고려해야 한다. 더욱이 이 어머니들은 질보다 경제성을 우선으로 보육기관을 선택하는 경향이 있기 때문에 유아가 경험한 보육의 질

이 형편없는 것일 수 있다. 요약하면, 높은 수준의 보육은 불안정애착과 연관이 없지만, 낮은 수준의 보육은 불안정 애착과 연관이 있는 것으로 보인다.

어떤 면에서는 보육이 어머니와 유아의 관계에 유익할 수도 있다. 취업모들은 대개 유아와 충분한 시간을 보내지 못하기 때문에, 함께 있는 시간만큼은 자녀에게 온갖 정성을 다한다. 한 연구(Schubert, Bradley-Johnson, & Nuttal, 1980)에서 보면, 취업모는 자녀와 상호작용할 때 보다 풍부한 표정을 짓고, 애정표현을 더 많이 하는 것으로 나타났다(사진 참조).

보육의 또 다른 장점을 예로 들어보면 어머니가 여가시간을 가질 수 있으며, 부부관계를 개선할 기회를 얻을 수 있고, 친구와 어울릴 수 있는 시간을 가질 수 있으며, 어머니가 유아를 돌보느라고 기진맥진하지 않아도 되는 것 등이다(Belsky & Steinberg, 1978; Hoffman, 1979). 요약하면, 어머니의 취업과 보육은 어머니와 유아 간의 관계를 저해하기보다는 오히려 조화롭게 할 수 있다는 것이다.

2) 또래와의 관계

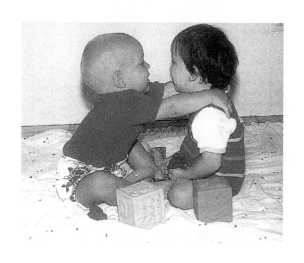

보육유아는 일반유아보다 또래에게 더 많은 관심을 보인다. Ricciuti(1974)는 보육유아와 일반유아가 어머니와 함께 있을 때, 자신과 비슷한 연령의 낯선 유아에게 보이는 반응을 비교해보았다. 보육유아는 어머니로부터 더 멀리 떨어져서 또래유아를 탐색하며 상호작용하였다(사진 참조). 그러나 보육경험이 낯선 유아에 대한 관심은 증가시켰을지 모르지만, 낯선 어른에 대해서는 관심을 덜 보이고 그들과의 상호작용을 꺼리는 편이었다(Belsky & Steinberg, 1978; Ragozin, 1980; Schachter, 1981). 따라서 보육경험은 유아의 관심을 성인으로부터 또래에게로 돌리게 하는 것으로 보인다.

보육유아는 또래로부터 긍정적인 행동뿐만 아니라 부정적인 행동도 배우게 된다. 예를 들면, 보육유아는 장난감을 다양한 방법으로 가지고 놀지만(Rubenstein & Howes, 1979), 또래에게 공격적인 행동을 하고, 과잉활동성을 보이고, 충동적이며, 자기중심적이고, 협동심이 부족하며, 처벌을 겁내지 않는 편이다(Belsky & Steinberg, 1978).

6. 애착반응: 낯가림과 분리불안

영아가 특정 인물과 애착을 형성했다는 증거로 나타나는 현상이 낯가림과 분리불안이다.

1) 낯가림(Stranger Anxiety)

영아가 특정인과 애착을 형성하게 되면 낯선 사람이 다가오거나 부모가 낯선 사람에게 자신을 맡기면 큰 소리로 우는데, 이런 반응을 낯가림이라고 한다. 낯가림은 6~8개월경에 나타나기 시작해서 첫돌 전후에 최고조에 달했다가 서서히 감소한다(Mash, Bornstein, & Arterberry, 2013; Volker, 2007).

Robert Sears

낯가림을 설명하는 몇 가지 이론이 있다. 첫째, 정신분석이론이나 사회학습이론(Sears, 1963; Spitz, 1950)에 의하면, 낯가림은 유아가 애착을 이룬 사람과 헤어지게 되지 않을까 또는 그 사람을 잃어버리지 않을까 하는 두려움을 표현하는 것이라고 한다. 이런 견해는 낯가림이 누군가에게 애착을 이룬 후에 발생한다는 것과 애착을 이룬 유아는 낯선 사람이 접근하면 어머니나 다른 친근한 사람에게 꼭 달라붙는 경향이 있다는 관찰과 일치한다(Morgan & Ricciuti, 1969; Schaffer & Emerson, 1964).

Bowlby의 동물행동학적 이론에 의하면 한 종의 진화적 역사를 통해 어떤 상황들은 너무나도 자주 위험과 연합되어서 이에 대한 공포반응이나 회피반응이 생물학적으로 프로그램되었다고 한다. 낯선 사람에 대한 회피나 경계는 이러한 생득적인 공포반응의 한 예이다. 출생 시에는 유아의 인지적·지각적 능력이 매우 미숙하기 때문에 친숙한 것과 낯선 것을 구분하지 못하며, 유아가 그 두 가지를 구분하는 데에는 어느 정도의 시간이 필요하다. 그리고 일단 그런 구분이 가능해지면 유아는 생물학적으로 프로그램된 '낯선 것에 대한 공포반응'을 나타내기 시작한다.

Kagan(1972)의 인지발달이론에 의하면 낯가림은 유아의 지각적·인지적 발달의 자연스런 결과이다. 낯가림은 낯선 사람 그 자체에 대한 반응이 아니고, 영아가 익숙해 있는 얼굴과 낯선 얼굴의 불일치에 대해 보이는 반응이다. 즉, 일단 영아가 친숙한 사람에 대한 도식을 형성하게 되면 이를 낯선 사람과 비교하게 되며, 그 차이가 큰 경우에는 혼란스러움을 경험한다는 것이다.

인지발달적 견해에 의하면 일상적으로 소수의 사람만을 보게 되는 유아들은 이런 몇몇 사람에 대한 안정된 도식을 빨리 발달시키므로, 더 어릴 때부터 낯가림을 하게 된다고 하다. 반면, 낯선 사람들(예를 들면, 친척, 보모, 가족의 친구 등)을 많이 그리고 자주 접하는 유아들은 이들에 대한 안정된 도식을 천천히 발달시키므로, 낯선 사람에 대한 두려운 반응을 덜 보이게 된다고 한다. 이러한 견해를 지지하는 한 연구(Schaffer, 1966)에서 낯가림을 더 일찍 시작하는 유아는 실제로 가족수가 적으며 가족 이외의 사람들과는 거의 접하지 못한 것으로 나타났다.

대부분의 영아는 낯선 사람에 대한 불안반응을 보이지만, 낯가림의 정도는 영아의 기질이나 환경요인에 따라 다르게 나타난다. 부모나 친숙한 성인이 함께 있는 상황에서는 낯가림이 덜 나타나고, 기질적으로 순한 영아가 까다로운 영아보다 낯가림을 덜 하는 편이다. 그러나 낯가림을 전혀 하지 않는 것도 바람직한 것은 아니다. 이런 영아들은 낯선 사람에 대한 변별력이 없기 때문에 애착형성이 잘 이루어지지 않는 경향을 보인다.

생후 3개월에서 5세 사이에 있는 우리나라 유아의 낯가림 및 분리불안과 어머니의 양육태도와의 관계를 알아본 연구(이주혜, 1981)에 의하면, 어머니의 양육태도가 수용적일수록 낯가림과 분리불안 현상이 일찍 나타났다고 한다. 이 결과는 어머니가 수용적인 태도일 때 어머니와의 애착이 잘 이루어지고, 애착형성이 잘 될수록 유아의 대상에 대한 개념형성이 빨라져서 나타난 현상으로 해석되었다.

2) 분리불안(Separation Anxiety)

낯가림이 낯선 사람에 대한 불안에서 비롯된 것이라면, 친숙한 사람과의 분리 또한 불안의 근원이 된다. 분리불안은 영아가 부모나 애착을 느끼는 대상과 분리될 때 느끼는 불안을 의미한다. 분리불안은 돌 전후에 나타나기 시작해서 20~24개월 경에 없어진다.

안정애착을 형성한 영아는 불안정애착을 형성한 영아보다 분리불안 반응을 덜 보이는 경향이 있으며, 어머니를 탐색을 위한 기지로 삼아 주변 환경에 대한 탐색활동을 하게 된다.

정신분석이론과 학습이론에 의하면, 어머니가 옆에 없을 때에 강한 불쾌감(예를 들면, 배고픔, 젖은 기저귀, 통증 등)을 경험한 유아들은 어머니와 헤어지는 것을 두려워하게 된다고 한다. 다시 말해서, 유아가 크나큰 불편함과 어머니의 부재를 연결지어 학습하게 되면 어머니가 떠나려고 할 때마다 저항함으로써 '조건화된 불안감(conditioned anxiety)'을 표현하게 된다는 것이다(사진 참조).

동물행동학적 이론에 의하면 유아들은 낯선 사람, 낯선 장면, 친숙한 사람과 헤어지는 낯선 상황 등을 포함해서 불확실한 상황에 대한 생득적 공포를 가지고 있다고 한다(Bowlby, 1973; Stayton, Ainsworth, & Main, 1973). 그러나 유아의 선천적인 탐

색활동이 점점 증가하고 어머니를 안전기지로 삼아 탐색활동을 하면서 어머니와 잠깐 떨어지는 경험을 하게 되면서 2세경에 분리불안은 사라진다.

동물행동학자들은 어린 것이 어머니 곁에 머물면 여러 가지 유해한 자극이나 불편함으로부터 보호를 받을 수 있기 때문에, 분리불안을 어린 종족들을 보호하기 위한 선천적인 반응으로 본다. 어머니는 이런 보호기능뿐만 아니라 분리불안도 경감시킬 수 있다. 어머니는 탐색활동을 위한 안전기지의 역할을 함으로써 유아가 낯선 상황을 탐색하고 낯선 환경에 친숙하도록 해준다. 그 결과 분리불안은 점차 감소하고 이전에 두려워했던 자극들(낯선 사람이나 낯선 환경)을 덜 경계하게 된다.

인지발달이론에서는 동물행동학적 견해를 보완하여 또 다른 설명을 제시한다. Kagan(1972, 1976)은 유아가 친숙한 얼굴에 대한 도식뿐만 아니라 그 사람이 어디에 있을 것이라는 도식도 발달시킨다고 믿는다. 즉, 유아들은 친숙한 장소에 있는 친숙한 얼굴을 도식화한다. 따라서 유아들은 친숙한 사람들이 어디로 갔는지 또는 그들이 언제 돌아올 것인지에 대해 알 수 없을 때 분리불안을 보이는 경향이 있다.

인지발달이론에 의하면 유아는 대상영속성 개념을 획득하기 시작하면서 분리불안을 보인다고 한다. 즉, 어머니가 지금 눈앞에 보이지 않더라도 어디엔가 계속 존재한다는 사실을 모른다면 유아는 어머니의 행방에 대해 궁금해 하지 않고 분리불안을 나타내지 않을 것이다.

우리나라 영아의 낯가림, 분리불안과 어머니의 양육태도를 알아본 연구(박은숙, 1982)에서 12~13개월된 영아의 92%가 분리불안을 보인 것으로 나타났다. 분리불안은 평균 9개월경에 시작되었으며 첫돌 무렵에 가장 심한 것으로 나타났다. 또한 이정희(2019)의 연구에서도 어머니의 분리불안이 높을수록 과보호 양육행동을 많이 하는 것으로 나타났다.

7. 애착과 영향요인

애착형성에 영향을 미치는 요인으로 영아의 기질, 영아와 부모의 특성 그리고 양

육의 질 등을 들 수 있다. 조산이나 발달지체, 신체장애 또는 심리적 장애가 있는 영
아의 경우, 불안정애착과 상관이 있는 것으로 보인다(Wille, 1991). 영아의 기질적
특성도 애착유형과 상관이 있는 것으로 보인다(Kochanska & Coy, 2002; Poehlman &
Fiese, 2001). 일반적으로 영아의 적응성은 안정애착과 정적 상관이 있으며, 영아의
활동성은 불안정애착과 정적 상관이 있는 것으로 나타났다. 아동의 적응력이 낮고
활동적일수록 어머니는 영아를 까다로운 것으로 인식하며, 어머니가 까다롭다고
인식하는 영아는 불안정애착 유형을 보일 가능성이 높다(Vaughn et al., 1992).

　그런데 영아의 기질이나 특성은 애착유형과 큰 상관이 없는 것으로 보이는데, 그
이유는 '조화의 적합성'으로 설명할 수 있다. 즉, 어떤 영아라도 양육자가 영아의 기
질에 적합한 양육을 하게 되면 영아가 안정애착을 형성할 수 있게 되지만, 그렇지
못한 경우 까다로운 기질의 영아에게는 애착문제가 발생할 수 있다(Seifer & Schiller,
1995; Sroufe, 1985).

　영아의 기질이나 특성뿐만 아니라 어머니의 특성도 애착의 형성에 영향을 미치
는 요인으로 작용한다. 어머니의 특성으로는 어머니의 성
격, 연령, 사회경제적 지위, 어머니 자신의 양육과정 등이
애착형성에 영향을 미치는 요인이다. 연구결과에 따라 다
소 차이는 있으나, 어머니의 성격특성 가운데 애착형성에
영향을 미치는 요인은 영아가 보내는 신호에 대한 민감성
과 반응성이다(Isabella, 1993; Stevenson-Hinde & Shouldice,
1995; Valenzuela, 1997).

　안정된 애착을 형성한 영아의 어머니는 아기의 신호에
빨리 반응하고, 적절한 도움을 주는 등 민감한 상호작용을
한다(사진 참조). 이와 반대로 불안정애착이나 회피애착 영
아의 어머니는 화를 잘 내고 아기와의 밀접한 신체접촉을
회피하며 자신의 감정을 표현하는 데 어려움이 있는 것으
로 나타났다(사진 참조). 어머니의 연령이 어리거나 사회경
제적 지위가 낮은 경우, 직장이나 경제적 문제에서 오는 스

트레스가 많은 경우 불안정애착이나 회피애착이 많은 것으로 나타났다. 분만에 대한 준비 여부, 산고, 모유 수유나 임신우울증 여부에 따라 애착형성에는 차이가 있는 것으로 나타났다. 또한 성장과정에서 자신이 부모와 안정된 관계를 형성한 경우에는 자신의 자녀와도 안정된 관계를 형성하지만, 그렇지 못한 경우에는 어려움을 경험한다. 즉, 어린 시절 자신의 부모와의 관계가 이후의 자녀와의 관계에 지속적으로 영향을 미치는 애착의 세대 간 전이가 일어나게 된다(장미자, 1998).

우리나라의 영아와 그 어머니를 대상으로 영아기 애착관련 변인과 모성행동 특성을 알아본 연구(구미향, 이양희, 2000)에 의하면, 영아의 애착안정성과 관련이 있는 변인은 영아의 기질과 모성 민감성으로 나타났다. 즉, 어머니가 민감한 모성행동을 보일수록, 영아가 기질적으로 순할수록, 영아는 어머니와 안정애착을 형성하는 것으로 나타났다.

M. H. van IJzendoorn

어머니와 마찬가지로 아버지의 특성 또한 애착형성에 영향을 미친다(Cox et al., 1992; Hrdy & Batten, 2007; Parke & Buriel, 2006; van IJzendoorn & De Wolff, 1997). 아버지가 영아에게 보이는 애착행동은 어머니와 사뭇 다르다. 어머니는 주로 수유와 일상적인 양육을 담당하고, 아버지는 영아와 놀이를 하는 데에 시간을 많이 보낸다(Lamb & Lewis, 2013; Parke & Clarke-Stewart, 2011; Walker et al., 1992).

부모가 영아와 함께 하는 놀이의 본질도 서로 다른데, 어머니는

영아를 거꾸로 들기

무동 태우기

고네고네

장난감 놀이, 까꿍놀이 또는 언어를 사용하는 놀이를 주로 하는 데 반해, 아버지는 영아를 거꾸로 들거나 무동 태우기 또는 고네고네(사진 참조) 등의 신체적 놀이를 주로 한다(Lamb, 1986; Parke, 1990, 1996).

Ross Parke

이와 같은 차이로 인해, 영아는 스트레스를 받는 상황에서는 어머니를 찾고, 편안한 상태에서 재미있는 자극을 원할 때에는 아버지를 찾게 된다(Lamb, 1977). 그러나 '양육자로서의 어머니' 또는 '놀이상대로서의 아버지'는 어머니의 취업과 같은 사회적 변화로 인해 그 양상이 많이 변했다. 더욱이 어떤 문화에서는 아버지가 자녀양육을 주로 담당하기도 한다.

부모와 유아의 상호작용에는 흥미로운 성차가 있다. 부모는 동성의 자녀에게 더 주목하고 자극을 주며 상호작용한다(Parke, 1978). 이것은 아버지의 경우 특히 더 그러하다. 아버지는 아들을 낳은 경우 아기를 보기 위해 병원에 더 자주 간다. 딸보다 아들과 더 많이 놀고, 특히 신체적 놀이를 더 많이 한다. 아버지는 딸보다 아들을 더 많이 안아주고, 뽀뽀해주며, 아들의 행동을 더 많이 따라한다(Belsky, 1979; Field, 1978; Lamb, 1979; Weinraub & Frankel, 1977).

아버지로부터 받는 이러한 자극들은 아들의 남성적인 발달에 중요한 역할을 한다. 첫째, 아들은 이와 같은 아버지의 관심과 애정에 화답한다. 사실상 돌이 되면 남아는 어머니보다 아버지와의 상호작용을 더 좋아한다(Belsky, 1979; Lamb, 1979). 아버지가 아들의 행동을 따라하고 다정하게 대하면 아들도 아버지의 행동을 더 많이 따라하게 된다. 모방은 두 사람 간에 호혜적으로 나타나는 행동이다. 둘째, 아버지로부터 받는 특별한 종류의 자극은 다른 데서는 배울 수 없는 유능성을 아들에게 가르친다. 예를 들면, Parke(1978)의 연구에서 사별이나 부모의 이혼으로 인해 아버지가 없는 남아는 새로운 장난감의 조작에 대한 흥미가 적은 것으로 나타났다. 아버지의 부재는 남아에게 전통적인 남성적 행동에 대한 관심의 부족, 도덕적 내면화의 약화, 지능의 저하 등과 같은 부정적인 영향을 미치는데, 아버지를 잃었을 때의 나이가 어릴수록 이러한 영향은 더 심각하다.

아버지와 10개월된 영아 126쌍을 대상으로 한 연구(Belsky, 1996)에서, 안정애착을 형성한 영아의 아버지는 불안정애착을 형성한 영아의 아버지보다 성격이 명랑하고 사교적인 것으로 나타났다. 이 아버지들은 좋은 부부관계를 유지하고, 일과 가족에 대한 긍정적 느낌을 가진 것으로 보고되었으며, 일과 가족 간에 균형을 잘 유지하는 것으로 나타났다.

'낯선 상황'에서 영아의 아버지에 대한 애착유형이 어떤가에 관한 우리나라의 연구(이영환, 1993)에서, 영아의 신호에 대한 아버지의 민감성은 애착유형에 따라 차이가 있는 것으로 나타났다. 즉, 안정애착형 영아의 아버지는 회피애착형이나 저항애착형 영아의 아버지보다 적절한 반응을 더 많이 보였다.

결론적으로, 영아의 아버지에 대한 애착은 어머니에 대한 애착과 마찬가지로 양육의 질, 영아가 아버지 또는 어머니와 갖는 전반적인 관계로부터 영향을 받는 것으로 보인다.

8. 애착의 전생애발달

애착연구의 초기 단계에서는 애착이란 영아와 양육자 간에 형성되는 애정적 유대관계만을 의미하였으나, 영아기에 형성된 애착은 전생애를 통하여 계속되고 가족 이외의 타인과의 관계에서도 애착이 형성될 수 있다는 새로운 연구결과들(Ainsworth, 1989; Hazan & Shaver, 1987)이 제시됨에 따라, 이제 애착은 영아와 양육자 간에 국한되지 않고 전생애를 통해 발달할 수 있는 애정적 유대관계로 정의할 수 있다.

Cindy Hazan

영아기에 형성된 양육자에 대한 애착이 아동기와 청년기를 거쳐 성인기까지 계속될 수 있다는 논리적 근거는 Bowlby(1969)가 제안한 애착의 내적 작동모델(internal working model)에서 찾을 수 있다. 애착의 내적 작동모델은 아동 자신과 애착 대상과의 관계에 대한 표상을 의미한다.

Phillip Shaver

Inge Bretherton

내적 작동모델은 특히 초기 환경에서 애착 대상과의 상호작용의 패턴에 의해 구성된다. 다시 말하면, 애착 대상으로부터 거절당한 경험이 있는 아동은 그 애착 대상에게 부정적인 내적 표상을 가질 뿐만 아니라 자신을 가치 없는 존재로 또는 수용되지 못하는 존재로 자신에 대한 내적 작동모델을 형성하게 된다는 것이다. 반면에 애착 대상이 자신을 정서적으로 지지하며 도와준다고 느낄 때, 영아는 애착 대상에 대해 긍정적인 표상을 가질 뿐만 아니라 자신에 대해서도 능력 있고 사랑받는 존재로서의 작동모델을 형성하게 된다(Bretherton, 1992). '작동(working)'이라는 단어가 의미하듯이 관계에 대한 내적 표상은 고정적인 것이 아니라 영아와 애착 대상, 즉 양육자와의 상호작용적 경험에 따라 지속적으로 변화한다.

Bartholomew와 Horowiz(1991)는 내적 작동모델에 대한 개념을 다음과 같이 설명하고 있다. 즉, 자신과 양육자 간에 반복된 상호작용의 경험을 통하여 내적 작동모델을 형성한 영아는 안정적 애착을 형성하게 되고, 새로운 도전에 효율적으로 대처할 수 있는 자신감을 갖게 되며, 이후 삶에서 친구나 배우자와 안전하고 상호 신뢰적인 관계를 형성하는 경향을 보인다. 요컨대, 영아기에 형성된 부모에 대한 애착은 내적 작동모델의 형태로 계속되고 그것은 후속적 관계형성 방식에 지속적으로 영향을 미치게 된다는 것이 내적 작동모델의 기본개념이다.

내적 작동모델이론의 발전은 영유아기뿐만 아니라 아동기, 청년기, 성인기, 즉 전생애에 걸쳐 애착발달을 개념화하는 이론적 토대가 되었다. 이는 개인의 발달과 맥을 같이해 애착대상이 어머니에서 아버지, 교사 그리고 연인과 배우자로 다양하게 확대된다. 이와 같이 전생애적 애착발달의 이론적 토대가 내적 작동모델이라면, 이를 경험적으로 가능하게 한 것은 성인애착면접(Adult Attachment Interview: AAI)의 개발이다. 면접방법을 통해 측정된 성인의 인생초기의 애착경험을 면밀하게 분석하면 현재 성인이 가지고 있는 애착에 대한 태도를 확인할 수 있게 된다. 즉, 행동관찰을 통해서 영아기의 애착발달을 측정하던 한계에서 벗어나, 질문과 면접을 통한

표상적 수준에서의 애착측정이 가능해진 것이다.

이와 같이 표상을 통한 애착측정 방법의 개발은 애착연구에 있어 일대 전환을 가져왔다. 무엇보다 영아기 수준에서만 머물렀던 애착측정과 애착이론을 성인기까지 확대시킴으로써, 단지 이론적 수준에 머물렀던 전생애적 관점에서의 애착이론을 경험적으로 입증할 수 있게 된 것이다.

애착의 전생애발달을 지지하는 연구들 중에서 Sroufe(1985)는 영아기 동안 안정애착을 형성한 아동들이 또래들 간에 인기가 있고 사회적 유능성이 높다는 사실을 확인한 바 있다. 청년을 대상으로 한 연구에서는 청년과 부모 간의 안정애착(사진 참조)은 청년의 사회적 능력, 자아존중감, 자기통제, 정서적 적응 등과 관련이 있는 것으로 나타났다(Allen & Kuperminc, 1995; Eberly, Hascall, Andrews, & Marshall, 1997; Juang & Nguyen, 1997; Kobak, 1992). 부모와의 안정애착은 또한 가족 이외의 다른 사람과의 관계에서도 자신감을 갖게 해준다. 한 연구에서 부모와 안정애착을 이룬 청년들은 친구, 데이트 상대 그리고 배우자와도 안정애착을 이루는 것으로 나타났다(Armsden & Greenberg, 1984; Hazan & Shaver, 1987).

우리나라 중·고등학교 청소년들과 대학생을 대상으로 연구한 장휘숙(1997)은 부모에 대한 애착이 중·고등학교 및 대학 시기에도 여전히 계속되고 있기는 하지만, 남녀 모두 연령증가와 함께 친구에 대한 애착은 증가하고, 부모에 대한 애착은 다소 약화되는 경향을 나타낸다고 밝혔다. 그럼에도 불구하고 부모에 대한 애착은 여전히 자아존중감과 학구적/직업적 자기효능감에 중요한 역할을 하고 있어 청년기에도 부모에 대한 애착이 중요하다는 것을 확인할 수 있었다.

우리나라의 대학생을 대상으로 부모와의 애착 및 심리적 독립과 성인애착의 관게에 대해 살펴본 연구(조영주, 최해림, 2001)에서는, 그 양상이 성별에 따라 차이가 있는 것으로 나타났다. 남자 대학생의 경우, 아버지와의 애착은 어머니와의 애착의 영향을 통제한 후에도 이성친밀 및 친구의존과 상관이 있었지만, 여자 대학생의 경우는 어머니와의 애착을 통제한 후 아버지와의 애착은 이성애착이나 친구애착과 상관이 없는 것으로 나타났다.

유아기에 안정애착을 체험하느냐 못하느냐 하는 것은 성인이 되어서 누군가를 사랑할 수 있는 능력에도 영향을 미친다고 한다. 사랑의 애착이론(Hazan & Shaver, 1987; Simpson, 1990)에 의하면 사랑하는 두 남녀의 관계는 세 가지 유형으로 나눌 수 있다고 한다. 첫째, '안정애착'을 체험한 사람들은 쉽사리 친밀한 관계를 유지하고 상호의존적이 된다. 그리고 상대방으로부터 버림받을까 두려워하지 않는다. 반면에 '회피애착'을 체험한 사람들은 너무 가까워지는 것을 두려워하고, 쉽사리 상대방을 믿거나 의지하지 못한다. 세 번째 유형인 '불안애착'을 체험한 사람들은 자신은 상대방과 가까워지기를 간절히 갈망하는데 상대방은 그에 상응하지 못한다고 생각한다. 그래서 상대방이 자신을 진심으로 사랑하지 않을까 봐 걱정하기 때문에 관계유지에 대해 자신이 없다.

Hazan과 Shaver의 연구(1987)에 의하면, 성인의 53%가 안정애착, 26%가 회피애착 그리고 20%가 불안애착의 유형인 것으로 나타났다고 한다. 그리고 354명의 연인들을 대상으로 성인의 애착유형을 조사해본 연구(Kirpatrick & Davis, 1994)에서는 반 이상이 두 사람 모두 안정애착 유형이었고, 10%의 경우는 한 사람은 안정애착의 유형이지만 또 다른 사람은 회피애착의 유형이었으며, 10%는 안정애착과 불안애착의 유형에 해당하는 연인들이었다. 두 사람 모두 회피애착의 유형 또는 불안애착 유형인 경우는 한 쌍도 없었다.

이와 같은 연구결과들은 영아기에 형성된 애착관계가 내적 작동모델의 형태로 지속될 가능성이 있음을 시사한다. 이제 애착은 더 이상 영아기만의 발달문제로 한정되지 않고 있으며, 그것은 전생애를 통해 계속해서 발달하는 것임을 알 수 있게 해준다.

4장

정서의 발달

정서가 무엇인가에 대해 정의를 내리는 것은 쉬운 일이 아니다. 그러나 일반적으로 정서란 자극에 직면하여 발생하거나 자극에 수반되는 여러 가지 생리적 변화(예: 혈압, 맥박수, 호흡의 변화)라든가 눈에 보이는 행동(예: 미소나 찡그림) 등의 반응을 말한다. 즉, 기쁨, 슬픔, 공포 등이 정서의 예이다.

신생아도 기쁨이나 슬픔 같은 기본 정서를 가지고 태어나지만 그것은 덜 분화된 상태에 있다. 그러나 연령이 증가함에 따라 영아는 점차 분화된 정서를 나타내고, 다른 사람의 정서를 이해할 수 있는 능력도 가지게 된다. 정서를 표현함에 있어서도 자신의 정서를 규제할 수 있게 된다.

영아기의 정서에는 두 가지 기능 또는 목적이 있다. 첫째, 영아의 정서표현은 영아의 상태를 다른 사람, 특히 양육자에게 알림으로써 양육자로 하여금 영아를 보살피게 하는 기능을 한다(Lamb, 1988; Mitsven et al., 2020; Thompson & Waters, 2020; Witherington et al., 2010). 예를 들면, 영아의 미소는 양육자로 하여금 영아와의 상호작용을 더욱더 계속하도록 해준다. 한편, 영아의 불편한 표정은 양육자로 하여금 영아에게 무슨 문제가 있는지 살펴보고 문제를 해결하도록 한다. 둘째, 영아기의 정서는 특정 자극에 대해 특정한 행동을 하도록 하는 동기를 부여한다. 예를 들면,

'분노'는 공격행동의 동기를 부여하고, '공포'는 회피행동의 동기를 부여한다. 정서의 이러한 기능은 유기체가 환경에 적응하기 위한 진화의 결과로 볼 수 있다.

정서지능은 최근 개인의 행·불행이나 성공 또는 실패를 예측하는 중요한 자질로 부각되고 있다. 일반적인 통념과는 달리 한 개인의 이후의 성취를 예측하는 데 있어서 정서지능은 IQ나 표준화된 성취검사에 의해 측정되는 지적 능력보다 더 중요한 요인으로 작용한다는 것이다. 그러므로 기쁨, 흥미, 욕구, 명랑함 등의 긍정적인 정서의 발달을 촉진시켜 풍부한 인간성을 함양하는 것은 개인의 삶에서 중요한 의미를 갖는다.

이 장에서는 정서발달의 접근법, 정서표현의 발달, 정서이해 능력과 정서규제 능력의 발달, 정서지능 등에 관해 살펴보기로 한다.

1. 정서발달의 접근법

정서발달에 대한 학자들의 견해는 다소 차이가 있으나, 대부분의 학자들은 기쁨이나 슬픔과 같은 정서는 출생 시부터 존재하지만, 그것은 덜 분화된 상태에 있는 것이며, 연령이 증가함에 따라 점차 분화된다고 믿는다. 즉, 신생아의 경우, 흥분상태에서 먼저 유쾌(긍정적 정서)와 불쾌(부정적 정서)의 정서가 분화되고, 그 다음에 불쾌한 정서로부터 차츰 분노, 혐오, 공포, 슬픔 등의 정서가 나타나며, 유쾌한 정서로부터 행복, 기쁨, 만족 등의 정서가 나타난다는 것이다(〈그림 4-1〉 참조).

그렇다면 정서의 분화는 어떻게 이루어지는가? 정서의 분화과정을 설명하는 접근법으로 생물학적 성숙, 사회적 경험(학습), 인지발달을 강조하는 접근법이 있다.

1) 생물학적 접근법

Izard(1971; Izard et al., 2000)는 정서발달에서 생물학적 요인을 강조하는데, 정서와 관련된 영아의 얼굴표정을 측정하기 위하여 MAX(Maximally Discriminative Facial

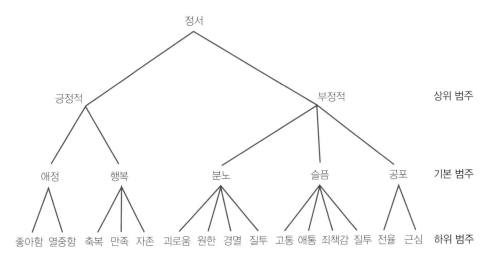

〈그림 4-1〉 정서분화의 예(하위범주의 정서는 몇 개의 예만이 제시되었음)

출처: Shaver, P., Schwartz, J., Kirson, D., & O'Connor, C. (1987). Emotion knowledge: Further exploration of a prototype approach. *Journal of Personality and Social Psychology, 52*, 1061-1086.

Movement Coding System)라는 도구를 개발하였다. Izard는 MAX 를 사용해서 여러 가지 자극에 대한 영아의 얼굴표정을 비디오테 이프로 녹화해서 관찰하였다. 자극 상황은 영아의 손에 얼음조 각 쥐어주기, 영아의 손등에 테이프 붙이기, 영아가 좋아하는 장 난감을 주었다가 뺏기, 어머니가 영아를 잠시 떠났다가 다시 돌 아오기, 낯선 사람이 영아에게 접근하기, 영아의 귀에 똑딱거리 는 시계소리 들려주기, 영아의 면전에서 풍선 터뜨리기, 영아의 코에 방충제 갖다대기, 레몬껍질이나 오렌지 주스를 영아의 입 에 대기 등이었다.

Carroll Izard

이 연구에서 Izard는 호기심이나 혐오감 등은 출생 시부터 존재하고, 화, 놀람, 슬 픔은 3~4개월, 공포는 5~7개월, 수치심과 수줍음은 6~8개월에 나타나지만 모욕 감과 죄책감은 2세 전에는 나타나지 않는다는 것을 발견하였다. 이 연구결과에 따 라 Izard는 이러한 정서는 생물학적으로 프로그램된 것이라고 주장하였다. 다시 말 해서, 우리가 행복할 때 미소를 짓게 하고, 우리가 불편할 때 얼굴을 찡그리게 하는 것은 우리의 유전인자 속에 들어 있다는 것이다.

2) 인지발달적 접근법

Alan Sroufe

Sroufe(1979b, 1995)는 정서의 분화가 생물학적 성숙보다는 오히려 영아가 성장하면서 보이는 인지변화의 결과라고 믿는다. 8개월경이면 영아는 대상영속성 개념을 이해하고, 다른 사람의 행동을 예측할 수 있으며, 의도성을 이해하게 되면서 좀더 분화된 정서를 경험하게 된다는 것이다. 4~8개월된 영아를 대상으로 한 연구에서 가면을 쓴 사람이 영아에게 다가오는 실험을 하였다. 낯선 사람이 가면을 쓰고 다가왔을 때에는 영아가 울었지만, 어머니가 가면을 쓰고 다가왔을 때에는 웃었다(Sroufe & Wunsch, 1972). 이 연구결과는 이 무렵의 영아가 어떤 상황에서 어떤 정서를 표현해야 되는가를 인지적으로 평가할 수 있다는 것을 보여준다. 8~12개월된 영아는 계획하고 기억하는 능력이 있기 때문에, 예기치 않은 일이 발생했을 때 놀라는 반응을 보인다. 영아의 낯가림과 분리불안 현상은 정서발달에서 생물학적 성숙과 인지적 성장이 하는 역할을 보여주는 예들이다.

3) 사회학습적 접근법

Malatesta(1985)는 정서발달에서 사회화의 역할을 강조한다. 정서의 사회화는 모방과정을 통해서 이루어진다. 대부분의 어머니들은 영아에게 주로 긍정적인 정서인 행복이나 기쁨과 같은 얼굴표정을 보인다. 영아는 어머니의 이런 표정을 모방해서 자신도 이런 표정을 보이게 된다(Haviland & Lelwica, 1987). 반면, 우울증에 걸린 어머니는 주로 슬픈 표정을 하고 있기 때문에, 영아도 슬픈 표정을 모방하게 된다(Pickens & Field, 1993). 정서의 사회화는 강화과정을 통해서도 이루어진다. 어머니들은 영아가 자신의 표정과 비슷한 표정을 지으면 미소로써 이를 강화해준다. 특히 영아가 기쁜 표정을 보일 때 긍정적인 반응을 보인다(Keller & Scholmerich, 1987). 모방과정과 더불어 강화과정은 영아의 부정적 정서반응을 감소시키고, 긍정적 정서반응을 증가시키는 역할을 한다(Malatesta et al., 1989).

2. 정서표현의 발달

영아기의 정서발달에 관한 고전적 연구로 불리는 Bridges(1930)의 연구에서 Bridges는 출생 후 2년 동안에 출현하는 여러 가지 정서를 도표로 만들었다(〈표 4-1〉 참조). Bridges에 의하면, 출생 시에 신생아는 몇 가지 제한된 정서만을 표현한다고 한다. 이러한 정서는 선천적인 것으로 생의 초기에 나타나고, 얼굴표정만 보고서도 정서상태를 쉽게 알 수 있으며, 세계 모든 문화권의 영아에게서 볼 수 있기 때문

표 4-1 영아기 정서발달의 예정표

정서	처음 나타나는 시기
흥미	출생 시
불쾌	출생 시
혐오	출생 시
기쁨	4~6주
분노	3~4개월
놀람	3~6개월
슬픔	출생~3개월
공포	5~7개월
수줍음	6~8개월
격노	7~10개월
수치	12~24개월
당황	24~36개월
죄책감	24~36개월

출처: Izard, C. E., & Malatesta, C. Z. (1987). Perspectives on emotional development I: Differential emotions theory of early emotional development: In J. D. Osofsky (Ed.). *Handbook of infant development* (2nd ed.). New York: Wiley.

| 슬픔 | 기쁨 | 분노 | 호기심 |

에 일차정서 또는 기본정서라고 부른다(Izard, 1991, 1994). 행복, 분노, 놀람, 공포, 혐오, 슬픔, 기쁨, 호기심 등은 일차정서의 예이다(사진 참조). 일차정서는 영아기의 초기에 나타나지만 수치심, 부러움, 죄책감, 자부심 같은 정서는 첫돌이 지나서야 나타나는데, 이것들을 이차정서 또는 복합정서라고 부른다(Izard & Malatesta, 1987).

1) 일차정서

일차정서 중에서 대표적인 예가 기쁨, 분노, 슬픔, 공포, 호기심 등이다.

(1) 기쁨

기쁨은 미소나 웃음 등으로 표현되며, 건강한 영아일수록 기쁨의 표현이 명확하고 빈번하게 나타난다. 출생 직후에 나타나는 배냇 미소는 선천적 · 반사적인 것으로, 이는 깊은 수면이나 부드러운 감촉 등과 같은 내적 상태에서 비롯된 반응이다. 4주경 영아는 갑자기 움직이는 물체들과 같은 외부의 자극에 대해 미소를 보인다. 기쁨, 분노, 중성적인 표정을 가진 사람의 얼굴을 보여주면, 이 중에서 기쁜 표정을 하고 있는 얼굴을 더 오래 주시한다. 6~10주경에는 사람의 얼굴에 대해 사회적 미소(social smile)를 보이고, 3개월경에는 친숙한 사람과 그렇지 않은 사람에 대해 다르게 미소를 지으며, 사회적 상호작용이 이루어질 때 가장 빈번하게 미소를 보인다. 이러한 반응은 친숙한 사람과의 친밀감을 강화시켜 주는 역할을 한다(Ellsworth, Muir, & Hains, 1993; Lavelli & Fogel, 2005; Malatesta & Haviland, 1982). 9~12개월경에

는 친숙한 사람이 사라졌다가 갑자기 나타
나는 '까꿍놀이' 등에 미소를 보내며, 1세 이
후에는 자신이 원인을 제공한 사건에 대해
미소를 보낸다.

웃음은 미소와 마찬가지로 기쁨의 표현이
다. 웃음은 3~4개월경 강한 자극 후에 나타
나며, 웃음을 유발하기 위해서는 미소를 유
발하기 위한 자극보다 더 강한 자극이 필요
하다.

사진 설명 2~3개월경의 영아는 친숙한 사람, 특히 어머니에
게 사회적 미소를 더 자주 보인다.

(2) 분노

우리의 주변 환경에는 분노를 일으키는 자극이 많으며, 분노의 표현은 자신이 원
하는 바를 쉽게 만족시키는 방법이 되기도 하므로 가장 보편적으로 나타나는 정서
이다. 출생 초기 영아는 배고픔이나 고통 등의 자극으로 인해 불쾌한 경험을 많이
하게 되며, 이를 울음으로 표현하게 된다. 이후에는 자신이 가지고 있는 것을 빼앗
기거나 자신이 하고 싶은 것을 제지받을 때 생기는 욕구의 좌절 때문에 분노가 일어
난다. 이는 특히 어머니가 이러한 상황을 방치했을 때 더욱 강하게 나타나며, 배가
고프거나 아플 때 더욱 빈번하게 나타난다.

영아가 성장함에 따라 분노를 표현하는 형태가 달라진다. 처음에 영아는 자신이
느끼는 좌절감을 고통스런 울음으로 표현하지만, 4~6개월경에는 성난 목소리로
소리를 지른다. 분노는 2세경에 최고조에 달하며 사랑과 수용으로 대치되지 않으
면 공격성으로 발전하게 된다. 이후 이러한 분노의 감정을 감추거나 통제하고, 육
체적 공격보다는 말로 표현하도록 가르침을 받으며, 사회적으로 수용되는 방식으
로 분노를 표현하게 된다. 또한 영아기 말에는 자신의 감정을 숨기는 것이 필요하
다는 사실도 알게 된다.

유아가 하고자 하는 일을 못하게 하거나, 어떤 일을 강요하거나, 부모가 관심을
가져주지 않는 것 등이 분노를 유발하는 요인이 된다(Sullivan & Lewis, 2003). 분노는

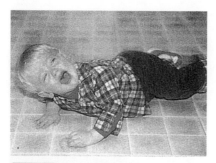

사진 설명 떼쓰기는 유아가 분노를 표출하는 한 방법이다.

떼쓰기(사진 참조), 고집부리기, 말 안 듣기, 폭발행동 등으로 표출된다. 유아기 분노의 감정은 또래나 형제와의 관계에서 자주 나타난다. 생활의 중심이 놀이집단으로 옮겨감에 따라 또래들과 충돌이 일어나기도 하며, 동생을 보게 되면서 부모가 동생에게 보이는 사랑에 대해 질투심을 보이게 된다. 이러한 질투심은 퇴행행동이나 공격성을 유발하기도 한다.

공격성은 여러 가지 형태로 나타날 수 있다. 도구적 공격성(instrumental aggression)은 장난감이나 자신이 원하는 대상이나 목표를 달성하기 위해 나타나는 것이며, 적대적 공격성(hostile aggression)은 신체적·언어적으로 타인에게 해를 입히기 위한 목적에서 나타나는 것이다. 신체적으로 다른 사람을 다치게 할 수도 있고 언어적 폭력이나 위협, 조롱, 괴롭힘, 모욕을 줄 수도 있다. 유아기에는 장난감이나 다른 원하는 물건을 얻기 위한 도구적 공격성이 많이 나타나지만, 점차 연령이 증가할수록 적대적 공격성이 많이 나타나게 된다. 대부분의 아동은 학교나 집에서 또래나 형제와의 관계에서 공격성을 보이지만, 일부는 특정한 상황에서만 공격성을 나타낸다.

공격성의 원인에 대해 정신분석이론은 이를 인간의 본능이라고 주장한 반면, 좌절-공격성 가설은 자신의 활동을 억제당하거나 방해받는 좌절상황이 아동의 공격성을 유발한다고 한다. 또한 사회학습이론의 관점에서는, 이것을 사회적 경험에서 모방이나 강화를 통해 학습된 행동이라고 설명하며, 체벌 위주의 교육은 아동에게 공격적인 행동을 모방하게 하는 모델이 될 수 있다고 한다. 그 외에도 소외나 방임되었다는 느낌이 공격성을 유발하는 요인으로 작용한다는 주장도 있다.

(3) 공포

공포는 신체적·심리적 위험에 대한 반응으로 나타난다. 출생 초기에는 대부분 부모로부터 보호를 받고 있으므로, 공포의 감정을 유발하는 자극물이 주변에 별로 없다. 심한 고통이나 큰 소리, 새로운 사람이나 장소, 높은 장소나 어둠, 다른 사람과의 위협적인 상호작용은 공포를 유발하는 선천적인 요인이다.

6개월경에 영아는 인지발달로 인해 새로운 공포심을 가지기 시작하며, 친숙하지 않은 대상에 대해 경계심을 갖게 된다. 그 가운데서도 애착이 형성된 사람과의 분리나 낯선 사람과의 만남은 공포를 유발하는 중요한 원인이 되는 것으로 밝혀지고 있다.

불안의 정서는 공포반응과 밀접한 관련이 있다. 영아기의 불안은 애착행동이나 낯가림과 관련이 있는데, 어머니와의 분리가 주된 원인이다. 낯선 사람이나 사물 또는 상황에 대해 민감하게 반응하는 영아는 공포상황을 극복하는 데 있어 어려움을 겪게 되는데, 이는 이후에 불안장애로 발전할 가능성이 높다고 한다. 영아기의 이러한 특성이 이후의 불안장애를 확실하게 설명할 수는 없지만, 양자 간에는 상관이 있다고 한다(Kagan, 1999).

Jerome Kagan

영아기에 겪게 되는 낯가림이나 분리불안 외에도 유아는 수많은 것에 대해 공포반응을 느끼게 된다. 즉, 어둠이나 큰 소리, 새로운 상황에 대해 공포를 보이게 된다. 밤에 부모가 옆에 없거나 집 이외의 장소에서 잠을 깼을 때 부모가 없으면 공포반응을 보이게 되며, 천둥소리에도 심한 공포반응을 보이게 된다. 공포는 과거의 경험과 직결된 것이 많아, 차에 다친 경험이 있는 유아는 달리는 차에 대해 공포반응을 보이게 된다. 또한 유아기에는 상상력이 발달하여 자신이 직접 경험하지 않은 사건에 대해서도 공포반응을 보이게 된다.

일반적으로 불안은 부모와 떨어지거나 낯선 장소에서 느낄 수 있으나, 영아기와는 달리 유아기에는 자신의 상상을 통해서도 불안을 느낄 수 있다. 손아래 동생을 보는 것도 어머니의 사랑을 빼앗길 수 있다고 생각하여 불안을 느끼게 되는 요인이 된다.

(4) 호기심

호기심의 정서는 특히 유아기에 강하게 나타난다. 이 시기는 주위 인물이나 사물에 대한 호기심이 가장 왕성하게 나타나며(사진 참조), 눈에 띄는 것마다 "왜"라는 질

사진 설명 유아가 어떤 사물에 대해 강한 호기심을 표현하고 있다.

사진 설명 유아가 동생의 성기를 들여다보고 있다.

문을 끊임없이 하는 질문의 시기이다. 이는 자신의 신체나 성과 관련된 것들을 통해 나타나기도 한다. 이 시기는 성에 대한 호기심이 특히 커서(사진 참조) 인형놀이를 통해 이를 자주 극화시키며, 자신의 생식기를 가지고 장난을 치기도 한다. 아동이 자신의 성이나 다른 성과 관련된 것에 대해 관심을 갖는 것은 정상적인 과정이다. 그러나 지나치게 심한 경우에는 놀이에 몰두하게 도와줌으로써 이로부터 벗어나게 해주는 것이 바람직하다.

2) 이차정서

이차정서는 일차정서보다 늦게 나타나고, 좀더 복잡한 인지능력을 필요로 한다(Lewis, Alessandri, & Sullivan, 1992). Lewis(2010, 2020)와 그의 동료들(1989)에 의하면, 자아의 인식이 이차정서에 있어 필수적이라고 한다. 즉, 당황, 수치심, 죄책감, 질투, 자긍심 등을 포함하는 이차정서는 영아가 거울이나 사진으로 자신을 알아보기 전에는 출현하지 않는 것으로 보인다. 자아의 인식은 영아기에 점차로 발달하는 것인데, 1개월경의 영아는 자신의 신체가 아직 자기 것이라고 깨닫지 못한다(사진 참조). 심지어 8개월경에도 자신의 신체와 다른 사람의 신체를 정확히 구분하지 못하는 경우가 있다. 예를 들어, 다른 영아가 가지고 노는 장난감을 움켜 잡았을 때 장난감이 쉽게 자기 손에 들어오지 않으면 놀라는 반응을 보인다. 그러나 1세가 되면 대부분의 영아는 자신과 타인을 분명하게 구분할 줄 알고, 자신이 원하는 장난감을 빼앗기 위해 다른 아이를 때리기도 한다.

영아가 자기인식을 하는지를 알아보는 한 연구(Lewis & Brooks, 1978)에서, 영아의 코에 입술연지를 찍고서 거울 앞에 세워놓고 영아가 어떤 반응을 보이는지를 관찰하였다(사진 참조). 만약 영아가 거울을 보고 입술연지가 묻은 자신의 코를 만진다면, 이것은 거울 속에 비친 상이 자신이라는 것을 인식한다는 것을 의미한다. 9~24개월 된 영아 96명을 대상으로 실험을 한 결과, 1세 미만의 영아는 한 명도 자기 코를 만지는 반응을 보이지 않았지만, 첫돌이 지난 영아는 대부분 자기 코를 만지는 반응을 보였다.

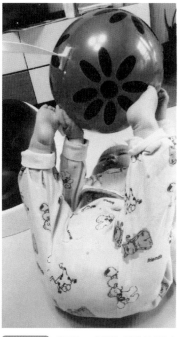

사진 설명　영아는 자신의 신체의 일부, 즉 손가락, 발가락 등을 가지고 노는 것을 좋아하지만, 이것이 자신의 신체의 일부라고 깨닫지 못하는 것으로 보인다.

우리나라의 영아 20명을 대상으로 한 같은 실험(윤경희, 1998)에서, 10~12개월의 영아들은 거울 자체에 오히려 더 많은 흥미를 보였으며, 이 중 $3/5$ 의 영아들은 자기 코를 만지는 반응을 보였다. 16~18개월의 영아들은 전부가 자기 코를 만지는 반응을 보였으며, 거울에 비친 자신의 모습에 대해 인식하기 시작하고 자기 이름을 부르는 행동을 하였다. 그리고 22~24개월의 영아들은 40% 정도가 입술연지를 찍는 것을 거부하는 행동을 보였다. 입술연지를 찍은 영아들도 모두 '코'라는 언어적 표현을 하면서 자기 코를 가리켰다. 영아기의 자기인식 능력에 관한 또 다른 연구(곽금주 외, 2005)에서 24개월 된 59.5%의 영아들이 코에 빨간색 입술연지가 묻어 있는 자신의 모습을 보고, 자신의 코에 손을 가져가 지우려는 반응을 했다. 이는 Lewis와 Brooks-Gunn(1979)의 연구결과

와는 다른 양상이다. 그들 연구에서는 18개월 무렵부터 자기인식을 시작하여 24개월경이 되면 대부분의 영아들이 신체모습을 통한 자기인식을 하였다. 그러나 우리나라 영아들의 경우는 24개월경에도 약 60%의 영아들만이 자신의 모습을 인식하는 것으로 보아 자신에 대해 인식하는 시기가 외국과 많은 차이를 보이는데, 이 결과에 대해 연구자들은 '우리'를 중심으로 하는 전통적인 한국 문화권에서 자신에 대한 인식보다는 '우리'라는 인식의 개념이 먼저 발달되기 때문이라고 해석하였다.

이차정서는 또한 자신에 대한 인식뿐만 아니라 자신의 행동을 평가하는 능력까지도 필요로 한다(Lewis, 1998; Lewis et al., 1992). 즉, 해서는 안 된다고 생각하는 짓을 했을 때에는 죄책감을 느낄 것이고, 어려운 일을 해냈을 때에는 매우 자랑스러워

할 것이다. 예를 들어, 주스를 마룻바닥에 엎지른 유아는 당황해하면서 고개를 숙일 것이고, 어려운 퍼즐 맞추기 문제를 해결한 또 다른 유아는 자랑스러움에 함박 웃음을 지을 것이다(사진 참조). 이차정서는 대부분 얼굴표정 외에도 손톱을 깨물거나 고개를 숙이는 등의 신체동작을 수반한다.

유아기 말이 되면 대부분의 기본적 정서는 모두 표현할 수 있지만, 아동기에도 정서발달은 여전히 계속된다. 자긍심이나 죄책감 같은 정서는 이제 성인의 피드백이 없어도 자연스럽게 표출된다. 즉, 부모나 교사가 칭찬하거나 야단치지 않아도 어려운 일을 해내고 나서는 스스로 자긍심을 느낄 것이고, 도덕적으로 옳지 못한 일을 하고서는 고통스런 죄책감을 느낄 것이다(Harter, Wright, & Bresnick, 1987). 특히 아동기에는 자신이 해야 할 일을 하지 않았거나, 커닝을 했거나, 거짓말을 했을 경우 죄책감을 느끼게 되는데, 이러한 변화는 아동기의 보다 성숙한 도덕성을 반영하는 것이다.

성인기가 되면 분노(anger), 기쁨(joy), 슬픔(sadness), 놀람(surprise), 공포(fear), 혐오(disgust) 등의 여섯 가지 주요 정서(〈그림 4-2〉 참조) 외에 무안함(embarrassment)이라는 정서도 표현하게 된다(Alessandri & Lewis, 1996). 당황스럽거나 무안한 상황에서

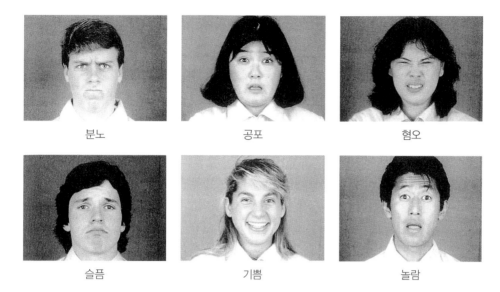

분노　　　　　공포　　　　　혐오

슬픔　　　　　기쁨　　　　　놀람

〈그림 4-2〉 분노, 공포, 혐오, 슬픔, 기쁨, 놀람 등의 여섯 가지 주요 정서

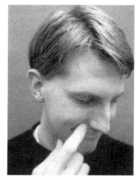

성인들은 사진에서 보는 바와 같이 고개를 약간 옆으로 돌리고, 눈을 아래로 내리깔고, 계면쩍은 웃음을 짓는 표정을 짓게 된다 (사진 참조). Keltner(1995)에 의하면, 무안함과 같은 몇 가지 주요 정서는 모든 문화권에서 표현된다고 한다. 그러나 언제 어떻게 이러한 정서를 표현하는가는 문화에 따라 다르다(Ekman & Friesen, 1969). 예를 들면, 미국문화는 남성들이 슬픔이나 울음과 같은 정서를 표출하는 것을 별로 좋지 않게 생각한다. 일본의 전통문화에서는 여성들이 큰소리로 웃는 것을 용납하지 않기 때문에 여성들이 웃을 때에는 손으로 입을 가리고 웃는다.

　성인의 정서표현에서 재미있는 현상은 동시에 한 가지 이상의 정서를 표현할 수 있다는 점이다(Ekman & Friesen, 1975). 예를 들면, 얼굴의 한쪽(눈과 눈썹 부위)에서는 분노를 표현하고 또 다른 한쪽(코와 입 부위)에서는 혐오감을 나타내는 것이다(사진 참조).

3. 정서이해 능력의 발달

정서이해 능력은 영아기에 이미 나타나기 시작하지만 유아기에 와서 급속도로 발달한다. 아동기에는 동시에 한 가지 이상의 정서를 경험할 수 있다는 사실을 이해하게 되고, 성인기에도 정서이해 능력은 계속해서 발달한다.

1) 영아기의 정서이해 능력

Marc Bornstein

영아는 언제 다른 사람들의 정서를 인식할 수 있는가? 6개월경에 영아는 정서와 관련된 얼굴표정을 분간하기 시작한다. 예를 들어, 6개월된 영아는 행복해서 미소짓는 얼굴과 불편해서 찡그린 얼굴을 구분할 줄 안다(Ludemann, 1991; Ludemann & Nelson, 1988). 6개월이 지나면서 영아는 정서를 구분할 수 있을 뿐만 아니라, 다른 사람의 정서에 의해서 영향을 받는다. 이것은 영아가 정서의 의미를 깨닫는다는 것을 말해준다(Bornstein, 1995).

그렇다면 영아는 다른 사람의 정서표현으로부터 어떻게 영향을 받는가? 성인과 마찬가지로 영아도 다른 사람의 정서를 자신의 행동의 길잡이로 삼는다(Feinman, 1992; Mumme, Fernald, & Herrera, 1996; Repacholi, 1998). 익숙지 못하거나 모호한 상황에서는 영아는 마치 그 상황을 해석하는 데 도움을 얻으려는 듯이 어머니나 아버지를 바라보는데, 이러한 현상을 사회적 참조(social referencing)라고 한다. 사회적 참조 현상은 대부분 모호한 상황에서 발생한다(Rosen et al., 1992; Walden & Ogan, 1988). 영아는 익숙지 않은 사람이나 물체에 접했을 때와 같이 어떻게 해야 할지 잘 모르는 상황에서 어머니나 아버지를 바라보는데, 이때 부모의 얼굴표정은 영아가 그 상황에서 어떻게 반응해야 하는가를 보여주는 길잡이 역할을 하게 된다(Feinman et al., 1992; Rosen et al., 1992).

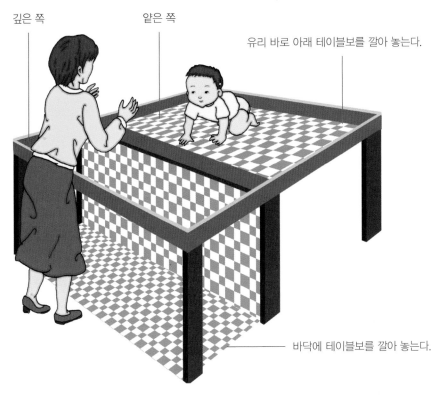

깊은 쪽   얕은 쪽   유리 바로 아래 테이블보를 깔아 놓는다.

바닥에 테이블보를 깔아 놓는다.

〈그림 4-3〉 시각벼랑 실험

사회적 참조과정을 보여주는 한 연구에서, 1세된 영아와 그 어머니를 대상으로 Gibson과 Walker(1960)가 고안한 시각벼랑 (visual cliff) 실험을 하였다. 〈그림 4-3〉에서 보듯이 얕은 쪽은 유리 바로 아래 테이블보를 깔고 깊은 쪽은 바닥에 테이블보를 깔아 놓음으로써 시각적으로 깊게 보이게 만들었다. 그러나 얕은 쪽이든 깊은 쪽이든 두꺼운 유리를 올려 놓았기 때문에 영아가 안전하게 기어갈 수 있게 되어 있다. 영아는 얕은 쪽에 놓여지고 어머니는 재미있는 장난감과 함께 반대편(깊은 쪽)에 서 있었다. 이런 상황에서 영아는 어찌할 바를 몰라 어머니를 바라보게 된다. 이때 어머니는 공포, 기쁨, 분노, 호기심, 슬픔과 같

Eleanor Gibson

은 몇 가지 얼굴표정을 짓도록 지시를 받았다. 연구자들의 관심은 어머니의 얼굴표정이 시각벼랑 실험에서 영아의 행동을 통제할 수 있는가 하는 것이었다. 어머니가 기쁨이나 호기심을 표현했을 때 대부분의 영아들은 어머니 쪽으로 기어갔다. 반면, 어머니가 분노나 공포를 표현했을 때에는 대부분의 영아가 어머니 쪽으로 건너가지 않았다. 연구결과, 1세된 영아는 환경을 이해하고, 환경에 적응하는 데에 얼굴표정을 단서로 이용하는 능력이 있음을 보여주었다(Sorce et al., 1985; Walden & Ogan, 1988).

또 다른 실험상황에서 이상하게 생긴 장난감(방을 돌아다니는 초록색 봉제 공룡)을 보고, 어머니가 미소를 짓고 있으면 영아는 그 장난감에 접근했지만, 어머니가 두려워하는 표정을 짓고 있으면 영아는 장난감에 가까이 다가가지 않았다(Klinnert, 1984). 일상생활에서도 영아는 낯선 사람을 보면, 어머니를 쳐다보고서 어머니의 표정이 낯선 사람을 반기는지 아니면 두려워하는지에 따라 다른 행동을 하였다(Haviland & Lelwica, 1987; Termine & Izard, 1988).

우리나라의 영아를 대상으로 사회적 참조행동을 알아본 연구(위영희, 1994)에서, 영아의 참조적 바라보기 행동은 자극상황과 관계없이 어머니의 얼굴표정에 따라 차이가 나타났다. 즉, 어머니가 두려운 표정을 보이고 있을 때에는 더 빈번하게 참조적 바라보기 행동을 한 것으로 나타났다. 자극상황별로 보면 영아는 두려운 장난감보다 즐거운 장난감에 더 가까이 접근하는 것으로 나타났다. 그러나 어머니의 얼굴표정에 따른 차이와 상호작용 효과는 없었다.

2) 유아기의 정서이해 능력

유아기가 되면 유아는 정서표현에 대해 많은 것을 이해하게 된다(Denham et al., 2011; Eastbrooks et al., 2013; Goodvin, Winer, & Thompson, 2014; Saarni, Mumme, & Campos, 1998). 즉, 정서를 표현하는 단어를 사용하거나 이해하는 능력이 급속도로 증가한다. 그러나 슬픔과 같은 부정적 정서보다는 행복과 같은 긍정적 정서를 더 쉽게 이해한다. 예를 들면, 3~4세 유아들의 절반 이상이 "좋다"라는 단어를 사용하지만, 소수만이 "슬프다"라는 단어를 사용할 수 있는 것으로 보인다. 6세의 유아는 '시샘하는' '뽐내는' '난처한' '가련한'과 같은 좀더 복잡한 정서개념도 이해할 수 있다. 유아는 다른 사람의 긍정적 정서를 이해하는 데는 성인과 거의 동일한 수준이지만, 부정적 정서를 이해하는 데는 아직 서툴다(Fabes et al., 1994).

사진 설명 유아기에는 슬픔과 같은 부정적 정서보다는 기쁨과 같은 긍정적 정서를 더 쉽게 이해한다.

3~4세경이 되면 유아는 기쁨, 슬픔, 분노, 놀람 등의 비교적 단순한 정서와 이들 정서를 야기하는 원인에 대해서도 이해를 많이 하게 된다. 꾸중을 들었을 때, 게임에 졌을 때, 자신이 원하던 것이 아닌 선물을 받았을 때와 같은 상황에서 '이야기 속의 주인공'이 어떠한 정서적 경험을 할 것인가를 예측할 수 있게 된다(Stein & Trabasso, 1989; 〈그림 4-4〉 참조).

〈그림 4-4〉 유아들에게 이야기 속의 주인공이 어떠한 정서적(행복한, 슬픈, 두려운, 화난) 경험을 할 것인가를 질문한다.

유아기의 정서이해 능력과 또래관계에 관한 연구(Denham, 1986)에서, 유아는 또래가 표현하는 각기 다른 정서에 다른 반응을 보이는 것으로 나타났다. 즉, 행복한 표정을 짓고 있는 또래에게는 자기도 행복한 표정을 지어보였고, 아픈 표정을 짓고 있는 또래에게는 동정적인 반응을 보였으며, 슬프거나 화난 표정을 짓고 있는 또래에게는 못 본 척하거나 그 자리를 떠나는 반응을 보였다.

유아는 또한 사람들이 '진짜로' 느끼는 정서와 그들이 지어서 '표현하는' 정서를 잘 구별하지 못한다. 왜냐하면 유아는 아직 사물의 실제 모습과 겉으로 보여지는 모습의 차이를 이해하지 못하기 때문이다. 따라서 행복한 얼굴표정과 슬픈 얼굴표정을 구별할 수는 있지만, 슬픔을 느끼는 사람이 행복한 표정을 짓고 있거나, 기쁜 상황에서 기쁜 표정을 짓지 않으면 유아는 혼란을 느낀다(Friend & Davis, 1993).

3) 아동기의 정서이해 능력

아동기가 되면 얼굴표정이 그 사람의 진짜 정서를 표현하는 것이 아닐 수도 있다는 사실을 이해하기 시작한다. 관련연구(Gnepp, 1983)에서, 아동들에게 자신의 생일파티에서 슬픈 표정을 짓고 있는 아동과 예방주사를 맞으면서 웃고 있는 아동의 사진을 보여주었다. 유아기의 아동들은 "친한 친구가 자신의 생일파티에 오지 않았기 때문에 슬픈 표정을 짓고 있으며" "예방주사가 아프지 않았기 때문에 웃고 있다"라고 설명하였다. 한편, 초등학교 고학년 아동들은 얼굴표정이 항상 자신의 진짜 감정을 드러내는 것은 아니라는 사실을 이해하기 시작하는 것으로 나타났다. 예를 들면, "예방주사를 맞는 것이 무척 겁나지만 행복한 척함으로써 두려움을 감소시킬 수 있다" "예방주사를 맞는 것이 무척 두렵지만 자신이 떨고 있다는 것을 다른 사람이 아는 것을 원치 않는다"와 같은 반응을 보였다.

아동기에는 또한 한 가지 이상의 정서를 경험할 수 있다는 사실을 이해하는데, 그 정서는 동시에 긍정적일 수도 있고 부정적일 수도 있으며, 강도가 다를 수도 있다(Harter & Buddin, 1987; Wintre & Vallence, 1994). 예를 들면, 생일날 선물을 받는 것은 기쁜 일이지만, 자신이 원하는 선물을 받지 못하는 것은 슬픈 일이다. 반면, 유아는 같은 상황에 대해 동시에 두 가지 다른 정서를 느낄 수 있다는 사실을 이해하지 못한다. 뿐만 아니라 동일한 상황이 각기 다른 사람들로부터 서로 다른 정서를 유발할 수 있다는 사실도 이해하지 못한다. 이와 같은 정서이해에 대한 변화는 아동기에 와서 발달하게 된다.

4) 성인기의 정서이해 능력

정서이해 능력은 성인기에도 계속해서 발달한다. 한 연구(Labouvie-Vief, DeVoe, & Bulka, 1989)에서는 사춘기 이전부터 중년기에 이르기까지 정서이해 능력이 증진되는 것을 발견하였는데, 이것은 개인의 자아발달 수준과 연관이 있는 것으로 밝혀졌다. 즉, 언어능력이 뛰어나고 자아발달 수준이 높은 사람들은 보다 성숙된 방식으로 그들의 정서적 경험을 서술하는 것으로 나타났다. 또한 Carstensen, Isaacowitz 그리고 Charles(1999)에 의하면, 정서적·사회적 목표는 성인기 동안 더 두드러지므로 성인들은 정서통제 능력을 증진시키게 된다고 한다.

Gisela Labouvie-Vief

4. 정서규제 능력의 발달

어떤 사회에서든지 정서를 표현할 경우 어떤 특정 상황에서 어떤 정서는 표현해도 괜찮지만 어떤 정서는 표현해서는 안 된다는 규칙이 있다. 예를 들면, 마음에 들지 않는 선물을 받았을 때, 실망감을 보이는 대신 기뻐하며 고맙다는 인사를 해야 한다는 것이 그것이다(Gross & Ballif, 1991; Harris, 1989). 어떤 면에서 이 규칙은 언어의 화용론적 발달과 유사하다. 즉, 이러한 규칙을 습득하고 활용하는 것은 사회적 적응에 도움이 된다(Perry et al., 2013; Thompson, 2013a, b).

그렇다면 이러한 규칙은 언제 습득되는가? 불쾌한 자극을 피하거나 관심을 다

른 곳으로 돌려 부정적 정서유발을 감소시키는 일은 어린 영아에게는 매우 어려운 일이지만(Mangelsdorf, Shapiro, & Marzolf, 1995), 우리가 생각하는 것보다 훨씬 일찍부터 영아는 이러한 규칙을 습득한다(Ekas, Braungart-Rieker, & Messinger, 2018). 첫돌 무렵에 영아는 벌써 자기 몸을 앞뒤로 흔들거나, 눈을 가리거나(사진 참조), 입술을 깨물거나, 불쾌한 사건이나 사람들을 피함으로써 부정적 정서유발을 감소시키는 책략을 발달시킨다(Kopp, 1989; Mangelsdorf et al., 1995). 18개월이 되면 영아는 부정적 정서를 숨길 줄 알게 된다. 20개월된 영아는 넘어졌을 때에 어머니가 함께 있을 때에만 울음을 터뜨린다. 3세가 되면 자기 감정을 더 잘 숨길 수 있다. 한 연구(Lewis, Stanger, & Sullivan, 1989)에서는 실험자가 유아에게 금지된 장난감을 만지지 말도록 지시하고 방을 나간 후에 일방경을 통해 관찰하였다(〈그림 4-5〉 참조). 대부분의 유아(32명 중 29명)가 장난감을 만졌지만, 대다수가 만지지 않았다고 거짓말을 했다. 그러나 실험자는 누가 거짓말을 하고 있는지 그들의 얼굴 표정과 몸짓만 보고서는 알 수가 없었다. 이것으로 보아 3세의 유아는 자기 감정을 숨기고 그에 대해 거짓말을 한다는 것을 알 수 있다. 이 결과는 우리가 알고 있는 어린이의 '천진난만함'과는 상당히 거리가 있음을 말해 준다. 그러나 경우에 따라서는(예컨대, 마음에 안 드는 선물을 받는 경우) 자신의 진짜

실험자와 함께 있는 유아

매력적이나 금지된 장난감

매력 없는 장난감

유아 혼자 있지만 실험자에 의해 비밀리에 관찰된다

〈그림 4-5〉 '금지된 장난감'실험

감정을 숨기고 선의의 거짓말을 하는 것이 유아에게도 필요한
것으로 보인다.

정서규제 능력은 정서표현(특히 부정적 정서표현)을 통제하
는 능력을 말하는데, 이러한 능력은 유아기에 크게 증가한다.
Saarni(1984)는 정서규제 능력의 발달에 필요한 세 가지 요소를
제시했는데, 정서를 통제할 수 있는 능력, 언제 부정적 정서를
감추어야 할지에 대한 지식, 정서를 통제하고자 하는 동기가 그
것이다.

Carolyn Saarni

다른 사람 앞에서 부정적 정서표현을 자제하는 능
력은 3세경에 나타난다(Cole, 1986). 그러나 유아보
다는 아동이 실망스러운 선물을 받은 후에 부정적 정
서표현을 덜 하며, 자신의 진짜 감정을 숨기는 것이
왜 바람직한지 그 이유도 설명할 수 있다. 그리고 남
아보다 여아가 자신의 정서를 더 잘 숨기는 것으로
보인다(〈그림 4-6〉 참조). 즉, 기대에 못 미치는 선물
을 받았을 때, 여아가 남아보다 과장된 미소를 더 많
이 지었다(Gnepp & Hess, 1986; Saarni, 1984; Zeman &
Garber, 1996).

정서규제의 한 가지 중요한 측면은 좌절에 대한 참
을성(tolerance for frustration)이다. 이 능력은 2세경
에 나타나기 시작해서 유아기에 극적으로 증가한다
(Bridges & Grolnick, 1995; Eisenberg, Fabes, Nyman,
Bernzweig, & Pinuelas, 1994). 원하는 장난감을 가질

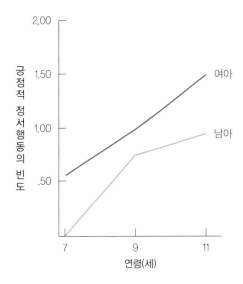

〈그림 4-6〉 연령과 성별에 따른 정서규제 능력
출처: Saarni, C. (1984). An observational study
of children's attempts to monitor their
expressive behavior. *Child Development*,
55, 1504-1513.

수 없거나 하고 싶지 않은 일을 해야 할 때와 같은 좌절상황에 직면했을 때, 나이든
유아는 어린 유아보다 더 잘 견딘다. 좌절에 대한 참을성은 부모와의 관계에도 영
향을 미친다. 부모에게 떼를 쓰거나 반항하는 것이 2~5세 사이에 급격히 감소한다
(Kuczynski & Kochanska, 1990). 부모가 자신이 하기 싫은 일을 시켰을 때 참고서 그

일을 하고, 그러한 갈등을 해결하기 위한 해결책(예를 들면, 협상)을 찾아내기 시작한다.

좌절에 대한 참을성은 만족지연(delay of gratification)에서도 나타난다. 만족지연이라 함은 지금 바로 보상을 받는 것보다 만족을 지연시켜 나중에 더 큰 보상을 받게 되는 것을 말한다(사진 참조). Mischel과 그 동료들은 아동의 만족지연 능력에 관한 일련의 연구를 시도한 바 있다. 한 연구(Mischel & Ebbesen, 1970)에서 연구자는 아동들에게 자기가 잠시 방을 떠나 다시 돌아올 때까지 기다리면 마시멜로우(marshmallow)를 두 개 먹을 수 있지만, 만약 기다리지 못하면 한 개 밖에 먹을 수 없다고 일러주었다. 이때 보상물(마시멜로우)을 눈에 보이지 않는 곳으로 치우거나, 마시멜로우(사진 참조)가 실물이 아니라 그림일 뿐이라고 생각하거나, 기다리는 동안 재미있는 상상을 하는 등의 책략을 사용하는 아동들의 경우 만족지연을 더 잘하는 것으로 나타났다. 추후 연구(Shoda, Mischel, & Peake, 1990)에서는 더 오랜 시간 동안 만족지연을 할 수 있었던 아동들이 그렇지 못했던 아동들에 비해 청소년이 되었을 때에 자기통제력, 집중력, 동기수준이 더 높았으며, SAT 점수도 더 높은 것으로 나타났다.

아동기에는 만족지연 능력도 증가하는데, 여기에는 자신의 정서를 통제하는 능력이 작용하는 것으로 보인다. 그리고 좌절에 수반되는 긴장을 감소시키는 책략을 사용하는 법을 배우게 된다. 재미있는 장난감들을 유리 진열장에 넣고서 손대지 못하게 한 실험에서, 많은 아동들은 그 장난감들을 보지 않으려고 고개를 돌리고 다른 활동에 전념하였다. 가질 수 없는 장난감은 더 이상 자신의 관심의 대상이 아니라는 이 책략은 긴장을 감소시킴으로써 그 상황을 좀더 견디기 쉽게 만들어 주는 것으로 보인다(Wolf, 1990).

우리나라 4~8세 아동 120명을 대상으로 한 연구(허수경, 이경님, 1996)에서, 아동의 만족지연시간은 연령이 증가할수록 길어졌다. 또한 아동의 만족지연시간은 신중성–충동성의 인지양식에 따라서도 차이를 보였다. 즉, 아동의 만족지연시간은 신중한 아동이 충동적인 아동보다 더 길었다.

5. 정서지능

정서지능이라는 용어는 1990년 미국의 뉴햄프셔 대학의 John Mayer 교수와 예일 대학의 Peter Salovey 교수에 의해 처음으로 사용되었다. 이들은 정서지능을 "자신과 타인의 정서를 인식하고 표현할 줄 아는 능력, 자신과 타인의 정서를 효과적으로 규제할 줄 아는 능력 그리고 자신의 삶을 계획하고 성취하기 위해서 그런 정서를 이용하고 활용할 줄 아는 능력"이라고 정의하고 있다.

Peter Salovey

그 후 타임지가 1995년에 Daniel Goleman의 저서 『정서지능(Emotional Intelligence)』을 소개하면서, IQ에 대응하여 정서지능을 설명하기 위해 정서지수(Emotional Quotient: EQ)라는 용어를 사용하였다. 이후의 보다 큰 만족을 위해 현재의 만족감을 지연시킬 수 있는 능력, 충동적이기보다는 이성적인 것이 앞서는 개인적 자질은 IQ 검사에서는 나타나지 않는 EQ의 속성이다. 그러나 EQ는 IQ와 상반되는 개념이 아니며, 타인의 감정에 공감하기 위해서는 어느 정도의 인지적 능력이 필요하다. 이후 정서지능의 개념은 무수히 많은 서적들이 출판되어 상업적으로 성공함으로써 대중적인 인기를 얻었다.

Daniel Goleman

정서지능의 개념을 이해하기 위해서는 두 가지 구성요소,

즉 지능과 정서를 이해해야 한다. 18세기부터 심리학자들은 정신은 세 가지 영역-인지(또는 사고), 정서(또는 감정), 동기(또는 의욕)-으로 구성되어 있다고 믿었다. 인지적 영역은 인간의 기억, 논리적 추론, 판단, 추상적 사고 등의 기능을 포함한다. 지능은 일반적으로 한 개인의 인지적 영역이 얼마나 잘 기능하는가를 알아보는 것이다. 정서적 영역은 소위 말하는 정신적 기능의 감정적 영역에 속하는데 정서, 기분, 평가, 그 외 다른 감정상태를 포함한다. 정서지능의 개념은 어떻게 해서든 인지와 정서의 두 영역을 연결하는 개념이어야 한다. 세 번째 영역인 동기는 생물학적 욕구 또는 목표를 추구하는 행동이다. 만약 세 번째 영역이 정서지능에 포함된다면 그것은 부차적인 것이 될 것이다(Mayer & Salovey, 1997).

1) 정서지능의 정의

Mayer와 Salovey(1997)는 인지체계와 정서체계를 포함하는 정서지능의 모델을 제시하고 있다. 이 모델에 의하면 정서지능은 네 개의 하위요인으로 나누어진다. 첫 번째 요인은 정서적 지각으로서 정서체계로부터 정보를 인식하고 입력하는 것을 말한다. 두 번째 요인은 정서적 통합으로서 정서가 인지과정을 증진시키는 데 사용된다. 세 번째 요인은 정서적 이해로서 정서의 인지적 과정을 포함한다. 그리고 네 번째 요인은 정서적 관리로서 정서적 자기관리와 대인관계에서의 정서관리를 포함한다. 이상 네 가지 요인은 〈그림 4-7〉에서 보는 바와 같다.

얼마간은 정서지능의 대중화의 결과로서, 또 얼마간은 정서규제에 대한 사회적 압력의 결과로서 정서지능을 주로 네 번째 요인인 정서관리의 문제로서 이해하는 사람들이 많다. 사람들은 정서지능이 인간관계에서 힘든 감정을 제거해주거나 지나친 감정노출을 억제해주는 방안이기를 바란다. 이것은 정서관리에 대한 하나의 가능한 결과이기는 하지만 정서규제도 적당한 수준에서 해야지 지나친 감정억제는 정서지능을 억압하게 된다.

사고는 정서적, 지적,
개인적 성장을 증진시킨다.

관리는 감정에 대한
개방성을 격려한다.

느낌에서부터 의미에
이르기까지 정서에
함축된 내용이
고려된다.

IV. 정서관리

정서는 지각되고
표현된다.

관계에 대한 정서적
신호는 상호작용적,
상황적 의미에 따라
이해된다.

III. 정서이해　정서지능　I. 정서지각

II. 정서통합

정서는 감지되고
인지에 대해
자동적으로
영향을 미치기
시작한다.

정서와 정서관련
정보가 수반된다.

정서는 신호를 감지하고
인지에 영향을 미침으로써
인지체계에 통합된다.

〈그림 4–7〉 정서지능의 4요인 모델

출처: Mayer, J. D., & Salovey, P. (1997). What is emotional intelligence? In P. Salovey, & D. Sluyter (Eds.), *Emotional development and emotional intelligence: Implications for educators*. New York: Basic Books.

정서지능의 첫 번째 요인은 정서를 지각하고 표현하는 능력이다. 정서지능은 첫 번째 요인인 정서의 지각 없이는 시작될 수가 없다. 만약 불쾌한 감정이 나타날 때마다 사람들이 이를 무시해 버린다면, 자신의 감정에 대해서 배우는 것이 아무것도 없게 된다. 정서의 지각은 얼굴표정, 목소리, 문화유물에 표현되어 있는 정서적 메시지를 등록하고, 주의를 기울이고, 해석하는 것을 포함한다. 다른 사람의 얼굴에서 잠깐 스치는 듯한 즐거운 표정을 놓치지 않고 본 사람은 그러한 신호를 놓친 사람보다 다른 사람의 감정과 생각에 대해 보다 잘 이해하게 된다.

정서지능의 두 번째 요인은 정서의 촉진에 관한 것이다. 정서는 심리적, 정서적–

경험적, 인지적, 의식적 측면의 복합적 구성물이다. 정서는 가령 어떤 사람이 "나는 지금 슬프다"라고 생각했을 때의 인식된 감정과 그 사람이 "나는 아무 쓸모도 없는 인간이야"라고 생각했을 때의 변화된 인지로서 모두 인지체계에 들어간다. 사고에 대한 정서의 촉진은 정서가 어떻게 인지체계에 들어가 사고에 참여하는 인지로 바뀌는가에 초점을 둔다. 물론 인지는 근심걱정에 의해 무너질 수 있으나 정서는 인지체계가 가장 중요하다고 보는 것에 우선순위를 둘 수 있다(Easterbrook, 1959; Mandler, 1975; Simon, 1982). 정서는 또한 인지를 변화시킬 수 있는데 행복할 때에는 생각을 긍정적으로 만들고, 슬플 때에는 부정적으로 만든다(Forgas, 1995; Mayer, Gaschke, Braverman, & Evans, 1992; Salovey & Birnbaum, 1989). 이러한 변화는 인지체계가 사물을 다른 관점에서 보게 만든다. 예를 들면, 비관적 관점과 낙관적 관점이 서로 교차하는 식으로 사고가 바뀐다. 사고의 변화에 대한 이점(利點)은 분명하다. 비관적 관점에서 낙관적 관점으로의 변화는 보다 여러 가지 관점에서 사물을 볼 수 있도록 도와주며, 그 결과로서 문제에 대해 보다 창의적이고 신중하게 생각하도록 돕는다(Mayer, 1986; Mayer & Hanson, 1995). 즉, 이들 사고의 변화의 효과는 정서의 안정보다는 창의적인 방향으로 정서를 움직이게 한다(Goodwin & Jamison, 1990).

세 번째 요인은 정서에 대한 이해와 추론을 포함한다. 정서는 수 세기 동안 철학자들을 당황하게도, 기쁘게도 만든 복잡한 인간관계에 대한 상징을 형성한다. 정서를 이해할 수 있는 사람, 즉 사람들이 화합하며 관계를 끝까지 지속시킬 수 있는 방법을 아는 사람들은 인간의 본성에 대한 진실과 대인관계를 이해하는 능력을 갖춘 진실로 축복받은 사람들이다.

네 번째 요인을 보면 왜 정서의 관리가 정서의 지각에서 출발해야 하는지 그 이유를 알 수 있다. 처음에 긍정적인 정서를 지각하게 되면 정서를 이해하고 정서를 조절할 수 있다. 그리고 이러한 이해는 정서를 잘 관리하고 대처하는 데 필요한 사고의 폭을 넓게 한다. 사실상 정서지능이 높은 사람들은 불안정한 정서상태에 대처할 수 있어야 하는데, 그러기 위해서는 정서에 대한 상당한 수준의 이해가 요구된다(Salovey, Bedell, Detweiler, & Mayer, 1997).

정서관리는 또한 사람들이 대인관계에서 어떻게 감정을 전개하는지를 이해하는 법을 포함한다. 이들 관계는 예측하기 힘들다. 따라서 정서관리는 다방면의 다른 감정의 경로를 숙고해야 하며 그들 가운데서 선택을 해야 한다. 예를 들면, 배우자를 향해 화를 낼 것인가? 이 경우 배우자 쌍방 간에 감정이 진정될 때까지 기다리는 것이 최선의 방법인가? 다음번에는 화내지 않고 용서하는 일이 가능한가? 사람들은 배우자를 잃은 후에 겪어야 할 고통과 슬픔에 대해 신중하게 생각해보는 동안 자기 혼자서 몇 시간, 며칠 혹은 몇 주간을 화난 감정에 사로잡힐 것이다. 반면, 격분한 감정을 직접적으로 다루는 방법은 없을까? 이에 대한 몇 가지 가능성 있는 대안들이 있다.

환경 속에서 일어나는 여러 가지 정서적 반응들을 조절하기 위해서는 정서관리가 필수적인 것이다. 정서관리는 정서적, 종교적, 실용주의적 입장에서 자신이 최상이라고 생각하는 방향으로 나아가도록 하는 기회를 제공해준다. 정서지능이 높은 사람들이라고 해서 반드시 한 직장을 고수하거나 결혼생활을 유지하기를 원한다는 것을 의미하지는 않는다. 이것은 마치 지능이 높은 사람이 하루 종일 어려운 책을 읽기 원한다는 것을 의미하지 않는 것과 마찬가지이다. 그보다는 무슨 일이 발생할지를 고려해야 하는 성격의 영역과 상황이 있다. 유연성은 하나의 능력으로서 측정되는 정서지능이 낙관주의, 쾌활함, 친절함 그리고 기타 특성과 높은 상관을 나타내지는 않지만, 그럼에도 불구하고 여전히 인생에서 중요한 예측을 할 수 있는 이유에 대한 설명이 된다.

우리나라의 대학생을 대상으로 대학생활적응과 정서지능과의 관계에 대해 살펴본 연구(최영희, 1999)에 의하면, 타인의 정서를 민감하게 알아차리고, 자신의 정서를 잘 관리하는 대학생들은 대학생활에 적응을 잘하는 것으로 나타났다.

2) 정서표현불능증과 정서지능

정서지능이 일상생활에서의 적응이나 정신적 건강에 있어 중요한 변수로 인식되면서, 정서지능에 관한 대부분의 연구는 정서지능의 구성개념이나 관련변인 그리고 이를 향상시키기 위한 여러 가지 방법에 초점을 맞추고 있다. 그러나 자신의 감정을 언어로 표현하지 못하는 심인성 질환으로 고통을 받고 있는 환자들에 대한 임상적 연구나 관찰을 통해, 많은 학자들은 낮은 수준의 정서지능과 관련된 문제에 대해 관심을 갖게 되었다. 그러한 문제 중 대표적인 것이 정서표현불능증(alexithymia)이다.

정서표현불능증이란 다른 사람들에게 자신의 정서상태를 설명하는 능력이 부족한 것을 말한다. 정서표현불능증인 사람들은 대부분의 경우 자신의 감정이나 정서상태를 제대로 인식하지 못하는데, 무표정한 얼굴과 딱딱하게 굳어진 자세 등이 그 특징이다.

정서표현불능증이라는 용어는 감정을 인식하고 기술하는 데 있어 정신신체질환 환자들이 보이는 특징적인 어려움을 묘사하기 위해 정신분석가인 Sifneos(1973)가 만들어낸 용어다. 이는 부족함을 의미하는 'a', 단어를 의미하는 'lexis'와 정서를 의미하는 'thymos'라는 희랍어의 합성어로, 자신의 정서를 인식하고 전달하는 것에 어려움을 느끼는 증상을 의미한다. 여러 연구들에서도 정신신체질환으로 고통을 받고 있는 사람들은 자신의 감정을 표현하는 데 어려움이 있으며, 상상력이 빈곤하고, 외부지향적인 사고특성을 가지고 있다고 하였다(Nemiah & Sifneos, 1970; Krystal, 1968; Krystal & Raskin, 1970). 이러한 임상자료를 바탕으로 학자들은 정서표현불능증을 다음과 같은 네 가지 특성을 갖는 것으로 정의하고 있다. 첫째, 자신의 감정을 잘 인식하지 못하고 정서적 각성을 유발하는 감정과 신체감각 간의 차이를 구분하는 것에 어려움이 있고, 둘째, 자신의 감정을 타인에게 설명하는 데 어려움이 있으며, 셋째, 상상력이 부족하고, 넷째, 융통성이 없으며 외부사건의 세부적인 사항을 중시하는 인지양식을 가지고 있다. 정서표현불능증에 대한 연구는 임상적 관찰에서 비롯되었기 때문에, 그 구성개념에 대한 과학적 지지를 거의 받지 못하였으며 많은 비판을 받았다. 그러므로 정서표현불능증의 구성요인을 개념화하기 위한 많은 시도가 이루어졌다.

정서표현불능증은 일반적으로 정서지능과 관련하여 개념화할 수 있다. 정서표현불능증을 정서지능과 관련하여 이해하기 위해서는 Gardner(1983)의 다중지능이론에 주목할 필요가 있다. Gardner는 지능에는 개인지능(personal intelligence)을 포함한 수많은 지능이 존재한다는 다중지능이론을 주장하였으며, 개인지능은 다시 자기이해 지능(intrapersonal intelligence)과 대인관계 지능(interpersonal intelligence)으로 구분하였다. 자기이해 지능은 자신의 감정상태에 접근할 수 있는 능력을 의미하는 것으로, 이는 정서표현불능증의 중요한 구성요소인 자신의 감정을 인식하거나 타인에게 자신의 감정을 설명하는 것에서의 어려움과 관련이 있다. 그리고 감정이입은 대인관계 지능의 한 부분을 의미하는 것으로, 감정표현불능증의 경향이 높은 사람은 타인의 감정에 대한 공감이 이루어지기 어렵다고 볼 수 있다.

Howard Gardner

　초기의 이론적 연구에서 Salovey와 Mayer(1989/1990, p. 189)는 정서지능을 "자기 자신과 타인의 감정이나 정서를 인식하고 구별하며 이러한 정보를 자신의 사고나 행동을 유도하는 데 사용할 수 있는 능력이라고 정의하였다." 비록 이러한 정의가 정서적 자각과 감정이입을 포함하고 있기는 하지만, 그후 Mayer와 Salovey(1997)는 이러한 정의는 감정에 대한 사고작용을 충분히 강조하지 못하고 있다고 주장하였다. 분명히 그에 대한 이전의 정의에는 인지와 행동을 유도할 수 있는 정서적 정보를 사용할 수 있는 능력이라고 하였기 때문에 이러한 주장은 다소 뜻밖이라고 할 수 있다. 그럼에도 불구하고 Mayer와 Salovey(1997)는 네 가지 주요 요인으로 구성된 새로운 개념정의를 소개하고 있다. 네 가지의 주요 요인은 첫째, 정서적 지각과 평가 및 표현, 둘째, 사고의 정서적 촉진, 셋째, 정서에 대한 이해와 분석 및 정서적 지식의 활용, 넷째, 정서적·지적 성장을 증진시키는 정서적 규제 등이다. 새로운 구성개념에는 대인관계 지능에 대한 직접적인 언급이 생략되어 있다는 것을 알 수 있다.

　연구결과 정서표현불능증과 정서지능과는 강한 부적 상관이 있는 것으로 밝혀졌다(Bar-On, 1997; Schutte et al., 1998). 이러한 결과는 정서표현불능증인 사람들이 정서적 자각과 감정이입 능력이 부족할 뿐만 아니라, 따뜻하고 친밀한 인간관계를 형성하는 데 곤란을 겪으며, 스트레스 상황에 대처하기 위해 정서를 활용하는 능력이 부족하다는 경험적 증거들과 일치하는 것이다(Beckendam, 1997; Krystal, 1988; Parker, Taylor, & Bagby, 1998; Schaffer, 1993; Taylor et al., 1997).

많은 학자들이 정서표현불능증을 정서지능과 관련하여 이해하고자 하였으나, 다른 한편으로 다수의 학자들은 성격차원과 관련하여 이해하고자 하였다. 예를 들면, 정서표현불능증을 측정하는 대표적인 척도인 20문항 토론토 정서표현불능증 척도(Twenty-Item Alexithymia Scale: TAS-20)에서 높은 점수를 받은 사람은 NEO 성격척도(Revised NEO Personality Inventory: NEO-PI-R)의 경험에 대한 개방성 차원의 하위척도인 감정에 대한 수용성 및 상상력 척도의 점수가 낮게 나타났다고 일관되게 보고하고 있다(Bagby, Taylor, & Parker, 1994). 또한 정서표현불능증에서 높은 점수를 받은 사람들은 기쁨과 쾌감을 충분히 경험할 수 없고 부정적 정서들을 서로 구분할 수 없기 때문에, 일반적으로 신경성 성향에서 높은 점수를 얻는 반면 외향성에서는 낮은 점수를 얻은 것으로 나타났다(Luminet, Bagby, Wagner, Taylor, & Parker, 1999; Wise, Mann, & Shay, 1992). 즉, 정서표현불능증은 성격의 하위척도인 경험에 대한 개방성이나 외향성 차원과는 강한 부적 상관을 보이는 것으로 나타났으며, 이러한 사실은 정서표현불능증을 성격의 한 부분으로 이해할 수도 있음을 의미하는 것이다.

3) 정서지능의 증진방안

심리학자들뿐만 아니라 일반인들 사이에서 정서지능에 관한 관심이 고조되면서 이와 관련된 많은 참고문헌이 출판되고 있고, 정서지능을 높이기 위한 다양한 방법이 소개되고 있다.

우리 인간은 사회적 동물이기 때문에 다른 사람들과 함께 생활하고, 그 속에서 자신의 존재 가치를 확인한다. 즉, 더불어 살아가는 세상이기 때문에 다른 사람들과의 원만한 관계를 유지하기를 원하고, 이런 과정에서 자신과 타인의 정서를 평가하고 조절하며, 공동체 문제해결을 위한 방안으로 정서를 활용하게 된다. 다시 말해서, 정서지능은 정서를 평가하고 조절하는 능력과 이를 활용하는 능력을 포괄하는

데, 정서지능을 제고하는 방안으로 이러한 정서지능의 개념에 부합한 활동을 하는 것이 강조되고 있다.

특히, 정서를 인식하고 조절하는 데 있어 어려움을 겪는 사람들은 다른 사람과의 관계를 원활히 하지 못하고 문제 상황에 직면할 때 그에 대한 대처능력도 떨어지기 때문에, 이들의 정서지능을 제고하는 방안은 무엇보다 정서에 대한 올바른 이해와 자유로운 정서표현을 권장하는 일이라 할 것이다.

한편 정서를 조절하는 능력과 활용하는 능력이 부족한 사람들은 스트레스를 받는 상황을 제대로 참아내기가 어려울 뿐 아니라, 효율적인 문제해결을 위해 적절한 정서를 활용하지도 못한다. 따라서 이들의 정서지능을 제고하기 위해서는 정서를 효과적으로 다루는 방법, 적절하게 정서를 활용하는 능력을 함양할 수 있도록 도움을 주어야 할 것이다.

정서지능의 증진방안으로 여러 문헌에서 권장하고 있는 방법들에는 독서프로그램이라는 것이 있다. 이는 독서를 통해 책 속 주인공의 감정을 함께 느껴보고, 문제 상황에 어떻게 대처해나가는지 살펴보게 하며, 효율적인 문제해결을 위해 어떤 정서를 활용하는지를 파악하게 함으로써 독자 스스로 정서 관련 기술을 내면화하는 단계를 거치도록 하는 것이다. 특히 유아교육기관에서는 유아의 정서지능 향상을 위한 방법으로 그림책을 활용하는 경우가 종종 있음을 볼 수 있다. 무엇보다도 아동과 청소년의 정서발달을 제고하기 위해서는 꾸준한 훈련이 필요한데, 우선 자신의 정서를 올바로 이해하고, 상황에 맞도록 정서를 조절하며, 효과적으로 적절한 정서를 활용하는 활동을 반복 · 실행하는 것 등이 요구되어진다.

5장

기질과 성격의 발달

영아는 출생 직후부터 각기 다른 기질적 특성을 보인다. 어떤 영아는 쾌활하고 명랑한 반면, 어떤 영아는 잘 울고 자주 보챈다. 또 어떤 영아는 조용하고 행동이 느린 반면, 어떤 영아는 활기차고 행동이 민첩하다. 이와 같은 개인차는 기질에서의 차이를 반영한다. 기질이란 한 개인의 행동양식과 정서적 반응유형을 의미하는 것으로 활동수준, 사회성, 과민성과 같은 특성을 포함한다.

기질연구가들은 영아와 아동이 보이는 기질의 차이에 관심을 기울여 왔다. 기질을 형성하는 심리적 특성이 성인기 성격의 토대라고 믿기 때문이다. 다시 말하면, 기질은 "나중에 이것이 아동과 성인의 성격을 형성하는 모체가 된다"라고 믿기 때문이다.

심리학자들은 영아의 경우, 성격이라는 용어 대신 기질이라는 용어를 사용한다. 기질과 성격의 구분은 인자형과 표현형의 구분과 유사하다. 인자형은 기본 패턴(잠재력)을 결정하지만, 궁극적으로 나타나는 표현형은 인자형의 잠재력이 환경에 의해 영향을 받은 결과이다. 이와 마찬가지로 기질이 기본 패턴을 나타내는 것이라면, 아동기나 성인기에 성격으로 나타나는 것은 기본 패턴이 수없이 많은 생활경험에 의해 영향을 받은 결과를 반영한다.

성격은 정의하기 매우 어려운 개념 중의 하나이다. 스키너와 같은 행동학파들은 성격을 단순히 관찰할 수 있는 행동으로 정의한다. 그러나 많은 심리학자들은 성격이 단순히 밖으로 드러난 행동만을 의미하는 것은 아니라고 주장한다. 즉, 성격은 사람들이 말하고 행동하는 것 이상의 정서를 포함한다는 것이다. 성격은 그 사람의 사람됨을 가장 적절히 드러내는 개인적 측면으로서 다른 사람들과 구별되는 독특하고 일관성 있는 감정, 사고, 행동을 의미한다.

이 장에서는 기질의 정의, 구성요소, 기질과 양육행동, 기질과 행동문제, 기질과 문화, 성격의 발달에 관해 살펴보고자 한다.

1. 기질의 정의

기질에 대한 정의는 학자들에 따라 매우 다양하다. Vasta, Haith 그리고 Miller(1995)는 기질의 개념을 정의하는 데 도움이 되는 세 가지 물음을 통해 기질을 설명하고 있다. 세 가지 물음은 다음과 같은 것이다.

Ross Vasta

Marshall Haith

Scott Miller

1) 기질은 타고나는 것인가

기질에 대한 가장 근본적인 물음은 아이들이 머리카락이나 피부색깔을 선천적으로 가지고 태어나듯이 아기의 반응양식인 기질도 선천적인 것인가 하는 문제이다.

심지어 어떤 연구자들은 유전적으로 타고난 것
만을 기질에 포함시켜야 한다고 주장한다(Buss
& Plomin, 1984, 1986).

기질연구가들은 기질은 타고난 것으로 유전의
영향을 많이 받는다고 믿는다(Emde et al., 1992;
Goldsmith & Campos, 1986; Plomin et al., 1993;
Saudino & Eaton, 1991; Wilson & Matheny, 1986).

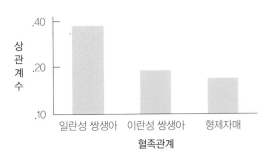

〈그림 5-1〉 기질과 유전의 영향

쌍생아 연구에서 일란성 쌍생아가 이란성 쌍생아보다 대부분의 기질특성에서 훨
씬 더 유사한 것으로 나타났다(〈그림 5-1〉 참조). 그러나 일란성 쌍생아의 경우에도
유전계수가 .40 정도에 불과한 것은 영아의 기질에는 환경도 중요한 역할을 한다는
것을 의미한다.

2) 기질은 안정적인 속성인가

기질에 관한 두 번째 물음은 기질은 안정적인 속성을 가진 것
인가의 문제이다. 기질연구가들은 기질이 유아기, 아동기, 심
지어 성인기까지도 지속성이 있는 것으로 믿는다(Caspi & Silva,
1995; Rothbart, Derryberry, & Posner, 1994). 즉, 낯가림이 심한
영아는 유아기에도 여전히 낯선 사람을 두려워하고, 아동기에
도 여전히 까다로운 성향을 보여주고 있다. 특히 낯선 사람이
나 상황에 대해 움츠러드는 경향을 보이는 행동억제(behavioral
inhibition)는 상당히 지속성이 있는 것으로 나타났다(Kagan,
1992). 그러나 이러한 지속성도 매우 극단적인 경우—매우 수
줍어하거나 매우 외향적인 경우 또는 행동억제 수준이 매우 높

Ann Sanson

거나 낮은 경우—에만 해당되는 것으로 보인다(Kerr et al., 1994; Sanson et al., 1996).
우리나라의 2~4세 아동의 행동억제에 관한 단기종단연구(정옥분 외, 2003)에서도
2세와 4세라는 2년의 기간 동안 극단적인 행동억제를 보이는 유아들의 경우에만 지

John Bates

속성이 있는 것으로 나타났다. 이러한 결과는 유전적으로 많은 영향을 받는 것으로 보이는 기질특성도 환경의 영향에 의해 변할 수 있다는 것을 의미한다.

안정성의 문제는 유전과 환경 연구자들 모두에게 흥미 있는 주제이다(Hooker et al., 1987). 기질의 유전적 모델을 지지하는 학자들은 아동의 특정 반응양식이 시간이 경과해도 안정적인 것으로 나타난다면, 이것은 유전적 구조로 설명할 수 있다고 주장한다. 반면에 환경론자들은 이러한 기질의 안정성은 아동이 동일한 환경 속에서 지속적으로 생활함으로써 나타나는 결과일 뿐이라고 주장한다(Bates, 1987; Wachs, 1988).

3) 기질은 생의 초기에 나타나는 속성인가

기질을 정의함에 있어서 중요한 세 번째 물음은 기질은 생의 초기에 나타나는 속성인가, 즉 아동의 반응양식은 생의 초기부터 분명하게 나타나는 것인가에 대한 문제이다. 이에 대한 의견은 매우 다양하다.

최근의 몇몇 연구에 의하면 태아의 일부 특성들, 예컨대 심장박동률이나 활동수준 등은 임신기간 중에 비교적 안정적으로 나타났는데, 이것은 출생 이후 어머니가 보고한 영아기 기질의 주요 예측변인이었다(DiPietro et al., 1996; Eaton & Saudino, 1992). 이들 연구의 결과는 기질은 생의 초기에 나타나는 속성임을 의미한다(Ricciuti & Breitmayer, 1988). 그러나 신생아들에게서 나타나는 기질적 차이 중 극히 일부분—자극 민감성과 부정적 반응—만이 이후에도 지속적으로 관찰되었을 뿐(Plomin et al., 1993; Riese, 1987; Stifter & Fox, 1990; Worobey & Blajda, 1989), 신생아에게서 나타난 기질적 차이 중 대부분은 그 후 사라졌다. 더욱이 기질을 반영하는 것으로 추정되는 행동들이 모두 다 발달의 초기에 나타나는 것은 아닌 것으로 보인다(Bates, 1987).

John Worobey

요약하면, 비록 많은 심리학자들이 기질은 타고나는 것이고 안정적인 것이며 생의 초기에 나타나는 것이라고 주장하지만, 모든 학자들이 여기에 동의하는 것은 아니다. 그리고 지금까지의 연구결과도 이 문제를 분명히 밝히지 못하고 있는 실정이다.

2. 기질의 구성요소

기질이 어떤 특성으로 구성되어 있는가에 관해서는 영아의 기질에 관해 연구하는 학자들마다 견해가 다르다. 여기서는 NYLS 모형, EAS 모형, Rothbart 모형 등을 중심으로 기질의 구성요소에 관해 살펴보기로 한다.

1) NYLS 모형

Alexander Thomas

Thomas와 Chess에 의해 1956년에 시작된 뉴욕종단연구(New York Longitudinal Study: NYLS)는 기질에 대한 선구자적 연구로서, 지금까지 수행된 기질연구 중 가장 포괄적인 종단연구로 알려지고 있다. 이 연구에서는 141명의 영아를 대상으로 아동기까지 이들을 관찰한 관찰법, 부모와 교사를 통한 면접법, 여러 종류의 심리검사를 통한 검사법 등이 사용되었다. 여기서 Thomas와 Chess(1986)는 기질을 구성하는 9가지 요인을 발견하였다(〈표 5-1〉 참조).

Thomas와 Chess는 이 9가지 특성을 기준으로 하여 영아의 기질을 순한(easy) 영아, 까다로운(difficult) 영아, 반응이 느린(slow to warm-up) 영아 등 세 가지 유형으로 구분하였다. 전체 연구대상의 40%를 차지하는 순한 영아는 행복하게 잠을 깨고 장난감을 가지고 혼자 잘 놀며, 쉽사리 당황하지 않는다(사진 참조). 규칙적인 생물학적 시간표에 따라 수유나 수면이 이루어지

Stella Chess

| 표 5-1 | NYLS 기질의 구성요인 |

구성요인	설명
활동성(activity)	젖먹기, 목욕하기, 옷입기 등의 일상생활에서 영아가 하는 신체활동의 양
규칙성(rhythmicity)	수유시간, 수면의 주기, 배변습관 등의 예측가능성
접근/회피(approach/ withdrawal)	새로운 사건이나 자극(장난감이나 음식 등)에 영아가 어떤 반응(접근 또는 회피)을 보이는가?
적응성(adaptability)	변화된 상황에 영아가 얼마나 쉽게 적응하는가?
반응강도(intensity)	영아가 보이는 긍정적 또는 부정적 반응의 강도
반응역치(threshold)	영아의 반응을 유발하는 데 필요한 자극의 양
기분(mood)	영아가 보이는 행복하고 기분좋은 반응의 빈도와 불행하거나 부정적인 행동의 빈도
주의산만성(distractibility)	외부 사건이나 자극에 의해 영아가 현재 하고 있는 행동이 쉽게 방해받는 정도
지구력(attention span and persistence)	어떤 활동의 지속시간과 장애에 직면했을 때 그 활동을 계속하려는 의지

출처: Thomas, A., & Chess, S. (1986). The New York Longitudinal Study: From infancy to early adult life. In R. Plomin, & J. Dunn (Eds.). *The study of temperament: Changes, continuities, and challenges*. Hillsdale. NJ: Erlbaum.

사진 설명 순한 영아는 장난감을 가지고 혼자 잘 논다.

고, 낯선 사람에게도 미소를 보이며 이들로부터 음식도 잘 받아먹는다. 새로운 생활습관에 쉽게 적응하며 좌절에 순응한다.

연구대상의 10%를 차지하는 까다로운 영아는 눈을 뜨기 전부터 울고, 생물학적 기능이 불규칙적이다. 이들은 불행해 보이고 적대적이며 조그만 좌절에도 강한 반응을 보이며, 새로운 사람이나 상황에 적응하는 데 많은 시간이 필요하다.

연구대상의 15%를 차지하는 반응이 느린 영아는 수동적이고, 새로운 상황에 대해 움츠러드는 경향을 보인다. 이들은 새로운 상황을 좋아하지 않지만, 다시 기회가 주어지면 결국 흥미를 가지고 이에 참여한다.

이 연구에서, 초기의 기질은 이후에도 지속되는 것으로 나타났다. 영아기에 까다로운 기질을 보였던 아동은 이후의 학교생활에서도 또래와의 관계나 주의집중에 문제를 보였으며, 반응이 느린 아동은 새로운 환경에 빨리 적응하는 데 문제를 보였다(Thomas, Chess, & Korn, 1982). 그러나 모든 영아가 이 세 집단 가운데 하나로 분류될 수 있는 것은 아니었으며, 35% 정도의 영아는 어느 집단에도 속하지 않는 것으로 나타났다.

Thomas와 Chess의 9가지 특성을 기준으로 하여 우리나라 영아의 기질을 조사한 연구(최영희, 1987)에서, 9개 기질영역의 점수를 성별에 따라 비교해본 결과, 4개 영역에서 유의한 성차가 발견되었다. 즉, 남아가 여아보다 접근성이 높고, 반응정도가 약하며, 정서가 긍정적이고, 주의산만성이 높은 것으로 나타났다. 그리고 영아의 기질적 특성과 기질에 따른 놀이행동분석연구(김난실, 조혜진, 2007)에서 순한 기질의 경우는 남아가 여아보다 더 많고, 까다로운 기질이나 반응이 느린 기질의 경우는 여아가 남아보다 더 많은 것으로 나타났다. 한편, 까다로운 기질의 영아들이 거친 신체접촉을 더 많이 하는 것으로 나타났다.

2) EAS 모형

Buss와 Plomin(1984, 1986)은 NYLS 모형으로는 35% 정도의 영아가 어느 유형에도 분류되지 않는다는 점을 지적하고, 영아의 기질은 정서성(Emotionality: E), 활동성(Activity: A) 그리고 사회성(Sociability: S)의 세 가지 구성요소로 이루어진다는 EAS 모형을 제시하였다. 이 모델에서는 기질을 발달의 초기에 나타나는 인간의 타고난 성격특성으로 인식함으로써, 특히 기질의 생물학적 접근을 강조하고 있다.

Arnold Buss

정서성은 정서적 반응의 강도를 의미하는데, 영아가 자극에 대해 얼마나 빨리 부정적인 반응을 보이는가를 말한다. 예를 들면, 정서성이 높은 영아는 쉽게 놀라거나 쉽게 잠에서 깨어나고 큰 소리에 우는 반응을 보인다. Buss와

Robert Plomin

Plomin에 의하면, 정서성에서의 개인차는 영아의 신경계의 차이에 기인하는 것으로, 어떤 영아는 유전적으로 더 빨리 부정적인 반응을 보이도록 되어 있다고 한다. 첫돌이 가까워오면서 정서성은 공포와 분노의 반응으로 전개되기 시작한다.

활동성은 영아가 일상생활에서 보이는 행동의 속도와 강도를 의미하는데, 활동성이 높은 영아는 잠시도 가만히 있지 못하고 계속 움직이며, 끊임없이 새로운 것을 탐색하고 활발한 활동을 추구한다. 활동수준은 영아가 얼마나 빨리 얼마나 멀리 갈 수 있는가를 결정하지만, 어떤 방향으로 갈 것인가는 환경이 결정한다.

사회성은 영아가 얼마나 다른 사람과 함께 있기를 좋아하는가를 의미하는데, 사회성이 높은 영아는 혼자 있는 것을 싫어하고, 낯선 사람에게도 쉽게 접근한다. 사회성은 영아가 양육자와 얼마나 친밀한 관계를 갖는가를 의미하는 것이 아니고, 영아가 사람들로부터의 자극을 얼마나 좋아하는가를 말하는 것일 뿐이다.

비록 EAS 모형은 생물학적 관점에서 기질을 인식하였지만, 많은 연구자들은 상호작용주의적 관점에서 기질을 다루고 있다. 즉, 이들은 아기의 정서성, 활동성, 사회성 수준이 아기의 유전인자에 의해 결정되었다 할지라도 전반적인 사회성발달은 아기의 기질이 사회적, 물리적 환경과 어떻게 상호작용하는가에 달려 있다고 믿는다.

Mary Rothbart

3) Rothbart 모형

기질의 세 번째 모형은 Mary Rothbart에 의해 시작된 것으로 이 모델은 기질이 영아의 생리적 기능에서의 선천적인 자아를 반영한다고 인식함으로써 EAS 모형과 같이 매우 강력한 생물학적 토대를 지니고 있다. Rothbart(1989, 2011)는 기질의 구성요소로 반응성(reactivity)과 자기조절(self-regulation)을 제시한다. 반응성은 EAS 모형의 정서성과 유사한 것으로, 자극에 대해 영아가 얼마나 쉽게 그리고 얼마나 강렬하게 반응하는가를 말한다.

정서성과 반응성의 주된 차이는 반응성이 긍정
적인 반응도 포함한다는 것으로, 영아가 새로운
장난감을 보고 미소짓거나 웃는 것이 그 예이다.
　자기조절은 영아가 스스로 자신의 반응을 증
가하거나 감소하는 통제능력을 의미한다. 새로
운 장난감을 보고서 어떻게 접근하며, 어떻게
탐색하는지 그리고 딴 곳으로 고개를 돌리기 전
에 얼마나 오래 그 장난감을 쳐다보는지 등이 자
기조절의 예이다.

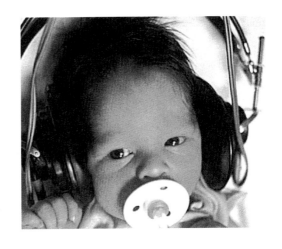

　반응성과 자기조절에 관한 연구(LaGasse, Gruber, & Lipsitt, 1989)에서 생후 2일된
신생아들을 대상으로 이들이 달콤한 물이 들어 있는 우유병의 인공 젖꼭지를 얼마
나 세게 빠는가를 알아보았다(사진 참조). 연구결과 신생아들의 반응이 상당히 다양
한 것으로 나타났다. 18개월 후에 낯선 사람과 낯선 환경에 대한 반응을 살펴보았
는데, 이에 대한 이들의 반응은 인공 젖꼭지에 대한 반응과 정적인 상관관계가 있음
이 밝혀졌다. 즉, 긍정적인 자극에 강렬하게 반응하였던 신생아는 이후 영아기 때
에 부정적인 자극에 대해서도 강하게 반응하였다. 연구자들은 이 결과를 반응성과
자기조절 등에서 기질의 안정적인 속성을 반영하는 것으로 해석하였다. 이러한 특
성이 높게 측정된 영아는 긍정적인 자극에는 빨기행동을 열심히 수행함으로써 자
신을 최대한 노출하였으며, 부정적인 자극에 대해서는 숨거나 움츠리는 행동을 통
해 자신의 노출을 최소화하였다.

　NYLS 모형이나 EAS 모형과 마찬가지로, Rothbart 모형 또한 영아의 기질적 특성
은 환경과 상호작용하여 영아의 사회적 상호작용의 질을 결정한다고 본다. 영아의
반응성과 자기조절은 생물학적 영향을 크게 받지만, 양육자와 주위 환경 또한 발달
의 빙향을 결정짓는 주요한 역할을 한다는 것이다.

　지금까지 살펴본 세 가지 모형 중 어느 것도 기질의 구성요소를 충분히 설명해주
지 못하는 것으로 보인다. 최근에 와서야 기질연구가들 간에 기질의 구성요소에 관

해 어느 정도의 합의를 보게 되었는데(Ahadi & Rothbart, 1994; Belsky, Hsieh, & Crnic, 1996; Kagan, 1994; Martin, Wisenbaker, & Huttunen, 1994), 그들이 제시하는 구성요소는 다음과 같은 것이다.

① 활동수준: 얼마나 몸을 많이 움직이고 격렬한 활동을 하는가를 말한다.
② 접근/긍정적 정서성: 사람이나 사물에 대해 긍정적 정서반응을 보이는 것을 말한다. 이것은 EAS 모형의 사회성과 유사하다.
③ 억제: 낯선 사람, 낯선 상황, 새로운 물체에 대해 두려워하거나 회피반응을 보이는 것을 말한다. 행동억제에 관해 많은 연구를 해온 Kagan(1994, 2002, 2008, 2010, 2013)에 의하면, 억제는 우리가 일상생활에서 말하는 수줍음과 유사한 것이라고 한다.
④ 부정적 정서성: 쉽게 화를 내고, 짜증을 잘 내고, 좌절을 견디지 못하는 것을 말한다. 이것은 EAS 모형의 정서성과 유사하며 NYLS 모형에서 '까다로운' 영아가 주로 갖는 특성이다.
⑤ 지구력/끈기: 주의를 집중하고 계속 노력하는 능력을 말한다.

3. 영아의 기질과 부모의 양육행동

영아의 기질은 부모, 특히 주 양육자인 어머니와의 관계에 영향을 미친다. 예를 들어, '까다로운' 기질을 가진 영아는 부모를 좌절하게 만들고, 부모로 하여금 그들에게 기대를 덜 걸게 하는 형태로 부모의 양육태도에 영향을 미치게 된다.

부모의 양육태도 또한 영아의 기질을 변화시킨다. 수줍고 소심한 기질을 가지고 태어났다 하더라도 외부 세계에 대한 대처양식을 부드럽게 촉진시키는 환경에서 양육되는 영아는 이러한 속성이 점차 소멸되는 반면, 사교적이고 과감한 성격을 가지고 태어났다 하더라도 지나치게 스트레스를 주는 환경은 소심한 영아가 되게 만든다. 부모의 태도와 영아의 기질 간의 상호작용은 쌍방적 원칙에 근거한다. 즉, 영아의 발달은 자신이 타고난 기질과 그를 사회화시키는 사람의 기질 간의 상호작용의 산물이다. 부모-자녀 간의 상호작용을 통해 부모는 자녀가 타고난 유전적 요인에 변화를 주는 역할을 한다. 느린 기질을 가진 영아는 활발한 기질을 가진 영아만큼 부모가 요구하는 진도에 맞춰 나가지 못한다. 이에 실망하여 부모가 관심을 갖지 않는다면 영아는 더욱 위축되고 발달과업을 제대로 이루지 못하게 될 것이다. 그러나 부모가 이러한 성향을 무시하고 적극적으로 개입한다면 영아는 자신의 행동을 바꾸게 될 것이다(Paul, 1999).

Annie Murphy Paul

　Thomas와 Chess(1977)는 이와 같이 영아의 기질과 환경이 상호작용하여 바람직한 결과를 산출한다는 '조화의 적합성(goodness-of-fit)' 모델을 제시하였다. 즉, 영아의 이상적 발달은 영아의 기질과 부모의 기질이 얼마나 조화를 이루는가에 달려 있다고 한다. 부모가 영아의 기질에 따라 양육행동을 조절한다면 그 결과는 보다 조화로운 관계가 된다.

사진 설명　까다로운 영아의 부모가 인내심을 가지고 영아의 요구에 민감하게 대처하면 그 결과는 보다 조화로운 관계가 될 것이다.

사진 설명　영아의 기질과 부모의 양육행동이 조화를 이루지 못하면, 부모나 영아 모두 갈등을 경험하게 될 것이다.

반면, 영아의 기질과 부모의 양육행동이 조화를 이루지 못하면, 부모나 영아 모두 갈등을 경험하게 된다는 것이다(사진 참조). 예를 들어, 까다로운 영아의 부모가 인내심을 가지고 영아의 요구에 민감하게 대처한 경우에는, 아동기나 청년기에 더 이상 까다로운 기질을 보이지 않았다(Bates et al., 1998; Chess & Thomas, 1984; Jaffari-Bimmel et al., 2006). 그러나 까다로운 영아를 대상으로 인내심과 민감성을 보이는 것이 누구에게나 쉬운 일은 아니다. 사실상 많은 부모들이 까다로운 영아에게 쉽게 화를 내고 처벌적 훈육을 하게 되는데, 이것이 조화롭지 못한 관계(poorness-of-fit)의 예이다(Sanson, Hemphill, & Smart, 2004; Van den Boom, 1995). 이런 경우 영아는 까다로운 기질을 계속 유지하고 사춘기에는 문제행동을 많이 보였다(Chess & Thomas, 1984, 1999; Rothbart, 2011; Rubin et al., 2003).

그러므로 이러한 영아의 기질을 제대로 파악함으로써 부모와 자녀 간에 보다 조화로운 관계를 유지할 수 있다. 부모의 역할은 아동의 타고난 잠재력을 최대한 발휘할 수 있도록 풍부한 환경을 제공해주는 것이다. 아동으로 하여금 많은 환경에 노출시켜서 그들이 무엇을 좋아하며 어떤 것에 능숙한지를 판단하고, 이 점을 최대한 지원해줄 수 있어야 한다. 동일한 기질을 가진 아동이라도 사회적으로 성공한 사람으로 성장할 수도 있고, 범죄자로 성장할 수도 있다. 공격적이고, 겁이 없고, 충동적인 남아는 일반적으로 다루기가 어렵다. 이들의 양육을 포기하여 방치하거나 벌로 다스리는 것은 쉽지만, 그 결과는 이들을 통제할 수 없게 된다는 것이다. 그러나 적절하게 통제하고, 이들의 행동에 대해 민감하게 반응하는 부모는 상이한 결과를 유도해낼 수 있다(Paul, 1999).

우리나라 아동의 기질적 특성과 부모의 훈육방법에 관한 연구(문혁준, 2000)에 따르면, 까다로운 기질을 가진 아동의 부모는 순한 기질을 가진 아동의 부모에 비해 비효율적인 훈육방법을 이용하며, 자녀훈육 시 보다 더 과잉반응적이었다. 이는 까다로운 영아의 어머니는 순한 영아의 어머니보다 강압적 통제를 더 많이 보이는 반면, 애정적 태도는 적게 보인다는 선행연구(임양미, 1994; 최영희, 1993)와 일치하는 결과라 할 수 있다.

영아기 정서와 기질, 유아기 어머니의 긍정적 양육태도와 4세 유아의 또래상호작용의 질에 관한 연구(정옥분 외, 2011)에서 영아기의 정서 및 기질, 어머니의 양육태도는 유아기 또래상호작용의 질과 부분적으로 관계가 있는 것으로 나타났다. 2세 때 영아의 정서 및 사회적 두려움, 4세 때 어머니의 긍정적 양육태도가 4세 유아의 또래상호작용의 하위 영역들에 미치는 영향력을 알아본 결과, 집단탐색놀이에는 2세 때의 사회적 두려움과 어머니의 민감성이 영향을 미치는 것으로 나타났다. 또래와의 대화에는 어머니의 긍정적 정서와 긍정적 통제, 2세 때의 긍정적 정서가 영향을 미치는 것으로 나타났다. 유아의 기웃거림 행동은 어머니의 긍정적 통제와 2세 때의 칭얼거림이 영향을 미치는 것으로 나타났으며, 4세 유아의 공격성에는 어머니의 긍정적 통제가 영향을 미치는 것으로 나타났다.

4. 기질과 행동문제

기질과 관련된 대부분의 연구들은 이후의 행동문제와 직 · 간접적으로 관련되었다고 여겨지는 영아의 두 가지 성격적 측면, 즉 까다로움(level of difficulty)과 행동억제(level of inhibition)를 중심으로 수행되어 왔다(Vasta, Haith, & Miller, 1995).

1) 까다로운 영아

Thomas와 Chess는 자신들의 종단적 연구에서 "까다로운" 것으로 분류된 영아들이 다른 영아들보다 아동기에 더 많은 행동문제를 나타내었다고 보고하였다(Thomas et al., 1968). 이러한 연구결과는 나중에 문제행동을 보일 가능성이 있는 아동을 초기에 찾아낼 수 있는 선별방법으로 사용되어질 수 있음을 암시하였다(Rothbart, Posner, & Hershey, 1995).

그러나 흥미로운 사실은 이에 대한 종단적 연구에서는 유아기에 까다로운 기질을 나타낸 대부분의 아이들이 성인이 되었을 때에는 까다로움을 보이지 않았다는 것이다(Thomas & Chess, 1984). 실제로 다른 연구에서도 이와 유사한 연구결과가 나

타났다(Korn, 1984; Lee & Bates, 1985). 하지만 이와 달리 또 다른 연구에서는 영아기와 유아기 때에 "까다로운" 기질로 분류된 아동은 아동기와 청소년기, 심지어 성인기에 이르기까지 행동과 적응상에 문제가 있는 것으로 나타났다(Bates et al., 1991; Caspi et al., 1995; Rothbart, Ahadi, & Hershey, 1994; Tubman et al., 1992).

그러나 왜 까다로운 기질이 이후의 발달에 이러한 유형의 문제행동을 나타내는지에 대해서는 제대로 설명하지 못하고 있는 실정이다. 한 가지 가능한 설명은 자주 울고 참지 못하는 기질적 특성, 즉 까다로운 기질로 분류된 영아는 부모가 긍정적인 방법으로 반응하지 못하고, 아동-양육자 관계에서 문제를 나타내게 됨에 따라, 궁극적으로 아동의 행동문제를 야기한다는 것이다(사진 참조). 이러한 설명은 앞에서 언급한 조화의 적합성(goodness-of-fit) 개념과 관련이 있다(Bates, 1990; Crockenberg, 1986).

또 다른 가능한 설명은 아동의 기질보다는 기질에 대한 부모의 시각에 문제가 있다는 것이다. 실제로 부모들을 계속해서 조사한 결과, 자녀를 "까다로운" 기질로 평가한 일부 부모들은 아동 자체의 기질적 특성보다는 자녀양육에 대한 부모 자신의 태도와 기대로 인해 자녀가 행동문제들을 지니고 있다고 평가하였음이 밝혀졌다(Garrison & Earls, 1987; Sanson, Prior, & Kyrios, 1990). 예를 들면, 몇몇 연구에서는 (Diener, Goldstein, & Mangelsdorf, 1995; Mebert, 1989, 1991; Vaughn et al., 1987) 1세 때의 영아의 기질은 어머니의 성격특성이나 태내기 동안 자녀에 대한 어머니의 기대에 의해 예측될 수 있는 것으로 밝혀졌다. 또 다른 연구(Teti & Gelfand, 1991)에서는 영아의 까다로운 기질에 대한 어머니의 인식은 어머니 자신의 자기효능감과 크게 관련이 있는 것으로 나타났다.

한편 까다로운 기질이 항상 행동문제와 연관된 부정적 속성만을 갖는 것은 아닌 것으로 밝혀졌다. 까다로운 기질이 비록 장기적으로는 위험을 내포하지만, 그럼에도 불구하고 동물행동학적 이점이 있다는 것이다. 예를 들면, 영아들을 대상으로 한 비교문화 연구결과 동부 아프리카에서 까다로운 기질을 가진 것으로 분류된 영아는 가뭄기간 동안의 생존 가능성이 다른 영아들보다 더 높은 것으로 나타났다. 아마도 이는 "까다로운" 기질의 영아들이 어머니로부터 관심과 보살핌을 더 많이 요구하기 때문인 것으로 여겨진다(DeVries & Sameroff, 1984).

2) 행동억제 영아

기질과 관련이 있는 것으로 여겨지는 또 다른 성격문제는 행동억제이다. 행동억제(behavioral inhibition)란 아동이 낯설거나 도전적인 상황에서 불안해하거나 힘들어 하는 등 정서적 불균형을 나타내는 반응양식이나 행동을 말한다(Asendorpf, 1990, 1994; Kagan, 1989). 영아들에게 있어 이러한 특성은 새로운 장난감이 제시되었을 때에 우는 것과 같이, 새로운 것에 부정적인 반응을 보임으로써 드러난다. 1세가 되면 영아들은 낯선 상황이나 사람을 대할 때 더욱 수줍어하고 소심해지며 두려움을 보인다(Schmidt & Fox, 1998). 까다로운 영아와 마찬가지로 행동억제를 보이는 영아 역시 이후 발달에서 여러 가지 행동문제를 야기할 위험이 있다(Kagan, 1997; Rubin & Asendorpf, 1993).

Jens Asendorpf

행동억제에 관해 가장 잘 알려진 연구는 Jerome Kagan과 동료들에 의해 이루어진 연구이다(Kagan, 1994, 1997). 이들은 행동억제의 기원을 생리적이거나 기질적인 생물학적인 요인에 기초한 것으로 보았으며, 행동억제가 아동기 내내 안정적인 특성인 것임을 발견하였다(Kagan, Snidman, & Arcus, 1993).

Nathan Fox

Kagan은 행동억제 연구를 실시하기 위해 2세 아동 중에서 극도로 행동억제를 보이는 아동과 그 반대의 아동을 구분하였다. 아동의 행동억제는 낯선 사람과 낯선 물건이 있는 낯선 장소(예: 대학 실험실)에서 아동이 보이는 행동을 관찰하여 측정하였다. 그리고 낯선 상황에서 매우 위축된 아동(15%)과 반대로 두려움 없이 활기차게 행동한 아동(15%)을 선정한 후 다시 5.5년과 7.5년이 경과한 후에 이들의 초기 반응양식이 지속적인지를 살펴보았다(Reznick et al., 1986).

아동의 행동억제를 측정하기 위한 방법으로는 일반적으로 두 가지 방법이 사용된다. 첫째 방법은 낯선 성인과 함께 일련의 문제를 해결하는 과제의 수행, 낯선 또래와의 상호작용 그리고 학교에서 이들의 사회적 행동을 평가하는 등의 행동측정 방법이다. 이들 측정방법을 통해 억제/비억제 유형으로 분류된 아동들은 6년 후에 실시한 검사에서도 75%의 아동이 일치하는 것으로 나타났다. 더욱이 행동억제 아동의 대부분은 어두움에 대한 공포나 집을 떠나 캠프여행을 가는 것에 대한 두려움과 같이 다른 유형의 두려움과 불안 또한 지닌 것으로 나타났다(Kagan, Reznick, Snidman, Gibbons, & Johnson, 1988). 이처럼 아동의 초기 반응양식인 행동억제 역시 이후의 발달에서도 지속적으로 나타나 비교적 안정된 속성임을 알 수 있게 해준다.

둘째 방법은 행동억제가 생물학적 토대를 지니고 있는가를 알아보기 위해 연구자들이 심장박동이나 동공확장과 같이 인간의 스트레스에 대한 반응과 관련이 있는 생리적 반응을 연구하는 방법이다(Kagan, Reznick, & Snidman, 1987; Schmidt & Fox, 1998). 생리적 반응 연구방법 역시 행동측정방법과 유사한 결과를 얻은 것으로 보인다. 2세에 행동억제로 분류된 아동들은 2학년 때에 실시한 낯선 상황에서도 강한 생리적 반응을 보였다(Kagan, Reznick, & Snidman, 1988). 이들 결과들은 행동억제가 생물학적 토대를 지니고 있으며 안정적인 특성임을 의미하는 것이다. 그 후 스웨덴에서 이루어진 일련의 연구들에서도 이들 결과들을 지지하는 것으로 나타났다(Broberg, Lamb, & Hwang, 1990; Kerr, Lambert, & Bem, 1996; Kerr et al., 1994).

그러나 이러한 행동억제의 안정성과 생물학적 토대에 대해 이견을 제기한 연구도 없지 않다. 왜냐하면 극도의 행동

사진 설명 Jerome Kagan이 행동억제 연구에 관해 설명하고 있다.

억제를 보인 아동들의 경우에만 지속성
이 있는 것으로 나타난 경우가 있기 때
문이다(Kagan, Reznic, & Gibbons, 1989;
Reznick et al., 1989).

까다로운 기질처럼 수줍음과 소심
함은 아동들의 경험과 사회화와 관련
된 요인의 영향을 받는다. 여러 연구들
에 의하면, 초기에 부정적 정서성을 나
타낸 아기라 할지라도 어머니가 민감하
고 반응적이며, 자녀에게 몰두해 있는

사진 설명 행동억제란 아동이 낯선 상황에서 위축된 행동을 보이는
것을 의미한다.

경우에는 아기의 울음과 짜증이 감소되었다(Belsky, Fish, & Isabella, 1991; Matheny,
1986; Washington, Minde, & Goldberg, 1986).

한편, 또 다른 연구에 의하면, 특정 훈육에 노출되었을 때에 행동억제 아동이 보
다 빨리 보다 강하게 양심의 발달이 이루어지는 것으로 보인다(Kochanska, 1997;
Kochanska, Murray, & Coy, 1997). 이러한 결과는 아동의 행동억제 역시 까다로운 기
질과 마찬가지로 긍정적인 측면이 있음을 보여주는 것이다.

5. 기질과 문화

기질이 어느 정도 선천적인 속성을 지닌 것이라면 서로 다른 인종과 문화권 내에
서 동일한 기질적 행동양식이 나타나는지, 아니면 다른 행동양식이 나타나는지에
대해 학자들은 많은 관심을 기울여 왔다. 그러나 언제나 그렇듯이 유전과 환경에
관한 문제는 그리 간단한 문제가 아니다.

미국 내 아시아계와 백인계 아동들을 비교한 여러 연구들에 의하면, 아시아계 영
아들은 백인 영아들보다 소리를 덜 내고 조용한 편이었으며, 덜 활동적이고 심지
어 예방접종과 같은 상황에서도 덜 울었다(Camras et al., 1992; Kagan, Kearsley, &

Zelazo, 1978; Kagan et al., 1994; Lewis, Ramsey, & Kawakami, 1993).

이러한 연구결과는 무엇을 의미하는가? 일부 학자들은 이들 결과가 아시아계와 백인계 영아의 서로 다른 유전자가 각기 다른 기질적 특성을 야기하였기 때문이라고 주장한다. 즉, 신체적 특성에서 유전자로 인한 차이가 존재하듯이 기질적 특성에 있어서도 선천적인 차이가 존재한다는 것이다.

그러나 Vasta와 동료들(1999)은 이러한 생물학적 결론을 받아들이기 전에 먼저 이러한 차이들을 야기하는 문화적 영향을 고려해야 한다고 주장한다. 즉, 서로 다른 문화권에서 강조하는 사회적 가치는 각기 다르며, 이는 아동의 초기 행동에서도 매우 중요한 요인으로 작용한다는 것이다. 실제로 미국의 많은 부모들은 자녀의 수줍음과 행동억제를 자기표현 능력의 부족이나 자신감의 결핍으로 인식하고(Rubin & Asendorpf, 1993), 아동의 적응이나 사회적 능력과 관계가 깊은 것으로 믿는다

사진 설명   영아기 기질과 부모의 양육행동에 따른 영아의 행동억제에 관한 비교문화연구를 논의하기 위해 여러 나라 학자들이 한 자리에 모였다. Kenneth Rubin, Ann Sanson, Xinyin Chen, Paul Hastings 그리고 한국 교수들의 모습이 보인다.

(Asendorpf, 1990; Kochanska & Radke-Yarrow, 1992).

　그러나 행동억제의 발달이나 양육행동의 의미는 문화에 따라 다르다. 사실상 중국의 부모들은 자녀에게 복종이나 행동을 절제하기를 강조하고 자녀가 의존하기를 바라기 때문에, 중국 아동을 대상으로 한 연구에서는 오히려 아동의 행동억제가 또래 간의 적응과 학교생활 등 사회적 적응에 긍정적인 영향을 미치는 것으로 보고되고 있다(Chen, Rubin, & Li, 1995; Chen, Rubin, & Sun, 1992; Ho, 1986). 태국에서도 실제 아동양육에 있어서 권위 있는 사람에 대해 순종하고 공격적이지 않으며, 존경을 나타내도록 하고 있었다. 태국의 아동들은 미국 아동보다 학교에서 행동문제가 적었으며(Weisz et al., 1995), 파괴적, 공격적 행동문제보다는 사회적 움츠림(social withdrawal)이나 불안관련 행동문제를 나타내었다(Weisz et al., 1993). 미국과 일본 아동을 비교한 연구에서도 이와 유사한 결과가 나타났다(Stevenson & Stigler, 1992).

　서구와 아시아의 문화적 가치관에서 나타나는 이러한 차이는 유전의 개입 가능성을 배제하기보다는 기질이나 다른 특성들을 평가할 때 발달의 맥락을 고려해야 한다는 것을 의미하는 것이라 할 수 있다. 즉, 문화에 따라 사회화 또는 양육목표가 다르고, 따라서 같은 행동특성이라도 문화에 따라 적응적인 의미는 달라진다고 볼 수 있다.

6. 성격의 발달

　성격에 관한 연구는 전통적으로 인간의 본질과 개인적 특성 그리고 개인 간의 심리적 차이의 원인이나 의미를 찾는 것에 초점을 맞추어 왔다. 성격이론가들은 영속적이고 안정성 있는 인간의 특성을 발견하고자 노력해왔다. 뿐만 아니라 인간이 어떻게 발달하고 변화히는가에도 많은 관심을 보이고 있다.

　성격의 안정성과 변화에 관한 논의는 성인발달에서 중요한 쟁점이 되고 있다. 성격의 어떤 측면은 인생 초기에 형성된 대로 변화하지 않고 그대로 유지되는가 하면, 또 어떤 측면은 성인기의 새로운 경험과 도전, 즉 결혼과 부모되기, 신체변화, 중년

기의 직업전환, 빈 둥지 시기, 조부모가 되는 것 등으로 인해 많은 변화가 일어난다. 이 문제는 특성 모델, 자아개념 모델, 사건의 발생시기 모델, 단계 모델 등 몇 가지 방법으로 접근할 수 있다.

1) 특성 모델

Paul Costa

특성 모델(Trait Model)은 정신적, 정서적, 기질적, 행동적 특성 또는 속성에 초점을 맞춘다. 이 모델에 기초를 둔 연구에 의하면 성인의 성격은 거의 변하지 않는 것으로 보인다. 성인기 성격의 일관성을 강력히 뒷받침하는 연구 중의 하나가 Costa와 McCrae(1980, 1988, 1994)의 5요인 모델(the five-factor model) 연구이다.

이들은 다섯 가지의 기본적인 성격차원을 제시하는데 신경증(neuroticism), 외향성(extraversion), 개방성(openness), 성실성(conscientiousness) 그리고 순응성(agreeableness)이 그것이다. 이 다섯 가지 차원은 다시 6개의 특성으로 구성되어 있다(〈그림 5-2〉 참조).

신경증은 불안, 적개심, 우울증, 자의식, 충동성, 취약성과 같은 여섯 가지 부정적인 특성을 갖는다. 신경증인 사람들은 신경과민이고, 소심하며, 성마르고, 쉽게 화를 내며, 비판에 민감하다. 이들은 외로움과 죄책감을 느끼고, 절망적이며 자신을 가치 없는 사람으로 생각한다.

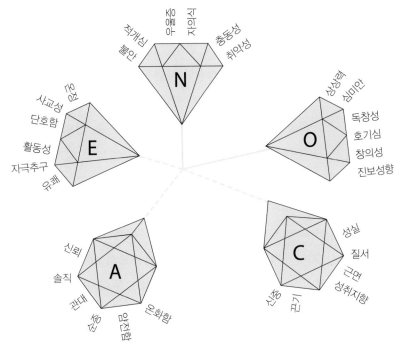

N=신경증, E=외향성, O=개방성, A=순응성, C=성실성

〈그림 5-2〉 Costa와 McCrae의 5요인 모델

출처: Costa, P. T., & McCrae, R. R. (1980). Still stable after all these years: Personality as a key to some issues in adulthood and old age. In P. B. Baltes & O. G. Brim (Eds.), *Life-span development and behavior*. New York: Academic.

외향성에는 유쾌, 온정, 사교성, 단호함, 활동성, 자극추구 등의 여섯 가지 측면이 있다. 외향적인 사람들은 사교적이고, 주도권을 잡기 좋아하며, 다른 사람의 주의를 끌기 좋아한다. 그들은 또한 항상 바쁘고, 활동적이며, 끊임없이 재미있는 일을 찾으며 인생을 즐긴다.

개방성에는 상상력, 창의성, 독창성, 심미안, 호기심, 진보성향 등의 여섯 가지 측면이 있다. 개방적인 사람들은 새로운 것을 시도하기를 좋아하고, 새로운 아이디어를 잘 받아들인다. 그들은 상상력이 풍부하고, 미적 감각과 예술적 감각이 뛰어나며, 전

Robert R. McCrae

통적 가치에 의문을 제기한다.

성실성에는 성실, 근면, 질서, 성취지향, 신중, 끈기 등의 여섯 가지 특성이 있다. 성실한 사람들은 근면하고, 충실하고, 질서정연하며, 신중하고 절도가 있다.

순응성에는 온화함, 얌전함, 관대, 순종, 신뢰, 솔직 등의 여섯 가지 특성이 있다. 순응적인 사람들은 남을 쉽게 믿고, 쉽게 동요하며, 솔직하고, 이타적이며, 고분고분하고, 얌전하다.

Costa와 McCrae(1980, 1988, 1994; McCrae & Costa, 1984; McCrae, Costa, & Busch, 1986)는 자신들의 볼티모어 종단연구를 비롯하여 20대에서 90대까지의 남녀를 포함하는 대규모의 횡단적 연구, 종단적 연구, 순차적 연구를 분석한 결과, 다섯 가지 성격차원 모두에서 상당한 정도의 안정성을 발견하였다. 이들 연구에서 자료수집은 성격검사, 구조적 면접, 배우자의 평정 및 친구의 평정과 기타 방법에 의해 이루어졌다.

Costa와 McCrae(1994)는 21세에서 30세 사이에 성격이 완전히 형성되는 것으로 결론지었다. 특성 모델에 기초를 둔 다른 연구와 더불어 이들 연구결과는 성격의 안정성을 강력히 뒷받침하는 것이다. Costa와 McCrae는 우리 인간은 사회과학자들이 주장하는 것만큼 환경의 영향을 받지 않는다고 주장한다. 즉, 인간은 생활사건, 역사적 사건, 변하는 사회적 역할의 수동적인 희생자가 아니라고 주장한다. 오히려 이러한 모든 영향력에도 불구하고 그들의 독특한 성격특성을 그대로 유지한다는 것이다.

Dan P. McAdams

5요인 모델은 인기도 높고, 이 모델을 지지하는 연구결과도 많지만 이 모델에 대한 비판도 적지 않다. 성격의 안정성은 단지 통계적 가공품이라는 주장이 있는가 하면(Alwin, 1994; Block, 1995), 어떤 성격특성들은 안정보다는 변화를 보인다는 주장도 있으며(Jones & Meredith, 1996), 이 모델은 인간의 행동을 충분하게 설명하지 못하고, 사회문화적 맥락을 무시했다는 주장도 있다(McAdams, 1992).

2) 자아개념 모델

자아개념 모델(Self-Concept Model)에 의하면 자신을 어떻게 보는가 하는 자신에 대한 견해가 성격의 핵심이 된다. 이 모델은 성격의 안정성과 변화를 모두 수용하는 입장이다. 자아감은 가장 개인적인 현상처럼 보일지 모르지만 많은 심리학자들은 그것을 다른 사람과의 상호작용에서 기인하는 사회적 현상이라고 본다. 사람들은 사회적 세계에 의해 창조된 거울을 자세히 들여다보고, 거울에 반영된 자신의 모습과 자신이 이미 가지고 있는 모습을 융합시킨다. 자아개념 이론가들은 성격의 인지적 측면에 관심을 갖는데 자아개념은 도식(schema)으로 구성된다고 한다. 자아개념은 과거에 내가 어떤 사람이었고 무엇을 했는가라는 지식을 포함하고, 미래에 내가 무엇이 될 것인지 또는 무엇을 할 것인지 결정하는 데 매우 중요한 역할을 한다(Markus & Cross, 1990; Markus & Nurius, 1986). 따라서 자아개념은 자기이해와 자기규제를 포함한다. 도식은 매우 일시적인 것이며 사람들은 경험에 맞추어 계속해서 그것을 수정한다(Bowlby, 1973; Epstein, 1990; Tomkins, 1986). 그러나 경험에 대한 해석 또한 매우 주관적이므로 도식은 자신이 믿고 있는 자아개념과 위배되는 정보는 모두 제거해버린다(Darley & Fazio, 1980; Snyder, 1987; Swann, 1987). 따라서 자아개념은 안정성과 변화 사이의 끊임없는 긴장 속에 놓이게 된다.

널리 알려진 자아개념 모델 중의 하나인 Whitbourne(1987)의 모델은 경험에 직면하고 반응하며, 경험을 해석하는 특징적인 방법인 정체감 유형의 발달에 초점을 맞춘다. Whitbourne에 의하면 정체감은 의식적이든 무의식적이든 축적된 자아상으로 구성된다. 민감성이나 완고함 같은 지각된 성격특성은 정체감의 일부이다. 이러한 자아상은 특정 상황이나 특정 역할에서의 변화에 직면하지 않으면 대개 안정된 상태로 남아 있게 된다. 변화에 직면하는 경우라도 그러한 변화는 성격의 근본적인 일관성은 파괴하지 못하고 단지 수정된 자아상 속으로 편입된다.

Susan Whitbourne

Whitbourne의 모델에서 자기지각은 사회적 환경과의 상호작

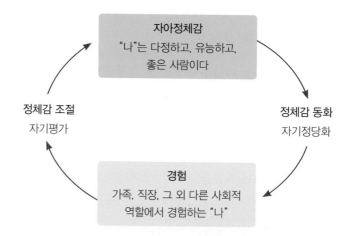

〈그림 5-3〉 Whitbourne의 정체감 과정에 관한 모델

출처: Whitbourne, S. K. (1986). The psychological construction of the life span. In J. E. Birren & K. W. Schaie (Eds.), *Handbook of the Psychology of Aging* (pp. 594-619). New York, NY: Van Nostrand Reinhold.

용에서 정체감 동화(identity assimilation)와 정체감 조절(identity accommodation)이라는 두 과정을 통해 확증되거나 수정된다. 〈그림 5-3〉에서 보듯이 자아정체감과 경험 간에는 계속적인 피드백이 있다. 이 그림은 왜 우리가 어떤 상황에서는 우리자신에 대한 긍정적인 평가를 하고 또 다른 상황에서는 자기 방어적이 되는가를 설명해준다. 정체감 과정은 Piaget의 동화와 조절 개념에 기반한다. Whitbourne은 정체감이 어떻게 형성되고 성인기에 와서 어떻게 수정되는가를 이해하기 위해 인지 발달 개념과 정체감 발달 개념을 통합하기 위한 시도를 하였다.

정체감 동화는 새로운 경험을 기존의 자아개념에 맞추려는 시도이다. 정체감 조절은 예를 들어 설명하면 다음과 같다. 자신을 애정이 깊고 훌륭한 어머니라고 생각하는 한 여성은 자녀와의 상호작용에서 긍정적인 측면만 볼 것이다. 만약 자녀와의 관계가 원만하지 못하면 그 여성은 그것을 단지 일시적인 것으로 생각하고 특별한 이유를 찾을 것이다. 그러나 아무리 해도 만족한 설명을 할 수 없는 상황이 전개되면(예를 들어, 아들이 계속해서 돈을 훔치는 일이 발생하면) 어쩔 수 없이 어머니로서의 자아상과 자녀와의 관계에 대한 자신의 생각을 변경하지 않을 수 없게 되는데 이것이 정체감 조절이다. 정체감 조절은 고통스럽기는 하지만 효율적인 적응에 필요한 것이다.

동화나 조절의 과도한 사용은 건강하지 못하다. 계속해서 동화를 사용하는 사람은 현실을 올바르게 보지 못하기 때문에 자신이 보기를 원하는 것만 보게 된다. 반면, 계속해서 조절을 사용하는 사람은 쉽게 동요되고 연약하다. 동화와 조절의 균형이 매우 중요하다(Whitbourne, 2010).

Whitbourne의 모델에서 가장 중요한 것은 정체감 동화와 정체감 조절은 연령과 함께 변한다는 것이다. 정체감 동화는 노년기에 높고 정체감 조절은 성인기에 높다(Sneed & Whitbourne, 2005). 연령과 관련된 변화를 개인의 정체감에 통합시키고, 자신에 대한 긍정적인 견해를 유지하는 것은 성공적 노화에 매우 중요하다 (Whitbourne, 2010).

3) 사건의 발생시기 모델

사건의 발생시기 모델(The Timing-of-Events Model)은 맥락적이다. 이 모델을 지지하는 연구자들은 성인기 성격의 변화는 연령과 관련이 있는 것이 아니고 인생의 사건과 관련된다고 주장한다. 아동기에는 내적 성숙 사건이 한 발달단계에서 다음 발달단계로 옮겨가는 계기가 된다. 연령이 아동의 발달에는 매우 중요한 지표가 될지 모르나 성인의 발달에는 생활사건이 더 중요하다. Neugarten(1987)이 제안한 사건의 발생

Bernice Neugarten

시기 모델에 의하면 인생의 주요 사건이 발달의 이정표가 된다. 즉, 인생의 주요 사건이 발생하는 시기에 반응하여 발달이 이루어진다는 것이다. 인생사건에는 두 가지 유형이 있다. 대부분의 성인들에게 발생하기 때문에 사람들이 자신에게도 일어날 것으로 기대하는 인생사건이 규범적 생활사건이다. 성년기의 결혼과 부모됨, 노년기의 사별과 은퇴가 규범적 사건의 예이다. 예기치 않은 색다른 사건이 비규범적

생활사건인데 외상적 사고, 뜻밖의 승진, 복권당첨 등이 그 예이다.

　어떤 사건이 규범적인 사건인가 아닌가는 종종 사건의 발생시기에 달려 있다. '제때에' 발생하면 규범적 사건이지만 '제때를 벗어나면' 비규범적 사건이 된다. 예를 들어, 14세나 41세에 결혼하거나 41세나 91세에 은퇴하는 것은 비규범적 사건이다. '제때에' 발생하는 규범적 사건들은 일반적으로 무난히 넘길 수 있지만 문제가 되는 것은 인생주기에서 예상했던 순서와 리듬을 깨뜨리는 사건들이다(Neugarten & Neugarten, 1987).

　위기는 일정 연령에 달했기 때문에 발생하는 것이 아니고 예기한 사건 또는 예기치 못한 사건과 그 발생시기가 원인이 된다. 어떤 사건이 예상한 대로 발생한다면 발달의 진행과정은 순탄하다. 그러나 실직과 같은 예기치 못한 사건이 발생하거나, 35세의 사별, 45세의 첫 자녀, 55세의 은퇴와 같이 인생사건이 기대했던 것보다 이르거나 늦을 때 또는 평생 독신으로 지내거나 자녀를 낳지 못하는 등 예상한 사건이 일어나지 않을 때에는 스트레스가 발생한다. 결혼과 같은 인생사건의 전형적인 발생시기는 문화에 따라 다르고 시대에 따라 다르다(Bianchi & Spain, 1986). 우리나라의 경우 최근에 와서 결혼연령이 높아지는 추세에 있고, 첫아이를 갖는 연령도 높아지고 있다. 최근 우리 사회는 나이를 덜 의식하게 되었는데 어떤 일을 하는 데 '적절한 때'가 있다는 생각이 줄어들었기 때문이다. 오늘날에는 40세에 첫아이를 낳거나, 조부모가 되거나, 50세에 은퇴하거나 30세에 대기업 사장이 되는 것에 보다 수용적이다.

　결혼, 첫 직장, 자녀 또는 손자녀의 출산과 같이 인생의 특정 시기에 발생하는 것으로 여겼던 주요 사건들이 오늘날에 와서는 점점 예측하기 힘들게 되었다. 사건의 발생시기 모델에 의하면 이러한 불확실성이 스트레스를 유발한다고 한다(Neugarten & Neugarten, 1987).

　그러나 급격한 사회적 변화로 말미암아 사건의 발생시기 모델의 가정이 빗나가는 경우가 흔히 있다. 예를 들어, 오늘날 서른이 넘어서 첫아이를 가진 부모도 20대 젊은 부모만큼 잘 적응하는 것으로 보인다(Roosa, 1988). 이러한 사실은 어떤 사건이 '제때'를 벗어났을 경우의 영향에 대해 사건의 발생시기 모델이 잘못 예측한 것인가?

Mark W. Roosa

아니면 이 사실은 단순히 최근의 '전통적 인생주기가 희미해지는 것'에 대한 반영인가? (Neugarten & Neugarten, 1987).

사건의 발생시기 모델은 개인의 인생행로의 중요성을 강조함으로써 그리고 변화는 연령과 관련하여 발생하는 것이라는 생각에 도전함으로써 성인기 성격발달의 이해에 큰 공헌을 하였다.

4) 단계 모델

단계 모델(Stage Model)은 전생애를 통해 연령과 관련된 발달단계를 묘사한 것이다. 이 모델에 기초를 둔 연구에 의하면 성인기에는 상당한 정도로 성격변화가 일어나고 있다고 한다.

단계 모델은 연령과 관련된 규범적 성격변화를 묘사하는 것인데 이러한 변화는 '위기'로 말미암아 매 단계마다 발생한다. 단계 모델은 모든 사람의 인생이 똑같은 과정을 거친다고 주장하는 것은 아니지만 비슷한 연령에서 일정한 순서로 발생하는 '인생 과업(life task)'의 공통적인 핵심내용을 묘사한다(Levinson, 1980, 1986). 만약에 이러한 과업이 달성되지 못하면 다음 단계의 발달이 저해된다.

단계 모델의 대표적인 예가 Erikson의 모델이다. 사춘기에 성격이 고정된다는 Freud와 달리 Erikson은 일생을 통하여 성장하고 변한다고 본다. 단계 모델에는 그 외에도 Erikson의 영향을 받은 Vaillant와 Levinson의 이론이 있다.

(1) Erikson의 모델

성인발달의 주요 단계들을 묘사한 Erikson(1950)은 성년기, 중년기, 노년기에 이룩해야 할 발달과업과 극복해야 할 위기를 각기 친밀감 대 고립감, 생산성 대 침체성 그리고 통합감 대 절망감으로 묘사하고 있다.

Erik Erikson

① 친밀감 대 고립감

Erikson(1968)에 의하면 성년기에는 친밀감이 필요하며 이를 원한다고 한다. 그들은 다른 사람에 대해 개인적으로 깊이 관여하기를 바란다. 친밀한 관계란 타인을 이해하고, 깊은 공감을 나누는 수용력에서 발달한다. Erikson은 친밀감을 자신의 정체감과 다른 사람의 정체감을 융합시킬 수 있는 능력이라고 표현한다. 희생과 양보가 요구되는 친밀한 관계를 이룰 수 있는 능력은 청년기에 획득되는 것으로 여겨지는 정체감에 의해 좌우된다. 즉, 정체감을 확립한 후에라야 다른 사람과의 진정한 친밀감을 형성할 수 있다.

대부분의 젊은이들은 결혼을 통해 친밀감의 욕구를 충족시키지만 성적 관계 이외의 친밀한 관계도 가능하다. 예를 들면, 상호의존, 감정이입, 상호관계를 제공하는 우정관계에서도 강한 친밀감이 형성될 수 있다(Blieszner & Adams, 1992; Hendrick & Hendrick, 1992; White, Mascalo, Thomas, & Shoun, 1986). 친밀한 관계는 다른 사람을 이해하고 다른 사람과 함께 하는 능력으로부터 발달된다. 사회적으로 성숙한 사람들은 다른 사람과 효율적으로 의사소통을 할 수 있는 능력을 가지고 있으며, 다른 사람의 욕구에 민감하고, 일반적으로 인간에 대한 포용력이 있다. 우정, 애정, 헌신 등은 성숙한 사람들에게서 훨씬 더 현저하다(Blieszner & Adams, 1992; Duck, 1991).

이 단계의 긍정적인 결과는 성적 친밀감이나 진정한 우정, 안정된 사랑, 결혼의 지속을 포함하는 친밀감이다. 부정적인 결과는 고립과 고독인데, 만일 친밀감이 확고한 정체감에 기초한 것이 아니라면 이혼이나 별거도 초래할 수 있다. 확고한 정체감을 형성하지 못한 성인들은 두려워서 대인관계를 기피하거나, 상대를 가리지 않는 성행위나, 사랑 없는 성생활을 하거나,

사진 설명 Erikson에 의하면 여섯 번째 위기인 '친밀감 대 고립감'의 위기는 성년기에 사랑하는 사람과 생을 함께 하기로 약속함으로써 성공적으로 해결될 수 있다고 한다.

정서적으로 안정되지 못한 관계를 추구할 수도 있다.

② 생산성 대 침체성

Erikson(1968, 1978, 1982)에 의하면 40세 정도에서 생산성 대 침체성이라는 일곱 번째 위기를 경험한다고 한다. 생산성이란 성숙한 성인이 다음 세대를 구축하고 이끄는 데 관심을 기울이는 것을 말한다. 자신들의 인생이 저물어가고 있는 것을 바라보고는 다음 세대를 통해 자신의 불멸을 성취하고자 한다(Moieni et al., 2021). 그리고 이 욕구가 충족되지 않으면 침체성에 빠지게 된다고 Erikson은 말한다. 침체성은 다음 세대를 위해서 자신이 한 일이 아무 것도 없다는 것을 깨닫는 것이다. 인생을 지루하고 따분하다고 생각하는 사람, 불평불만을 일삼는 사람, 매사에 비판적인 사람들이 침체성의 전형이다.

사진 설명　자녀를 낳아 기르는 것은 생산성의 가장 직접적인 표현이다.

생산성은 몇 가지 다른 방법으로 표출될 수 있다(Kotre, 1984). 생물학적 생산성은 자녀를 낳아 기르는 것이고, 직업적 생산성은 다음 세대에게 기술을 전수하는 것이며, 문화적 생산성은 문화의 어떤 측면을 창조하고, 혁신하고 그리고 보존하는 것이다. 이 경우에 생산성의 대상(목표)은 문화 그 자체이다(Lewis & Allen, 2017).

생산성을 통해서 중년기 성인들은 다음 세대를 인도한다. 즉, 자녀를 낳아 기르고, 젊은 세대를 가르치고, 지도하고, 지역사회에 도움이 되는 일들을 함으로써 인생의 중요한 측면을 통하여 다음 세대를 인도한다. 생산적인 중년들은 다음 세대와의 연결을 통해 사회의 존속과 유지에 헌신한다.

Erikson의 다른 단계에서와 마찬가지로 중요한 것은 생산성과 침체성이 균형을 이루는 것이다. 매우 생산적인 사람이라도 다음 계획을 위해 에너지를 모으면서 휴지기를 거친다. 그러나 지나친 침체는 결국 방종으로 흐르거나 심지어 신체적으로 또는 심리적으로 나약해지게 된다.

③ 통합감 대 절망감

Erikson(1968, 1978, 1982)은 그의 여덟 번째이자 마지막 위기인 '통합감 대 절망감'에서 노인들은 자신의 죽음에 직면해서 자신이 살아온 삶을 되돌아보게 된다고

사진 설명 Erkison이 아내 Joan과 함께

한다. 노인들은 자신의 삶을 다시 살 수 없다는 무력한 좌절감에 빠지기보다는 자신의 삶에 대한 통합성, 일관성 그리고 전체성을 느끼려고 노력한다고 한다.

어떤 노인들은 자신의 삶이 의미 있고 만족스러운 것으로 인식하는가 하면(자아통합감), 어떤 노인들은 원망과 씁쓸함, 불만족스런 마음으로 자신의 삶을 보게 된다. 서글프게도 그들은 자신이 바라던 삶을 창조할 수 없었다고 느끼거나 이러한 실망감에 대해 다른 사람을 비난하게 된다(절망감). 자아통합감을 이룬 사람은 노년을 동요 없이 평온하게 보낼 수 있으며, 다가

사진 설명 자아통합감을 이룬 노인들이 생활만족도가 높은 것으로 보인다.

사진 설명 노년기에 경험하는 상실이나 변화에 대한 반응으로 우울증게 빠지기 쉽다.

오는 죽음에 대해서도 의연하게 대처할 수 있다. 반면, 자아통합감을 이루지 못하게 되면 인생을 낭비했다는 느낌, 이제 모든 것이 다 끝났다는 절망감을 경험하며, 죽음의 공포에서 벗어나지 못한 채 불안한 죽음을 맞이하게 된다.

이 단계에서 발달하는 미덕은 지혜인데, 그것은 죽음에 직면했을 때 나타나는 인생 그 자체에 대한 박식하고 초연한 관심이다. 이와 같은 지혜는 노년기의 지적인 힘일 뿐만 아니라 중요한 심리적 차원이다. Erikson에 의하면 지혜는 개인이 나는 무엇을 다르게 했어야 했는데, 혹은 무엇을 할 수 있었는데라는 커다란 후회 없이, 지금까지 살아온 인생을 그대로 받아들이는 것을 포함한다. 지혜는 어떻게 살아야 하는지를 안다는 것뿐만 아니라, 열심히 살아온 인생에 대한 피할 수 없는 종말로 죽음을 받아들인다는 것을 의미한다. 지혜는 자기 자신, 자신의 부모, 자신의 인생의 불완전함을 인정하는 것을 의미한다.

이 같은 사실을 인정하지 못하는 사람은 통합감을 이루기 위해 다른 길을 가기에는 시간이 너무 짧다는 사실을 깨닫고 절망감에 빠지게 된다. 이 위기를 성공적으로 해결하기 위해서는 통합감이 절망감보다 물론 낫지만 어떤 절망감은 불가피한 것이다. Erikson에 의하면 자기 자신의 인생에서 불행과 잃어버린 기회에 대해서뿐만 아니라 인간존재의 나약함과 무상함에 대한 비탄감은 피할 수 없는 것이라고 한다.

(2) Vaillant의 모델

성인기 성격발달에 관한 최초의 종단연구라 할 수 있는 그랜트 연구는 1938년에 18세였던 하버드 대학생 268명을 대상으로 시작하여 그중 95명을 50대까지 추적 연구한 것이다.

이 연구에서 Vaillant(1977)는 몇 가지 중요한 결론에 도달하였다. 인생은 고립된 위기적 사건으로 형성되는 것이 아니라 중요한 사람들과의 지속적인 관계의 질에 의해 이루어지며, 사람들은 일생동안 변화하고 발달하며, 인생의 상황에 적응하기 위해 사용하는 방어기제가 그들의 정신건강의 수준을 결정한다

George Vaillant

마릴린 먼로가 주연한 영화. 〈7년 만의 외출(The Seven Year Itch)〉

는 것이다.

Vaillant는 Erikson과 마찬가지로 성인도 아동처럼 발달하고 성숙해간다는 관점을 취하고, 인생주기의 단계가 순차적으로 이루어진다고 보았다. Vaillant(1977)에 의하면 그랜트 연구에서 남성들의 인생사는 Erikson의 발달단계를 지지하는데 여기에 Vaillant가 경력강화(career consolidation)라고 부르는 또 한 가지 단계가 첨가된다. 30세경에 시작되는 이 단계는 개인이 직업경력을 강화하는 데에 몰두하는 것으로 특징지어진다. Erikson의 발달단계에서는 이 단계가 친밀감의 발달인 여섯 번째 위기와 생산성과 관련된 일곱 번째 위기 사이에 위치하게 된다.

경력강화가 친밀감 이후와 생산성 이전에 발생한다는 사실이 어째서 결혼이 대개 7년째쯤 되어 문제가 생기는지에 대한 해명의 단서가 될 수 있다. "7년이 고비(The Seven Year Itch)"라는 말은 속설 그 이상의 의미를 갖는 것으로, 이혼하는 부부의 절반 가량은 결혼 7년 이내에 이혼을 한다(통계청, 1997; Reiss, 1980). 안정된 친밀한 관계로부터 직업면에 자신의 모든 관심을 집중하게 됨으로써 그 부부관계는 무관심으로 인해 시들해진다. 부부가 이 발달선상에서 각기 다른 입장에 있을 때, 즉 한쪽은 친밀감에 몰두하고, 다른 한쪽은 직업에 열심이거나, 한쪽은 직업에 몰두해 있는데 다른 한쪽은 생산성으로 진행해가려 한다면 문제가 커질지 모른다. Vaillant가 제시한 발달단계를 간단히 살펴보면 다음과 같다.

① 정체감 확립의 단계

Vaillant에 의하면 성인의 인생주기는 청년기로 접어드는 시기부터 시작된다고 한다. 20대에 와서 또 때로는 30대에 와서 부모로부터 자율성을 획득하고, 결혼하여 자녀를 낳아 기르며, 청년기에 시작된 우정을 깊게 하였다. 그랜트 연구대상 중 7명은 47세가 되어도 여전히 청년기를 벗어나지 못했다. 이들은 만년소년과 같은

성인의 삶을 살았는데, 성실한 보이 스카우트 단원처럼 직업에 매우 충실했고 심리
치료를 거의 필요로 하지 않았다. 그러나 이들은 친밀감, 경력강화, 생산성 등의 순
차적 단계를 거치지 않았다. 50세에 이들은 인생의 방관자로서 대부분 사회적 신분
이 낮았으며, 늘 자신에 대한 회의로 가득 찬 삶을 살았다. 청소년기가 성인의 인생
주기에 들어가는 필수요건일 뿐만 아니라, 격동적인 청년기가 정상적인 성숙한 성
인이 되는 데에 장애물로는 보이지 않는다.

② 친밀감 형성의 단계

부모로부터 실제적인 자율성을 획득하고 자신의 독립적인 정체감을 갖게 되자마
자, 이들은 한 번 더 다른 사람에게 의지하려고 한다. 이 단계에서 친밀감을 형성하
지 못하면 인생주기의 다음 단계에서의 실패를 의미한다. 47세에 가장 잘 적응하고
있는 것으로 생각되는 사람들 중 90% 이상이 30세 이전에 결혼생활이 안정되었고,
50세에도 여전히 결혼생활을 지속하고 있었다. 친밀감을 형성할 수 있는 능력이 발
달하기 이전에 너무 일찍 결혼하는 것은, 친밀감을 형성할 수 있는 능력이 지연되는
것과 마찬가지로 성공적인 결혼생활에 대한 부정적 전조가 되는 것이다.

③ 경력강화의 단계

25~35세 사이는 청년기의 이상과 열정을 버리고, 철저히 현실적인 삶을 살아가
는 시기이다. 25세와 35세 사이에서 그랜트 연구대상자들은 직업경력을 강화하기
위해 열심히 노력하였고 가족에게도 전념하였다. 그들은 자신이 해야 할 일을 하고
규칙을 준수하며, 승진을 위해 노력하였고, 현재의 '체재'를 인정하였다. 그들은 자
신이 원하는 여성 혹은 원하는 직업을 선택했는지의 여부에 대해 거의 의문을 제기
하지 않았다. 대학시절 불태웠던 정열, 매력, 희망은 사라지고 이제 "회색 플란넬 양
복을 입은 특색 없고, 새미없고, 딤딤하게 열심히 일만 하는 젊은이"(Vaillant, 1977,
p. 217)로 묘사되었다. Vaillant에 의하면 경력강화 단계는 40세경에 맹목적인 분주
함에서 벗어나 다시 한 번 내면세계의 탐색자가 되는 때에 끝난다고 한다.

④ 중년 전환기

Vaillant는 그랜트 연구에서 40세경에 중년 전환기가 나타난다고 밝혔다. 중년 전  환기는 새로운 인생단계로의 진입요구 때문에 스트레스가 많을지 모른다. 이 시기는 종종 십대 자녀와 원만하게 지내는 데 문제가 있기도 하고(사진 참조), 때로는 지나친 우울증에 빠지기도 한다.

그랜트 연구에서는 남성들의 경우 전환기가 때로는 혼란스럽기는 하나 이 시기가 위기의 차원으로 나타나지는 않았다. 게다가 이들은 인생의 어느 시기보다도 이 중년기에 더 많이 이혼하거나, 직업에 싫증을 낸다거나 혹은 좌절하게 되는 것 같지 않았다. 50대쯤에서 이 집단 중 가장 잘 적응한 남성들은 실제로 35세에서 49세까지의 시기를 그들의 인생에서 가장 "행복한 때"라고 보았다.

⑤ 평온한 시기

그랜트 연구에 의하면 50대가 40대보다 일반적으로 보다 더 원숙하고 평온한 시기라고 생각하는 것으로 보인다. Vaillant는 다른 사람들이 지적한 것과 비슷한 특성들을 관찰한 바 있는데, 그것은 나이가 들수록 성의 차이가 줄어들었다는 점이다. 남성들은 보다 온정적이고 표현적이 되었으며, 여성들은 단호하고 독립적이 되었다. 여자 노인은 상당히 강하게 자기주장을 하기 때문에, 때때로 자기보다 젊은 남자들을 놀라게 하는 경우가 있다. 한편, 나이든 남자는 신사적이고 애정어린 보살핌을 해주기 때문에 젊은 여자들의 호감을 사기도 한다.

(3) Levinson의 모델

Levinson과 예일대학의 동료들은 35세에서 45세 사이의 남성 40명을 대상으로 심층면접과 성격검사를 통해 성인기 남성의 성격발달이론을 구성하였다. 남성은 대략 20년에서 25년 사이의 네 개의 겹치는 시기 동안 자신들의 인생구조를 형성한다고 Levinson(1978)은 말한다. 이 시기는 대략 5년간의 과도기와 연결되어 있는데, 이 과도기 동안 남성들은 자신이 세운 구조를 평가하고 앞으로 오는 단계의 인생을 재구성할 수 있는 가능성을 탐색한다. 각 시기 안에는 보다 짧은 단계와 기간들이 있고, 이들 역시 과도기와 연결되어 있다. 따라서 사람들은 대체로 성인기의 거의 절반을 과도기로 보내게 된다.

Daniel Levinson

① 성년기의 전환기(17～22세)

성년기의 전환기는 청년기와 성년기를 연결하는 교량 역할을 한다. 이 전환기에서의 주요 과제는 부모와의 관계에 변화를 가져옴으로써(부모로부터 경제적, 정서적으로 독립) 자신의 인생구조를 변화시키는 것이다. 대학에 진학하거나 군에 입대하는 젊은이들은 자신의 집을 떠나 부모로부터 독립하거나 성인 세계가 제공하는 새로운 가능성을 탐색하고 시험 삼아 의사결정을 해본다.

② 성년기로의 진입(22～28세)

Levinson(1978)이 '성인세계로의 진입'이라 불렀던 초보 단계 동안 젊은이는 성인이 되어 '성년기의 초보적인 인생구조'를 수립한다. 이는 보통 결혼과 자녀를 낳게 되는 이성과의 관계로 이루어지며, 직업선택으로 연결되는 직업에 대한 관심과, 가정을 이루고, 친구 및 가족과의 관계, 사회적 모임에의 관련 등으로 이루어진다.

초보 인생구조에서 볼 수 있는 두 가지 중요한 특징은 '꿈'과 '스승'이다. 남성들은 종종 직업으로 표현되는 장래의 '꿈'을 지니고 성년기에 들어선다. 예를 들면, 유명한 작가가 되거나 과학적 업적으로 노벨상을 타고자 하는 꿈이 그들을 자극하고, 성인발달을 활성화시킨다. 그러나 그 같은 평소의 꿈이 이루어지지 않

사진 설명 Daniel Levinson이 그의 아내 Judy와 함께

을 것이라는 상식적인 깨달음으로 정서적 위기에 빠질지 모른다. 자신의 목표를 재평가하고 보다 실천가능한 목표로 대체해야 할 필요성에 어떻게 대처하느냐에 따라 얼마나 성공적으로 인생을 헤쳐나갈지가 결정된다.

　남성의 성공은 이 견습기간 동안에 '스승'을 발견함으로써 큰 영향을 받는다. 이 스승은 그에게 관심을 갖고, 지도해주고, 영감을 불어넣어 주며, 직업 및 개인적 문제에 있어서 지혜와 도덕적 지원과 실제적 도움을 준다. 스승과의 관계는 매우 중요하다. 왜냐하면 스승은 젊은이가 성공하도록 도와줄 뿐만 아니라 직업세계에서 가끔 부딪치게 되는 함정을 피하도록 도와주기 때문이다.

③ 30세 전환기(28∼33세)

　이제 탐색의 시기는 끝나고 개인의 생활양식이 어느 정도 확립된다. 약 30세 무렵에 남성은 자신의 인생에 대해 또 다른 시각으로 보게 된다. 지난 10년 동안 자신이 관여해온 일이 미숙하지는 않았는지 그리고 자신의 의사결정이 과연 옳았는지

에 대해 의문을 제기한다. 이 시기는 자기성찰의 시기로서 자신의 실수를 만회하고 보다 만족스러운 인생의 기초를 마련할 기회로 여긴다.

　어떤 남성들은 이 과도기를 아주 쉽게 넘기지만 어떤 이들은 발달상의 위기를 경험하는데 그들은 자신의 현재의 인생구조가 참을 수 없는 것임을 깨닫지만 더 나은 것으로 개선할 수도 없다고 여긴다. 그 때문에 결혼생활에서 발생하는 문제가 커지게 되며 그래서 이혼율이 절정에 달하게 된다(사진 참조).

④ 성년기의 안정기(33∼40세)

　30대 초반에는 Levinson(1978)이 '안정'이라고 부른 젊은 시절의 열망을 실현시키려는 일관된 노력을 하게 된다. 견습단계가 끝나고 남성들은 이제 '성년기의 절정에 달한 인생구조'를 수립할 준비가 되어 있다. 일, 가족, 기타 인생의 중요한 측면

들에 대해 더 깊이 관여한다. 종종 40세쯤에는 어떤 이정표를 지나게 되기를 바라면서 예정표를 가지고 자신에 대한 특정 목표(교수직, 일정수준의 수입, 개인전)를 수립한다. 이들은 사회에서 자신의 활동범위를 구축하려 애쓴다. 즉, 가족, 직업 및 사회에서 확고하게 자신의 삶을 뿌리내리고 고정시키는 일에 열중한다. 30대 중반과 40세 사이에는 절정기의 끝인 '자기 자신이 되기(Becoming One's Own Man: BOOM)'라 불리는 시기가 온다. 일에 대한 의욕이나 패기가 절정에 달하고, 직업에서 좀더 책임 있는 자리에 오른다. 목표달성에 더 열심이고 자신이 넘쳐나고 권위를 가지게 된다. 이제 그에게 힘을 가지고 영향력을 행사하는 사람들의 권위를 싫어하고 거기서 벗어나 자기 자신의 목소리로 말하고 싶어한다. 그러나 한편으로는 인정과 존경을 잃을까 봐 두려워하기도 한다.

⑤ 중년기의 전환기(40~50세)

　Levinson의 모든 전환기처럼 중년기 전환기는 끝이자 시작이다. 성년기의 일을 마무리해 가면서 또 한편으로는 중년기의 요령을 익혀간다. 이 교량역할을 하는 시기에 이제 자신의 죽음을 보다 절실하게 인식하는 남성들은 그들 삶의 모든 측면에 대해 실질적으로 의문을 품게 된다.

　Levinson(1978)에 의하면 중년기 남성은 내면의 상반되는 성향들을 처리해야 한다고 말한다. 그가 젊은 세대보다 늙었다고 느끼더라도 아직 자신을 중년이라고 부를 준비가 안 되어 있다. 그로 하여금 중년기라는 세계에서 그의 위치를 찾지 못하게 막는 젊은 태도를 지나치게 고집하지 말아야 한다. 그러나 그의 사고가 너무 늙게 되면 메마르고 경직될 것이다. 그는 또한 그의 성격의 '남성적' 부분과 '여성적' 부분을 통합하려고 노력해야 한다.

⑥ 중년기로의 진입(45~50세)

　40대 중반이 되면 남성들은 새로운 선택을 수반하는 새로운 인생구조를 설계하기 시작한다. 여기에는 새 직업이나 현재의 일에 대한 재구성 또는 재혼 등이 포함된다. 이때 매우 성공적인 사람들은 중년기를 인생에서 가장 충만하고 창조적인 시기, 자기 성격의 새로운 국면이 꽃필 수 있게 해주는 기회로 생각한다. 반면, 어떤 이들은 중년기의 과업을 전혀 해결하지 못하는데 이들은 따분한 중년기를 보내게 된다.

⑦ 50세의 전환기(50~55세)

인생 구조를 수정할 수 있는 또 다른 기회는 50대 초반에 다가온다. 50대 전환기는 중년기의 전환기가 비교적 무난했던 남성의 경우에 특히 어려운 시기가 되는 것 같다. 바꾸어 말하면, 중년기의 전환기와 50대의 전환기 중 어느 한 시기에 어느 정도의 위기를 경험하지 않고서는 중년기를 통과하는 것이 불가능한 것으로 보인다.

⑧ 중년기의 절정기(55~60세)

중년기에 있어서 인생구조의 절정기는 남성들이 중년기의 기반 구축을 완성한 안정된 시기이다. 자신의 삶을 풍요롭게 하는 사람들에게 50대는 위대한 완성의 시기가 된다.

⑨ 노년기의 전환기(60~65세)

사진 설명 노년 전환기에는 노화와 죽음에 대한 인식이 강화된다.

60대 초반은 중요한 전환점으로서 중년기를 끝내고 노년을 준비하는 시기이다. 이 시기에 사람들은 갑자기 늙지는 않으나 정신적, 신체적 능력의 변화로 인해 노화와 죽음에 대한 인식이 강화된다. Peck(1968)과 마찬가지로 Levinson(1978)도 신체적 변화와 성격과의 관계에 주목한다. 개인차가 크기는 하지만 이 시기에는 적어도 한두 가지의 질병-예를 들면, 심장마비나 암, 시력 또는 청력의 감퇴, 우울증과 같은-에 걸릴 확률이 높다. 이러한 신체적 변화는 받아들이기 어려운데, 특히 이전에 좋은 건강상태를 유지해 왔던 사람들의 경우에 더욱 그러하다.

⑩ 노년기(65세 이상)

　노인들은 이 시기에 그들이 더 이상 무대의 중심인물이 아님을 깨닫게 된다. 무대의 중앙으로부터 물러나는 것은 인정, 권력, 권위에 손상을 가져오므로 정신적으로 큰 상처를 받게 된다. 그들 세대는 더 이상 지배 세대가 아니다. 그러나 가정에서는 조부모 세대로서 성장한 자녀들에게 여전히 유용한 지혜, 인도, 지원의 원천으로서 도움을 줄 수 있다.

　위엄과 안정 속에 은퇴하는 것은 또다른 중요한 발달과업이다(사진 참조). 이 과업을 성공적으로 수행한 사람들은 은퇴 후 가치 있는 일에 종사할 수 있다. 그러한 작업은 외적인 압력과 경제적인 필요에 의한다기보다는 창조적인 힘에 의해 이루어진다. 이제 사회에서 맡은 바 직분을 다하고 드디어 개인적으로 보상을 받는 즐거운 일을 할 수 있는 권리를 얻은 셈이다. 인생의 마지막 단계에서 노인들은 죽어가는 과정을 이해하게 되고 자신의 죽음을 준비한다. 이전 단계의 끝 무렵에는 새로운 단계의 시작과 삶에 대한 새로운 이유를 기대했던 반면에, 이제는 죽음이 곧 닥쳐올 것이라는 것을 알고 있다. 죽음이 몇 달 후 또는 몇 십 년 후에 닥친다 해도 노인들은 죽음의 그림자 속에서 그리고 죽음의 부름 속에서 살고 있는 것이다.

　이 시기에 노인들은 자아에 대한 궁극적인 관심과 인생이 과연 무엇인가에 대해 최종적으로 마음의 정리를 하게 된다. Levinson(1978)은 이것을 삶의 끝자락에서 하게 되는 "다리에서 바라보는 조망(one's view from the bridge)"이라고 표현하였다. 이러한 분석은 Erikson의 자아통합감과 유사히다. 이제 궁극적인 과업은 자아와의 화해로서 자신을 알고, 자신을 사랑하며, 자신을 버릴 준비를 하는 것이다.

여성의 인생주기

성인발달의 단계이론들은 그 이론적 개념이나 연구대상이 모두 남성지향적이다. 예를 들면, 단계이론의 주요 초점은 전통적으로 남성의 인생을 지배했던 직업경력이나 직업에서의 성취를 강조하고 있다. 단계이론은 관계나 보살핌 같은 여성들의 관심사를 반영하지 못하고, 자녀출산과 자녀양육은 중요시하지 않는다 (Gilligan, 1982).

여성들의 가정 내에서의 역할은 복잡하고 그들의 인생에서 매우 중요하다. 여성들이 가사와 직업을 병행하면서 경험하는 역할갈등을 대부분의 남성들은 경험하지 않는다. 따라서 남성들을 대상으로 한 연구를 여성들에게 일반화하는 데는 문제가 있다(Barnett, Marshall, & Pleck, 1992; Basow, 1992; Keith & Schafer, 1991; Zunker, 1990).

그러나 여성을 대상으로 한 연구에서 Levinson(1996)은 여성의 인생주기도 남성과 동일하다는 것을 발견하였다. 남성과의 차이점이라면 여성은 평균예상수명이 길기 때문에 노년기 후기(late-late adulthood)를 경험한다는 것이다. 또한 Levinson은 성의 구분(gender splitting), 즉 여성적 역할과 남성적 역할의 엄격한 구분 때문에 여성은 남성보다 훨씬 더 힘든 삶을 산다고 주장하였다. 모든 사회에서 남녀구분은 어느 정도 있기 마련이지만, Levinson의 '전통적 결혼관'에서 보면 집안일은 여성에게, 바깥일은 남성에게 맡겨지는 것, 즉 여성은 가정주부로, 남성은 가족부양자로 생각하는 구분이 명확하다. 일 또한 여성의 일과 남성의 일로 구분된다. Levinson이 가정주부, 대학교수, 여성 기업인들을 면담했을 때 '성의 구분'이 문제라는 것을 발견하였다. 전통적인 가정주부는 사회적 변화에도 불구하고 성의 구분을 고수하려는 경향이 있었고 자아발달 또한 제한을 받았다. 반면, 직업여성은 남성 우위의 직장에서 장벽을 무너뜨리는 데에 곤란을 겪었고, 결혼 생활에서 남편과 집안일을 분담하는 데에 어려움을 겪었다.

남성과 여성은 각기 다른 종류의 도전에 직면하고, 그 도전에 대처하는 방법 또한 다르다. 남성의 '꿈'이

대체로 직업적 성취에 있다면, 여성의 '꿈'은 직업과 가정을 병행하는 것이다. 여성의 꿈은 종종 '분할된 꿈'이라 할 수 있는데, 직업목표와 결혼목표로 분할된 것이다 (Roberts & Newton, 1987). 심지어 전문직 여성 중에서도 매우 적은 비율의 여성만이 오로지 직업과 관련된 목표를 갖는다. 여성의 직업선택 또한 그들의 분할된 꿈을 참작한 것이다. 여성들은 종종 가정과 직업을 병행시킬 수 있는 직업을 찾는다.

사진 설명 여자의 일생

6장

자기이해와 정체감의 발달

    자신에 대한 이해는 자기인식에서 출발한다. 자기인식은 자아개념과 자아존중감의 발달을 초래한다. 자기인식을 위해서는 어느 정도 수준의 인지발달이 요구되지만 사회적 경험 또한 매우 중요하다.

    자아개념은 신체적 특징, 개인적 기술, 특성, 가치관, 희망, 역할, 사회적 신분 등을 포함한 '나'는 누구이며, 무엇인가를 깨닫는 것을 의미한다. 자아개념은 아동에서 청년으로 성숙해가면서 발달하는데, 형식적 조작기 사고의 특징인 추상적 사고가 자아개념의 발달에 중요한 역할을 한다.

    아동이 자기 자신에 대한 개념을 형성하게 됨에 따라 그들은 자신의 속성에 대해 긍정적 또는 부정적인 가치를 부여하게 되는데, 자신에 대한 이러한 평가를 자아존중감이라고 한다. 자아개념이 자아에 대한 인지적 측면이라면 자아존중감은 감정적 측면이라 할 수 있다. 즉, 자신의 존재에 대해 인지적으로 형성된 것이 자아개념이고, 자기 존재에 대한 느낌이 자아존중감이다. 자아존중감은 인간이라는 존재에 존엄성을 부여하며, 개인의 행·불행에 영향을 미치는 중요한 심리적 변인이다. 자신에 대해 긍정적인 감정을 가진 사람은 자신을 가치 있고 유능한 사람이라고 생각하는 반면, 자신에 대해 부정적인 감정을 가진 경우에는 자신을 보잘것없는 사람이라고 생각하여 열등감을 갖게 된다.

청년기에는 청년들 스스로 "나는 누구인가?" "나는 무엇이 되기를 원하는가?" 등의 자문을 하게 되는데, 이러한 자문은 자아정체감을 형성하기 위한 과정이다. 자아정체감의 확립은 청년기의 가장 중요한 발달과업이다. 청년기의 신체적, 심리적 변화에 대응하여 자아정체감 형성이 당연히 요구되는 것이기는 하지만, 반드시 청년기가 되어야 정체감 형성이 이루어진다는 의미는 아니다. 정체감은 훨씬 이전에 유아기 애착의 출현에서 시작되고, 노년기에 이르러 인생의 회고와 더불어 통합감을 이룰 때에 그것이 마지막 국면에 접어든다.

이 장에서는 자아개념, 자아존중감, 자기효능감, 자기통제, 사회인지와 타인이해, 자아실현, 자아정체감의 형성, 자아정체감의 네 범주, 자아정체감과 성차 등에 관해 살펴보기로 한다.

1. 자기이해의 발달

자신에 대한 이해는 자기인식에서 출발한다.

자신에 대한 이해는 자기인식(self-recognition)에서 출발한다. 자기인식은 자아개념과 자아존중감의 발달을 초래한다. 자기인식의 발달은 영아가 다른 대상과 구분되는 독립된 실체로서 자신을 인식하는 것에서부터 시작된다. 자기인식을 위해서는 어느 정도 수준의 인지발달이 요구되지만 사회적 경험 또한 매우 중요하다.

1) 자아개념

자아개념(self-concept)은 신체적 특징, 개인적 기술, 특성, 가치관, 희망, 역할, 사회적 신분 등을 포함한 '나'는 누구이며, 무엇인가를 깨닫는 것을 의미한다. 자아개

념은 자신이 독특하고 타인과 구별되는 분리된 실체라고 인식하는
데에서 발달하기 시작한다.

Strang(1957)은 자아개념을 네 가지 범주로 분류한다. 첫째, 자신의
능력, 신분, 역할에 대한 전반적인 인식인 전체적 자아개념이다. 둘
째, 순간적인 기분에 의해 영향을 받는 일시적 자아개념이다. 예를 들
어, 학기말 고사 성적이 나쁘거나 부모로부터 심한 꾸중을 듣고 순간
적으로 자신을 가치 없는 인물로 생각하는 것 등이다. 셋째, 다른 사
람이 자신을 어떻게 보느냐에 따라 자신을 평가하는 사회적 자아개
념이다. 이는 사회학자 Charles Cooley(1902)와 George Mead(1934)
가 주장한 사회학적 자아이론에 그 뿌리를 두고 있다. 즉, Cooley는
자기 주위의 인물들과의 관계에서 반영되는 평가인 면경자아(looking
glass self)의 개념을 중요시했으며, Mead 또한 개인의 자아개념은 중
요한 타자(significant others)와의 사회적 상호작용에서 형성된다고 보
았다. 넷째, 자신이 그렇게 되었으면 하고 바라는 이상적 자아개념이
다. 이상적 자아가 너무 낮으면 성취욕이 없고, 반면 너무 높으면 심
한 좌절과 자기모멸에 빠지게 된다. Rogers(1974)는 실제적 자아(real
self)와 이상적 자아(ideal self) 간의 관계를 강조하는데, 실제적 자아
는 실제로 있는 그대로의 자아이고, 이상적 자아는 자신이 그렇게 되
었으면 하고 바라는 자아이다. 실제적 자아와 이상적 자아 간의 차이
가 크면 개인은 적응을 잘하지 못하게 되고 심지어는 신경증으로까
지 발전한다. 현실적인 자아개념은 자기수용, 정신건강 등으로 이어
지고, 현실적 목표를 달성하게 만든다.

유아기에는 자신이 다른 사람과 분리된 실체라는 사실을 깨닫기는
하지만 이때의 자아개념은 매우 피상적이다. 유아들에게 자신에 대해
묘사해보라고 하면 자신이 좋아하는 행동으로 자신을 묘사한다. 예를
들면, "앉아서 TV를 본다" 또는 "어머니가 설거지하시는 것을 도와드린다" 등이다
(Keller, Ford, & Meacham, 1978). 즉, 이들은 "영리하다" 또는 "예쁘다"와 같은 보다 안

Charles Cooley

George Mead

Carl Rogers

반은 벗고 반은 옷을 입은 피카소의 '거울 앞에 선 소녀상'은 Rogers의 실제적 자아와 이상적 자아의 '쌍둥이' 이미지를 반영한다.

정된 특성으로 자신을 묘사하지 못한다.

아동기가 되면 자아개념에 큰 변화가 일어나는데, 자신이 가진 개인적 특성으로 자신을 묘사하기 시작한다. 일반적으로 아동은 자신의 신체적 특성, 소유물, 활동, 능력과 관련시켜 자신을 규정한다. 자아개념은 성숙해감에 따라 점차 안정적인 것으로 변하며, 추상적이고 분화된 개념으로 발달하게 된다. 아동 초기까지는 주로 자신의 신체적 특성이나 소유물, 좋아하는 놀이활동 등을 통해 자신을 묘사하는 반면, 아동기 말이 되면 심리적 특성이나 다른 사람과의 관계 등을 중심으로 자신을 묘사한다(Bosacki; 2013; Eggum et al., 2011; Lerner, Theokas, & Jelicic, 2005; Montemayor & Eisen, 1977).

자아개념은 아동에서 청년으로 성숙해가면서 더욱 발달하는데, 형식적 조작기 사고의 특징인 추상적 사고가 자아개념 발달에 중요한 역할을 한다. Montemayor와 Eisen(1977)의 연구에서는 아동과 청년을 대상으로 '나는 누구인가'라는 질문에 대한 반응을 비교해보았더니 청년이 아동보다 더 추상적이고 분화된 개념으로 자신을 묘사하였다. 즉, 아동은 주로 자신의 신체적 특징이나 소유물, 놀이활동 등에 의해 자신을 묘사한 반면, 청년은 개인의 신념, 특성, 동기 등으로 자신을 묘사하였다.

청년 초기는 신체적, 인지적 변화가 급격한 시기이기 때문에 아동기나 청년 후기에 비해 자아개념이 더 혼란스럽고 변화가 많을 것이라 예상할 수 있는데, 이 가정은 많은 연구에 의해 뒷받침되고 있다. 예컨대, Simmons 등(1973)이 초등학교 3학년에서 고등학교 3학년까지의 학생을 대상으로 연구한 결과, 12세와 13세의 청년 초기의 학생들이 다른 연령층에 비해 더 우울하고, 자의식이 강하며, 자아존중감이 낮고, 부모나 교사 그리고 동성의 또래집단이 자신을 호의적으로 생각하지 않는다고 여겼다.

Marcia(1996) 또한 청년기 동안의 자아개념의 변화는 청년 초기, 중기, 후기로 나누어 생각해보면 훨씬 더 잘 이해할 수 있다고 믿는다. 즉, 청년 초기에는 모순된 자기묘사를 하는 등 자아개념이 혼란스러운 것으로 보인다. 청년 중기에는 자신을 묘사함에 있어서의 모순을 해결하려는 노력을 하며, 청년 후기에는 보다 통합된 자아개념을 발달시킨다는 것이다.

2) 자아존중감

자아존중감(self-esteem)이라 함은 자신의 존재에 대한 긍정적 또는 부정적 견해로서, 자아개념이 자아에 대한 인지적 측면이라면 자아존중감은 감정적 측면이라 할 수 있다. 즉, 자신의 존재에 대해 인지적으로 형성된 것이 자아개념이고, 자기존재에 대한 느낌이 자아존중감이다(Bracken & Lamprecht, 2003; Davis-kean & Sandler, 2001; Simmons & Blyth, 1987).

자아존중감을 '영혼의 생존'이라고도 하는데, 그것은 인간이라는 존재에 존엄성을 부여하는 요인이다. 자아존중감은 자신이 다른 사람에게 중요하게 여겨지는 인간 상호작용으로부터 싹트고, 작은 성취나 칭찬 또는 성공을 통해서 형성된다.

자아존중감은 인간의 정신건강에 결정적인 역할을 하는 것으로 보인다. Branden(1969)은 자아존중감은 인간의 기본욕구로서 이 욕구의 충족 여부는 생사를 가름할 정도로 중요한 문제라고 한다. 그러면서 한 개인의 심리적 적응을 알기 위해서는 개인의 자아존중감을 알아야 한다고 주장한다. Maslow(1965) 또한 개인의 적응

Nathaniel Branden

력의 한 요인으로서 자아존중감의 필요성을 강조한다. Maslow에 의하면 모든 인간은 자아존중감에 관한 욕구가 있는데, 이 욕구를 충족시킨 사람은 자신감이 있고 자신을 가치 있고 유용한 사람이라고 생각한다. 이에 반해, 이 욕구를 충족시키지 못한 사람은 열등감을 가지고, 자신을 보잘것없는 사람이라고 생각한다. 그리고 이러한 자신에 대한 부정적인 감정은 정신질환을 유발할 가능성이 있다고 한다.

유아기에는 일반적으로 자아존중감이 매우 높은 편이다. 그러나 아동기에 들어

사진 설명 유아기에는 일반적으로 자아존중감이 매우 높은 편이다. 사진 속의 유아는 부활절 계란을 바구니에 담는 일을 '해내고 나서' 매우 의기양양해 있다.

서면서 여러 영역에 걸쳐 자신을 객관적으로 평가하게 됨에 따라 유아기 동안 터무니없이 높던 자아존중감은 보다 현실적인 수준으로 조정된다. 이러한 현상은 아동이 점차 그들 자신에 대한 판단을 타인의 견해나 객관적인 수행능력에 맞추어 조정하려는 것으로 설명할 수 있다(Stipek & MacIver, 1989).

학동기 아동은 학업, 신체, 사회성의 세 측면에서 자아존중감을 형성하게 되는데, 이들은 연령이 증가함에 따라 다시 세분된다. 예를 들면, 학업적 자아존중감은 다시 국어, 산수, 기타 다른 과목 등으로 세분화되고, 사회적 자아존중감은 또래와의 관계 및 부모와의 관계로 나누어진다. 그리고 신체적 자아존중감은 다시 외모와 신체적 능력으로 세분화된다(Marsh, 1990; Marsh & Cheng, 2012). 더욱이 이처럼 분화된 자아존중감은 전반적 자아존중감으로 통합되어(Harter, 1990a), 〈그림 6-1〉에서 보는 바와 같이 위계적인 구조를 형성하게 된다.

우리나라 초등학교 5, 6학년생 308명과 중학생 718명을 대상으로 한 연구(조현철, 2000)에서 자아개념을 9개의 하위 요인, 즉 학업능력, 학업흥미, 국어, 수학, 신체능력, 외모, 친구관계, 대부모 친밀감, 대부모 접촉도로 나누어 살펴보았다. 그 결과, 초·중등학생은 모두가 자아개념에서 학업 자아개념이 차지하는 비중이 매우 높은 것으로 나타났다.

우리나라 초·중학생 696명을 대상으로 한 연구(박점순, 2003)에서, 부모의 수용적 태도는 성별 그리고 연령별에서 자아개념의 모든 하위변인과 전체 자아개념에 영향을 미쳤다. 반면에 부모의 통제적인 태도는 먼저 성별에서 남학생의 신체적, 성격적, 가정적, 학문적 자아에 영향을 주었고, 여학생에게는 도덕적, 성격적, 가정적, 사회적 그리고 전체 자아개념에 영향을 미쳤다. 또한 연령별로는 초등학생에게

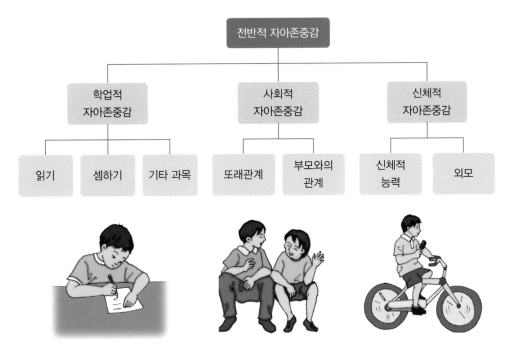

〈그림 6-1〉 자아존중감의 위계적 구조

는 도덕적, 성격적, 가정적, 전체 자아개념에, 중학생에게는 도덕적, 성격적, 가정적 자아개념에 영향을 주었다.

청년 초기의 여러 가지 스트레스는 청년의 자아존중감에 큰 영향을 미친다. 고등 학교에 들어갈 무렵이면 자아개념의 변화와 함께 청년들, 특히 여성들의 자아존중 감이 많이 저하된다(Simmons & Blyth, 1987). 즉, 사춘기라는 현상이 스트레스원이 되어 여성의 심리적 적응에 부정적인 영향을 미친다. 사춘기 소녀들은 자신의 신체 적 매력, 이성교제, 학업성취 그리고 또래집단에서의 인기도 등에 관해 지나치게 신 경을 쓰게 되고, 이로 인해 자아존중감의 손상을 입게 된다(Simmons & Rosenberg, 1975).

우리나라 고등학교 2학년 학생 631명을 대상으로 외모만족도와 자아존중감 및 학교적응의 관계에 대해 살펴본 연구(장선철, 송미현, 2004)에서는, 외모만족도가 높 은 청소년일수록 자아존중감이 높으며, 자기주장도 잘하고, 타인과의 관계도 원만

사진 설명 사춘기라는 현상이 여성의 심리적 적응에 부정적인 영향을 미쳐 자아존중감의 손상을 초래한다.

하게 맺으며, 자신이 지도력을 발휘하고 인기를 누리고 있다고 생각하며, 자기비하를 적게 하는 것으로 나타났다. 또한 외모만족도와 자아존중감 및 학교적응 간에는 정적 상관관계가 있는 것으로 나타났다.

많은 청년들이 청년 초기에 자아존중감이 많이 저하되지만 이것은 일시적인 현상으로 청년 후기나 성인기에 오면 자아존중감이 다시 높아진다(Marsh, 1989; O'Malley & Bachman, 1983). 그러나 여기에는 성차가 존재한다. 청년 초기의 청소년을 대상으로 청년 후기 및 성인기까지를 추적조사한 종단연구(Block & Robins, 1993)에서 남자의 경우는 자아존중감이 계속 증가했으나 여자의 경우는 시간이 지나면서 자아존중감이 계속 떨어졌다.

여러 연구결과 청년의 낮은 자아존중감은 약물남용, 먹기장애, 우울증, 자살과 비행 그 외의 다른 적응문제를 낳는 것으로 나타났다(Button, 1990; Fenzel, 1994; Harter & Marold, 1992; Reardon & Griffing, 1983; Robertson & Simons, 1989).

그렇다면 청년의 자아존중감을 높일 수 있는 방법은 없을까? 연구결과 네 가지 방안이 제시되고 있다(〈그림 6-2〉 참조). 첫째, 낮은 자아존중감의 원인을 정확하게 파악한다. Harter(1990b)에 의하면 청년의 자아존중감을 높이기 위한 프로그램에서 자아존중감 그 자체가 목표가 되어서는 안 된다고 한다. 다시 말하면, 청년으로 하여금 단순히 자신에 대해 자신감을 갖도록 격려하는 것은 효율적이지 못하며, 오히려 청년이 낮은 자아존중감을 갖게 된 원인을 이해해야 한다고 주장한다. 청년들은 자신이 중요하다고 생각하는 분야에서 능력을 발휘할 때 높은 자아존중감을 갖게 된다. 따라서 그러한 분야가 무엇인가를 알아내는 것이 중요하다.

Susan Harter

낮은 자아존중감의 원인을 정확하게 파악한다.

정서적 지지와 사회적 인정

성취행위의 중요성을 강조한다.

문제에 직면했을 때 정면으로 대응한다.

〈그림 6-2〉 청년의 자아존중감을 향상시키기 위한 네 가지 방안

둘째, 정서적 지지와 사회적 인정이 청년의 자아존중감에 영향을 미친다(Harter, 1990b). 갈등이 많은 가정의 청년이나 학대나 유기의 경험이 있는 청년들은 자아존중감이 낮은 편이다. 한 연구(Robinson, 1995)에서 부모와 또래의 정서적 지지가 청년의 자아존중감과 연관이 있는 것으로 나타났다. 청년 후기에 들어서면 부모의 지지보다 또래의 지지가 훨씬 더 중요한 요인이 된다.

셋째, 성취행위 또한 청년의 자아존중감을 향상시킬 수 있다(Bednar, Wells, & Peterson, 1995). 자아존중감 향상에 있어 성취행위의 중요성을 강조하는 것은 Bandura의 인지적 사회학습이론에서 볼 수 있는 자기효능감의 개념과 유사하다. 자기효능감이란 자신이 어떤 일을 훌륭히 해낼 수 있다는 개인적 신념이다.

넷째, 자아존중감은 또한 청년이 어떤 문제에 직면했을 때 그것을 피하기보다 오히려 정면으로 대응하여 문제를 해결하고자 할 때에 향상된다(Lazarus, 1991). 즉, 문제에 직면하여 현실적으로 대응함으로써 자신에 대해 좋은 느낌을 갖게 되고, 이것이 자아존중감으로 연결된다.

3) 자기효능감

사진 설명 Bandura가 쌍둥이 손자들과 함께 비눗방울 놀이를 하고 있다.

자기효능감(self-efficacy)이란 자신이 스스로 상황을 극복할 수 있고, 자신에게 주어진 과제를 성공적으로 수행할 수 있다는 신념이나 기대를 의미한다(Bandura, 1986, 1993, 2004, 2010, 2012, 2016). 높은 자기효능감은 긍정적인 자아개념을 촉진하고, 지속적으로 과제지향적 노력을 하게 하여 높은 성취수준에 도달하게 하지만, 낮은 자기효능감은 부정적인 자아개념을 갖게 하여 자신감이 결여되고 성취지향적 행동을 위축시킨다(Bandura & Schunk, 1981; Scheier & Carver, 1992; Schunk, 2012, 2020; Stipek, 2002).

자기효능감은 일반적으로 아동기에 증가한다. 특정 과제에서 성공 또는 실패한 경험에 비추어, 아동은 이제 특정 영역에서 자신이 얼마나 잘할 수 있는지를 예견할 수 있다. 예를 들면, 스키를 처음 타보고 제법 잘 해낸 아동은 앞으로 연습하면 더욱더 잘할 수 있다고 믿는다(사진 참조).

낮은 자기효능감은 극단적인 경우에 아동으로 하여금 자신은 아무것도 할 수 없으며 실패할 수밖에 없다는 학습된 무력감(learned helplessness)을 갖게 한다. 학습된 무력감은 계속되는 실패의 경험에서 발생하는 것으로, 자신이 아무리 노력해도 성공할 수 없을 것이라고 느끼게 되는 것을 의미한다. 학습된 무력감은 아동으로 하여금 자신의 무능력으로 인해 자신이 실패했다고 느끼게 만들며, 자신의 성공은 단지 운이 좋아서 그렇게 된 것이라고 느끼게 만든다. 결과적으로 어떤 과제가 주어졌을 때 시도도 해보지 않고 일찌감치 포기해 버린다. 학습된 무력감을 지니고 있는 아동은 학업성취에 있어서 자신의 잠재력을 거의 발휘하지 못하며, 쉽게 학업을 포기하게 된다(Peterson, Maier, & Seligman, 1993; Seligman, 1988).

Bandura(2012)는 최근에 개략적이나마 전생애에 걸친 자기효능감의 발달양상을 제시해주고 있다. 유아는 자신의 환경을 탐색하고, 그것을 통제할 수 있다는 자신감을 갖게 되면서 자기효능감을 발달시키게 된다. 아동은 성장하면서 그들의 사회적 세계 역시 넓혀나간다. 그리고 점차 또래를 자기효능감의 모델로 그리고 사회적 비교 대상으로 삼는다. 10대들은 이성교제를 통해서 자기효능감을 평가한다. 성인들은 사회인으로서 그리고 부모로서의 새로운 역할에 대해 자신의 능력을 평가하며, 노인들은 은퇴에 대한 적응과 새로운 생활양식의 창출을 통해서 자신의 능력을 재평가한다. 자기효능감은 개인으로 하여금 일생 동안 에너지와 생명력을 가지고 앞으로 나아가게 하는 원동력이 된다. 자기효능감이 낮은 사람들의 경우 자신감을 상실하고, 쉽게 포기하며, 우울증에 빠지게 된다.

4) 자기통제

자기통제(self-control)라 함은 목표를 달성하기 위해 순간의 충동적인 욕구나 행동을 억제할 수 있는 능력을 말한다. 자기통제 능력은 유혹에 저항하는 능력, 만족을 지연하는 능력, 충동을 억제하는 능력으로 구성되어 있다.

만약 충동을 억제하는 것을 배우지 못한다면, 다른 사람의 권리를 침해하거나 규칙을 위반함으로써 아동은 항상 다른 사람과 마찰을 일으킬 것이며, 장기적인 목표 달성에 필요한 인내심을 갖지 못하게 될 것이다.

자기통제의 발달에 관한 많은 이론들(Bandura, 1986; Freud, 1960; Kopp, 1987; Mischel, 1986)은 다음과 같은 두 가지 가정을 하고 있다. 첫째, 아동들의 행동은 거의 전적으로 외적인 감독(부모 등에 의한)에 의해 통제된다. 둘째, 연령이 증가하면서 아동이 자기통제의 가치를 강조하는 규준을 채택하게 되고, 규준을 따르게 해주는 자기규제(self-regulation)의 기술을 습득함에 따라, 자기통제는 점차 내면화되어 스스로 통제할 수 있게 된다는 것이다.

자기통제 능력이 아동기에 급격하게 증가하는 이유는 두 가지로 설명할 수 있다. 그중 하나는 아동이 인지적으로 성숙함에 따라 자신의 사고와 행동을 규제할 수 있는 보다 효율적인 전략을 사용할 수 있기 때문이다. 또 다른 이유는 자기규제와 자기통제의 가치를 강조하는 규준을 내면화하기 때문이다(Carver & Scheier, 2021; Miller et al., 2020; Schunk, 2020).

아동이 미래의 성취를 위해 즉각적인 욕구만족이나 충동을 억제하는 일은 성숙한 인간으로 성장하는 과정에서 매우 중요한 의미가 있다. 여러 연구에 의하면, 자기통제 능력은 상당히 안정적인 특성일 뿐만 아니라 청년기 자아존중감을 예측해 주는 인지적 능력, 사회적 기술, 자신감 등의 특성과 관련이 있다(Harter, 1990a). 그리고 성인기에는 직업적 성공과 대인관계에서의 성공을 예측할 수 있는 특성과도 관련이 있는 것으로 보인다(Hunter & Hunter, 1984; Newman, Caspi, Moffitt, & Silva, 1997). 따라서 자기통제 능력은 '자아'의 중요한 구성요소이다.

아동의 자기통제에 영향을 미치는 변인을 조사한 연구(이경님, 2001)에 따르면, 아동의 신중성이 높을수록 자기통제도 높은 것으로 나타났다. 즉, 상황을 검토하고 심사숙고해 상황적 요구에 대응하며 적절히 행동할 수 있는 신중성은 자기통제를 높이는 중요한 변인임을 알 수 있다. 또한 아동의 자기통제는 사회적 자아개념과 정적 상관을 보여주고 있는데, 친구와 잘 어울리며 친구관계에 잘 적응한다고 지각하는 아동은 자기통제가 높은 것으로 보인다. 한편, 아동의 자기통제와 어머니의 통제적 양육행동은 부적 상관을 보여주었다. 즉, 어머니가 아동에게 권위주의적이고 통제를 많이 할수록 아동의 자기통제는 더 낮아지는 것으로 나타났다.

자기통제가 유아와 아동의 적응과 부적응에 미치는 영향을 살펴보기 위하여 2012년부터 2022년 8월까지 국내에서 출판된 324편의 논문을 메타분석한 이귀애(2023)의 연구에 의하면, 유아와 아동의 적응에 있어 공통적으로 정서조절과 자기조절이 유아기와 아동기뿐 아니라 성인기의 적응에 이르기까지 큰 영향을 미쳤다. 이는 유아기에 형성된 정서조절과 자기조절은 안정적인 특성이 있어 어린 시절의 자기통제가 성인기까지 지속적으로 영향을 미칠 수 있음을 보여준다. 또한 자기통제가 부적응에 미치는 영향은 연령이 증가할수록 누적되었다.

자신의 행동이 만족스러운 수준에 도달했는지의 여부를 평가함에 있어서 아동은 세 가지 정보—자신이 설정한 기준과의 비교, 사회적 비교, 통제의 소재—에 의존한다(Perry & Bussey, 1984).

자신이 설정한 기준과의 비교는 특히 중요하다. 주의 깊은 자기관찰은 자기통제의 중요한 요인이다. 그러나 자신의 행동을 통제하기 위해서 아동이 주의를 기울여야 하는 특정 측면은 구체적인 행동과 상황에 따라 매우 다양하다. 스포츠 상황에서는 속도와 민첩함이 중요하지만, 성취 상황에서는 작업의 양과 질, 독창성이 중요하다. 그리고 대인관계 상황에서는 사교성과 도덕성이 지극히 중요하다.

자신의 행동이나 업적을 평가할 때, 아동은 다른 사람의 행동이나 업적과 비교하게 되는데, 이것이 바로 사회적 비교이다. 다른 아동들은 모두 규칙을 준수하는데 자신만이 그 규칙을 어겼다고 생각할 때, 아동은 심하게 자책을 하였다(Perry, Perry, Bussey, English, & Arnold, 1980).

자기평가는 또한 아동이 자신의 행동의 원인이 무엇인가를 지각하는 통제의 소재(locus of control)와 관련이 있다. 일반적으로 아동은 자신의 행동이 자신의 통제 밖에 있는 외적 요인(외적 통제) 때문이 아니라, 개인적 동기나 기질과 같은 내적 요인(내적 통제) 때문이라고 지각할 때, 더 강력한 자기평가(긍정적이든 부정적이든)를 하게 된다. 예를 들면, 아동이 성취 상황에서 성공요인을 운과 같은 외적 요인이 아니라 자신의 능력이나 노력과 같은 내적 요인 때문이라고 생각한다면, 자신의 성공에 대한 자부심과 기쁨이 더욱 클 것이다. 마찬가지로 자신이 실패한 이유가 내적 요인 때문이라고 믿으면 더욱 낙담할 것이다(Ruble, Parsons, & Ross, 1976; Weiner, 1979). 아동은 또한 자신의 부도덕한 행동이 자신도 어쩔 수 없는 외적 요인 때문이라고 생각하지 않을 때, 자신을 좀더 심하게 벌하는 경향이 있다(Perry et al., 1980).

5) 사회인지와 타인이해

사회인지(social cognition)는 사회적 관계를 이해하는 능력이다. 즉, 다른 사람의

Robert Selman

감정, 생각, 의도, 사회적 행동들을 이해하는 능력을 말한다. 사회인지는 모든 인간관계의 기본이다. 다른 사람이 무슨 생각을 하는지, 어떻게 느끼는지를 아는 것은 다른 사람과 원만한 관계를 유지하고, 그들을 이해하는 데 필수적이다(Feldman & Ruble, 1988; Gnepp & Chilamkurti, 1988).

사회인지의 발달을 설명하는 이론 중 하나가 Selman의 역할수용(role-taking) 이론이다. 역할수용이란 다른 사람의 입장이 되어 그 기분을 이해하는 능력이다. 역할수용 능력은 자신에 대한 이해뿐만 아니라 타인에 대한 이해를 높이기도 한다. 즉, 역할수용 능력이 뛰어난 아동은 친구의 욕구에 민감하고, 그래서 보다 효율적인 의사소통을 하게 된다.

Selman(1980)은 사회적 역할수용의 발달을 5단계로 나누어 설명하고 있다. 제1단계는 자기중심적 미분화 단계(3~6세)로서 이 단계의 아동은 자신의 입장과 다른 사람의 입장을 구별하지 못한다. 어떤 상황에서 상대방이 어떻게 느끼겠는가를 물어보면 그들은 자신의 느낌을 말한다.

제2단계는 주관적 역할수용 단계(5~9세)이다. 이 무렵의 아동은 다른 사람들은 다른 생각을 가질 수도 있다고 깨닫기 시작하지만 왜 그런지는 이해하지 못한다(LeMare & Rubin, 1987). 이제 아동은 의도적 행동과 비의도적 행동을 구분하기 시작하고, 행동의 원인을 생각하기 시작한다(Miller & Aloise, 1989). 그러나 다른 사람의 의도, 감정, 사고를 추론하기 시작한다고 해도, 사람들이 그들의 진짜 감정을 숨길지도 모른다는 사실은 깨닫지 못하고, 단지 눈에 보이는 사실에 근거해서 결론을 내린다.

제3단계는 상호적 역할수용 단계(7~12세)로서 아동기가 이에 해당한다. 이 단계에서는 다른 사람의 관점을 이해하게 된다. 이러한 능력으로 인해 그 누구의 관점도 절대적으로 옳은 것은 아니라는 사실을 깨닫는다. 즉, 다른 사람의 관점도 자신의 관점과 마찬가지로 옳을 수 있다는 것을 이해하게 된다. 그러나 이 단계에서의 상호적 역할수용 능력은 제3자의 입장은 배제된 '너'와 '나'의 양자관계의 상호성이라는 특징을 갖는다.

제4단계는 제3자적 역할수용 단계(10~15세)이다. 청소년은 이제 자신의 관점, 상대방의 관점 그리고 제3자의 관점까지도 이해할 수 있다. 제3자의 입장에서 자신을 주체로서 그리고 객체로서 바라볼 수 있다. 즉, 제3자의 입장에서 두 사람의 관계를 바라볼 수 있다.

제5단계는 사회관습적 역할수용 단계(12세~성인)로서, 청년은 이제 상호적 역할수용이 항상 완전한 이해를 가져오지 않는다는 것을 깨닫게 된다. 따라서 이 단계에서는 모든 사람들이 공유할 수 있는 사회적, 관습적, 법적, 도덕적 관점의 복합적·상호적(일반 타자) 역할수용이 필요하다는 것을 깨닫게 된다. 즉, 청년은 이제 상호간의 이해를 돕기 위해 일반 타자(generalized other) 또는 사회제도의 관점을 고려하게 된다.

6) 자아실현

많은 사람들이 성인기 동안에 이상적인 인간상인 자아실현인이 되고자 노력한다. 자아실현인이 되기 위해서는 자신의 잠재력을 충분히 실현시킬 수 있도록 해야 한다. Maslow(1970)에 의하면 인간의 욕구에는 기본적으로 다섯 가지가 있는데 그중에서 자아실현의 욕구가 가장 높은 수준의 것이라고 한다. Maslow는 인간의 행동에 동기를 부여하는 것은 단순히 쾌락을 추구하고, 고통을 회피하거나 내적 긴장감을 감소하려는 노력 이상의 것이라고 주장한다. 우리 인간의 많은 동기가 유기체의 긴장에 의해 유발되고, 그리고 긴장수준이 감소된 후에라야 높은 수준의 행동이 가능하다.

Abraham Maslow

Maslow는 자아실현을 이루기 위해서는 몇 가지 전제조건이 충족되어야 한다고 주장한다. 우선 세속적인 걱정, 특히 생존과 관련된 근심으로부터 자유로워야 한다. 그리고 자신이 하는 일(직업)에서 편안해야 하고, 가족원이나 직장동료로부터 인정을 받는다고 느껴야 한다. 게다가 자신을 진정으로 존중하는 마음이 있어야 한다.

중년기 이전에는 자아실현을 이루기가 어렵다. 성년기 동안에는 에너지가 성욕, 교육, 직업경력, 결혼과 부모역할 등의 여러 방향으로 분산된다. 그리고 경제적 안정을 이루려는 노력은 상당한 양의 정신 에너지를 소모하게 만든다. 그러나 중년기에는 이러한 욕구를 대부분 충족시키고, 이제 자아성숙을 향한 노력에 에너지를 할애할 수 있다.

(1) 인간욕구의 위계

Maslow(1971)에 의하면 인간의 욕구에는 기본적으로 다섯 가지가 있는데, 그것은 생리적 욕구, 안전에 대한 욕구, 애정과 소속에 대한 욕구, 자아존중감의 욕구 그리고 자아실현의 욕구가 그것이다(〈그림 6-3〉 참조).

① 생리적 욕구(Physiological Needs)

생리적 욕구는 음식, 물, 공기, 수면에 대한 욕구와 성욕으로서, 이들 욕구의 충족은 우리의 생존을 위해서 필요불가결한 것이다. 생리적 욕구는 모든 욕구 중에서 가장 강렬하며, 이 욕구가 충족되지 않으면 안전이니, 사랑이니, 자아존중감이니 또는 자아실현이니 하는 것들은 모두 하찮은 것이 되어버린다. 물론 우리가 배고픔이나 갈증을 참고 견딜 때도 있지만, 이러한 생리적 욕구들이 줄곧 충족되지 못하면 우리는 보다 높은 단계로 나아가지 못할 것이다.

② 안전의 욕구(Safety Needs)

생리적 욕구가 해결되고 나면 안전의 욕구에 의해 동기가 유발된다. 안전의 욕구에는 안전, 안정, 보호, 질서 및 불안과 공포로부터의 해방 등과 같은 욕구가 포함된다. 은행에 돈을 저축하고, 보험에 가입하며, 안정된 직장을 얻는 것 등이 좋은 예이다. Maslow는 부모 간의 갈등, 별거, 이혼, 죽음 등은 가정환경을 불안정하게 만들기 때문에 아동의 심리적 안녕감에 해가 된다고 주장한다.

자아실현 욕구

자아존중감 욕구 →

애정과 소속 욕구

안전 욕구 →

생리적 욕구

〈그림 6-3〉 Maslow의 인간욕구 위계

③ 애정과 소속의 욕구(Love and Belongingness Needs)

애정과 소속의 욕구는 특정한 사람들과 친밀한 관계를 맺고, 어떤 집단에 소속되고자 하는 욕망으로 표현된다. 즉, 단체나 클럽에 가입하여 소속감을 느끼기도 하고, 특정한 사람과 친밀한 관계를 가짐으로써 애정의 욕구를 만족시키려고 한다. 이러한 관계에서는 사랑을 받는 것도 중요하지만 사랑을 주는 것 역시 중요하다. 사랑의 욕구가 충족이 되면 다른 사람과 원만한 관계를 갖게 되는데, 친구 및 배우자와 가깝고 의미 있는 관계를 유지하게 된다. 그러나 안타깝게도 현대 사회의 특징(예를 들면, 도시화, 관료주의, 가족 간 유대관계의 쇠퇴 등)으로 인해 이 욕구의 만족이 저해되고 있다. 애정과 소속의 욕구를 충족시키지 못하게 되면 소외감과 외로움을 느끼게 된다.

④ 자아존중감의 욕구(Self-Esteem Needs)

자아존중감의 욕구는 기술을 습득하고, 맡은 일을 훌륭하게 해내고, 작은 성취나 칭찬 및 성공을 통해서 그리고 다른 사람들로부터 긍정적인 평가를 들음으로써 충족된다.

자아존중감에는 다른 사람이 자기를 존중해주기 때문에 갖게 되는 자아존중감과 스스로 자기를 높게 생각하는 자아존중감이 있다. 다른 사람이 존중해주기 때문에 갖게 되는 자아존중감은 명성, 존중, 지위, 평판, 위신, 사회적인 성과 등에 기초를 두는데, 이것은 쉽게 사라질 수도 있다. 반면, 스스로 자기를 높게 생각하는 자아존중감을 지닌 사람은 내적으로 자신이 가치 있는 사람이라고 생각하므로 자신에 대해 안정감과 자신감이 생긴다. 자아존중감의 욕구를 충족시키지 못하게 되면 열등감, 좌절감, 무력감, 자기비하 등의 부정적인 자기지각을 초래하게 된다.

⑤ 자아실현의 욕구(Self-Actualization Needs)

자아실현의 욕구는 인간욕구의 위계 중에서 가장 높은 수준의 것이다. 앞에서 언급한 모든 욕구를 충족시킨 사람들이 이 범주에 속하는데, 그들은 자신의 능력과 재능을 최대한 활용하는 성숙하고 건강한 사람들이다. Maslow에 의하면 인간은 누구나 다 자아실현의 욕구를 갖고 있지만, 대부분의 사람들은 이 욕구를 실현시키지 못한다고 한다.

(2) 자아실현인의 성격특성

자아실현인의 성격특성을 연구하기 위해 Maslow는 자신의 재능을 최대한 살리고 자아실현을 이룬 것으로 생각되는 48명을 연구대상으로 삼았다. 그들은 학생, 지인(知人), 유명한 역사적 인물(예를 들면, 링컨 대통령, 루스벨트 대통령 부인, 토머스 제퍼슨: 사진 참조)들로서 생존해 있는 사람들에게는 면접, 자유연상 그리고 투사적 기법을 사용하였고, 이미 세상을 떠난 사람들의 경우는 전기와 자서전 자료로써 분석하였다. 이들에게서 나타난 성격특성은 다음과 같다.

① 효율적인 현실 지각: 자아실현인들은 사람과 사물을 객관적으로 지각한다. 즉, 자신의 소망, 감정, 욕망으로 인해 현실을 왜곡하지 않는다. 환경에 대한 분석이 객관적이고 거짓과 부정직을 감지하는 능력이 있다.

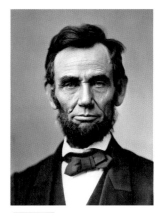

사진 설명 Maslow가 자아실현인으로 생각한 Abraham Lincoln, Eleanor Roosevelt, Thomas Jefferson.

② 자신과 타인에 대한 수용: 자아실현인들은 현실지각에 장애가 되는 죄의식, 수치심, 의심, 불안과 같은 부정적 특성이 없다. 자신을 있는 그대로 받아들이고, 죄책감을 느끼거나 방어적이지 않으면서 자신의 강점과 약점을 인정한다.

③ 자연스러움: 자아실현인들은 가식이 없이 솔직하고, 외현적인 행동뿐만 아니라 내적 사고나 충동이 비교적 자연스럽다. 사회적 기준을 따르기도 하지만 사회가 기대하는 역할에는 무관심하다. 자신의 가치관이 확고하기 때문에 다른 사람들이 한다고 해서 무조건 따라 하지 않는다.

④ 문제중심적: 자아실현인들은 자기중심적이 아니고 문제중심적이다. 자기중심적인 사람들이 자기평가에 많은 시간을 보내는 것과는 달리, 문제중심적인 사람들은 자신의 에너지를 과제나 문제에 집중하고, 자신의 목표를 매우 중요하게 생각한다.

⑤ 초연함: 자아실현인들은 혼자 있기를 좋아하고, 홀로인 것에 개의치 않는다. 반면, 일반인들은 다른 사람의 존재를 필요로 하고, 혼자 있게 되면 다른 사람을 찾게 되는데 이것은 소속의 욕구, 다른 사람으로부터 인정을 받으려는 욕구를 반영하는 것이다.

⑥ 자율성: 자아실현인들은 자신이 속해 있는 사회적 환경으로부터 독립하여 자율성을 갖는다. 자율성은 결핍동기보다는 성장동기에 의해 유발된다.

⑦ 신선함: 자아실현인들은 사람과 사물에 대한 인식이 구태의연하지 않고 신선하다. 다른 사람들에게는 시시하게 느껴지는 경험일지라도 자아실현인들은 즐거움과 황홀감을 느낀다. 이러한 느낌은 자연으로부터 올 수도 있고, 음악 또는 어린이들에게서도 느낄 수 있다.

⑧ 신비로운 경험: 자아실현인들은 반드시 종교적인 것이 아니더라도 황홀한 기쁨을 경험한다. 이러한 절정경험을 하는 동안 자아를 초월하게 되고, 심오한 의식을 갖게 된다.

⑨ 인류애: 자아실현인들은 인류에 대한 연민과 애정을 갖고 있다. 자아실현인들은 모든 인간에 대하여 강하고 열렬한 애정을 갖는다. 그들은 인류의 구성원으로서 인류 모두에게 형제애를 느낀다.

⑩ 깊고 풍부한 대인관계: 자아실현인들은 대인관계가 피상적이지 않고 깊고 풍부하다. 열렬히 사랑하고, 깊은 우정을 나누고, 대인관계가 보다 강렬하지만 가까이 지내는 사람들의 범위는 넓지 않다.

⑪ 민주적인 성격구조: 자아실현인들은 사회계층, 인종, 교육수준, 종교, 정치적 신념에 상관없이 모든 인간을 존중한다.

⑫ 수단과 목적의 구분: 자아실현인들은 수단과 목적을 혼동하지 않는다. 많은 사람들이 편의주의에 근거해서 의사결정을 하는 반면, 자아실현인들은 아무리 좋은 목적이라도 수단이 도덕적으로 옳지 않으면 추구하지 않는다.

⑬ 철학적인 유머감각: 자아실현인들은 다른 사람에게 상처를 주거나 다른 사람의 열등감을 자극하는 종류의 유머를 좋아하지 않는다. 그들의 유머는 폭소를 자아내기보다는 이해의 미소와 고개를 끄덕이게 하는 철학적인 유머이다.

⑭ 창의성: 자아실현인들은 지혜롭고 창의적이다. 모차르트나 아인슈타인의 천재성에는 못 미치지만 독창적이며 혁신적이다. 그들의 창의성은 생각, 아이디어, 행동에서 어린아이 같이 천진난만하고, 자발적이며, 신선한 것이 특징이다.

⑮ 문화에 대한 저항: 자아실현인들은 자신의 문화를 대부분 인정하지만 무조건 동조하지는 않는다. 사회변화를 원하지만 청년기와 같은 반항의 의미를 갖는 것은 아니다.

Maslow의 연구대상 중 대부분은 위에서 언급한 성격특성을 많이 소유하고 있었지만, 그것이 이들이 완벽하다는 것을 의미하는 것은 아니다. 오히려 Maslow는 이들에게서 많은 단점을 발견하였다. 지루하고, 따분하며, 고집세고, 허영심이 강하며, 분별없는 습관이 있는 경우도 있고, 때로는 죄책감과 불안감 및 경쟁심을 느끼기도 하고, 내적 갈등을 경험할 수도 있다.

그들은 가끔 놀라울 정도의 무정함도 보이는데, 이것은 친구에게 배신을 당했다고 느끼거나, 어떤 이가 정직하지 못하다고 느낄 때 나타난다. 이런 경우에는 얼음같이 차고 냉정하게 그 관계를 끝내버린다.

2. 자아정체감의 발달

청년기에 많은 청년들은 가장 근본적이고도 어려운 문제로 고민하게 되는데, "나는 누구인가?"라는 물음이 바로 그것이다(사진 참조). 이 문제는 수 세기에 걸쳐 온 인류를 지배해왔으며, 수없이 많은 시나 소설의 주제가 되어 왔지만, 심리학적 관심을 불러일으킨 것은 불과 수십 년 전의 일이다. 문학, 예술, 교육 등 광범위한 분야를 배경으로 하여 Erikson이 이러한 의문에 최초로 정신분석학적 초점을 맞추어 개념정리를 한 것은 결코 우연한 일이 아니다.

Erikson(1950, 1968)은 특히 청년기에 빈번히 제기되는 일련의 의문들, 즉 나는 누구인가? 무엇을 할 것인가? 미래의 나는 어떻게 될 것인가? 어제의 나와 오늘의 나는 같은 인물인가? 아닌가? 등의 자문을 자아정체감을 형성하기 위한 과정이라 하였다.

자아정체감은 그 용어 자체에 여러 가지 함축적 의미를 갖고 있어 한마디로 정의

할 수는 없지만, 확고한 자아정체감을 지닌 사람은 개별성, 총체성, 계속성을 경험하게 된다고 한다. 개별성은 가치나 동기 또는 관심을 얼마쯤 타인과 공유했다 하더라도 자신은 타인과는 다르다는 인식, 즉 자신은 독특하고 특별하다는 인식이다. 총체성은 자신의 욕구, 태도, 동기, 행동양식 등이 전체적으로 통합되어 있다는 느낌이다. 계속성은 시간이 경과하여도 자신은 동일한 사람이라는 인식, 즉 어제의 나와 오늘의 나는 같은 사람이라는 인식이다.

1) 자아정체감의 형성

자아정체감 형성은 갑작스럽게 이루어지는 것이 아니고 조금씩, 부분적으로 그리고 점차적으로 이루어진다. 자신의 문제에 관한 결정은 한순간에 단번에 이루어지는 것이 아니라 재삼재사 다시 고려해야 하는 것이다. 이러한 청년기의 결정들은 우리가 정체감이라고 부르는 것의 핵심을 이루게 된다.

정체감 형성은 아동기의 경험과 동일시에 그 뿌리를 두는 것이며, 청년기를 거쳐 성인기에 이르기까지 발달이 계속되는데, 청년 초기보다는 청년 후기에 보다 더 중요한 문제로 대두된다. 청년 초기에는 신체상의 변화가 커서 자신의 관심을 신체에 집중시키고, 또래집단에 의해 인정받고 수용되는 것이 더 중요하기 때문에 청년 후기보다 정체감 확립에 관심이 덜 집중된다. 안정된 정체감을 형성하기 위해서는 신체적 · 성적 성숙, 추상적 사고, 정서적 안정이 필요하며, 동시에 부모나 또래의 영향권에서 어느 정도 벗어나야 하는데, 이러한 모든 조건들이 청년 후기에 와서야 비로소 갖추어진다.

정체감 위기를 성공적으로 해결하지 못한 청년은 정체감 혼미를 경험하게 된다. 정체감 혼미의 개념은 가출소년, 퇴학자 등을 비롯한 문제 청소년을 이해하는 데 도움이 된다. Erikson의 정체감 혼미의 개념이 소개되기 이전에는 이러한 청년들은 비행 청소년으로 낙인찍혔었다. 그러나 정체감 혼미라는 개념이 소개됨으로써 이런 젊은이들이 안고 있는 문제를 조금은 긍정적인 시각에서 보게 되었다. 비행 청소년뿐만 아니라 사실 모든 청소년들이 정체감 위기를 경험하게 되는데, 단지 어떤 젊은이는 다른 젊은이보다 조금 쉽게 그 위기를 넘길 뿐이다.

정체감발달에 관한 최근 연구(Kroger, 2012; Moshman, 2011; Syed, 2013)에서는 Erikson이 말하는 '위기' 개념보다는 정체감발달이 보다 점차적이고, 덜 격변적이며, 보다 긴 여정을 통해서 이루어진다고 주장한다.

2) 자아정체감은 왜 청년기에 문제가 되는가

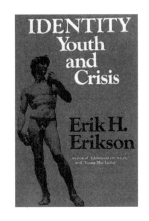

자아정체감의 형성은 청년기에 와서 시작되는 것도 아니고 청년기에 끝나는 것도 아니다. 자아정체감의 형성은 일생을 통해 이룩해야 할 중요한 과제이다. 그렇다면 왜 자아정체감의 확립이 청년기에 심각한 문제로 대두되는가? 그 원인은 무엇인가? 학자들(서봉연, 1988; Duriez et al., 2012; Marcia & Carpendale, 2004; Schwartz et al., 2013)은 그 이유를 다음과 같이 설명하고 있다.

첫째, 사춘기 동안의 급격한 신체적 변화와 성적 성숙 때문이다. 청년들은 급격한 신체변화로 인해 자의식이 강해지고, 성적 성숙으로 말미암아 신체 내부에서 여러 가지 충동들이 일어난다. 특히, 일찍이 경험해본 일이 없는 성적 충동은 청년들이 대처해야 할 가장 중요한 문제이다. 사춘기 동안에 발달된 생리적, 내분비적 기능의 변화로 말미암아 본능적 욕구인 원초아가 강해진다. 이때 자아는 초자아와 원초아 간의 균형을 유지하기 위해 자아확장(strong ego)을 이루어야 한다. 따라서 이 시기의 청년들은 필연적으로 자아정체감 문제에 직면하게 된다.

둘째, 청년기는 아동기에서 성인기로 옮겨가는 과도기로서, 청년은 어린이도 아니고 어른도 아닌 어중간한 존재이기 때문이다. 신체적으로는 이미 성인으로 성장했지만 경제적, 정서적으로는 여전히 부모에게 의존한다. 한편, 나이와 체구에 걸맞게 부모로부터 독립하고, 사회적으로 책임 있는 행동을 할 것이 요구된다. 따라서 이 시기의 청년은 자신의 위치와 역할을 어떻게 규정해야 할 것인지에 대해 고민하지 않을 수 없다.

셋째, 청년기는 선택과 결정의 시기이기 때문이다. 청년들은 진학문제, 전공선택의 문제, 이성문제, 교우관계 등 스스로의 선택이 요구되는 상황에 직면한다. 이전처럼 전적으로 부모나 주위 어른들에게 의존할 수 없는 청년들은 스스로 이러한 선택과 결정을 하기 위해 여러 가지 가능성을 점검해보고, 자기 자신에 대해 진지하게 생각하는 탐색의 시간이 필요하다.

넷째, 청년기에 현저한 성장을 보이는 인지능력의 발달 때문이다. 청년은 구체적 사고에서 벗어나 추상적 사고를 할 수 있고, 그들의 사고는 현실적 구속을 벗어나 가능성의 세계로 확대된다. 청년들의 시간적 조망 또한 현재에 국한되지 않고 과거와 미래로 확장된다. 이러한 인지능력의 발달은 자신의 위치, 역할, 능력 등을 검토해보는 자신에 대한 탐색과정에도 영향을 미친다. 이와 같은 자기 탐색과정은 자아정체감 확립을 위한 필연적인 요인으로 작용한다.

이상과 같은 이유들로 해서 자아정체감의 형성은 일생 동안 계속되는 과정임에도 불구하고 청년기에 보다 중요한 문제로 대두된다.

3) 자아정체감의 네 가지 범주

James Marcia

Marcia(1980, 1994, 2002)는 Erikson의 정체감 형성이론에서 두 가지 차원, 즉 위기(crisis)와 수행(commitment)을 중요한 구성요소로 보고, 이 두 차원의 조합을 통해 〈그림 6-4〉처럼 자아정체감을 네 범주로 나누었다. 여기서 위기란 자신의 가치관에 대해 재평가하는 기간을 의미하고, 수행은 계획, 가치, 신념 등에 대해 능동적 의사결정을 내린 상태를 의미한다.

(1) 정체감 성취(Identity Achievement)

정체감 성취란 자아정체감의 위기를 성공적으로 극복하여 신념, 직업, 정치적 견해 등에 대해 스스로 의사결정을 할 수 있는 상태를 말한다. Marcia는 정체감 성취나 정체감 유실의 경우에만 의사결정을 할 수 있기 때문에, 양

	위기	
	예	아니요
수행 예	성취 (위기 해결)	유실 (위기경험 없음)
아니요	유예 (위기 현재 진행 중)	혼미 (위기경험 없음)

〈그림 6-4〉 Marcia의 자아정체감의 네 가지 범주

자 모두 자아정체감 위기를 해결한 것으로 볼 수 있다고 한다.

　재미있는 사실은 한때 정체감 성취로 분류되었던 사람이 후에 정체감 유실로 나타날 수 있다는 것인데, 이 사실은 전생애에 걸친 자아정체감 발달의 이해에 중요한 시사점이 된다(Marcia, 1989). 다시 말하면, 자아정체감은 반드시 한 방향에서 최고의 성숙 단계까지 직선적인 발달 양상을 보이지는 않는다는 것이다. 정체감 성취상태에서 정체감 유예나 혼미상태로 퇴행했다가 다시 정체감 성취상태에 도달하는 경우도 있다(Stephen, Fraser, & Marcia, 1992).

(2) 정체감 유예(Identity Moratorium)

　정체감 유예란 현재 정체감 위기의 상태에 있으면서 자아정체감 형성을 위해 다양한 역할, 신념, 행동 등을 실험하고 있으나 의사결정을 못한 상태를 말한다. 정체감 유예로 분류된 사람들의 대부분은 정체감 성취로 옮겨가지만, 그중에는 더러 정체감 혼미 쪽으로 기울어지는 사람도 있다.

　Erikson에 의하면 대학생은 인위적으로 청년기가 연장된 상태에 있기 때문에 심각한 자아정체감 위기를 경험한다고 한다. 이러한 Erikson의 견해는 Munro와 Adams(1977)의 연구에 의해 지지를 받았다. 같은 나이의 대학생과 직업청소년을 비교한 이 연구에서, 직업선택에 대한 의사결정에서는 두 집단 간에 차이가 없었으나 정치적, 종교적, 이념적인 면에서는 의사결정을 끝낸 대학생을

Gerald Adams

거의 찾아볼 수 없었다. 연구자들은 이 결과에 대해 대학이라는 환경과 분위기가 청년들로 하여금 유예 또는 정체감 혼미상태에 머물게 하여 분명한 의사결정을 하지 못하게 한다고 해석하였다.

(3) 정체감 유실(Identity Foreclosure)

정체감 유실이란 자신의 신념, 직업선택 등의 중요한 의사결정에 앞서 수많은 대안에 대해 생각해보지 않고, 부모나 다른 역할모델의 가치나 기대 등을 그대로 수용하여 그들과 비슷한 선택을 하는 경우를 말한다. 한 젊은이에게 장래의 희망이 무엇이냐고 물으면 치과의사라고 대답하고, 그 이유를 물으면 "아버지가 치과의사이기 때문"이라고 대답한다. 어떤 개인적 이유도 없으며, 어떤 개인적 탐색과정도 없었던 것처럼 보인다. 위기를 경험하지 않고 쉽사리 의사결정을 하는 사람들이 이 범주에 속한다.

이전에는 정체감 혼미만이 청년기의 심리적 문제, 즉 소외, 부적응 등을 유발하는 것으로 인식되었으나, 최근에는 정체감 유실도 문제가 있는 것으로 지적되고 있다. 비록 자아정체감 형성을 위해서 심각한 위기가 꼭 필요한 것은 아닐지라도, 독립적 사고와 의사결정 등은 자신의 신념, 가치관 등에 대한 고통스런 의문제시가 없이는 불가능하므로, 성숙되고 통합된 정체감발달을 위해서는 위기를 경험하는 것이 필요하다고 한다.

(4) 정체감 혼미(Identity Diffusion)

정체감 혼미란 자아에 대해 안정되고 통합적인 견해를 갖는 데 실패한 상태를 말한다. 이 범주에 속하는 청년은 위기를 경험하지 않았고 직업이나 이념선택에 대한 의사결정을 하지 않았을 뿐만 아니라 이러한 문제에 관심도 없다. 이런 점에서 유예와 구별된다. 유예는 자아에 대해 통합된 견해를 갖지 못했더라도 자아정체감과 관계된 갈등은 해결하려고 열심히 노력하고 있는 경우이기 때문이다. 문학에서 볼 수 있는 정체감 혼미의 고전적인 예는 셰익스피어의 햄릿 왕자이다(사진 참조).

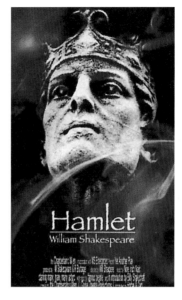

Marcia의 네 범주의 자아정체감에 덧붙여 언급할 수 있는 또 하나의 자아정체감은 부정적 정체감이다. 부정적 정체감은 부모의 가치관이나 사회적 가치관과 정반대가 되는 자아개념을 의미한다. 대개 이 부정적 정체감은 개인적인 성공에 대한 부모나 사회로부터의 강화나 지원이 없을 경우에 생기기 쉽다. '소년범죄자' '불량소년' 등으로 불리는 청소년들이 부정적 정체감을 형성하는 것으로 보인다. 이들은 사회적으로 용납되는 행위를 내면화할 기회가 없어, 사회적 가치에 반대되는 태도, 행동 등을 자신의 것으로 수용하여, 그것을 암암리에 드러내는 등 악순환적 과정을 통해 부정적 정체감을 형성하게 된다. Marcia는 부정적 정체감을 정체감 유실의 특수한 경우로 간주하였다(Lloyd, 1985).

Marcia의 자아정체감의 범주화는 Erikson의 위기와 수행에 대한 개념을 왜곡하고 축소 해석했다는 비판을 받고 있다(Blasi, 1988; Coté, 2009; Coté & Levine, 1988; Lapsley & Power, 1988). 예를 들면, Erikson은 위기와 관련해서 청년들이 자신이 속한 문화에 대한 지각에 의문을 갖는다는 것과 사회에서 독립적인 위치를 찾는다는 것을 강조한다. 그러나 Marcia의 정체감 상태는 이러한 복잡한 문제들을 단순히 청년이 어떤 문제에 대해 고민해보았는지, 그리고 대안을 고려해보았는지 하는 정도

Sally Archer

로만 취급한다.

수행과 관련해서는 그것이 단순히 어떤 문제에 관해서 결정을 하였는지 여부의 문제로만 해석되기 때문에 Erikson의 원래 의미가 상실된다. 그러나 Marcia의 정체감의 네 가지 상태가 정체감을 이해하는 데 상당한 기여를 했다고 믿는 사람도 없지 않다 (Archer, 1989; Marcia, 1991; Waterman, 1989).

4) 자아정체감 상태와 관련변인

Erikson에 의하면 정체감의 성취나 유예는 심리적으로 건강한 것이지만 정체감의 유실이나 혼미는 부적응적인 것이다. 정체감의 네 가지 상태와 성격특성과의 관계를 알아본 연구결과도 이 사실을 뒷받침해준다.

정체감의 성취나 유예의 상태에 있는 청년은 자아존중감이 높고, 추상적이고 비판적인 사고를 하며, 실제적 자아와 이상적 자아의 차이가 크지 않으며, 높은 수준의 도덕적 추론을 한다(Dellas & Jernigan, 1990; Marcia, 1980). 특히 자아정체감 성취자는 자신을 지나치게 의식하지 않으며, 자신을 다른 사람에게 드러내보이는 것을 주저하지 않는다(Adams, Abraham, & Markstorm, 1987).

정체감의 유실이나 혼미의 상태에 있는 청년은 적응문제가 있고, 특히 유실자는 독단적이고 융통성이 없으며 아량을 찾아볼 수 없다. 그리고 다른 사람과의 의견 차이를 모두 위협으로 받아들인다(Frank, Pirsch, & Wright, 1990). 자신이 의지하고 있는 사람으로부터 거부당할까 봐 두려워하고, 가족이나 친구로부터 소외당한 유실자 중에는 사이비 종교집단에 빠져드는 청년도 있다.

정체감 혼미가 정체감발달에서 가장 미숙한 수준인데, 정체감 혼미자는 모든 것을 운명에 맡기고 "어떻게 되든 상관없다"는 태도로 다른 사람이 하는 것을 그저 따라한다. 그래서 미래에 대한 아무런 꿈도 갖지 못하고 약물남용에 빠지기도 한다.

정체감 상태는 또한 연령과도 관계가 있다(Meilman, 1979). 즉, 청년 초기에는 정체감 혼미나 정체감 유실을 경험하고, 청년 후기가 되어서야 정체감 성취에 이른

다. Waterman(1992)의 연구에서, 대학교 상급생 중에서 고등학생
이나 대학 1, 2학년생보다 정체감 성취자가 많은 것으로 나타났
다. 이러한 현상은 직업선택 분야에서 더욱 그러하다. 종교적 신
념이나 정치적 이념면에서는 성취자가 거의 없고 유실과 혼미가
많은 편이다. 따라서 정체감 형성 시기는 특정 분야에 따라 다른
것으로 보인다.

Alan Waterman

우리나라 청년 2,030명을 대상으로 한 연구(이차선, 1998)에서,
청년의 자아정체감은 연령이 증가할수록 더욱더 발달하는 것으로
나타났고, 대학교 3학년 때 남녀 모두 자아정체감 점수가 최고조
에 도달하였다. 따라서 이 시기에 비로소 자아정체감 형성이 안정
되고 있음을 보여준다.

가족이나 사회계층 또한 정체감발달과 연관이 있다. 청년들
이 보다 넓은 세계로 나아가고자 할 때, 가정이 안전기지가 되어
주면 정체감 형성에 도움이 된다. 부모와 친밀한 관계를 유지하
면서 동시에 자기 의견을 자유롭게 얘기할 수 있는 청년들은 정
체감 성취나 유예상태에 있다(Grotevant & Cooper, 1985; Lapsley,
Rice, & FitzGerald, 1990). 정체감 유실의 경우는 부모와 친밀한 관
계를 유지하지만 부모와 떨어지는 것을 두려워한다. 혼미의 경우
는 부모와의 관계가 좋지 못하고 대화도 부족하다(Papini, Micka, &
Barnett, 1989).

Harold Grotevant

Catherine Cooper

우리나라 중·고등학생 1,000명과 그들의 부모, 1,000명을 대상
으로 한 연구(이승국, 1999)에서, 청소년의 자아정체감발달에 영향
을 미치는 생태학적 변인들로는 부부관계, 가정의 사회경제적 지
위, 친구관계, 교사와의 관계, 부모의 교육적 기대, 부모의 양육태도, 가족의 지지,
친구의 지지 등으로 나타났다.

사회계층 또한 정체감발달에 영향을 미친다. 한 연구(Adams, Gullotta, & Markstrom-
Adams, 1994)에서, 대학생이 이미 직업을 가지고 있는 같은 또래보다 정치적, 종교

적 정체감의 발달이 뒤떨어지는 것으로 나타났다. 연구자들은 중산층 가정의 전형적인 특성인 고등교육이 유예기간을 연장시킨다는 것으로 결론지었다.

우리나라 대학생을 대상으로 자아정체감과 그 관련변인을 알아본 연구(박성옥, 어은주, 1994)에서는, 청년의 개인적 특성(성별, 학년, 종교 유무)보다는 부모의 양육태도 및 가족 간의 자율감과 친밀감으로 표현되는 가족의 기능도가 청년의 자아정체감 형성에 긍정적으로 작용하는 것으로 보인다. 즉, 부모의 양육태도가 민주적일수록, 가족의 기능도가 높을수록 청년의 자아정체감이 안정된 것으로 나타났다.

5) 자아정체감발달에서의 성차

Carol Gilligan

자아정체감의 발달은 남녀에 따라 다른 양상으로 나타난다. 청년기 남성의 정체감 형성에는 이념이나 직업선택이 핵심이 되는 반면, 청년기 여성의 정체감발달에는 친밀감이나 인간상호관계 등이 보다 중요한 역할을 하는 것으로 보인다(Adams & Gulotta, 1989; Gilligan, 1982; Rogers, 1987; Toder & Marcia, 1973). 그러나 보다 최근의 연구(Hyde & Else-Quest, 2013; Sharp et al., 2007)에서는 청년기 여성의 정체감발달에서 직업선택이 중요한 역할을 함으로써 자아정체감발달에서의 성차는 사라지기 시작하는 것으로 보인다.

Douvan과 Adelson(1966) 또한 Erikson의 발달단계가 남성과 여성에게 각기 다른 순서로 진행될지 모른다고 한다. 그들은 남성에게는 정체감 형성이 친밀감에 선행하지만, 여성의 경우는 친밀감이 정체감에 선행한다고 믿는다. 이러한 믿음은 여성에게는 대인관계와 정서적 친밀감이 보다 더 중요하고, 남성에게는 자율과 성취가 보다 더 중요하다고 믿는 Gilligan(1990)의 견해와 일치한다.

Marcia의 자아정체감 범주와 관련해서 청년들의 성격특성을 알아본 연구결과도 뚜렷한 성차를 보여주고 있다. Marcia(1980)는 이 연구에서 정체감 성취로 분류된 남성들은 자신감과 독립심 및 융통성이 있으며, 유예로 분류된 사람 역시 정체감 성취자와 많은 특성을 공유하고 있는 것을 발견하였다. 반면, 유실로 분류된 남성들은 권위주의적이고, 고정관념적이며, 부모의 가치관을 그대로 받아들이고, 자기방어적이었다.

정체감 성취와 유예의 범주에 속하는 두 집단의 유사점은 모두 위기를 경험했다는 점이다. Marcia는 이 연구결과에 의해 성숙수준에 도달하기 위해서는 남자는 청년 후기에 반드시 위기를 경험해야 한다고 결론지었다.

한편, 여성의 경우는 그와 다른 결과가 나타났다. 정체감 성취자의 정서적 성숙 수준이 제일 높고, 다음이 정체감 유실, 정체감 유예 순으로 나타났다. 남성의 경우는 유예로 분류된 사람들이 정체감 성취자와 많은 특성을 공유했으나, 여성의 경우 이들은 정체감 혼미자와 비슷하였다.

정체감 성취와 유실 간의 유사점은 수행이다. 수행은 개인의 현재의 활동과 미래의 기대에 안정성을 가져다준다. 따라서 남성의 정체감발달에 필요한 위기와는 대조적으로 청년기 여성의 정체감발달에서 가장 중요한 것은 안정성이며, 어떤 방법으로 안정성을 찾는가는 문제가 되지 않는 것으로 보인다. 정체감 성취자는 자신의 내적 준거틀에 의해 그리고 유실의 경우는 부모의 신념에 따라 수행을 이루었지만, 어쨌든 양자 모두 자신의 복지에 필요한 것으로 보이는 안정성을 갖게 된 것이다.

이와 같은 결과에 대해 Gallatin(1975)은 정체감 위기 모델이 여성의 정체감발달을 설명하는 데에는 적합하지 않다고 주장한다. Erikson이 말하는 청년기 정체감 위기의 대부분이 본질적으로 '남성적'인 것이기 때문에 남성의 경우는 위기와 수행을 거쳐 정체감을 형성하는 것으로 보이지만, 여성의 경우는 정체감 확립을 위해 반드시 위기를 경험할 필요가 없는 것으로 보인다.

사실상 여성의 정체감발달의 개념화는 대인관계라는 측면을 포함해야 한다(Patterson, Söchting, & Marcia, 1992). 어쩌면 정체감 형성이라는 발달과업은 남성보다 여성에게 더 복잡한 것일지 모른

Stephen J. Patterson

다. 왜냐하면 여성이 남성보다 더 많은 영역에서 정체감을 확립해야 하기 때문이다. 오늘날 여성들에게 선택의 폭이 넓어졌고, 특히 가정과 직업을 성공적으로 병행하고자 하는 여성들에게는 정체감발달이라는 과업이 특히 혼란스럽고 갈등을 낳을 수 있다(Archer, 1994; Josselson, 1994; Streitmatter, 1993).

7장

성차와 성역할의 발달

인간을 분류하는 가장 기본적인 범주는 성별에 따른 구분이다. 인간은 태어날 때부터 생리적, 해부학적 차이에 의해 남자와 여자로 구분될 뿐 아니라, 어느 사회에서나 남녀에 따라 상이한 역할이 기대된다.

성역할이라는 개념은 한마디로 정의하기가 어려우나, 일반적으로 한 개인이 그가 속해 있는 사회에서 남자 또는 여자로 특징지어질 수 있는 여러 특성, 이를테면 행동양식, 태도, 가치관 및 성격특성을 의미한다.

지금까지 많은 사회에서는 전통적인 성역할을 이상적인 것으로 보고, 성역할에 관한 고정관념을 고수해왔다. 따라서 성역할에 관한 대부분의 연구는 이와 같은 전통적인 견해를 바탕으로 해서 이루어졌으며, 성역할의 개념은 남성성, 여성성을 단일차원으로 보고 남성성, 여성성이 각기 양극을 대표한다고 보는 양극개념으로 이해되었다.

그러나 최근에 와서 여성의 사회적 진출과 성의 해방, 여성해방운동 등의 영향으로 이제까지 엄격하게 지켜져 온 전통적인 성역할 개념이 약화되기에 이르러, 성역할을 생리적, 해부학적 성과는 독립적인 것으로 보아야 한다는 의견이 대두되었다. 이와 같은 맥락에서 심리학자들은 현대사회에서 인간의 잠재능력을 최대한으로 발휘하게 하고, 또 효과적인 기능을 수행토록 하기 위해서는 성역할의 재구조화가 불가피하다고 주장한다. 그러면서 성역할의 이상적인 모델로서 양성성의 개념을 제시하였다.

양성성이란 하나의 유기체 내에 남성적 특성과 여성적 특성이 공존하는 것을 의미한다. 이것은 한 개인이 남성성과 여성성을 동시에 가질 수 있기 때문에, 상황에 따라서는 남성적 역할과 여성적 역할을 융통성 있게 적절히 수행할 수 있다고 인식하는 보다 효율적인 성역할 개념이라 할 수 있다.

이 장에서는 성격과 사회적 행동에서의 성차, 성역할발달의 이론, 성역할발달의 인지적 요소, 성역할발달과 영향요인, 새로운 성역할 개념, 청년기의 성역할 강화, 성인기의 성역할 변화 등에 관해 살펴보기로 한다.

1. 성격과 사회적 행동에서의 성차

1) 심리적 성차의 실상

남자와 여자는 생물학적인 면에서뿐만 아니라 심리학적인 면에서도 차이가 있다. 일반적으로 남자는 여자보다 근육이 더 발달하고 신장과 체중 면에서 우세한 반면, 여자는 남자보다 오래 살고 많은 질병에 대해 남자보다 저항력이 강하다. 이와 같이 신체적인 차이는 상당히 명백한 데 반해 심리적 측면에서의 성차는 명백하지 않다.

심리적인 성차의 연구에서 널리 알려지고 자주 인용되는 연구자는 Maccoby와 Jacklin으로 이들은 1966년부터 1973년까지 발표된 성차에 관한 2천여 편의 연구를 검토한 뒤, 1974년 『성차의 심리학(The Psychology of Sex Differences)』을 출간하였다. 이 책에서 이들은 종전의 연구결과들을 다음의 세 가지로 구분하고 있다.

첫째는 성차가 명확하게 드러난 특성으로, 언어능력의 경우 여자가 남자보다 우세한 것으로 나타나는데(Bornstein & Haynes, 1998; Halpern, 2004), 여자가 언어 기술을 일찍 습득하고 청년기에는 미미하다가 그 후로 많은 차이를 보이게 된다. 반대로 공간지각 능력과 수리력은 남자가 여자보다 우세하나(Choi & Silverman, 2003; Halpern, 2004; Kenney-Benson et al., 2006) 이것도 언어능력과 마찬가지로 청년기까지는 성차가 별로 뚜렷하지 않다. 또한 신체적, 언어적 공격에 있어서도 남자가 여자보다 우세하다(Barash 2002; Snyder, 2003). 즉, 남자가 여자보다 신체적으로나 언어적으로 더 공격적이다.

둘째는 성차가 있는 것으로 믿어 왔으나 사실이 아닌 것으로 밝혀진 특성인데, 이것은 여자가 남자보다 더 사교적이고 암시에 걸리기 쉬운 반면, 남자는 여자보다 자아존중감이 높고, 보다 분석적이라고 생각해왔으나 이는 근거가 없는 것이다. 또한 여자는 성취동기가 부족하고 단순히 반복하는 과제에서 우세한 반면, 남자는 높은 수준의 인지 과정을 요하는 과제에서 우세하다는 설도 근거가 없는 것이다.

셋째는 연구결과가 애매하거나 증거가 불충분하여 분명한 결론을 내릴 수 없는 특성으로 촉각의 감수성, 공포심, 불안감, 활동수준, 경쟁심, 지배성, 고분고분함, 모성적 행동 등이 있으나 이들에 대한 성차는 증거 불충분으로 아직 분명한 결론을 내릴 수 없는 것이다.

이상과 같은 내용의 Maccoby와 Jacklin(1974)의 문헌고찰은 몇 가지 문제점이 지적되고 있다. 가령 종전의 연구물들을 분류함에 있어서 변수상의 문제가 있으며 또한 기존의 연구들을 방법론적으로 우수한 것과 그렇지 못한 것으로 구별하지 않고 모두 포함시켰다는 점과 때로는 청년기 이후에야 비로소 나타나는 성차들에 대해 어린 아동들을 대상으로 한 연구들을 근거로 결론을 내렸다는 점이다. 그러나 이들 연구가 성역할에 대한 중요한 정보를 제공해주었다는 공헌은 인정해야 되리라 본다.

이상 살펴본 바와 같이 일반적으로 두 성 간의 심리적 차이는 많은 사람들이 생각하는 것만큼 그다지 크지 않다. 차이가 있는 경우도 그것은 집단차, 평균차를 의미할 뿐 이것이 곧 모든 남성들이 모든 여성들과 다르다는 것을 의미하는 것은 아니다.

2) 놀이유형과 또래관계에서의 성차

아동이 선호하는 장남감이나 활동에서의 성차는 매우 이른 나이에 이미 존재한다. 예를 들면, 돌을 갓 지난 남자아이는 로봇 장난감을 좋아하고 여자아이는 봉제완구를 더 좋아한다. 3, 4세가 되면 선호하는 장난감이나 활동에서의 성차는 더욱 커져서 남자아이는 비행기, 공, 퍼즐, 트럭 등의 장난감을 좋아하고, 여자아이는 크레용, 인형놀이, 그림 그리기, 바느질하기, 전화놀이 등을 좋아한다. 놀이유형에서 남아는 옥외활동 및 또래와 함께 놀기를 좋아하는 데 반해, 여아는 집안에서 부모와 얘기를 하거나 TV를 보거나 자기 방에서 혼자 조용히 논다.

또래와의 놀이에서 보면 남아와 여아는 성을 분리해서 따로따로 논다(사진 참조). 즉, 여아는 여아끼리 놀고 남아는 남아끼리 논다. 이러한 경향은 이미 2, 3세에 시작해서 초등학교까지 지속된다(La Freniere, Strayer, & Gauthier, 1984). Jacklin과 Maccoby(1978)의 연구에서 동성끼리 짝을 지어 놀 경우 장난감을 빼앗거나 때리고 밀치는 등의 부정적 행동도 다소 있었지만 장난감을 서로 주고받으며 서로 미소 짓는 등 그들 대부분의 사회적 행동은 매우 우호적이었으며 사회적 상호작용도 많았다. 그러나 양성이 혼합된 경우 상호작용은 매우 적었다. 여아는 수동적이고 움츠러드는 반면 남아는 일부러 여아를 무시하는 듯 보였다. 가끔 연구자가 혼합성의 놀이가 보다 평등주의적인 성역할발달에 기여한다는 신념에서 동성끼리의 놀이 상황을 혼합성으로 유도했을 경우 강화가 주어졌을 경우에만 효과적이었다. 강화가 중단되면 즉시 동성끼리의 놀이 상황으로 다시 돌아갔다.

　　남녀의 경우 우정 형태도 다른 양상을 보이는데 남아는 많은 친구를 사귀나 그 관계가 피상적인 데 반해 여아는 친구의 수는 적지만 매우 깊은 관계를 유지한다.

3) 부모자녀관계에서의 성차

　　애착관계 형성은 여아가 남아보다 약간 빠르다. 여아가 더 많이 미소짓고, 일찍 말하고, 어머니의 언어적 자극에 더 민감하고 사람 얼굴을 바라보는 것을 더 좋아한다.
　　흔히들 딸보다 아들을 키우는 것이 더 힘들다고 한다. 이러한 현상은 매우 일찍 나타나는데, 유아기 때부터 이미 남자아이는 더 까다롭고 성가시게 군다. 결과적으로 아들에게 신체적 벌을 많이 가하게 되고 딸에게 언어적 추론 양육방식을 더 많이 사용하게 된다.

Mavis Hetherington

　　결손가정의 경우 남아가 그 영향을 더 많이 받는다. Hetherington, Cox와 Cox(1979)의 연구에서 부모의 이혼 후 남아가 더 공격적이 되고 반사회적 행동을 많이 하는 등 잘못되는 경우가 더 많았다. Block, Block과 Morrison(1981)의 연구에서는 부부가 자녀양육에서 의견이 일치하지 않을 경우 남아의 발달이 장애를 받았는데 지적 기능, 책임감 등이 저하되었다. 이에 대한 정확한 이유는 알려진 바 없으나 아마도 부부간의 조화가 보다 구조화되고 예측이 가능하고 잘 통제된 환경을 조성하는 것으로 보이며 통제결여는 남아에게 더 치명적인 영향을 주는 것으로 보인다. 또한 남아는 보다 확고한 훈육을 요하는데, 부모의 이혼이나 자녀양육에서의 의견 불일치는 남아에게 확고하고 일관성 있는 훈육을 하는 것을 어렵게 하는 것으로 보인다.

4) 성취 상황에서의 성차

　　학문적 성취의 경우 초등학교 때는 여아가 남아보다 공부를 더 잘한다. 그러나 고등학교에서는 많은 과목에서, 특히 수학이나 과학 관련 과목에서 남자가 여자보다 훨씬 뛰어나다. 이러한 성취유형에서의 성차는 어쩌면 여아가 사춘기에 달했을 때 '성공에 대한 두려움'을 나타내면서 성취가 여성으로서의 성역할과 양립할 수 없다는 것을 깨닫게 되는 데 기인하는 것으로 보인다(Horner, 1972).

또 다른 가능한 설명으로는 성취 상황에서 성공이나 실패를 설명하는 방식에서의 차이를 들 수 있다(Dweck & Bush, 1976; Dweck, Davison, Nelson, & Enna, 1978). 여자는 성공하면 운이 좋아서이고, 실패하면 그것을 자신의 능력 부족으로 돌리는데 능력 부족에 대해서는 어떻게 해볼 도리가 없다. 따라서 미래 상황에서 성공에 대한 기대가 낮으며 실패할 것 같으면 아예 포기해버린다. 남자는 성공하면 자신의 능력을 확인하는 것으로 해석하며 실패할 경우에는 자신의 노력 부족, 불운, 과제가 지나치게 어렵거나 교사와의 불화 등 외부적 요인으로 돌린다. 따라서 남자는 성공하기를 기대하고 실패하더라도 기가 꺾이지 않으며, 성공은 단지 자신의 능력을 확인해주는 것으로 해석하고, 따라서 성취동기를 더욱더 강화시켜 준다.

그러나 최근에 와서는 성취상황에서의 성차가 감소하거나 오히려 역전하는 경향이 있다. 초 · 중 · 고등학교에서는 여학생들이 남학생들보다 기초학력이 높은 것으로 나타났으며, 수행평가를 비롯한 각종 시험에서도 남학생들의 학력저하 현상이 지속되고 있다. 뿐만 아니라 전통적으로 남성의 직업영역으로 여겨져 왔던 행정고시, 외무고시, 사법고시 등에서 여성의 합격률이 남성의 합격률에 육박하거나 그것을 능가하고 있는 실정이다.

2. 성역할발달의 이론

한 개인이 그가 속해 있는 사회가 규정하는 성에 적합한 행동, 태도 및 가치관을 습득하는 과정을 성역할 사회화라 하며, 이 성역할 사회화 과정을 통해 남성성 또는 여성성이 발달한다. 남성성과 여성성의 발달은 인간발달의 매우 중요한 측면으로 정신건강의 한 척도가 되어 왔다. 즉, 여자는 여성적인 것이, 남자는 남성적인 것이 정신적으로 건강하다는 것이다.

이와 같은 성에 적합한 사회적 역할을 학습하는 과정은 그 기초가 가정에서 이루어지며, 동성의 부모와 동일시하려는 심리적 과정에서 진행된다. Freud의 정신분석이론, Mischel의 사회학습이론, Kohlberg의 인지발달이론, Bem의 성도식이론 그리고 Hefner 등의 성역할 초월이론 등이 성역할 동일시의 발달과정을 설명하고 있다.

1) 정신분석이론

Freud(1933)에 의하면, 남자와 여자의 근원적인 차이는 심리성적 발달의 5단계 중에서 제3단계인 남근기에서의 서로 다른 경험에 기인한다고 한다. 이 단계에서 남아는 오이디푸스 콤플렉스를, 여아는 엘렉트라 콤플렉스를 각각 경험하게 되는데, 이러한 콤플렉스를 해결하기 위한 수단으로 성역할 동일시가 이루어진다고 한다. 즉, 이성 부모에 대한 근친상간적 성적 욕망을 현실적으로 실천할 수 없음을 깨닫게 되고, 동성의 부모의 보복을 두려워하게 된다. 이때 남아는 거세불안(castration anxiety)을 감소시키기 위해 방어적으로 아버지와 동일시하게 된다. 그러나 여아의 경우는 거세불안을 느낄 필요가 없으므로, 엘렉트라 콤플렉스를 해결하

Sigmund Freud

고자 하는 동기에 대한 Freud의 설명은 불충분하다. 아마도 어머니의 애정을 잃을까 봐 두려워서 근친상간적 욕망을 억압하고, 어머니를 동일시하여 여성성을 강화시키는 것이 아닌가 생각된다. 하지만 거세불안이 없는 만큼 동일시하고자 하는 동기가 남아보다 약하다고 한다.

2) 사회학습이론

Mischel(1970)은 성역할은 아동이 속한 사회적 환경 내에서 경험하는 다양한 학

Walter Mischel

습의 결과로서, 성역할과 성역할 행동은 다른 모든 행동과 마찬가지로 강화와 모방을 통해서 발달된다고 설명한다. 부모, 교사 또는 친구가 아동의 성에 적합한 행동은 강화하고 성에 적합하지 않은 행동은 벌함으로써 직접학습이 이루어진다. 그리고 이 직접학습에 의해서 남아는 단호하고, 경쟁적이며, 자동차나 총과 같은 장난감을 가지고 놀도록 장려되고, 여아는 얌전하고, 협동적이며, 인형이나 소꿉놀이 장난감을 가지고 놀도록 장려된다. 아동은 또한 관찰을 통해 많은 성역할 행동을 학습한다(사진 참조). 즉, 아동은 부모, 형제, 교사, 친구 또는 다양한 형태의 대중매체를 통해서 자기 성에 적합한 행동을 학습하고, 이러한 행동유형은 강화를 통해서 내면화된다고 한다.

사회학습이론의 중요한 원리는 강화, 벌, 모델링 그리고 동일시이며 이들에 의한 직접적인 훈련이다. 아동이 어떤 행동을 자신의 성에 적합한지 적합하지 않은지 분류하는 하나의 방법은 관찰학습이다. 남성과 여성을 관찰함으로써 아동은 남성에

사진 설명 아동은 관찰을 통해 성역할 행동을 학습한다.

적합한 행동과 여성에 적합한 행동을 기억하며(Perry & Bussey, 1979), 아동은 같은 성에 적합한 것으로 기억한 행동을 모방하게 된다. 또한 성역할발달을 돕는 중요한 요인으로 강화를 들고 있는데 아동이 단순히 모델의 행동을 관찰함으로써 새로운 행동을 학습할 수도 있지만 그 행동을 실제 수행할 가능성은 후에 그 모델이 행한 행동에 대해 어떤 강화를 받는가에 달려 있다.

3) 인지발달이론

Kohlberg(1966, 1969)의 인지발달이론에 의하면 아동의 성역할 행동은 여러 발달단계를 거치는 동안 그가 가지고 있는 이 세상에 대한 인지적 조직화를 통해 발달한다고 한다. 즉, 아동이 구체적 조작기에 달하면 자신이 속한 세계는 성인과 아동, 남자와 여자 등 여러 가지 범주로 나누어진다는 것을 알게 되는데 바로 이런 범주화에 의해 아동은 성에 적합한 행동을 하게 된다는 것이다.

Lawrence Kohlberg

Kohlberg(1966)는 성역할 동일시의 가장 중요한 요인은 아동 자신이 남자다 또는 여자다라는 성별 자아개념을 인식하는 것으로, 이것이 동일시에 선행한다고 주장한다. 즉, "나는 남자다"라는 인식이 먼저이고, 그 다음이 "그러므로 남자에게 적합한 행동을 한다"라는 동일시가 나중에 이루어진다는 것이다.

정신분석이론이나 사회학습이론은 모두 같은 성의 부모와 동일시하는 것이 자기 성에 적합한 행동 및 태도를 습득하는 선행조건이라고 보는 반면, 인지발달이론은 같은 성의 부모와의 동일시가 성유형화(性類型化)의 결과라고 본다(〈그림 7-1〉 참조).

특히 Mischel과 Kohlberg는 성역할 동일시에 관해 정반대의 입장을 취한다. Mischel(1970)은 아동의 행동과 가치는 성역할에 의해서 결정되는 것이 아니고 사회학습의 경험에 의해서 결정된다고 한다. 더구나 견해, 신념, 가치에 대한 인지변

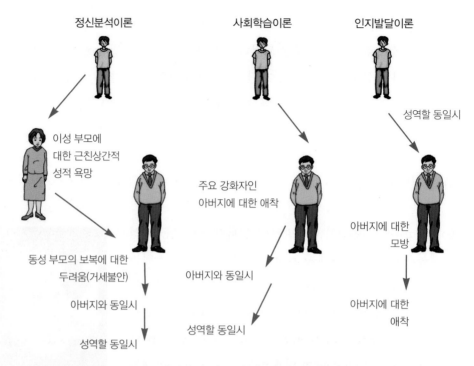

정신분석이론   사회학습이론   인지발달이론

이성 부모에
대한 근친상간적
성적 욕망

성역할 동일시

주요 강화자인
아버지에 대한 애착

아버지에 대한
모방

동성 부모의 보복에 대한
두려움(거세불안)

아버지와 동일시

아버지에 대한
애착

아버지와 동일시

성역할 동일시

성역할 동일시

〈그림 7-1〉 Kohlberg가 해석한 심리성적 동일시이론

화가 행동의 변화를 초래한다는 증거는 거의 찾아볼 수 없고, 반대로 인지와 가치변
화는 특별한 행동을 수행한 결과로서 일어난다는 증거는 상당수 있다고 한다.

　Kohlberg(1966)는 한 인간을 자기 성에 적합한 역할을 하도록 양육하는 것은 자
녀의 성별에 따라 부모가 다르게 대하고, 아동이 자기 자신의 성을 인식하는 데에
있으며, 이러한 성에 대한 아동의 인지를 사회적 강화가 바꾸어 놓지는 못한다고 한
다. 즉, 이러한 성에 대한 동일시 내지 자각이 결정적인 시기에 인지적으로 확립되
면 사회적 강화에 의해서 이것을 변화시키기는 극도로 어렵다는 것이다.

　Maccoby와 Jacklin(1974)은 위의 이론을 모두 검토한 후 성역할을 습득함에 있어
강화와 모방이 중요한 역할을 하는 것은 사실이지만 성역할 동일시에 일어나는 발
달의 변화를 설명하기에는 불충분하다고 지적한다. 따라서 Kohlberg가 주장한 심
리적 과정도 고려되어야 한다고 주장한다.

4) 성도식이론

Bem(1981, 1985)의 성도식(gender-schema)이론은 사회학습이론과 인지발달이론의 요소를 결합한 것이다. 즉, 성도식이론은 성역할 개념의 습득과정을 설명하는 정보처리이론으로서, 성유형화가 아동의 인지발달 수준이나 사회문화적 요인의 영향을 받지만 동시에 성도식화(gender schematization)과정을 통해 형성된다고 한다. 성도식화란 성도식에 근거해서 자신에 관한 정보를 포함한 모든 정보를 부호화하고 조직화하는 전반적인 성향이다. 여기서 성도식이란 성에 따라 조직되는 행동양식으로서 사람들로 하여금 일상생활에서 남성적 특성 또는 여성적 특성을 구분하

Sandra Bem

게 해준다. 이러한 도식은 사회가 사람과 행동을 어떻게 분류하는지를 봄으로써 아동기에 형성된다.

아동은 어떤 물체나 행동 또는 역할이 남성에게 적합한 것인지 또는 여성에게 적합한 것인지(예를 들면, 여아는 울어도 되지만 남아는 울어서는 안 된다 등)를 분류해주는 내집단/외집단이라는 단순한 도식을 습득한다. 그리고 자신의 성에 적합한 역할에 대한 좀더 많은 정보를 추구하여 자신의 성도식(own-sex schema)을 구성한다. 자신의 성 정체감을 이해하는 여아는 바느질은 여아에게 적합한 활동이고, 모형 비행기를 만드는 것은 남아에게 적합한 활동이라는 것을 학습한다. 그리고 나서 자신은 여아이기 때문에 자신의 성 정체감과 일치되게 행동하기를 원한다. 따라서 바느질에 관한 많은 정보를 수집하여 자신의 성도식에 바느질을 포함시킨다. 그리고 모형 비행기를 만드는 것은 남아에게 적합한 활동이라는 것 이상의 정보는 전부 다 무시해버린다(〈그림 7-2〉참조).

이상의 예를 통해 설명한 바와 같이 주어진 정보가 자신의 태도와 일치하고 그에 대한 지식이 많을수록 그것을 보다 잘 기억하고 선호하게 되며, 반대의 경우에는 기억되지 않을 뿐만 아니라 회피하게 된다. 즉, 자신이 가지고 있는 성도식에 근거한 이러한 선택적인 기억과 선호과정을 통해 성역할발달이 이루어진다.

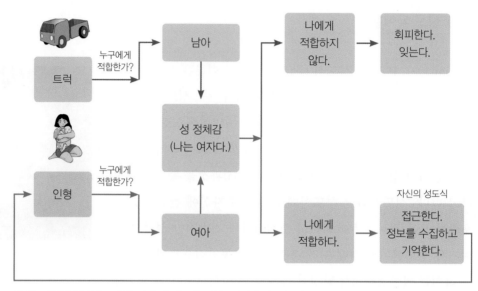

여아는 내집단/외집단 도식에 따라 새로운 정보가 '여아에게 적합한 것'인지 '남아에게 적합한 것'인지 분류한다. 남아의 장난감이나 활동에 관한 정보는 무시하고, 여아의 장난감이나 활동에 관한 정보는 '자신의 성도식'에 첨가한다.

〈그림 7-2〉 성정체감에 의한 성도식 구성

출처: Martin, C. L., & Halverson, C. F. Jr. (1987). The roles of cognition in sex-roles and sex-typing. In D. B. Carter (Ed.), *Conceptions of sex-roles and sex-typing: Theory and research*. New York: Praeger.

일단 성도식이 발달하면 아동은 자신의 성도식에 맞지 않는 새로운 정보를 왜곡하는 경향이 있다(Liben & Signorella, 1993; Martin & Halverson, 1983). 예를 들어, 여성은 의사가 될 수 없다고 믿는 아동이 여의사로부터 진찰을 받고 나서 자신을 진찰한 사람은 여의사가 아니고 간호사라고 기억하며, 여전히 여성은 의사가 될 수 없다고 생각하는 것이다. 〈그림 7-3〉은 유아가 가지고 있는 성역할 고정관념의 예이다. 물론 학습된 성도식은 수정될 수 있다. 그러나 이러한 수정은 문화적으로 깊이 스며든 태도를 바꾸는 것을 의미하며, 이러한 변화는 상당한 저항을 받게 된다.

우리나라 3~7세 유아 89명을 대상으로 한 연구(김은정, 1996)에서, 취학 전 유아기에는 남아의 성도식이 여아의 성도식보다 더 발달되어 있는 것으로 나타났다. 또한 유아는 연령이 높을수록 자신의 성별과 일치하는 놀이친구를 더 선호하는 것으

〈그림 7-3〉 성역할 고정관념의 예

로 나타났다. 그리고 5~9세 아동 181명을 대상으로 한 연구(정순화, 정옥분, 1994)에서는 연령이 증가함에 따라 아동의 성역할 지식은 증가하고 성역할 태도에서도 융통성을 보였다. 또한 아동의 성과 등장인물의 성이 일치하는 과제에 대한 기억점수가 불일치하는 과제에 비해, 등장인물의 성과 활동이 일치하는 과제에 대한 기억점수가 불일치하는 과제에 비해 높게 나타났다.

5) 성역할 초월이론

Hefner, Rebecca와 Oleshansky(1975)는 성역할 사회화에 대한 전통적인 견해는 인간의 잠재력을 위축시키고, 성별의 양극 개념과 여성의 열등성을 조장하는 것이라고 주장하면서, 성역할발달에 관한 3단계의 새로운 모델을 제시하였다. 그들의 주요 목적은 인간의 역할을 재정의하고 그렇게 함으로써 성차별의 근원을 제거하려는 것이었다. 그들이 분류한 성역할 발달의 3단계는 성역할의 미분화 단계, 성역할의 양극화 단게, 성역할의 초월 단계인데, 마지막 제3단계가 성역할 고정관념을 뛰어넘어 인간의 잠재력을 충분히 발휘하게 되는 단계라고 한다.

Meda Rebecca

제1단계인 성역할의 미분화 단계에서 아동의 사고는 총체성으로 특징지어진다.

즉, 아동은 성역할이나 성유형화 행동에 대해 분화된 개념을 가지고 있지 못하다. 또한 생물학적인 성에 따라 문화가 제한하는 행동이 있다는 것도 깨닫지 못한다.

제2단계는 성역할의 양극화 단계로서 이 단계에 있는 사람들은 자신의 행동을 고정관념의 틀 속에 맞추는 것을 필연적인 것으로 생각한다. 성역할의 양극개념을 강조하는 사회에서는 전생애를 통해 남자는 남성적인 역할을, 여자는 여성적인 역할을 엄격히 고수할 것을 요구한다. 이와 같이 남성적 또는 여성적이라는 양극에 대한 엄격한 고수는 부적응적인 것이고, 역기능적인 것일 뿐만 아니라 오늘날 우리 사회에서 많은 성차별을 낳게 하는 원인이 되고 있다.

제3단계인 성역할의 초월 단계에 있는 사람은 성역할의 고정관념에서 벗어나 상황에 따라 적절하고 적응력 있게 행동할 수 있고, 행동적 표현이나 감정적 표현이 성역할 규범에 얽매이지 않는다. 이것이 바로 성역할에 관한 고정관념을 초월하게 하는 것이다. 이러한 성역할 초월성은 융통성, 다원성 그리고 개인적 선택 및 개인이나 사회가 현재의 억압자-피억압자의 성역할에서 벗어나는 새로운 가능성을 의미한다.

3. 성역할발달의 인지적 요소

1) 성 항상성

Kohlberg(1966, 1969)는 개인의 성은 복장이나 헤어스타일, 놀이 종류에 상관없이 생물학적인 특성에 의해 변하지 않는다는 개념을 성 항상성으로 표현하였다. 인지발달이론에 의하면, 아동은 7세 이전까지는 전조작기에 머무는데 이때까지는 외현적인 특성에 의해 사람을 판단하게 된다. 그러다가 구체적 조작기에 달하면 보존개념이 형성되는데 이 성 항상성은 일종의 보존개념이다.

한 연구에 의하면(Slaby & Frey, 1975) 성 항상성은 네 단계를 거쳐 발달한다고 한다. 그 첫 단계는 자신이 남자다 또는 여자다라고 인식하는 성 정체감에 대한 인식으로서, 2세 반이 되면 대부분 자신이 남자 또는 여자라는 것을 알게 된다. 두 번째는 성 안정성의 단계로 시간이 지나도 자신의 성이 변하지 않는다는 인식으로서 "너는 커서 엄마가 될래, 아빠가 될 래?"와 같은 질문에 의해 성 안정성 개념이 측정된다. 셋째 단계 는 성 항상성의 동기적 요소로서 성이란 비록 개인이 원한다 하더 라도 바뀌지 않는다는 신념에 기초한다. "만약 네가 정말로 원한 다면 남자(여자)가 될 수 있니?"와 같은 질문에 의해 측정된다. 넷 째 단계는 6, 7세경에 획득하게 되는 성 일관성으로서 성이란 놀 이, 복장, 외모의 변화에도 불구하고 변하지 않는다는 인식이다. "만약 네가 인형을 갖고 논다면 너는 여자가 될 수 있니?" "만약 너 의 머리를 여자 아이같이 길게 기르면 너는 여자가 될 수 있니?" (사진 참조)와 같은 질문에 의해 성 일관성 개념이 측정된다.

7세경에 아동은 성 항상 성 개념을 획득하기 시작한다.

아이들은 자신이 남자 또는 여자라는 사실을 어떻게 아는가? Maccoby(1980)는 아동은 단순히 부모가 일러준 대로 자신이 남 자 또는 여자라고 인식한다고 하나, 아동 자신의 경험도 중요한 역할을 한다. 즉, 시간이 지나도, 외모가 변해도, 행동이 달라져도 여전히 같은 성으 로 남아 있는 것을 경험을 통해 알게 된다. 대부분의 아이들은 가끔 반대 성의 장난 감을 가지고 놀거나 반대 성의 복장을 한 경험이 있다. 그럼에도 불구하고 자신의

사진 설명 "만약 너의 머리를 여자 아이같이 길게 기르면 너는 여자가 될 수 있니?"와 같은 질문 에 의해 성 일관성 개념이 측정된다.

Eleanor Maccoby

성이 변하지 않는다는 것을 깨닫게 된다.

우리나라 3~9세 아동 164명을 대상으로 한 연구(황혜신, 이순형, 1990)에서, 연령이 높은 아동이 낮은 아동에 비해 성 항상성 발달단계가 높은 것으로 나타났는데, 따라서 아동의 연령이 증가할수록 성 항상성 발달수준이 점차 높아지는 것으로 보인다. 또한 아동의 연령과 성별에 따라 아동의 성별 특정화된 행동이 구체화된다. 즉, 아동의 연령이 증가하면 장난감 선택행동에서 자신의 성별에 일치하는 장난감보다는 중성적 장난감을 선택한다. 반면, 또래와의 상호작용에 있어서는 더욱 성별 특정화된 놀이행동을 보인다. 이러한 현상은 특히 남아에게서 두드러지게 나타난다.

2) 성역할 고정관념의 형성

Susan A. Basow

성역할 고정관념은 성에 따라 승인된 외모, 행동양식, 말씨, 감정을 표현하는 방식 및 다른 여러 가지 특성들에 대한 구체적인 개념들로서 정의된다(Hurlock, 1981). 고정관념이란 한 집단에 소속된 사람들은 모두 일정한 특징을 지니고 있다고 보는 것이므로, 그 집단의 구성원 개개인이 그 특징을 가지고 있지 않을 수 있다는 점을 고려해볼 때, 대체로 남녀 간의 실제적인 차이를 과장하고 왜곡하는 경향이 있다(Basow, 1980).

인간이 전생애를 통해 수행하는 역할 가운데 성역할만큼 초기에 형성되어 오랫동안 지속되는 역할도 없는 것으로 보인다. 성역할 고정관념이 획득되는 시기에 관하여 연구한 Kuhn과 그 동료들(1978)에 의하면, 2세 유아도 성역할 고정관념의 지식을 소유하고 있으며 성을 영속적이고 바뀔 수 없는 면으로 간주할 때 이러한 측면에 긍정적으로 가치를 두기 시작한다. 따라서 유아가 특정한 성에 자신이 소속한 것을 인식함으로써 동성의 부

Deanna Kuhn

사진 설명　유아기에 성역할 고정관념이 형성된다.

모와 동일시가 이루어진다. 많은 연구결과 성역할 고정관념이 유아기에 형성된다는 것을 뒷받침해주며, 유아가 자신의 성별을 알게 되는 성 정체감 획득을 시작으로 마지막 단계인 성 일관성을 이해하게 되는 일련의 과정은 대개 2~7세 사이에 이루어진다는 것을 알 수 있다.

우리나라 맞벌이 가정의 3~5세 유아를 대상으로 성역할 고정관념에 영향을 미치는 요인들을 살펴본 연구(고영실, 박용한, 2020)에 의하면 아버지가 자녀를 돌보는 시간이 많고 지도수준이 높을 경우, 유아의 성역할 고정관념이 낮은 것으로 나타났다고 하면서 유아기의 올바른 성역할 정체감을 발달시키기 위해서는 평등한 가정문화와 적극적인 아버지의 양육참여가 중요하다고 하였다.

4. 성역할발달과 영향요인

성역할발달에 영향을 미치는 요인으로는 생물학적 요인, 문화적 기대, 부모의 역할, 또래와 교사의 역할, 텔레비전 등이 있다.

1) 생물학적 요인

John Santrock

성호르몬은 성역할발달에 영향을 미친다(Hines, 2011, 2013). 여성 호르몬인 에스트로겐은 주로 여성의 신체적 특징에 영향을 미치고, 남성 호르몬인 안드로겐은 주로 남성의 생식기와 이차 성징의 발달에 작용을 한다. 한 연구에서 태내 호르몬의 변화가 성역할발달에 미치는 영향을 조사한 바 있다. 몇 명의 산모에게 남성호르몬을 주사한 일이 있는데, 이들은 유산의 경험이 있는 산모로서 남성호르몬이 그 치료가 되리라 믿었기 때문이다. 남성호르몬 치료를 받고서 태어난 아이들과 치료를 받지 않은 같은 성의 형제를 비교해 본 결과, 남성호르몬 치료를 받은 여아는 훨씬 더 활동적이고, 놀이친구로서 여아보다 남아를 선호하였으며, 인형보다는 총이나 자동차 같은 장난감을 좋아했고, 외모에는 관심이 없었다. 치료를 받은 남자아이들은 그렇지 않은 남자형제보다 훨씬 더 거친 놀이를 하고 놀았다(Santrock, 1981).

또 다른 연구(Berenbaum & Bailey, 2003; Burton et al., 2009; Knickmeyer & Baron-Cohen, 2006; Mathews et al., 2009)에서 안드로겐이 비정상적으로 높은 수준인 여아의 경우 자신이 여자라는 사실에 매우 불만족스러워하며 남자가 되는 것에 큰 관심을 보이고, 남자아이와 함께 놀이하는 것을 좋아하며, 인형보다는 남자아이들이 좋아하는 장난감을 선호하였다.

성호르몬은 사회정서발달에도 영향을 미친다. 최근 한 연구(Auyeung et al., 2009)에서 양수로부터 측정한 태아의 테스토스테론 수준이 높은 경우 남아든 여아든 6~10세가 되었을 때 전형적인 남아의 놀이를 더 많이 하는 것으로 나타났다.

2) 문화적 기대

문화 또한 성역할발달에 매우 중요한 역할을 한다. Mead(1935)가 뉴기니 섬의 세 종족의 원주민을 대상으로 연구한 결과는 문화에 따라 전혀 다른 성역할발달이 이루어진 것을 보여주고 있다. 이들 세 종족 중 두 종족에서는 성역할 분화가 거의 이루어지지 않았는데, 한 종족은 남녀 모두 많은 문화권에서 여성적인 것으로 규정된 행동특성, 즉 순종적이고 협동적이며 단호하지 못한 행동들을 나타내었다. 반면, 다른 한 종족은 많은 문화권에서 남성적인 것으로 규정된 행동들을 나타내었는데, 이 부족은 적대적이고 공격적이며 잔인한 것으로 보였다. 끝으로 나머지 한 종족에서는 Parsons와 Bales(1955)

Margaret Mead

가 정의한 전통적인 성역할이 반대로 나타났다. 즉, 남자는 다른 사람의 감정에 민감하고 의존적인 반면, 여자는 독립심이 강하고 공격적이며 의사결정에 있어 중요한 역할을 하는 것으로 보였다.

이와 같이 전통적인 성역할이 대부분의 문화권에서는 보편적인 현상이지만 남성성과 여성성의 발달은 문화에 따라 상당히 융통성이 있다는 것을 볼 수 있다. 따라서 만약 남녀 간에 신체적 구조에 기인한 사회적, 인지적 차이가 있다면 이들은 문화적

사진 설명　성역할은 문화에 따라 매우 다를 수 있다.

요인에 의해서 상당히 수정될 수 있다는 것을 알 수 있다.

3) 부모의 역할

부모는 아동이 제일 먼저 그리고 가장 많이 접하게 되는 중요 인물로서 생후 초기부터 자녀의 성역할발달에 지대한 영향을 미친다. 부모는 성역할 습득을 위한 훈육자로서 또는 모델로서의 의미를 지니며, 자녀는 이러한 부모를 통하여 성역할을 발달시킨다(Hilliard & Liben, 2012; Leaper, 2013; Leaper & Bigler, 2018; Liben, Bigler, &

Hilliard, 2014). 부모는 자녀에게 적극적으로 성에 적합한 행동을 권유할 뿐만 아니라 그러한 행동을 했을 때 보상을 하고, 성에 적합하지 못한 행동을 하였을 때에는 벌을 준다(사진 참조).

정신분석이론과 사회학습이론은 각각 같은 성의 부모와 동일시 또는 모방을 통해서 성역할 습득이 이루어진다고 설명하고 있다. 이들의 견해가 전적으로 받아들여지고 있는 것은 아니지만, 부모의 모델적 행동이 자녀의 성역할발달에 주요한 요인임은 주목할 만하다.

4) 또래와 교사의 역할

또래가 성역할발달에 미치는 영향도 매우 중요한데, 또래의 영향은 특히 유아기에 두드러지게 나타난다. 상당량의 성역할 학습은 성이 분리된 놀이상황에서 일어난다. 이는 같은 성의 또래와의 놀이가 성에 적합한 행동을 배우고 실행해보는 좋은 방법이 될 수 있기 때문이다.

또한 유아들은 성에 적합한 행동은 서로 보상하고, 성에 부적합한 행동은 벌한다(Leaper, 2013; Leaper & Bigler, 2011, 2018; Matlin, 2012; Rubin, Bukowski, & Bowker, 2015). Fagot 등의 연구(Fagot, 1977; Fagot, Rodgers & Leinbach, 2000)에서 유아원 아이들은 남아의 경우 망치질을 한다든가 모래밭에서 놀 때에 강화를 받았고, 여아의 경우 인형놀이나 소꿉놀이 등을 할 때 강화를 받았다. 또 성에 적합하지 않은 행동을 보일 경우에는 비판적이고 때로는 의도적으로 망신을 주기도 하였다. 이러한 또래들의 보상과 벌은 유아의 행동에 많은 영향을 주기 때문에 더욱 중요한 의미를 가진다. Lamb과 Roopnarine(1979)은 3세 유아들이 반대 성의 행동을 하다가 또래들로부터 조롱을 받자 하고 있던 일을 재빠르게 바꾸었으며, 성에 적합한 놀이에 대해 보상을 받았을

Michael Lamb

때에는 평소보다 더 오랫동안 그 놀이를 계속하였음을 발견하였다. 이와 같이 또래들은 매우 어려서부터 성역할 습득을 위한 놀이를 통해 서로 가르치고 자극을 받는다.

또래집단만큼 강하지는 않지만 교사들 또한 유아의 성에 적합한 놀이는 보상을 하고, 성에 적합하지 않은 놀이는 하지 못하도록 한다(Mullola et al., 2012). 그러나 많은 교사들이 남녀 유아 모두에게 여성적인 특성을 강조하는 경향이 있다. 이러한 경향은 교사가 점차 경험을 갖게 되면서 더욱 증가하는데, 이는 교사가 정숙과 질서를 유지시켜 수업을 잘 이끌어 나가기 위해서는 여성적 특성을 강화하는 것이 효과적이라는 것을 경험을 통해 알게 되었기 때문이다. 그러나 교사가 여성적 특성을 강화하는 것은 남성적 특성을 강조하는 또래집단의 가치와

사진 설명　인형놀이를 하는 남자아이는 또래들로부터 조롱을 받는다.

모순되기 때문에 남아에게 혼란을 가져다주기도 한다. 남아의 이러한 혼란과 갈등은 입학 초기에 남아들이 학교에 가기를 싫어하며, 학업성적이 떨어지는 원인이 될 수 있다.

5) 텔레비전의 영향

대중매체가 아동의 성역할발달에 미치는 영향에 대한 연구는 주로 텔레비전을 중심으로 이루어져 왔는데, 그 이유는 대중매체 이용률에서 텔레비전이 차지하는 비율이 가장 높기 때문이다. 텔레비전을 통해 묘사되는 남성과 여성에 대한 이미지는 아동의 성역할발달에 지대한 영향을 미치는데, 아동이 성에 대한 가치관이나 태도를 형성하는 데 있어서 텔레비전에서 제시되는 성에 대한 정보에 상당 부분 의존하기 때문이다(Sutton et al., 2002). 이는 Bandura가 언급한 모방학습의 효과로 설명할 수 있으며, 또한 텔레비전을 많이 보는 사람은 자신이 실제로는 텔레비전 속의 세계와 상이한 삶을 살고 있다 하더라도 텔레비전 속의 세계가 실제 삶에 영향을 미치는 반향(resonance)효과로도 설명할 수 있다(Gerbner, 1998).

[사진 설명] 텔레비전을 많이 보는 아동은 전통적 성역할을 고수하는 경향이 있다.

텔레비전은 전통적인 성역할을 자주 묘사함으로써 많은 시간을 텔레비전 시청으로 보내는 아동에게는 전통적 성역할을 고수하게 하는 결과를 낳는다. 텔레비전에서 묘사되는 남녀의 역할을 보면 남자가 주인공인 경우가 대부분이다. 그리고 남자는 적극적이고 공격적이며 중요한 의사결정을 하는 인물로 묘사된다. 반대로, 여자는 주로 가정주부나 비서, 간호사 등으로 등장하며, 수동적이고 소극적이며 의존적인 인물로 묘사된다(Ogletree et al., 2004; Signorielli & Kahlenberg, 2001). 따라서 텔레비전을 많이 보는 아동이 텔레비전을 적게 보는 아동보다 훨씬 더 성역할 고정관념을 고수하였다는 결과는 그리 놀라운 것이 아니다.

텔레비전을 통해 방영되는 대부분의 광고내용 또한 전통적인 성역할 특성을 반영하는 것으로 나타났다(Hetsroni, 2007). '텔레토비' '바니와 친구들' 등의 프로그램에서 성역할 특성에서 다소 변화가 나타나고 있으나 이러한 변화가 남아의 행동에서는 보다 개방적으로 이루어지고 있는 반면, 여아의 경우에는 보다 전통적인 성역할에 대해 강화가 이루어지고 있는 것으로 나타났다.

우리나라 연구에서도 텔레비전 만화영화에서 대체로 남성은 여성에 비해 빈번하게 등장할 뿐 아니라 리더로서의 역할 빈도도 많은 반면, 여성은 추종자 역할에 치

텔레토비

바니와 친구들

중되어 있었다. 또한 남성은 논리적, 합리적, 독립적, 적극적 성향을 보이는 반면, 여성은 감성적, 희생적, 순종적 성향으로 뚜렷한 성역할 고정관념을 보이는 것으로 나타났다(김명희, 2003).

그러나 한편으로는 텔레비전에 등장하는 인물들에 대한 묘사가 전반적인 성역할 고정관념에서 점차 벗어나는 경향을 보이고 있다. 광고에 등장하는 인물에 대한 묘사가 전반적으로 성역할 고정관념을 기초로 하고 있으나 여성의 성역할에서는 메시지 제시방법, 역할, 상품 종류 면에서 중립적이거나 비전통적인 성역할 모델이 제시되기도 한다(김광옥, 하주용, 2008).

텔레비전은 아동이 접하는 매체 중 영향력이 가장 강한 것으로, 전통적인 성역할 개념에서 벗어나 새로운 성역할 개념으로 발전하는 데 매우 중요한 역할을 할 수 있다. 한 연구 (Davidson, Yasuna, & Tower, 1979)에서, 5~6세의 아동들에게 비전통적인 성역할을 하는 주인공들을 묘사하는 만화영화를 보여주었더니 아동들의 성역할 개념이 덜 인습적이 되는 것을 볼 수 있었다.

Edward S. Davidson

우리나라 유아를 대상으로 전통적 · 비전통적 성역할 VTR 프로그램을 제작하여 유아의 성역할 고정관념에 미치는 효과를 알아본 홍연애와 정옥분(1993)의 연구에서도, 전통적 성역할 VTR 프로그램을 시청한 집단, 비전통적 성역할 VTR 프로그램을 시청한 집단 그리고 통제집단 간에 유의한 차이가 있는 것으로 나타났다. 즉, 비전통적인 성역할 모델의 제시가 유아의 성역할 고정관념을 감소시켰으며, 성역할 VTR 프로그램을 시청한 후에 변화된 성역할 고정관념은 4주 후의 추후검사에서도 여전히 지속효과가 있는 것으로 나타났다.

이상의 연구결과에서 TV는 보다 평등주의적인 성역할 개념을 제시해 줌으로써 아동들의 성역할 고정관념을 극복하거나 감소시키는 강력한 매체가 될 수 있음을 알 수 있다.

5. 새로운 성역할 개념

1) 심리적 양성성

한국 사회를 비롯한 많은 사회에서 전통적으로 남자는 남성적인 것이, 여자는 여성적인 것이 심리적으로 건강하다고 생각해왔다. 그러나 최근에 와서 이러한 전통적인 성역할 구분은 현대 사회에 더 이상 적합하지 않을 뿐만 아니라, 인간의 잠재력을 충분히 발휘하는 데에 장애요인이 된다고 주장하는 학자들이 많다.

Carl Jung

남성성과 여성성에 대한 전통적인 개념에 대한 대안으로서 Bem(1975)은 양성성으로의 사회화가 전통적인 성역할보다 훨씬 더 기능적이라고 주장한다. 양성성이란 그리스어로 남성을 일컫는 'andro'와 여성을 일컫는 'gyn'으로 구성된 용어이며, 하나의 유기체 내에 여성적 특성과 남성적 특성이 공존하는 것을 의미한다. 심리적 양성성의 개념은 한 사람이 남성성과 여성성을 동시에 가질 수 있기 때문에, 상황에 따라서 도구적 역할과 표현적 역할을 수행할 수 있다는 보다 효율적인 성역할 개념을 의미한다.

사진 설명 아니마와 아니무스

한 개인이 동시에 남성적일 수도 있고 여성적일 수도 있다는 가능성은 Bem이 최초로 시도한 개념은 아니고 훨씬 그 이전으로 거슬러 올라갈 수 있는데 일찍이 1945년에 Jung은 성역할의 이원적 개념을 주장하면서 남자든 여자든 모든 인간에게는 남성성과 여성성의 두 가지 특성이 어느 정도 공존한다고 하였다. 그의 분석이론에서 Jung은 인간의 무의식 속에 존재하는 남성의 여성적인 측면이 아니마(anima)이고, 여성의 남성적인 측면이 아니무스(animus)인데, 이 둘은 모두 정신의 중요한 측면이라고 강조하였다. Bakan(1966) 역시 모든 인간에게는 기능성과 친화성이 어느 정도 공존한다고 하면서 개인이나 사회가 생존하기 위해서는 이 두 가지 특성이 균형을 이루어야 한다고 주장한다. 그러나 남자는 기능성의 경향이 있고 여자는 친화성의 경향이 있으므로 남자와 여자의 발달과업은 다르다고 한다.

2) 성역할 측정도구

Constantinople(1973)의 전통적인 남성성-여성성 척도에 대한 평가는 성역할 분야에 있어서 개념적, 방법론적 변화를 가능하게 하였다. 이것이야말로 성역할에 관한 현대적 견해나 태도를 지닌 최초의 시도 중의 하나였다. 그녀의 평가에 의하면 종래의 남성성·여성성 척도들은 남성성과 여성성을 단일 차원으로 보고 남성성과 여성성이 각기 양극을 대표한다고 본다는 것이다. 따라서 남성성(또는 여성성)이 높은 사람은 자동적으로 여성성(또는 남성성)이 낮은 것으로 나타나고, 이러한 단일 차원선상에서 중간쯤에 위치하는 사람은 불행히도 성역할 정체감이 불분명한 것으로 판정을 받아 왔다.

Sandra Bem

이러한 Constantinople의 견해를 많은 사람들이 지지했는데, 그중 Bem과 Spence 등도 성역할이 양극개념으로 이해되어져서는 안 된다는 신념하에 양성성을 측정할 수 있는 새로운 성역할 측정도구를 개발하였다. Bem(1974)은 Bem Sex Role Inventory(BSRI)를 그리고 Spence 등(1974)은 Personal Attributes Questionnaire(PAQ)를 각기 제작하였다. 이들 두 척도는 종래의 남성성·여성성 척도의 문제점을 해결한 것으로서, 남성성과 여성성을 각기 독립된 변수로 보고 남성성과 여성성을 따로 측정할 수 있도록 남성성 척도와 여성성 척도 두 가지를 포함하고 있다. 이 측정도구에 의하면 남성적인 사람이 동

Janet Spence

시에 여성적인 사람일 수도 있는데, 이것이 바로 양성성이다.

〈그림 7-4〉에서 보는 바와 같이 남성성 척도와 여성성 척도의 중앙치 점수를 계산하여, 남성성과 여성성 점수가 모두 중앙치 이상이면 양성성으로 분류된다. 그리고 남성성 점수는 중앙치 이상인 데 반해, 여성성 점수가 중앙치 이하이면 남성성으로, 이와는 반대로 여성성 점수가 중앙치 이상이고, 남성성 점수가 중앙치 이하이면

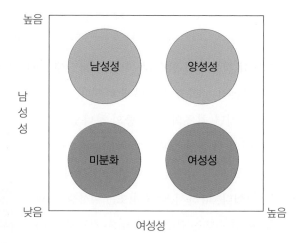

〈그림 7-4〉 **독립차원으로서의 남성성과 여성성**(양성성, 남성성, 여성성, 미분화 집단)

표 7-1 한국 성역할 검사의 남성성 척도와 여성성 척도의 문항

남성성 문항		여성성 문항	
믿음직스럽다	근엄하다	섬세하다	다정다감하다
과묵하다	의욕적이다	어질다	차분하다
남성적이다	의지력이 강하다	친절하다	알뜰하다
강하다	대범하다	온화하다	유순하다
자신감이 있다	집념이 강하다	부드럽다	민감하다
털털하다	의리가 있다	상냥하다	순종적이다
박력이 있다	지도력이 있다	감정이 풍부하다	꼼꼼하다
독립적이다	결단력이 있다	깔끔하다	얌전하다
씩씩하다	모험적이다	따뜻하다	여성적이다
야심적이다	자신의 신념을 주장한다	인정이 많다	싹싹하다

여성성으로 분류된다. 마지막으로 남성성과 여성성 점수가 모두 중앙치 이하이면 미분화로 분류된다.

　Bem과 Spence 등이 성역할 측정도구를 개발한 이래 우리나라에서도 우리 문화에 적합한 성역할 정체감을 측정하기 위한 도구들이 개발되어 왔다(김영희, 1988; 장하경, 서병숙, 1991; 정진경, 1990). 〈표 7-1〉은 정진경이 개발한 한국 성역할 검사의 남성성 척도와 여성성 척도의 문항들이다.

3) 심리적 양성성과 관련연구

　양성성 개념이 소개된 이후 이 분야의 연구가 활발하게 이루어졌다. 많은 연구 결과에 의하면 양성적인 사람이 성유형화된 사람보다 자아존중감, 자아실현, 성취동기, 결혼만족도가 높고, 도덕성발달과 자아발달도 보다 높은 수준에 있으며, 정신적으로도 더 건강한 것으로 나타났다(Allgood-Merten & Stockard, 1991; Bem, 1974; Bem & Lenny, 1976; Bem, Martyna, & Watson, 1976; Block, 1973; Boldizar, 1991; Cristall & Dean, 1976; Morrison & Shaffer, 2003; O'Heron & Orlofsky, 1990; Schiff & Koopman, 1978; Spence, Helmreich, & Stapp, 1975; Williams, 1979).

Warren H. Jones

　위 연구들의 내용을 요약하면 양성적인 사람은 다차원적인 행동을 할 수 있고, 상황에 따라 남성적인 특성과 여성적인 특성의 역할을 적절하게 수행하기 때문에 적응력이 높다는 것이다.

　그러나 Jones, Chernovetz 그리고 Hansson(1978)은 일련의 연구를 통하여, 개인의 적응력에 결정적인 역할을 하는 것은 양성성이 아니라 남성성이라고 밝히면서, Bem 등이 주장한 "양성성이 곧 적응성(androgyny equals adaptability)"이라는 가설을 부정하였다. Yager와 Baker(1979)도 여성성과 관계없이 남성성의 존재만이 개인의 적응력에 영향을 미친다고 하면서 "남성성 우월효과

Robert O. Hansson

Geoffrey G. Yager

Susan Baker

(masculinity supremacy effect)"라는 용어를 소개하였다. 그들은 이러한 효과의 배경은 남성적 특성이 미국사회에서 높이 평가되는 데 있다고 설명하면서, 이 남성적 특성을 가진 사람은 성에 구별 없이 일상생활의 적응면에서 유리한 입장에 있다고 하였다.

국내의 연구결과도 양성성 집단이 다른 세 집단보다 자아존중감이 높다는 연구(정옥분, 1986)가 있는 반면, 남성성 집단이 창의성이 가장 높다는 연구(구순주, 1984)도 있다. 또한 양성성과 남성성 집단이 자아존중감, 자아실현, 자아정체감에 있어 차이가 없다는 연구(장재정, 1988; 전귀연, 1984)와 성별에 따라서 다른 양상이 나타난 연구(김희강, 1980)가 있어 연구결과에 일관성이 없다.

성역할에 관한 많은 연구들이 양성성이 가장 융통성 있는 성역할 유형이라고 보고한 반면, 남성성이 보다 효율적인 성역할 유형이라고 하는 연구 또한 상당수 있어 현재로서는 단정적인 결론을 내리기가 어렵다. 따라서 이 분야에 관해 앞으로 더 많은 연구가 이루어져야 할 것으로 보인다.

6. 청년기의 성역할 강화

이차 성징의 발현은 신체적·생리적인 변화와 기능에 있어서 남성을 남성답게 만들어주고, 여성을 여성답게 만들어주는 성숙의 표시이다. 이차 성징이 나타나면서 일시적으로 성적 반발이나 성적 혐오를 보이지만 점차 청년은 이성을 동경하게 되고 자기 자신이 이성에게 매력적인 존재가 되고자 노력한다. 이로 인해 청년은 신체뿐만 아니라 그들의 태도나 행동이 갑자기 남성다워지거나 여성다워진다(Galambos et al., 2009; McHale et al., 2004).

이와 같이 청년 초기에 성역할이 강화되는 현상이 있는데 성역할의 강화는 태도

와 행동에서 성역할 고정관념이 증가하
는 것을 말한다(Hill & Lynch, 1983). 성역
할의 강화는 남녀 모두에게 일어나는 현
상이지만 청년기 여성에게 더욱 보편적
이다(사진 참조). 아동기 동안에는 여아
가 남아보다 성정형화된 행동을 덜 보이
지만 청년 초기가 되면 반대 성의 행동
이나 활동을 하는 것을 주저하게 된다
(Huston & Alvarez, 1990).

　성역할의 강화는 왜 일어나는가? 생물학적, 사회적, 인지적 요인이 여기에 작용
하는 것으로 보인다. 사춘기에는 외모에서 남녀 차이가 증대되고, 십대들은 성차와
관련해서 자신에 대해 많은 생각을 하게 된다. 청년기에는 또한 사춘기 변화로 인
해 성역할과 관련된 압력을 많이 받게 된다. 예컨대, 부모들이 아들에게는 경쟁심
을 부추기고, 딸에게는 여러 면에서 행동을 제한한다(Block, 1984; Hill, 1988; McHale
& Crouter, 2003; Shanahan, McHale, Crouter & Osgood, 2007). 그리고 청년들이 이성교
제를 시작할 무렵이면 이성에게 더 매력적으로 보이기 위해 성정형화된 행동을 더
많이 하게 된다(Crockett, 1990). 청년기의 인지변화는 다른 사람들이 자신을 어떻게
생각하는지에 신경을 쓰게 하고, 따라서 십대들은 다른 사람들의 성역할 기대에 걸
맞은 행동을 하고자 한다.

　청년 후기가 되면 성역할 강화현상이 감소하지만 모든 청년이 다 그런 것은 아니
다. 성역할이 융통성 있게 되는 데에는 사회환경이 주요한 역할을 한다. 비전통적
인 성역할을 시험해보고, 전통적인 성역할이 자신이나 사회에 어떤 의미를 지니는
지 생각해보도록 자극을 받는 청년들은 상황에 따라 남성적인 역할이나 여성적인
역할을 선택할 수 있는 양성적 성역할 정체감을 형성하게 된다(Eccles, 1987). 일반
적으로 양성적인 청년들이 심리적으로 건강한 편인데 그들은 자신감이 있고, 또래
에게 인기가 있으며, 정체감 성취의 상태에 있다(Dusek, 1987; Massad, 1981; Ziegler,
Dusek, & Carter, 1984).

244

7. 성인기의 성역할 변화

성인기에 새로운 사회적 상황을 맞이하게 되면 성인의 성역할에 변화가 일어나고, 남자로서 또한 여자로서의 자신에 대한 개념에 변화가 온다. 남성과 여성의 역할의 구체적인 내용은 일생 동안 변한다. 남아는 트럭을 가지고 놀거나 남자친구와 씨름을 하는 것 등에서 남성적인 역할이 나타나는가 하면, 성인 남자의 경우 직업세계에서 남성적 역할을 하게 된다. 남성과 여성의 역할에서 그 차이의 정도 또한 변한다. 아동과 청소년은 자신의 성역할과 일치하는 행동을 채택하지만 양성 모두 아동 또는 학생이라는 매우 유사한 역할을 가지고 있다. 그리고 성년기에 들어서더라도 결혼하기 전까지는 학교나 직장에서 남성과 여성의 역할이 크게 다르지 않다.

그러나 일단 결혼하게 되면, 특히 자녀를 갖게 되면, 남성과 여성의 역할은 보다 분명해진다. 예를 들어, 신혼부부의 경우라도 아내가 직업이 있든 없든 대부분의 집안일은 아내가 한다. 그리고 구체적인 일의 종류도 사회적 관습에 따라 여자가 하는 일과 남자가 하는 일이 따로 정해져 있다(Atkinson & Huston, 1984). 자녀를 출산하게 되면 역할분담은 보다 더 전통적인 방식으로 이루어진다(Cowan, Cowan, Heming, & Miller, 1991).

아내가 주로 자녀양육과 집안일의 책임을 맡게 되고, 남편은 전적으로 가족부양의 책임을 맡는 가장으로서의 역할을 한다. 오늘날에 와서 젊은 아빠들이 자녀양육과 집안일에 참여하는 정도가 점차 높아지고 있지만 여전히 '보호자' 역할을 한다(Baruch & Barnett, 1986). 그리고 적어도 집안일의 $^2/_3$ 정도는 여전히 아내몫이다(Pleck, 1985; Zick & McCullough, 1991). 더욱이 아내의 직업을 부차적인 것으로 생각하여 별로 중요하지 않게 여기는 경향도 여전하다.

그렇다면 자녀가 성장한 후에는 어떠한가? 자녀양육의 책임에서 벗어나는 빈 둥지 시기인 중년기가 되면 남성과 여성의 역할은 비슷해지기 시작한다. 그리고 노년기에 접어들 무렵이면 양성 간

Joseph H. Pleck

에 성역할의 유사성은 점점 더 커진다. 그러다가 은퇴 후에는 할머니와 할아버지들이 거의 비슷한 역할을 하게 된다. 요약하면 남성과 여성의 역할은 결혼 전에는 상당히 비슷하다가 자녀를 키우는 시기에 그 차이가 극대화되고 그 이후 다시 유사해진다. 〈그림 7-5〉는 Sheehy(1995)가 제시한 마름모꼴의 성역할 변화에 관한 것이다.

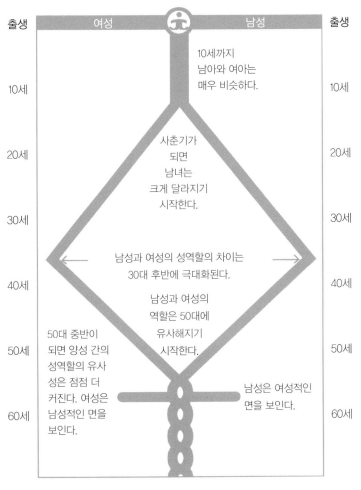

Gail Sheehy

〈그림 7-5〉 마름모꼴의 성역할 변화

출처: Sheehy, G. (1995). *New passages*. NY: Ballantine Books.

1) '부모의 책임' 가설

David Gutmann

이와 같은 성인기의 성역할 변화를 Gutmann(1975, 1987)은 자녀를 성공적으로 양육하기 위하여 부모가 채택하는 각기 다른 역할을 의미하는 '부모의 책임(parental imperative)'이라는 가설로서 설명하고 있다. 다른 종과는 달리 인간은 자립하기까지 오랜 시간이 걸리며 오랜 기간 신체적, 정신적인 보살핌을 필요로 한다. 자신의 비교문화연구 결과에 기초하여 Gutmann은 많은 문화권에서 성년기와 중년기 남성들은 자신의 가족을 부양하고 보호하기 위해 '남성적' 특성을 강조해야만 한다고 주장한다. 반면, 성년기와 중년기 여성들은 어린 자녀를 돌보고 가족들의 정서적 욕구를 충족시키기 위해 '여성적' 특성을 표현해야 한다.

Gutmann에 의하면, 남성과 여성이 부모의 책임으로부터 벗어나는 중년기가 되면 극적인 역할변화가 시작된다. 남성은 점점 소극적이 되고 바깥일보다는 가족과의 관계에 더 관심을 보이기 시작한다. 그리고 다른 사람의 감정에 민감하고 정서적 표현도 잘하게 된다. 반면, 여성은 남성과 정반대로 변한다. 소극적이고, 순종적이고, 양육적이던 젊은 시절과는 달리 이제는 단호하고, 적극적이고, 지배적이다. 많은 문화권에서 오랜 세월 시어머니 밑에서 '아랫사람' 노릇을 하던 여성이 이제 집안의 '안주인' 노릇을 하게 된다. Gutmann은 성년기에 '남성적인' 남성은 '여성적인' 남성이 되고, 반면 '여성적인' 여성은 '남성적인' 여성이 된다고 주장한다. 즉, 두 성 간의 심리적 특성이 방향을 바꾸게 된다는 주장이다.

몇몇 연구(Friedman & Pines, 1992; Gutmann, 1987; Todd, Friedmann, Kariuki, 1990)는 Gutmann의 가설, 즉 여성들이 자녀양육을 끝낼 무렵 남성적 특성을 갖기 시작한다는 가설을 지지한다. 중년기의 이러한 변화는 남성과 비교해서 매우 열등한 지위에 있는 아랍여성들에게서도 명백히 나타난다.

한 연구(Feldman, Biringen, & Nash, 1981)에 의하면, Gutmann의 '부모의 책임' 가

설과 일치하듯 부모역할은 남성들로 하여금 자신을 더 남성적
으로, 여성들로 하여금 자신을 더 여성적으로 지각하게 만드는
것으로 보인다. 반면, 자녀양육의 책임에서 벗어난 성인들은,
특히 조부모들은 자기지각에서 성차가 감소한다.

　요약하면, 성인이라도 자녀가 없는 경우는 비교적 양성적인
반면, 자녀가 있는 경우에는 부모역할이 남녀 모두에게 성유형
화된 특성을 갖게 하고 그러다가 부모역할이 끝날 무렵이면 다
시 양성적으로 된다(Fultz & Herzog, 1991). 성인기의 이러한 성
역할 지향은 연령보다는 남녀역할의 변화와 더 관련이 있는 것
으로 보인다(Eagly, 1987). 예를 들면, 젊은 부모들은 자녀가 없
는 같은 연령의 남녀보다 심리적으로 더 성유형화되는 경향을
보여준다(Feldman et al., 1981). 따라서 성역할발달에서는 사회
적 · 문화적 · 역사적 상황을 고려해야 한다.

Alice Eagly

2) '양성성으로의 변화' 가설

　성인기 성역할 변화에 대한 또 다른 설명으로 중년기의 남성
과 여성은 모두 성유형화된 특성을 보유하지만, 거기에다 전통

Shirley Feldman

적으로 반대성과 관련된 특성을 첨가하게 됨으로써 양성적인 특성을 보인다는 '양
성성으로의 변화(androgyny shift)'가설이 있다. 이러한 생각은 일찍이 정신분석이론
가인 Jung에 의해 제시된 바 있다. Jung(1953)에 의하면, 여성은 양육적이고 표현적
인 역할을 강조하고, 남성은 성취지향적이고 도구적인 역할을 강조한다. 남성은 자
신의 여성적인 측면을 억압하고, 여성은 자신의 남성적인 측면을 억압한다. 자녀들
이 다 성장하고 직업에서도 안정을 이루게 되는 중년기가 되면, 남녀 모두 전에 억
압된 측면을 표현함으로써 자신의 생물학적 성과 반대되는 특성을 추구한다고 보
았다. 즉, 남성은 자신 속의 여성적인 측면(anima)을 표현하게 되고, 여성은 자신 속
의 남성적인 측면(animus)을 표현하게 된다는 것이다.

사진 설명 '양성성으로의 변화' 가설에 의하면 자녀양육의 책임에서 벗어나게 되면 남성은 자신 속의 '여성적인 측면'을 그리고 여성은 자신 속의 '남성적인 측면'을 표현하게 된다고 한다. 이 특성들은 부모역할을 하는 동안 억압되었던 것이다.

앞에서 언급한 Feldman 등(1981)의 연구에서 자녀양육의 책임에서 벗어난 성인들(특히 노인세대)은 남녀 모두 양성성으로의 변화를 경험하였다. 즉, 조부들은 남성적 특성을 보유하면서 여성적 특성을 취하였고, 조모들은 여성적 특성을 보유하면서 남성적 특성을 취하였다. 이러한 결과는 매우 흥미롭다. 왜냐하면 오늘날의 노인세대는 성역할 규범이 보다 융통성 있는 시대에 성장한 젊은 세대보다 성역할 지향이 더 전통적이기 때문이다.

8장

공격성과 반사회적 행동

인간의 공격성과 그 외 다른 형태의 반사회적 행동은 우리 사회에 만연한 현상이다. 매일 저녁 뉴스에서는 살인, 강간, 폭행, 아동학대, 학교폭력 등 온갖 종류의 공격성에 관해 보도하고 있다.

인간의 공격성은 타고난 것인가? 아니면 학습되는 것인가? 이러한 문제는 수세기에 걸쳐 논쟁거리가 되어 왔다. 예를 들면, Thomas Hobbes는 1651년에 출판된 그의 저서 『리바이어던(Leviathan)』에서 인간은 본래 이기적 동물이므로 자연상태에서는 모든 사람이 자기 이익만을 끝까지 추구하는 "만인의 만인에 대한 투쟁"이 있고, "사람은 사람에 대한 이리"이기 때문에 자기보존의 보증마저 없다고 주장하였다. 그러므로 각자의 이익을 위해 사람들은 계약을 맺어 국가를 만들어 '자연권'을 제한하고, 그들을 대표하는 자에게 국가권력을 양도하여 그것에 복종해야 한다는 것이다. Hobbes는 『리바이어던』에서 전제군주제를 이상적인 국가형태라고 주장하였다. 한편, Rousseau에 의하면, 인간은 자연상태에서는 자유롭고 행복하고 선량하였으나, 자신의 손으로 만든 사회제도나 문화에 의해 오히려 부자유스럽

Thomas Hobbes

Jean Jacques Rousseau

사진 설명 죽음의 신. 타나토스

고 불행한 상태에 빠졌으며, 사악한 존재가 되고 말았다고 한다. 그래서 인간은 다시 한 번 참된 인간의 모습(자연)을 발견하여 인간성을 회복하지 않으면 안 된다는 것이다. 이와 같은 입장을 취한 Rousseau는 인간 본래의 모습을 손상시키고 있는 당대의 사회나 문화에 대하여 통렬한 비판을 가하였다.

Hobbes의 인간에 대한 비관적인 견해는 20세기에 와서 Freud에 의해 확산되었다. Freud에 의하면 인간은 삶의 본능뿐만 아니라 죽음의 본능도 함께 가지고 태어난다고 한다. Freud는 인간의 가장 강력한 본능을 '에로스(eros)', 즉 성적 본능이라고 하면서 이 같은 성적 본능은 배고픔이나 배설과 같은 본능과는 다른 것으로, 주요한 삶의 본능이 되는 것이라고 주장한다. 왜냐하면 성적 본능의 충족은 종의 유지를 위해서 필요하지만, 다른 본능들의 충족은 개인의 생존에 필요한 것일 뿐이기 때문이다. Freud는 후에 세계대전을 겪으면서 인간행동의 주요한 동기를 성적인 것에서 공격적인 것으로 전환하게 된다. Freud는 죽음과 공격성을 나타내는 본능을 '타나토스(thanatos)'라고 불렀다. 그는 진화론적 관점에 입각하여 생명체의 궁극적인 목적은 '무생물(inanimate matter)'로의 회귀라고 생각하였다. 이러한 측면에서 인간 역시 무생물로 돌아가려는 경향, 즉 죽음을 지향하는 속성을 가지고 있다고 보았다.

공격성은 과연 무엇인가? 공격성이라는 것을 의도적으로 타인에게 상해를 가하는 행동이라고 정의하는 학자가 있는가 하면, 공격성을 오로지 관찰할 수 있는 행동에 근거해서 정의하려는 학자도 있다. 이들의 견해를 종합하면 공격성이란 우리가 관찰하고 경험하는 유해하고 파괴적인 행동에 대한 사회적인 판단이라고 정의할 수 있다.

이 장에서는 공격성의 정의, 공격성의 이론, 공격성과 관련요인, 공격성과 반사회적 행동의 통제방법 등에 관해 살펴보기로 한다.

1. 공격성의 정의

사회심리학자들은 공격성을 어떻게 정의해야 하는가에 대해 열띤 논쟁을 벌여
왔다. 이들의 견해차이를 살펴보기로 한다.

1) 의도성의 문제

Dollard 등(1939)은 공격성을 의도적
으로 타인에게 상해를 가하는 행동이라
고 정의한다(사진 참조). 예를 들면, 어
떤 사람이 화가 나서 누군가에게 맥주
병을 던졌는데 그 사람이 머리를 숙이
는 바람에 맥주병에 맞지 않았다 해도

그것은 여전히 공격적 행동에 해당한다. 반면, 어떤 사람이 운전 중에 부주의로 횡
단보도를 건너던 보행자를 치었다고 했을 때, 그 피해는 맥주병에 맞는 것보다 엄청
나게 크지만 그래도 그것은 공격적 행동이 아니라고 본다. 왜냐하면 그 운전자에게
행인을 차로 칠 의도가 없었기 때문이다. 여기서 중요한 것은 의도성의 여부이다.

그러나 의도성의 여부에 따라 공격적 행동을 정의하는 데에는 몇 가지 문제점이
있다. 첫째, 우리가 눈으로 직접 확인할 수 없는 의도나 동기를 추론하기가 어렵다
는 점이다. 즉, 의도성은 행동 자체의 속성이라기보다는 행동으로부터 추론할 수밖
에 없는 선행조건이라 할 수 있다. 둘째, 의도성의 여부를 판단하는 것은 주관적인
문제이므로 판단하기가 어렵다는 점이다. 예를 들면, 훈이가 장난감을 빼앗으려고
숙이를 때린다면, 우리는 훈이에게 숙이를 때릴 의도가 있었다고 판단할 수 있겠는
가? 이 같은 상황에서 우리는 어떤 행동이 의도적이고 어떤 행동이 의도적이 아닌
지를 판단하기 어렵다. 무의식적 동기에서 공격적 행동을 하거나 공격적 행동의 의
도를 숨기고자 할 때(예컨대, 공격적 행동을 우연처럼 보이도록 가장할 때)에는 더욱더

Arnold H. Buss

판단하기가 어렵다.

　　이상과 같은 문제점을 극복하기 위해 Buss(1961)는 공격성이라는 것을 대인 간의 상황에서 유해한 자극을 가하는 것이라고 정의하였다. 즉, 공격성이라는 것을 오로지 관찰이 가능한 행동을 근거로 해서 정의한 것이다. Buss는 치과의사의 치료행동이나 부모의 훈육적 체벌행동과 같이 분명하게 수용된 사회적 역할은 공격적 행동에 포함시키지 않았다. 그러나 이러한 정의에도 여러 가지 문제가 있다. 예를 들어, 부모가 훈육의 목적으로 매질을 하는 경우와 아동학대로서 한 매질을 구별할 만한 분명한 기준이 있는 것인가? 어떤 사람의 행동이 사회적으로 수용된 공격적 행동인지 아닌지의 여부를 결정하기 위해서는 우선 그 사람의 의도를 판단해야 한다. 의도성을 배제한 채 행동 자체만을 가지고 공격성을 정의한다면, 이것은 보다 과학적인 구성개념은 될 수 있을지 모르지만, 여기에 관습적 의미가 충분히 내포되는가는 의문의 여지가 있다.

　　요약하면, 공격성이란 우리가 관찰하고 경험하는 유해하고 파괴적인 행동에 대한 사회적인 판단이다. 분명히 우리는 누군가를 해롭게 하고 상처입히려고 의도하는 행동을 공격성이라고 생각한다. 그러나 행위자의 의도를 추론하는 근거는 가해자, 피해자, 관찰자 그리고 사건 전후의 맥락과 상황에 따라 매우 다른 것이 된다.

2) 수단적 공격성과 적대적 공격성

Seymour Feshbach

　　공격적 행동은 흔히 공격적 인식과 공격적 정서를 수반한다(Buss & Perry, 1992). 인식(cognition)과 정서(affect)의 차이는 다른 아이의 권리를 빼앗으려고 그 아이를 때려눕히는 공격적 행동과 어떤 사람에 대한 분노 때문에 그 사람에게 상해를 가하려는 공격적 행동이 갖는 질적인 차이를 의미한다.

　　이러한 구분 때문에 많은 심리학자들은 수단적 공격성과 적대적 공격성을 구분한다(Buss, 1961; Feshbach, 1970; Rule, 1974). 수단적 공격성(instrumental aggression)은 자신이 원하는 대상(예컨대, 장난감)을 얻기 위해 또는 목표를 달성하기 위해 취하는 행동이고(사진 참조), 적대적 공격성(hostile aggression)은 신체적·언어적으로 타인에게 위해를 가하기 위한 목적에서 취하는 행동이다(사진 참조). 유아기에는 장난감이나 그 밖의 다른 원하는 어떤 물건을 얻기 위한 수단적 공격성이 많이 나타나지만, 점차 연령이 증가할수록 적대적 공격성이 많이 나타나게 된다. 대부분의 아동은 학교나 집에서 또래나 형제와의 관계에서 공격성을 보이지만, 일부는 특정한 상황에서만 공격성을 나타낸다.

사진 설명 유아기에는 장난감 등을 획득하기 위한 수단적 공격성이 많이 나타난다.

확실히 겉보기에는 같은 행동이라도 상황에 따라 수단적 공격성 또는 적대적 공격성으로 구분될 수 있다. 가령 오빠가 여동생을 때려눕히고 놀려서 울렸다면 이것은 적대적 공격성이다. 그러나 여동생이 가지고 노는 장난감을 빼앗기 위해 동일한 행동을 했다면 이것은 수단적 공격성이다. 공격성을 수단

사진 설명 적대적 공격성은 타인에게 위해를 가하기 위한 목적에서 취하는 행동이다.

적 공격성과 적대적 공격성으로 구분하는 것은 매우 유용하지만, 아동과 청소년 그리고 성인의 반사회적 행동이 수단적 공격성인지 적대적 공격성인지를 구분하기는 결코 쉽지 않다. 예를 들면, Bandura(1973)는 거리에서 무고한 사람들을 상습적으로 폭행하는 십대 깡패들에 대해 기술한 바 있다. 깡패들이 항상 재미삼아 사람들을 때리는 것은 아니고 그 집단의 구성원이 되기 위해서 적어도 열 명 이상을 위협하고 때려야 하기 때문에 그럴지도 모른다. 따라서 겉보기에는 분명히 적대적 공격성으로 보이는 행동일지라도 실제로는 수단적 목적으로 하는 공격적 행동일 수도 있다.

2. 공격성의 이론

공격성의 원인을 설명하는 데에는 몇 가지 이론이 있다. 우선 인간의 공격성을 본능적인 것으로 보는 본능이론과 학습되는 것으로 보는 학습이론이 있다. 그 외에도 공격성을 성격특성으로 보는 특성이론과 공격성에 대한 실제 의도보다는 그 것에 대한 해석에 의존한다는 사회적 정보처리이론 등이 있다. 다음에서는 공격성과 반사회적 행동을 설명하는 이론들을 살펴보기로 한다(Alcock, Carment, & Sadava, 1994; Aronson, Wilson, & Akert, 1997; Perry & Bussey, 1984; Shaffer, 1994, 2009).

1) 본능이론

인간의 공격성을 타고난 것으로 보는 이론에는 정신분석이론, 동물행동학적 이론, 좌절-공격성이론, 정화이론 등이 있다. 특히 정신분석이론이나 동물행동학적 이론은 공격성을 일정한 방향으로 돌리거나 통제할 수는 있지만, 완전히 제거할 수는 없다고 보는 매우 비관적인 견해를 제시한다.

(1) 정신분석이론

Freud(1933)에 의하면, 우리 인간들에게는 생명을 종식시키며 폭력과 파괴의 근간이 되는 죽음의 본능이 있다고 한다. 공격적 에너지가 주기적으로 발산되지 않으면 위험 수위에 이르게 된다는 것이 Freud의 견해이다. 공격적 에너지는 열심히 일하고 노는 것과 같은 사회적으로 용인되는 방식뿐만 아니라 타인을 모욕하기, 싸우기, 물건 부수기 등과 같은 바람직하지 않은 방식으로도 발산된다. Freud는 만약 우리가 공격적 에너지를 사회적으로 용인되는 방식으로 발산시키지 못한다면 자살이나 자폭 등의 자멸(self-destruction)을 피하기 위해 다른 사람에게로 이 공격적 에너지를 발산시키게 될 것이라고 경고한다. 흥미로운 것은 공격적 에너지가 때로는 외부로 발산되지 못하고 자신의 내부로 발산되기도 하는데, 그것은 결과적으로 자기

처벌, 자기훼손이나 자살 등을 초래하기도 한다(사진 참조).

현대 정신분석이론가들은 대부분이 공격성은 본능적 충동이라는 데 견해를 같이 하고 있지만, 자기지향적 죽음의 본능이라는 Freud의 견해에는 동의하지 않는다. 아마도 욕구를 충족시키려는 시도가 좌절되었을 때나 자아의 기능을 방해하는 위험에 직면할 때에는 언제나 공격성의 본능적 경향이 나타나는 것 같다(Feshbach, 1970). 이런 면에서 본다면 공격적 충동은 생존의 적응적인 면이라 할 수 있다. 즉, 공격적 충동은 사람들로 하여금 자신의 기본 욕구를 충족시키도록 도와주며 자기파괴보다는 오히려 생명력과 활력을 불어넣게 해준다.

(2) 동물행동학적 이론

Lorenz(1966)는 인간과 동물에게는 모두 같은 종끼리 대적을 하는 투쟁본능(공격성)이 있다고 주장한 바 있다(사진 참조). Freud와 마찬가지로 Lorenz도 공격성의 수압설을 제안하였다. 그는 적절한 방출자극에 의해 공격적 에너지가 방출될 때까지

사진 설명 인간과 동물에게는 모두 같은 종끼리 대적하는 투쟁본능이 있다고 한다.

Konrad Lorenz

공격적 충동은 계속해서 쌓이게 된다고 한다. 그래서 적대적 공격 에너지가 임계 수위에 이르게 되면, 어떤 형태로든지 난폭하고 파괴적인 행동을 통해 방출된다고 한다.

어떤 종류의 자극이 공격적 행동을 야기하는가? 이러한 공격성의 표출은 어떤 기능을 하는가? Lorenz에 의하면, 공격성을 포함한 모든 본능은 근본적으로 진화적 목표(한 개체와 종 전체의 생존을 보장하는 것)를 가지고 있다고 한다. 따라서 한 동물이 다른 동물의 영역을 침범할 때 일어나는 싸움은 적응적인 것이다. 왜냐하면 이러한 싸움은 자신의 종족을 넓은 영역에 퍼뜨려놓을 수 있기 때문이다. 그렇게 함으로써 많은 수의 동물들이 한 곳에 모여 사는 경우에 발생할 폐해(예컨대, 먹이부족과 굶주림)를 방지할 수 있다. 그리고 낯선 동물이 침범을 할 때 이를 퇴치함으로써 어린 새끼들을 지키고, 새끼들이 살아남아 성숙해지면 번식을 할 수 있게 된다. 그리고 한 종 내에서 수컷 간의 싸움은 어느 수컷이 암컷과 짝지을지를 결정한다. 대개 강한 수컷이 싸움에서 이기게 되므로 동종 내의 공격성은 한 떼의 무리들 중에서 가장 센 놈이 자손을 번식할 수 있도록 보장해준다.

동물행동학적 관점에서 볼 때, 공격성은 같은 종끼리 서로 죽이지 않도록 하는 여러 가지 '본능적 억제력(instinctual inhibitions)'을 발달시켜 왔으므로, 대부분의 종이

사진 설명 큰가시고기가 침입자에게 위협적 자세를 취하고 있다.

살아남을 수 있도록 해준다. 예를 들면, 여러 종류의 물고기들은 다른 물고기를 크게 다치게 하지 않고서도 이길 수 있는 위협적 행동이나 의식화된 공격의식을 가지고 있다(사진 참조). 조류도 동종 간에 서로 눈을 쫀다거나 쉽게 죽일 수는 있지만 그런 일은 매우 드물게 발생한다. 늑대의 경우는 패자가 항복하는 자세로 승자의 날카로운 이빨 앞에 목덜미를 내맡기는 것을 신호로 하여 싸움을 끝내고 서로 죽이지 않게 된다.

Lorenz에 의하면 '만물의 영장'이라고 하는 인간은 공격적 본능을 잘 통제하지 못해 서로를 죽인다. 선사시대에 우리 인류(호모사피엔스)는 날카로운 발톱이나 이빨 같은 장비를 갖추지 못했기 때문에 상대방을 불구로 만들거나 죽이지 못하게끔 하는 본능적 억제력을 발달시킬 필요가 없었다. 그러나 인간은 지적으로 진화를 거듭하여 살상용 무기를 개발하기에 이르렀다. 하지만 본능적 억제력의 부족으로 이러

사진 설명 제2차 세계대전 중 일본 나가사키에 핵폭탄이 투하되었다.

한 치명적 무기를 거리낌 없이 사용하게 되었다. Lorenz는 이러한 공격성 억제의 결여와 핵무기의 발달이 결합해서 인류에게 치명적 위협이 되고 있다고 경고하였다. 이제 우리는 공격적 충동을 사회적으로 용납되는 방식으로 분출시킬 방법을 열심히 찾아야 한다. 그렇지 않으면 인류가 멸망할 위기에 처할 가능성이 크다.

위에서 Freud와 Lorenz의 본능이론에 대해 살펴보았는데, 이들 이론에 대해서는 반박하는 사람들이 많이 있다(Bandura, 1973; Montague, 1973; Nelson, 1974). 이들의 주장에 의하면, 본능이론은 인간의 행동에서 학습의 역할을 무시했다는 것이다. 공격적 에너지가 축적된다는 어떤 증거도 찾아볼 수 없으며 더욱이 에너지는 에너지일 뿐이지 특별히 공격적인 에너지는 없다는 것이 이들의 주장이다(Buss, 2000; Gilbert, 1994; Scott, 1992).

(3) 좌절-공격성이론

선천적인 공격 에너지의 존재를 부정하는 반면, 좌절을 경험한 후에 공격적 행동을 하게 되는 선천적인 경향성(inborn tendency)을 주장하는 학자들이 있다. Dollard 등(1939)은 목표지향적 행동을 방해하는 좌절을 경험하게 되면, 공격성의 경향이 나타난다고 주장한다. 즉, 공격성은 항상 좌절에 의해 유발된다는 것인데 이것이 바로 좌절-공격성이론이다.

공동연구자인 Miller(1941)는 "좌절과 공격성의 관계가 생득적인지 아니면 학습

Robert Sears

사진 설명 목표달성이 방해를 받을 때 우리는 좌절을 경험한다. 그리고 좌절을 경험하면 공격적 행동을 하게 된다. 예를 들어, 교통 체증이 심한 경우 경적소리를 내는 등의 공격적 행동을 한다.

된 것인지에 관해 어떤 가정도 만들어지지 않았다"(p. 340)고 하였다. 그러나 또 다른 공동연구자인 Sears는 좌절과 공격성의 관계는 학습된 것이라고 결론짓고 있다. Sears(1958)와 Feshbach(1964)에 의하면 생득적인 것이라 여겨지는 것은 좌절과 공격성 간의 관계가 아니라 좌절과 분노 간의 관계라고 한다. 화가 난 아동은 땅바닥에 드러누워 팔다리를 버둥거리며 떼를 쓰는데, 이 과정에서 옆에 있는 사람이나 동물 또는 물건들을 치기도 한다. 따라서 Feshbach(1964)는 생후 2년 동안은 좌절이 의도적으로 공격성을 유발하지는 않는다는 결론에 이르게 되었다. 그렇다면 어떻게 해서 아동이 좌절을 경험했을 때 공격적인 행동을 하게 되는가? Sears는 아동은 공격이 좌절을 경감시킨다는 것을 알게 되면서 공격하는 것을 배운다고 주장한다. 그러나 공격은 또 다른 중요한 결과를 낳는데 아동이 자신의 목표를 좌절시킨 사람을 공격했을 때 그가 보이는 고통과 괴로움이 그것이다. 만약 아동이 그 사람의 고통을 자신의 좌절이 제거되는 긍정적 결과와 연합시킨다면, 이때 고통의 단서는 이차적 강화인이 될 것이다. 그리하여 이 아동은 다른 사람을 해치려는 동기(적대적 공격성)를 습득하게 될 것이다.

좌절이 공격성을 유발한다고 하더라도 항상 그런 것은 아니다(Davitz, 1952). 그리고 공격적인 행동이라 해서 그 모두가 좌절에 의해서 야기되는 것도 아니다. Berkowitz(1989)는 좌절-공격성 가설을 재구성하여 좌절은 단지 '공격적 행동의 준비태세(우리가 분노라고 생각하는 것)'만을 창출한다고 주장하였다. 그리고 상대방의 신체공격이나 이전에 습득한 공격습관과 같은 다양한 원인들이 공격태세를 강화시킨다고 말했다. 그러나 그는 화가 나서 공격태세를 갖춘다고 해서 반드시 공격적 행동을 하지는 않는다고 강조하였다.

그 순간이나 이전에 분노를 유발한 대상과 관련이 있는 자극과 같은 적절한 단서가 없는 한 공격태세를 갖추었다 해도 공격적 반응은 나타나지 않는다. 이러한 단서는 공격할 준비가 되어 있는 사람에게서 공격적 반응을 유발한다. 유발단서가 이끌어 낸 공격적 반응의 강도는 첫째, 자극의 공격적 단서가치-유발자극과 공격의 결정요인이 과거나 현재에 연합된 정도-와 둘째, 공격태세의 수준과 함수관계에 있다(Berkowitz, 1965, p. 308).

이와 같이 Berkowitz의 이론에서는 공격적 행동이 발생하기 전에 공격단서가 반드시 존재해야 한다. 그러나 나중에 Berkowitz(1974)는 극도로 화가난 상태에서는 공격단서가 없더라도 공격적으로 행동할 가능성이 있다고 하면서 초기의 입장을 약간 수정하였다(〈그림 8-1〉 참조).

Berkowitz는 또한 공격성에서의 개인차를 강조한다. 즉, 공격단서가 있을 때 뿌리 깊은 공격습관이 있는 아동은 그렇지 않은 아동보다 더 공격적으로 행동한다는 것이다. Berkowitz의 이론에서 가장 흥미로운 것은 공격성과 연합된 어떤 대상이 단서의 기능을 하여 공격적 행동의 가능성을 증가시킨다는 '공격단서(aggressive cues)' 가설이다.

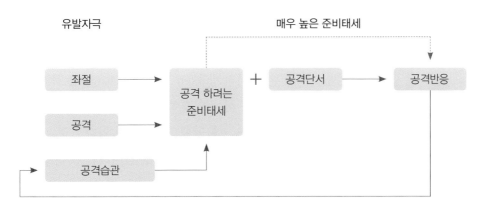

〈그림 8-1〉 Berkowitz의 좌절-공격성이론에 관한 도식

출처: Berkowitz, L. (1974). Some determinants of impulsive aggression: Role of mediated association with reinforcement for aggression. *Psychological Review, 81*, 165-176.

요약하면, Berkowitz의 좌절-공격성이론에서는 내적 힘(분노)과 외적 자극(공격 단서)이 결합하게 되었을 때에 공격적 행동이 나타난다고 주장한다. 비록 이 이론이 어떤 사람이 화가난 순간 공격적 반응이 어떻게 유발되는지를 설명해준다 하더라도 공격적 습관이 어떻게 형성되며 또 여러 가지 다양한 자극이 어떻게 해서 '공격 단서'가 되는지에 대해서는 아무것도 설명해주지 못한다. 더욱이 공격적 행동의 상당수가 분노보다는 오히려 비공격적 목적(예컨대, 자신이 원하는 것을 손에 넣기 위한)을 위한 수단으로서 발생한다는 점에서 Berkowitz의 이론을 비판하는 사람들이 많이 있다. 그리고 단서 그 자체보다는 단서에 대한 아동의 해석(인지적 요인)이 공격적 행동에 더 많은 영향을 미치는 것으로 보인다.

(4) 정화(淨化)이론

본능이론에서는 공격적 에너지가 다양한 억제력에 의해 억제될 수는 있지만, 궁극적으로는 공격적 행동이나 공격적인 스포츠 등을 통해 방출되어야 한다고 주장한다. Freud(1933)는 이러한 공격적 에너지의 방출을 "정화(catharsis)"라고 불렀다. 정화이론에 의하면, 단순히 공격성을 목격하는 것만으로도 어느 정도 카타르시스가 되기 때문에 공격적 충동이 감소된다고 한다. 아리스토텔레스는 일찍이 카타르시스에 대해 언급한 바 있다. 예를 들면, 희곡작품에서 비극적 장면을 보고서 주인공과 동일시함으로써 자신의 비통한 심정이 위안을 받는다는 것이다. 반면, 아리스토텔레스의 스승인 플라톤은 정서적 방출(emotional discharge)을 목격하는 것은 카타르시스가 아니라 오히려 역효과가 나타난다고 보았다. 이러한 논쟁은 오늘날에도 계속되고 있다.

공격적 행동을 지켜보거나 실제로 참여하는 것은 공격성을 증가시키는가? 아니면 감소시키는가? 연구결과는 공격성이 증가된다는 쪽을 지지한다. Doob과 Kirshenbaum(1973)의 연구에서 대학생들을 두 집단으로 나누어 150여 명이 서로를 죽이는 폭력장면이 많은 영화(사진 참조)나 폭력장면이

플라톤(왼쪽)과 아리스토텔레스(오른쪽)

전혀 없는 영화를 7분 정도 보게 하였다. 그리고 이들을 다시 좌절상황(과제를 수행하는 동안 방해를 받는)과 그렇지 아니한 상황에 배정하였고, 이들의 혈압을 측정하여 그 효과를 알아보았다. 연구결과 폭력적인 영화시청과 좌절상황의 효과는 부가적인 것으로 나타났다. 즉, 폭력영화를 시청하고 좌절을 경험한 대학생들의 혈압이 가장 많이 상승한 것으로 나타났다. 이러한 연구결과는 폭력장면의 목격은 좌절을 경험한 사람이든 아니든 긴장을 감소시키는 효과가 있다는 정화이론을 반박하는 것이다.

또 다른 연구(Vantress & Williams, 1972)에서는 피해자가 가해자에게 보복하지 못하고 가만히 있는 것보다는 가해자에게 보복행위를 하게 했을 때 오히려 혈압이 상승하였다. Kahn(1966)의 연구에서도 자신을 괴롭힌 사람에게 언어적 공격을 하도록 했을 때가 아

사진 설명 공격적 스포츠를 관람하는 것은 오히려 공격적 행동을 증가시킨다.

무것도 하지 않고 가만히 있는 경우보다 평온한 상태로 돌아오는 데 시간이 더 오래 걸렸다. 이러한 연구결과들은 모두 정화이론에 반대되는 증거이다.

요약하면, 폭력적인 영화를 시청하거나, 공격적 행동을 하거나, 폭언을 퍼붓는 등의 행위는 공격적 행동을 감소시키는 효율적인 수단이 아니라 때로는 사람들로 하여금 더 공격적으로 행동하게 만든다(Baron, 1983). 그리고 공격적 스포츠를 관람하거나 실제로 참여하는 것 역시 공격적 행동을 증가시킨다(Quanty, 1976). 이러한 연구결과들은 플라톤의 생각이 옳고 아리스토텔레스의 생각이 잘못되었다는 것을 말해준다.

2) 학습이론

학습이론에서는 공격성이 본능적 행동이 아니라 학습된 행동이라고 주장한다. 그러나 공격성을 학습하는 결정요인에 대해서는 이론가마다 견해가 다르다. 여기서는 고전적 조건형성이론, 조작적 조건형성이론, 사회학습이론에 대해 살펴보기로 한다.

(1) 고전적 조건형성이론

Leonard Berkowitz

Berkowitz(1974)는 고전적 조건형성이론을 가지고 공격성을 설명하고자 한다. 그는 성공적인 공격성과 결합된 자극은 충동적이고 반사적인 공격행동을 야기할 잠재력을 획득한다고 주장한다. 총이 공격적 목적에 성공적으로 사용되는 것을 목격한 사람은 총이 눈앞에 있을 때에 더 난폭한 행동을 할 것이다. 마찬가지로 특정 집단의 사람들(소수집단)을 모욕하고 공격적으로 행동하는 것을 본 사람은 자신도 그 사람들에게 공격적으로 행동할 것이다. 물론 모든 사람들이 성공적인 공격성과 결합된 자극(총이나 희생양)에 직면할 때마다 자동적으로 공격적 반응을 보이는 것은 아니다. Berkowitz는 공격성과 결합된 그 어떤 자극일지라도 화가 난 경우에만 공격성을 유발하는 것으로 생각했다. 이 점에서 Berkowitz는 공격성에서 분노를 중요시한 유일한 학습이론가이다.

성공적인 공격성과 결합된 자극이 종종 공격적 반응을 증가시킨다는 증거가 있기는 해도 Berkowitz의 이론은 극도로 화가 난 상태에서 앞뒤 생각 없이 하게 되는 '충동적 공격성(impulsive aggression)'만을 설명하고자 했다는 점을 염두에 두어야 한다. 대부분의 학습이론가들처럼 Berkowitz도 인지적 요인은 거의 고려하지 않았다.

(2) 조작적 조건형성이론

조작적 조건형성이론에 의하면, 외적 강화는 반응과 선행자극 간의 연합을 강하

게 함으로써 앞으로도 그러한 자극이 있을 때에는 동일한 반응
을 할 가능성을 증가시킨다. 그러나 처벌은 그러한 연합을 약
화시킨다. 이 원리를 공격성에 적용해보면 다음과 같다. 즉, 치
기, 때리기, 발로 차기, 약 올리기(사진 참조), 고함지르기와 같
은 공격적 행동으로 자신이 원하는 것을 얻을 수 있었던 아동
은 그와 유사한 상황에서 더 공격적으로 행동하게 될 것이다.

공격반응은 처음에 우연히 발생하거나 불쾌한 자극에 의해
유발된 것이다. 예를 들면, 기저귀를 갈아주기를 원하는 아기
나 외출하려는 어머니가 집에 있어주기를 원하는 유아, 또는
자신이 좋아하는 장난감을 다른 아이에게 빼앗긴 아동은 이러
한 불쾌한 상황에서 벗어나기 위해 울면서 보채거나, 어머니
의 팔에 매달리거나, 장난감을 빼앗아간 아이를 때릴 것이다. 만약 이러한 반응으
로 불쾌한 상태에서 벗어나게 되면 그런 반응은 강화를 받게 되기 때문에 앞으로도
같은 반응을 더 자주 하게 될 것이다. 이와 같은 간단한 원리가 공격성을 설명하는
조작적 조건형성이론의 기초가 된다(Patterson, 1976). 그리고 이 이론을 지지하는
연구결과도 상당수 있다.

조작적 조건형성이론에서는 공격적 행동은 변별화와 일반화의 원리의 지배를 받
는다고 주장한다. 예를 들어, 아동은 공격성이 상황에 따라 보상을 받기도 하고 처
벌을 받기도 한다는 것을 변별하게 되면, 보상받을 수 있는 상황에서만 공격적 행동
을 할 것이다. 대부분의 아동들은 발로 차고 고함지르는 것이 운동경기에서는 용인
되는 행동이지만 주일학교나 교실에서는 그렇지 않다는 것을 학습하게 된다. 그러
나 조작적 조건형성이론가들은 공격성이 한 가지 반응양식에서 다른 반응양식으로
일반화될 수 있다고 한다. 예를 들면, 상대방 아동에게 언어적 공격을 함으로써 강
화받은 아동은 그 아동에게 신체적 공격을 가할 가능성도 크다. 이러한 '학습의 법
칙(laws of learning)'이 공격성에 영향을 미치는 것은 사실이지만, 조작적 조건형성
이론가들은 공격성에 영향을 미치는 중요한 요인이라 할 수 있는 인지요인을 무시
하는 경향이 있다.

(3) 사회학습이론

Bandura(1973)는 사회학습이론에서 공격성에 미치는 인지적 영향의 중요성을 강조한다. 사회학습이론에서는 공격성을 다른 사회적 행동과 동일한 과정을 통해 습득하게 되는 일종의 사회적 행동으로 다루고 있다. 대부분의 공격성 이론가들이 공격성을 유발하는 요인에 초점을 맞추는 데 반해, Bandura는 한 걸음 더 나아가 공격적 행동이 어떻게 습득되고 유지되는가에 대해 설명하고자 하였다.

Bandura에 의하면 공격성은 관찰학습이나 직접경험을 통해 습득된다고 한다. 관찰학습이란 다른 사람의 공격적 행동을 관찰하여 그 행동을 기억 속에 저장하는 인지적 과정이다. 놀이터에서 골목대장의 행동을 관찰하거나, 텔레비전에서 카우보이나 악한들의 행동을 관찰함으로써 그리고 심지어 부모의 훈육행동을 관찰함으로써 아동은 여러 가지 공격행동을 학습하게 된다. 특히 모델이 자신의 공격행동을 즐기는 듯이 보이거나 벌을 받는 대신 오히려 그로 인해 특권을 누리게 되는 장면을 보게 된다면, 아동은 전에 학습했던 공격적 행동을 표출하게 될 것이다.

사진 설명 성인의 공격적인 행동을 관찰한 아동들은 같은 상황에서 공격적인 행동을 그대로 모방하였다.

일찍이 Bandura와 그의 동료들(1961, 1963)은 사회학습이론의 위력을 증명한 바 있다. 이들은 한 실험에서 아동들을 실험실로 데려와 어른이 성인 크기의 보보인형을 계속해서 때리는 것을 보게 하였다. Bandura는 어른의 공격적인 행동을 아동들이 어느 정도로 모방할 것인지 알아보고자 하였다. 아동들의 모방행동은 놀라울 정도였다(사진 참조).

아동은 또한 직접경험을 통해서도 공격적 행동을 학습할 수가 있다. 공격행동을 강화받은 아동은 앞으로 여러 가지 공격행동을 나타낼 가능성이 크다. 예를 들면, 공격행동을 함으로써 계속해서 좌절을 극복할 수 있었던 아동은 공격적 행동을 해 볼 만한 가치 있는 행동이라는 믿음을 가지게 될 것이다.

대부분의 아동은 다양한 형태의 공격적 행동에 대해 알고 있지만 보상을 기대할 수 있을 때에만 공격적 행동을 하는 경향이 있다. 아동은 관찰이나 자신의 경험을 통해 공격적 행동의 결과를 학습한다. 예를 들어, 공격행동을 한 후에 강화를 받은 사람들을 관찰한 아동은 자신도 같은 행동을 하고서 강화를 받을 것이라고 생각할지 모른다. 직접 경험 또한 마찬가지이다(Crick & Dodge, 1996; Dodge, Coie, & Lynam, 2006; Frick et al., 2003).

사회학습이론의 중요한 특징은 공격성이 아동의 자기평가 기준의 영향을 받는다는 것이다. 아동들은 도덕적 행동에 관한 개인적 기준, 도덕적으로 적합한 행동과 부적합한 행동에 대한 개념을 형성한다. 이들은 자신의 행동이 개인적 기준과 부합될 때에는 자부심을 느끼고 만족스러워하지만, 잘못된 것이라고 생각하는 행동을 했을 때에는 죄책감을 느끼고 불만족스러워한다. 또한 아동은 부모나 교사로부터 직접적 지시나 훈육을 통해 칭찬받을 만한 행동과 야단맞을 만한 행동에 대한 개념을 형성한다. 즉, 처벌받을 만한 행동은 바람직하지 못한 행동이라는 것을 알게 된다. 그리고 대리적 경험도 개인적 기준에 영향을 미친다. 예를 들면, 다른 사람들이 어떤 행동을 한 후에 벌받는 것을 보는 것보다 강화받는 것을 자주 보게 되면 그 행동을 바람직한 것으로 생각한다. 만약 특정 상황에서 특정 인물에게 특정 형태의 공격적 행동을 하는 것이 부적절한 것이라고 깨닫게 되면, 자책감으로 인해 유사한 상황에서 공격적 행동을 하지 않게 될 것이다. 그러나 모든 아동들이 동일한 원리를 학습하지는 않는다는 점에 주목해야 한다. 예를 들면, 비행 청소년들은 폭력적이고 파괴적인 행동이 비난받을 행동이 아니라 칭찬을 받을 만한 행동이라는 규준을 내면화할지도 모른다. 이와 같이 주변의 인물이나 사회적 지원체계가 아동으로 하여금 자기규제의 원리를 형성하는 데 영향을 미친다.

사회학습이론은 상당히 많은 지지를 받고 있다. 예를 들면, 공격적 모델이 관찰자의 공격적 에너지를 정화하기보다는 관찰자에게 공격행동을 가르치고 촉진시킨다는 Bandura의 연구는 본능이론에 상당한 위협이 되고 있다. 또한 보상에 대한 기대와 자기평가 기준이 아동의 공격성과 관련이 있다는 가설도 지지를 받고 있다.

3) 사회적 정보처리이론

8세 아동이 책을 나르고 있다고 가정해보자. 이때 벤치에 앉아 있던 급우가 통로에 발을 뻗으면서 책을 나르고 있던 아동이 발에 걸려 넘어지면서 책을 바닥에 떨어뜨렸다. 그것은 순식간에 일어난 일이어서 아동은 왜 이런 일이 발생했는지를 알 수 없다. 이때 아동은 어떻게 반응할 것인가?

사회적 정보처리이론가들은 좌절, 분노, 화를 돋우는 사건에 대한 반응이 그 상황에 있는 사회적 단서보다는 그 정보를 처리하고 해석하는 방식에 의존한다고 믿고 있다. Dodge(1980, 1986; Dodge & Frame, 1982; Dodge & Pettit, 2003)에 의하면, 아동은 과거경험이라는 데이터베이스(즉, 기억저장)와 어떤 목표(예컨대, 친구 사귀거나 재미있게 노는 것)를 지닌 채 사회적 상황에 직면한다고 한다. Dodge는 앞에서 언급한 급우의 발에 걸려 넘어진 아동의 예에서 그 상황과 그것이 제시하는 사회적 단서에 대한 아동의 반응은 아래 다섯 가지 인지단계에 의존한다고 주장한다 (〈그림 8-2〉 참조).

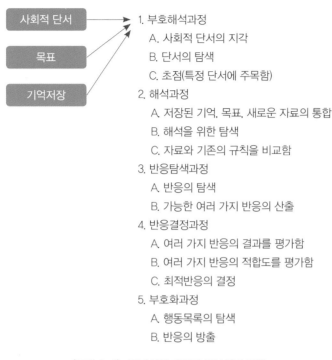

〈그림 8-2〉 공격성의 사회적 정보처리 모델

출처: Dodge, K. A. (1981). *A social information-processing model of aggression.* Paper presented at the biennial meeting of the Society for Research in Child Development, Boston.

　첫째 단계는 '부호해석과정'으로서 그 사건에 대한 정보를 수집하는 단계이다. 앞의 예에서 발에 걸려 넘어진 아동은 여러 가지 단서를 찾는다. 급우의 얼굴에 염려하는 기색이 있는가? 급우는 먼 곳을 바라보고 있었는가? 웃고 있는가? 여기서 관련 정보를 얼마나 능숙하게 수집하는가가 그 사건에 대한 아동의 반응에 영향을 미칠 것이다.

　둘째 단계는 '해석단계'이다. 상황의 여러 가지 단서들을 수집하여 살펴보고 과거의 유사한 상황에 대한 정보를 통합하고 현재 상황에서 상대 아동이 겨냥한 목표를 고려하여 그 행동이 우발적이었는지 아니면 의도적이었는지를 판단하려고 할 것이다. 아마도 유사한 사건에 대한 과거의 해석뿐만 아니라 자신이 수집한 정보도 현재 사건에 대한 해석에 영향을 미칠 것이다.

일단 이 상황을 해석하고 나면 그 다음 단계는 '반응탐색단계'가 된다. 이 단계에서는 앞으로 취할 수 있는 여러 가지 대안행동을 고려하게 된다. 넷째, '반응결정단계'에서는 여러 가지 반응의 장단점을 저울질해서 이 상황에서 가장 적합한 것을 선택하게 된다. 마지막으로 '부호화단계'에서는 자신이 선택한 반응을 행동으로 옮기게 된다. Dodge는 여기서 아동에게 이 다양한 반응을 실행할 능력이 부족할 수도 있다고 지적한다. 가령 아동이 상대 아동에게 단지 경고만 하고 더 이상의 적대적 행동을 피하기로 결정했다 하더라도 언어능력의 미숙으로 상대 아동에게 자기 뜻이 제대로 전달되지 못한다면 결국 몸싸움에까지 이를 수도 있다.

사회적 정보처리이론에서는 아동의 과거경험(또는 저장기억)과 정보처리기술이 제각기 다르므로 공격성에 있어서 개인차의 중요성을 강조한다. Dodge(1980, 1986)에 의하면, 매우 공격적인 아동은 말다툼을 하거나 몸싸움을 한 과거의 경험을 통해 "다른 사람들은 내게 적대적이야"라는 생각을 기억 속에 저장하는 경향이 있다고 한다. 그래서 공격적인 아동은 자신이 상처받는 상황에서 자신의 기대에 일치하는 사회적 단서를 찾게 된다는 것이다. 공격적인 아동은 애매한 상황에서 상해행동을 경험할 때 상대방에게 적대적인 의도가 있는 것으로 귀인함으로써 공격적으로 행동할지도 모른다. 이러한 공격행동은 또 다시 상대방의 반격을 유발하고 그로 인

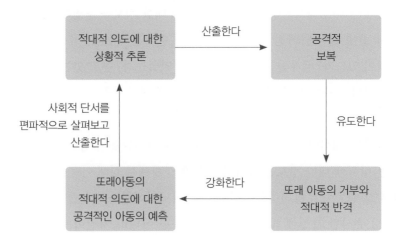

〈그림 8-3〉 공격적 아동의 사회적 정보처리 왜곡과 행동의 결과에 대한 사회인지적 모델

해 다른 사람들이 자신에게 적대적이라는 인상을 한층 강화시키게 된다. 이런 식으로 공격성의 악순환이 계속된다(〈그림 8-3〉 참조).

공격적인 아동은 정말로 공격성에 대한 애매한 정보를 적대적 의도가 있는 것으로 해석하는가? 이 가설을 검증하기 위해 남자아동을 대상으로 한 연구(Dodge, 1980)에서 공격적인 남아는 상대방의 의도가 분명할 때에는 사회적 단서를 왜곡하지 않았지만, 의도가 애매했을 때에는 단서를 왜곡하는 것으로 나타났다. 즉, 공격적인 남아들은 상대방이 적대적 의도를 가지고 행동한 것으로 생각하여 보복행동을 한 반면, 비공격적인 남아들은 상대방의 의도가 적대적이지 않은 것으로 생각하여 가만히 있거나 긍정적으로 행동하였다.

여아들을 대상으로 한 후속연구에서도 공격적인 여아는 공격적인 남아와 마찬가지로 애매한 상황에서 단서를 왜곡하는 것으로 나타났다(Crick & Dodge, 1996; Crick, Grotpeter, & Bigbee, 2002; Dodge, Murphy, & Buchsbaum, 1984; Guerra & Slaby, 1990). 그리고 공격적인 아동으로 하여금 또래 아동과의 갈등이 절박한 것으로 믿게 했을 때에는 단서에 대한 왜곡이 증가하였다. 심지어는 우발적인 사건에 대해서도 적대적 의도가 있는 것으로 해석하였다(Dodge & Somberg, 1987).

공격적인 아동에게는 또래 아동에게 적대적 의도가 있는 것으로 귀인할 만한 충분한 이유가 있는지 모른다. 공격적인 아동은 비공격적인 아동에 비해 싸움을 먼저 시작할 뿐만 아니라 더 자주 공격의 대상이 되기도 한다(Dodge et al., 1990). 사실상 비공격적인 아동이 애매한 상황에서 상해를 입었을 때에 상대방이 공격적인 것으로 소문난 아동인 경우에는 보복행동을 할 가능성이 더 많다(Dodge & Frame, 1982; Sancilio, Plumert, & Hartup, 1989). 이와 같이 자신의 적대적 경향으로 인해 공격적인 아동은 또래들로부터 빈번히 공격을 당하게 되는 것이다.

Kenneth A. Dodge

지금까지 살펴본 연구들은 사회적 정보처리이론을 분명히 지지하고 있다. 이 이론에서 예측하듯이 공격성에 대한 아동의 반응은 가해자의 실제 의도보다는 그것에 대한 해석에 더 많이 의존한다. 즉, 공격적 반응을 할지 안 할지는 어떤 상황에 실재하는 사회적 단서보다는 그것을 어떻게 처리하고 이해하는가에 달려 있다.

사회적 정보처리이론은 비교적 최근의 것으로 아직 해결되지 아니한 문제가 많이 있다. 예를 들면, 이 이론에서는 공격성의 원인이나 각기 다른 정보처리방식을 가지게 되는 이유에 대해서 언급하지 않고 있다. 그리고 여러 가지 정서반응(예: 분노)과 성격특성(예: 조급함, 좌절에 대한 참을성)이 특정 상황에서 정보처리와 사회적 단서를 이해하는 데 어떤 영향을 미치는지에 대해서도 언급하지 않고 있다.

4) 특성이론

특성이론에 의하면 사람들은 공격성을 표출하는 성향에 있어서 지속적인 개인차

가 있다고 한다. 즉, 어떤 아동은 여러 가지 다양한 상황(예컨대, 집에서 부모와 함께 있을 때에나 운동장에서 친구들과 함께 있을 때)에서 여러 가지 다양한 방식(예컨대, 언어적 공격이나 신체적 공격)으로 항상 공격적으로 행동하는가 하면(사진 참조) 또 다른 아동은 항상 비공격적으로 행동한다는 것이다. 취학 전 아동을 대상으로 한 연구(Sears, Rau, & Alpert, 1965)에서, 특히 남자아이의 경우 공격성향에서 어느 정도 일관성이 있는 것으로 나타났다. 그러나 공격적 특성에 관한 증거가 일관성의 근원을 설명해주지는 못하는 것으로 보인다. 특성보다는 오히려 생물학적 요인이나 사회학습적 요인이 공격적 행동을 더 잘 설명해줄지 모른다.

더욱이 공격적 특성에 대한 증거가 있다고 해서 공격성에 대한 상황적 영향이 중요하지 않다는 것은 아니다. 거의 모든 아동이 공격적으로 반응하는 상황이 있다. 만약 심한 좌절을 경험한 아동이 공격적 행동을 통해 좌절에서 벗어날 수 있다는 것을 알게 된다면, 또는 공격적 행동을 한 모델이 보상을 받거나 칭찬받는 것을 목격하게 된다면 대부분의 아동은 그와 같은 상황에서 공격적으로 행동할 가능성이 크다.

물론 같은 상황에서도 아동들은 서로 다르게 반응할 수 있다. 공격적 행동을 통해 원하는 결과를 얻을 수 있었기 때문에 친구의 위협에 공격적으로 반응하도록 학습한 소년이 있는가 하면, 친구에 대한 자신의 보복행위가 성공하지 못했기 때문에 친구에 대한 공격성을 억제하도록 학습한 소년도 있다. 그러나 이 두 소년의 공격적 행동은 상황에 따라 완전히 정반대가 될 수 있다. 첫 번째 소년은 가정에서 부모의 심한 처벌 때문에 공격성을 억제하는 반면, 두 번째 소년은 부모의 허용적 태도 때문에 부모에게 공격적 행동을 할 수도 있다. 이와 같이 공격성은 아동의 공격적 성향뿐만 아니라 아동이 처한 상황이나 이전에 유사한 상황에서 공격적 행동을 한 학습경험에도 의존한다.

공격적인 유아는 자라서 공격적인 아동이 되고 공격적인 청소년은 성인이 되어서도 여전히 공격적인가? 연령이 증가하면서 공격성을 표현하는 방식도 변하기 때문에, 이러한 질문에 대답한다는 것은 쉬운 일이 아니다. 예를 들어, 4~6세경이 되면 갑자기 화를 내거나 다른 아동의 물건을 빼앗는 행동은 감소하는 반면, 언어적 공격, 시무룩하기, 부루퉁하기, 자아존중감을 회복하기 위한 공격행동, 다른 사람의 감정을 상하게 하는 공격행동은 증가한다(Feshbach, 1970; Hartup, 1974). 이와 같이 성장과 더불어 공격성의 표현방식이 변한다 하더라도 공격성의 성향은 어느 정도 지속되는 것으로 보인다.

종단적 연구에 의하면, 특히 남자아이들의 경우는 공격적 특성이 상당히 안정적인 것으로 나타난다(Olweus, 1979). 공격적인 영아는 유아기에 와서도 여전히 공격적으로 행동한다. 다른 아동과 싸움을 잘하고 반항적이고 교사에게 말대꾸하며, 작은 좌절에도 과잉반응을 보이는 청소년은 몇 년이 지난 후에도 그와 유사하게 행동한다(Block, 1971; Olweus, 1977). Kagan과 Moss(1962)의 연구에서는 아동기의 공격성 형태로써 성인기의 공격성 형태를 예측할 수 있음을 보여주었다. 즉, 초등학교 때에 어머니에게 떼쓰거나 반항했던 남아는 성인기에 자신을 좌절시키는 사람에게 감정을 폭발시키거나 반격하는 경향이 있었다. 그러나 아동기에 다른 아동에게 매우 공격적이었던 남아는 성인기에 드러내놓고 공격적이기보다는 매우 경쟁적인 경향이 있었다.

Bullock과 Merrill(1980)의 연구에서는 초등학생을 대상으로 하여 공격적 성향이 있는 아동을 가려낼 수 있는지 알아보았다. 이 연구에서 아동들에게 어떤 종류의 여가활동을 좋아하는지 물어보았다. 연구결과 비공격적인 활동이나 놀이보다는 공격적인 활동이나 놀이를 더 좋아한다고 대답한 아동의 경우(예컨대, 정원 가꾸기보다는 태권도를 배우고 싶다고 하고, 딸기를 따는 것보다는 작살로 물고기를 잡겠다고 함)가 공격적인 성향을 발달시키는 경향이 더 높았다. 연구자들은 이런 결과에 대해 여가활동에 대한 아동의 선호도는 아동의 공격적 성향을 어느 정도 결정하는 요인이라고 해석하였다. 앞으로의 연구목표는 어떤 아동이 공격적 행동의 '위험군'에 속하는지를 알아내는 것이다.

3. 공격성과 관련요인

공격성에 영향을 미치는 요인으로는 사회문화적 영향, 가족의 영향, 연령에 따른 공격성, 공격성의 성차 등이 있다(Perry & Bussey, 1984; Shaffer, 1994, 2000, 2009).

1) 사회문화적 영향

사진 설명 아라페쉬족과 Margaret Mead

비교문화연구에 의하면, 어떤 사회는 다른 사회보다 더 공격적이라고 한다(Triandis, 1994). 예를 들면, 뉴기니의 아라페쉬족과 중앙 아프리카의 피그미족은 수동적이고 비공격적인 반면, 우간다의 이크족은 소집단을 이루어 살면서 자신의 생존을 보장받기 위해 훔치고 남을 속이며 심지어 상대방을 죽이기까지 한다(Turnbull, 1972). 또 다른 공격적인 사회의 예로 뉴기니의 문두그머족을 들 수 있다. 이들은 자녀들에게 독립적이고, 호전적이며, 무자비하고, 싸움을 잘하고, 공격적이며, 타인의 욕구에 민감한 반응을 보이지 않도록 가르친다(Mead, 1935). 이것은 문두그머족에 전해내려오는 가치관으로서 이들은 과거 상당한 기간 동안 인간을 먹이로 삼았는데, 가까운 친척 이외의 그 누구라도 다 먹잇감의 대상이 되었다. 즉, 문두그머의 사회구조는 모든 구성원들 간의 적의에 기반을 두고 있었다. 미국 또한 공격적인 사회이다. 미국 사회의 강간, 살인, 무장강도, 폭행 등의 발생률은 그 어느 민주국가보다 더 높다(Wolff, Rutten, & Bayer, 1992).

미국과 영국에서 공동으로 실시한 연구에서 보면 공격성에 있어서 사회계층 간에 차이가 있는 것을 알 수 있다. 하류계층의 아동과 청소년(특히 대도시의 남성)은 중산층의 아동이나 청소년보다 공격행동이나 비행행동을 더 많이 하는 것으로 나타났다(Atwater, 1992; Feshbach, 1970). 비행행동에서의 사회계층 간의 차이는 특히 폭력범죄에서 가장 큰 것으로 보인다. 하류계층의 청소년들은 성폭행, 가중 폭행(부녀자에 대한 폭행 따위), 강도 행위를 중류계층의 청소년들보다 3배 정도 더 많이 하는 경향이 있다고 한다(Elliott & Ageton, 1980). 이러한 결과에 대한 한 가지 가능한 설명은 그러한 비행은 부모의 양육방식의 차이에 기인한다는 것이다. 즉, 하류계층의 부모들은 자녀들(특히 아들)을 애정으로 대하지 않고 냉담하게 대한다. 그리고 자녀의 공격적 행동을 억제하기 위해 체벌을 이용함으로써 공격성의 모델이 되기도 한다 (Dodge, Pettit, & Bates, 1994; Patterson et al., 1989; Sears, Maccoby, & Levin, 1957). 하류계층의 부모들은 또한 자녀가 친구들과 싸울 때면 반드시 이겨야 한다고 가르치는데, 이때 공격성이 그 목표('이기는 것')의 수단이 된다(Miller & Sperry, 1987).

하류계층이 직면하는 경제적 좌절감 또한 반사회적 행동을 조장한다. 한 연구 (Hennigan et al., 1982)에 의하면, 그들이 사는 지역사회가 TV에 소개된 직후 그곳의 빈민들 사이에 절도 발생률이 극적으로 증가하였다. 이러한 연구결과에 대해 연구자들은, TV에서 풍요롭게 사는 사람들을 본 후에 빈민들이 좌절감 또는 '상대적 박탈감'을 느꼈기 때문에 자신들에게 부족한 생필품을 얻기 위해 도둑질을 한 것으로 해석하였다. 이러한 상대적 박탈감은 가벼운 절도 행위뿐만 아니라 무장강도 등의 폭력범죄의 원인이 되기도 한다(Wolff et al., 1992).

요약하면, 한 개인의 공격성과 반사회적 행동은 어느 정도 그가 속한 문화(또는 하위문화)가 그러한 행동을 얼마나 권장하고 묵인하는가에 달려 있는 것으로 보인다. 그러나 평화적 사회에서도 모든 구성원들이 다 친절하고 협동적이며 이타적인 것은 아니다. 마찬가지로 공격적 사회에서도 모든 구성원들이 다 폭력적이거나 공격적인 것은 아니다. 같은 사회, 같은 문화권 내에서의 공격성의 개인차는 부모의 양육행동에서 그 원인을 찾아볼 수 있다.

2) 가족의 영향

부모의 양육방식은 자녀의 공격성 형성에 중요한 역할을 하는 것으로 보인다. 몇 몇 연구(Becker, 1964; Eron, 1980; Feshbach, 1970; Martin, 1975; Olweus, 1980; Parke & Slaby, 1983)에 의하면, 공격적인 아동의 부모는 자녀의 발달에 무관심하거나, 애정이 부족하며, 냉담하고, 거부적이며, 자녀의 공격성에 대해 허용적인 것으로 나타났다. 그리고 이들은 애정지향적 훈육과 추론보다는 권력행사적 훈육(특히 체벌)을 선호하는 것으로 보인다. 냉담하고 거부적인 부모는 자녀의 정서적 욕구를 좌절시키고 부모 스스로 타인에게 무관심한 모델 노릇을 하게 된다. 그리고 허용적인 부모는 자녀의 공격성을 묵과함으로써 공격적 행동을 정당화시키고 자녀의 공격적 충동을 통제할 수 있는 기회를 놓치고 만다. 그러다가 자녀의 공격성이 극에 달했을 때에는 더 이상 참지 못하고 체벌을 가함으로써 부모 자신이 억제하고자 하는 바로 그 행동(공격행동)을 실행하는 모델이 되기도 한다. 따라서 자녀의 공격적 행동을 바로잡기 위해 체벌을 가하는 부모의 자녀들은 오히려 공격적 행동을 더 많이 하는 경향이 있다(김민정, 도현심, 2001; Dodge, Coie, & Lynam, 2006; Hart, Ladd, & Burleson, 1990; Patterson et al., 1989; Rubin et al., 2003; Sears et al., 1957; Weiss et al., 1992).

부모의 태도 및 양육방식이 자녀의 공격성과 반사회적 행동에 영향을 미치는 것은 사실이지만, 반대로 자녀도 부모에게 영향을 미친다. Olweus(1980)의 자녀양육에 관한 연구에 의하면, 남자 청소년의 공격성을 가장 잘 예측해주는 요인으로는 첫

사진 설명 부모의 양육방식은 자녀의 공격성 형성에 중요한 역할을 하는 것으로 보인다. 공격적인 아동의 부모는 애정지향적 훈육과 추론(사진 右)보다는 권력행사적 훈육(사진 左)을 선호하는 것으로 보인다.

째, 공격성에 대한 어머니의 허용성, 둘째, 아들에 대한 어머니의 냉담하고 거부적인 태도, 셋째, 부모의 권력행사적 훈육방식, 넷째, 청소년의 충동적인 기질인 것으로 나타났다. 마지막 네 번째 요인은 부모의 양육 변인이 아니고 자녀의 기질 요인이다. Olweus(1980)에 의하면 "성급하고 충동적인 남자아이는 어머니를 탈진케 해서 결국 어머니로 하여금 공격성을 보다 더 허용하도록 만든다. 그리고 이로 인해 아동의 공격성은 한층 더 강화될 것이다"(p. 658). 이와 같이 아동은 자신의 공격적 기질에 영향을 미칠 수 있는 바로 그러한 환경을 스스로 조성하게 된다(Vuchinich, Bank, & Patterson, 1992).

부모가 자녀의 공격성과 반사회적 행동에 영향을 미칠 수 있는 또 다른 방법으로는 자녀의 행방이나 활동, 친구선택 등에 대한 관리와 감독 방법을 들 수 있다. Patterson과 그 동료들(Capaldi & Patterson, 1991; Patterson et al., 1989; Patterson & Stouthamer-Loeber, 1984)은 부모의 자녀관리소홀이 청소년 자녀의 공격성 또는 비행행동—또래와의 싸움, 교사에 대한 말대꾸, 기물파손, 규칙위반 등—과 연관이 있다는 것을 발견하였다. Patterson과 Stouthamer-Loeber(1984)에 의하면, "비행 청소년의 부모는 자기 자식이 어디에서 어떤 친구들을 사귀며, 어떤 행동을 하는지에 관심이 없는 것으로 보인다. 이러한 무관심과 관리소홀은 자식에게 '애착을 가지지 아니한 부모'의 특성인 것 같다"(p. 1305).

Sanford M. Dornbusch

그러나 자녀를 관리감독하지 못하는 부모라고해서 모두 다 자녀에게 무관심한 것은 아니다. Dornbusch 등(1985)에 의하면, 부모가 자녀에게 영향을 미치는 능력은 어느 정도 가족의 구성요소에 달려 있다고 한다. 특히 남편이나 다른 성인의 도움 없이 혼자서 가정을 꾸려가는 편모의 경우 청소년 자녀를 관리하기가 매우 힘들다고 한다.

요약하면, 부모가 자녀의 활동에 관심을 가지고 이것을 통제하는 것은 자녀의 공격성향을 결정함에 있어서 양육방식만큼이나 중요한 것으로 보인다. 더욱이 가족구성이 부모의 통제력에 영향을 미친다는 Dornbusch의 발견은 또 다른 흥미로운 결론을 시사해준다. 즉, 공격성이 가정에서 어떻게 발달하는가를 이해하기 위해서, 우리는 가족구성원 간의 상호작용이 아동발달에 영향을 미친다는 점에서 사회제도로서의 가정에 대해 생각해보아야 할 것이다.

가정의 정서적 분위기 또한 자녀의 적응문제에 영향을 미치는 것으로 보인다. 예를 들면, 부모가 화목하지 못한 가정의 자녀는 정서적 문제와 더불어 공격성을 포함한 여러 가지 행동문제를 나타내는 경향이 있다(노치영, 박성연, 1992; 정은희, 이미숙, 2004; Holden & Ritchie, 1991; Porter & O'Leary, 1980). Cummings 등(1985)은 성인 간의 갈등이 과연 아동들로 하여금 공격적이 되게 하는지를 알아보기 위해 흥미로운 실험을 해보았다. 이 실험에서 2세된 아동들로 하여금 놀이터에 함께 앉아서 두 어른의 상호작용(서로 화를 내거나 매우 다정한 상호작용)을 관찰하게 하였다. 연구결과 화를 내는 상호작용이 다정한 상호작용보다 아동에게 더 큰 영향을 미치는 것으로 나타났다. 화를 내는 상호작용은 아동들 스스로도 화를 내게 할 뿐만 아니라 서로 싸우려는 의도를 증가시켰다. 이와 같은 연구결과는 가정에서 부모의 다툼을 늘상 접하는 아동이 정서적으로 불안할 뿐만 아니라, 형제자매나 또래관계에서 적대적이고 공격적인 상호작용을 할 가능성을 증가시킨다고 믿을 만한 근거를 마련해준다.

Patterson(1982, 1986; Patterson et al., 1989; Patterson, Reid, & Dishion, 1992; Snyder, Reid, & Patterson, 2003)은 매우 공격적인 아동이 있는 가정에서 부모자녀 간에 이루어지는 상호작용을 관찰하였다. 이 연구에서 보면, 공격적인 아동은 가정이나 학교에서 자주 싸우고, 제멋대로 굴고, 반항적이어서 '통제불능' 상태에 있었다. 이 가정을 가족의 크기나 사회경제적 지위가 같으면서 공격적이지 않은 아동이 있는 가정과 비교해보았다. 연구결과 문제아동은 문제가정에서 성장하는 것으로 드러났다. 애정표현을 자주 하는 대부분의 가정과는 달리 공격적인 문제아동들은 가족들이 늘 다투고, 대화가 없으며, 대화를 하더라도 긍정적인 내용보다는 가시 돋친 말을 하고, 위협하고, 찌증나게 하는 가정분위기에서 생활하고 있었다. Patterson은 이러한 상황을 "고압적인 가정환경"이라 칭했는데 그 이유는 이들의 상호작용 중 상당 부분이 자신을 짜증나게 하는 행동을 하지 못하도록 강압적으로 힘을 행사하기 때문이다. 그는 또한 이러한 고압적 상호작용을 유지하는 데에는 부적 강화가 중요한 것이라고 지적한다. 바꾸어 말하면, 가족 중 누군가가 자신을 기분 나쁘게 만들면 투덜대거나 고함을 지르고 비명을 지르며 상대를 때리는 것을 학습하게 된다고 한다. 왜냐하면 이러한 행동들은 흔히 상대방이 하던 행동을 더 이상 못하게 함으로써 부적 강화를 해주기 때문이다.

이상에서 살펴보았듯이 가족 내 상호간의 영향의 흐름은 다각적(multidirectional)이다. 즉, 부모 간, 부모자녀 간, 형제자매 간의 고압적 상호작용은 모든 가족 구성원의 행동에 영향을 미쳐서 적대적인 가정 분위기(공격성을 조성하는 온상)를 조장하는 역할을 할 수 있다. 유감스럽게도 이러한 문제가족들은 도움을 받지 않고서는 서로가 서로를 공격하는 파괴적 패턴으로부터 결코 벗어날 수 없다. 따라서 공격적 아동의 문제를 해결하기 위한 효율적인 방법은 문제아동에게만 초점을 맞출 것이 아니라 사회적 제도로서의 가정에도 초점을 맞추는 접근방식이 필요한 것으로 보인다.

3) 연령에 따른 공격성

아동의 공격성은 나이가 들수록 증가하는지 아니면 감소하는지를 판단하는 것은 쉽지가 않다. 왜냐하면 2세 영아의 공격적 행동을 5세나 8세 아동 또는 청소년의 공격적 행동과 직접 비교할 수는 없기 때문이다. 따라서 연구자들은 공격적 행동과 반사회적 행동의 유형과 공격성을 유발하는 상황이라는 두 가지 면에서 연령에 따른 변화를 연구하였다(Shaffer, 2000, 2009).

(1) 유아기의 공격성

유아기의 공격성에 관해서는 몇 사람에 의한 연구가 있다. Cummings 등(1989)
은 종단연구에서 2세와 5세 때에 아이들이 함께 놀면서 말다툼하
는 상황을 기록하였다. 그리고 Hartup(1974)은 관찰연구에서 5주
간 4~5세 유아집단과 6~7세 유아집단에서 발생한 공격적 행동
의 원인과 결과를 분석해보았다. 이들의 연구결과를 종합해보면
다음과 같다.

E. Mark Cummings

첫째, 이유 없는 떼쓰기는 유아기에 점차 감소하다가 4세 이후
에는 거의 나타나지 않는다.

둘째, 공격이나 좌절에 대한 반응으로 보복하는 경향은 3세 이
후 크게 증가한다.

셋째, 공격적 행동을 유발하는 주된 원인은 연령에 따라 다르다. 2~3세경에는
부모에게 혼이 나서 화가 났을 때 가장 공격적이지만, 그보다 나이가 많은 유아들의
경우에는 형제자매나 또래 간에 갈등이 있을 경우 훨씬 더 공격적이다.

넷째, 공격의 형태도 나이가 들면서 변한다. 2~3세경의 유아는 상대방을 때리거
나 발로 차는 경향이 있다. 이들 간의 싸움은 주로 장난감이나 소유물에 대한 것이
원인으로 도구적 공격성의 성격을 띠고 있다. 그러나 유치원생과 초등학교 저학년
아동의 경우는 신체적 공격은 점점 덜 하는 대신 놀리고, 조롱하며, 고자질하고, 욕
하는 행동이 증가한다. 이들 역시 물건 등을 차지하려고 다투기도 하지만 상대방에
게 상해를 가하려는 적대적 공격성의 비율이 증가한다.

다섯째, 공격적 상호작용의 빈도는 연령에 따라 감소한다. 5세된 유아는 2세된
유아보다 싸움을 덜 한다. 5세 유아가 2~4세 유아보다 공격적 행동을 덜 하는 이유
는 무엇일까? 한 가지 가능한 설명은 부모와 교사가 이들에게 공격적 행동을 하지
못하게 하는 대신 협동이나 나누기 등 친사회적 행동을 권장함으로써 유치원 환경
에 적응하도록 이끌어 주기 때문이다(Emmerich, 1966). 또 다른 설명으로는 나이든
유아가 자신의 경험을 통해 친구 사이를 나쁘게 하는 공격보다는 협상이 목적을 달
성하는 데 더 효과적인 방법임을 학습했을지도 모른다는 것이다(Alink et al., 2006;

Dodge, Coie, & Lynam, 2006; Fabes & Eisenberg, 1992; Shantz, 1987).

(2) 아동기의 공격성

아동기 동안에 갈등상황을 좀더 평화적인 방법으로 해결하게 되면서 신체적 공격이나 반사회적 행동은 점차 감소한다(Eisenberg et al., 2004; Loeber & Stouthamer-Loeber, 1998; Shaw et al., 2003; Tremblay et al., 1996). 그러나 도구적 공격성이나 다른 난폭한 행동은 감소하는 대신 적대적 공격성(특히 남아들 간의)은 나이가 들면서 오히려 약간 증가한다. 왜 적대적 공격성은 증가하게 되는가? Hartup(1974)에 의하면, 연령이 증가하면서 아동은 역할수용을 더 잘하게 되므로 다른 사람의 동기나 의도를 더 잘 추론할 수 있다고 한다. 그래서 만약 친구가 고의로 공격적 행동을 한다면, 유아기 때보다 아동기에 상대방의 가해의도를 더 잘 간파할 뿐만 아니라 가해자에게 보복행동을 한다는 것이다.

Richard Tremblay

Willard Hartup

아동의 가해행동 지각에 대한 연구는 Hartup의 견해와 일치한다. 관련단서가 명백한 경우에는 3~5세 유아도 어느 정도 상대방의 공격적 의도를 추론할 수 있지만, 아동이나 청소년처럼 그렇게 능숙하게 해석하지는 못한다(Nelson-LeGall, 1985). 한 연구(Dodge et al., 1984)에서는 유치원생, 초등학교 2, 4학년생들에게 친구가 블록으로 쌓은 탑을 무너뜨린 경우 그 아동의 의도를 '실수였는지' 또는 '좋은' 의도 아니면 '나쁜' 의도였는지를 판단해보도록 하였다. 연구결과 그 아동의 의도를 정확히 알아맞힌 유치원생은 42%, 초등학교 2학년생은 57%, 4학년생은 72%였다.

이처럼 7~12세의 아동이 의도적으로 위해를 가한 것인지 아니면 실수로 그렇게 한 것인지를 쉽게 분간한다하더라도, 비의

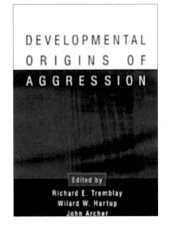

도적 자극에 대해서조차 공격적으로 반응할 수도 있다는 사실에 주목할 필요가 있다(Sancilio et al., 1989). 왜냐하면 아동기에는, 특히 남아들은 보복적 공격이 상대방의 도발행동에 대한 정상적 반응이라고 여기기 때문이다(Astor, 1994; Coie et al., 1991). 그리고 적대적 공격이 증가하는 또 다른 이유는 나이가 들면서 반격을 상대방의 공격행동에 대한 정상적 반응이라고 또래들이 묵인하기 때문이기도 하다(Sancilio et al., 1989).

사진 설명 과연 여성은 남성보다 덜 공격적인가?

4) 공격성의 성차

일반적으로 남성이 여성보다 더 공격적이다(Harris, 1992; Maccoby & Jacklin, 1974). 많은 연구결과 남아가 여아보다 더 많은 상황에서 더 다양한 방법으로 공격적 행동을 하는 것으로 나타났다. 남아가 여아보다 신체적 공격행동만을 더 많이 한다고 주장하는 연구도 있지만(Feshbach, 1970), 신체적 공격뿐만 아니라 언어적 공격에서도 남아가 여아보다 더 우세하다

사진 설명 신체적 공격은 남아가 더 우세하고 언어적 공격은 여아가 더 우세하다는 주장도 있다.

는 연구결과도 있다(Maccoby & Jacklin, 1974). 우리나라 초등학생을 대상으로 한 연구(김민정, 도현심, 2001)에 따르면 남아가 여아보다 공격성 수준이 더 높은 것으로 나타났다. 고등학생을 대상으로 한 연구(정경택, 2003)에서도 성별에 따라 공격성에 유의한 차이가 있는 것으로 나타났다. 즉, 남자 청소년이 여자 청소년에 비해 공격성이 높은 것으로 나타났다. 공격성의 하위요인 중에서는 언어공격을 제외한 폭행, 간접공격, 흥분성 요인 등에서 남학생이 여학생보다 공격성향이 더 많은 것으로 나타났다.

대체로 남성이 여성보다 더 공격적이기는 하지만, 어떤 상황에서는 여성도 남성과 비슷한 정도로 또는 동일한 정도로 공격적이다. 즉, 아무도 보는 사람이 없을 때, 집단적으로 공격하기 때문에 책임감이 분산될 때 또는 책임을 전가할 대상이 있을 때에는 여성도 남성 못지않게 공격적이다(Brodzinsky, Messer, & Tew, 1979; Caplan, 1979; Frodi, Macaulay, & Thome, 1977). 예를 들면, 집단적으로 행동할 때 여성은 표적 인물에게 남성과 동일한 수준의 전기충격을 가했다. 이와 같이 사회적 비난이나 책임감을 피할 수 있을 때에는 공격성에서의 성차는 감소한다. 이것은 여성에게도 남성 못지않게 높은 공격적 잠재력이 있지만 단지 행동으로 옮기는 것은 자제한다는 것을 시사한다. 그러나 오늘날에는 여성이 공격적 행동을 억제해야 하는 상황이 점차 감소하는 추세에 있다. 예를 들면, 청소년 범죄에서 소녀범의 비율은 소년범의 비율보다 더 빠른 속도로 증가하고 있다.

공격성의 성차를 유발하는 원인은 무엇인가? 이에 대한 몇 가지 견해를 살펴보기로 하자.

(1) 생물학적 견해

Maccoby와 Jacklin(1974, 1980)에 의하면, 생물학적 요인이 공격성의 성차에 큰 영향을 미친다고 주장할 만한 이유가 적어도 네 가지는 있다고 한다. 첫째, 거의 모든 문화권에서 남성은 여성보다 더 공격적이다. 둘째, 공격성의 성차는 매우 일찍부터(약 17개월경부터) 나타나므로(Baillargeon et al., 2007) 그것이 사회적 학습이나 부모의 양육방식에 기인한다고 보기는 어렵다. 셋째, 침팬지나 비비와 같이 계통발생적으로 인간과 가장 가까운 종에서도 수컷이 암컷보다 더 공격적이다. 넷째, 동물과 인간 모두에게서 남성 호르몬(테스토스테론)과 공격성 간에 연관이 있다는 증거가 있다.

(2) 사회적 견해

남녀를 다르게 대하는 사회적 환경이 공격성에서의 성차를 낳게 하는 원인일 수도 있다. 우리 사회는 여성보다 남성의 공격성을 묵인하는 경향이 있다. 아동은 3~4세경부터 이러한 사실을 깨닫게 된다. 게다가 성인들은 아동이 자신의 성에 적합한 행동을 하면 보상하는 반면, 자신의 성에 적합하지 않은 행동을 하면 처벌함으로써 아동에게 성역할 고정관념을 심어준다. 그 결과 남아는 남성적인 존재로 인정받기 위해서 공격적이고 경쟁적으로 행동해야 한다는 것을 학습하게 된다.

아동의 흥미나 선호하는 활동에서의 성차도 공격성의 성차에 영향을 미친다 (Tieger, 1980). 여아는 대개 집안에서 부모 가까이에서 혼자 놀기를 좋아하는데 이때 부모들은 여아가 공격적 놀이를 하지 못하도록 타이른다. 반면에 남아는 어른이 없는 집 밖에서 친구들과 어울려서 노는 것을 더 좋아하는데, 이때 자연스럽게 공격적 행동을 학습하게 된다. 이에 관한 사회적 견해를 요약하면, 공격성의 성차는 성유형화(sex-typing) 과정과 사회적 학습에 기인한다고 보는 것이다(Giles & Heyman, 2005).

(3) 상호작용적 견해

생물학적 요인과 사회적 요인이 개별적으로 공격성의 성차에 영향을 미치기도 하지만 두 요인은 상호작용을 통하여 남성의 공격성을 더 증가시킨다. 남아와 여아의 체질적 차이를 생각해보면, 여아는 남아에 비해 더 빨리 성장하고, 더 일찍 말하기 시작하며, 고통에 더 민감한 경향이 있다. 반면, 남아는 여아보다 더 크고, 더 근육질이며, 더 활동적이고, 더 성마르며, 달래기가 더 어렵다(Bell, Weller, & Wadlrip, 1971; Hutt, 1972; Maccoby, 1980; Moss, 1967). 분명히 성과 관련된 체질적 차이는 아동의 행동에 직접적인 영향을 미칠 것이다. 그러나 생물학적 요인과 사회적 요인의 상호작용이 가져다주는 효과는 그 영향이 훨씬 더 크다(Tieger, 1980). 예를 들면, 부모들은 온순하고 연약한 딸보다는 힘이 세고 고통에 다소 둔감한 아들과 더 거친 놀이를 할 것이다. 이 과정에서 공격행동이 자주 표출될 수 있다. 부모들은 또한 성마르고 달래기 어려운 아들을 대할 때에는 딸에게보다는 인내심이 부족할지도 모른다. 이로 인해 남아는 화를 잘 내고 다른 사람에 대해 적개심을 품게 될 수도 있다. 이와 같이 공격성의 성차가 자동적으로 나타나거나 생물학적으로 프로그램되어 있다기보다는 아동의 생물학적 경향이 부모나 친구의 행동에 영향을 미치고 이들의 행동이 다시 아동의 활동과 흥미에 영향을 미치는 것으로 보인다. 상호작용 모델의 시사점은 생물학적 요인과 사회적 영향이 서로 복잡하게 얽혀 있으며, 천성과 양육 모두가 공격성의 성차를 불러오는 중요한 요인이라고 보는 것이다.

4. 공격성과 반사회적 행동의 통제방법

심리학자들은 공격성과 반사회적 행동을 통제할 수 있는 몇 가지 효율적인 방법을 제시하고 있다. 여기에는 공격성을 유발하는 자극(예컨대, 좌절이나 TV 폭력물)을 제거하기, 공격적 행동에 대한 보상을 제거하기, 공격적 행동과 양립할 수 없는 행동(예컨대, 친사회적 행동)을 유발하고 보상하기, 타임아웃 기법을 사용하기, 감정이입의 발달을 촉진시키기 등이 포함된다. 또한 아동들에게 성숙한 행동과 친사회적 행동을 해야만 타인으로부터 주목을 받고, 사랑을 받고, 인정을 받을 수 있다는 것을 가르치는 것도 중요하다(Perry & Bussey, 1984; Shaffer, 2009).

1) 공격행동을 유발하는 자극을 제거한다

현명한 부모와 교사라면 아동으로 하여금 지나친 짜증, 좌절, 지루함을 느끼도록 하지 않을 것이다. 왜냐하면 아동은 이러한 혐오스러운 상태에서 벗어나기 위해 공격적 행동을 할지도 모르기 때문이다. 비경쟁적 놀이를 하게 하거나 공격적 행동을 유발할 만한 물건을 가지고 놀지 못하게 하는 것도 효율적인 통제방법이다. 또한 아동을 훈육할 때에 충동적이거나 강압적으로 행동하기보다는 침착하고 합리적으로 행동함으로써 아동에게 귀감이 될 수 있다. 폭력물 시청을 규제하거나 아동이 시청한 공격적인 장면을 비판함으로써 부모는 공격성에 대한 관찰학습을 규제할 수 있고, 공격적 행동은 비난의 대상이 되는 행동임을 가르칠 수 있다. 또한 어린이 프로그램의 공격수준을 감소시키기 위하여 부모들은 서로 단결하여 TV 폭력물을 후원하는 회사의 생산품에 대해 불매운동을 벌일 수도 있다.

2) 공격적 행동에 대한 보상을 제거한다

아동이 칭얼거리고 떼를 쓰며 공격적으로 행동할 때, 아동의 요구를 들어주는 것은 그 행동을 당장 멈추게 하는 데에는 효과적일지 모르지만 장기적으로는 그 행동을 강화시키는 결과를 초래하기 쉽다. 부모는 자녀에게 제아무리 떼를 쓰고 울어도 당치 않은 요구는 절대로 들어줄 수 없음을 가르쳐야 한다. 때때로 부모는 자신도 모르는 사이에 자녀의 공격적 행동을 강화시키기도 한다. 예를 들면, 아동이 어떤 것을 요구할 때 처음에는 "안 된다"고 하다가 점점 더 심하게 요구하면 결국 들어주는 부모를 생각해보자. 이런 부모는 자녀로 하여금 끈질기게 계속 요구하면 결국 자신이 원하는 것을 얻을 수 있다는 사실을 학습하게 한다. 취학 전 아동과 그 부모를 대상으로 한 관찰연구(Baumrind, 1973)에 의하면, 부모가 자녀의 요구에 응하지 않더라도 온화하고도 합리적으로 훈육하는 한 그 자녀는 비공격적이고 상냥하며 유능한 것으로 나타났다. 부모가 참아낼 수 있는 행동의 수준을 적절하게 제한하고 자녀가 아무리 떼를 써도 이 기준에 맞추어 확고하고 일관성 있게 훈육하는 것이 자녀양육에서 매우 중요한 것으로 보인다.

Diana Baumrind

3) 공격적 행동과 양립할 수 없는 행동을 유발하고 보상한다

현명한 교사와 부모라면 아동의 공격적
행동과 양립할 수 없는 행동에 주목하여 그
러한 행동을 하도록 권장할 것이다. 교사의
경우, 아동이 좋아하는 활동을 하게 하고,
아동과 의견을 나누며, 친사회적 행동을 학
습하고 실천할 수 있는 놀이에 참여하도록
유도한다. 부모는 자녀에게 갈등상황을 평
화적으로 해결하는 방법을 가르쳐 줄 수 있

다. 예를 들면, 장난감을 먼저 가지려고 다른 아동과 싸우기보다는 교대로 가지고
놀도록 일러준다(사진 참조).

부모와 교사는 아동에게 바람직한 행동을 함으로써 타인의 관심이나 인정 그리
고 애정을 받을 수 있다는 것을 가르쳐야 한다. 수많은 행동수정 프로그램에서 부
모와 교사가 아동의 일탈행동은 무시하는 한편 협동적으로 행동하거나 일정 기간
공격행동을 하지 않을 때에 다 함께 칭찬해주면, 아동이 공격적 행동을 하는 빈도가
감소하는 것으로 나타났다(Brown & Elliot, 1965; Patterson & Reid, 1970).

아동의 바람직한 행동을 지속시키는 데 필수적인 사회적 강화-칭찬, 승인, 미
소, 관심-를 사용하는 능력이 부족한 부모에게는 이것을 가르칠 필요가 있다.
Patterson과 Reid(1970)에 의하면, 일탈 아동의 부모, 특히 가족끼리 긍정적 상호작
용을 거의 하지 않는 하류계층 부모에게는 이것이 결코 쉬운 일이 아니라고 한다.
심지어 연구자들은 자녀의 친사회적 행동을 보상하도록 하기 위해 그들의 부모에
게 보상하기—운전교습 또는 미용실 무료 이용권 등—까지 하였다. 다시 말해서,
행동수정 프로그램이 성공할 수 있도록 연구자들은 자녀의 착한 행동에 관심을 보
이고 칭찬하는 구체적인 방법을 부모에게 가르치고, 그 행동을 지속시키기 위하여
부모에게 보상을 한 것이다. 때로는 부모의 협조를 얻기 힘든 경우도 있었지만, 그
들을 설득할 수만 있다면 그 결과는 노력할 만한 가치가 충분히 있었다.

아동의 바람직한 행동을 보상해주도록 부모, 형제자매, 교사, 또래 아동을 훈련 시키는 방법도 극단적인 반사회적 행동에 대해서는 미약한 것이라고 생각할 수도 있을 것이다. 그러나 반드시 그렇지만은 않다. 왜냐하면 이러한 기본적 접근방법만 으로도 다양한 반사회적 행동-교실에서 소란을 피우는 행동에서부터 자동차나 건 물에 불을 지르는 행동까지-을 효율적으로 통제할 수가 있기 때문이다.

4) 타임아웃 기법을 사용한다

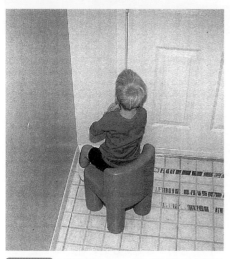

타임아웃 기법(time out technique)은 공격적 행동을 한 아동을 다른 방으로 데려가서 잠시 동안 아동을 격리시켜 혼자 있게 하는 것이다. 이것은 아동의 공격적 행동을 차단함으로써 벌을 주는 방법이다. 이 기법은 아동을 다소 분개하게 할지는 모르지만, 아동에게 신체적 벌을 가하지 않고, 아동에게 공격모델을 보여주지도 않으며, 성인의 주의를 끌기 위한 그릇된 행동을 부지불식간에 강화해주지도 않는다. 이 기법을 공격적 행동과 양립할 수 없는 친사회적 행동을 강화해주는 방법과 함께 사용한다면 아동의 공격적 행동을 더 효과적으로 통제할 수 있을 것이다 (Parke & Slaby, 1983).

사진 설명 타임아웃(time out)은 제한된 시간 동안 아동을 격리시켜 혼자 있게 하여 자신의 잘못을 되돌아볼 수 있는 기회를 갖게 해준다.

5) 감정이입의 발달을 촉진시킨다

피해자의 고통단서는 가해자의 공격성을 억제하는 한 요인이다. 일반적으로 성 인들은 물론이고 아동과 청소년들도 상대방이 고통을 표현하면 한 발짝 뒤로 물러 나서 공격적 행동을 멈추게 된다(Perry & Bussey, 1977). 그러나 상당수의 취학 전 아동과 매우 공격적인 초등학생들(특히 남아)은 상대방이 고통스러워해도 계속해서 공격하며(Perry & Perry, 1974), 자신의 행동에 대해 죄책감을 전혀 느끼지 못한다(Boldizar et al., 1989). 이와 같은 가학적 행동에 대한 한 가지 가능한 설명은 이들이 피해자에게 감정이입을 하지 못한다는 것이다. 다시 말하면, 이들은 가해행동을 하고 나서 죄책감을 느끼지 못할 뿐만 아니라 피해자의 고통을 함께 하지 못한다는 것이다.

감정이입은 실제로 공격성을 억제하는가? 분명히 그런 것 같다. 감정이입의 점수가 높은 아동은 교사로부터 공격성이 낮은 것으로 평가받은 반면, 감정이입의 점수가 낮은 아동은 공격성이 높은 것으로 평가받았다(Bryant, 1982; Feshbach, 1978). Chandler(1973)의 연구에 의하면, 타인의 감정에 민감해지게 하는 10주간의 훈련과정에 참여한 매우 공격적인 비행 청소년(11~13세)들은 프로그램에 참여하지 않은 비행 청소년들에 비해 적개심과 공격성이 감소한 것으로 나타났다. Feshbach와 Feshbach(1982)도 9~11세 아동을 대상으로 한 감정이입 훈련 프로그램에서 동일한 결과를 얻었다.

가정에서 부모들은 자녀들에게 감정이입적 관심을 몸소 보여줌으로써(Barnett, 1987; Zahn-Waxler, Radke-Yarrow, & King, 1979), 아동에게 공격적 행동에 뒤따르는 유해한 결과에 대해 설명하고, 아동 자신이 피해자의 입장이면 그 기분이 어떨지를 상상해보게 함으로써(Brody & Shaffer, 1982; Hoffman, 1988), 감정이입의 발달을 촉진시킬 수 있다.

9장

도덕성발달

인간의 본성에 관심을 가진 사람들에게 있어 도덕성발달은 가장 오래된 관심사 중의 하나이다. 일찍이 어떤 이는 성선설을 주장하고, 어떤 이는 성악설을 주장하였다. 인간의 본성을 착한 것으로 보느냐, 악한 것으로 보느냐 하는 것은 자녀양육에서 상당히 중요한 의미를 지닌다.

성선설을 주장한 사람들은 어린이가 이 세상의 악에 물들지 않도록 올바른 교육으로 그들의 타고난 선을 보존하고 강화해야 한다고 했으나, 성악설을 주장한 사람들은 체벌을 포함한 엄격한 훈련을 통해 그들의 비합리적이고 못된 버릇을 고쳐야한다고 주장하였다.

오늘날 사람들은 여전히 도덕성발달에 관해 관심을 가지는데, 어떤 행동이 바람직한 행동이며 윤리적인 행위인지, 그리고 어떻게 하면 젊은이로 하여금 도덕적인행동을 하게 할 수 있는지에 관해 고심하고 있다.

도덕성발달은 주로 세 가지 다른 측면에서 언급되고 있다. 첫째, 어떤 행동의 옳고 그름에 대한 평가인 도덕적 판단, 둘째, 사고나 행동에 대한 정서적 반응(죄책감 등)인 도덕적 감정, 셋째, 어떤 행동이 옳은지 알고 있다고 해서 반드시 그렇게 행동하는 것은 아니므로 실제로 어떻게 행동하느냐 하는 도덕적 행동이 그것이다.

도덕성발달에 관한 연구는 위의 세 가지 측면 중 그 하나에 초점을 맞추는 경향이 있다. 예를 들면, 학습이론가들은 아동의 도덕적 행동에 영향을 미치는 요인들에 관심을 가지고 학습이론의 원칙이나 개념을 적용하여 아동이 자기통제를 할 수 있는 능력이나 유혹에 저항할 수 있는 힘 등에 관해 연구한다. 반면, 정신분석이론가들은 죄책감, 불안, 후회 등에 더 많은 관심을 가지는데 도덕적 감정의 연구에서는 개인의 양심이나 초자아의 역할이 강조된다. 도덕성발달의 또 다른 구성요소인 도덕적 판단은 주로 인지발달론자들에 의해 연구되는데, 피험자에게 가상적인 도덕적 갈등상황을 제시하고서 피험자가 어떤 반응을 나타내는가에 따라 그 사람의 도덕성 판단의 성숙수준을 측정한다.

이 장에서는 도덕성발달의 이론, 도덕성발달에서의 성차, 도덕성발달과 영향요인, 성인기의 도덕적 사고에 관해 살펴보고자 한다.

1. 도덕성발달의 이론

1) 인지발달이론

인지발달이론은 도덕성발달을 설명하는 대표적인 이론으로, 도덕적 판단에 관한 대부분의 이론과 연구는 인지발달이론에서 파생된 것이다. 도덕성발달의 인지적 측면은 Piaget에 의해 최초로 제시되었으며, Piaget의 이론을 기초로 하여 Kohlberg는 그의 유명한 도덕성발달이론을 정립하였다.

(1) Piaget의 이론

Piaget(1965)는 5~13세 아동들의 공기놀이를 관찰함으로써 규칙의 존중에 대한 발달과업을 연구하였다(사진 참조). Piaget는 아동들에게 "게임의 규칙은 누가 만들었는가?" "누구나 이 규칙을 지켜야만 하는가?" "이 규칙들은 바꿀 수 있는가?" 등의 질문을 하였다. Piaget는 규칙이나 정의, 의도성에 대한 이해, 벌에 대한 태도 등

사진 설명 아동들이 공기놀이를 하고 있다.

의 질문을 근거로 하여, 아동의 도덕성발달 단계를 타율적 도덕성(heteronomous morality)과 자율적 도덕성(autonomous morality)의 두 단계로 구분하였다.

타율적 도덕성 단계의 아동(4~7세)은, 규칙은 신이나 부모와 같은 권위적 존재에 의해서 만들어진 것으로 믿으며, 그 규칙은 신성하고 변경할 수 없는 것으로 이를 위반하면 벌을 받아야 한다고 생각한다. 이 단계의 아동은 규칙은 변경할 수 없는 절대적인 것으로 생각하기 때문에, 이들에게 공기놀이에 적용할 새로운 규칙을 가르쳐 주어도 기존의 규칙을 그대로 사용해야 한다고 고집하였다. 또 모든 도덕적 문제에는 '옳은' 쪽과 '나쁜' 쪽이 있으며, 규칙을 따르는 것이 항상 '옳은' 쪽이라고 믿는다. 또한 행위의 의도성에 대한 이해에서도, 어떤 행동의 옳고 그름을 행위자의 의도와는 상관없이 단지 행동의 결과만을 가지고 판단한다. 예를 들면, 어머니가 설거지하는 것을 도와드리다가 실수로 컵을 열 개 깨뜨리는 것이 어머니 몰래 과자를 꺼내 먹다가 컵을 한 개 깨뜨리는 것보다 더 나쁘다고 생각한다(〈그림 9-1〉 참조). 더욱이 타율적 도덕성 단계의 아동은 사회적 규칙을 위반하게 되면 항상 어떤 방법으로든 벌이 따르게 된다는 내재적 정의(immanent justice)를 믿는다. 따라서 만약 6세 남아가 과자를 몰래 꺼내 먹으려다 넘어져서 무릎을 다쳤다면, 그것은 자기가 잘못한 것에 대해 마땅히 받아야 할 벌이라고 생각한다(Shaffer, 1999).

〈그림 9-1〉 피아제의 도덕적 판단 상황: 행위의 동기와 결과

7세부터 10세까지는 일종의 과도기적인 단계로서 타율적 도덕성과 자율적 도덕성이 함께 나타나는 시기이다. 그러나 10세경에 대부분의 아동은 두 번째 단계인 자율적 도덕성 단계에 도달하게 된다. 이 단계의 아동은 점차 규칙은 사람이 만든 것이고, 그 규칙을 변경할 수 있다고 생각하며, 도덕적 판단에서 상황적 요인을 고려하는 융통성을 보인다. 예를 들어, 응급실에 환자를 수송하기 위해 속도위반을 한 운전기사를 부도덕하다고 생각하지 않는다. 옳고 그름에 대한 판단도 이제는 행위의 결과가 아닌 의도성에 의해 판단하게 된다. 따라서 과자를 몰래 꺼내 먹으려다 컵을 한 개 깨뜨리는 것이 어머니의 설거지를 도우려다가 실수로 컵을 열 개 깨뜨리는 것보다 더 나쁘다고 생각한다. 이 단계의 아동은 또한 규칙을 위반하더라도 항상 벌이 따르지 않는다는 것을 스스로의 경험에 의해 알게 되었기 때문에 더 이상 내재적 정의를 믿지 않는다.

Piaget에 의하면 타율적 도덕성 단계에서 자율적 도덕성 단계로 발달하기 위해서는 인지적 성숙과 사회적 경험이 중요한 역할을 한다고 한다. 인지적 요소로는 자기중심성의 감소와 역할수용 능력의 발달을 들 수 있는데, 도덕적 문제를 여러 가지 각도에서 조망해볼 수 있게 해준다. Piaget가 중요하게 여기는 사회적 경험은 또래와의 대등한 위치에서의 상호작용이다. 아동은 또래와 사이좋게 놀고, 공동의 목표를 달성하기 위해서는 다른 사람의 입장에 서 보아야 하며, 갈등이 있을 때에는 어떻게 해야 서로 이익이 되는 방식으로 해결할 수 있는지를 배우게 된다. 따라서 대등한 위치에서의 또래와의 접촉은 좀더 융통성 있고 자율적인 도덕성발달에 도움을 준다.

Piaget의 도덕성발달이론을 검증한 대부분의 연구는 Piaget의 이론과 일치하는 결과를 얻었다. 즉, 어린 아동이 나이 든 아동보다 더 많이 타율적 도덕성의 특성을 보였으며(Jose, 1990; Lapsley, 1996), 도덕적 판단은 IQ나 역할수용 능력과 같은 인지발달과 관련이 있는 것으로 나타났다(Ambron & Irwin, 1975; Lapsley, 1996). Piaget의 이론을 지지하는 많은 연구결과에도 불구하고, Piaget의 이론은 아동의 도덕적 판단능력을 과소평가했다는 지적이 있다. 예를 들어, 행위의 의도성에 관한 이야기에는 다음과 같은 문제점이 있다. 첫째, 이야기 속의 아동이 나쁜 의도로 작은 손상을 가져온 경우와 좋은 의도를 가졌지만 큰 손상을 가져온 경우를 비교함으로써 의도와 결과가 혼합되어 있다. 둘째, 행위의 결과에 대한 정보가 의도에 대한 정보보다 더 명확하게 제시되어 있다.

　Nelson(1980)은 이러한 문제점을 해결하기 위해 3세 유아들을 대상으로 재미있는 실험을 하였다. 이야기 속의 주인공이 친구에게 공을 던지는 상황을 설정했는데, ① 행위자의 동기가 좋으면서 결과가 긍정적인 경우, ② 행위자의 동기는 좋지만 결과가 부정적인 경우, ③ 행위자의 동기는 나쁘지만 결과는 긍정적인 경우, ④ 행위자의 동기도 나쁘고 결과도 부정적인 경우의 네 가지가 그것이다. 3세 유아가 행위자의 의도를 이해할 수 있도록 Nelson은 이야기와 함께 그림을 보여주었다(〈그림 9-2〉 참조).

〈그림 9-2〉 행위자의 의도를 보여주기 위한 그림의 예

출처: Nelson, S. A. (1980). Factors influencing young children's use of motives and outcomes as moral criteria. *Child Development, 51,* 823-829.

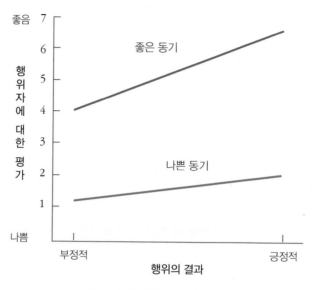

〈그림 9-3〉 동기와 결과에 대한 평가

출처: Nelson, S. A. (1980). Factors influencing young children's use of motives and outcomes as moral criteria. *Child Development, 51*, 823-829.

이 연구에서 3세 유아들은 긍정적인 결과를 가져온 행위를 부정적인 결과를 가져온 행위보다 더 호의적으로 평가하였다. 그러나 〈그림 9-3〉에서 보는 바와 같이, 유아들은 행위의 결과에 관계없이 나쁜 의도를 가졌던 행위보다 좋은 의도를 가졌던 행위를 더 호의적으로 평가하였다. 따라서 유아들은 도덕적 판단에서 행위자의 의도를 고려하고 있다는 것을 알 수 있다. 그러나 유아나 아동 모두 다른 사람의 행위를 평가할 때 의도와 결과를 다 고려하지만, 유아는 아동에 비해 의도보다는 결과에 더 비중을 둔다는 점에서 Piaget의 이론이 옳다고 볼 수 있다(Lapsley, 1996; Zelazo, Helwig, & Lau, 1996).

3세와 5세 유아를 대상으로 공격행동에 대한 도덕적 판단과 추론에 대해 살펴본 우리나라 연구(박진희, 이순형, 2005)에서, 3세와 5세 유아는 공격행동의 의도를 긍정적인 것과 부정적인 것으로 구분하여 도덕판단을 할 수 있는 것으로 나타났다. 이들은 이기적 동기나 화풀이로 행한 공격행동보다 이타적 동기나 규칙준수를 위한 공격행동을 덜 나쁘다고 판단하였다. 또한 공격행동에 대한 도덕판단은 결과의 제시 유무에 따라 다르게 나타났는데, 3세와 5세 유아는 상처를 입힌 것과 같은 공격행동의 부정적 결과가 제시된 경우에는 결과가 제시되지 않은 경우보다 더 나쁘다고 판단하였다.

또 다른 연구(김유미, 이순형, 2014)에서 유아는 공격행동의 의도와 유형에 따라 도덕판단에 차이가 있는 것으로 나타났다. 즉, 3~5세 유아들은 이기적 공격행동을 이타적 공격행동보다 더 나쁜 것으로 판단하였으며, 신체적 공격을 언어적 공격이나 관계적 공격보다 더 나쁜 행동으로 판단하였다. 이는 유아들도 공격행동의 의도뿐만 아니라 공격유형에 대한 정보를 활용하여 도덕판단을 할 수 있다는 것으로 해석할 수 있다.

(2) Kohlberg의 이론

Kohlberg는 1956년부터 10~16세 사이의 아동과 청소년 75명을 대상으로 하여 도덕성발달을 연구하기 시작하였는데, 이 연구는 30년 이상 계속되었다. Kohlberg(1976)는 피험자들에게 가상적인 도덕적 갈등상황을 제시하고서 그들이 어떤 반응을 나타내는가에 따라 여섯 단계로 도덕성발달의 수준을 구분하였다. 그는 이 갈등상황에 대한 피험자의 응답 자체에 관심을 두지 아니하고 오히려 그 응답 뒤에 숨어 있는 논리에 관심을 가졌다. 즉, 두 응답자의 대답이 서로 다르더라도 그 판단의 논리가 비슷한 경우에는 두 사람의 도덕성 판단수준을 같은 단계에 있는 것으로 보았다. '하인츠와 약사'는 Kohlberg의 도덕적 갈등상황에 관한 가장 유명한 예이다.

Lawrence Kohlberg

피험자는 이 이야기를 다 읽고 나서 도덕적 갈등상황에 대한 몇 가지 질문을 받게 된다. 하인츠는 약을 훔쳐야만 했는가? 훔치는 것은 옳은 일인가, 나쁜 일인가? 왜 그런가? 만약 다른 방법이 전혀 없다면 아내를 위해 약을 훔치는 것이 남편의 의무라고 생각하는가? 좋은 남편이라면 이 경우 약을 훔쳐야 하는가? 약사는 가격 상한성이 없다고 해서 약값을 그렇게 많이 받을 권리가 있는 것인가? 있다면 왜 그런가?

하인츠와 약사

　　유럽에서 한 부인이 암으로 죽어가고 있었다. 의사가 생각하기에 어쩌면 그 부인을 살릴 수 있을지도 모르는 한 가지 약이 있었는데, 그 약은 일종의 라듐으로서 같은 마을에 사는 약사가 개발한 것이었다. 그 약은 재료비도 비쌌지만 그 약사는 원가의 10배나 비싸게 그 약을 팔았는데, 아주 적은 양의 약을 2,000달러나 받았다. 그 부인의 남편인 하인츠는 그 약을 사려고 이 사람 저 사람에게서 돈을 꾸었지만, 약값의 절반인 1,000달러밖에 구하지 못했다. 그래서 하인츠는 약사에게 가서 자신의 아내가 죽어가고 있으니, 그 약을 조금 싸게 팔든지 아니면 모자라는 액수는 나중에 갚겠으니 편의를 보아달라고 부탁하였다. 그러나 약사는 그 약으로 돈을 벌 생각이라면서 끝내 하인츠의 부탁을 거절하였다. 하인츠는 절망한 나머지 그 약을 훔치기 위해 약방의 문을 부수고 들어갔다.

　　빅토르 위고의 유명한 소설 『레 미제라블』 또한 도덕적 갈등상황에 기초한 작품이다. 장발장은 굶주린 조카들을 위해 빵을 훔쳐야만 했는가? 우리는 왜 장발장이 빵을 훔치거나 또는 훔치지 말았어야 하는지에 대한 많은 이유를 생각할 수 있다.

　　Kohlberg는 이와 비슷한 도덕적 갈등상황을 몇 가지 더 제시하고 거기서 나온 반응을 분석하여 도덕성발달을 모두 6단계로 구분하였다. 〈표 9-1〉은 Kohlberg의 도덕성발달 단계를 설명한 것이고, 〈표 9-2〉는 '하인츠와 약사' 이야기에 대한 반응의 예를 각 단계별로 제시한 것이다.

　　Kohlberg 이론의 핵심은 인지발달이다. 각기 상이한 도덕성발달 단계에서는 각기 다른 인지능력이 필요하다는 것이다. 전인습적 수준의 도덕적 판단은 자기중심적이다. 인습적 수준에 도달하고 도덕적 규범을 따르기 위해서는 다른 사람의 견해와 입장을 이해할 수 있어야 한다(Walker, 1980). 그리고 후인습적 수준의 도덕적 추론을 하기 위해서는 형식적 · 조작적 사고

표 9-1 Kohlberg의 도덕성발달 단계

전인습적 수준 **(Preconventional Level)** 인습적이란 말은 사회규범, 기대, 관습, 권위에 순응하는 것을 뜻하는데, 전인습적 수준에 있는 사람은 사회규범이나 기대를 잘 이해하지 못한다. 이 수준에 있는 아동은 매우 자기중심적이어서 다른 사람의 입장을 이해하지 못하고, 자신의 욕구충족에만 관심이 있다. 9세 이전의 아동이나 일부 청소년, 그리고 성인 범죄자들이 이 수준에 있다.	**1단계: 벌과 복종 지향의 도덕** 이 단계의 아동은 결과만 가지고 행동을 판단한다. 즉, 보상을 받는 행동은 좋은 것이고, 벌받는 행동은 나쁜 것이다. 이 단계에서 아동은 벌을 피하기 위해 복종한다. 예를 들면, 훈이는 부모에게 야단 맞을까 봐 차가 달리는 거리에서 뛰어다니지 않는다.
	2단계: 목적과 상호교환 지향의 도덕 자신의 흥미와 욕구를 만족시키기 위해 규범을 준수한다. 이 단계에서 아동은 다른 사람의 입장을 고려하기 시작하지만, 대부분 자신이 원하는 것을 얻기 위해서이다. 예를 들면, 훈이는 어머니가 약속한 상 때문에 찻길에서 뛰어다니지 않는다.
인습적 수준 **(Conventional Level)** 이 수준에 있는 아동이나 청년은 다른 사람의 입장을 더 잘 이해하게 되고, 이제 도덕적 추론은 사회적 권위에 기초하며 보다 내면화된다. 그리고 사회관습에 걸맞은 행동을 도덕적 행동이라 간주한다. 대부분의 청년과 다수의 성인이 이 수준에 있다.	**3단계: 착한 아이 지향의 도덕** 다른 사람들의 기대 때문에, 그리고 다른 사람으로부터 인정을 받기 위해 착한 아이로 행동한다. 이 단계에서는 동기나 의도가 중요하며, 신뢰, 충성, 존경, 감사의 의미가 중요하다. 예를 들면, 숙이는 동생 훈이가 자기를 믿기 때문에, 훈이가 담배 피우는 것을 부모님께 말씀드리지 않는다.
	4단계: 법과 질서 지향의 도덕 추상적 사고를 할 수 있는 능력으로 인해 청년은 이제 자신을 사회의 일원으로 생각하게 되고, 그래서 사회기준에 따라 행동을 평가하게 된다. 사회질서를 위해 법을 준수하는 행동이 도덕적 행동이라고 생각한다. 예를 들면, 훈이 아빠는 사회의 법과 질서를 준수하기 위해 보는 사람이 없더라도 '멈춤' 표지판 앞에서 차를 멈춘다.
후인습적 수준 **(Postconventional Level)** 후인습적 수준에 있는 사람은 사회규범을 이해하고 기본적으로는 그것을 인정하지만 법이나 관습보다는 개인의 가치기준을 우선시 한다. 일반적으로 20세 이상의 성인들 중 소수만이 이 수준에 도달한다.	**5단계: 사회계약 지향의 도덕** 법과 사회계약이 "최대 다수의 최대 행복"이라는 전제하에 만들어졌다는 것을 이해하고, 모든 사람의 복지와 권리를 보호하기 위해 법을 준수한다. 그러나 때로는 법적 견해와 도덕적 견해가 서로 모순됨을 깨닫고 갈등상황에 놓인다.
	6단계: 보편원리 지향의 도덕 법이나 사회계약은 일반적으로 보편적 윤리기준에 입각한 것이기 때문에 정당하다고 믿는다. 따라서 만일 이러한 원칙에 위배될 때에는 관습이나 법보다 보편원리에 따라 행동한다. 보편원리란 인간의 존엄성, 인간의 평등성, 정의 같은 것을 말한다.

표 9-2 '하인츠와 약사' 이야기에 대한 반응의 예

1단계	4단계
찬성: 하인츠는 약을 훔쳐야 한다. 그는 나중에 약값을 지불하겠다고 했다. 처음부터 약을 훔치려던 것과는 다르다. 그리고 그가 훔친 약값은 2,000달러가 아니라 실제로 200달러짜리다. **반대**: 하인츠는 약을 훔쳐서는 안 된다. 그것은 큰 범죄이다. 그는 허락을 받지 않고 강제로 침입했다. 그는 가게를 부수고 들어가서 매우 비싼 약을 훔치고 큰 피해를 입혔다.	**찬성**: 하인츠는 약을 훔쳐야 한다. 아내를 죽게 내버려두어서는 안 된다. 아내를 살리는 것은 하인츠의 의무이다. 나중에 갚을 생각으로 약을 훔치는 것은 괜찮다. **반대**: 하인츠가 그의 아내를 살리고 싶어 하는 것은 당연하다. 그러나 남의 물건을 훔치는 것은 나쁜 일이다. 어떤 상황에서도 법을 준수해야 한다.
2단계	5단계
찬성: 하인츠가 약을 훔치는 것은 괜찮다. 그는 그의 아내를 살리기를 원하고, 그러기 위해서 약을 훔치는 것은 어쩔 수 없는 일이다. 그냥 도둑질하는 것과는 다르다. **반대**: 하인츠는 약을 훔쳐서는 안 된다. 약사가 그리 나쁜 것도 아니다. 그는 다른 사람들과 마찬가지로 이윤을 남기려고 한 것뿐이다. 그것은 사람들이 돈을 벌기 위해 사업을 하는 것과 마찬가지이다.	**찬성**: 절도가 도덕적으로 잘못된 것이라고 말하기에 앞서 모든 상황을 고려해야 한다. 물론 약국을 무단침입해서 약을 훔치는 것이 옳은 일은 아니지만 그러한 상황에서 약을 훔치는 것은 정당화될 수 있다. **반대**: 하인츠가 약을 훔친 것이 전적으로 잘못된 일이라고 말할 수는 없지만, 아무리 극한 상황이라도 범법행위가 정당화될 수는 없다. 아무리 절박한 상황에서도 모든 사람이 다 도둑질을 하지는 않는다. 목적이 수단을 정당화할 수는 없다.
3단계	6단계
찬성: 하인츠는 약을 훔쳐야 한다. 그는 좋은 남편으로서 마땅히 해야 할 일을 했을 뿐이다. 우리는 그가 아내를 사랑하는 마음에서 한 행동에 대해 그를 비난할 수 없다. 약을 훔쳐서라도 그녀를 살리고 싶을 정도로 아내를 사랑하지 않는 것이 비난받을 일이다. **반대**: 하인츠는 약을 훔쳐서는 안 된다. 만약 하인츠의 부인이 죽는다 해도 그를 비난해서는 안 된다. 약을 훔치지 않았다고 해서 그가 무정한 사람이거나 아내를 사랑하지 않는 것은 아니다. 하인츠는 그가 할 수 있는 최선을 다했다. 약사가 이기적이고 무정한 사람이다.	**찬성**: 법을 어기는 것과 한 사람의 생명을 구하는 것 사이에서 선택을 해야 할 때 생명을 구하려는 도덕적으로 더 높은 원리가 약을 훔치는 행위를 정당화한다. 하인츠는 생명을 보존하고 존중하는 원리에 따라 행동해야 한다. **반대**: 하인츠는 그의 아내만큼 그 약을 절실히 필요로 하는 다른 사람도 생각해야 한다. 그는 아내에 대한 특별한 감정에 의해 행동해서는 안 되고 다른 모든 사람의 생명의 가치도 생각하면서 행동해야 한다.

출처: Kohlberg, L. (1969). *Stages in the development of moral thought and action.* New York: Holt, Rinehart, & Winston.

가 필요하다(Tomlinson-Keasey & Keasey, 1974; Walker, 1980). 따라서 구체적 조작기에 있는 사람이 후인습적 도덕수준에 도달할 수는 없다.

역할수용능력이나 형식적 · 조작적 사고는 도덕적 성장에 있어서 필요조건이지만 충분조건은 아니다. 다시 말해서 역할수용 능력이 있는 모든 사람이 다 인습적 수준의 도덕적 추론을 하는 것은 아니고, 형식적 · 조작적 사고를 하는 모든 사람이 다 후인습적 수준에 있는 것은 아니다(Stewart & Pascual-Leone, 1992).

Kohlberg(1976)는 또한 그의 도덕성발달 단계는 1단계부터 6단계까지 순서대로 진행한다고 주장한다. 그러나 모든 사람이 다 최고의 도덕수준까지 도달하는 것은 아니고, 겨우 소수의 사람만이 제6단계에 이를 수 있다고 한다. 청년 후기와 성년기에는 도덕적 판단수준이 안정화되는 경향이 있는데, 대부분의 성인들이 도달하는 도덕적 판단의 수준은 여성의 경우는 대개 3단계이고, 남성의 경우는 그보다 한 단계 높은 4단계라고 한다.

Kohlberg의 도덕성발달이론은 인지적 성숙과 도덕적 성숙과의 관계를 제시한 것이었으며, 도덕성발달 연구에 많은 자극이 되었다. 그럼에도 불구하고 Kohlberg의 도덕성발달이론에 대해서는 몇 가지 문제점이 지적되고 있다.

첫째, Kohlberg의 이론은 도덕적 사고를 지나치게 강조하고 도덕적 행동이나 도덕적 감정은 무시했다는 비판을 받는다(Bandura, 2016; Colby & Damon, 1992; Kurtines & Gewirtz, 1991; Lapsley, 1993; Turiel, 1997; Walker, 2004). 일상의 도덕적 갈등상황은 강력한 정서반응을 불러일으키므로, 도덕적 정서나 동기를 간과하는 어떤 이론도 완전하지 못하다는 주장이 있다(Haidt, Koller, & Dias, 1993; Hart & Chmiel, 1992). 더욱이 도덕성 연구에서 우리의 궁극적인 관심은 실제로 어떻게 행동하는가 하는 점이다. 아무리 높은 수준의 도덕적 판단을 하더라도 도덕적으로 옳지 못한 행동을 하면 아무 소용이 없다. 우리는 무엇이 옳은 일인지 알면서도 그렇게 행동하지 않는 경우가 종종 있다.

둘째, Kohlberg의 도덕성발달이론은 문화적 편견을 보이기 때문에, 그의 도덕성발달 단계는 모든 문화권에서 보편적인 현상이 아니라는 지적을 받는다(Gibbs, 2014; Miller & Bland, 2014). 저개발국가, 특히 민주주의를 채택하고 있지 아니한 사

사진 설명 어떤 문화에서는 후인습적 사고가 존재하지 않는다.

회에서는 높은 단계에 도달하는 사람이 거의 없다. 연구결과, 아동이나 청소년은 모든 문화권에서 3, 4단계까지는 순차적인 발달을 하는 것으로 보인다. 문제는 후인습적 사고가 단지 어떤 문화권에서는 존재하지 않는다는 점이다. Kohlberg의 후인습적 추론은 서구 사회의 이상인 정의를 반영하기 때문에, 비서구 사회에 사는 사람이나 사회규범에 도전할 정도로 개인의 권리를 높이 평가하지 않는 사람들에게는 불리하다(Shweder, Mahapatra, & Miller, 1990). 사회적 조화를 강조하고 개인의 이익보다는 단체의 이익을 더 강조하는 사회에서는 정의에 대한 개념이 인습적 수준에 머무르게 된다(Snarey, 1985; Tietjen & Walker, 1985). 대만의 성인을 대상으로 한 도덕적 추론 연구(Lei, 1994)에 의하면,

Kohlberg의 5단계와 6단계는 나타나지 않았으며, 우리나라의 연구(강영숙, 1981)에서도 6단계로의 이행은 전혀 나타나지 않았다.

셋째, Kohlberg의 이론은 또한 여성에 대한 편견을 나타내고 있다는 비판을 받는다. 그의 이론은 남성만을 대상으로 한 연구를 기초로 해서 도덕성발달 수준을 6단계로 나누고, 대부분의 남성은 4단계 수준에 그리고 대부분의 여성은 3단계 수준에 머문다고 하였다. Gilligan(1977)은 Kohlberg의 도덕성발달이론은 추상적인 추론을 강조함으로써 남성의 성역할 가치가 크게 평가되고, 상대적으로 여성의 성역할 가치의 중요성은 과소평가되었다고 주장한다. 즉, Kohlberg는 여성의 도덕적 판단에서 나타나는 대인관계적 요소를 평가절하함으로써, 도덕적 추론에서 여성들이 내는 '다른 목소리'를 무시했다는 것이다.

Gilligan(1977, 1982, 1993, 1996)에 의하면 남아는 독립적이고, 단호하며, 성취지향적으로 사회화되므로, 도덕적 갈등상황을 해결하는 데 있어 다른 사람의 권리나 법과 사회적 관습을 중시하게 된다. 이것은 Kohlberg의 도덕성발달 중 4단계에 반

영되는 견해이다. 반면, 여아는 양육적이고, 동정적
이며, 다른 사람의 욕구에 대한 관심을 강조하는 사
회화로 인해, 다른 사람과의 관계를 중시하는 도덕적
판단을 하게 되는데, 이것은 주로 Kohlberg의 도덕
성발달 중 3단계에 반영되는 견해이다. 결과적으로
남성은 개인의 권리를 존중하는 법과 질서를 우선하
는 정의의 도덕성(morality of justice)을 지향하게 되
고, 여성은 다른 사람에 대한 책임과 복지가 핵심인
배려의 도덕성(morality of care)을 지향하게 된다고
한다.

Carol Gilligan

한편, Gilligan의 이론에 대해서도 문제가 제기되고 있는데(Walker & Frimer, 2011),
여러 연구결과를 종합한 메타분석에서 도덕적 판단에서의 성차에 대한 Gilligan의
주장에 의문을 제기한다(Jaffee & Hyde, 2000). 일반적으로 여성은 추상적인 정의지
향보다는 다른 사람과의 관계를 중시하는 배려지향의 경향이 있지만 필요에 따라서
는 둘 다 모두를 지향하게 된다는 것이다(Blakemore, Berenbaum, & Liben, 2009).

(3) Turiel의 영역구분이론

Kohlberg의 인지적 도덕성발달이론이 갖는 한계점, 즉 문화적 편견
및 도덕적 판단과 도덕적 행위의 불일치 등을 극복하기 위해 대두된
이론이 Turiel의 영역구분이론이다. Turiel(1983)은 도덕적 영역(moral
domain), 사회인습적 영역(social-conventional domain) 그리고 개인적
영역(personal domain)으로 구분되는 영역구분 모형을 제시하였다.

Turiel의 이론은 모든 문화권에서 보편적인 도덕적 영역과 각 문화
권에서 특수한 사회인습적 영역을 구분함으로써 문화적 편견을 극복
할 수 있다는 이론이다. 또한 동일한 사태를 어떻게 개념적으로 규정
하느냐에 따라 행위를 정당화할 수 있기 때문에, 도덕적 판단과 도덕적
행위 간의 불일치를 극복할 수 있다고 한다(김상윤, 1990).

Elliot Turiel

사진 설명 사회인습적 영역은 문화적 특수성을 지닌다. 인도의 이 소녀는 "아버지가 돌아가신 다음날 닭고기를 먹는 것은 부도덕한 행동이다"라고 말한다. 왜냐하면 인도 사람들은 그렇게 함으로써 아버지의 영혼이 구제받지 못한다고 믿기 때문이다.

영역구분이론에서 도덕적 영역, 사회인습적 영역, 개인적 영역은 각기 상이한 내용으로 구성된다(송명자, 1992; Turiel, 1983, 2014, 2018). 도덕적 영역은 인간의 권리와 존엄성, 생명의 가치, 정의, 공정성 등과 같이 보다 근원적이고 본질적인 도덕적 인식과 판단내용을 포함한다. 따라서 도덕적 영역은 모든 시대, 모든 문화권에서 동일하게 통용되는 문화적 보편성을 지닌다.

사회인습적 영역은 식사예절, 의복예절, 관혼상제의 예법, 성역할 등과 같이 특정의 문화권에서 그 구성원들의 합의에 의해 정립된 행동규범을 의미한다. 그러나 어떤 행동이 일단 인습적 규범으로 정립되면 그 성원들에게 강력한 제약을 가하게 되며 도덕적 성격을 띠게 된다. 사회인습적 영역은 시대, 사회, 문화 등 상황적 맥락에 따라 달라지는 문화적 특수성을 지닌다.

개인적 영역은 도덕적 권위나 인습적 규범의 영향을 받지 않는 개인의 건강, 안전, 취향 등의 사생활에 관한 문제 영역이다. 개인적 영역은 자아를 확립하고 자율성을 유지하기 위한 주요 수단이 되지만 사회인습적 규범과 갈등을 일으킬 가능성이 있다.

Turiel의 영역구분이론이 가지고 있는 이론적 논리성과 경험적 근거에도 불구하고 이 이론에 대해 문제점이 제기되고 있는데, 영역혼재 현상(domain mixture phenomenon)과 이차적 현상(secondary order phenomenon)이 그것이다.

동일한 사태가 여러 영역의 특성을 공유함으로써 영역구분을 어렵게 만드는 것이 영역혼재 현상이다. 낙태, 성역할, 혼전순결 등은 영역혼재 현상의 대표적인 예가 된다(Smetana, 1983, 2011, 2013). 낙태의 경우를 예로 들어보자. 인간의 생명은 수정되는 순간부터 시작되는 것이므로 그 생명을 제거하는 낙태는 도덕적 영역에 속한다. 그러나 낙태를 합법적으로 인정하는 사회도 있으므로, 이 경우 낙태에 대한 도덕적 판단은 사회인습적 영역에 속하게 된다. 그리고 개인에 따라서는 낙태를 개인이 선택해야 할 문제로 인식하는 개인적 영역의 성격도 갖는다(송명자, 1992).

이차적 현상은 최초에는 인습적 성격을 띤 사태가 그 후 도덕적 결과를 낳게 되는 현상을 말한다. 예를 들어, 줄서기, 식사예절, 의복예절 등은 사회질서를 유지하기 위한 인습적 문제이지만, 이를 위반했을 경우 타인의 권리를 침해하거나 타인의 감정을 상하게 하므로 결국은 도덕적 문제를 야기하게 된다. 이러한 인습적 사태의 이차적 현상화는 인습에 대한 동조를 강조하는 교사나 부모, 그 외 다른 사회화 인자에 의해 강화되는 것으로 보인다(Nucci & Nucci, 1982; Nucci & Turiel, 1978).

Judith Smetana

만일에 모든 도덕적 사태들이 여러 영역이 혼재되어 있는 다면적 사태로 인식된다면, 영역구분이론은 그 설정근거를 상실하게 된다. 특정 문화권에서 도덕적 영역으로 인식된 사태를 다른 문화권에서 사회인습적 영역으로 인식하거나, 반대로 사회인습적 영역을 도덕적 영역으로 인식하는 영역구분의 문화권 간 차이는 영역구분이론에서도 역시 문화적 보편성과 특수성의 문제를 해결하지 못했음을 반영하기 때문이다.

Larry Nucci

영역구분의 문화권 간 차이는 우리나라의 아동을 대상으로 한 연구(Song, Smetana, & Kim, 1987)에서도 나타났다. 서구의 아동은 '인사를 하지 않는 것'을 사회인습적인 것으로 지각하는 데 반하여, 우리나라의 아동은 도덕적인 것으로 지각하였다. 즉, 미국 아동들은 '인사'란 본질적으로 도덕적인 것이 아니고, 단지 그러한 규범이 정해져 있으므로 따라야 하는 것으로 생각하지만, 우리나라의 아동들은 인사를 하지 않는 것은 사회적 관습이나

규칙에 의한 제재여부를 막론하고 본질적으로 나쁜 것으로 믿고 있었다. 우리 사회는 '경로효친'이라는 한국적 정서로 인해 어른에게 인사하는 것(사진 참조)이 당연하다는 의미에서 도덕률에 해당되는 것으로 볼 수 있다.

우리나라 만 5세 유아의 도덕적 판단력, 도덕적 감정과 도덕적 행동과의 관계에 관한 연구(김진아, 엄정애, 2006)에서, 만 5세 유아들은 심각성, 규칙독립성, 보편성, 응분의 벌의 4가지 준거를 모두 사용하여 도덕적 규칙과 인습적 규칙을 구분하는 것으로 나타났다. 즉, 유아들은 인습규칙보다 도덕규칙을 위반하는 것이 더 나쁘고 엄한 벌을 받아야 하는 것으로 판단했고, 인습규칙보다 도덕규칙을 규칙이 없어도, 시대나 장소에 관계없이 지켜야 하는 것으로 판단했다.

Mordecai Nisan

이상에서 살펴본 바와 같이 영역혼재 현상과 이차적 현상은 영역구분이론의 타당성을 크게 위협하는 것으로 보인다. 또한 영역구분이론이 Kohlberg 이론에 비해 각 문화권의 도덕적 특수성을 반영하는 동시에 모든 문화권에 보편적으로 적용될 수 있다는 Turiel의 주장도 연구결과 크게 지지받지 못한 것으로 보인다(Nisan, 1987; Shweder, Mahapatra, & Miller, 1990).

2) 사회학습이론

(1) 사회학습이론의 개요

도덕적 갈등상황에 직면했을 때 아동이 어떻게 사고하는가를 안다는 것은 매우 중요한 일이다. 그러나 보다 중요한 것은 그들이 과연 어떻게 행동하느냐 하는 것이다. 가령 도덕적 판단은 Kohlberg의 5~6단계 수준에 도달했다고 하더라도 거짓말쟁이, 사기꾼, 범죄자로 행동한다면 아무런 소용이 없다. 그러므로 사회화의 궁극적인 목적은 아동들로 하여금 올바른 행동을 하게 하는 데 있다.

도덕적 행동은 주로 사회학습이론가들에 의해 연구되는데, 다른 모든 행동과 마찬가지로 강화, 처벌, 모방 등으로 설명한다. 법이나 사회관습에 일치하는 행동이 보상을 받으면 아동은 그 행동을 계속하게 되고, 도덕적으로 행동하는 모델에 노출되면 아동 또한 그러한 행동을 채택하게 된다(Ma et al., 2018). 반면, 비도덕적인 행동이나 바람직하지 못한 행동으로 벌을 받게 되면 그러한 행동은 하지 않게 된다.

만약 아동이 규칙을 준수할 것을 배웠다면, 규칙을 위반하고자 하는 유혹에 직면했을 때 그 유혹을 이겨낼 수 있어야 한다. 유혹에 대한 저항을 연구하기 위해 연구자들이 흔히 사용하는 방법은, 우선 어떤 금지행동을 설정한 다음 아동을 방에 혼자 남겨두고 방을 떠남으로써, 위반할 수 있는 기회를 제공하는 것이다. 아동에게 재미있는 장난감을 보여주고 그 장난감을 만지지 못하게 하는 '금지된 장난감(forbidden toy)' 실험은, 아동이 규칙을 준수하고 유혹에 저항하도록 하는 데 가장 효과적인 훈육법이 무엇인지를 알아보는 데 매우 유용하다(〈그림 4-5〉 참조).

Parke(1977)는 처벌이 자기통제에 미치는 영향을 연구하기 위해 '금지된 장난감' 실험을 사용하였다. 연구결과 벌이라는 것이 언제나 도덕적 통제력을 발달시키는 데 효과적인 것은 아니며, 벌주는 시기, 벌의 강도, 일관성, 처벌자와 피처벌자의 관계의 특성에 따라 큰 차이가 있는 것으로 나타났다. 즉, 약한 벌보다는 강도가 높은 벌이, 일탈행동을 한 후에 곧바로 하는 벌이, 일관성 있는 벌이, 그리고 아동과 따뜻하고 우호적인 관계를 맺은 사람이 주는 벌이 효과가 더욱 큰 것으로 나타났다. 또한 처벌하는 것과 더불어 일탈행위가 왜 잘못되었는지 그 이유를 설명해주면, 유혹에 대한 저항이 더욱 오래 지속되는 것으로 나타났다.

Perry와 Parke(1975)의 '금지된 장난감' 실험에서는 아동이 재미없는 다른 장난감을 가지고 놀 때 강화를 했더니, 재미있는 장난감을 만지지 말라는 금지기준을 더 잘 지키는 것으로 나타났다. 이 결과에 의하면 강화는 아동의 도덕성발달에 매우 중요한 역할을 하는 것으로 보인다.

사회화의 주요 목적은 외적인 감독이나 보상 또는 처벌로부터 자유로울 때조차도 사회의 규칙들을 고수하려는 능력과 의욕을 아동들에게 심어주는 것이다. 사회학습이론가들은 아동들이 외적인 감독이 없을 때에 유혹을 견디는 과정을 기술함에 있어 자기통제라는 용어를 사용하기를 좋아한다. 이것은 정신분석학에서 말하는 내면화라는 개념과 비슷한 것이다. 차이가 있다면, 단지 정신분석학의 경우는 행위로부터 추론하는 감정에 관심을 두는 반면, 사회학습적 견해는 일차적으로 행동에 관심을 둔다는 점이다.

Bandura(1977)는 행위의 도덕적 기준이 학습과 모델링에 의해 설정되면, 개인은 자기평가적 능력을 갖게 된다고 한다. 그러면서 사회화가 제대로 이루어진 아동들은 자기 자신을 위해 하위 목표를 설정하고, 그 기준들에 부합하거나 능가했을 때에는 자기 자신을 보상하며, 그 기준에 미달할 때에는 자신을 벌한다는 주장을 한다. 이것이 바로 자기통제(self-regulation)의 과정이다.

(2) 도덕적 행동과 도덕적 판단과의 관계

도덕적 행동과 도덕적 판단과는 관계가 있는가? 연구결과에 의하면 가상적 도덕적 갈등상황에서의 도덕적 판단수준과 실제 상황에서의 도덕적 행동과는 관계가 있는 것으로 나타났다. 예를 들면, 6학년 아동(Grim, Kohlberg, & White, 1968)과 대학생(Schwartz, Feldman, Brown, & Heingartner, 1969)을 대상으로 한 연구에서, 후인습적 수준에 있는 피험자들이 인습적 수준에 있는 피험자들보다 커닝을 덜 하는 것으로 나타났다. 다시 말해서 도덕적 추론의 성숙수준과 도덕적 행동의 성숙수준이 일치하는 것으로 보인다. Kohlberg는 후인습적 수준에 있는 사람들은 이 상황에서 정의(justice)의 측면(신뢰와 기회 불평등의 문제)에 민감하기 때문에 커닝을 덜 하는 것이라는 결론을 내렸다.

그러나 도덕적 판단과 도덕적 행동과의 관계는 커닝 상황에서처럼 그렇게 단순하지 않다. 각기 다른 도덕적 판단수준에 있는 사람들이 각기 다른 추론을 사용하면서도 같은 도덕적 행동을 할 수 있기 때문에, 그 관계는 때로는 모호하고 때로는 복잡하기까지 하다. 예를 들면, 도덕적 추론과 도덕적 행동의 관계에 관한 연구(Milgram, 1974)에서, 남성 피험자들은 연구자의 지시에 따라 다른 사람에게 전기충격을 가하도록 되어 있었다(사진 참조). 이 연구에서 Milgram은 피험자들이 어느 정도까지 권위에 복종하는지를 알아보고자 하였는데, 대부분의 피험자들이 실험자의 지시(권위)에

Stanley Milgram

따라 다른 사람에게 전기충격을 가한 것으로 나타났다.[1]

　그러나 Kohlberg(1976)는 이 연구에서 실험자의 지시를 따르지 않은, 다시 말해서 전기충격을 가하지 않은 피험자들의 도덕적 추론 평균점수는 계속해서 전기충격을 가한 피험자들의 평균점수보다 유의하게 높은 것으로 해석하였다. 6단계에 속한 피험자들은 다른 단계에 속한 피험자들보다 전기충격을 덜 가한 것으로 나타났는데, 이들은 그 상황에서 실험자의 요구가 정당한 것인지에 대한 결정을 그들 스스로 내려야 하는 것으로 인식하였다. 5단계에 속한 피험자들도 비슷한 생각으로 실험을 중단하기를 원했지만, 이들은 실험 전에 전기충격을 가하기로 한 연구자와의 약속에 초점을 맞추었다. 이들은 결과적으로 6단계의 피험자들보다 전기충격을 더 가했는데, 이들의 행동은 오히려 3, 4단계에 속한 피험자들의 행동과 유사하였다. 그러나 5단계 피험자들의 행동은 권위에 복종하여 계속해서 전기충격을 가한 3, 4단계에 속한 피험자들의 행동과는 질적으로 그 의미가 다른 것으로 보인다. 즉, 3, 4단계의 피험자들은 그 상황에서 외부적 권위에 쉽게 굴복한 데 반해서, 5단계의 피험자들은 오히려 실험자와의 약속을 강조하였다. 따라서 이것은 각기 다른 단계에 속한 사람들의 같은 행동에 대한 추론이 각기 다를 수 있음을 보여주는 것이다.

1) 실제로는 전원이 연결되어 있지 않았기 때문에, 전기충격은 가해지지 않았다.

(3) 도덕적 행동의 습득

도덕적으로 행동한다는 것은 바람직하지 못한 행동을 억제하고 바람직한 행동을 조장하는 행동상의 통제를 내면화하는 것이다. 여기서 행동상의 통제를 내면화한다는 것은 강화인이 없이도 바람직한 행동을 채택하고, 좋지 못한 행동을 억제하는 것을 말한다. 부모가 옆에 없을 때조차 오빠와 과자를 나누어 먹는 아동의 행동을 그 예로 들 수 있다(사진 참조).

아동이 성장함에 따라 내면화된 통제상황이 서로 상충하는 도덕적 갈등상황이 발생하게 된다. 예를 들면, 다른 사람의 감정을 해치는 것이 나은지, 아니면 악의 없는 거짓말을 하는 것이 나은지와 같은 도덕적 갈등상황에 빠지게 되는 경우가 그렇다. 아동이 발달해감에 따라 통제상황뿐만 아니라 여러 통제상황들의 우선 순위를 매기는 상위 통제(meta-controls) 상황도 내면화되어간다. 그리하여 도덕적 갈등상황에 대한 최선의 도덕적 해결책을 찾게 된다.

그렇다면 도덕적 통제의 내면화는 어떻게 일어나는 것일까? 사회학습이론에 의하면, 대부분의 행동은 아동이 경험하는 자극과 강화의 패턴에 의해 통제된다고 한다. 그리고 아동 초기에 이러한 사건의 대부분은 부모의 통제하에 있게 된다고 가정한다. 유아는 자신을 보살피는 사람(주로 부모)에게 정서적으로 애착을 형성하게 된다. 따라서 대부분의 경우 유아는 6~8개월경이면 부모와 매우 강한 정서적 애착을 형성한다. 부모의 존재와 보살핌은 유아에게 득이 되고 만족스러운 것이지만, 부모의 부재는 유아에게 유해한 것이다. 바꾸어 말하면, 부모가 아동을 보상하고 처벌하는 기제가 발달해왔다고 볼 수 있다. 부모의 존재나 부재는 정적 혹은 부적 강화로 작용할 뿐만 아니라, 부모의 존재나 보살핌과 관련된 말이나 미소, 제스처 등은 유아에게 긍정적 영향을 미치지만, 꾸짖음이나 얼굴 찡그리기, 애정철회, 부모의 부재 등은 유아에게 부정적 영향을 미친다.

초기 행동의 사회화는 대부분 조작적 조건형성과 고전적 조건형성을 통해 이루어진다. 바람직한 행동은 관심과 보살핌에 의해 보상을 받고, 바람직하지 못한 행동은 무관심과 애정철회에 의해 억제된다. 그러나 우리가 도덕적 혹은 비도덕적이라고 생각하는 대부분의 행동은 어린 아동의 행동목록에는 어떤 형태로든 존재하지 않는다. 단지 학습과정을 통해서 '규칙'이라는 것을 이해하게 되고, 불쾌한 결과를 초래하지 않기 위해 규칙에 복종하는 것을 학습하게 된다.

규칙과 규칙을 준수하는 행동을 실제로 학습함에 있어서 강화와 더불어 관찰학습, 조형, 대체행동의 발달 등과 같은 다양한 학습기제들이 요구된다(Sieber, 1980). 관찰학습(observational learning)은 아동이 다른 사람의 행동을 관찰하여 모방하는 것을 말한다. 조형(shaping)은 바람직한 행동에 가까운 행동을 강화하는 것을 말한다. 예를 들면, 유아가 말을 배우기 시작할 때 성인의 언어와 유사한 말을 강화해주는 것이다. 대체행동의 발달(development of substitute behaviors)은 바람직하지 못한 행동을 벌하고, 대신 아동에게 수용가능한 행동을 대체하도록 가르치는 것을 말한다. 이것은 매우 중요한 기제이다. 왜냐하면 처벌로 인한 행동의 억제는 단지 일시적으로만 효과가 있으므로 행동의 소멸과는 매우 다른 의미를 지니기 때문이다.

3) 정신분석이론

(1) 정신분석이론의 개요

Freud(1933)는 인간의 성격구조는 원초아와 자아 그리고 초자아로 구성되어 있다고 하면서, 도덕성발달은 초자아의 발현을 통해서 이루어지는 것으로 보았다. 초자아는 남근기에 발생하는 오이디푸스 콤플렉스를 해결하는 과정에서 형성된다. 오이디푸스 콤플렉스의 해결책으로 아동이 같은 성의 부모와 동일시하게 되면, 초자아를 통해서 부모의 행동이나 가치기준을 내면화하게 된다. 이렇게 내면화된 부모의 가치기준이나 외적 규범에 위배되는 행동을 하게 되면 죄책감을 느끼게 된다.

정신분석이론에서는 인생의 초기단계에 아동이 부모의 기준이나 사회의 규범에 적응하게 되면서 도덕성발달이 이루어진다고 보았다. 그리고 도덕성이 발달함에

사진 설명 커닝을 하고 나서 아동은 죄책감을 느끼게 될 것이다.

따라 아동은 사회의 규범을 내면화해서 반사회적 행동을 억제하고, 이를 위반했을 때에는 불안감과 죄책감을 느끼게 된다고 보았다. 따라서 죄책감이 형성되면 아동은 이로부터 벗어나기 위해 더욱더 사회의 규범에 순응하게 되고, 그렇게 함으로써 도덕성발달이 이루어진다는 것이다.

도덕적 감정은 주로 죄책감을 통해서 측정된다. 일탈하고자 하는 유혹에 직면했을 때에 죄책감을 쉽사리 느끼는 아동은 불안감을 피하기 위해 유혹에 저항하게 되지만, 죄책감을 별로 느끼지 않는 아동은 유혹에 넘어가지 않을 이유가 없다. 여기서 죄책감으로 인해 도덕적 행동을 하게 된다는 가설이 성립된다. 그러나 연구결과(Maccoby, 1959; Santrock, 1975) 죄책감과 실제 행동과의 관계는 미약한 것으로 나타났다. 비록 Freud의 가설이 연구결과로 뒷받침되지는 않았지만, 죄책감이 도덕적 행동을 유발하는 것으로 보는 견해도 있다(Boele et al., 2019).

(2) 초자아의 역할

Freud가 도덕적 행동에 영향을 미치는 내적 갈등의 원인을 설명하는 데 있어서 가장 중요하게 생각한 것이 바로 초자아의 역할이다. 초자아는 개인에게 있어 성(城)을 공격해오는 적을 방어하기 위한 요새적 역할을 하는 것으로, 자아와 원초아를 대체하고 변화시키는 중요한 정신적 기관인 것이다. 그리고 초자아는 외적인 사회적 요인으로서 초기에는 부모에 의해서, 이후에는 교사나 그 밖의 권위 있는 인물에 의해서 아동에게 내려지는 억제·구속·금지에 관한 기준들이다.

Freud의 심리성적 발달단계를 통한 성적 성숙은 초자아가 성숙하기 위한 필수적인 조건을 제공한다. 예를 들어, 남근기의 아동은 반대 성의 부모에게는 성적 애착을 보이는 반면에(사진 참조), 동성 부모와는 경쟁자 입장에 서서 공격성을 나타낸다. 그러나 이와 같은 본능적 충동은 근친상간이라는 사회적 금기로 인해 통제된다. 이를 오이디푸스 갈등이라고 하며, 이는 이성 부모에 대한 성적 욕구를 억제하고, 동성 부모와의 동일시를 통해서 해결된다. 즉, 동성 부모로부터의 동일시를 통해서 아동은 부모의 도덕적 가치와 기준을 받아들이게 된다. Freud에 의하면 부모에 대한 성적 애착의 형성은 도덕적 내면화와 관련이 있다고 한다. 왜냐하면 이런 과정을 통해 아동은 본능적 충동과 사회적 요구 사이의 커다란 갈등을 경험하기 때문이다.

Freud(1923/1961)에 의하면 초자아는 두 가지 요소로 구성되어 있다. 하나는 자신의 내면화된 도덕적 가치에 위배될 때 죄책감을 느낌으로써 도덕적 위반에 반응하는 '양심'이고, 또 하나는 자신의 행동이 내면화된 기준과 일치될 때 자부심을 느끼고 만족을 하게 되는 '자아이상'이다. 아동은 부모의 도덕적 기준을 받아들여 자아이상을 달성한다. 자아이상은 모든 종교와 도덕체계들을 진화시킨 바로 그 씨앗이다. 양심은 자아의 행동과 의도에 대한 내면적 감독을 유지하는 초자아의 기능을 말한다. Freud는 아동이 어떻게 양심을 발달시키는가를 설명하기 위해서 오이디푸스 갈등의 해결과 같이 공격적인 본능을 억제하는 점에 관심을 가졌었다. Freud는 공격적인 본능은 없어지지는 않지만 무의식적으로 억제되고 수정될 수 있다고 보았다.

(3) 도덕성발달의 단계

정신분석이론에서는 Freud의 심리성적 발달단계를 재구성하여 도덕성발달을 설명하고 있다(Tice, 1980). 각각의 발달단계에는 전환점(turning points)이 있는데, 이 전환점은 이전 단계의 발달과업이 성취된 정도만큼 도달할 수 있다. 결국 가 단계의 성취와 전환점은 이전 단계의 영향을 받으며, 동시에 각 단계의 도덕성발달에 새로운 기회를 제공한다.

정신분석학적 입장에서 보는 도덕성발달의 단계를 살펴보면 〈표 9-3〉과 같다.

표 9-3 정신분석학적 입장에서 본 도덕성발달의 단계

단계와 설명	대략적인 연령(세)
전도덕적 단계	0~3
분리-개별화 과업성취, 초자아 전조	
전환점: 오이디푸스 과업성취	3~6
1단계: 초기의 도덕성	5~6
최초의 초자아 형성, 후오이디푸스기, 초기 잠복기	
전환점: 잠복기의 과업성취	6~8
2단계: 아동기의 도덕성	8~12
최적의 잠복기, 사춘기 이전	
전환점: 사춘기의 과업성취: 청년 초기	12~14
3단계: 청년기의 도덕성	14~16
두 번째 분리-개별화 시기: 청년 중기	
전환점: 청년 후기의 과업성취	16~20대 초반
4단계: 성인기의 도덕성	10대 후반
전환점: 성인기의 과업성취	
5단계 이후: 노년기의 도덕성	21~25세부터 사망까지
노년과 죽음을 맞이함: 세 번째 분리-개별화 시기	

출처: Tice, T. N. (1980). A psychoanalytic perspective. In M. Windmiller, N. Lambert, & E. Turiel (Eds.), *Moral development and socialization*. Allyn & Bacon.

첫째, 도덕성발달의 첫 번째 단계는 초자아의 형성을 통해 성취된다. 이것은 출생에서부터 첫 번째 전환점인 오이디푸스 콤플렉스에 이르기까지의 전도덕적 단계에 해당한다. 이 시기에는 분리-개별화(separation-individuation) 문제와 초자아 전조(superego precursors)가 중시된다. 둘째, 도덕성발달의 두 번째 단계는 잠복기에 해당하는데, 정교함과 강화의 시기이다. 이 시기는 두 번째 전환점이 되는 시기로서 대개 7세 이후까지 이어진다. 셋째, 도덕성발달의 세 번째 단계는 청년 초기와 중기에 나타나는데, 세 번째 전환점은 사춘기가 시작되는 무렵이 된다. 넷째, 도덕성발달의 네 번째 단계와 전환점은 청년 후기에 접어들면서 시작된다. 그리고 나머지 전환점과 단계들은 노년기와 죽음에 직면하기까지의 성인기 전 기간 동안 개인에 따라 다양하게 나타난다.

2. 도덕성발달에서의 성차

1) Freud와 Kohlberg의 이론

Freud(1933)는 여성의 도덕성발달은 불완전하다고 주장하였다. 이는 초자아의 형성은 오직 거세불안에 의해서 완전해지는 것인데, 여성에게는 거세불안이 없는 만큼 보다 약한 초자아를 발달시키게 되어, 도덕적인 면에서 남자보다 덜 엄격한 편이라는 것이다. 그러나 이러한 주장은 단순히 Freud 자신의 문화적 고정관념을 반영한 것일 뿐이라는 비판을 받는다. Hoffman(1980)은 남성보다 여성이 도덕적 원리를 보다 더 잘 내면화한다고 하면서, 이는 도덕적으로 옳지 못한 일이 여성에게는 죄책감과 연결되나 남성에게는 탄로와 처벌의 두려움과 연결되기 때문이라고 하였다.

Kohlberg(1976)의 이론 또한 여성에 대한 편견을 나타내고 있다. 그의 이론은 남자만을 대상으로 한 연구를 기초로 해서 도덕성발달 수준을 6단계로 나누고, 대부분의 남성은 4단계 수준에 그리고 대부분의 여성은 3단계 수준에 머문다고 하였다. Gilligan(1977)은 Kohlberg의 도덕성발달이론은 추상적인 추론을 강조함으로써 남성의 성역할 가치가 크게 평가되고, 상대적으로 여성의 성역할 가치의 중요성은 축소되었다고 주장하였다.

2) Gilligan의 도덕성발달이론

Gilligan은 많은 도덕성발달이론에 내재하고 있는 남성 편견을 수정하기 위해 새로운 도덕성발달이론을 발전시켰다. 이 이론에서 나타나는 여성의 도덕적 판단의 분명한 특징은 다른 사람들과의 관계에서 도덕문제를 판단하고 자신을 평가한다는 점이다. Gilligan(1990)은 그녀의 연구에 근거해서 남자와 여자의 경우는 도덕적 명령이 추구하는 바가 다르다고 보았다. 즉, 여성에게 주어지는 도덕적 명령은 동정이나 보살핌 같은 것이고, 남성에게 주어지는 도덕적 명령은 정의와 같은 추상적 원

아브라함이 아들 이삭을 제물로 바치려 하고 있다.

칙과 다른 사람의 권리를 존중해주는 것 등이다.

Gilligan은 도덕성의 두 가지 대조적인 개념을 극적으로 설명하고 있는데, 그 하나는 Kohlberg의 정의의 도덕성이고, 다른 하나는 Gilligan의 배려의 도덕성이다. Kohlberg의 6단계에서 제시된 관념적 도덕성은, 성경에서 하느님이 믿음의 징표로 아들의 생명을 요구했을 때, 아브라함이 기꺼이 아들의 목숨을 제물로 바치게 한 것에서 볼 수 있다(사진 참조). Gilligan의 인간중심적 도덕성 역시 성경에서 볼 수 있는데, 아기가 다치는 것을 보느니 차라리 가짜 어머니에게 아기를 양보함으로써, 자신이 아기의 진짜 어머니라는 것을 솔로몬 왕에게 입증해보인 여자의 이야기(사진 참조)에서 나타나고 있다 (Papalia, Olds, & Feldman, 1989).

이렇게 상이한 도덕적 명령은 도덕적 문제를 다른 방향에서 보게 하지만, 결코 남성적 방향이 보다 우수하다는 것을 의미하지는 않는다. 오히려 보다 인간적인 도덕성발달의 개념을 발전시키기 위해서는 남성적 방향과 여성적 방향이 서로 보완적으로 통합될 필요가 있다고 Gilligan은 주장한다. 이러한 주장은 남성적 성역할과 여성적 성역할을 서로 보완·통합하는 양성적 성역할 개념과 매우 비슷하다.

Gilligan(1982)은 도덕성발달을 이해하는 데 있어 핵심적인 틀로서 인정되어 온 Kohlberg의 도덕성발달이론이 여성에게는 편파적인 것이라고 비판하였다. 즉, Kohlberg의 도덕성발달이론은 추상적인 추론을 강조함으로써 남성의 성역할 가치는 높이 평가하고, 상대적으로 여성의 성역할 가치의 중요성을 축소하였다는 것이

솔로몬 왕이 아기의 진짜 어머니가 누구인지 가리고 있다.

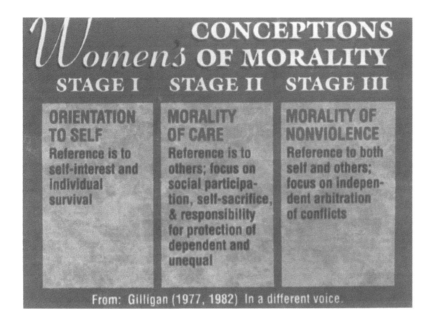

다. 정의를 중시한 Kohlberg의 도덕성발달이론은 이성이나 평등, 존엄성, 자율성 등과 같이 남성적 특성을 강조했기 때문에 남성주의적인 것인 반면, 다른 사람들에 대한 배려나 보호, 보살핌 및 책임 등과 같이 여성의 도덕적 판단에서 나타나는 대인관계적 요소를 평가절하함으로써 도덕적 추론에서 여성들이 사용하는 '다른 목소리'는 제대로 반영하지 못하였다는 것이다. 이러한 남성중심적인 도덕성발달이론을 대신하여, Gilligan은 여성의 도덕성을 이해할 수 있는 새로운 기준으로 배려지향적 도덕성발달이론을 제시하였다.

Gilligan(1982)이 제시하는 배려지향적 도덕성발달 과정은 세 수준과 두 과도기로 구분되는 다섯 단계로 이루어진다. 여기에서 1.5 수준과 2.5 수준은 과도기 과정이다.

(1) 제1수준: 자기중심적 단계

도덕적 추론의 가장 초보적인 단계로서, 이 단계에서 여성은 스스로의 생존을 위해 지극히 자기중심적이다. 이 단계에서는 다른 사람에 대한 관심이나 배려가 결여되어 있으며, 자신에게 최상의 것이 무엇인가에 의해 최종 결정이 내려진다. 이 단계에서의 배려는 다른 사람을 위한 것이 아니라 오직 자기 자신을 위한 배려이다. 여성의 관심은 오직 자신의 욕구뿐이다.

(2) 제1.5수준: 이기심에서 책임감으로의 변화

이 단계에서 처음으로 이기심(자신이 원하는 것)과 책임감(자신이 해야만 하는 것)이라고 하는 대립되는 개념이 등장한다. 자신의 판단이나 행동을 이기적이라고 자책하기도 하는데, 이는 자아와 타인 사이의 연계성을 인식하기 시작했다는 사실을 보여준다. 이제는 이기심이 타인을 생각하는 책임감으로 서서히 변하기 시작한다. 그러나 다른 사람들에 대한 관심이 증가했다고 할지라도, 여전히 자신의 행복이 삶의 목적이다.

(3) 제2수준: 책임감과 자기 희생의 단계

이 단계에서 여성은 다른 사람들에 대한 책임을 강조하게 되며, 자기에게 의존하는 사람들이나 자기보다 열등한 사람들을 보살피고자 하는 모성애적 도덕률을 채택하게 된다. 다른 사람들을 기쁘게 해주려는 욕구, 심지어 자기의 욕구를 희생해서라도 다른 사람이 원하는 것을 해주려는 욕구가 전면에 등장하게 된다.

그러나 배려의 대상이 오직 다른 사람에게만 국한되며, 자기 자신은 배려의 대상에서 제외되기 때문에, 인간관계의 평형상태가 파괴된다. 즉, 이 단계에서 여성은 자기 희생을 도덕적 이상으로 간주하지만, 이것은 자기 자신과 다른 사람들 간의 불평등으로 인하여 여성은 혼돈에 빠지게 된다.

(4) 제2.5수준: 선에 대한 관심에서 진실에 대한 관심으로의 변화

이 단계에서는 다른 사람의 욕구뿐만 아니라 자기 자신의 욕구도 고려한다. 다른 사람에 대한 책임을 짐으로써 '착하게' 되기를 원하지만, 자기 자신에게 책임을 짐으로써 '정직하게' 되고자 한다. 즉, 책임감의 개념이 자기 자신의 욕구와 이해관계를 포괄할 수 있도록 확대되는 것이다.

이 두 번째 과도기에서는 선에 대한 관심보다 진실에 대한 관심이 더 증가한다.

이러한 변화는 배려의 도덕성을 뒷받침한다고 생각했던 자기 희생의 논리를 면밀히 고찰하는 과정에서 자아와 타인 간의 관계를 재고하면서부터 시작된다.

(5) 제3수준: 자신과 타인에 대한 배려의 단계

이 단계에 도달하게 되면 여성은 인간관계가 상호적이라는 것을 인식하며, 자신과 타인의 관계에 대한 새로운 이해를 통해서 이기심과 책임감 간의 대립을 해소한다. 예를 들면, 낙태에 관한 결정에 있어서 자기 자신의 권리를 주장하지만, 동시에 다른 사람들에 대한 책임감도 고려한다. 이 단계의 여성은 더 이상 자신을 무기력하거나 복종적인 존재로 여기지 않는다. 이제는 의사결정 과정에서 적극적이고 동등한 참여자가 되는 것이다. 이 단계에서는 자기 자신도 배려의 대상이 되어야 한다는 것을 깨닫게 되며, 자기 자신에 대하여 책임감을 느끼게 된다.

3. 도덕성발달과 영향요인

도덕성발달에 영향을 미치는 요인은 부모, 또래, 교사, 형제자매나 조부모 등의 다른 가족구성원, 종교집단의 지도자, 대중매체 등이다(〈그림 9-4〉 참조).

〈그림 9-4〉 도덕성발달에 영향을 미치는 요인들

1) 부모의 영향

애정지향적이고 수용적인 양육태도는 자녀의 도덕성발달에 긍정적인 영향을 미치고, 지나치게 엄격하고 통제적인 양육태도는 부정적인 영향을 미친다. 아동들은 부모에게서 사랑받고 신뢰받음으로써 도덕적 기준을 내면화시키고, 다른 사람에 대한 배려도 하게 된다(Thompson & Newton, 2010). 한편, 체벌을 포함한 힘을 사용하는 훈육법은 자녀로 하여금 단지 잘못을 들키지 않도록 조심하게 함으로써 내적 통제능력을 길러주지 못한다(Hower & Edwards, 1979).

부모의 양육행동 연구(Brody & Shaffer, 1982)에서 논리적 설명(reasoning)이 애정철회나 권력행사보다 자녀의 도덕성발달과 보다 더 관련이 있는 것으로 나타났다. 여기서 '애정철회'란 자녀에게 더 이상 애정이나 관심을 보이지 않는 양육행동으로 다음과 같은 예를 들 수 있다. "네가 만일 또 그런 짓을 하면 나는 더 이상 너를 사랑하지 않아"라는 것이 그것이다. '권력행사'는 체벌이나 위협 등 힘을 사용하는 훈육법이고, '논리적 설명'은 자녀의 행동이 다른 사람에게 어떤 결과를 초래하는지를 설명하는 것이다.

도덕성발달이론가인 Hoffman(1970, 1980, 1988)은 애정철회나 힘을 사용하는 훈육법은 아동에게 너무 지나친 자극을 주게 되어 효과적이지 못하지만, 논리적 설명을 사용하는 훈육법은 자녀에게 무조건 부모가 시키는 대로 하라고 하는 대신에 왜 그렇게 해야 하는가를 설명해주고, 또한 자녀의 옳지 못한 행동이 다른 사람에게 어떤 영향을 미치는가를 설명해줌으로써 내면화된 도덕성을 발달시킨다고 한다.

도덕성발달에 좋지 못한 영향을 미치는 또 다른 양육태도는 비일관성이다. 일관성 없는 부모의 기대 또는 훈육법은 혼란과 불안, 적의, 불복종을 초래하고 심지어는 청소년 범죄 등을 유발한다(Bandura & Walters, 1959).

부모는 또한 도덕성발달에 있어서 역할모델 노릇을 한다. 아동들은 특히 나쁜 행동을 쉽게 모방하기 때문에 자녀에게 좋은 모델 노릇을 하기 위해서는 부모 자신이 도덕적이어야 한다.

우리나라 청소년의 도덕성발달과 가정환경과의 관계를 알아본 연구(허재윤,

1984)에서 부모의 학력, 사회경제적 지위, 문화수준 등 지위요인이 도덕성발달과 관계가 있는 것으로 보인다. 그리고 가족구성원 간의 유대관계가 깊고 일체감이나 공동체의식이 클수록 청소년들의 도덕성발달 수준이 높으며 부모의 양육태도가 애정지향적이고, 자율적이며, 개방적일 경우 자녀의 도덕성발달 수준이 높은 것으로 나타났다.

우리나라의 유아와 그들의 부모를 대상으로 한 연구(우혁기, 2003)에서는 부모의 언어통제 유형에 따라 유아의 도덕성발달에 차이가 있는 것으로 나타났다. 즉, 부모가 인성적 언어통제 유형을 사용할 때에 도덕성발달 수준은 높게 나타났고, 명령적 언어통제 유형을 사용할 때에는 도덕성발달 수준이 낮게 나타났다.

2) 또래의 영향

도덕성발달에 미치는 부모의 영향이 지대하지만 또래의 영향 또한 중요하다. 부모의 가치관과 또래의 가치관이 일치할 경우에는 도덕적 가치를 강화하는 데 도움이 되지만, 이들이 서로 다를 경우에 아동은 도덕적 결정을 내리는 데 갈등을 느끼게 된다. 또래집단은 비행집단이나 소외된 청년문화와 같은 탈선적 청년 하위문화의 발달에 중요한 영향을 미치는 것으로 보인다(Lloyd, 1985).

Margaret A. Lloyd

Kohlberg는 자신보다 높은 단계의 도덕적 추론에 접하게 되면 인지적 불평형 상태를 유발하므로 높은 수준으로의 상향이동이 이루어진다고 주장하지만, 연구결과 항상 상향이동만으로 도덕성발달이 이루어지는 것은 아니라는 것이 밝혀졌다. 아동이나 청년은 또래와 함께 있을 때에 반사회적 행동에 대해 불안이나 죄책감을 덜 느끼므로 아주 낮은 단계에까지 퇴행하는 경향이 있다는 것이다(Hoffman, 1980).

3) 대중매체의 영향

텔레비전은 부모나 교사와 같은 영향력을 지닌 사회화 인자로서 주목을 받게 되

었다. 텔레비전 시청은 아동들의 중요한 일과로서 하루에 평균 4시간 이상을 텔레비전 시청으로 보낸다는 보고가 있다(Liebert, Sprafkin, & Davidson, 1982). 텔레비전이나 영화에 나오는 역할모델을 관찰함으로써 태도, 가치, 정서적 반응, 새로운 행동들을 학습한다. 보다 구체적으로, 이러한 모델을 통해서 도덕적 판단이나 도덕적 행동들을 배우게 된다(Bandura, Grusec, & Menlove, 1967).

최근 연구에서 텔레비전에서 이타적 행동을 하는 모델을 본 아동들은 보다 이타적이 되고, 공격적 행동을 하는 모델을 본 아동은 더 공격적이 되는 것으로 나타났다(Maloy et al., 2014; Parke et al., 2008; Truglio & Kotler, 2014). 즉, 텔레비전에 나타나는 폭력은 공격적 행동뿐만 아니라 도덕적 가치나 행동에도 영향을 미치는 것으로 보인다.

사진 설명 TV에 나타나는 폭력은 공격적 행동뿐만 아니라 도덕적 가치나 행동에도 영향을 미친다.

4. 성인기의 도덕적 사고

성인기에 도덕적 사고는 어떻게 변화하는가? Kohlberg와 그의 동료들(Colby, Kohlberg, Gibbs, & Lieberman, 1980)은 1956년부터 20년간 도덕성발달에 관한 종단적 연구를 실시하였다. 〈그림 9-5〉는 청년 초기부터 성년기까지의 도덕적 판단의 발달과정을 보여준다. 그림에서 보듯이 연령과 도덕성 발달단계 간에는 분명한 관계가 있음을 알 수 있다. 20년 동안 1단계와 2단계는 감소하였으며 10세 때 전혀 보

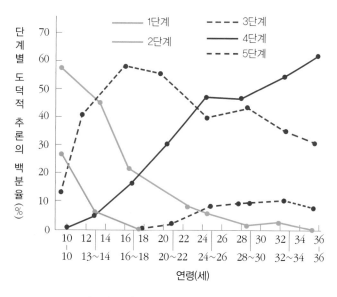

〈그림 9-5〉 연령과 도덕적 판단 수준

이지 않던 4단계가 36세에는 62%로 증가하였다. 5단계는 20~22세 이후에야 나타났는데 그것도 10%를 넘지 않았다. 소수의 성인들만이 법과 사회관습에 깊은 이해를 보이고, 정당한 법과 그렇지 못한 법을 구분할 줄 아는 5단계의 후인습적 수준에 도달하는 것으로 보인다(Colby et al., 1980).

도덕적 판단은 청년기에 절정에 달하고 성년기에 퇴보한다는 주장도 있지만, 성년기 동안 더 윤리적이고 옳고 그름에 대한 자신의 판단과 더 일치하는 행동을 보인다(Stevens-Long, 1990). 30대의 대부분의 성인들은 여전히 인습적 수준에 머물지만 3단계에서 4단계로 옮겨 가는 경향이 있다. 그리고 성년기에는 도덕적 사고가 성장하는 것이 확실하다(Walker, 1980). 이러한 경향은 노년기까지 계속되는가 아니면 노인들은 도덕적 추론이 더 낮은 수준으로 되돌아 가는가?

많은 연구들(Chap, 1985/1986; Pratt, Golding, & Hunter, 1983; Pratt, Golding, & Kerig, 1987)에 의하면, 적어도 비슷한 교육수준의 피험자들을 대상으로 했을 때 도덕적 추론단계에서 연령에 따른 차이는 없는 것으로 보인다. Speicher(1994)에 의하면, 도덕성발달 단계와 교육수준은 관련이 있다고 한다.

Kohlberg의 가설적 도덕적 갈등상황이 제시되든 아니면 "어떻게 하는 것이 옳은 일인지 확실치 않은" 실제 상황이 제시되든 간에 노인들은 젊은이들과 마찬가지로 도덕적 추론을 적절히 잘하는 것으로 나타났다(Pratt et al., 1987). 장기종단 연구에 의한 자료는 없지만 적어도 횡단적 연구에서는 도덕적 사고가 노년기에도 저하되지 않는 것으로 보인다. 오히려 어떤 연구에서는 노인들의 경우가 도덕적으로 옳고 그름에 대한 판단이 더 확고한 것으로 나타났다(Chap, 1985/1986). 노인들은 도덕적 갈등상황이 제기하는 쟁점을 나름대로 재구성하고(Pratt, Golding, Hunter, & Norris, 1988), 도덕적 추론에서 더 일관성을 유지하는 것으로 보인다(Pratt, Golding, & Hunter, 1983).

요약하면, 대부분의 노인들은 성년기에 획득한 도덕적 추론을 그대로 유지하는 것으로 보인다. 심지어 어떤 경우에는 더 일관성 있는 도덕적 추론을 한다. Kohlberg (1973)도 도덕적 갈등상황에 직면한 경험과 일생에 걸쳐 자신의 의사결정에 대한 책임을 진 경험이 노인들로 하여금 더 일관성 있는 도덕적 추론을 하게 한다고 주장한 바 있다.

"살아 있는 한 배워라"는 격언은 성인의 도덕성발달을 집약한 표현이다. 경험은 성인들로 하여금 옳고 그른 것에 대한 판단의 기준을 재평가하게 해준다. 하인츠의 갈등과 같은 Kohlberg의 도덕적 갈등에 대해 답을 하게 된 이유로 어떤 성인들은 자신의 개인적 경험을 자연스럽게 제시한다. 실제로 자신이 암에 걸린 경험이 있는 사람은 그렇지 않은 사람보다 아내를 위해 값비싼 약을 훔친 남편을 용서해주고, 자신의 경험을 예로 들면서 그 이유를 설명한다(Bielby & Papalia, 1975).

Kohlberg(1973)는 보다 높은 도덕적 원리를 인지적으로 깨닫는 것은 청년기에 발달하지만, 대부분의 사람들이 성년기가 되어서야 이 원칙에 따라 행동하게 되는데, 이때에는 정체감의 위기가 도덕적 쟁점을 둘러싸고 다시 일어난다고 한다.

도덕성발달을 조장하는 두 가지 경험은 집을 떠나서 겪는 가치갈등(예를 들면, 대학이나 군대 또는 외국여행에서 겪는 경험)과 다른 사람의 복지에 대한 책임감을 갖게 되는 경험(예를 들면, 부모가 되는 경험)과 직면하는 것이다.

도덕적 판단과 인지적 성숙이 관련은 있지만 전적으로 그런 것은 아니다. 사고가

아직 구체적 수준에 머물러 있는 사람이 후인습적 수준의
도덕적 판단을 할 수는 없다. 그러나 경험이 인지에 수반
되지 않는 한 형식적 조작의 인지단계에 있는 사람도 최
고 수준의 도덕적 사고에는 도달하지 못한다. 넬슨 만델
라(사진 참조)의 경우와 같이 경험이 그러한 전이를 가능
하게 해주지 않는 한 논리적으로 추론할 수 있는 사람도
인습적 수준에서 벗어나지 못한다.

Nelson Mandela

콜버그의 7단계: 우주 지향의 도덕

한때 Kohlberg는 그의 도덕성 발달단계에서 6단계에 도달
하는 사람이 매우 드물다는 사실에 주목하면서 6단계의 존
재에 의문을 가진 적이 있다(Muuss, 1988). 그럼에도 불구하
고, Kohlberg는 작고하기 얼마 전에 '정의'의 도덕성을 넘어
서는 '제7단계'에 대해 심사숙고한 것 같다(Kohlberg, Levine,
& Hewer, 1983). 자신의 죽음과 직면하게 되는 말년에 가서
야 출현하는 것으로 보이는 제7단계는 동양의 '자아초월'의
개념과 유사한 것으로 보인다. 자신이 우주의 중심이라고 생
각하던 인간이 이제 우주와 일체를 이루고 자신은 우주의 일

James Fowler

부일 뿐이라고 생각하기 시작한다. 불경(佛經)에 '우주즉아(宇宙則我)'라는 말이 있다. 우주
가 있다는 것을 깨닫는 내가 있어야 우주도 있으니 나 역시 우주와 같다는 뜻이다. 이 단계
에서 성인들은 다음과 같은 질문을 하게 된다. "왜 사는가? 죽음에 어떻게 직면할 것인가?"
(Kohlberg & Ryncarz, 1990, p. 192).

이 질문에 대한 대답으로 Kohlberg가 제시한 것은 '우주적 전망(cosmic perspective)'으로
서 우주, 자연 또는 신과 일체감을 느끼는 것이라고 하였다. 이러한 견해는 반드시 종교적 신

념을 수반하는 것은 아니지만, 신학자 Fowler(1981) 의 신념발달이론에서 볼 수 있는 가장 성숙한 수준과 상당히 유사하다. Fowler의 신념발달은 모두 7단계로 이루어지는데, 가장 높은 단계가 '보편화된 신념(universalizing faith)'이다. Fowler에 의하면 보편화된 신념단계에 도달하는 사람은 전체 인구 중 1% 미만으로 매우 드물다고 한다. 이 단계에 도달한 사람들은 "우주와 일체를 이루는" 경지를 경험한다 (Fowler, 1983, p. 58). Fowler가 예로 든 보편화된 신념발달 단계에 도달한 사람으로는 마틴 루터, 마하트마 간디, 테레사 수녀 등이 있다.

우주와 일체를 이루는 경험을 하기 위해서는 모든 존재는 서로 연결되어 있다는 점을 인식해야 한다. 다시 말해서 한 개인의 행동은 모든 사람과 모든 사물에 영향을 미치고, 그 결과는 다시 행위자인 자신에게로 되돌아온다는 것이다.

19세기 중반에 스쿼미시 인디언 족장이었던 시애틀(사진 참조)은 이와 유사한 견해를 피력한 바 있다. 미국 정부가 그들 원주민의 땅을 사들이려고 했을 때 그는 다음과 같이 말했다.

땅은 우리 민족에게 있어 거룩한 곳입니다. 아침 이슬에 반짝이는 솔잎 하나도, 해변의 모래톱도, 깊은 숲 속의 안개며 노래하는 온갖 벌레들도 모두 신성합니다. 나무 줄기를 흐르는 수액은 바로 우리의 정맥을 흐르는 피입니다. 우리는 땅의 일부이고 땅은 우리의 일부입니다. 거친 바위산과 목장의 이슬, 향기로운 꽃들, 사슴과 말, 커다란 독수리는 모두 우리의 형제입니다. 사람은 이 거대한 생명 그물망의 한 가닥일 뿐입니다. 만일 사람들이 쏙독새의 아름다운 지저귐이나 밤의 연못가 개구리의 울음소리를 듣지 못한다면 인생에 남는 것이 무엇이 있겠습니까?

우리가 만약 당신들에게 땅을 판다면, 땅은 거룩하다는 것을 기억해주십시오. 이 땅을 목장의 꽃향기를 나르는 바람을 맛볼 수 있는 곳으로 지켜 주십시오. 우리가 우리의 자손에게 가르친 것을 당신들도 당신들의 자손에게 가르쳐 주십시오. 땅은 우리 모두의 어머니라고. 모든 좋은 것은 땅으로부터 나오고, 이 땅의 운명이 곧 우리의 운명이라는 것을……(Campbell & Moyers, 1988, pp. 34-35).

10장
친사회적 행동

기계문명의 발달로 인해 인간성이 상실되고 공동체 생활에서 협동보다 개인적 승리가 우월적 가치를 갖는 분위기에서 개인주의가 만연하게 되었고, 이웃에 대한 무관심과 무배려로 인해 상호간의 갈등이 빈발하는 요즈음, 인간행동의 부정적 측면인 공격적 행동에 대한 연구보다는 그 반대적 개념이라 할 수 있는 인간행동의 긍정적 측면인 친사회적 행동에 대한 연구에 보다 많은 관심이 모아지고 있다.

지금까지의 사회심리학에서는 인간발달에서 부정적 측면을 지나치게 강조해왔다. 그러나 최근에 와서는 인간본질의 긍정적인 측면에 보다 많은 관심을 가지게 되었는데, 그 이유는 다음과 같다. 즉, 인본주의 심리학의 성장, 평화운동의 확산, 인권에 대한 관심의 고조, 지구상의 자원에 대한 공평한 분배를 원하는 인간의 욕망 등이 인간발달연구의 초점을 반사회적 행동의 문제에서 친사회적 행동의 문제로 옮겨놓은 것이다. 그 밖에도 반사회적 행동이 사회를 매우 위협하게 되었기 때문에 친사회적 행동에 초점을 맞추려는 실용적인 이유도 들 수 있다.

친사회적 행동은 다른 사람을 이롭게 하는 행동으로서 예를 들면, 친구에게 자기 소유물을 나누어준다거나, 곤경에 처한 사람을 돕는다거나, 자기 자랑보다는 남을 칭찬하고, 다른 사람의 복지증진에 관심을 갖는 것 등을 포함한다.

친사회적 행동을 설명하는 방식에는 몇 가지 이론이 있다. 동물행동학과 사회생물학에서는 친사회적 행동을 종의 생존을 보장해주는 인간본질의 기본적 구성요소로 본다. 반면, 정신분석이론과 인지발달이론 그리고 사회학습이론에서는 친사회적 행동은 유전적인 것이 아니고 학습된 것이라고 본다. 바꾸어 말하면, 정신분석이론은 성격구조의 하나인 초자아가 발달함에 따라 친사회적 행동이 발달한다고 보고 있으며, 인지발달이론은 친사회적 행동은 인지발달과 마찬가지로 단계적으로 발달하는 것인데, 여기에는 역할수용이라는 사회인지 기술이 결정적인 요인이 된다고 본다. 그리고 학습이론은 다른 모든 행동에서와 마찬가지로 친사회적 행동의 발달에서도 강화와 처벌의 중요성을 강조하고 있다.

이 장에서는 친사회적 행동의 이론, 이타적 행동과 감정이입, 부모의 자녀양육방식과 친사회적 행동, 방관자 효과, 정서상태, 수혜자의 특성 등의 상황요인과 그외 관련요인 등에 관해 살펴보기로 한다.

1. 친사회적 행동의 이론

친사회적 행동이 타고난 것이냐 아니면 학습된 것이냐에 관해 논의하는 몇 가지 이론이 있다. 동물행동학과 사회생물학에서는 친사회적 행동을 유전적으로 프로그램된 특성이라고 보는 반면, 정신분석이론과 인지발달이론 그리고 사회학습이론에서는 친사회적 행동을 유전적인 것이 아니고 학습된 것이라고 본다. 다음에서는 친사회적 행동을 설명하는 이론들을 살펴보기로 한다(Aronson, Wilson, & Akert, 1997; Perry & Bussey, 1984; Shaffer, 1994, 2009).

1) 사회생물학적 이론

친사회적 행동에는 생물학적인 근거가 있는가? 얼핏 보면 이 물음에 대해 "예"라고 대답하는 것은 다윈의 진화론과 상반되는 것으로 보인다. 다윈은 유기체가 자기희생 때문이 아니라 다른 유기체를 능가하려는 이기적인 동기 때문에 생존할 수 있었다고 주장한 바 있다. 그러나 사회생물학의 원리에 근거한 최근의 연구들을 살펴본 Hoffman(1981)에 의하면 이타적 동기에는 생물학적 근거가 있다고 한다. 사회생물학자들에 의하면, 종의 생존에 필요한 활동(예: 사냥, 농사, 의사소통)에는 협동, 신뢰, 정직, 충성 그리고 그 집단을 위한 희생정신이 요구된다. 그렇다면 자연도태 과정을 통하여 개인보다는 집단 또는 종 전체에게 유익한 특성이 존속되는 것인지 모른다. Wilson(1975)은 유전적 요인이 사회적 행동에 미치는 영향은 개인적 수준에서가 아니라 문화적 · 사회적 수준에

Charles Darwin

서 훨씬 더 이해하기 쉽다고 믿는다. 예를 들면, 살인이나 근친상간 금기 등의 사회적 관례(문화적 규범)는 진화적 과정을 반영한 것으로, 진화적 과정은 종의 생존에 가장 적합한 행동과 일치하는 사회적 행동을 선호한다고 주장한다. 따라서 이타적 행동과 같이 바람직한 사회적 행동은 후손에게 전해지고, 근친상간과 같이 바람직하지 못한 행동은 전해지지 않게 된다는 것이다(Green, 1989; Lerner & Von Eye, 1992).

친사회적 행동은 개인의 생존에도 유익한 것이다. Trivers(1971)는 수혜자는 도움을 베푼 사람에게 보답하려는 경향이 있기 때문에, 돕기 행동은 상대방뿐만 아니라 자기 자신의 생존 가능성까지도 증가시킨다고 주장한다. 다시 말해서, 만약 A라는 사람이 B라는 사람에게 도움을 준다면, 언젠가는 B라는 사람도 A라는 사람에게 도움을 줄 것이다. 이와 같이 다른 사람을 돕는 행동은 자신의 생존에도 유익한 것이 되기 때문에 생물학적 근거가 있다고 보는 것이다(Cosmides & Tooby, 1992; Cunningham, 1986; Rushton, 1989).

Edward Wilson

Eberhard(1975)에 의하면, 어떤 사람이 특정한 친사회적 행동을 할 가능성 여부는 그 행동이 그 사람의 유전자 생존 가능성에 얼마나 기여하는가와 직접적인 연관이 있다고 한다. 가까운 친척들은 유사한 유전인자를 가지고 있기 때문에, 서로 도와주기가 쉽다(사진 참조). 그러나 유전자의 생존에 도움이 된다면 친척이 아닌 남이라도 도와주려는 경향이 있다고 한다.

이상에서 우리는 친사회적 행동의 유전적 기저에 대해 살펴보았다. Hoffman (1981, 1988)은 친사회적 행동을 중재하는 특유의 심리적 반응을 감정이입이라고 보았다. 심지어 신생아들도 옆의 아기가 울면 따라서 우는 등 초보적 형태의 감정이입적 반응을 보인다. 일란성 쌍생아가 이란성 쌍생아보다 감정이입적 반응이 더 유사한 것으로 나타난 연구결과(Matthews, Batson, Horn, & Rosenman, 1981)는 감정이입이 유전적 성향을 가진다는 것을 보여준다.

2) 사회교환이론

사회교환이론에 의하면 대부분의 인간행동은 사회적 보상(social rewards)을 극대화하고 사회적 비용(social costs)을 최소화하고자 하는 욕구에서 나온다고 한다 (Homans, 1961; Thibaut & Kelley, 1959). 사회생물학적 이론과의 차이점은 이러한 욕구에 생물학적 근거가 있는 것으로 가정하지 않는다는 점이다.

사회교환이론에서는 친사회적 행동에는 여러 가지 면에서 사회적 보상이 있다고 주장한다. 즉, 우리가 남을 도우는 행동을 하면 언젠가는 우리도 도움을 받게 된다고 생각한다는 것이다. 따라서 친사회적 행동은 어떤 면에서 보면 미래를 대비한

투자와도 같은 것이라고 볼 수 있다. 착한 시민으로 착한 행동을 하는 것은 일찍이 철학자들이 "사회계약(social contract)"이라고 언급한 바와 같이 문명사회에서 볼 수 있는 현저한 특성이다. '동족상잔(dog-eat-dog)'의 세상에서 살기를 원하는 사람은 아무도 없다. 사람들은 자신의 착한 행동이 언젠가는 보상을 받을 것이라고 믿고 싶어 한다.

친사회적 행동은 또한 그 행동을 하고 나서 우리 마음이 즐겁고 편안해지는 데서도 보상을 받는다. 다른 사람이 고통받는 것을 보면 마음이 괴롭기 때문에 우리 마음이 편안해지기 위해서도 곤경에 처한 사람을 돕게 된다(Dovidio, 1984; Dovidio, Piliavin, Gaertner, Schroeder, & Clark, 1991; Eisenberg & Fabes, 1991). 그리고 친사회적 행동을 하게 되면 자기가치감(feelings of self-worth)이 증진되거나 다른 사람들로부터 인정을 받음으로써 또한 사회적 보상을 받게 되기도 한다.

반면, 친사회적 행동은 시간을 너무 많이 빼앗기거나 신체적 위험을 초래하는 등의 희생이 따른다. 사람들은 손해가 지나치게 클 경우에는 친사회적 행동을 덜 하게 된다(Piliavin, Dovidio, Gaertner, & Clark, 1981; Piliavin, Piliavin, & Rodin, 1975). 사회교환이론의 기본 전제는 이득(benefits)이 비용을 능가할 때 친사회적 행동을 하게 된다는 것이다. 따라서 사회교환이론에 의하면 진정한 의미에서의 이타적 행동은 존재하지 않는다고 한다. 즉, 사회교환이론은 인간의 본성에 대해 상당히 냉소적인 견해를 나타낸다. 이러한 견해는 친사회적 행동을 평가절하하는 것으로 보인다. 그렇다면 자신의 생명을 희생하면서까지 다른 사람의 생명을 구하는 인간의 숭고한 행동은 어떻게 설명해야 할 것인가?

사진 설명 2001년 1월 일본 유학 중 도쿄의 한 지하철 역 선로에 떨어진 일본인 취객을 구하려다 숨진 '의인(義人) 이수현'

3) 정신분석이론

Freud의 정신분석이론에 의하면, 어린 아동은 원초아의 지배를 받아 자신의 충동에 따라 움직이는 쾌락주의자라고 한다. 그렇다면 자신의 쾌락만을 좇아 행동하는 이기적이고 자기중심적인 아동이 어떻게 다른 사람의 복리를 위해 자기희생을 감수해야하는 이타적 행동을 할 수 있을까? 그 대답은 의외로 간단하다. 아동기에 발달하는 초자아의 역할 때문이다. 초자아는 성격상 도덕적인 요인을 나타내는 것인데, 현실보다 이상을 지향하고 완벽한 것을 추구한다. 아동은 초자아를 통해서 부모의 행동이나 가치기준을 내면화하게 된다. 이렇게 내면화된 부모의 가치기준이나 외적 규범에 위배되는 행동을 하게 되면 죄책감을 느끼게 된다.

나중에 초자아는 부모의 도덕관뿐만 아니라 사회규범이나 본능적인 충동의 표현과 관련된 문화적 규제에 대한 내적 표상이 된다. 초자아는 사춘기가 시작될 무렵 거의 완성된다. 이것은 자기통제가 부모가 내리는 보상과 처벌을 통한 통제를 대체하기 시작하며, 불안과 죄책감은 초자아가 스스로 내린 처벌이라는 것을 의미한다. 초자아는 두 가지 요소로 이루어진다. 하나는 자신의 내면화된 도덕적 가치에 위배될 때 죄책감을 느낌으로써 도덕적 위반에 반응하는 '양심'이고, 또 하나는 자신의 행동이 내면화된 기준과 일치될 때 자부심을 느끼고 만족을 하게 되는 '자아이상'이다.

일단 이타적 원리가 내면화되고 자아이상의 일부가 되면 아동은 곤경에 처한 사람들을 도우려는 노력을 하게 된다. 다시 말해서 그렇지 않았을 경우 받게 될 양심의 가책(예컨대, 죄책감, 수치심, 자기비하 등) 때문에 아동은 친사회적 행동을 하게 된다는 것이다.

4) 인지발달이론

인지발달이론(Chapman et al., 1987; Eisenberg, Lennon, & Roth, 1983; Hoffman, 1988; Kohlberg, 1969; Zahn-Waxler et al., 1992)에 의하면, 아동의 친사회적 발달은 네 단계를 거쳐 이루어진다고 한다.

첫째, 2세경에 영아는 자기인식(self-recognition)을 하게 되는데, 자기인식은 영아가 자신은 다른 사람과 구분되는 실체라는 사실을 깨닫는 것을 말한다. 이로 인해 영아는 기분이 언짢아 보이는 또래에게 자기 장난감을 나누어주거나 심지어는 기분을 풀어주려는 시도를 하기도 한다(사진 참조).

둘째, 7세 이전의 전조작기 아동은 자기중심적이기 때문에 다른 사람의 욕구를 고려하지 못하며 쾌락원리(pleasure principle)에 따라 반응한다. 쾌락원리는 쾌(快)를 최대로 하고 고통을 최소화하는 것이다. 즉, 이 시기의 아동들은 자신이 원하는 보상을 받을 수 있을 때에만 친사회적 행동(예컨대, 나누어주기 행동)을 한다는 것이다.

셋째, 초등학교 시기는 대체로 구체적 조작기에 해당되는데, 이 시기의 아동은 이제 덜 자기중심적이고 역할수용능력도 획득하게 되며, 또래와 상호작용을 할 기회가 많은데(또래와 말다툼을 하거나 함께 놀이를 하는 등의) 이러한 경험은 자신과 다른 사람의 관점이 다를 수 있다는 것을 학습하게 한다. 다른 사람의 입장을 이해할 수 있고 다른 사람을 기쁘게 하거나 고통스럽게 하는 요인을 파악할 수 있는 이 새로운 능력으로 말미암아 이제 다른 사람을 기쁘게 하기 위해 친사회적 행동을 하는 것이 가능하다.

넷째, 사춘기가 되면 형식적 조작기에 도달하는데 이때 청소년들은 도덕적 공정성에 관한 보편원리(예를 들면, "다른 사람이 네게 행하기를 원하는 대로 다른 사람에게 행하라")를 이해하기 시작한다. 이러한 과정은 이타적 행동을 촉진시킨다.

그러나 인지발달론자들에 의해 수행된 연구를 보면, 친사회적 행동이 일련의 단계를 밟아 진행되는지 어떤지보다는 오히려 친사회적 행동을 유발하는 특정 인지적 요인이 있는지 없는지에 관심이 모아졌다. 예를 들면, 많은 연구에서 다른 사람의 관점을 이해하는 능력과 이타적 행동 간에 정적 상관이 있다는 가설을 검증하였다. 연구결과 다른 사람들의 정서상태와 욕구를 제대로 이해하지 못하는 아동들은 다른 사람들을 도우려는 시도를 거의 하지 않는 것으로 나타났다(Perry & Bussey, 1984).

5) 사회학습이론

사회학습이론(Bandura, 1977)에 의하면, 아동의 친사회적 행동은 그 행동 후의 결과에 의해 좌우된다고 한다. 어떤 행동을 한 후에 부모나 상대방으로부터 보상(예: 칭찬)을 받게 되면 친사회적 행동을 하게 되고(사진 참조), 처벌(예: 꾸지람)을 받게 되면 하지 않는다는 것이다. 그러나 아동 자신의 내적 반응(예: 자부심, 자기만족, 자책감, 죄책감 등)도 친사회적 행동에서 중요한 역할을 한다. 내적 반응을 결정하는 주요 요인은 아동의 도덕적 기준이다. 아동은 다양한 사회학습 경험을 기초로 하여 어떤 형태의 친사회적 행동이 어떤 경우에 적합하고 어떤 경우에 적합하지 않은지에 관한 규칙을 추출해낸다. 아동은 이러한 규칙을 개인적 기준으로 내면화함으로써 자신의 행동이 이 기준에 부합되거나 그 이상일 때는 스스로 보상하지만 그 기준에 미치지 못할 때에는 스스로를 벌한다.

개인적 기준의 형성과정에 큰 영향을 미치는 사회학습 경험은 언어적 지시(예: 부모가 친사회적 행동의 가치를 설명하거나 권장하기), 모델과의 접촉(예: '의미 있는 타자'의 친사회적 행동을 관찰했는가 아닌가의 여부와 모델이 친사회적 행동을 한 후 보상을 받는 장면을 관찰했는가 아닌가의 여부) 그리고 직접적 훈육경험(예: 아동 자신이 친사회적 행동을 하고 나서 보상을 받았는가 아닌가의 여부) 등이다. 아동이 형성하는 개인적 기준은 사회학습 경험, 연령, 인지적 성숙도에 따라 변하는 유동적인 것이다. 사회학습이론에 의하면, 모델링이나 언어적 지시 등의 사회학습 경험이 아동의 개인적 기준에 미치는 영향뿐만 아니라 그 기준을 형성할 때 아동이 여러 종류의 사회적 정보의 중요도를 어떻게 평가하는지도 연구해야 한다. 예를 들면, 성인으로부터 친사회적 행동의 가치에 대한 설명만을 듣는 것과 성인이 실제로 친사회적 행동을 하는 것을 관찰하는 것 중 어느 것이 아동의 개인적 기준에 더 큰 영향을 미칠 것인가? 아동의 개인적 기준은 여러 가지 다양한 사회적 정보를 처리하고 각각의 정보에 가중치를 부여하며 이를 종합한 노력의 산물이다. 친사회적 발달에 대해 우리가 알고 있는 지식의 대부분은 사회학습이론의 체제 내에서 행해진 연구에서 비롯된 것이다.

2. 이타적 행동과 감정이입

1) 이타적 행동

친사회적 행동의 동기가 어디에 있느냐에 따라 이타적 행동인지 아닌지를 구분한다. 다시 말하면, 같은 친사회적 행동이라 할지라도 그 동기가 자신의 친사회적 행동으로 인하여 자신에게 돌아올 어떤 보상도 기대하지 아니하고 오로지 다른 사람을 이롭게 할 경우에만 이타적 행동으로 간주한다. 그러나 친사회적 행동의 진정한 동기가 과연 무엇인지 우리가 실제로 알 수 없다는 데 문제가 있다.

어떤 사람의 친사회적 행동이 진정한 의미에서의 이타적 행동인지 아니면 사회적 보상 때문인지를 어떻게 알 수 있는가? 미국 링컨 대통령의 유명한 일화를 예로 들어보자. 어느 날 링컨 대통령이 친구와 함께 마차를 타고 가면서 남을 돕는 행동이 과연 진정한 의미에서의 이타

사진 설명　링컨 대통령의 백악관 공식 초상화

적 행동인지 아닌지에 대해서 논쟁을 하고 있었다. 링컨의 친구는 진정한 의미에서의 이타적 행동이 존재한다고 주장한 반면, 링컨 대통령은 이타적 행동은 오로지 사리 추구(self-interest)에서 나온다고 주장하고 있었다. 그때 갑자기 암퇘지가 비명을 지르며 울부짖는 소리가 들려왔다. 그 암퇘지는 새끼 돼지들이 샛강에 빠지는 것을 막으려고 버둥거리고 있었다. 링컨 대통령은 얼른 마차를 세우게 하고 샛강으로 달

Nancy Eisenberg

려가서 돼지새끼들을 강둑의 안전한 곳으로 옮겨 놓았다. 링컨이 다시 마차로 돌아오자 친구가 그에게 말했다. "지금 자네 행동에서 이기심(selfishness)이 들어설 자리가 어디에 있는가?" 이때 링컨은 다음과 같이 대답했다. "당치도 않은 소리! 그 행동이야말로 바로 이기심의 정수일세. 내가 만일 저 늙은 암돼지가 새끼들 때문에 울부짖는 것을 못 본 척 그냥 지나쳤다면 나는 오늘 하루 종일 마음이 편치 못했을 걸세. 나는 마음의 평화를 위해서 새끼 돼지를 구했을 뿐이라네. 자네 그걸 모르겠는가?"(Sharp, 1928, p. 75).

위의 예에서 본 바와 같이 친사회적 행동의 진정한 동기가 무엇인지를 확인하는 것은 어렵기 때문에, 동기가 무엇이든 다른 사람을 이롭게 하는 행동이면 모두 이타적 행동으로 간주하기도 한다. 이때의 이타적 행동은 친사회적 행동과 비슷한 개념이다.

아동의 이타심에는 곤경에 처한 사람에 대한 감정이입적 또는 동정적 정서가 작용하고, 수혜자가 자신과 가까운 사이일 때 그것은 더욱 증가한다(이옥경, 2002;

사진 설명 한 유아가 앞을 못 보는 친구의 손을 잡고, 백사장을 거닐면서 부서지는 파도소리를 느낄 수 있도록 도와주고 있다.

Clark, Ouellette, Powell, & Milberg, 1987). 곤경에 처한 사람을 위로하고 또 그에게 관심을 갖는 행동은 취학 전에도 나타나기는 하지만, 이타적 행동은 유아기보다 아동기에 더욱 자주 발생한다(Eisenberg, 1991).

Eisenberg-Berg와 Hand(1979)는 도덕적 추론과 이타적 행동에 관한 연구에서 취학 전 아동을 대상으로 다음과 같은 가상적 이야기를 들려주었다.

어느 날 훈이가 친구의 생일잔치에 초대되어 급히 가고 있던 중 한 아이가 넘어서서 다리를 다친 것을 보았다. 그 아이는 훈이에게 자기 집에 가서 부모님께 이 사실을 알려줄 것을 부탁하였다. 만약 그 아이의 부탁을 들어준다면 훈이는 생일잔치에 늦어 맛있는 생일 케이크와 아이스크림을 못 먹게 되고, 재미있는 게임도 다 놓치게 될 것이다. 훈이는 이때 어떻게 해야 할까? 그 이유는 무엇인가?

연구결과, 나이가 어릴수록 쾌락주의적 추론을 하는 경향이 있고(예: 나는 생일케이크를 좋아하기 때문에 훈이는 생일잔치에 가야 한다), 연령이 증가함에 따라 점점 수혜자의 욕구를 이해하는 경향이었다(예: 그 아이가 다리를 다쳐서 아프니까 훈이는 그 아이를 도와주어야 한다). 그리고 다른 사람의 욕구를 언급하면서 이타적 행동을 정당화하는 사람들은 감정이입 점수도 높았다(Bar-Tal, Raviv, & Leiser, 1980; Eisenberg-Berg & Hand, 1979).

2) 감정이입

감정이입은 다른 사람이 느끼고 있는 감정을 그대로 느끼는 것을 말한다(사진 참조). 즉, 상대방이 슬퍼하면 자기도 슬퍼지고, 상대방이 행복해하면 자기도 행복해지는 것을 말한다. 감정이입과 역할수용은 다른 개념인데, 역할수용은 다른 사람이 느끼고, 생각하고, 지각하는 것을 정확하게 이해는 하지만, 반드시 자신도 그와 똑같이 느끼거나 지각하지는 않는다. 예를 들면, 자신은 슬픔을 느끼지 않으면서도 상대방이 슬퍼하고 있다는 것을 인지할 수는 있는 경우이다.

앞에서 친사회적 행동의 진정한 동기가 무엇인지를 확인하는 것은 어려운 일이라고 언급한 바 있다. 그러나 친사회적 행동에서 감정이입의 역할에 관한 연구가 활발해지면서, 진정한 의미에서의 이타적 행동의 존재여부에 관한 논쟁이 재론되고 있다.

Batson(1991)의 감정이입-이타성 가설(empathy-altruism hypothesis)에 의하면, 곤경에 처한 사람에게 돕기 행동을 할지 안 할지를 결정하는 중요한 요인은 곤경에 처한 사람의 고통을 자신도 그대로 느끼는 '감정이입'이라고 한다. 즉, 자신에게 돌아올 어떤 보상도 기대하지 않고 단지 다른 사람의 고통을 덜어주기 위한 목적으로 돕기 행동을 한다는 것이다. 그 사람에 대한 감정이입이 가능하지 않을 경우에는 자신에게 돌아올 보상(예를 들면, 다른 사람들로부터의 인정이나 칭찬)이 있을 때에만 돕기 행동을 하게 된다고 한다(〈그림 10-1〉 참조). 한편 또 다른 연구자들(Cialdini et al., 1987; Schaller & Cialdini, 1988)의 부정적 정서 해소 가설(negative-state relief hypothesis)에 의하면, 곤경에 처한 사람을 목격했을 때에 자신의 부정적 정서(슬픔)를 해소하기 위한 이기적 동기에서 돕기 행동을 하게 된다고 한다. Batson은 만약 이기적 동기에서 이타적 행동을 하는 것이라면 그 상황에서 쉽게 벗어날 수 없는 경우에 한해서만 돕기 행동을 할 것이라고 반박하면서, 감정이입점수가 높은 사람은 어떤 경우에도 돕기 행동을 한다는 연구결과(Batson et al., 1988)를 제시하고 있다.

Hoffman(1987, 2000, 2008)은 감정이입의 발달단계를 4단계로 나누어 설명하고 있는데, 매 단계마다 그 단계에서 아동이 획득한 인지능력이 반영된다고 한다.

1단계(0~1세)에서는 영아는 자신과 다른 사람의 존재를 구분하지 못한다. 따라서 다른 사람의 고통을 자기 자신의 불유쾌한

Martin L. Hoffman

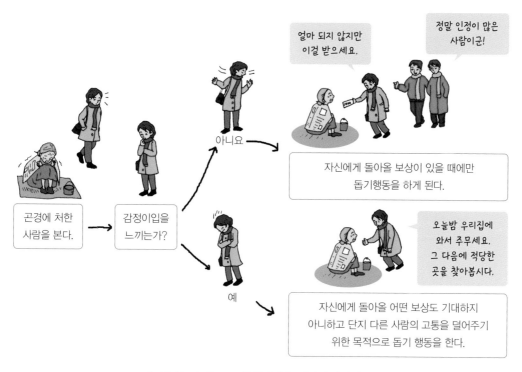

<그림 10-1> Batson의 감정이입-이타성 가설의 예

감정과 혼동한다. 즉, 다른 영아에게 일어난 일이 마치 자신에게 일어난 것으로 이해한다. 따라서 다른 영아의 고통을 무시한 채 손가락 빨기 등의 행동을 통해 스스로 위안을 찾고자 한다.

2단계(1~2세)는 인간영속성(person permanence)의 개념을 획득하게 되는 단계로, 자신이 아니라 다른 사람이 고통을 당하고 있다는 것을 이해한다. 그러나 그 고통에 대한 반응으로 그 사람이 자신과 다른 감정이 있다는 것을 이해하지 못하기 때문에 다른 사람의 고통에 부적절하게 반응한다. 예를 들어, 곰돌이 인형을 준다든지, 뽀뽀를 해준다든지 해서 자신이 위로받았던 식으로 다른 사람을 위로하려고 한다.

3단계(2~3세)에서는 유아는 다른 사람은 자신과는 다른 감정을 가질 수 있다는 것을 깨닫고, 이제 다른 사람의 고통의 원인을 찾아 해결하려고 한다. 그러나 이 단계

에서는 고통받는 사람의 존재가 자기 눈앞에 보일 때에만 감정이입이 가능하다. 즉, 가까이 있지 않은 사람의 고통을 상상해서 감정이입을 하는 것은 가능하지 않다.

4단계(아동기)에서는 다른 사람이 고통받는 것을 직접 눈으로 보지 않더라도 상상하는 것만으로 감정이입이 가능하다. 즉, 이때의 감정이입은 아동이 직접 관찰한 곤경에 처한 특정인에 국한되는 것이 아니고, 가난한 사람, 장애인, 사회적으로 버림받은 사람 전반에 걸친 것이다.

사진 설명 어린 아동들도 감정이입이 가능하다.

이러한 민감성은 이타적인 행동으로 이어질 수 있다(Damon, 1988; Eisenberg et al, 2015; Gibbs, 2014).

아동을 대상으로 하여 감정이입 및 역할수용과 친사회적 행동과의 관계를 알아본 연구에서는 감정이입과 역할수용이 친사회적 행동과 관련이 있는 것으로 나타났다(Eisenberg, Spinard, & Sadovsky, 2013).

3. 자녀양육 방식과 친사회적 행동

부모의 양육행동이 자녀의 친사회적 행동에 영향을 미치는 것으로 보인다. 여기서는 부모의 자녀양육 차원(애정-냉담 차원과 허용-통제 차원)이 자녀의 친사회적 행동에 어떤 영향을 미치는지, 자녀가 이타적 행동을 할 때 칭찬을 하고 이타적 행동을 하지 않을 때 벌을 주며, 왜 이타적 행동을 해야 하는지 그 이유를 설명해주는 것이 자녀의 이타적 행동을 유발하는 데 얼마나 중요한지 등에 관해 살펴보기로 한다(Perry & Bussey, 1984).

1) 부모의 애정-냉담 양육 차원

자녀에게 애정을 표현하고, 자녀의 욕구에 민감하게 반응하고, 훈육 시 비판이나 체벌보다는 칭찬이나 상을 주며, 가족끼리 서로 관심을 갖는 집안분위기를 만들려고 노력하는 부모의 자녀들은 그렇지 아니한 부모의 자녀들보다 친사회적 행동을 더 많이 할 것이라고 예상할 수 있다. 부모의 애정은 여러 가지 이유로 자녀의 친사회적 발달과 관련될 수밖에 없다. 부모로부터 많은 사랑을 받으면 자녀는 자신의 욕구에만 몰두하지 않고 다른 사람의 욕구까지도 고려할 수 있게 된다. 즉, 자녀의 욕구에 민감하게 반응하는 사려깊은 부모는 친절과 동정심 표출의 본보기가 될 것이다. 또한 부모가 사랑으로 대한다면 자녀는 부모를 따르게 되므로, 이타적 행동을 훈육하기 쉬울 뿐만 아니라, 자녀로 하여금 긍정적 정서를 느끼게 할 수 있다. 긍정적인 정서상태에 있는 아동은 친사회적 행동을 더 많이 하는 경향이 있다.

연구결과 부모의 애정적 양육 차원과 자녀의 이타적 행동 간에는 정적 상관이 있는 것으로 확인되었다. 여러 연구(Hoffman, 1975; Hoffman & Saltzstein, 1967; Rutherford & Mussen, 1968)에서, 부모를 특별히 따뜻하고 애정적이라고 생각하는 자녀는 관대하고 아량이 있으며 협동적인 것으로 나타났다. 우리나라의 초등학생을 대상으로 한 연구(이영주, 1990)에서도 부모의 온정적 태도는 친사회적 행동의 모든 하위요인(도움행동, 협동행동, 나눔행동, 위로행동)과 정적인 상관관계가 있는 것으로 나타났다. 또한 어머니의 통제적 태도도 친사회적 행동의 모든 하위요인과 정적인 상관관계가 있는 것으로 나타났으나, 아버지의 통제적 태도는 친사회적 행동의 협동행동과 위로행동 요인에 있어서만 정적인 상관관계가 있는 것으로 나타났다.

그러나 부모의 지나친 애정표현이 반드시 자녀의 이타적 발달에 유익하다고는 볼 수 없다. 오히려 부모가 필요 이상으로 사랑을 베풀게 되면, 자녀로 하여금 다른 사람의 입장을 고려하지 못하는 방종적인 행위를 조장하게 할 수도 있다(Weissbrod, 1980). 따라서 자녀가 부모의 관심과 보살핌을 필요로 할 때(예: 자녀가 도움을 청할 때) 애정적으로 반응하는 것이 자녀의 친사회적 발달을 촉진시키는 데 가장 효과적일 것이다(Bryant & Crockenberg, 1980).

2) 부모의 허용-통제 양육 차원

지나치게 허용적인 부모보다 자녀의 행동을 적절히 통제하는 부모가 자녀의 친사회적 행동을 증진시킬 수 있다고 한다. 부모가 자녀로 하여금 친사회적 행동을 할 것을 요구하는 것이 자녀의 이타적 습관을 강화시킨다는 것이 여러 연구에서 입증된 바 있다. 부모가 취학 전 자녀에게 친사회적 행동을 요구하며 그러한 요구를 단호하게 강요한다면(단, 애정적으로 추론을 통한 훈육을 해야 한다), 자녀에게 협동적이고 친절한 성향을 길러줄 수 있다(Baumrind, 1973). 또한 부모가 바람직하지 아니한 행동을 제거하는 금지적(proscriptive) 양육방식보다는 바람직한 행동을 권장하는(prescriptive) 방식으로 훈육할 때 자녀는 관대하고 인정이 많은 경향을 보여준다(Olejnik & Mckinney, 1973).

자녀에게 이타적 행동을 가르치는 것, 단호하게 명령하는 것, 그리고 실제로 훈련시키는 것은 모두 친사회적 발달을 촉진시키는 요인이라고 할 수 있다. 이는 사회학습이론의 관점을 지지하는 결과라고 할 수 있다. 왜냐하면 이타성을 유발하는 세 가지 방식들은 아동으로 하여금 이타적 행동이 바람직하고 적합한 행동임을 깨

닫게 해주기 때문이다. 아동은 일단 적합한 행동에 대한 규칙을 형성하면 이 규칙을 자기평가의 개인적 기준으로 내면화하게 된다. 따라서 개인적 기준에 부합되는 행동을 하면 자기만족(self-satisfaction)을 느끼게 되지만, 규칙에 어긋나는 행동을 하면 자기비판(self-criticism)을 하게 된다.

현명한 부모라면 자녀의 발달수준에 맞추어 훈육방식을 조절할 것이다. 어린 자녀에게는 돕기 행동이나 나누기 행동의 습관을 들이도록 가르치기 위해서 이타적으로 행동할 것을 요구하는 훈육방식이 필요하다(사진 참조). 어린 아동은 인지적으로 미숙하기 때문에 외적 강요가 곧 내적 동기의 결여를 의미하는 것으로 생각하지 못한다. 그러나 연령이 증가하면서 아동은 점차 외적 동기가 없을 때에

도 이타적으로 행동할 것이다. 이것은 어쩌면 아동의 습관 때문일 수도 있고, 아니면 아무도 보는 사람이 없는 줄 알고 이타적으로 행동하지 않다가 들켜서 벌받았던 경험 때문일 수도 있다. 그러나 외적 강요가 없는데도 자신이 이타적 행동을 하게 되면 아동은 자신에게 이타적으로 행동하려는 내적 동기가 있다는 자기지각을 발달시키게 된다(예: 그렇게 하지 않아도 되는데 내가 착한 행동을 하는 것을 보면 나는 착한 사람인 게 분명해!). 이때 어른들은 아동에게 이타적 행동을 해야 하는 이유를 설명해주거나 아동이 내적 동기 때문에 이타적 행동을 했다고 말해줌으로써 이타적 성향의 내면화 과정을 촉진시킬 수 있다.

3) 설교와 추론

보다 효율적인 양육방식은 훈계할 때 이타적 행동을 하면 어떤 점이 좋은지에 대한 추론을 포함하는 것이다. Hoffman(1970, 1975)은 부모가 이타적 행동을 해야 하는 이유를 귀납적 추론으로써 설명해주면 자녀의 이타적 성향이 증진된다고 강조한다. 피해자 중심의 추론이란 자녀가 다른 사람에게 얼마나 큰 상처를 주었으며 그것을 보상하기 위해서는 어떻게 해야 하는지를 설명해주는 귀납적 형태의 추론이다.

피해자 중심의 추론이 효과적인 이유는 다음과 같다. 첫째, 다른 사람의 느낌과 생각을 그 사람의 입장에서 상상해보도록 한다. 둘째, 훈육의 타당성을 알려주고 규칙을 준수하도록 가르친다. 셋째, 자신이 잘못한 행동을 어떻게 바로잡을 수 있는지를 알려준다. 넷째, 앞으로 행동 지침으로 삼을 수 있도록 다른 사람의 표정(예: 고통 신호나 미소)을 읽는 법을 가르친다.

귀납적 추론이 이타성을 증진시킨다는 가설을 지지하는 연구가 있다. Hoffman과 Saltzstein(1967)의 연구에서, 다른 친구의 기분에 마음을 쓰고 친구들로부터 놀림감이 되는 아동을 지켜주는 것으로 지명받은 소녀들의 부모들은 힘을 행사하는 훈육보다는 귀납적 추론을 사용하는 훈육을 더 선호하는 것으로 나타났다. 또 다른 연구(Hoffman, 1975)에서는, 부모들에게 자녀가 나쁜 행동(예: 친구가 블록으로 집짓

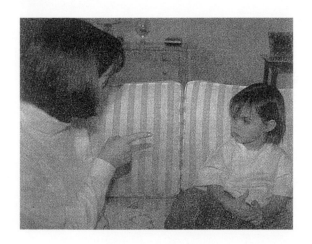

기 한 것을 무너뜨렸거나 장애인을 놀렸을 경우)을 했다고 가정하고서 어떻게 대처하겠느냐고 물어보았다. 이때 자녀로 하여금 상대방에게 사과를 할 것과 행실을 바로잡도록 타이르겠다고 한 부모의 자녀들이 또래들 간에 가장 사려가 깊은 것으로 평가되었다. 귀납적 추론을 너무 온화하게 사용하면 훈육효과가 떨어진다고 한다(Zahn-Waxler et al., 1979). 가장 사려깊은 것으로 평가된 아동의 어머니들은 분노와 실망이 담긴 목소리로 힘 있게 그리고 때로는 거친 목소리로 설명하였다(예: 네가 한 짓을 봐! 숙이가 아파하는 게 안 보이니? 앞으로는 절대로 머리카락 잡아당기지 마!). 이 어머니들은 자녀가 나쁜 행동을 했을 때 인지적으로나 정서적으로 매우 분명하고 강하게 훈계하였다.

실험실 연구에서도 귀납적 추론의 중요성이 입증된 바 있다. 아동들은 감정이입적 훈계(예: "가난한 아이들에게 우리가 가진 것을 나누어주는 것이 좋겠어! 이 아이들이 음식과 옷을 살 수 있다면 무척 기뻐할 텐데. 이 아이들은 가진 것이 아무것도 없기 때문에 우리가 도와준다면 저토록 슬퍼보이지는 않을거야!")를 들은 후에 기부행동을 더 많이 하였다(Dlugokinski & Firestone, 1974; Eisenberg-Berg & Geisheker, 1979; Perry, Bussey, & Freiberg, 1981). 반면, 힘을 행사하는 추론(예: "나눠 줘! 그렇지 않으면 맞을 줄 알아!")은 이타적 태도를 지속시키는 데 효과적인 방법이 아닌 것으로 보인다.

4. 친사회적 행동과 상황요인

친사회적 행동에 영향을 미치는 상황요인으로는 방관자 효과, 정서상태, 수혜자의 특성 등이 있다(Aronson, Wilson, & Akert, 1997; Perry & Bussey, 1984; Shaffer, 1994).

1) 방관자 효과(Bystander Effect)

Kitty Genovese

1964년 3월 어느 날 밤 뉴욕 시에서 Kitty Genovese라는 여성이 집 근처 주차장에서 칼에 찔려 살해된 유명한 사건이 발생하였다. 38명 이나 되는 사람들이 자신의 아파트 창문으로 이 장면을 목격하고 있었음에도 불구하고 비명을 지르며 도와달라고 울부짖는 그녀를 위해 경찰을 부르거나 도움을 주는 사람이 아무도 없었다(사진 참조).

이 사건에 충격을 받은 심리학자들은 이와 같은 위급상황에서 돕기 행동을 하지 않은 원인을 밝히는 연구에 착수하게 되었다. 한 가지 가능한 설명은 '방관자 효과'인데, 위급한 상황에서 주위의 다른 사람들이 수수방관할 때의 냉담한 반응이 주변의 모든 사람들 사이에 확산되어 아무도 도움을 주지 않는 경향이 있다는 것이다. 왜 사람들은 자기 말고도 주변에 다른 사람들(구경꾼)이 있을 때에 도움 행동을 덜 하게 되는가? 어쩌면 여러 사람들이 함께 있음으로 해서 개인적 책임감이 분산되기 때문인지 모른다. Latané 와 Darley(1970)는 위급상황에서 사람들이 돕기 행동을 할지 안 할지를 결정하는 다섯 단계를 제시하고 있다(〈그림 10-2〉 참조). 다섯 단계 중 어느 한 단계에서라도 실패하게 되면 돕기 행동을 하지 않게 된다.

사진 설명 Kitty Genovese가 살해된 주차장 부근

Kitty Genovese의 사건으로 다시 돌아가 보자. 그날 밤 이웃 사람들은 분명히 뭔가 끔찍한 일이 일어나고 있으며 그녀가 절실히 도움을 필요로 한다는 사실을 인식하고 있었다. 그들이 그 사건을 위급상황으로 인식하였음에도 불구하고 아무도 어떤 행동도 취하지 않았다는 사실이 바로 '방관자 효과'임을 말해준다. 몇몇 연구(Latané &

사진 설명 한 여성이 창문으로 위급상황을 지켜보고 있다.

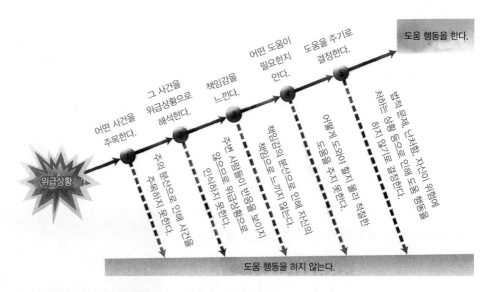

도움 행동을 한다.

어떤 사건을 주목한다.

그 사건을 위급상황으로 해석한다.

책임감을 느낀다.

어떤 도움이 필요한지 안다.

도움을 주기로 결정한다.

주의 분산으로 인해 사건을 주목하지 못하다.

주변 사람들이 반응을 보이지 않으므로 위급상황으로 인식되지 못한다.

책임감의 분산으로 인해 책임으로 느끼지 않는다.

어떻게 도와야 할지 몰라 도움을 주지 못한다.

법적 문제, 나쁜 결과, 자신의 위험에 처하는 상황 등으로 인해 도움 행동을 하지 않기로 결정한다.

위급상황

도움 행동을 하지 않는다.

〈그림 10-2〉 위급상황에서 돕기 행동과 관련된 의사결정 단계

출처: Latané B., & Darley, J. M. (1970). *The unresponsive bystander. Why doesn't he help?* Englewood Cliffs, NJ: Prentice.

Darley, 1968; Latané & Rodin, 1969; Staub, 1970)에서, 주변에 많은 사람들이 있을 때보다 자기 혼자 있다고 생각할 때 책임감을 더 느끼게 되어 대부분의 사람들이 돕기 행동을 하는 것으로 나타났다. 반면에 자기 말고도 다른 사람들이 많이 있을 경우에는, 책임감의 분산 효과로 인해 돕기 행동을 훨씬 덜 하는 것으로 나타났다. 특히 다른 사람들이 도움 행동을 했는지 안 했는지 알 수 없을 경우 이미 다른 사람들이 돕기 행동을 했을 것이라는 가정하에 어떤 도움 행동도 하지 않는 것으로 보인다. Kitty Genovese 사건도 마찬가지로 이웃 사람 중 누군가가 이미 전화를 걸어 경찰을 불렀을 것으로 가정하였기 때문에 아무런 행동도 하지 않았는지 모른다.

2) 정서상태

정서상태는 이타적 행동을 결정하는 중요한 요인이다. 일반적으로 긍정적 정서상태는 이타적 행동을 증가시킨다. 그러나 부정적 정서상태는 경우에 따라 이타적

행동을 증가시키기도 하고 감소시키기도 한다.

(1) 긍정적 정서상태

행복감, 기쁨, 성취감 등의 긍정적 정서는 아동과 성인 모두에게 이타적 행동을 증진시키는 것으로 보인다. 아동들로 하여금 아이스크림을 먹는 장면이나 멋진 선물을 받는 장면과 같이 그들을 행복하게 만드는 것에 대해 생각해보라고 했을 때에 그런 생각을 해보라는 지시를 받지 않은 아동들보다 실험 전에 미리 나누어준 돈을 다른 아동과 더 많이 나누어 갖는 경향이 있었다(Moore, Underwood, & Rosenhan, 1973; Rosenhan, Underwood, & Moore, 1974). 성인들도 행복한 기분이 들게 하는 글을 읽게 했을 때에 유해한 자극을 받아야 하는 실험의 피험자로 더 오랜 시간 동안 참여하겠다고 자원하였다(Aderman, 1972). 또한 게임에서 이기거나 과제에서 성공한 경우에는 기부행위와 도움행동을 더 많이 하였다(Berkowitz & Connor, 1966; Isen, 1970). 도서관에서 공부하다가 뜻밖에 과자를 받았거나 공중전화박스에서 동전을 주웠거나 문구류를 한 보따리 선물로 받았을 때에 대학생들은 전화를 대신 걸어주기, 우연히 발견한 편지를 우체통에 넣기 등의 도움 행동을 더 많이 하였다(Isen, Clark, & Schwartz, 1976; Isen & Levin, 1972; Levin & Isen, 1975). 심지어 좋은 날씨도 이타적 행동에 영향을 미친다. 날씨가 화창할수록 사람들은 연구의 피험자로 참여하는 시간을 더 많이 할애하고, 레스토랑의 종업원에게 팁을 더 많이 주는 경향이 있었다(Cunningham, 1979).

확실히 기분이 좋아지면 마음도 따뜻해진다. 그 이유는 어쩌면 행복감은 자신은 유능하고 착한 사람이라는 자기지각을 갖게 만들고, 이것은 또 이타적 행동을 하지 않는 데 따른 죄책감을 느끼게 만들기 때문인지 모른다. 아니면 기분이 좋아지면 낙천적이 되고 자신감이 생기면서 다른 사람의 요구에 더 너그럽게 반응하게 하는지 모른다. 그 이유가 무엇이든 간에 성

공적이고, 인기가 있고, 정서적으로 안정되어 있으며, 자신감이 있고, 행복할 때에 아동이나 성인 모두 더 이타적으로 행동하는 경향을 보여주었다(Hoffman, 1977).

그러나 긍정적 정서가 이타성을 촉진시킨다는 규칙에는 한 가지 예외가 있다. 자신이 아니라 다른 사람이 즐거운 시간을 갖는 것(예: 하와이에서의 휴가)을 상상해보라고 했을 때 사람들은 기분이 보통일 때보다 이타적 행동을 덜 하는 것으로 나타났다. 아마도 다른 사람의 행운에 대해 생각하면서 느끼는 정서는 행복감뿐만 아니라 동시에 질투심도 느끼게 되어 이타적 행동을 덜 하게 되는 것 같다(Rosenhan, Salovey, & Hargis, 1981).

(2) 부정적 정서상태

우울증, 죄책감, 실패감 등의 부정적 정서가 이타성에 미치는 영향은 연령에 따라 다르다. 일반적으로 아동기까지는 부정적 정서가 이타성에 악영향을 미친다. 예를 들어, 아동들은 슬픈 생각(예: 넘어져서 무릎을 다친 것, 친구의 생일파티에 초대받지 못한 것)을 할 때에는 나누기 행동을 더 적게 하였다(Cialdini & Kenrick, 1976; Moore, Underwood, & Rosenhan, 1973; Rosenhan et al., 1974; 〈그림 10-3〉 참조). 이러한 연구

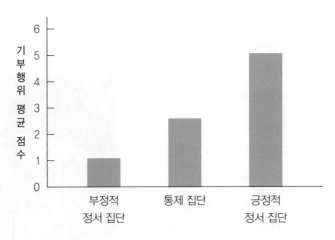

〈그림 10-3〉 정서상태와 기부행위 간의 관계

출처: Moore, B. S., Underwood, B., & Rosenhan, D. I. (1973). Affect and altruism. *Developmental Psychology, 8*, 99-104.

결과에 대해 연구자들은 다음과 같이 해석한다. 즉, 기분이 좋지 않을 때 아동들은 자신의 소유물을 될 수 있는 대로 남에게 나누어주지 않음으로써 기분을 전환시키려는 자기치료적 행동을 한다는 것이다.

　그러나 슬픔이 아동의 이타성을 감소시킨다는 규칙에도 예외가 있다. 만약 성인들이 함께 있는 자리에서 이타성 검사를 받거나 자신의 기부행위에 대해 사회적 보상을 받을 것으로 기대할 수 있다면 슬픈 아동은 기쁘지도 슬프지도 않은 상태에 있는 아동보다 기부행동을 더 많이 하는 경향이 있다(Isen, Horn, & Rosenhan, 1973; Kenrick, Baumann, & Cialdini, 1979; Staub, 1968). 여기서 슬픈 기분은 아동으로 하여금 슬픔에서 벗어날 수 있는 어떤 행동을 하도록 동기화시킨다고 해석할 수 있다. 슬픈 아동은 성인의 칭찬을 통하여 슬픔을 달랠 수 있다고 믿기 때문에 성인이 함께 있을 때에는 기부행동을 더 많이 하는 것으로 보인다(Kenrick et al., 1979). 그리고 자신이 아닌 다른 사람의 슬픔에 대해 생각해보도록 했을 때 아동의 이타적 경향은 오히려 증가하였다(Barnett, King, & Howard, 1979). 다른 사람의 불운이나 슬픔에 초점을 맞춤으로써 그 사람에게 감정이입을 하게 되어 이타성이 증진되는 것으로 보인다.

　한편, 성인의 경우에는 부정적 정서가 일반적으로 이타성을 증가시킨다. 성인들에게 슬픈 생각을 해보라고 했을 때 기부행동이 증가하였다(Cialdini & Kenrick, 1976). 죄책감 또한 돕기 행동을 촉진시킨다. 몇몇 연구에서 피험자로 하여금 사전에 누군가에게 전기충격을 주거나(Carlsmith & Gross, 1969) 폐가 되는 행동을 하도록 했을 경우에는(Freedman, Wallington, & Bless, 1967) 이들의 돕기 행동이 증가하였다.

Robert Cialdini

　부정적 정서가 이타성에 미치는 영향은 왜 연령에 따라 변하는가? Cialdini와 Kenrick(1976)의 '부정적 정서 해소(negative state relief)' 가설과 Barnett 등(1979)의 '주의 초점(focus of attention)' 가설로써 그 이유를 설명해볼 수 있다.

　첫째, 부정적 정서 해소 가설에 의하면, 연령이 증가하면서 사람들은 남을 돕는 것이 본질적으로 바람직하다는 규범을 내면화한다고 한다. 즉, 성인은 이타적 행동

Mark Barnett

을 할 때 자부심과 자기만족을 느끼게 되고 부정적 정서를 해소하게 되기 때문에 기분이 좋지 않을 때에 이타적 행동을 하게 된다는 것이다. 그러나 어린 아동은 이타적 행동을 함으로써 부정적 정서를 해소할 수 있다는 사실을 깨닫지 못한다.

둘째, Barnett과 그의 동료들(1979)은 주의 초점(focus of attention)이라는 것이 부정적 정서상태에서 이타적 행동을 할 것인지 안 할 것인지를 결정하는 중요한 요인이라고 주장한다. Barnett 등은 많은 연구결과들을 신중하게 검토한 후에, 부정적 정서상태에서 다른 사람의 불운에 대해 생각해보라고 했을 때에는 이타성이 증가했지만, 자신의 불운에 대해 생각해보라고 했을 때에는 이타성이 감소했다고 결론지었다. 즉, 슬픔의 정서를 유발시키는 주의 초점을 자신에게 맞추느냐 아니면 타인에게 맞추느냐에 따라 이타적 행동이 다르게 나타난다는 것이다. 일반적으로 슬픈 생각을 해보라고 하면 성인들은 다른 사람의 불운에 대해 생각하는 반면, 아동들은 자신의 불운에 대해 생각하는 경향을 보여주었다. 따라서 슬픈 생각이 성인에게는 감정이입을 유발하지만, 아동에게는 자기몰입을 유발하게 한다. 흥미로운 것은 성인에게 자신의 불운에 대해 생각해보라고 했을 때에는 아동과 마찬가지로 이타성이 감소하는 것으로 나타났다(Thompson, Cowan, & Rosenhan, 1980).

3) 수혜자의 특성

아동은 친숙하지 아니한 사람보다는 친구 또는 자기 자신과 여러 면(예: 사회계층, 성별, 기타 배경)에서 유사한 아동에게 더 관대하고, 도움 행동을 더 많이 하고, 더 칭찬해주는 경향이 있다(Krebs, 1970; Newcomb, Brady, & Hartup, 1979; Staub & Sherk, 1970). 그리고 우정에 금이 갈까 봐 두려워하는 경우나 이미 깨진 관계를 회복시키고자 할 때에도 이타적 행동을 더 많이 하는 것으로 나타났다(Staub & Noerenberg, 1981).

아동이 낯선 아동보다 친구에게 더 관대하다는 규칙에는 예외가 있다. 남자아이들의 경우 친구를 도와줌으로써 자신이 불리해지는 상황에서라면 낯선 사람보다 친구를 덜 도와주기도 한다. 예를 들어, 도구나 재료를 나누어줌으로써 친구가 어떤 과제를 자기보다 더 잘할 것 같다고 생각하면 친구에게 자신의 것을 나누어주지 않으려고 할 것이다. 이와 같이 남성 간의 우정에는 경쟁심이라는 강력한 요소가 내포되어 있으므로 친구를 도와줌으로써 친구의 처지가 자신보다 더 좋아질 수 있다고 믿을 경우에는 돕기 행동이 감소하게 된다(Berndt, 1981a, 1981b; Staub & Noerenberg, 1981).

아동은 또한 자신보다 어린 아동보다는 자기와 연령이 비슷한 아동에게 돕기 행동을 덜 하는 경향이 있다. 아동의 놀이장면을 관찰한 연구에서 동일연령 집단에서보다 혼합연령 집단에서 친사회적 행동이 더 많이 나타났다(Hartup, 1979; Whiting & Whiting, 1975). 혼합연령 집단에서 아동들은 보살핌, 보호, 협동 등의 행동을 더 많이 하는 반면 경쟁적 행동은 더 적게 하였다. 대학생을 대상으로 하여 이타적 행동을 동성과 이성 중 어느 쪽에게 더 많이 하는지를 알아본 연구(Davis, Rainey, & Brock, 1976)에서는 동성보다 이성에게 이타적 행동을 더 많이 하는 것으로 나타났다.

연령이 증가하면서 아동은 도와주어야 할 사람과 그렇지 않은 사람의 속성에 대해 알게 된다. 예를 들어, 아동은 이전에 자신을 도와주었던 사람, 도움을 필요로 하는 사람, 부당하게 불운을 당한 사람을 그렇지 않은 사람보다 더 도와주어야 한다는 사실을 이해하게 된다.

5. 친사회적 행동과 그 외 관련요인

친사회적 행동에 영향을 미치는 그 외의 관련요인으로는 사회문화적 영향, 도농 간 차이, 성격요인, 성차 등이 있다.

1) 사회문화적 영향

사회문화적 요인 또한 친사회적 행동에 영향을 미친다. Whiting과 Whiting(1975)은 6개국(인도, 케냐, 멕시코, 오키나와, 필리핀, 미국)을 대상으로 한 비교문화연구에서 3~10세 아동들의 이타적 행동을 관찰하였다. 〈표 10-1〉에서 보는 바와 같이 이타성을 필요로 하고 요구하는 문화권의 아동들이 이타적 행동을 가장 많이 하는 것으

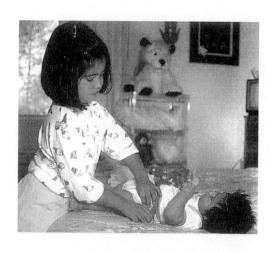

로 나타났다. 특히 대가족제도에서 과중한 가사 업무 때문에 어머니가 자녀에게 동생 돌보기(사진 참조)나 식사준비 등의 일거리를 많이 주는 문화권에서 아동의 이타성이 가장 높은 것으로 나타났다. 한편, 미국 아동의 이타성이 가장 낮은 것으로 나타났는데, 이들은 돕기 행동, 지지 행동, 다른 사람의 고통을 경감시키는 방안을 지시하는 항목에서 매우 낮은 점수를 받았다.

이 같은 연구결과에 대한 한 가지 가능한 설명

표 10-1 6개국 아동의 친사회적 행동

국가	6개국 아동의 이타성 평균(중앙치) 점수 이상을 획득한 아동의 비율(%)
비산업사회	
케냐	100
멕시코	73
필리핀	63
산업사회	
오키나와	29
인도	25
미국	8

출처: Whiting, B. B., & Whiting, W. M. (1975). *Children of six cultures: A psycho-cultural analysis*. MA: Harvard University Press.

은 아동이 속한 사회가 산업사회인지 아
니면 비산업사회인지 하는 구분에 있다.
즉, 서구 사회에서는 경쟁심을 부추기고
집단보다는 개인의 목표를 강조하는 경
향이 있다. 한편, 비산업사회에서는 개
인주의를 지양하고, 대인 간 갈등을 피하
고, 서로 협동하도록 가르친다. 서로 협
동을 해야만 높은 점수를 얻어 상을 받게
되는 놀이상황을 연출한 연구(Kagan &
Masden, 1971, 1972) (〈그림 10-4〉 참조)에
서, 협동심이 강조되는 문화권에서 성장

〈그림 10-4〉 협동심을 강조하는 놀이 상황

한 멕시코 아동들은 경쟁심을 부추기는 미국 등의 다른 문화권의 아동들보다 훨씬
높은 점수를 받았다. 사실 이 연구에 참여한 7~9세의 미국 아동들은 경쟁심이 너
무 강해서 자신에게 돌아올 이득이 없을 때조차도 상대방 아동이 점수를 따지 못하
도록 방해하였다. 이러한 경쟁심은 매우 이른 나이에 습득이 되기 때문에, 돕기 행
동이나 나누기 행동과 같은 친사회적 행동을 할 수 없게 될지 모른다. 미국 유아를
대상으로 한 또 다른 연구(Rutherford & Mussen, 1968)에 의하면, 경쟁심이 매우 강
한 4세 유아는 가장 친한 친구들에게도 캔디를 나누어주지 않았다.

2) 도농 간 차이: 시골 대 도시

시골 사람이 도시 사람들보다 돕기 행동
을 훨씬 더 많이 하는 것으로 보인다(Korte,
1980; Steblay, 1987). Amato(1983)는 한 실험
연구에서, 한 남자가 절뚝거리며 길을 가다
가 갑자기 비명을 지르며 넘어져 정강이에서
피가 나는 상황을 연출해보았다(사진 참조).

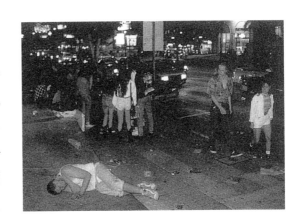

사진 설명 대도시 사람들이 시골 사람들보다 돕기 행동을 훨씬 덜 하는 경향이 있다. 그 이유는 가치관의 차이 때문이 아니라 도시생활에서 받게 되는 스트레스 때문인 것으로 보인다.

시골에서는 그 장면을 목격한 사람들의 절반 정도가 가던 길을 멈추고 그 남자에게 도움을 준 반면 대도시에서는 15% 정도가 그 남자를 도와주었다. 시골 사람들은 그 외에도 사고를 당한 낯선 사람을 돕거나, 미아를 찾아주거나, 길을 안내하거나, 우연히 발견한 편지를 우체통에 넣어주는 등의 여러 가지 방식으로 도움 행동을 하는 것으로 나타났다. 시골과 도시 사람들의 이타적 행동에서의 차이는 미국, 캐나다, 이스라엘, 호주, 터키, 영국, 수단 등 여러 나라에서 유사한 것으로 나타났다(Hedge & Yousif, 1992; Steblay, 1987).

시골 사람들은 왜 돕기 행동을 더 많이 하는가? 한 가지 가능한 설명은 시골에서 자란 사람들은 이웃 간에 서로 신뢰하고 가까이 지내며 서로의 일에 관심을 가지는데, 이것은 이타적 행동을 조장하는 요인이 된다는 것이다. 반면, 대도시에서 성장한 사람들은 타인을 신뢰하지 못하며 다른 사람 일에 관여하지 않도록 학습된다. 또 다른 설명으로는 도시에서 자란 사람들이 학습하게 되는 가치관 때문이 아니라 도시환경 때문에 이타적 행동을 덜 하게 된다는 것이다. Milgram(1970)은 도시에서는 사람들이 수도 없이 많은 자극과 스트레스에 노출되기 때문에 될 수 있으면 자극을 덜 받으려고 다른 사람의 일에 관여하지 않게 된다고 주장한다. 만약 사람들이 성장하면서 학습하게 되는 가치관 때문이라면 이타적 행동의 여부는 사건이 발생한 장소가 아니라 피해자의 출생지가 되어야 한다. 연구결과도 사람들이 받게 되는 교육 때문이 아니라 도시환경 때문이라는 주장을 뒷받침한다. Steblay(1987)는 10여 편의 연구결과를 검토하고 나서, 이타적 행동의 여부는 사건이 발생한 곳이 시골이냐 도시냐에 달려 있다고 결론을 내렸다. 미국의 36개 시를 대상으로 한 또 다른 연구에서 Levine과 그 동료들(1994)은 인구밀도와 이타적 행동 간에 관련이 있는 것을 발견하였다. 즉, 인구밀도가 높을수록 사람들의 돕기 행동이 감소하였다.

Mother Teresa

3) 성격요인

다른 모든 행동과 마찬가지로 친사회적 행동에서도 개인차가 크다. 일생 동안 자신의 삶을 다른 사람을 위해 헌신한 테레사 수녀 같은 인물이 있는가 하면 수백만 명의 유태인을 학살한 히틀러 같은 인물도 있다. 사회심리학자들은 이타성과 관련이 있는 성격요인을 찾으려는 시도를 한 바 있다. 그러나 연구결과들은 어떤 뚜렷한 결론을 내리기에는 미흡한 실정에 있다. 어떤 연구자들(Gergen, Gergen, & Meter, 1972)은 친사회적 행동을 예측하는 성격요인을 찾으려는 시도는 의미가 없다고 주장한 반면, 또 다른 연구자(Rushton, 1980)는 이타적 성격이 분명히 존재한다고 주장한다. Rushton에 의하면 정의심과 책임감, 감정이입, 자기통제, 내적 통제의 소재 등이 이타적 성격과 관련이 있다고 한

Adolf Hitler

다. 설사 이타성과 관련이 있는 특정 성격요인이 있다고 할지라도 모든 상황에서 일관성 있게 이타성이 표출되는 것이 아니라 상황에 따라 다르게 나타난다는 연구결과도 있다(Carlo, Eisenberg, Troyer, Switzer, & Speer, 1991). 즉, 어떤 상황에서는 친사회적 행동을 하는 사람도 다른 상황에서는 친사회적 행동을 하지 않는다는 것이다.

4) 성차

일반적으로 여성이 남성보다 동정심이 많고, 관대하고, 돕기 행동을 더 많이 하는 것으로 보인다(Shigetomi, Hartmann, & Gelfand, 1981; Zarbatany et al., 1985). 하지만 이와 상반되는 연구결과도 많이 있다(Radke-Yarrow et al., 1983; Rushton, 1980). 여성은 남성에 비해 얼굴표정에서 더 강한 동정심을 나타내지만(Eisenberg et al., 1988; Fabes, Eisenberg, & Miller, 1990; Zahn-Waxler et al., 1992), 남성은 구조행동과 같은 용감한 이타적 행동을 더 많이 한다(Zahn-Waxler et al., 1992).

많은 사회에서 남성에게는 용감하고 씩씩하게 행동하도록 기대하고 여성에게는 보살핌과 애정적인 행동을 하도록 기대한다. 결과적으로 남성들에게는 위험을 무릅쓰고 다른 사람의 생명을 구하는 이타적 행동(예: 물에 빠진 사람을 구하거나 지하철

사진 설명 한 남성이 물에 빠진 여성을 구조하고 있다.

사진 설명 한 여성이 너싱홈(노인요양시설)에서 할머니를 돌보고 있다.

역 선로에 떨어진 사람을 구하는 행동)을 기대하는 반면, 여성들에게는 위험하지는 않으나 인간관계를 강조하는 이타적 행동(예: 너싱홈에서 노인을 돌보는 자원봉사)을 기대한다.

이타적 행동에 관한 연구 170여 편을 검토한 후에 Eagly와 Crowley(1986)는 남성들은 확실히 용맹스럽고 영웅적인 방식으로 돕기 행동을 한다고 보고하였다. 예를 들면, 자신의 생명이 위협받는 상황에서 위험을 무릅쓰고 낯선 사람의 목숨을 구한 공로로 'Carnegie Hero Fund Commission'으로부

Dale Carnegie

터 메달을 수상한 7,000명 중에서 91%가 남성이었다. 한편, 애정과 보살핌을 필요로 하는 상황에서는 여성이 남성보다 훨씬 더 많이 이타적 행동을 하는 것으로 나타났다(Belansky & Boggiano, 1994; Otten, Penner, & Waugh, 1988).

우리나라의 유아를 대상으로 한 연구(조은진, 1997), 초등학생을 대상으로 한 연구(박서정, 김순옥, 2003), 초 · 중 · 고생을 대상으로 한 연구(허인숙, 유준상, 2004)에서는 모두 여아가 남아보다 친사회적 행동을 더 많이 하는 것으로 나타났다.

11장

사회화와 가족의 영향

가족은 사회의 기본 단위로서 한 사회를 존속시키고 유지하는 기능을 가지고 있다. 인간이 세상에 태어나서 사회구성원으로 성장할 수 있는 터전이 바로 가족이다. 가족은 인간의 성장발달에서 매우 중요한 역할을 한다. 우리는 누구나 가족의 사랑과 보호를 받으면서 성장하고, 가정에서 여러 가지 생활규범을 배우고 익히며, 사회생활에 적응할 수 있는 능력을 기른다.

부모는 아동이 이 세상에 태어나 최초로 관계를 형성하는 대상이다. 부모의 역할을 제대로 수행하기 위해서는 부모가 되기 위한 마음의 준비와 자녀양육에 대한 기본적인 지식의 습득 및 가치관의 확립이 필요하다. 부모의 양육행동은 개인의 성격형성에 가장 큰 영향을 미치는 요인 가운데 하나이다.

형제자매는 아동이 출생 후 처음으로 경험하는 또래집단이자 가장 오랫동안 개인의 사회화에 영향을 미치는 중요한 인물이다. 형제관계는 대인관계 가운데 가장 오래 지속되는 관계이며, 부모가 사망한 훨씬 이후까지 지속된다.

조부모는 부모보나 자녀양육에 관한 경험이 많으므로, 손자녀에게 정서적 안정감을 제공해줄 수 있고, 손자녀에 대한 직접적인 의무감이나 책임감이 없기 때문에 순수하게 애정적인 관계에서 유대감을 형성할 수 있다.

이 장에서는 부모의 역할, 사회변화와 부모역할의 변화, 부모의 양육행동, 형제 자매와 출생순위, 조부모의 역할, 가족구조의 변화 등에 관해 살펴보고자 한다.

1. 부모의 역할

Talcott Parsons

Robert Freed Bales

아동의 발달과정에서 자녀를 양육하는 부모의 역할은 매우 중요하다. 그러나 부모의 역할에 대한 정의가 명확하지 않을 뿐만 아니라, 대부분의 부모들은 체계적인 부모교육을 받은 경험이 없기 때문에, 자녀를 양육하는 과정에서 심한 좌절감을 경험하기도 한다.

Parsons와 Bales(1955)는 전통가족에서의 아버지 역할을 '도구적 역할(instrumental role)'로 어머니의 역할을 '표현적 역할(expressive role)'로 구분하였다. 바꾸어 말하면, 아버지는 가정의 대표자, 생계유지자로서 도구적인 역할을 수행하는 반면, 어머니는 정서적 욕구를 충족시키는 표현적인 역할을 담당한다는 것이다. 또한 Winch(1971)는 아버지와 어머니의 역할을 각각 통제적·양육적 역할로 구분하였다. 자녀의 양육과정에서 아버지는 자녀의 행동을 통제하며, 어머니는 말이나 행동, 신체접촉을 통해 온화함을 제공해주는 역할을 담당한다는 것이다. 이는 우리 전통가족에서의 부모의 역할 모델인 '엄부자모(嚴父慈母)'와도 일치하는 관점이다. 어원상으로도 한자의 '父'는 사람이 오른손에 한 개의 회초리를 든 모양을 본떠서 아버지를 상징화하는 상형문자이다. 즉, 회초리를 들고 아이들을 가르치고 이끌어 가는 사람이 아버지라는 뜻이다. 반면, '母'는 아기를 가슴에 안고 편안하게 젖을 먹이는 모습을 형상화한 것이다.

1) 어머니의 역할

어머니의 역할은 출산을 하는 생물학적 과정에서부터 시작하여 자녀에 대한 통제와 책임을 다 하는 것을 포함한다. 어머니의 역할이 본능적이며 생물학적 절대성을 가진다는 주장은 최근 여러 학자들에 의해 반박을 받고 있지만, 어머니와 자녀관계의 배타적인 특성은 여전히 존재한다. 임신과 출산이라는 생물학적 사건은 어머니의 역할을 아버지의 역할과는 대조적인 것으로 강조하고 있으며, 어머니의 역할은 여성의 사회화 과정에서 우선시되는 중요한 역할 가운데 하나로 남아 있다.

Freud(1933)는 먹고, 빨고, 삼키고, 씹는 구강 부위의 만족을 충족시켜 주는 사람이 어머니이므로, 어머니는 아동의 성장에 가장 중요한 영향을 미치는 인물이며, 이후의 사회적 관계형성에도 중요한 영향을 미친다고 하였다. Bowlby(1958)도 유아들의 사회적·정서적 행동을 적절하게 발달시키지 못하는 고아원이나 보호시설 등에 대한 연구를 기초로 하여, 어머니의 결손이 아동의 성장에 큰 영향을 미친다고 하였다. 그 외에도 많은 학자들이 동물연구 등을 토대로 하여 아동발달에서의 어머니의 생물학적 절대성을 강조하고 있다.

이와는 달리 어머니의 양육적 역할을 지나치게 강조하는 관점이 크게 비판을 받고 있다. 아동의 성장과정에서 어머니의 역할은 절대적이라기보다는 다양한 유전적·환경적 요인들에 의해 영향을 받을 것이므로, 어머니에게 양육적 역할을 지나치게 요구한다는 것은 많은 여성들로 하여금 죄의식에 사로잡히게 한다는 점에서 비판을 받고 있다.

그럼에도 불구하고 어머니의 역할은 아동의 전반적 발달, 특히 초기의 발달에서 중요한 의미를 갖는다고 한다. 다시 말하면, 아동의 최적의 발달과 능력의 강화에 도움이 되는 특정한 어머니의 행동이나 태도라든가, 환경적 조건이라는 것이 있다는 것이다.

2) 아버지의 역할

전통적으로 아버지의 존재에 대해서는 인간이라는 유기체를 형성하는 생물학적 기여자로서의 역할이 강조되었다. Mead(1968)는 이러한 아버지의 존재를 '생물학적으로는 필연적이지만, 아동의 사회화 과정에서는 우발적인 인물'로 묘사하고 있

다. 또한 아버지의 역할을 어머니의 역할과 대비시켜 이차적인 역할(secondary role)이라고 한다. 이는 자녀양육에 있어서 아버지의 역할은 어머니에 비해 상당히 미미하며, 최소한의 역할만을 수행한다는 사실을 의미한다. '어미 잃은 날이 아비 정 떼는 날'이라는 우리의 옛 속담이나(유안진, 1994), 계모와 자녀 간의 갈등에 적극적으로 개입해서 중재하는 모습을 보이지 않는 전래동화 '콩쥐팥쥐'(사진 참조)나 '장화홍련전'에서의 아버지의 모습은 이러한 아버지 역할의 특성을 잘 반영해 주고 있다(정순화, 김시혜, 1996).

하지만 또 다른 연구에서는 자녀양육에서 아버지의 역할이 어머니의 역할에 종속된다는 사실을 반박하고 있다. 비교문화적 관점에서 보면, 아버지가 양육적 역할을 수행하는 정도는 문화에 따라 차이가 있음이 분명하다. 일부일처제의 핵가족, 비부거제(非父居制) 문화, 어머니의 생계 부담률이 높은 사회일수록 아버지가 영아와 친밀한 관계를 형성하는 것으로 나타났다(Lamb, 1986). 실제로 오키나와나 필리핀의 소수 부족들은 아버지가 양육의 주역할을 담당하고 있는데 이는 어머니의 생물학적 절대성에 대한 주장과는 상반되는 현상이다. 정신분석이론에서도 아동의 동일시 대상으로 아버지의 중요성을 강조하고 있으며, 어린 시절 아버지의 양육태도는 이후에 자신이 아버지가 되었을 때의 양육태도에 영향을 미친다고 한다.

Pleck(1987)은 20세기의 아버지 역할을 경제적 의무를 다하는 사람으로서의 아버지(1940년대 이전), 성역할 모델로서의 아버지(1940년대 중반~1970년대 중반), 양육적인 아버지(1970년대 중반 이후)의 세 가지 형태로 개념화하고 있다. 전통적 의미에서 아버지의 역할은 그들의 직업적 역할에 성공함으로써 가족이 생계를 유지하고, 어머니가 가정과 자녀양육에 전념하도록 하는 것이었다. 이러한 생계유지자로서의 아버지의 역할은 아직도 맞벌이 가정에서조차 중요한 역할이 되고 있다. 비록 같이 놀아 주지 않아도 갖고 싶은 것을 모두 제공해줄 수 있는 경제적 능력을 가진 아버지가 아동에게는 가장 유능한 아버지로 부각되고 있다는 것이다(정순화, 김시혜, 1996).

Joseph Pleck

그러나 사회변화로 인해 아버지는 더 이상 가정에 물질적인 도움만을 제공해주는 존재가 아니며, 자녀의 건강한 발달을 위해 어머니 못지않게 중요한 역할을 담당하는 것으로 인식되고 있다. 어머니가 자녀양육을 담당하고, 아버지는 가족을 부양하는 사람이라는 가족 형태는 수많은 가족 형태 중의 하나에 불과하며, 아버지도 자녀양육에 적극적으로 참여하고 협력하는 것이 사회적으로 당연시되고 있다. 여성 취업률과 이혼율의 증가로 인해, 자녀에 대한 아버지의 역할은 점차 비중이 커지고 있으며, 더 이상 이차적인 역할로 머물러 있을 수 없게 되었다. 아버지는 자녀와의 직접적인 상호작용을 통해 어머니 못지않게 자녀의 성장과 발달에 큰 영향을 미치는 존재로 부각되고 있다. 아버지의 양육적·온정적 태도는 아동발달에 직접적으로 긍정적인 영향을 미친다. 최근 많은 연구들이 아동의 심리적 발달에 기여하는 아버지의 역할에 중점을 두고 있다.

2. 사회변화와 부모역할의 변화

최근 우리 사회는 여러 측면에서 급격한 변화를 경험하고 있으며, 이러한 사회적 변화는 부모역할에도 많은 영향을 미치고 있다. 점차 증가하는 핵가족화·소가족화 현상, 여성 취업률의 증가와 만혼현상 및 결혼의 불안정성 등과 같은 사회적 변화의 영향으로 부모역할에서도 많은 변화가 나타났다. 이러한 변화는 긍정적인 측면도 가지고 있지만, 동시에 그에 따른 문제점도 드러내고 있다. 부모역할의 변화에 영향을 미치는 요인들과 이에 따른 문제점을 살펴보면 다음과 같다.

1) 핵가족화 · 소가족화

산업화와 도시화로 인해 가족은 형태면에서 점차 핵가족화·소가족화되고 있다. 이는 피임법이 보편화되고 개인의 성취가 우위에 있게 됨에 따라 더욱 가속화되고 있다. 2023년 가족실태조사(여성가족부 보도자료, 2024)에 따르면 3세대 가족은 이제 전체 가족의 1.6%에 불과하며(〈그림 11-1〉 참조), 2024년 통계청에서 발표한 우리나라의 '2023년 출생통계'에 따르면 총 출생아 수는 23만 명으로 나타났으며, 여성 한 명이 가임기간(15~49세) 동안 출산하는 출생아 수(합계출산율)도 0.72명으로 나타났다(〈그림 11-2〉 참조).

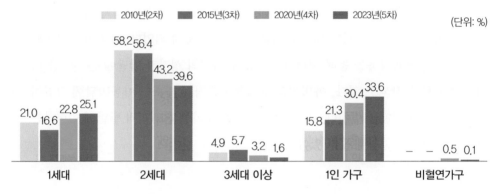

〈그림 11-1〉 세대 구성별 가구수(2010년, 2015년, 2020년, 2023년)

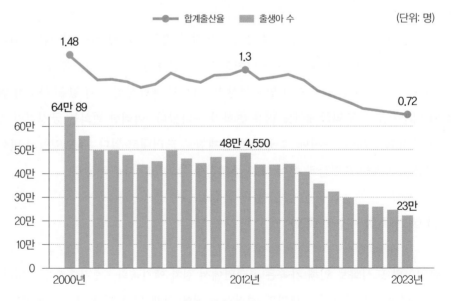

〈그림 11-2〉 우리나라의 출산율 추이

출처: 통계청(2024). 2023년 출생통계.

이러한 가족 형태상의 변화는 필연적으로 자녀양육에 아버지의 참여를 촉진시키는 요인으로 작용하고 있으며, 동시에 문제점도 내포하고 있다. 대가족이나 확대가족에서는 부모 이외의 다른 많은 역할모델이 존재하지만, 소가족화·핵가족화의 경우에는 부모가 유일한 역할모델이 된다. 가족 내에 형제나 친족 등의 다른 역할모델이 존재할 수 없으며, 이러한 경우 적절한 부모모델을 갖지 못하면 그대로 결손이 일어나거나 왜곡된 모델에 노출될 수밖에 없다.

뿐만 아니라 확대가족 하에서는 가족구성원 간에 엄격하게 서열이 정해지며, 가장의 권위가 가장 우위에 있게 된다. 확대가족은 가부장 중심의 수직적인 구조를 가지고 있으나, 핵가족에서는 가정은 자녀가 중심이 된 수평적 형태로 변화해왔다. 그러므로 부모가 전통적인 권위적 양육방식만을 고집한다면, 부모-자녀 간에는 필연적으로 갈등이 나타나게 된다.

2) 여성의 사회참여

농경사회에서 아버지와 어머니는 그 역할이 엄격하게 구분되어 있었으며, 자녀양육에서도 그들 나름대로의 역할이 따로 있었다. 그러나 산업혁명 이후 급격한 사회변화는 가정의 여성화와 자녀양육 과정에서 아버지의 참여를 제한하는 중요한 요인으로 작용하였다. 아버지는 가족을 부양하기 위한 생계부양자로서 주로 가정 외부의 일에 종사한 반면, 어머니의 가장 주된 임무는 자녀양육이며 가정에서 그들의 자녀를 양육하는 데 대부분의 시간을 보내게 되었다.

최근에 와서는 자녀출산 이후에도 계속적으로 직업에 종사하는 여성의 수가 증가하고 있으며, 이로 인해 자녀를 돌볼 사람이 상대적으로 감소하고 있다. 이러한 현상은 가족구조에서의 핵가족화 현상으로 인해 더욱 심각한 문제로 대두되고 있다. 물론 아직도 대부분의 가정에서 어머니가 자녀양육의 일차적인 책임을 담당하며 많은 시간을 자녀양육에 할애하고 있으나, 이제 더 이상 어머니가 자녀양육을 전적으로 책임지지 않으며, 아버지도 다양한 역할방식에 적응해 나가는 것이 필요하게 되었다.

또한 자녀양육보다는 직업적 성취에 더 많은 비중을 두게 됨에 따라, 자녀양육은 부모의 직업적 성취에 종속되는 경향을 보이고 있다. 결혼 이후에도 자신의 직업적 성취를 고려해 아기를 갖는 시기를 조절하는 경향을 보이고 있다. 동시에 부모는 자녀를 위해 희생해야 한다는 점에 가치를 덜 두게 되며, 자녀 또한 부모가 자신을 위해 희생하거나 미래에 그들에게 짐이 되기를 원하지 않는다. 마치 덜 주고 덜 받는 것과 같다. 이러한 부모-자녀 간의 관계는 상호간의 친밀감을 약화시키는 요인으로 작용하게 된다.

3) 결혼의 불안정성

개인적 성취가 가족의 가치보다 우위에 있게 됨에 따라 현대사회에서 결혼을 통해 형성된 가족은 더 이상 안정적이 아니다. 점차 이혼율이 증가하고 있으며, 이로 인한 한부모가족이나 재혼가족도 점차 증가하고 있다. 〈그림 11-3〉에 제시된 바와 같이 우리나라의 이혼율은 2023년 인구 1,000명당 1.8명이 이혼했으며, 이는 1985년에 비해 2배 정도 증가한 것이다(통계청, 2024). 이러한 변화는 아동의 성장뿐 아니라 부모역할에도 큰 영향을 미치고 있다. 이혼으로 인한 한부모가족의 경우, 역할 모

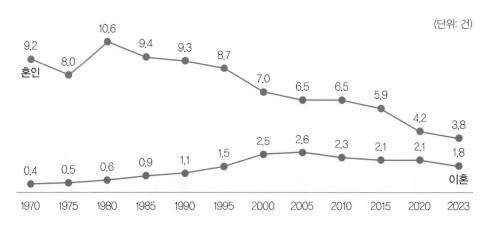

〈그림 11-3〉 우리나라의 연도별 혼인·이혼율 추이
출처: 통계청보도자료(2024. 3. 19). 2023년 혼인·이혼 통계.

델로서 어느 한쪽 부모의 결손을 경험하게 되며, 재혼가족의 경우 계부모나 의붓형
제와의 관계에서 경험하게 되는 갈등은 자신의 친부모와도 소원한 관계를 형성하
게 하는 중요한 요인이 된다.

전통가족에서 가족의 결손은 오늘날에 비해 더 빈번하게 일어났으나, 이는 질병
으로 인한 사망이나 경제적 어려움 등이 중요한 원인이었다. 이러한 형태의 한부모
가족에서는 오히려 위기를 극복하기 위해 강한 결속력이나 소속감, 상호의존성이
나타난다. 반면, 지금과 같은 가정 내 불화로 인한 결손은 아동발달이나 부모역할
모두에 심각한 문제를 야기시키게 된다. 최근 보고되고 있는 많은 아동학대가 불화
로 인한 결손이나 재혼가정이 그 원인이었음은 이러한 사실을 뒷받침해주고 있다.

3. 부모의 양육행동

부모의 양육행동은 개인의 성격형성에 가장 큰 영향을 미치는 요인 가운데 하나
이다. 부모의 양육태도는 수용, 애정, 통제, 양육, 온정, 허용 등과 같은 여러 다른 영
역으로 기술될 수 있으며, 어떠한 양육방식이 가장 효과적인가는 문화에 따라, 가족
의 특성에 따라 그리고 시대에 따라 상이하다.

1) 애정과 통제

Baumrind(1991, 2012)는 애정과 통제라는 두 차원에 의해 부
모의 유형을 네 가지로 나누어 설명하고 있다. 여기서 애정차원
은 부모가 자녀에게 얼마나 애정적이고 지원적이며, 얼마나 민
감한 반응을 보이고, 얼마나 관심을 갖고 있는가 하는 것이다.
통제차원은 아동에게 성숙한 행동을 요구하고, 아동의 행동을
통제하는 것을 말한다.

애정과 통제차원이 둘 다 높은 경우는 '권위있는(authoritative)'

Diana Baumrind

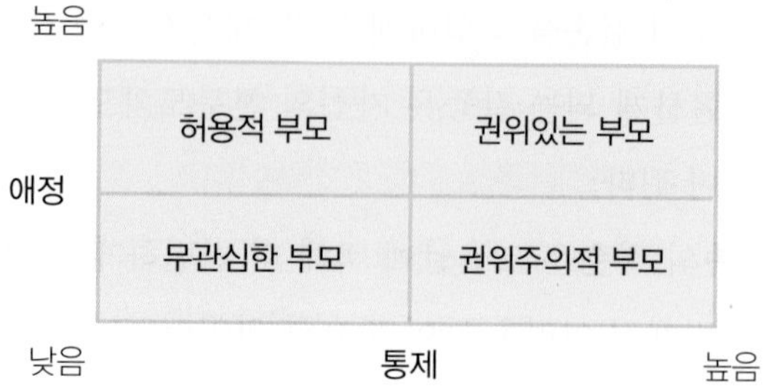

높음

허용적 부모	권위있는 부모
무관심한 부모	권위주의적 부모

애정

낮음 　　　　　 통제 　　　　　 높음

〈그림 11-4〉 애정과 통제 두 차원에 의한 네 가지 부모유형

부모, 통제차원은 높지만 애정차원이 낮은 경우는 '권위주의적(authoritarian)' 부모, 애정차원은 높은데 통제차원이 낮은 경우는 '허용적(indulgent)' 부모 그리고 마지막으로 애정과 통제차원이 다 낮은 경우는 '무관심한(neglectful)' 부모로 명명되었다(〈그림 11-4〉 참조).

많은 연구들(Fuligni, & Eccles, 1993; Kurdek & Fine, 1994; Smetana & Berent, 1993; Steinberg, Lamborn, Darling, Mounts, & Dornbusch, 1994)이 부모의 유형과 자녀의 사회적 행동과의 관계를 보고하고 있다(〈표 11-1〉 참조).

우리나라 어머니의 양육행동과 자기통제행동에 관한 연구(강기숙, 이경님, 2001)에

표 11-1 부모의 유형과 자녀의 사회적 행동

부모의 유형	특 성	아동의 사회적 행동
권위있는 부모	애정적 · 반응적이고 자녀와 항상 대화를 갖는다. 자녀의 독립심을 격려하고 훈육 시 논리적 설명을 한다.	책임감, 자신감, 사회성이 높다.
권위주의적 부모	엄격한 통제와 설정해놓은 규칙을 따르도록 강요한다. 훈육 시 체벌을 사용하고 논리적 설명을 하지 않는다.	비효율적 대인관계, 사회성 부족, 의존적, 복종적, 반항적 성격
허용적 부모	애정적 · 반응적이나 자녀에 대한 통제가 거의 없다. 훈육에 일관성이 없다.	자신감이 있고 적응을 잘하는 편이나, 규율을 무시하고 제멋대로 행동한다.
무관심한 부모	애정이 없고, 냉담하고, 엄격하지도 않으며, 무관심하다.	독립심이 없고 자기통제력이 부족하다. 문제행동을 많이 보인다.

서, 유아의 자기통제행동은 어머니의 양육행동과 관련이 있는 것으로 나타났다. 어머니의 양육행동이 방임 · 허용적일수록 유아의 유혹에 대한 저항이 낮고, 어머니의 양육행동이 온정 · 수용적일수록 과제에 대한 인내는 높은 것으로 나타났다. 또한 어머니가 자녀를 수용하고 애정을 표현하며 자녀의 독립심을 격려하는 온정 · 수용적 양육행동이 아동의 자기통제를 높이며, 자녀를 무시하고 자녀에게 무관심한 허용 · 방임적 양육행동은 아동의 자기통제를 저하시키는 것으로 나타났다. 따라서 아동에게 무관심하고 방임하는 어머니의 양육행동은 아동이 자신의 요구나 충동을 조절해야 하는 상황에서 부정적인 영향을 미칠 수 있음을 시사하는 것으로 볼 수 있다.

4, 5세 유아 132명을 대상으로 어머니의 양육행동과 유아의 또래유능성과의 관련성을 살펴본 연구(이상은, 이주리, 2010)에서, 유아의 또래유능성은 어머니의 양육행동 중 온정 · 격려 정도가 높을수록 높아진다고 하였으며, 어머니의 양육행동 중 과보호 · 허용과 거부 · 방임 정도가 높을수록 유아의 또래유능성은 낮아진다고 하였다. 즉, 어머니의 긍정적인 양육행동은 유아에게 또래와의 관계에서 중요한 모델이 되며, 긍정적인 어머니의 양육행동으로 인해 유아는 안정적이고 바람직한 방법으로 또래와의 관계를 형성할 수 있다고 하면서 어머니의 양육행동이 유아의 또래와의 관계 시 중요한 영향을 미친다는 것을 시사해 준다고 하였다.

초등학교 2학년과 6학년을 대상으로 부모의 양육행동과 아동의 자기효능감을 살펴본 연구(김원경, 권희경, 전제아, 2006)에 따르면, 부모의 온정적 · 수용적 양육행동이 2학년과 6학년 아동 모두의 자기효능감에 직접적인 영향을 미쳤으며, 2학년의 경우에만 부모의 거부 · 제재적 양육행동이 아동의 자기효능감에 긍정적인 영향력을 미치는 것으로 나타났다. 이러한 결과는 고학년이 될수록 자율성이 발달하고 또래관계가 확장되면서 부모의 통제 개입에 따른 영향력이 줄어든다는 것을 보여준 것이기 때문에 자녀의 연령이 증가할수록 자율성을 최대화시켜 주고 통제력을 최소화시켜 주는 양육행동이 아동의 발달에 긍정적인 영향을 줄 것으로 보인다.

부모의 양육행동에 관한 수많은 연구결과를 검토한 결과, '권위주의적' 양육행동이나 '무관심한' 양육행동은 아동의 공격성 등의 외현화 문제와 관련이 있으며(Pinquart, 2017), 학교폭력이나 집단따돌림의 가해자가 되는 경향이 있다(Krisnana

et al., 2019). 또 다른 최근의 연구(Lo et al., 2019)에서는 '권위주의적' 양육행동을 하는 부모들은 아동학대를 하는 경향이 있는 한편, '권위있는' 양육행동은 자녀의 친사회적 행동(Carlo et al., 2018)과 관련이 있는 것으로 나타났다.

미국 대학생 297명을 대상으로 부모의 양육행동 중 자녀의 자율과 독립심을 격려하는 양육행동과 자녀의 행동을 지나치게 통제하는 양육행동(헬리콥터형이라고 함; 사진 참조)에 관한 연구(Schiffrin et al., 2014)에서 헬리콥터형 부모의 자녀들은 우울증과 불안수준이 높고, 심리적 안녕감과 생활만족도는 유의하게 낮은 것으로 나타났다.

2) 자애로움과 엄격함

우리나라에서도 청소년 상담원(1996)은 이와 비슷하게 자애로움과 엄격함이라는 두 차원에 의해 부모유형을 네 가지로 나누었다(〈그림 11-5〉 참조). 여기서 자애로움은 자녀를 신뢰하고, 따뜻하고 관대하게 대하는 것을 말하고, 엄격함은 확고한 원칙을 가지고, 정해진 바를 일관성 있게 밀고 나가는 것을 말한다. 부모의 유형에 따른

높음 | 자애롭기만 한 부모 | 엄격하면서 자애로운 부모

자애로움 | 엄격하지도 못하고 자애롭지도 못한 부모 | 엄격하기만 한 부모

낮음 — 엄격함 — 높음

〈그림 11-5〉 자애로움과 엄격함의 두 차원에 의한 네 가지 부모유형

표 11-2 부모의 유형과 자녀의 특성

부모의 유형	부모의 특성	자녀의 특성
자애롭기만 한 부모	• 자녀의 모든 요구를 다 들어준다. • 단호하게 자녀들을 압도하기보다는 양보한다. • 말은 엄격하나 행동으로 보여주지 못한다. • 때로는 극단적으로 벌을 주거나 분노를 폭발하여 스스로 죄책감을 느낀다. • 벌주는 것 자체를 잘못이라고 생각한다	• 책임을 회피한다. • 쉽게 좌절하고 그 좌절을 극복하지 못한다. • 버릇없고 의존적이며 유아적인 특성을 보인다. • 인정이 많고 따뜻하다.
엄격하기만 한 부모	• 칭찬을 하지 않는다. • 부모의 권위에 의문을 제기하는 것을 허락하지 않는다. • 자녀가 잘못한 점을 곧바로 지적한다. • 잘못한 일에는 반드시 체벌이 따라야 한다고 생각한다.	• 걱정이 많고 항상 긴장하고 불안해한다. • 우울하고 때로 자살을 생각하기도 한다. • 책임감이 강하고 예절이 바르다. • 지나치게 복종적, 순종적이다. • 부정적 자아이미지, 죄책감, 자기비하가 많다.
엄격하면서 자애로운 부모	• 자녀가 일으키는 문제를 정상적인 삶의 한 부분으로 생각한다. • 자녀에게 적절하게 좌절을 경험케 하여 자기훈련의 기회를 제공한다. • 자녀를 장점과 단점을 아울러 지닌 한 인간으로 간주한다. • 자녀의 잘못을 벌할 때도 자녀가 가진 잠재력은 인정한다. • 자녀의 장점을 발견하여 키워준다.	• 자신감 있고 성취동기가 높다. • 사리분별력이 있다. • 원만한 인간관계를 유지한다.
엄격하지도 자애롭지도 못한 부모	• 무관심하고 무기력하다. • 칭찬도 벌도 주지 않고 비난만 한다. • 자식을 믿지 못한다(자녀가 고의적으로 나쁜 행동을 한 것으로 생각한다).	• 반사회적 성격으로 무질서하고 적대감이 많다. • 혼란스러워하고 좌절감을 많이 느낀다. • 세상 및 타인에 대한 불신감이 짙다.

부모의 특성과 자녀의 특성은 〈표 11-2〉와 같다.

이상 네 가지 부모유형 중에서 가장 바람직한 유형은 '엄격하면서 자애로운 부모'이고, 제일 바람직하지 못한 유형은 '엄격하지도 자애롭지도 못한 부모'이다. 우리나라에서 요즘 가장 많은 유형은 '자애롭기만 한 부모'이다.

우리나라 부모의 양육행동 유형을 알아본 연구(정옥분 외, 1997)에서, 엄부자모가 30.4%, 엄부엄모가 8.2%, 자부엄모가 15.1% 그리고 자부자모가 46.3%로 나타났다. 요컨대, 전반적으로 자부자모 유형이 가장 많은 것으로 나타나 우리의 전통유형인 엄부자모 유형에서 크게 벗어나 있음을 알 수 있다.

자녀의 발달단계에 따른 차이를 보면 초등학생과 중학생의 부모는 자부자모인 경우가 많고, 고등학생의 부모는 엄부자모인 경우가 다소 많은 것으로 나타났다. 이 결과는 부모가 젊을수록 자부자모의 유형이 많은 것으로 해석할 수 있다.

3) 아동학대

아동학대(child abuse)의 가장 중요한 요인은 문명사회가 시작된 이래로 아이들이 부모의 자산으로 간주되고 있다는 점이고, 이것이 오늘날까지 사람들의 마음

속에 깊이 새겨져 있는 것이다. 유아살해는 오랜 세월 동안 용인된 관습으로 받아들여졌고, 바빌로니아, 헤브라이, 그리스, 로마 문화에서는 원치 않은 아이들이나 기형아들은 예외 없이 버림을 받았다. 심지어 근대 초기에는 영국법에서도 출생 후 며칠 내에 발생한 유아살해는 용서되었다. Fraser(1976)에 의하면, 16세기 영국에서는 경제적인 문제로 가난한 집 아이들이 계시살이(apprenticeship)를 해야 했었고, 1760년대까지 극빈자 도제제도(pauper apprenticeship system)가 크게 악용되어 아이들이 매우 잔인하고 비인간적인 대우를 받았다고 한다. 후에 이 제도는 불법으로 선언되었다. 미국도 영국과 사정이 비슷해서

1900년대 초기까지 부모에게 잔인하게 학대받는 아동들에 대한
보호책이 거의 없었다(Fine, 1980).

Mary Ellen

미국에서 아동학대의 첫 사례로 매우 유명한 Mary Ellen의 경
우도 1874년 당시에는 아동보호법이 없었으므로, 동물학대방지
법에 의하여 재판에 회부되었는데, 이러한 사실은 많은 사람들로
하여금 경악을 금치 못하게 한다(Fontana & Besharov, 1977). Mary
Ellen은 영양부족과 신체적 학대를 받은 아동이지만 법으로는 그
아이의 권리를 보호할 수 없다는 사실이 알려졌을 때, 이 점이 뉴
욕 주의회의 주목을 받게 되었다. 그러나 그 같은 충격적인 사건
에도 불구하고 국가적인 차원에서의 어떤 조치도 취
하지는 못하였다. 전국에서 단지 몇 개의 아동학대
방지협회가 결성되었고, 1877년에는 미국동물애호
협회가 아동과 동물에 대한 학대행위의 금지를 위해
일할 목적으로 설립되었다.

Henry Kempe

아동학대문제는 Kempe 박사가 '아동학대 증후군'
이라는 용어를 처음 만든 1962년까지는 크게 주목을
받지 못했다(Kempe, Silverman, Steele, Droegemeuller,
& Silver, 1962). Kempe 박사는 사람들의 주의를 끌 목적으로 그 용어를 만들었는데,
그 말은 이제 더 이상 사용되지 않으며, 좀더 포괄적인 용어인 '아동학대 및 유기'라
는 말로 대체되었다(Helfer & Kempe, 1976).

1966년까지 미국 내의 모든 주에서는 아동학대신고법이 제정되었고, 아동학대가
심각한 사회문제라는 것이 법적으로 인정받게 되었다. 드디어 연방정부도 그 문제
를 인정하게 되어, 1974년에는 공법 93-247조인 '아동학대 방지 및 대처법'이 통과
되었으며, 보건성, 교육성, 복지성 내에 국립아동학대 및 유기센터(National Center
on Child Abuse and Neglect)가 설치되었다.

우리나라는 UN이 「세계 아동의 해」로 선포하던 1979년에 최초로 한국사회복지
협의회에서 아동학대신고센터를 개설하였으나, 시민의 무관심과 신고정신 미흡으

로 1년 만에 문을 닫고 말았다. 그 후 1983년에는 한국어린이보호회가 어린이 상담 전화를 개설하였고, 1985년에는 서울시립아동상담소에서 아동권익 보호신고소를 만들었으나 이 역시 기대만큼 활성화되지 못하였다. 1989년에는 유니세프와 한국복지재단에서 보건복지부의 후원으로 정부관계자, 학계, 법조계 그리고 관련단체의 실무자를 중심으로 하는 한국아동학대예방협회를 설립하였으며, 1996년에는 한국이웃사랑회에서 전국 5개 지역에 아동학대상담센터를 개설하였다. 그러다가 1999년에 들어와 보건복지부에서는 보다 실질적인 아동학대예방활동으로서 '아동학대에 관한 진단 및 관리지침서'를 제작하여 아동학대문제에 본격적으로 개입하게 되었다. 그 결과 2000년에는 '아동복지법'이 개정되었으며, 1년 동안 학대받는 아동을 위한 24시간 긴급 전용전화 '1391(아동학대신고전화)'과 아동학대예방센터가 개설되었으며(김완진, 2002; 조현웅, 2000), 2014년에는 아동학대신고전화가 112로 통합되었다.

(1) 아동학대의 정의

1975년 미국의 모델보호서비스법(The Model Protection Service Act)이 규정한 아동학대의 정의에 의하면 "학대받거나 유기된 아동이란 아동의 복지에 책임이 있는 부모나 그 밖의 다른 보호자의 행위나 태만으로 인해 신체적·정신적 건강이나 복지가 상해를 입거나 위협을 받는 아동을 의미한다"로 되어 있다. 나아가 상해란 지나친 체벌, 성적 학대, 유기, 삶의 기본적 요구를 채워주지 못하거나 적절한 보살핌이나 감독을 하지 못한 결과로 피해를 입는 것으로 정의되고 있다(Fontana & Besharov, 1977).

(2) 아동학대의 유형

아동학대의 유형에는 신체적 학대, 정서적 학대, 성적 학대, 방임 등 크게 네 가지가 있다. 첫째, 신체적 학대는 의도적으로 아동에게 신체적 해악을 가하는 것을 말한다. 손이나 발을 이용하여 때리거나 도구를 이용하여 신체적 고통을 주는 경우가 있는데, 심하게는 흉기로 상해를 입히는 경우도 있다(Flaherty et al., 2014; Redford, Corral, Bradley, & Fisher, 2013). 이러한 신체적 학대는 외관상 드러나는 것이 당연하나 조사 당시 상처가 아물어 나타나지 않는 경우가 많다.

둘째, 정서적 학대는 아동에게 협박을 가하고, 경멸, 모멸감, 수치심을 주는 등 적대적이고 거부적인 태도로 아동의 심리적 자아에 상처를 입히는 것을 말한다. 소리를 지르거나 언어적 폭력을 가하는 것, 무시하거나 모욕감을 주는 것 등이 여기에 속한다(Potthast, Neuner, & Catani, 2014; Ross, Kaminski, & Herrington, 2019). 정서적 학대는 신체적 학대와는 달리 육안으로 확인하기가 어렵기 때문에 정서적 학대 상황에 방치된 아동을 발견하기란 쉬운 일이 아니며 극도로 심한 정서적 학대를 받은 아동의 경우는 그 예후가 좋지 않다.

셋째, 성적 학대는 아동에게 성인과의 성적 접촉, 애무 등을 강요하거나, 신체를 노출하게 하여 성인의 성적 자극에 이용하는 것을 말한다(Fergusson, McLeod, & Horwood, 2013; Tener, Katz, & Kaufmann, 2021; Williams et al., 2014; Zollner, Fuchs, & Fegert, 2014).

넷째, 방임은 양육자가 아동발달에 기본적으로 필요한 환경을 제공해주지 않아 아동의 건강과 안정이 위협받고, 정서적 박탈감을 경험하게 되는 상황을 말한다(Font & Maguire-Jack, 2020; Ross & Juarez, 2014). 방임에는 위험한 것을 가지고 노는데도 그대로 방치해두는 물리적 방임이 있고, 교육을 받아야 함에도 학교에 보내지 않거나 교육을 시키지 않는 교육적 방임이 있으며, 치료를 받아야 하는데 그냥 방치해두는 의료적 방임, 의식주와 관련하여 적절한 환경을 제공해주지 않는 방임 등이 있다(Schilling & Christian, 2014).

우리나라 보건복지부에서 발간한 「2022년 아동학대 주요통계」에 따르면 아동학대의 유형은 정서적 학대가 10,632건(38.0%)으로 가장 많았고, 다음으로 중복학대가 9,775건(34.9%), 신체적 학대가 4,911건(17.6%), 방임이 2,044건(7.3%), 성적 학대가 609건(2.2%)의 순으로 나타났다(〈그림 11-6〉 참조).

중복학대 중에서는 신체적 학대 · 정서적 학대가 8,439건(30.2%)으로 가장 높았고 정서

사진 설명 방임형 학대

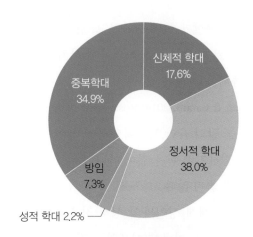

〈그림 11-6〉 아동학대 유형

출처: 보건복지부(2022). 전국아동학대 현황보고서.

적 학대·방임이 571건(2.0%), 신체적 학대·정서적 학대·방임이 364건(1.3%), 모든 학대유형이 함께 발생한 신체적 학대·정서적 학대·성적 학대·방임은 2건(0%)이었다.

2022년에 발생한 아동학대사례 27,971건 중에서 중복학대가 전체 사례의 34.9%에 해당하여 10명 중 3명 이상의 아동은 두 가지 유형 이상의 학대를 받았음을 확인할 수 있었다. 그러므로 학대피해 아동이 발견되었을 때에는 여러 유형의 학대피해를 의심해 볼 필요가 있으며, 다양한 학대행위가 동시에 발생하는 양상에 대한 다각적 사례 개입이 요구된다.

(3) 아동학대자의 특성

아동을 학대하는 사람들은 대체로 충동적, 의존적이고 우울하고, 외톨이며, 비판에 상처받기 쉽고, 대처능력, 자아존중감, 자기통제력이 부족한 사람들이다(Fontana & Besharov, 1977). 아동을 학대하는 사람들은 교육, 인종, 종교, 지리, 사회경제적 배경에서 다양하게 나타나지만, Gelles(1978)가 지적한 바에 따르면 소도시나 시골지역보다 도시지역에서의 학대율이 더 높다. 그리고 육체노동

Richard Gelles

자들이 사무직 종사자들에 비해 45%나 더 높은 학
대율을 보이고, 대졸자가 고졸자보다 학대를 덜 하
는 편인 것으로 나타나고 있다.

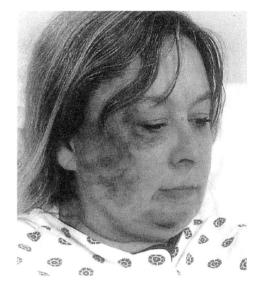

아동학대에 관한 연구를 살펴보면, 아동학대를
하는 사람들은 자신도 어렸을 때 학대를 받은 경험
이 있다는 것을 알 수 있다. Gelles와 Straus(1979)
의 연구에서 어머니로부터 신체적 학대를 당한 경
험이 있는 사람들은 18.5%가 자신도 아동학대를
하는 경향이 있으며, 아버지로부터 학대를 당한 어
머니('매 맞는 아내'; 사진 참조)의 딸들이 아동학대를
하는 경향이 있는 것으로 나타났다.

학대당한 경험이 있는 사람이 아동학대자가 된다는 사실에 대한 한 가지 가능한
설명은 Bandura의 모방학습이론이다. 즉, 아동은 가족 내에서 갈등이 있을 때, 이
에 대한 해결책으로서의 폭력을 학습하게 된다. 아동이 가정 내에서 폭력을 목격할
때 수반되는 강한 정서적 반응은 학습과정을 촉진시키고, 이렇게 학습된 폭력은 영
원히 잊혀지지 않는다는 것이다. 또 다른 설명으로는 폭력적인 가정에서 성장하는
아동은 가족 내에서의 갈등을 해결하는 데 폭력 이외의 다른 대안을 학습하지 못했
다는 것이다. 따라서 이들이 부모가 되었을 때, 폭력을 행사하는 것 외의 다른 훈육
법을 알지 못한다.

(4) 아동학대의 요인

아동학대는 단일요인이 아니고 문화, 가족, 아동의 발달특성 등 복합요인이 작
용한다(Cicchetti & Banny, 2014; Cicchetti & Handley, 2019; Cicchetti & Toth, 2015;
Cicchetti et al., 2014; Prinz et al., 2009). 많은 문화권에서 심각한 수준의 폭력이 발생
하며 TV 폭력물에 과다 노출되고 있다. 그리고 부모들은 훈육의 일환으로 폭력을
행사한다(Durrant, 2008; McCoy & Keen, 2014). 아동학대는 일반적으로 여러 세대를
통해 전해 내려온 행동 유형이다. 훈육의 엄격한 형태를 대개는 학대라고 보지 않

Ray E. Helfer

고, 단순히 가족의 전통을 반복하는 것으로 인식한다. 학대하는 부모의 80~90%가 자녀에게 관심은 갖지만, 그들이 보고 들은 방식대로 자녀를 훈육하기 때문에 부모역할의 적절한 수행에 제한을 받는다(Kempe & Helfer, 1972).

아동학대의 원인을 보면 신체적 학대, 정서적 학대, 성적 학대, 방임의 경우 모두 부모의 양육태도와 기술부족이 가장 높은 비율을 차지하고 있다.

많은 부모들이 어머니로서 또는 아버지로서의 책임에 대한 정서적 준비가 되어 있지 않으며, 흔히 부모역할에 대한 좌절감에 대해 과잉반응을 보이거나 움츠러들기도 한다. 어려서 이들은 대인관계에 관한 기술을 배운 적이 없으며, 결정적 시기에 입은 정서적 손상으로 인해 스스로를 가치 있게 여기고 다른 사람과 상호작용할 수 있는 능력을 갖고 있지 않다(Helfer, 1978).

아동발달에 대한 기초지식의 부족도 종종 아동학대의 원인이 된다. 생후 2개월 된 아기에게 훈육의 효과를 기대하거나 6개월경에 대소변가리기를 요구하는 것 등은 생리적으로나 심리적으로 부모의 기대나 요구를 충족시킬 수 없는 아이를 벌하게 하는 원인이 된다. 중추 신경계의 손상이나 유아의 죽음을 초래하는 영양부족은 대부분의 경우 기본적으로 필요한 영양에 대한 무지의 결과이다(Kempe & Helfer, 1972).

사회적 고립 또한 학대가족의 일반적인 양상인데, 학대가정의 대다수가 주위 사람들로부터 고립되어 있고, 어떤 원조망(support networks)으로부터도 단절되어 있다. 그들이 가지고 있는 기본적 불신감으로 인하여 이웃이나 사회사업가, 의사들로부터의 도움을 거부한다(Carlson et al., 2020; Cicchetti, 2013; Helfer & Kempe, 1976; Laslett et al., 2012).

우리나라에서 18세 미만의 자녀를 둔 부모들을 대상으로 아동과 부모, 가족환경의 특성에 따른 아동학대 실태에 대해 살펴본 연구(이재연, 한지숙, 2003)에 따르면, 아동의 연령이 어릴수록, 또한 부모의 연령이 낮을수록 체벌이나 구타 등이 더 잦았고, 음주하는 어머니가 아이를 양육할 경우에는 음주를 하지 않는 어머니보다 아이를 학대할 가능성이 높게 나타났다. 그리고 부부간의 결혼만족도가 낮은 경우에는 결혼만족도가 높은 경우보다 학대하는 경우가 더 잦았고, 부모-자녀 관계가 친밀하지 못하거나 자녀에 대한 거부감이 클 경우, 아이의 기질이 까다로울수록 자녀를 학대하는 경향이 높게 나타났으며, 부모가 도움을 필요로 하거나 어려움에 처할 때, 주변에 도와줄 친·인척이 있거나 좋은 이웃이 있어 충고나 정보를 제공해주고, 방안을 제시해주는 경우가 그렇지 않은 경우보다 자녀를 학대하는 경향이 적은 것으로 나타났다.

아동학대는 이해하기에 단순한 현상이 아니다. 그리고 연구결과도 서로 상충되는 부분이 많다. 앞으로의 연구방향은 Belsky(1980)가 제안하는 바와 같이, 어느 한 가지 요인만이 아동학대를 충분히 설명하지 못하기 때문에 아동, 가족, 사회문화적 배경의 상호작용을 살펴볼 필요가 있다.

(5) 아동학대의 예방

아동학대의 후유증은 심각하다(Trickett & McBride-Chang, 1995). 학대받은 경험이 있는 아동은 지능지수가 낮고, 언어발달이 지체되며, 공격성이 높고, 자아개념이 부정적이며, 사회적으로 위축되고, 또래관계문제, 학교적응문제, 우울증이나 비행 같은 심리적 문제를 유발한다(Cicchetti, 2013; Cicchetti & Banny, 2014; Dodge, Coie, Pettit, & Price, 1990; Hennessy et al., 1994; Mason, 1993; McTavish et al., 2020; Salzinger et al., 1993).

아동기에 학대나 유기를 경험한 청소년들은 청소년비행, 약물남용에 빠져들고(Trickett et al., 2011; Wekerle et al., 2009), 18세 이전에 자살시도를 하는 비율도 높은 편이다(Jonson-Reid, Kohl, & Drake, 2012). 그리고 성인이 되어서도 대인관계의 문제해결 능력이 부족하고, 불안장애, 우울증, 자살, 약물남용, 정신질환의 발병률이 높다(Bakema et al., 2020; Gomez et al, 2017; Raby et al., 2018; Wang et al., 2020; Widom, 1989).

아동학대 문제는 가정에서 시작된다. 자녀를 학대하는 부모들은 충동적이고, 자기통제력이 부족하며, 부모역할을 제대로 수행할 준비가 되어 있지 않다. 오늘날 핵가족이 증가함에 따라 전통적 양육방식이 자연스럽게 전수되지 않는 상황에서 아동발달에 대한 기초지식도 없이 자녀를 양육하는 일은 스트레스와 좌절감을 야기한다. 부모역할을 효율적으로 수행하기 위한 방법 중의 하나가 부모교육이다. 부모교육은 부모역할을 하는 방법에 관한 지침으로서 자녀발달에 최적의 환경을 제공하고, 부모역할을 보다 만족스럽게 수행하게 하는 데 길잡이가 되어준다.

아동학대의 예방사업이 지향하는 궁극적인 목표가 가족의 보존이라는 점과 학대행위자의 대다수가 부모라는 점을 고려해볼 때, 가족의 기능을 강화시키는 부모교육 프로그램의 개발이 절실한 것으로 보인다. 피해아동이 가정으로 복귀하더라도 근본적인 학대상황이 변하지 않으면, 결국 재학대가 발생할 수밖에 없으므로, 피해아동이 가정으로 복귀했을 때 재학대가 발생하지 않도록 학대유발 요인을 감소시킬 수 있는 다양한 전문적인 조치가 제공되어야 할 것이다.

4. 형제자매와 출생순위

대부분의 가정에서 형제자매는 아동의 발달에서 부모와는 또 다른 영향을 미치는 중요한 인물이다. 출생 후 6개월이 되면 영아는 손위 형제와 더 많은 상호작용을 하려는 시도를 한다(사진 참조). 1년경에는 어머니와 보내는 정도의 시간을 손위 형제와 보내게 되며, 유아기에는 어머니와 보내는 시간보다도 많은 시간을 형제와 보내게 된다. 형제자매관계는 대인관계 가운데 가장 오래 지속되는 관계이며, 부모가 사망한 훨씬 이후까지 지속된다. 또한 단순히 상호작용의 양뿐만 아니라, 다른 관계에서 나타나지 않는 강도와 독특성이 있다.

출생순위도 성격형성에 영향을 미친다. 자녀는 부모를 중심으로 하여 일종의 경쟁관계를 형성하고 있으며, 출생순위는 이들의 심리적 위치를 이해하는 데 중요하다. 최근 외동이 가정이 점차 증가하고는 있으나, 형제가 있는 가정에서 이들 간의 관계는 서로에게 큰 영향을 미친다.

1) 형제자매관계

형제자매관계는 부모-자녀관계에 비해 상호적이며 보다 평등한 관계이다. 형제 간의 상호작용은 또래집단 간의 상호작용과 상당히 유사하여, 빈번한 상호작용이 이루어지고, 솔직한 정서표현, 상호간의 관심과 애착의 증거를 볼 수 있다(Berndt & Bulleit, 1985). 형제관계에서는 상호작용을 통해 서로를 모방하려는 경향이 강하게 나타나며, 특히 동생이 형을 모방하는 정도가 더욱 심하다. 동생에게 있어 손위 형 제와의 상호작용은 지적·사회적으로 자극적이다. 동생은 자신의 생각이나 상상하 는 것에 대해 손위 형제에게 이야기하고 질문을 하게 된다.

동시에 이들은 상호간에 긍정적인 감정뿐만 아니라 부정적인 감정을 공유하는 모호한 특성을 갖는다. 이들은 서로 경쟁적인 동시에 협동적인 관계를, 서로 싸우 면서 서로 돕는 독특한 관계를 형성하고 있다. 동생이 태어 나면 첫아이의 입지는 다소 도전을 받게 되며, 부모의 관심 을 끌기 위해 경쟁을 해야 한다. 그 결과 형제간의 상호작용 에서 적대감을 나타나게 되며, 특히 손위 형제가 동생에 대 해 더욱 그러한 경향을 보인다(사진 참조). 형제간에는 이 같 은 적대감이나 경쟁심도 나타나지만, 대부분 형제간의 상 호작용은 우호적인 것이다. 서로에게 애착을 형성하고, 놀 이상대로서 서로를 좋아하는 것과 같은 긍정적인 측면이 더욱 강하게 나타난다(Hetherington & Parke, 1993; Howe, Ross, & Recchia, 2011; McHale, Updegraff, & Whiteman, 2013).

형제관계는 터울간격에 따라 다소 상이하게 나타난다. 터울간격이 가까운 경우 아동은 이유 없이 자신을 질투하 는 사람과 많은 시간을 보내야 한다는 어려움이 있다. 이러 한 경우 손위 형제로부터의 적대감이나 공격성이 발달에 손

사진 설명 유아가 동생에게 부정적 정서 를 표현하고 있다.

상을 입힐 수 있다. 반면 가까운 터울로 인한 친밀감이나 동료의식이 어려움을 보완하여 또래 간의 경쟁에 대처하는 방법을 가르쳐 준다는 이점이 있다. 그러나 형제간 터울이 커지면 손위 형제는 또래보다는 부모나 교사와 같은 역할 모델의 기능을 수행하게 된다.

형제의 성별 구성에 있어서도 손위 남아는 그들의 동생에게 신체적 힘에 근거한 방법을 많이 사용하는 반면, 여아는 동생에게 보다 수용적이고 말로 설명하는 친사회적인 경향을 보인다. 따라서 손위 남아는 형제관계에서 쉽게 조화를 이루지 못하는 반면, 여아는 비교적 원만한 관계를 유지하며, 동생을 잘 보살핀다.

형제관계가 경쟁적인 상대로 발전하는가 혹은 긍정적인 관계를 유지할 수 있는가는 터울이나 형제자매의 구성보다는 부모의 양육방식이나 아동의 성격에 의해 더 많은 영향을 받는 것으로 볼 수 있다(Boyle et al., 2004; Brody, 1998; Campione-Barr, 2011; McHale et al., 2000). 부모가 첫아이에게 덜 민감하고 무관심하며, 명령적인 경우에는 형제간에 대결상황을 마련해주게 된다. 반면, 동생이 태어나기 전부터 첫아이에게 충분한 관심을 보이고 미리 준비를 함으로써 이를 완화시킬 수도 있다. 손위 형제에게 새로 태

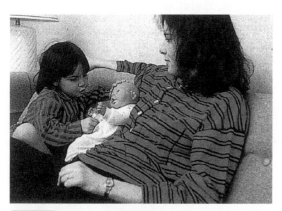

사진 설명 손위 형제에게 새로 태어난 아기의 욕구나 감정에 대해 설명해주면 형제간에 우호적인 관계를 형성하게 된다.

어난 아이의 욕구나 감정에 대해 솔직하게 이야기하고, 자녀양육에 대한 의사결정이나 토론에 참여시키는 경우, 형제간에 밀접하고 우호적인 관계를 형성하게 된다. 새로 태어난 아이에게 지나친 관심을 보이지 않는 태도가 바람직하며 아버지의 개입도 효과적이다. 또한 아동의 성격특성에서도 주도적인 성격을 가진 아동은 어머니와 솔선해서 대화를 시도하며 원만한 상태를 유지하고자 노력하나, 회피적인 아동은 어머니로부터 물러남으로써 상호간의 친밀감을 상실하게 된다.

우리나라 5세 유아 291명을 대상으로 한 연구(김상희, 박성연, 1990)에서, 형제간 구성형태 중 성별 구성의 효과는 형제간의 사회성에서만 나타났다. 즉, 우호적인 태

도와 도와주는 태도에서 윗형제의 성별이 여아인 경우가 남아인 경우보다 더 높은 점수를 받았다. 또한 또래간 사회성은 출생순위에 따라 차이를 보이지 않았으나, 형제간 사회성은 출생순위에 따라 차이를 보였다. 출생순위가 첫째인 아동에게서는 반이기적 태도와 도와주는 태도의 점수가 높게 나타났으며, 출생순위가 둘째인 아동은 용감하고 의지력 있는 태도의 점수가 높게 나타났다. 그밖에 연령터울에 따른 효과는 형제간 사회성이나 또래간 사회성 모두에서 큰 차이가 나타나지 않았다.

2) 출생순위

일반적으로 맏이는 부모로부터 가장 많은 기대와 관심 속에 성장하게 되며, 지적 자극이나 경제적인 투자도 가장 많다. 그 결과 맏이는 이후에 태어나는 아이에 비해 성취지향적이며, 인지발달이나 창의성이 뛰어나고, 친구들 간에 인기가 높은 편이다(Paulhus, 2008). 부모는 맏이에게 많은 관심을 보이지만 애정적으로는 엄격하다. 양육경험 부족으로 불안하고 과보호적인 태도를 보이게 되어 다소 의존적이고 불안한 특성을 보이기도 한다. 또한 첫째라는 위치 때문에 책임감이 강하며 다소는 권위적인 태도를 보이게 된다.

둘째는 출생 후 손위 형제의 존재로 인해 무력감과 좌절감을 느끼게 된다. 자신보다 우월한 형의 존재는 경쟁심을 유발시켜, 그 결과 보다 사교적이며 손위 형제와는 다른 특성을 보임으로써 자신의 위치를 확보하려 한다. 또한 동생이 출생할 경우, 맏이와 막내에게 자신의 권리를 빼앗기는 느낌을 받게 되어 불공평함을 경험하기도 한다.

막내는 불리한 위치에서 출생하지만 폭군이 될 수도 있다. 애교를 부리거나, 귀엽고, 약하고, 겁많게 보임으로써 자신의 위치를 이용하여 모든 가족구성원에게 자기를 시중들도록 요구할 수 있다. 어수룩하게 보이거나 드러내놓고 반항함으로써 자신의 위치를 확보할 수 있다. 그 결과 막내는 독자적으로 무엇을 할 수 있는 기회가 적어 미성숙한 성격특성을 보이는 경향이 있다.

외동이의 성격특성은 종종 부정적인 측면에서 부각되고 있다. 자신이 특별하다거나 무엇이든지 마음대로 할 수 있다고 생각하며, 과보호로 인해 이기적인 성향을 보이기도 한다. 수줍음을 타거나 무기력하게 될 수도 있다. 그러나 외동이에 대한 연구는 다소 상반된 결과를 보여준다. 기존의 통념과는 달리 지적 능력이나 성취동기, 사교성 등에서 맏이와 유사한 성격특성을 갖는 것으로 나타나고 있다. 외동이인 경우 부모로부터 보다 많은 관심을 받게 되고, 자기보다 유능한 사람들 속에서 성장하므로 지적인 경향이 있으며, 성인과 같은 행동특성을 보인다고 한다(Falbo & Poston, 1993; Jiao, Ji, & Jing, 1996).

우리나라 5, 6세 유아 및 초등학교 2, 5학년 아동, 중학교 1, 2학년 및 고등학교 1, 2학년 청소년 360명을 대상으로 외동이와 형제아를 비교한 연구(송나리, 1993)에 따르면, 5, 6세의 외동이와 형제아의 사회적 능력 및 인지능력에는 차이가 없었으나, 초등학생과 중학생의 경우는 형제의 유무에 따라 사회적 능력 및 인지능력에서 부분적으로 차이를 나타내었다. 그러나 고등학생의 경우, 이러한 차이는 나타나지 않았다. 즉, 형제의 유무에 따른 아동의 사회적 능력 및 인지능력의 차이는 연령에 따라 다른 것으로 보인다.

5. 조부모의 역할

조부모와 함께 사는 가정에서는 손자녀가 핵가족의 경우와는 다른 경험을 하게 된다. 조부모는 부모보다 자녀양육에 관한 경험이 많으므로, 손자녀에게 정서적 안정감을 제공해줄 수 있고, 손자녀에 대한 직접적인 의무감이나 책임감이 없기 때문에 순수하게 애정적인 관계에서 유대감을 형성할 수 있다.

일반적으로 부모는 자녀에 대한 지나친 기대와 교육에 대한 책임감 때문에 훈육 시 잔소리가 많아지고 감정적이 되기 쉽다. 반면, 조부모는 연륜에 의한 지식과 지혜, 사랑과 관용으로 손자녀를 소중하게 여기고 손자녀의 생각과 요구를 귀담아 들을 여유가 있다(McMillan, 1990; Strom & Strom, 1990).

또한 오늘날 한 자녀만 있는 핵가족 형태 가정의 아이들은 낯가림이 심한데, 이것은 친척이나 이웃과의 접촉이 과거처럼 빈번하지 않아 오직 부모하고만 애착이 형성되기 때문이다. 그러나 조부모와 함께 사는 아이들은 보다 폭넓은 인간관계로 인하여 애착형성이 다양하게 이루어지고 사회성도 발달한다. 조부모는 부모보다 자녀양육에 관한 경험이 많아 실제 양육에 있어서도 부모보다 능숙하고, 바쁜 부모 대신 손자녀에게 정서적인 안정감을 제공해줄 수 있으며, 놀이친구로서의 역할도 한다(사진 참조). 이와 같이 조부모와 함께 사는 아동들은 조부모와의 관계를 통해 여러 가지 긍정적인 도움을 받을 수 있다.

현대사회에서는 맞벌이의 증가로 어머니 혼자서는 양육을 담당하기 어려운 실정에 있다. 보건복지부 보육통계(2023)에 따르면 2022년 12월 현재 보육시설에서 보육 중인 아동은 109만 5,450명이라고 한다. 나머지는 가족, 친지 등의 도움을 받아 양육되는데, 가장 보편적인 것은 조부모의 도움이다. 따라서 아직 자녀가 어려 보육기관에 맡기지 못하는 가정들의 경우, 상당수의 조부모가 부모를 대신하여 손자녀를 양육하고 있다. 부모를 대신하여 조부모가 손자녀를 양육하는 것은 우리나라뿐만 아니라 전 세계적으로 보편화된 현상이다. 2001년 스페인에서 6~16세까지의 학생 4,000명이 그린 그림과 이들이 쓴 글을 분석한 결과, 조부모가 아이들과 가장 많은 시간을 보내고 있으며, 아이들은 조부모를 가장 좋아하는 어른으로 꼽았다(세계일보, 2001년 6월 19일자). 이처럼 조부모는 현대사회에 있어 자녀의 실제적인 양육자로서의 역할을 담당하고 있다.

조부모 역시 손자녀를 통해 자신의 존재가치를 확인할 수 있다. 노화로 인해 사회와 가정에서 한발 물러선 조부모들에게 있어 손자녀를 돌보는 일은 상실감을 극복할 수 있는 하나의 계기가 된다. 하지만 모든 조부모들이 손자녀 양육에 긍정적인 반응을 나

사진 설명 외할머니의 극진한 사랑을 그린 영화, '집으로…'

타내는 것은 아니다. 자녀 세대의 기대와 달리 이제 '손자 보기가 유일한 낙'이라고 생각하는 노인은 거의 없다. 특히 가사 노동과 육아에 매달려 젊은 시절을 보낸 50~60대 조모들은 노년에 얻은 자유를 포기하고 싶어 하지 않는다. 그들은 손자녀와 잠깐씩 즐거운 시간을 보내기를 원할 뿐 자신의 여가생활을 위해 손자녀양육을 전적으로 책임지기를 원하지 않는다.

손자녀가 지각한 조모와의 심리적 친밀도에 관한 연구(서동인, 유영주, 1991)에 따르면 우리나라의 조모역할은 훈계자 역할, 물질적 제공자 역할, 대리모 역할, 가계 역사의 전수자 역할, 손자녀후원자 역할, 생활간섭자 역할인 것으로 나타났다. 이상의 역할 중에서 손자녀의 발달과업과 관련된, 삶의 기본이 되는 철학이나 형제간의 우애와 예절 등에 관한 교육적 역할에 특히 초점을 두고 있는 것으로 나타났다. 그리고 외조모가 손자녀후원자 역할, 훈계자 역할, 대리모 역할, 물질적 제공자 역할을 많이 하는 것으로 손자녀가 지각할수록, 또 손자녀의 생활을 간섭하지 않는 것으로 지각할수록 손자녀의 외조모에 대한 심리적 친밀도가 높아지는 경향을 보여 주었다.

6. 가족구조의 변화

20세기 말이 되면서 나타난 주요한 사회변화는 가족구조의 변화일 것이다. 이혼율의 증가로 많은 아동이 편모 또는 편부가정에서 생활하며, 부모의 재혼으로 인해 계부모와 함께 살기도 한다. 맞벌이 부부의 증가로 학교에서 돌아오면 아무도 없는 빈집에 혼자서 문을 따고 들어가야 하는 아동들이 많아졌다. 그리고 다문화가정 아동의 수가 크게 증가한 것도 한국사회 가족구조의 변화이다.

1) 이혼가정의 자녀

오늘날 이혼은 전세대에 비한다면 비교적 빈번한 현상이므로, 아동들이 부모의 이혼으로 인해 어떤 낙인을 찍히는 경험은 하지 않는다. 친구들도 비슷한 경험들을 하기 때문에 자신의 감정을 호소할 수 있는 친구집단이 자연스럽게 형성된다. 그럼에도 불구하고 부모의 이혼은 아동에게 여러 가지 부정적 정서를 경험하게 한다(Amato & Anthony, 2014; Braver & Lamb, 2013; Hetherington, 2006; Lansford, 2012, 2013; Meland, Breidablik, & Thuen, 2020; Sbarra, Bourassa, & Manvelian, 2019).

　이혼 후 함께 살기로 한 부모의 성과 자녀의 성이 부모의 이혼에 반응하는 주요한 요인이 된다. 주로 부모의 이혼 후 어머니와 함께 사는 경우가 많으므로, 특히 남아의 경우 남성모델의 부재로 고통을 당한다. 결과적으로 학교에서는 적응을 잘하지 못하고, 비행을 저지른다(Hetherington, Anderson, & Hagan, 1991). 여아의 경우 어머니의 존재와 지원 때문에 부모의 이혼에 적응을 잘하는 편이지만 항상 그

사진 설명 부모의 이혼으로 남아가 여아보다 부적응 행동을 더 많이 보인다.

런 것은 아니다. 어머니와 갈등이 있는 경우 학교에서는 공부를 잘하지 못하고(McCombs & Forehand, 1989), 남아보다 부모의 이혼 후 훨씬 더 오랫동안 분노를 경험한다. 이 분노는 주로 아버지에게로 향한 분노이다. 흥미로운 사실은 아들, 딸 모두 어머니가 이혼을 청구한 경우라도 어머니보다 아버지를 더 많이 원망한다는 것이다. 아버지에 대한 분노는 딸의 경우 특히 더 심하다(Kaufmann, 1987).
　부모 자신의 이혼에 대한 반응 또한 주요한 요인이 된다(Forehand, Thomas, Wierson, Brody, & Fauber, 1990). 이혼은 부모 자신의 자아존중감과 자아가치감에 손상을 입힌다. 많은 사람들이 이혼을 단지 부부관계에서의 실패로 보지 않고 인생전반에서의 실패로 보기 때문에 이혼 후에 우울증에 빠져든다. 그리고 부모 스스로가 자신의 문제에 빠져 있는 상태이기 때문에, 부모의 이혼에 적응하려고 애쓰는 자녀의 욕구에 제대로 반응을 하지 못한다. 따라서 이혼 직후에는 부모역할을 제대로 하지 못하게 된다. 그러나 2, 3년이 지나면 부모와 자녀는 정서적 안정을 되찾게 된다.
　우리나라의 아동과 청소년을 대상으로 하여 부모의 이혼에 따른 자녀들의 적응

을 알아본 연구(정현숙, 1993)에 따르면, ① 이혼 이후 기간이 길수록, ② 스스로 다양한 문제해결방식을 많이 이용할수록, ③ 양육부모의 재혼여부나 성에 관계없이 친권부모와 긍정적인 대화를 통한 상호작용을 많이 하고 부정적인 상호작용이 적을수록, ④ 비친권부모와 접촉을 많이 할수록 자녀들은 부모의 이혼 후의 생활에 잘 적응하는 것으로 나타났다.

2) 한부모가정의 자녀

사진 설명 편모가정은 여러 가지 어려움을 겪지만 그중에서도 가장 큰 어려움은 경제적 곤란이다.

부모의 이혼이나 사별로 인해 편부나 편모가정에서 자라는 아동의 수가 많아졌다. 우리나라의 경우 남성의 재혼율이 여성의 재혼율보다 훨씬 높기 때문에 편모가정의 수가 편부가정의 수보다 훨씬 많다.

편모가족의 가장 큰 어려움은 경제적 곤란이다. 편모가족의 절반 이상이 절대 빈곤수준 이하의 생활을 한다. 그래서 때로는 자녀들이 경제적 책임을 지고 일을 해야 하는 경우가 있다. 그러나 자녀들이 가족의 의사결정에 적극적으로 참여하고, 독립심이 증가된다는 긍정적인 측면도 있다(Hetherington, Anderson, & Hagan, 1991). 그리고 여성이 직업을 갖는 것에 대해 긍정적인 태도를 갖게 되고, 가정에서 보다 융통성 있는 성역할을 한다. 특히 딸들은 어머니를 경제적, 사회적 독립을 성취한 긍정적인 역할모델로 본다. 아들의 경우는 딸보다 적응을 잘하지 못하고 반사회적 행동을 하기 쉽다(Bank, Forgatch, Patterson, & Fetrow, 1993). 특히 부모가 이혼한 경우는 아동들이 또 다른 변화를 겪게 된다. 이사를 해야 하는 경우가 많기 때문에 새로운 이웃, 새로운 학교에 적응해야 하고 새로운 친구를 사귀어야 한다.

많은 수는 아니지만 편부가족도 점점 증가하는 추세에 있다. 편부가족의 어려움은 아버지가 자녀를 돌보고, 집안일을 해야 하며, 직장일까지 병행해야 하는 데서 오는 부담이 매우 크다는 점이다. 그러나 대부분의 편부가족이 잘 해내고 있지만,

어머니가 집을 나간 경우 아버지는 버림받았다는 생각에 자신감을 잃고, 혼자서 자식을 키우는 데서 스트레스를 많이 받는 것으로 보인다.

3) 재혼가정의 자녀

이혼율의 증가와 더불어 재혼율도 증가하고 있다. 따라서 계부모와 함께 사는 아동의 수가 많아졌다. 계부가족과 계모가족의 비율이 10 : 1 정도인 서구사회에 비해(Hamner & Turner, 1996), 우리나라는 대부분이 계모가족이다. 계모라는 단어는 어릴 적에 들은 콩쥐팥쥐나 장화홍련전, 백설공주, 헨젤과 그레텔 같은 이야기로부터 사악하고 잔인한 이미지를 연상시킨다(사진 참조). 이런 이미지는 계부모가 계자녀와 좋은 관계를 맺으려는 노력에 장애요인이 된다.

사진 설명 사악한 계모의 부정적인 이미지는 '백설공주' 같은 동화에서 비롯된다.

계부모가족은 양쪽의 부계, 모계 친척뿐만 아니라 전 배우자, 전 인척 및 헤어진 부모를 포함하는 조연 배역들이 너무 많다. 한마디로 계부모가족은 친가족보다 훨씬 무거운 부담을 안고 있다.

계부모가족은 아이들과 어른 모두가 경험한 죽음이나 이혼의 결과로 인한 상실로부터 오는 스트레스를 극복해야 하는데, 그러한 스트레스는 믿고 사랑하는 것을 두려워하게 만든다. 이전의 친부모와의 유대나 헤어진 부모 또는 죽은 부모에 대한 충성심이 계부모와의 유대를 형성하는 데 방해가 될 수 있다. 그리고 아동기의 자녀를 둔 아버지가 아이를 한 번도 가져보지 않은 여성과 결혼한 경우 인생경험의 차이에서 오는 어려움이 크다(Visher & Visher, 1989).

Pauline H. Turner

특히 사춘기 자녀가 있는 경우, 계부모가족이 힘든 이유는 자녀가 사춘기에 해결해야 할 과제와 계부모가족에 대한 적응이 겹치기 때문이다(Hetherington, Anderson,

Mavis Hetherington

Emily B. Visher

사진 설명 복합 계부모가족

& Hagan, 1991). 이러한 적응문제가 적절히 해결되지 않을 경우, 부모의 이혼에서 경험하는 것과 비슷한 부정적 반응이 나타난다. 즉, 음주, 약물남용, 비행, 성문제를 일으킨다. 그리고 계부모가족의 자녀들은 특히 유기, 신체적 학대, 성적 학대의 희생물이 되기 쉽다.

한 종단연구(Hetherington, 2006)에서 단순 계부모가족(계부 또는 계모만 있는 경우)의 아동 · 청소년은 복합 계부모가족(계부 또는 계모 외 이복형제 등이 있는 경우; 사진 참조)이나 이혼은 하지 않았지만 갈등이 많은 가족의 아동 · 청소년보다 적응을 더 잘하는 것으로 나타났다.

이상과 같은 문제들은 부모와 계부모가 이러한 도전에 직면하여 적절히 준비를 한다면 감소될 수 있다. 그에 관한 성공적인 전략은 다음과 같다(Atwater, 1996; Visher & Visher, 1989). 첫째, 앞으로 계부모가 될 사람이 어떤 사람인지 알 기회를 사전에 충분히 갖는다. 둘째, 현실적인 기대를 갖는다. 계부모가족의 구성원은 원래의 친가족과는 다르다는 것을 인정해야 한다. 계부모와의 친밀한 관계를 강요하지 말고 시간적 여유를 가지고 자연히 이루어지도록 기다린다. 셋째, 자녀들의 감정을 이해한다. 어른들이 새로운 인생을 함께 설계하며 행복해하는 그때에 자녀들은 불안하고, 상처받고, 화가 난다는 것을 이해해야 한다. 넷째, 생모나 생부와 비교되는 것은 불가피한 일이므로, 계부모는 자신의 새로운 역할이 도전받을 것을 각오해야 한다. 끝으로, 계부모가족의 구성원은 다른 모든 가족과 마찬가지로 가족이 제대로 기능하도록 그 구성원이 각자 노력할 때 성공적이라는 사실을 명심해야 한다.

4) 맞벌이가정의 자녀

직업시장에서 여성의 비율이 증가하고 있다. 1960년대에는 자녀가 있는 여성의 $\frac{1}{3}$만이 취업을 했으나 1988년에는 유아기 자녀가 있는 여성의 55%가 취업을 하고 있고, 유치원 자녀를 둔 여성의 61%가 취업을 했다. 세계적으로 40%의 여성이 경제활동을 하고 있는데(United Nations, 1991), 이 비율은 앞으로도 계속해서 증가할 것으로 보인다. 〈그림 11-7〉은 국가별 여성 생애주기 경제활동 참가율에 관한 것이다.

직업을 갖는 여성의 수가 증가하면서 맞벌이 부부의 가정이 늘고 있다. 맞벌이 가정에는 긍정적인 측면과 부정적인 측면이 있다(Crouter & McHale, 2005; Han, Hetzner, & Brooks-Gunn, 2019). 맞벌이 부부의 주요 장점은 물론 경제적인 것이다. 유리한 점은 비단 경제적인 것만이 아니다. 남편과 아내가 보다 동등한 관계를 유지함으로써 여성의 자아존중감과 통합감이 증진된다. 아버지와 자녀 간에 보다 긴밀한 관계를 유지할 수 있으며, 남편과 아내가 일과 가족역할 모두에서 직분을 다하

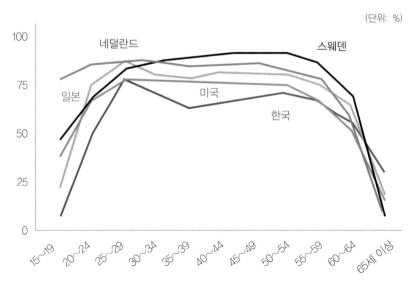

〈그림 11-7〉 국가별 여성 생애주기 경제활동 참가율

출처: 김지연(2023). KDI 현안분석: 30대 여성 경제활동 참가율 상승의 배경과 시사점. 세종: 한국개발연구원.

Lois W. Hoffman

Phyllis Moen

Paul W. Kingston

고 성숙해질 가능성이 높다.

반면, 맞벌이 부부의 단점은 시간과 에너지 부족, 일과 가족역할 간의 갈등, 자녀양육문제 등이다. 자녀양육문제는 부부가 모두 전문직인 경우에도 자녀를 돌보는 쪽은 아내이다. 특히 자녀가 취학 전일 경우 주된 양육자는 대개의 경우 어머니이다. 최근에 와서 자녀양육문제로 직장을 그만두는 여성은 별로 없지만 아이를 돌봐 줄 사람을 찾지 못하면 아이가 초등학교에 입학할 때까지 잠시 직장을 쉬기도 한다.

일반적으로 어머니의 취업이 아동발달에 부정적인 영향을 미친다는 증거는 없다(Hoffman, 1989; Moen, 1992). 자녀와 함께 보내는 시간의 양보다는 어머니와 자녀가 어떻게 시간을 보내느냐 하는 것이 더 중요하다. 사실 취업모의 자녀들은, 특히 딸의 경우, 어머니를 역할모델로 삼을 수 있고 더 독립적이고, 높은 교육적, 직업적 목표를 세우고, 남자와 여자의 역할에 대해 고정관념을 적게 가진다(Goldberg & Lucas-Thompson, 2008; Hoffman, 1989).

다행히도 대부분의 맞벌이 부부들은 주말에 더 많은 시간을 자녀들과 함께 함으로써 부모자녀 간의 상호작용을 보완할 수 있다(Nock & Kingston, 1988). 비록 바쁘고 스트레스를 받기는 하지만 자녀의 발달에 손상을 주지 않고 일하는 즐거움을 누릴 수 있다.

요컨대 맞벌이 가정의 행복과 성공은 남편이 아내가 직업을 갖는 것에 대한 태도와 크게 관련이 있다. 아내의 직업을 인정하고, 집안일을 분담하며, 자녀양육에 도움이 되고, 정서적 지원을 해주면 맞벌이 가정의 많은 문제가 극복될 수 있을 것이다.

영유아 보육시설

　　여성의 취업률이 높아지면서 영유아 보육시설에 대한 요구가 급격히 증가하고 있다. 국가 경쟁력을 제고하기 위해서는 여성인력의 활용이 선결 과제이고, 이를 위해서는 아동을 안심하고 맡길 수 있는 보육시설이 갖춰져야 한다. 통계청·여성가족부 보도자료(2023)에 따르면 2022년 여성의 연령대별 고용률(〈그림 11–8〉 참조)은 20~24세가 50.2%이고, 25~29세가 73.9%이지만, 30~34세는 68.5%, 35~39세는 60.5로 떨어졌다가 40~44세(63.5%)부터 다시 상승하는 M자 곡선[1]을 그린다(〈그림 11–8〉 참조). 2022년 여성가족부의 조사에 의하면 경력단절 여성은 약 139만 7천 명(17.2%)으로 경력단절의 이유는 '자녀양육 및 교육'이 42.8%로 가장 많았다. 경제활동 참가율과 여성가족부의 조사를 통해, 여성들이 한창 일할 나이에 출산과 양육 때문에 경력이 단절되고 있음을 알 수 있다.

　　현재 우리나라의 보육시설은 수요의 절반에도 미치지 못하고 있는 실정이다. 특히 영아를 위한 보육시설을 찾기 힘들고, 종일반, 24시간보육, 휴일보육, 야간보육, 시간제보육, 장애아

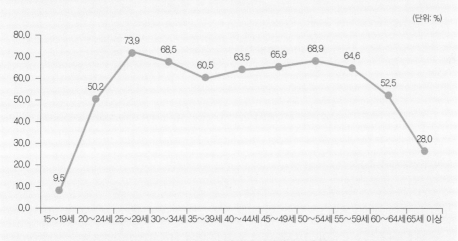

(단위: %)

〈그림 11–8〉 2022년 여성의 연령대별 고용률

출처: 통계청·여성가족부 보도자료(2023. 9. 5.). 2023 통계로 보는 여성의 삶.

---

1) 2023년 통계청 자료에 의하면 여성의 혼인과 출산연령이 늦어지면서, 고용률이 떨어지는 연령대도 뒤로 밀린 것으로 보이며, 따라서 M자 곡선이 점차 완화하고 있는 모양새다.

보육 등 다양한 수요에 맞는 시설들이 턱없이 부족해 취업모들은 "아이를 맡길 데가 없다"는 하소연을 하고 있다. 그중에서도 만 1세 미만의 영아는 맡길 곳이 거의 없다. 2023년 12월 현재 보육시설에서 보육 중인 아동 101만 1,813명중 만 0세 12.20%, 만 1세 23.51% 등 만 2세 미만은 35.71%, 만 2세는 26.10%를 차지하고 있으며, 나머지 38.28%가 만 3세 이상이다(〈그림 11-9〉 참조).

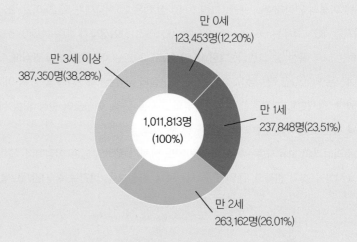

〈그림 11-9〉 연령별 보육아동 현황(2023. 12. 31. 기준)
출처: 보건복지부(2024). 보육통계(2023년 12월 말 기준).

거기다가 전체 보육시설 중 국공립시설은 21.37%에 불과하고 보육시설의 67.62%가 민간 보육 시설·가정보육시설로 구성되어 영유아 보육의 대부분이 민간에 맡겨져 있는 실정이다(〈그림 11-10〉 참조).

이것은 민간주도의 보육시설이 갖는 문제점인 질이 떨어지거나 비용이 많이 드는 양극화 현상을 야기시킨다. 실제로 영유아 양육비용을 살펴본 서문희 등(2010)의 연구에 따르면 가계의 소득수준에 상관없이 가계지출에서 영유아자녀의 양육비가 차지하는 비중은 영유아자녀 1명 약 40%, 영유아자녀 2명 약 58%, 영유아자녀 3명 약 70% 정도로 나타났다.

따라서 국가와 사회는 보육서비스의 질적 향상을 도모하고, 사회적 지원을 다양하게 하기 위해 양질의 보육시설을 설치할 필요가 있다. 또 가정의 개별적인 요구에 부응하여 다양한 부모교육 및 아동보호 프로그램을 기획하고 지원해 주어야 한다. 맞벌이 가정과 취업한 한부모 가정을 위해서 육아휴직제도를 확대실시하고, 이들 중 특히 경제적으로 어려운 가정을 위해 수당, 연금, 주택, 경제적 지원프로그램 등을 확대 실시해야 할 것이다.

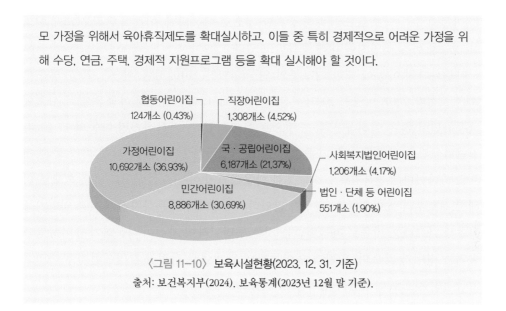

협동어린이집
124개소 (0.43%)

직장어린이집
1,308개소 (4.52%)

가정어린이집
10,692개소 (36.93%)

국 · 공립어린이집
6,187개소 (21.37%)

사회복지법인어린이집
1,206개소 (4.17%)

민간어린이집
8,886개소 (30.69%)

법인 · 단체 등 어린이집
551개소 (1.90%)

〈그림 11-10〉 보육시설현황(2023. 12. 31. 기준)
출처: 보건복지부(2024). 보육통계(2023년 12월 말 기준).

5) 다문화가정의 자녀

국가 간 인구 이동이 일상화, 보편화되면서 세계는 이주의 시대를 맞이하였다(Castles & Miller, 2009). 한국도 예외가 아니어서 한국에 거주하는 외국인은 행정안전부 자료에 의하면 2022년 11월 기준 225만 8,248명으로, 전년 대비 5.8% 증가하였다. 이는 현황발표를 시작한 2006년 이후, 최다 인원을 갱신한 것이다. 이들 외국인의 다수를 차지하고 있는 구성원은 외국인 노동자와 국제결혼 이

사진 설명 다문화가정의 부모와 자녀

주여성들로 나타났다(동아일보, 2009년 2월 2일지). 그 결과, 한국인 아버지와 외국인 어머니 사이에서 태어난 다문화가정 아동의 수도 크게 증가하고 있다. 다문화가정의 만 18세 미만의 아동은 2007년도 4만 4,258명에서 2020년에는 27만 5,990명으로 6배 정도 급증하였다(통계청 · 다문화가족과 보도자료, 2022). 이와 같이 다문화가

정 아동의 수는 앞으로도 급속히 증가할 것으로 예상되며, 이들이 한국 사회에 어떠한 영향을 미칠 것인지에 대해 주목받고 있다.

다문화가정 아동에 대한 대부분의 연구(김미진, 2010; 서현, 이승은, 2007; 양순미, 2007; 오성배, 2007; 이영주, 2007; 이진숙, 2007)에서, 다문화가정 아동은 한국 사회에 적응하면서 많은 어려움을 겪는 것으로 보고되었다. 다문화가정 아동의 17.6%가 집단따돌림을 경험했으며, 따돌림의 이유는 '엄마가 외국인이어서'가 가장 높은 것으로 나타났다(보건복지부, 2005). 또한 다문화가정 아동은 한국인과 다른 외모로 인해 또래로부터 놀림을 받는 경우가 많았다. 이에 따라 다문화가정 아동은 일반가족 아동과 다르다는 이유로 따돌림받는 것을 두려워하여 자신이 다문화가정 아동임을 숨기는 경우가 많으며, 일반가족 아동과의 관계에서 적절한 감정표현이 부족하고 소극적인 것으로 나타났다(김미진, 정옥분, 2010).

다문화가정 아동이 성장하면서 가족, 특히 어머니의 지지를 받는 것이 필요하지만, 다문화가정 아동과 외국인 어머니 간의 의사소통이 그리 원만한 편이 아니다. 그

Vonnie C. McLoyd

이유는 외국인 어머니의 한국어 구사능력이 다문화가정 아동의 한국어 능력에 미치지 못하기 때문이다. 국제결혼 이주여성 대부분이 언어적응과 한국의 가부장적인 문화로 인해 적응에 어려움을 겪고 있다. 이주여성의 더딘 적응은 다문화가정 아동에게도 부정적인 영향을 줄 수 있다. 어머니의 문화적응과 자녀와의 상호작용 수준을 살펴본 McLoyd, Cauce, Takeuchi와 Wilson(1992)의 연구에 따르면, 문화적응 수준이 높았던 어머니가 자녀와 더 긍정적으로 상호작용을 한다고 보고하였다. 또한 어머니의 문화적응은 자녀의 사회적 유능감에도 영향을 미치는 것으로 나타났다(Kim, Han, & McCubbin, 2007). 이와 같이 부모자녀 간의 문화적응에서의 차이는 이주가족의 갈등에서 중요한 문제이며(Merali, 2002), 어머니의 문화적응과 자녀의 적응에 있어서 차이가 나는 것은 잠재적으로 자녀양육의 어려움이 커질 수 있다는 점에서 심각하다(Buki, Ma, Strom, & Strom, 2009).

다문화가정 유아의 의사소통능력에 관한 연구(임양미, 박주희, 2012)에서 다문화가정 어머니의 한국어능력 수준이 높을수록 유아의 전반적 의사소통능력 수준이

높은 것으로 나타났다. 또한 다문화가정 어머니의 한국어능력은 유아의 어린이집 경험과 의사소통능력의 관계에 조절효과가 있는 것으로 나타났다. 즉, 어머니의 한국어능력 수준이 높을수록 어린이집 재원기간과 개념적인 언어지도 경험이 유아의 전반적인 의사소통능력에 미치는 영향력이 큰 것으로 보인다. 이는 한국어 의사소통능력이 부족하고 자녀양육에 어려움을 경험하는 다문화가정 부모와 영유아를 위해 어린이집과 지역사회지원을 연계한 다각적인 지원책이 필요하다는 점을 시사하는 것이다.

다문화가정 아동이 자신이 처한 환경에서 받는 스트레스를 극복하고 적응하기 위해서는 친구와 교사로부터 사회적 지지를 받는 것이 중요하다. 실제로 농촌지역 다문화가정 아동을 대상으로 학교생활 적응을 살펴본 양순미(2007)의 연구에서도, 다문화가정 아동의 적응에 또래수용과 같은 관계적 요인이 중요하게 작용하는 것으로 나타났다. 따라서 다문화가정 아동의 원활한 적응을 위해서는 또래관계를 향상시켜 줄 수 있는 노력이 필요하다. 그러나 현재 다문화교육은 다문화가정 아동만을 대상으로 실시되고 있는 경우가 대부분이다. 그러므로 일반가족 아동도 함께 참여할 수 있는 다문화교육 프로그램을 개발하는 것이 절실하다. 또한 부모 이외의 가까운 성인과의 관계가 스트레스를 겪고 있는 아동을 보호해 주는 요인임을 고려해 본다면(Hetherington, 1999), 교사의 역할이 매우 중요함을 알 수 있다. 따라서 현장의 교사뿐만 아니라 예비교사들을 대상으로 다문화가정 아동을 지지해 줄 수 있고 다문화적인 교육현장에 적용이 가능한 교사교육이 필요할 것이다.

현재 한국의 다문화사회에서 유의할 점은 외국인에 대한 관심, 다른 문화에 대한 태도는 세계화가 내포하는 권력구조에 따라 선진국 중심으로 형성되어 있다는 것이다. 이러한 상황에서 단순히 외국에 대한 관심의 증대만을 목표로 하는 문화적 다양성의 강조는 오히려 선진국 지향성과 문화자본 중심적 태도만을 강화시킬 가능성이 크다(황정미, 김이선, 이명진, 최현, 이동주, 2007). 한국 사회의 다문화 현상이 심화되어감에도 불구하고 일반인들이 다문화가정에 대해 계속 편견적이고 차별적인 태도를 유지한다면 사회적 갈등을 일으킬 수 있는 심각한 문제가 될 수 있다. 따라서 특정 국가로만 편향된 교과내용보다는 한국 사회에서 실제로 전개되고 있는 다문화특성에 맞추어 일반인들을 대상으로 다양성의 차이를 가치 있는 것으로 수용할 수 있는 정책과 교육이 선행되어야 할 것이다.

우리나라 부모의 양육행동이 아동의 다문화 수용성에 미치는 영향에 관한 연구(설은정, 정옥분, 2012)에서, 아동이 부모의 온정적·수용적 양육행동을 높게 지각할수록 아동의 다문화 수용성은 높게 나타났으며, 아동이 부모의 허용적·방임적 양육행동과 거부적·제재적 양육행동을 높게 지각할수록 아동의 다문화 수용성은 낮은 것으로 나타났다.

또한 다문화가정 어머니의 양육스트레스와 양육행동이 아동의 학교준비도에 미치는 영향에 관한 연구(정해영, 정옥분, 2011)에서, 아동의 학교준비도는 다문화가정 어머니의 학습기대와 관련된 양육 스트레스와 부적 상관이 있는 것으로 나타났으며, 한계설정 양육행동과는 정적 상관이 있는 것으로 나타났다.

다문화가정 유아의 의사소통능력에 관한 연구(임양미, 박주희, 2012)에서 다문화가정 어머니의 한국어능력 수준이 높을수록 유아의 전반적 의사소통능력 수준이 높은 것으로 나타났다. 또한 다문화가정 어머니의 한국어능력은 유아의 어린이집 경험과 의사소통능력의 관계에 조절효과가 있는 것으로 나타났다. 즉, 어머니의 한국어능력 수준이 높을수록 어린이집 재원기간과 개념적인 언어지도 경험이 유아의 전반적인 의사소통능력에 미치는 영향력이 큰 것으로 보인다. 이는 한국어 의사소통능력이 부족하고 자녀양육에 어려움을 경험하는 다문화가정 부모와 영유아를 위해 어린이집과 지역사회지원을 연계한 다각적인 지원책이 필요하다는 점을 시사하는 것이다.

다문화가정 유아기 자녀의 정서지능에 영향을 미치는 경로모형을 분석한 연구(민성혜, 이민영, 최혜영, 전혜정, 2009)에서 다문화가정에 대한 사회적 지지는 부부관계 만족도, 어머니의 우울, 부모자녀관계의 훈육과 역할만족을 통해 유아기 자녀의 자기정서인식에 영향을 미치는 것으로 나타났다. 따라서 다문화가정 유아기 자녀의 정서지능을 발달시키기 위해서는 어머니의 정신건강 수준을 높이고, 이를 위해 부부관계 만족도 수준을 높이며 우선적으로는 다문화가정에 대한 사회적 지지 수준을 높일 것을 연구자들은 제안하였다.

12장

또래관계와 놀이

출생 초기의 사회성발달은 부모와의 애착형성에 기초하는 것이지만, 아동이 성장함에 따라 점차 접촉 대상이 확대되어 또래집단의 비중이 커지게 된다. 이러한 또래집단은 이웃에 살며, 연령이 비슷하고, 동성의 아동으로 구성되며, 외모, 성숙도, 운동기술, 학업성취나 지도력 등에 따라 서열이 형성된다. 사회가 점차 핵가족화·소가족화되고 여성 취업률이 증가하고 세대 간의 격차가 심화되면서 과거의 혈육 간의 밀접한 관계를 또래집단이 대신하고 있다.

또래집단과의 친밀하고 지속적인 애정적 유대를 우정이라고 한다. 유아기에도 또래집단과 우정을 형성하지만, 유아들은 지속적인 관계에 관심이 있는 것이 아니라 일시적인 놀이상대로서 또래에게 관심을 갖는다. 그들에게는 같이 놀고 있는 모든 유아가 친구가 될 수 있다. 그러나 연령이 증가함에 따라 친구는 일시적인 상호작용을 뛰어넘어 지속적인 관계로 생각하게 된다.

놀이는 유아의 사회성발달에 매우 중요한 역할을 한다. 놀이를 통해 유아는 사회적 관계를 형성하고, 사회적 기술과 역할을 습득하게 된다. 또래와의 놀이상황을 보면, 남아와 여아는 성을 분리해서 따로따로 노는 경향이 있다. 즉, 여아는 여아끼리 놀고, 남아는 남아끼리 논다. 이러한 경향은 2~3세에 이미 시작된다. 이 무렵의 유아는 남녀 간 성차이를 어렴풋이 이해하기 시작하는데, 이것은 나중에 자신이 속한 사회에서 규정하는 남녀의 성역할에 대한 이해의 기초가 된다.

이 장에서는 또래관계, 우정의 발달, 놀이이론, 놀이의 유형, 성인기의 여가생활 등에 관해 살펴보고자 한다.

1. 또래관계

사진 설명 미국 메릴랜드 대학 교정에서 Kenneth H. Rubin 교수가 저자와 함께

부모와의 관계와는 달리 또래와의 관계에서는 또래집단의 규칙을 준수해야 하고 협동심이나 타협을 필요로 한다. 이러한 경험을 통해 자기중심적인 사고나 행동은 줄어들고 점차 사회 구성원으로서 성공적인 사회적 상호작용을 위해 필요한 기술이나 규범을 배워 나가게 된다(Brown & Larson, 2009; Bowker, Rubin, & Coplan, 2012; Rubin, Bukowski, & Parker, 1998; Rubin, Bowker, McDonald, & Menzer, 2013).

또래집단은 상호간에 강화와 모방을 통해서 아동에게 영향을 미치며, 그 영향력은 성인의 영향력보다 크다. 아동은 성인보다 또래집단이 자신과 더 유사하다고 여기기 때문에 또래가 더 적절한 모델이라고 생각하며, 또래로부터 더 많은 영향을 받는다. 특히 또래집단은 공격성과 친사회적 행동에 중요한 영향을 미친다. 대부분의 아동이 공격적 행동을 인정하는 것은 아니지만, 공격적 행동이 다른 아동을 굴복시킨다는 사실을 관찰하거나 어떤 목적을 성취하기 위한 가장 빠른 방법이라는 사실을 알게 됨으로써, 이러한 행동이 강화되거나 모방될 수 있다. 친사회적 행동도 성인에 의해 강화된 것은 대부분 종속적인 위치에서 이루어지지만, 또래집단은 평등한 관계에서 상호작용이 이루어진다는 점에서 더 큰 영향을 미치게 된다. 또한 또래집단은 성 유형화된 행동을 강화시키는 역할을 한다. 아동 중기에 접어들어 성역할은 다소 융통성 있는 태도로 변하지만, 지나치게 반대 성의 활동이나 역할에 관심을 가진 아동은 또래집단으로부터 배척받게 된다.

1) 또래관계의 이론

또래관계를 설명하는 이론에는 동물행동학적 이론, 인지발달이론, 사회학습이론 등이 있다. 이들 세 이론 간에는 뚜렷한 차이가 있지만, 또래집단이 사회화의 원동력이고 사회화 과정에 독특한 영향을 미친다는 점에는 견해를 같이 한다. 바꾸어 말하면, 또래집단은 성인과는 다른 방식으로 아동의 사회화를 촉진한다는 것이다 (Perry & Bussey, 1984).

(1) 동물행동학적 이론

동물행동학자들은 특정 형태의 사회적 상호작용은 종(種)의 생존적 가치 때문에 진화되었다고 주장한다. 예를 들어, 모자간의 애착관계는 유아로 하여금 타인에 대한 사회적 반응성을 발달시키고, 환경을 탐색할 수 있도록 하며, 스스로 움직일 수 있을 때까지 생존을 도와주기 때문에 애착관계가 진화된 것이라고 한다. 동물행동학자들은 또래접촉은 사회적으로 유능한 어른으로 성장하는 데 필요한 사회적 기술을 습득하게 하는 필수적인 요인이라고 믿는다. 즉, 또래집단은 아동에게 친구 사귀는 법을 배울 수 있는 기회, 호혜성 규칙을 학습하고 실행할 수 있는 기회, 지배, 공격, 성적 관심과 같은 특정 행동을 사회적으로 허용된 방식에 따라 표현하는 것을 학습할 수 있는 기회 등을 제공한다는 것이

Stephen Suomi

다. 요약하면, 또래집단은 아동으로 하여금 사회적 역할을 익히도록 도와준다고 한다.

원숭이를 대상으로 하여 또래와 접촉하면서 양육된 원숭이와 전혀 접촉을 하지 못하고 양육된 원숭이를 비교한 연구에서, Suomi와 Harlow(1978)는 또래놀이가 어린 원숭이의 발달에 가장 중요한 요인일 수 있다고 주장하였다. 말하자면, 또래놀이가 성숙한 원숭이로 성장하는 데 필요한 발달의 기초를 제공한다는 것이다(사진 참조).

인간을 대상으로 연구한 동물행동학자들 역시 또래집단이 아동의 사회화에 중요한 역할을 하는 적응적 기능이 있음을 강조하였다(Blurton-Jones, 1972). 예를 들면, 새끼 원숭이 집단과 마찬가지로 아동집단 내에서도 위계질서가 형성된다. 일단 아동 개개인의 서열이 정해지면 집단 내의 공격은 감소된다. 싸움이나 말다툼이 일어날 때 아동들은 자신의 서열을 상기시킬 수 있는 지배나 복종의 신호를 서로 교환한다. 가령 두 아동 간에 말다툼이 벌어지면, 둘 중에서 힘이 더 센 아동이 위협적인 몸짓이나 표정으로써 힘이 덜 센 아동에게 싸우면 누가 이기게 될 것인가를 상기시킨다(사진 참조). 이때 힘이 덜 센 아동은 복종하는 신호를 보임으로써 패배를 인정한다. 그리하여 몸싸움이 일어나기 전에 말다툼을 끝낼 수 있다. 이렇게 함으로써 집단 내의 공격은 최소화된다.

Willard Hartup

또래집단은 아동에게 강자나 약자에게 대처하는 법과 더불어, 보살피고, 보호하며, 가르치고, 책임지는 법을 배울 수 있도록 도와준다(Hartup,

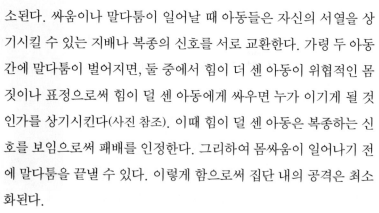

1980). 동물행동학적 견해를 요약하면, 또래집단에서 볼 수 있는 상호작용의 특정 형태는 '어린 것'으로 하여금 성인이 되었을 때에 효율적이고 생산적인 기능을 할 수 있도록 준비하는 데 도움이 되기 때문에 진화과정을 통하여 지속된다는 것이다.

(2) 인지발달이론

인지발달이론가들(Kohlberg, 1969; Piaget, 1932, 1962)은 사회화 과정에서 또래의 중요성을 강조하면서 또래접촉이 아동에게 사회인지적 기술을 증진시킬 수 있는 기회를 제공한다고 주장한다. 또래접촉을 통해서 사회인지적 기술이 개선됨에 따라 아동은 더 세련된 방식으로 상호작용할 수 있게 된다는 것이다.

태어나서 처음 몇 년 동안 아동은 주로 성인—특히 부모—과 상호작용한다. 인지발달이론에 의하면, 성인은 아동의 사회인지적 기능을 심하게 제한한다고 한다. 무조건 복종해야 한다고 명령하는 권위적 인물하고만 상호작용한 아동은 사회적 추론을 할 기회가 거의 없다. 아동은 부모가 자신에게 한 요구를 정당화할 수 있는 다른 사람의 권리나 감정과 같은 사회적 고려가 있다는 것을 이해하지 못한 채, 부모의 상이나 벌, 결정사항을 주어진 대로 받아들이게 된다. 아동은 성인에 대한 일방적인 존경 때문에 의문이나 말다툼이 생기면 자동적으로 성인에게 그 해결을 기대한다. 이 과정에서 아동은 실생활에서 문제나 의문점이 생겼을 때 성인에게 의존하는 습관을 형성하게 된다.

Piaget에 의하면, 유아는 성인의 권위에 대한 무조건적 존경으로 인해 전조작기에 머물게 된다고 한다. 전조작기 사고의 주요 한계는 지각적 중심화, 즉 문제해결 시 현저한 외적 측면에만 주의를 집중하는 경향이다. 유아의 사회인지적 기능 중 많은 측면에서 지각적 중심화로 인한 문제가 발생한다. 예를 들어, 유아는 어떤 문제에 관해 도덕적 판단을 할 때, 주관적 요인(예컨대, 행위자의 의도가 좋았는가 또는 나빴는가)보다 외적 요인(예컨대, 행위자가 어른을 화나게 할 어떤 실제적인 손상을 가했는가)에 보다 더 의존한다. Piaget는 이러한 현상을 외적 권위에 의존하여 문제를 해결하려고 하는 유아의 습관이 초래한 지각적 중심화를 반영한 것으로 믿는다.

Piaget는 유아로 하여금 지각적 중심화에서 벗어나게 하는 중요한 요인은 또래집단인 것으로 보았다. 또래와의 상호작용에서 유아는 견해차와 갈등을 경험하게 되는데, 갈등을 해결하기 위해 항상 성인에게만 의존할 수는 없다. 결국 유아는 이 문제를 스스로 해결하고자 노력하게 된다. 논쟁을 효율적으로 해결하기 위해서는 당사자들의 입장을 고려해야 한다. 갈등을 스스로 해결하기 위하여 다른 사람의 사고나 감정, 욕망 등을 고려하다보면, 아동은 결국 사람들에게 저마다 다른 견해가 있음을 이해하게 된다. 많은 부모들도 갈등을 스스로 해결하는 것이 아동의 사회인지적 성장을 촉진시킨다는 Piaget의 생각에 동의하는 것으로 보인다. 왜냐하면 말다툼하는 자녀에게 그 문제를 스스로 해결해보라고 말하기 때문이다.

또래와의 지속적인 상호작용의 결과, 유아는 전조작기의 지각적 중심화에서 벗어나 구체적 조작기로 들어서게 되는데, 그 시기는 대체로 초등학교에 입학하는 시기와 맞물린다. 이제 아동은 행위자의 의도와 같은 주관적 요인을 가지고 도덕적 판단을 할 수 있고, 외현적인 행동보다는 숨은 동기에 대해 반응할 수 있다. Piaget는 또래집단이 이러한 발달을 촉진시키는 주요한 역할을 한다고 가정했다. 왜냐하면 성인은 아동보다 우월한 사회적 지위 때문에 그렇게 할 수 없기 때문이다.

Kohlberg는 Piaget와 약간 다른 견해를 가지고 있다. 또래와의 상호작용이 아동의 사회인지적 성장을 촉진시킨다는 Piaget의 견해에는 동의하지만, 그는 또래아동뿐만 아니라 성인 역시 아동의 사회인지적 성장을 촉진시킨다고 믿었다. 많은 성인들이 아동으로 하여금 토론이나 논쟁에 참여해서 자신의 견해를 피력하게 할 뿐 아니라 다른 사람의 견해도 경청하도록 권유한다. 또래만이 아동의 사회인지적 성장을 촉진시키는 것인지 아니면 성인도 그와 유사한 역할을 하는지는 명확하지 않지만, 인지발달이론의 관점은 명확하다. 즉, 또래와의 접촉은 아동으로 하여금 사회인지적 기능을 확대시킬 수 있는 기회를 제공한다는 것이다.

(3) 사회학습이론

사회학습이론(Bandura, 1969, 1977)에 의하면, 또래는 아동에게 새로운 형태의 행동을 가르치고, 어떤 상황에서 어떤 행동이 적합한지를 알려주며, 아동으로 하여금 자신의 성격이나 능력을 평가할 수 있는 기준을 설정하게 하는 등 매우 중요한 역할을 한다고 한다. 또래는 부모, 교사, 텔레비전의 등장인물 등이 영향을 미치는 것과 동일한 사회학습 원리에 따라 아동의 발달에 영향을 미친다. 그러나 대체로 아동이 또래로부터 배우는 내용은 성인으로부터 배우는 것과는 아주 다른 것이다. 더욱이 아동은 어떤 종류의 사회적 정보를 얻기 위해서는 일부러 성인보다 또래를 찾는 경우가 있다. 예를 들어, 자신의 운동능력이나 인기도를 알고 싶을 때에는 또래집단에게 해답을 구한다.

사회학습이론에서는 대리학습(vicarious learning)을 강조한다. 다시 말해서, 아동은 또래의 행동과 그 결과를 관찰함으로써 대리적으로 학습한다는 것이다. 또래의 행동을 관찰함으로써 아동은 여러 가지 새로운 반응패턴(예를 들면, 교사의 주의를 끄는 새로운 방법, 놀이친구로부터 장난감을 빼앗는 방법, 공을 던지는 방법 등)을 학습하고, 기억한다. 그러나 이에 못지않게 중요한 것은 아동이 또래의 특성, 상황, 결과 등을 또래의 행동과 관련짓는 규칙까지도 학습한다는 것이다. 예를 들어, 아동은 여자아이가 인형놀이를 하면 칭찬을 받지만, 남자아이는 그렇지 못하다는 것을 알게 된다. 더욱이 아동은 자기와 유사한 아동에게 적합한 것으로 학습했던 반응-결과 지침에 따라 행동하는 경향이 있다. 왜냐하면 아동은 성이나 연령이 자신과 같은 또래와 비슷하게 행동할 것을 사회가 기대한다는 것을 학습하기 때문이다. 따라서 남아는 다른 남아에게 적용되는 규칙에 따라 그리고 여아는 다른 여아에게 적용되는 규칙에 따라 자신의 행동을 통제하게 된다.

또래는 모델로서의 역할을 할 뿐만 아니라 강화나 벌을 주는 대행자로서의 역할도 한다. 따라서 아동의 반응-결과 규칙 중 일부는 여러 가지 반응(행동) 후에 또래로부터 직접 받았던 결과를 통해 학습한 것이다. 예를 들어, 모르고 인형놀이를 하다가 놀림을 받은 남아는 그 후 인형놀이나 다른 여아놀이를 피할지도 모른다(사진 참조).

사회학습이론에 의하면 많은 행동이 외적 결과뿐만 아니라 내적 자기통제의 영향을 받는다고 한다. 일단 자신에게 적합한 행동지침을 설정하고 나면, 아동은 이 지침을 따르

려고 노력한다. 이 과정에서 아동은 자신이 설정한 기준에 부합되는 행동을 했을 때에는 자부심을 느끼지만, 그렇지 못할 때에는 자책감을 느낀다. 자기보상이나 자기처벌의 강도를 결정하는 많은 요인이 있지만, 그중에서 가장 중요한 것은 또래의 행동이나 수행과 비교하는 사회적 비교이다. 또래와 비교해서 또래보다 앞설 때 아동은 자부심과 자아존중감을 느끼지만, 또래보다 못할 때에는 낙심을 한다.

사회학습이론에서 자신의 능력에 대한 지각인 자기효능감(self-efficacy)도 아동의 행동을 결정하는 중요한 요인이다(Bandura, 1981). 예를 들어, 수영은 잘하지만 수학을 못하는 여아는 수학보다 수영을 택하고자 할 것이다. 아동의 자기효능감에 영향을 미치는 많은 요인 중에서 가장 중요한 것은 사회적 비교이다. Bandura는 어떤 활동에 대한 자신의 수행능력을 평가하고자 할 때, 아동은 능력 면에서 자신과 유사하거나 조금 높은 아동의 수행능력과 비교하는 경향이 있다고 주장한다. 만약 자신의 테니스 실력이 어느 정도인지 알고자 하는 아동은 비교대상으로 또래아동을 선택하게 되지, 자기보다 훨씬 어린 아동이나 테니스 선수를 선택하지는 않을 것이다. 더욱이 아동은 능력 있는 또래의 수행을 단계적으로 차근차근 관찰함으로써 새로운 기술을 학습하며, 자신의 결함을 극복할 수 있다.

2) 또래 간 상호작용의 중요성

Deborah Vandell

유아는 6개월경부터 사회적 행동을 할 수 있다. 한 연구(Vandell, Wilson, & Buchanan, 1980)에 의하면, 유아는 6개월경부터 다른 유아와 사회적 신호를 교환하면서 상당한 시간을 보내는 것으로 나타났다. 예를 들어, 유아는 서로 교대하면서 목소리를 낸다. 사회적 순서는 단순하고 간결하지만, 한 유아가 목소리를 내면 다른 유아가 응답하는 식으로 서로 교환한다.

유아는 성장하면서 다른 유아와의 상호작용을 더 많이 하게 되고, 고립적이고 비사회적인 행동은 덜 하게 된다. 그리고 사회적 상호작용은 좀더 복잡해진다. 첫돌 무렵이 되면 몸의 움직임이 자유로워지기 때문에 상호작용의 시간도 길어진다(Holmberg, 1980; Vandell et al., 1980). 이 시기의 유아는 서로의 행동을 모방할 수도 있고, 장난감을 교대로 가지고 놀 수도 있다. 또한 상보적(相補的) 행동도 할 수 있다. 예를 들어, 한 유아가 장난감을 주면 다른 유아는 그것을 받는다. 한 유아가 쫓아가면 다른 유아는 도망간다(Finkelstein, Dent, Gallacher, & Ramey, 1978; Mueller & Lucas, 1975). 첫돌과 두 돌 사이에 유아는 역할교대라는 또 다른 상호작용을 하게 된다. 이제 유아는 술래잡기놀이를 할 때 서로의 역할을 교대할 수도 있다(Brenner & Mueller, 1982).

유아는 아주 어릴 때(8~9개월)부터 또래와의 상호작용에 상당한 관심을 가지고 있으므로, 편안한 분위기에서는 어머니보다 또래와의 상호작용을 더 좋아한다(사진 참조). 이러한 경향은 나이가 들면서 더욱 증가한다(Becker, 1977; Eckerman et al., 1975). 어머니에게 하는 행동과 또래에게 하는 유아의 행동은 다소 다르다. 또래에게는 쳐다보면서 목소리를 내지만, 어머니에게는 접촉하는 경향이 있다(Vandell et al., 1980).

낯선 또래에 대한 유아의 반응에는 경계심과 호기심이 섞여 있지만, 경계심보다는 호기심을 더 많이 나타내고, 낯선 어른에게 보이는 것 같은 심한 두려움을 또래에게 보이는 경우는 매우 드물다(Jacobson, 1980). 중요한 것은 유아가 처음에는 다소 경계할지 모르지만 강력하고 긍정적인 관심을 또래에게 보인다는 점이다.

또래와의 상호작용은 초기에는 장난감을 중심으로 이루어지는데(사진 참조), 장난감은 '대화의 주제'나 상호작용의 '촉매' 역할을 한다(Eckerman & Whatley, 1977; Mueller & Brenncr, 1977). 또래와 놀 때 장난감을 치우면 유아는 짜증을 내고, 어머니 곁에 붙어 있으려고 하며, 다른 유아와의 놀이를 적게 한다. 한편, 장난감이 있으면 유아는 그것을 만져보고, 다른 유아와 함께 주고받으며, 서로에게 보여주려고 한다. 유아에게 장난감은 다른 유아가 그것을 가지고 놀 때 가장 흥미롭게 보인다.

또래와의 상호작용은 초기에는 장난감을 중심으로 이루어진다.

어떤 연구자들은 초기의 또래집단 상호작용은 비사교적이고 대상중심적이라는 주장을 했다. 즉, 유아는 장난감에만 주의를 집중할 뿐 상대의 존재는 잊어버린다는 것이다(Mueller & Lucas, 1975). 그러나 이러한 주장은 잘못된 것으로 보인다. 왜냐하면 유아는 매우 어릴 때부터 장난감이 없을 때에도 서로 목소리를 내고, 미소짓고, 쳐다보기 때문이다(Jacobson, 1981; Vandell et al., 1980). 하지만 장난감이 초기의 사회적 상호작용의 필수요소는 아니더라도 상호작용을 촉진시키는 것임은 분명하다. 장난감을 함께 가지고 놀면서 아동은 공유하고, 교환하며, 순서를 교대하고, 의사소통하며, 자신의 반응과 상대방의 반응을 통합할 수 있게 된다. 사실상 장난감을 함께 가지고 노는 것은 유아기의 사회적 상호작용에서 매우 중요하므로 Eckerman, Whatley 그리고 McGehee(1979) 등은 다른 아동이 가지고 노는 장난감에 관심을 가지는 것을 1세 유

Carol Eckerman

아의 기초적 사회적 기술로 간주해야 한다고 주장한다.

초기의 또래 간 상호작용은 유아에게 유익한 것인가? Rubenstein과 Howes(1976)는 유아가 집에서 어머니하고만 지낸 날과 놀이친구와 함께 지낸 날의 놀이를 비교해보았다. 이 연구의 주요한 결과는 또래가 유아로 하여금 보다 성숙한 행동을 하도록 자극한다는 것이다. 또래가 없을 때에는 유아는 장난감을 입에 가져가거나 만지면서 놀았지만, 또래가 있을 때에는 장난감을 색다르고 독창적인 방식으로 가지고 놀았다. 어머니와 있을 때보다 또래와 있을 때에 유아는 보다 상호작용적인 놀이, 모방, 장난감을 주고받는 놀이를 더 많이 하였다. 따라서 몇 주 내지 몇 달간 또래와의 상호작용 경험이 있는 유아가 그렇지 않은 유아보다 또래와 대등한 관계에서 상호작용을 하고, 새로운 또래에게 더 편안하고 더 사교적인 반응을 보인다는 것은 놀라운 일이 아니다(Becker, 1977; Howes, 1980; Lieberman, 1977; Mueller & Brenner, 1977).

3) 또래집단의 기능

아동이 성장함에 따라 또래집단은 보다 공식적이고 조직적으로 변하며, 아동의 성장과정에서 여러 가지 기능을 한다.

(1) 사회화의 기능

부모와의 관계와는 달리 또래와의 관계에서는 또래집단의 규칙을 준수해야 하고 협동심이나 타협을 필요로 한다. 이러한 경험을 통해 자기중심적인 사고나 행동은 줄어들고 점차 사회 구성원으로서 성공적인 사회적 상호작용을 위해 필요한 기술이나 규범을 배워 나가게 된다(Rubin, Bukowski, & Parker, 1998).

또래집단은 상호간에 강화와 모방을 통해서 아동에게 영향을 미치며, 그 영향력은 성인의 영향력보다 크다. 아동은 성인보다 또래집단이 자신과 너 유사하다고 지각하기 때문에 또래가 더 적절한 모델이라고 생각하며, 또래로부터 더 많은 영향을 받는다. 특히 또래집단은 공격성과 친사회적 행동에 중요한 영향을 미친다. 대부분의 아동이 공격적 행동을 인정하는 것은 아니지만, 공격적 행동이 다른 아동을 굴복시킨다는 사실을 관찰하거나 어떤 목적을 성취하기 위한 가장 빠른 방법이라는 사실을 알게 됨으로써, 이러한 행동이 강화되거나 모방될 수 있다. 친사회적 행동도 성인에 의해 강화된 것은 대부분 종속적인 위치에서 이루어지지만, 또래집단은 평등한 관계에서 상호작용이 이루어진다는 점에서 더 큰 영향을 미치게 된다. 또한 또래집단은 성유형화된 행동을 강화시키는 역할을 한다. 아동기 중기에 접어들어 성역할은 다소 융통성 있는 태도로 변하지만, 지나치게 반대 성의 활동이나 역할에 관심을 가진 아동은 또래집단으로부터 배척받게 된다.

"목도리요? 요새 목도리하고 다니는 애들 아무도 없어요!"

"엄마, 제 목도리 못 보셨어요?"

〈그림 12-1〉 또래집단과 동조행동

(2) 태도나 가치관의 형성

또래집단은 다른 가치에 우선하는 집단만의 고유한 가치를 공유한다. 지금까지 아무 비판 없이 받아들인 부모의 가치관에 대해 회의하기 시작하며 자신들 나름대로의 태도나 가치관을 형성하게 된다. 또래집단으로부터 인정받기 위해 아동은 이들 집단의 기준이나 가치에 동조하려는 경향을 보인다(〈그림 12-1〉 참조). 학동기의 아동은 특히 또래집단의 행동에 동조하고자 하는 욕구가 강하며, 또래집단의 행동기준은 아동에게 사회적 압력으로 작용한다. 이러한 동조현상을 통해 그들 나름대로의 태도나 가치관을 형성하게 되며, 이것이 가족이나 부모가 제시하는 태도나 가치관과 상치하게 되면, 부모의 권위에 도전하거나 심각한 가족 내 갈등을 일으키기도 한다.

(3) 정서적 안정감 제공

아동기에는 또래집단으로부터의 평가가 부모의 평가보다 더 중요한 의미를 갖는다. 또래집단으로부터 수용되고 인정받음으로써 부모가 제공할 수 없는 정서적 안정감을 갖게 되며 긍정적인 자아개념을 형성하게 된다(Berndt, 2002; Bukowski & Hoza, 1989; Lundby, 2013). 때로는 또래집단이 기성세대의 권위에 대항하거나 위험한 행동을 하기도 하며, 반사회적 행동을 요구하기도 한다. 그러나 아동은 이러한 집단에 소속됨으로써 정서적 안정감을 얻게 되며, 이는 우정이라는 관계가 발달하는 기초가 된다. Dreikurs(1967)는 인간은 소속감을 추구하는 동물이며, 소속감을 박탈당했을 때 여러 가지 문제행동을 보이게 된

Rudolf Dreikurs

다고 하였다. 이러한 맥락에서 또래집단으로부터 거부당하는 아동은 수용되는 아동에 비해 공격적이고 부적절한 행동을 보이는 등 다양한 적응상의 문제를 갖게 된다(Shantz, 1986).

(4) 인지발달과 정보제공

Piaget(1983)는 또래와의 상호작용 과정에서 생기는 갈등을 경험함으로써 아동의 인지발달 수준이 향상된다고 하였다. 아동은 논리적 토론을 통해 갈등상황을 해결해 나가는 과정에서 자신의 관점과 부합되지 않는 다른 관점이 존재한다는 사실을 알게 되며, 이를 조정해 나가는 과정에서 인지발달이 이루어진다. 또래집단의 수준에 대한 연구결과는 일치하지 않으나, 자신보다 약간 능력 있는 또래와의 상호작용을 통해 가장 큰 효과를 기대할 수 있다고 한다(Tudge, 1992). 가르치는 아동도 자긍심이나 친사회적 행동이 향상되므로, 또래집단은 상호간에 효율적인 모델이 될 수 있다.

Jonathan Tudge

또한 또래집단은 수평적 지식이나 정보교환의 기능을 갖는다. 또래집단의 지식이나 정보전달은 성인을 통해 이루어지는 것보다 더 효율적으로 이루어진다. 이들과의 관계를 통해 아동은 보나 쉽고 용이하게 사회에 적응하는 방법을 배우게 되며 지식이나 정보를 제공받게 된다.

4) 또래집단에서의 인기도

다른 사람이 자신을 좋아한다는 사실은 현재의 행복뿐만 아니라 미래의 행복에도 영향을 미친다. 아동기에 또래집단으로부터의 수용은 아동의 자기역량 지각을 예측하는 중요한 변인이 되며(한종혜, 1996), 또래와의 관계가 좋지 못한 아동은 학업 성취도가 낮고, 학교에서 중도 탈락하거나 이후 청소년 비행에 참여하는 비율이 높은 것으로 나타났다(Parker & Asher, 1987). 초등학교 시절의 또래집단에서의 인기도는 상당히 지속적인 영향을 미치며, 지능지수나 성적, 교사의 평가, 자아개념 등의 변인보다 아동의 이후의 정신건강을 예측하는 데 더 중요한 변인으로 작용한다. 즉,

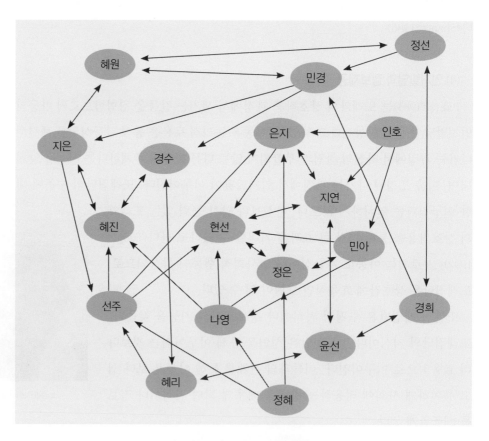

〈그림 12-2〉 아동기의 우정패턴

또래집단으로부터 가치를 인정받는 아동은 성인이 되어서도 다른 사람으로부터 인기 있는 사람이 된다(Bagwell, Newcomb, & Bukowski, 1998).

또래집단에서의 인기도는 여러 가지 방법으로 측정할 수 있다. 그 중에서도 "어떤 친구를 제일 좋아하는가?" "어떤 친구가 제일 싫은가?" "생일에 누구를 초대하고 싶은가?" 등의 질문을 통해 얻어진 정보를 근거로 교우관계 측정도(sociogram)를 그려보는 것이 가장 보편적인 방법이다(〈그림 12-2〉 참조). East(1991)는 또래집단에서의 인기도를 가지고 아동을 아래와 같은 다섯 가지 유형으로 분류하고 있다.

Patricia East

① 인기 아동(popular): 가장 인기가 있는 아동은 일반적으로 신체적 매력이 있고, 머리가 좋고, 사교적이고, 행동적이며, 지도력이 있다. 그들은 자아존중감이 높고, 여러 종류의 다양한 친구들과 어울린다. 유머감각이 뛰어나고, 그래서 그와 함께 있는 것이 즐겁다.

② 보통 아동(acceptable): 아동의 반 정도가 이 유형에 속하는데, 친구들이 특별히 좋아하지도 않고 특별히 인기가 있는 것도 아니지만 그렇다고 친구들이 싫어하는 유형도 아니다. 이들은 집단에 무난히 어울리는 보통 아동들이다.

③ 고립 아동(isolated or neglected): 고립되거나 무시 당하는 아동은 친구들의 관심밖에 있기 때문에, 친한 친구로 지명되지도 않거니와 싫어하는 친구로 지명되지도 않는다. 이들은 수줍음을 잘 타고 위축된 성격으로 말미암아 낮은 자아존중감, 불안, 우울증 등 내적인 문제를 가진 경우가 많다.

④ 거부 아동(rejected): 친구들이 가장 싫어하는 유형이다. 이런 아동은 신체적, 언어적 공격을 많이 하고, 교실에서 수업분위기를 망치고, 학업성적도 좋지 못하다. 역시 인기가 없는 아동들과 친구가

사진 설명 고립 아동은 위축된 성격으로 말미암아 불안이나 우울증 등 내적인 문제를 가진 경우가 많다.

되며, 자기보다 어린 아이들과 어울린다. 이들 중에는 약물남용, 청소년 비행
과 같은 외적인 문제가 있는 경우가 많다.

⑤ 혼합형(controversial): 친한 친구로 꼽히기도 하고 싫은 친구로 꼽히기도 하는
혼합형은 공격적이고 파괴적인 면이 있는가 하면, 자기주장이 강하고 지도력
이 있다. 이들은 또래집단에서 눈에 띄기는 하지만, 이들을 좋아하는 사람도
많고 싫어하는 사람도 많아 친구들로부터 복합적인 반응을 유발한다.

연구결과 인기 있는 아동은 좋아하거나 친구가 되고 싶다는 응답을, 거부되는 아
동은 싫어한다는 응답을 가장 많이 받은 아동이고, 무시되는 아동은 거의 응답을 받
지 못한 아동이며, 혼합형 아동은 좋아한다는 반응과 싫어한다는 반응을 비슷한 정
도로 받은 아동이다(Asher & Dodge, 1986).

우리나라의 초등학교 4학년 학생 381명과 중학교 2학년 학생 382명을 대상으로
아동과 청소년의 또래관계에 따른 심리사회적 적응과 행동특성에 대해 살펴본 연
구(김윤경, 이옥경, 2001)에 따르면, 거부집단은 외로움과 사회적 회피수준이 가장 높
았고, 학업성적이 가장 낮았으며, 인기집단은 그 반대인 것으로 나타났다. 한편 거
부집단과 무시집단은 인기집단과 양면성집단보다 자신의 능력을 보다 낮게 지각하
는 경향이 있었다. 거부집단은 부정적 행동특성을 가장 많이 보인 반면 긍정적 행
동특성은 가장 적게 보였으며, 인기집단은 긍정적 행동특성을 가장 많이 보였고 부
정적 행동특성은 적게 보이는 것으로 나타났다. 무시집단은 긍정적 행동특성과 부
정적 행동특성을 모두 적게 보였다. 거부집단을 행동특성에 따라 공격-거부집단과
위축-거부집단으로 분류하여 비교한 결과, 두 집단 모두 학업성적과 긍정적 상호
작용수준은 낮았지만 심리사회적 적응수준은 위축-거부집단만 낮게 나타났다.

5) 또래관계와 영향요인

또래집단에서의 인기도에는 신체적·성격적 특성이나 인지적 능력 등 많은 요
인들이 영향을 미친다. 사회적으로 유능한 아동의 전반적인 특성은 잘생기고 균형

잡힌 체격을 가지고 있다(Davison & Birch, 2002; Langlois et al., 2000; Xie et al., 2006).
신체적인 매력은 또래집단으로부터 저항감을 형성하기도 하지만, 일반적으로 보다
긍정적인 영향요인으로 작용하며, 이는 특히 여아에게서 두드러지게 나타난다. 이
들은 또한 지적인 경향을 보이며 사려깊고 창의적인 사고를 갖고 있는 것으로 나타
났다. 그리고 리더십이 있고, 또래집단에 잘 적응하며, 유머감각이 있고, 다정하고,
자신의 공격적 충동을 통제하는 것이 가능하며 다른 아동으로부터 필요한 것을 획
득하기 위한 여러 가지 방법을 알고 있다. 높은 수준의 사회적 전략을 알고 있는 아
동은 신체적 공격을 자제할 수 있다. 아동이 힘에 의존하는 경우는 대개 다른 방법
으로는 자신이 원하는 것을 얻지 못한다고 생각할 때이다.

　부모와의 애착형성이나 상호작용 경험도 또래관계에 영향을 미친다(Booth-
Laforce & Kerns, 2009; Pallini et al., 2014). 안정된 애착을 형성한 아동은 불안정한 애
착을 형성한 아동보다 또래와의 관계에서도 유능하다(이영, 나유미, 1999; Belsky,
1984). 부모가 온정적이고, 부모와의 관계가 전반적으로 만족스러우며, 가족원 간
의 갈등이 없을 경우, 이러한 문제점은 감소하며, 결과적으로 또래집단에서의 적응
이 용이하다.

　무시당하거나 거부당하는 아동의 공통적 특성은 유난히 뚱
뚱하거나 매력적이지 못한 외모를 가지고 있고 지적인 능력면
에서도 지체된 아동인 것으로 나타났다. 그중에서 거부되는 아
동은 공격적이고 적대적이며, 쉽게 화를 내는 행동특성을 보이
기도 하지만, 어떤 아동은 공격적이기보다 오히려 유순한 경우
도 있다(Schickedanz et al., 1998). 무시당하는 아동은 어리석고
아기 같은 행동특성을 보이며, 수줍음이 많고 사교적으로 친구
에게 접근하지 못하며, 의사소통 능력과 같은 사회적 능력이 부
족한 경우가 많다(도현심, 1996; Cassidy & Asher, 1992).

Jude Cassidy

　혼합형의 아동집단은 거부당하는 아동집단과 유사한 속성을 지니고 있으나, 후
자가 가지지 못한 힘을 가지고 있다는 점에서 차이가 있다. 이들은 지도력이 있고
운동과 같은 특별한 영역에서 뛰어난 능력을 소유하고 있다.

아동기에 가장 슬픈 일 중의 하나는 친구로부터 무시당하거나 거부당하는 것이다. 집에도 혼자 가고, 생일파티에도 초대받지 못하며, 점심도 혼자 먹고, 아무하고도 놀지 못한다. 또래집단으로부터의 거부나 무시는 보편적으로 괴롭힘과 동시에 일어나며, '왕따'라는 현상으로 사회적 문제가 되고 있다. 신체적 공격이나 별명을 부르며 조롱하는 등 직접적인 괴롭힘이 있고, 생일파티나 학급활동에서 제외시키고 나쁜 소문을 퍼뜨려 친구가 없도록 만들어 고립시키는 따돌림도 있다(사진 참조). 직접적인 괴롭힘의 대상은 남아가 많은 반면, 관계에서의 따돌림의 대상은 주로 여아이다(Crick & Bigbee, 1998). 만성적으로 괴롭힘을 당하는 아동은 우울, 불안감, 낮은 자아존중감, 외로움 등 다양한 문제를 경험하며, 이는 단순히 그 시기에 끝나는 것이 아니라 장기적인 영향을 미친다는 점에서 더욱 문제가 된다(Egan & Perry, 1998).

우리나라 초등학교 4학년 아동을 대상으로 인기 아동 및 보통 아동 76쌍과 거부 아동 및 보통 아동 72쌍의 갈등 해결방식을 관찰한 연구(김송이, 박경자, 2001)에 따르면, 인기 아동은 상대 아동의 관심을 상당히 고려하는 행동을 하고, 거부 아동은 상대 아동보다는 자신을 더 고려하는 행동을 많이 하는 것으로 나타났다. 또한 갈등을 해결하고자 할 때, 전반적으로 거부 아동이 인기 아동보다 공격적인 행동을 더 많이 하였으나, 이는 아동의 성별에 따라 차이를 보였다. 즉, 거부 남아가 거부 여아보다 공격적 행동을 더 많이 하였다.

초등학교 4, 5학년생 339명을 대상으로 한 또 다른 연구(심희옥, 2000)에 의하면, 또래로부터 지지를 많이 받는 아동과 그렇지 않은 아동의 또래 간 갈등 대처방법에는 차이가 있는 것으로 나타났다. 즉, 또래와 원만히 지내는 아동은 또래 간 갈등 시 도피적인 전략을 적게 사용하고, 사회적 지원을 찾거나 자신을 믿고 문제를 해결하려는 적극적인 의지의 접근적 전략을 많이 사용하는 것으로 나타났다. 반면, 그렇지 않은 아동은 또래와의 갈등상황에서 회피적인 갈등 대처전략을 많이 사용하였다.

아동의 정서규제 능력과 또래관계를 살펴본 연구(김성희, 정옥분, 2011)에서, 아동이 긍정적이거나 부정적인 정서표현이 요구되는 상황에서 자신의 정서를 상황에 맞게 효과적으로 조절하고, 표현하며, 적응하는 능력이 높을수록 주도적이고 또래와 협동이나 공감을 잘하는 등의 긍정적인 또래관계를 형성하는 능력이 높은 것으로 나타났다.

2. 우정의 발달

가족 이외에 아동에게 가장 중요한 사회적 관계는 또래와의 관계이다. 또래집단과의 친밀하고 지속적인 애정적 유대를 우정이라고 하며, 우정에 대한 개념은 아동이 성숙해감에 따라 변화한다. 유아기에도 또래집단과 우정을 형성하지만, 유아들은 지속적인 관계에 관심이 있는 것이 아니라 일시적인 놀이상대로서 또래에게 관심을 갖는다. 그들에게는 같이 놀고 있는 모든 유아가 친구가 될 수 있다. 그러나 연령이 증가함에 따라 친구는 일시적인 상호작용을 뛰어넘어 지속적인 관계로 생각하게 된다. 아동기에 접어들어서는 대개 동성의 친한 친구 몇 명을 사귀게 되며, 아동들은 친구에 대한 생각, 친구를 선택하는 이유, 친구관계를 유지하는 능력에서도 많은 변화를 경험하게 된다.

아동기 초기에는 우정은 서로 주고받는 것으로 생각한다. 또한 친구가 갖지 못한 것을 함께 나눠 갖는 것을 우정의 상징으로 생각한다. 그러나 상호간의 흥미보다 각자의 흥미를 충족시켜 주는 것으로 생각하며, 심각한 갈등상황에서 서로에 대한 헌신적인 태도가 충분하지 못하다. 그러나 아동기 중반부터 이들은 단지 같이 놀거나 서로를 위해 무엇을 해주는 것 이상의 지속적이고 헌신적인 관계를 유지하게 된다. 이들 간의 관계는 신뢰가 전제가 되며, 도움이 필요할 때 돕지 않거나 약속을 지키지 않는 것, 친구가 없는 곳에서 비난하는 것 등은 신뢰를 저버린 것으로 생각하게 된다. 그 결과 친구관계는 선택적으로 이루어지며, 소속감이 강하게 나타난다. 심지어 배타성까지 가미되어, 그들만의 문화를 형성하게 된다(Berk, 1996).

사진 설명 여아들은 자신의 감정을 이야기하고 나눔으로써 친밀감이 형성되는 반면, 남아들은 같은 활동을 함께 함으로써 친밀감을 형성한다.

일반적으로 집단을 이루어 친구를 사귀는 남아들에 비해 여아들은 일대일의 단짝친구와 보다 강한 유대감을 형성한다. 우정이 남아와 여아 모두에게 다 중요하지만 우정의 의미는 다르다. 즉, 여아들의 우정에는 정서적 친밀감과 신뢰감이 중요한 역할을 한다(Buhrmester & Furman, 1987; Bukowski & Kramer, 1986). 여아들은 자신의 감정을 이야기하고 나눔으로써 친밀감이 형성된다. 여아들의 우정에서 강렬한 감정과 친밀감이 강조되기 때문에 여아들은 친구관계에서 긴장, 질투, 갈등을 경험한다. 이러한 긴장과 갈등은 친구로부터의 거부와 배신에 대한 두려움에서 온다(Miller, 1990). 그래서 여아가 남아보다 더 작은 규모의 배타적인 우정망을 형성한다(Hartup & Overhauser, 1991).

사진 설명 Anne Petersen이 청소년들과 함께

반면, 남아들은 운동경기를 함께 하거나 관람하는 등 같은 활동을 함으로써 친밀감을 형성한다. 남자아이들은 어려서부터 자기감정을 노출하는 것이 남자답지 못한 것으로 배워왔기 때문에(Maccoby, 1991), 여아보다 자신

의 감정을 이야기하고 나누는 것도 덜하다(Camarena, Sarigiani, & Petersen, 1990). 이성친구에 대한 혐오감이나 부정적인 태도는 남아는 11세경, 여아는 13세경에 최고조에 달한다. 이 시기에 동성친구에 대한 애착은 이후에 이성친구를 사귀는 데 있어서도 필수적인 경험이 된다.

초등학교 4학년과 6학년 아동 365명을 대상으로 한 연구(임정하, 정옥분, 1997)에 의하면, 아동의 또래관계에서의 친밀감은 4학년 아동보다 6학년 아동이 높게 지각하는 것으로 나타났다. 즉, 아동 중기에서 후기로 갈수록 또래관계가 보다 밀착되는 것으로 보인다.

초등학교 1학년과 3학년 아동을 대상으로 친구관계망과 친구관계의 질을 알아본 연구(이은해, 1999)에 따르면, 3학년 아동은 1학년 아동보다 일방적으로 선택한 친구수와 상호선택한 친구수가 많았고, 상호선택의 유사성도 높은 것으로 나타났다. 친구의 상호선택에서는 성차에 따른 차이를 알아보았는데, 여아의 경우가 남아의 경우보다 상호선택의 동등성과 유사성이 높은 것으로 나타났다. 즉, 가장 친한 친구로 지목된 아동이 대상 아동을 가장 친한 친구로 선택하는 여아의 비율(68%)이 남아(46%)보다 높았다. 이 결과에 대해 연구자는 여아가 사회화과정을 통해 대인관계의 민감성이 더 높을 뿐만 아니라 언어를 통한 표현능력이 더 좋은 것과 관련될 수 있다고 추론하였다. 친구관계의 질을 분석한 결과에서는 친구관계·만족감을 유의하게 설명하는 변인으로 신뢰, 교제의 즐거움, 도움, 갈등 순으로 나타났다. 이로써 우리나라 아동의 친구관계의 질에서 가장 중요한 변인이 친구와의 지속적인 관계를 보는 신뢰감이라고 추론해볼 수 있다.

초등학교 5학년 아동 및 중학교 2학년 청소년 375명을 대상으로 한 또 다른 연구(김선희, 김경연, 1994)에서 상호적 우정관계에 있는 아동은 일방적 우정관계에 있는 아동에 비해 자신의 우정관계를 긍정적으로 지각하고 우정관계에 더욱 헌신적이며 친구에 대해 높은 친밀감을 느끼고 자신과 친구가 서로 비슷하다고 지각하는 것으로 나타났다.

3. 놀이

유아의 하루는 놀이의 연속이며, 그들이 하는 거의 모든 활동은 놀이가 된다. "유아는 놀면서 배운다"라는 말도 있듯이, 놀이는 유아의 생활일 뿐만 아니라 유아가 여러 가지 지식을 획득하는 수단이기도 하다. 성인의 시각에서 보면 놀이는 시간을 없애는 무의미한 것일 수 있지만, 놀이는 유아의 성장과 발달에 영향을 미치는 중요한 활동이며, 그들의 일이다. 유아는 자신의 생각과 감정을 쉽게 언어화할 수 없으므로 언어보다는 놀이에 의해 이를 더 적절하게 표현할 수 있으며, 놀이를 통해 새로운 지식을 쉽게 획득한다. 그 외에도 놀이는 또래와의 관계를 확장시키고 신체발달을 돕는 다양한 기능을 가지고 있다(Coplan & Arbeau, 2009; Graham, 2020; Hirsh-Pasek & Golinkoff, 2014; Maloy et al., 2021; Smith & Pellegrini, 2013).

1) 놀이이론

놀이를 설명하는 이론에는 정신분석이론, 인지발달이론, 학습이론 등이 있다. 이론마다 강조하는 측면이 다르지만, 세 이론 모두 놀이가 유아의 사회정서발달에 매우 중요한 역할을 한다는 데는 견해를 같이 한다.

Anna Freud

(1) 정신분석이론

정신분석이론에서는 놀이의 기능을 아동의 심리적 갈등을 완화시켜 주고 욕구를 충족시켜 주는 것으로 보았다. 이러한 놀이의 기능에 근거하여, Anna Freud(1946, 1965)는 아동의 문제행동을 치료하기 위해 놀이치료 요법을 발전시켰다.

놀이는 일상생활의 긴장상태를 여러 아동과의 관계를 통해 조절하거나 이를 사회적으로 인정된 방법으로 발산하는 기회를 제공해준다. 또한 아동은 놀이를 통해 자연스럽게 자신이 지

놀이치료

　아동에게 있어 놀이는 '유희'의 기능만이 있는 것이 아니라, 실현 불가능한 자신의 욕구나 갈등과 같은 비언어적 의사를 담아내는 중요한 역할을 한다. 성인이 주로 언어로 자신의 의사를 표현한다면, 언어적 기술이 부족한 아동은 많은 경우 놀이에 사용되는 놀잇감을 통해 의사표현을 한다. 아동은 놀이 속에서 자아(감정, 사고, 경험, 행동 등)를 탐색하고, 자신의 소망을 실현시킨다. 다시 말해서, 아동은 놀이를 통해 자신의 감정을 표출하고, 긴장을 해소하고, 외상이나 스트레스에 대처하는 적응력을 키운다(Yanof, 2013).

　놀이치료(play therapy)는 특히 최근에 성적 학대, 부모의 이혼이나 죽음 등과 같은 심한 외상경험(traumatic experiences)이 있는 아동에게 유용하다. 놀이치료는 아동이 치료자에 대한 거부나 저항 없이 곧 놀이에 몰두하고, 자신이 놀이의 주체이자 결정자가 되면서 신나게 놀면서 문제를 표출하게 된다. 결국 아동은 놀이과정을 통해 치료자와의 역동적 관계를 형성하고, 자아존중감, 자기동기화된 행동, 환경에 대한 숙달감, 그리고 내적 통제력이 강화되어 현실에서 불가능한 행동에 대한 보상과 적응적 행동을 위한 대안을 모색할 수 있다. 따라서 놀이치료는 아동의 특성을 고려한 심리치료 방법이라 할 수 있다.

　대부분의 놀이치료는 아동중심의 접근을 통해 이루어지며, 치료자와 아동 사이의 정서적 관계가 지니는 치료적 힘을 강조한다. 놀이에 사용되는 놀잇감은 치료목표에 따라 선택되고, 아동에게 가장 자연스러운 의사소통의 기회를 제공하기 위한 것으로 구성된다. 놀이치료에 소요되는 시간은 아동의 문제행동이 지니는 상태와 아동의 개별성 그리고 치료목표와 계획에 따라 달라지게 된다. 궁극적으로 놀이치료는 아동에게 자신의 성장과 발달을 돕는 창의성과 이해력 증진을 위한 힘을 사용할 수 있는 기회를 제공한다 (Sanders, 2008).

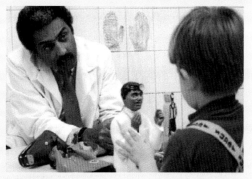

사진 설명　놀이를 통해 아동은 자신의 정서를 표출한다.

닌 심리적 문제를 표현하며 자신이 가
진 부정적인 감정을 투사함으로써 정화
작용이 되게 한다. 특히 다른 물건이나
사람인 것처럼 가장하고 놀이를 하는
가상놀이(사진 참조)에서는 이러한 투사
를 통한 정화작용의 효과가 훨씬 크게
나타난다. 유아기에는 상징적 기능을
갖게 됨으로써 가상놀이가 점차 증가하
며 정교해진다. 이러한 가상놀이는 무의식적 갈등이나 두려움을 해결하기 위해 행
해지기도 하지만, 금지된 놀이를 가상놀이를 통해 해 봄으로써 그들의 자아를 만족
시키기도 한다. 예를 들어, 불 근처에 가지 못하도록 경고를 받은 아동이 이를 가상
놀이를 통해 간접적으로 재현해봄으로써 억압된 감정으로부터 보다 자유로워질 수
도 있다. 이러한 과정을 통해 놀이는 원초아와 초자아의 갈등을 해결하는 역할을
하며, 놀이라는 매체를 통해 실제 상황에서 직면할 수 있는 무력감이나 좌절감을 극
복할 수 있는 역할을 하게 된다.

(2) 사회학습이론

사회학습이론에서는 놀이를 아동이 새로운 행동이나 사회적 역할을 안전하게 시
험해볼 수 있는 기회라고 본다. 놀이를 통해 사회적 관계를 형성하고, 사회성이 발
달된다. 아동의 사회성발달 수준에 따라 놀이 형태도 달라진다. 2세까지는 사회화
된 놀이가 빈번하게 나타나지 않으나, 유아기에 접어들면 지금까지의 감각운동적
놀이에서 보다 사회화된 놀이로 발전한다.

사회학습이론적 관점에서 보면, 놀이는 아동이 관찰학습이나 모방과정을 통해
점차적으로 사회적 기술을 습득하는 방법이 된다. 유아가 강화받은 놀이는 점차 빈
번해지고, 강화받지 못한 놀이는 점차 감소하게 되므로, 놀이의 종류를 지나치게 제
한하면 놀이를 통한 인지발달과 사회성발달이 저해된다.

(3) 인지발달이론

인지발달이론의 관점에서 보면, 놀이는 새롭고 복잡한 사건이나 사물을 배우는 방법이다. "공부만 하고 놀 줄 모르면 아이를 바보로 만든다"라는 말처럼, 놀이는 아동의 인지발달에 절대적인 영향을 미친다. 놀이를 통해 새로운 개념이나 기술을 습득하고, 생각과 행동을 통합해 나가며, 문제해결 능력을 키울 수 있다. 이를 반영하듯 놀이의 종류도 인지발달 단계와 밀접하게 관련되어 있다. 인지발달이론에서는 인지발달의 네 단계와 병행해서 네 종류의 놀이가 있다고 본다 (Piaget, 1962; Smilansky, 1968). 즉, 감각운동기에는 기

Jean Piaget

능놀이를 주로 하고, 전조작기에는 구성놀이나 가상놀이를 주로 하고, 구체적 조작기에는 규칙 있는 게임을 주로 한다고 한다.

2) 놀이와 유아발달

유아에게 있어 놀이는 생활 그 자체이다. 놀이는 유아가 성장하고 발달하며 수많은 기술을 습득하는 가장 자연스러운 방법이다. 놀이는 유아의 신체발달, 인지발달, 언어발달, 사회정서발달, 창의성발달 등에 영향을 미친다(Bergen & Fromberg, 2009; Coplan & Arbeau, 2009). 따라서 유아의 놀이는 유아발달과 관련지어 그 중요성을 살펴볼 수 있다(김수영 외, 2002; 이숙재, 2001; 정진, 성원경, 1995).

최근에는 인공지능 음성인식 스피커와 휴머노이드 장난감과 같은 로봇장난감을 이용한 유아의 놀이 연구들이 나오고 있다(유지윤, 2023; 이경옥, 이병호, 2015; 황정혜, 2020). 휴머노이드 장난감을 어린이집 교실에 제공한 후 유아의 놀이를 살펴본 결과, 휴머노이드를 이용한 율동놀이는 유아의 음악적 능력과 창의성발달에 도움을 주었다(윤태복, 나은숙, 2018). 또한 유아는 인공지능 로봇놀이를 자신의 수준에 따라 다양한 방법으로 놀이하며 적극적이고 능동적으로 참여하였다. 그 결과 유아의

창의성발달에 긍정적인 영향을 미침으로써, 인공지능 로봇놀이가 디지털 놀이 매체로 적합하였다는 연구결과가 있다(유미열 외, 2012; 유지윤, 2023).

(1) 놀이와 신체발달

유아는 놀이를 하는 동안 신체를 많이 움직이게 된다(사진 참조). 유아는 뛰기, 달리기, 기어오르기, 던지기, 매달리기, 기어가기 등을 통해 대근육 운동기능을 발달시키고, 물체의 조작, 눈과 손의 협응, 잡기, 쥐기 등을 통해 소근육 운동기능을 발달시킨다. 뿐만 아니라 유아는 놀잇감을 보고, 만지고, 두드리는 등의 탐색활동을 통해 감각과 지각능력을 발달시키고, 놀이경험을 통해 일상생활에서 접하는 사고를 예방하며, 위험상황에 적절히 대처하는 능력을 증진시킬 수 있다.

(2) 놀이와 인지발달

어떤 놀잇감을 가지고 놀이를 하느냐가 유아의 인지발달과 밀접한 관련이 있다. 왜냐하면 놀잇감의 종류에 따라 특히 어떤 영역의 인지발달을 도울 수 있는지를 제시해줄 수 있기 때문이다. 유아는 여러 가지 놀잇감을 가지고 놀면서 수개념, 분류개념, 서열화개념, 공간개념, 시간개념, 보존개념 등을 자연스럽게 학습할 수 있다. 예를 들어, 유아는 블록을 가지고 놀면서 공간개념과 균형감각 등을 익힐 수 있고, 점토놀이를 통해 양의 보존개념을 학습할 수 있다(사진 참조).

(3) 놀이와 언어발달

놀이와 언어는 밀접한 관계가 있다(Taggart, Eisen, & Lillard, 2018). 언어는 놀이진행에서 매우 중요한 역할을 한다. 특히 두 명 이상의 유아가 함께 놀이를 하는 경우 언어사용은 필수적이다. 유아는 놀이를 통해 다양한 어휘를 습득하게 되고, 정확한 발음을 할 수 있으며, 문장구성력을 증진시킬 수 있다. 또한 유아는 놀이 친구들과의 사회적 상호작용을 통해 점차 자기중심적 언어에서 탈피하여, 사회적으로 적절한 언어를 사용하는 방법을 터득하게 되고, 의사소통능력을 발달시키게 된다 (Hirsh-Pasek & Golinkoff, 2014; Kostelnik et al., 2015).

(4) 놀이와 사회성발달

유아는 친구들과 함께 사이좋게 놀거나 싸움을 하면서 다른 사람들과 더불어 살아가는 데 필요한 사회적 능력을 학습하게 된다. 이것은 놀이과정을 통해 길러질 수 있는 발달 측면이다. 이것을 통해 집단에 참여하고, 질서를 지키고, 놀잇감을 공유하는 등의 협동능력을 습득하게 된다. 또한 놀이경험을 통해 주변 사회에 대한 관심과 이해, 도덕적 기준이나 규칙, 성역할 등을 학습하게 된다.

(5) 놀이와 정서발달

놀이를 통해 얻게 되는 성취감, 자신감, 자율성 등은 유아에게 기쁨과 만족감을 주기 때문에, 놀이는 유아의 긍정적 자아개념 형성에 도움이 된다(사진 참조). 뿐만 아니라 유아는 놀이를 통해 공격성 같은 부정적 정서를 사회적으로 인정이 되는 방식으로 표출할 수 있기 때문에 유아의 정신건강에 도움이 된다. 또한 유아는 놀이를 통해 자신의 감정을 통제하는 방법을 학습하며, 그때그때의 상황에 적절한 감정표현과 참아야 하는 상황에 대한 적응력과 인내심을 기를 수 있을 뿐만 아니라 갈등상황을 극복하는 법을 배우게 된다.

사진 설명　아이들이 물놀이를 하면서 즐거워하고 있다.

(6) 놀이와 창의성발달

유아는 놀이를 하면서 새롭고 독특한 아이디어를 생각할 기회가 많기 때문에, 놀이는 유아의 독창성을 발달시킨다. 또한 놀이를 통해 유아는 다각적인 탐색을 하게 되어 융통성 있게 사고하는 능력을 발달시키는데, 이는 결국 창의성을 신장시키게 된다. 유아는 또한 가상놀이에서 말과 동작을 통하여 다른 사람이나 다른 사물인 것처럼 가장한다. 이런 가상놀이는 상상력을 발달시키고 창의적인 표현으로 이어진다.

3) 놀이의 유형

놀이의 유형을 인지적 수준과 사회적 수준으로 나누어 살펴보기로 한다.

(1) 인지적 수준에 따른 놀이의 유형

Smilansky(1968)는 유아기의 놀이를 인지적 수준에 따라 기능놀이(functional play), 구성놀이(constructive play), 가상놀이(pretend play) 그리고 규칙 있는 게임(games with rules) 등 네 가지 형태로 구분한다.

① 기능놀이: 영아기에는 딸랑이를 흔들거나 자동차를 앞뒤로 굴리는 것과 같이 단순히 반복적으로 근육을 움직이는 기능놀이가 주를 이룬다.

② 구성놀이: 블록쌓기, 그림 자르기, 그림 붙이기와 같이 무엇인가를 만들어 내는 구성놀이는 유아기에 주로 나타난다.

③ 가상놀이: 병원놀이, 소꿉놀이 등의 가상놀이는 아동의 표상능력을 반영해주는 것으로 인지발달을 위해 유용한 정보를 제공해준다(Lyytinen, 1995). 즉, 존재하지 않는 것이 존재한다고 가정하려면 최소한의 인지적 능력이 요구되므로, 인지발달이 선행되어야 가상놀이가 가능하고 가상놀이를 많이 할수록 인지발달이 촉진되는 순환이 이루어진다. 실제로 '아기 돼지 삼형제'의 우화를 실연했던 가상놀이 집단과 자르고 풀칠하는 단순활동을 위주로 한 통제집단과의 비교연구 결과에서도, 6개월 후 가상놀이

사진 설명   우화 '아기 돼지 삼형제'

집단의 지능지수가 통제집단에 비해 높게 나타났다(Saltz, Dixon, & Johnson, 1977).

④ 규칙 있는 게임: 아동기에 접어들면서 윷놀이, 줄넘기놀이, 숨바꼭질과 같이 미리 만들어진 규칙에 따라 놀이를 하는 게임이 주류를 이루게 된다. 때로는 놀이 그 자체보다는 규칙을 새로 만들고, 바꾸고, 협상하는 데에 시간을 더 많이 보내게 된다. 규칙 있는 게임놀이는 유아기 말에 나타나기 시작해서 아동기 말에 절정을 이룬다(Rubin & Krasnor, 1980).

우리나라 만 4세 유아 104명을 대상으로 놀이행동과 정서능력과의 관계를 살펴본 연구(이효림, 엄정애, 2005)에서, 유아의 놀이행동은 인지적인 차원에서 구성놀이, 극놀이, 기능놀이, 규칙 있는 게임 순으로 나타났으며, 교사가 측정한 유아의 정서능력이 높을수록 기능놀이를 적게 하고 극놀이를 자주 하는 것으로 나타났다. 다시 말해서 타인의 정서를 더 잘 이해하는 유아들은 극놀이를 더 잘 이끌어 나가는 반면, 걱정이 많고 수줍은 행동을 보이는 유아들은 극놀이를 제안하거나 동참하는 데 어려움을 나타내었다. 그러므로 유아교육 현장에서 교사가 걱정이 많고 수줍어하는 유아에게는 극놀이에 참여할 수 있도록, 공격적이고 적대

사진 설명 유아들이 가상놀이를 하고 있다.

적인 행동을 하는 유아에게는 극놀이를 계속 유지할 수 있도록 적절하게 개입함으로써 긍정적인 정서행동을 촉진시키도록 노력해야 한다고 연구자들은 결론을 내렸다.

3~4세 유아의 놀이행동에 관한 연구(고윤지, 김명순, 2013)에서는 의사소통능력 수준이 높은 유아는 가상놀이(상징놀이)를, 의사소통능력 수준이 낮은 유아는 기능놀이를 많이 하는 것으로 나타났다. 이러한 결과는 유아가 가상놀이에서는 언어를 통해서 역할이나 상황을 사실적인 것에서 상상적인 것으로 변형하기 때문에 의사소통이 필수적 요인임을 시사하는 것으로 보인다. 한편, 기능놀이는 사물을 가지고 단순히 반복적으로 근육을 움직이는 놀이이기 때문에 높은 수준의 의사소통능력이 필수적 요인은 아닌 것으로 보인다.

(2) 사회적 수준에 따른 놀이의 유형

Mildred Parten

놀이활동에서 사회적 상호작용이 얼마나 많이 이루어지느냐에 따라, Parten(1932)은 놀이를 다음과 같이 6가지 유형으로 구분한다. Parten에 의하면, 유아기에 접어들면 놀이는 보다 상호작용에 근거한 사회화된 형태로 발전하며, 놀이를 통한 사회성 발달은 세 단계로 진행된다고 한다. 첫 단계는 몰입되지 않은 놀이, 방관자적 놀이, 혼자놀이처럼 비사회적 놀이의 형태이며, 점차 이는 평행놀이라는 제한된 사회적인 활동으로 옮아간다. 마지막 단계에서 유아는 연합놀이나 협동놀이 같은 진정한 사회적 상호작용의 형태에 참여하게 된다(Berk, 1996).

① 몰입되지 않은 놀이(unoccupied play): 영아는 놀고 있지 않는 것처럼 보이지만 주변의 일에 흥미를 가지고 있으며, 주로 자신의 신체를 가지고 논다.

② 방관자적 놀이(on-looker play): 대부분의 시간을 다른 유아가 노는 것을 관찰하면서 보낸다. 다른 유아에게 말을 하거나 질문을 하거나 제안은 하지만, 자신이 직접 놀이에 끼어들지 않고 계속 관찰하는 방관자적 입장에 있다.

③ 혼자놀이(solitary play): 곁에 있는 유아와 상호작용을 하기보다는 혼자 장난감을 가지고 논다.

④ 평행놀이(parallel play): 같은 공간에서 다른 유아와 같거나 비슷한 성질의 장난감을 가지고 놀지만 상호간에 특별한 교류가 없고, 이들과 가까워지려는 어떠한 노력도 보이지 않는다.

⑤ 연합놀이(associative play): 둘 이상의 아동이 함께 공통적인 활동을 하고, 장난감을 빌려 주고 빌리기도 하면서 놀이를 한다. 그러나 각자의 방식대로 행동하며, 놀이에서 리더나 일정한 목표, 역할분담은 없다.

⑥ 협동놀이(cooperative play): 아동들은 한 가지 활동을 함께하고, 서로 도우며, 조직된 집단으로 편을 이루어 놀이를 한다. 규칙에 따라 놀이가 이루어지며 리더나 공동의 목표, 일정한 역할분담이 존재한다.

방관자적 놀이

평행놀이

혼자놀이

연합놀이

협동놀이

〈그림 12-3〉 여러 가지 놀이의 유형

〈그림 12-3〉은 여러 가지 놀이의 유형에 관한 것이다. Parten은 유아가 점차 성장하고 사회성이 발달함에 따라 혼자놀이와 평행놀이의 비중은 감소하고 연합놀이나 협동놀이의 비중은 증가한다고 하였다. 그러나 이 같은 놀이의 발달단계에 대해서는 비판적인 견해도 있다. 이들은 혼자 노는 유아가 사회적 적응이 안 된다는 표시가 아니라 오히려 독립심과 성숙함을 나타내는 것일 수도 있다고 본다(Coplan et al., 2001; Hartup, 1983; Rubin, Bukowski, & Parker, 1998). 혼자놀이의 50% 정도는 교육적 활동이 포함되며, 나머지 25%는 춤추기나 달리기 같은 대근육 운동에 초점을 두고 있다. 또한 평행놀이를 통해서도 유아는 옆에 있는 다른 유아의 놀이를 흉내냄으로써 배우게 되며, 이러한 비언어적 상호작용은 이후의 연합놀이나 협동놀이에서 나타나는 언어적 상호작용이나 사회적 협응의 밑거름이 된다고 볼 수 있다 (Eckerman, Davis, & Didow, 1989). 특히 현대사회와 같이 형제 수가 적고, TV 시청시간이 많으며, 단순한 장난감보다 정교한 장난감, 특히 오락 게임기나 컴퓨터가 보편화된 사회에서는 혼자놀이의 비중이 점차 증대하게 된다.

우리나라 4, 5세 유아 174명을 대상으로 한 관찰연구(하승민, 이재연, 1996)에서, 단일 연령집단의 4세아는 혼합 연령집단의 4세아보다 단독-기능놀이, 평행-기능놀이, 집단-기능놀이를 많이 한 반면, 혼합 연령집단 4세아는 단일 연령집단 4세아보다 단독-게임, 집단-구성놀이, 집단-극놀이, 집단-게임활동을 많이 하였다. 단일 연령집단의 5세아는 혼합 연령집단의 5세아보다 단독-기능놀이와 평행-기능놀이를 많이 한 반면, 혼합 연령집단의 5세아는 단일 연령집단의 5세아보다 집단-구성놀이, 집단-극놀이, 집단-게임 활동을 많이 하였다. 그리고, 혼합 연령집단의 5세아는 단일 연령집단의 5세아보다 놀이범주 위계상 더 높은 수준의 놀이행동에 더 많이 참여하고 있었다. 요약하면, 집단놀이 상태에서의 인지놀이 행동인 구성놀이, 극놀이, 게임활동은 단일 연령집단보다 혼합 연령집단에서 더 많이 나타났다.

앞서 언급한 고윤지와 김명순(2013)의 연구에서 의사소통능력 수준이 높은 유아는 집단놀이를, 의사소통능력 수준이 낮은 유아는 혼자놀이와 평행놀이를 많이 하는 것으로 나타났다. 이와 같은 결과에 대해 연구자들은 혼자놀이 빈도가 높은 유아는 집단놀이에 참여하려 할 때 의사소통과 양보, 타협에 어려움을 보이고, 친구관계 형성에 곤란을 겪으며, 의사소통능력이 부족한 유아는 협상능력이 낮아 또래와 놀이를 시작하더라도 방관하거나 이탈하게 되어 놀이에서 고립되는 경향이 있다고 보고한 선행연구들과 같은 맥락으로 해석하였다.

4) 우리나라의 전통놀이

전통놀이란 예로부터 오랜 세월 동안 전해내려오는 놀이를 말한다. 우리 민족은 수천 년의 삶을 이어오는 과정에서 놀이문화를 창조하고 그 전통을 지켜왔다. 전통 놀이는 오락성을 띤 놀이의 형태를 빌어 전통사회가 육성하고자 했던 신념과 가치 관을 담고 있는 하나의 문화 프로그램으로 볼 수 있다(류경화, 1999). 전통놀이는 특 정 지방의 자연환경이나 생산양식을 토대로 하는 그 지방의 생활공간 내에서 자연 스레 형성되고 민중 속에서 전승되어 왔다. 따라서 전통놀이에는 향토성과 민족적 공감, 사회성이 내재되어 있을 뿐만 아니라 역사성도 지니고 있다고 할 수 있다. 온 고지신(溫故知新)이라는 말이 있듯이, 현대사회를 살아가는 우리에게 전통사회의 문화는 우리에게 긍정적인 영향을 줄 수 있는 요소들을 많이 가지고 있다. 따라서 현대적 놀이문화의 특성과 전통적 놀이문화의 장점을 함 께 발전시킨다면, 현대사회를 살아가는 유아들의 놀이문 화는 질적·양적으로 풍요로워질 것이다.

전통놀이는 여러 가지 복합적인 형태로 전승되어 왔다. 학자들마다 전통놀이의 유형을 분류하는 방법이 다양하 나, 여기서는 놀이 주체자의 성별에 따라, 연령에 따라, 계 절에 따라, 신앙과 명절에 따라 전통놀이의 유형을 분류하 여 살펴보고자 한다(온영란, 1996; 유안진, 1981).

첫째, 놀이 주체자의 성별에 따른 전통놀이에는 남아놀 이와 여아놀이가 있다. 남아놀이에는 갈퀴치기, 낫치기, 엿치기, 발치기, 비석치기, 자치기, 고리걸기, 꼬리잡기, 눈싸움, 다리싸움, 제기차기(사진 참조), 팽이치기(사진 참

사진 설명 제기차기

사진 설명 팽이치기

사진 설명 '짝짜꿍'놀이

사진 설명 윷놀이

사진 설명 강강술래

조) 등이 있고, 여아놀이에는 기와밟기, 그네뛰기, 부채춤놀이, 공기놀이, 소꿉놀이 등이 있다.

둘째, 연령에 따른 전통놀이를 보면 0~2세 영아를 위한 전통놀이에는 '도리도리' '짝짜꿍(사진 참조)' '곤지곤지' '잼잼' '고네고네' 등이 있고, 2~4세 유아를 위한 전통놀이에는 '자장가' '약손' '까치야 까치야' '두꺼비집 짓기' '꼬부랑 할머니가' 등의 노래놀이가 있으며, 4~7세 유아를 위한 전통놀이에는 '깨금뛰기' '술래잡기' '공기놀이' '비석치기' '소꿉놀이' 등이 있다.

셋째, 계절에 따른 전통놀이에는 봄, 여름, 가을, 겨울의 사계절에 따른 놀이 종류가 있다. 우선 사계절 동안 할 수 있는 놀이에는 가마타기, 팽이치기, 방울치기, 활쏘기 등이 있다. 봄에는 화전놀이, 탑놀이, 등마루놀이 등이 있고, 여름에는 그네놀이, 봉숭아 물들이기, 풍뎅이 돌리기 등이 있으며, 가을에는 강강술래, 가마싸움 등이 있고, 겨울에는 윷놀이(사진 참조), 쥐불놀이, 제기차기, 연날리기 등이 있다.

넷째, 신앙과 명절에 따른 전통놀이를 보면, 우선 신앙과 관련된 전통놀이에는 액막이날리기, 김제벽골제, 다리밟기, 거북놀이 등이 있고, 명절과 관련된 전통놀이에는 강강술래(사진 참조), 놋다리밟기, 지신밟기, 널뛰기, 쥐불놀이, 탑놀이 등이 있다.

우리나라 유치원생 60명을 대상으로 전통놀이가 유아의 사회성발달에 미치는 효과에 대해 살펴본 연구(신명숙, 류점숙, 2003)에서 전통놀이(비석치기, 윷놀이, 고누놀이)는 유아의 협동성 발달, 타인이해성 발달, 자율성 발달, 또래간 상호작용 발달에 유의한 영향을 미치는 것으로 나타났다.

4. 성인기의 여가생활

최근에 와서 소득증대 및 생활수준 향
상과 기계문명의 발달에 힘입어 많은 사
람들이 여가생활에 관심을 갖게 되었다.
테니스를 비롯한 스포츠 게임, 헬스클럽
의 성업, 프로야구의 열풍, 산과 바다로 떠
나는 여름철의 레저붐(사진 참조), 다양한
오락 프로그램의 TV시청, 음악·미술 등
의 취미생활 그리고 이와 관련된 전문서

적이나 등산, 낚시에 대한 월간잡지 등에서 알 수 있듯이 우리 사회도 바야흐로 노
동 못지않게 여가에 관심을 갖는 시대가 되었다(윤진, 1985).

아리스토텔레스는 일찍이 여가생활의 중요성을 인식하고 일도 잘해야 하지만 여
가선용도 잘해야 한다고 강조했다. 여가는 우리의 일상생활에서 중요한 부분을 차
지하고 있으면서도 이를 하나의 개념으로 정의하기는 어렵다. 우리 사회에서 흔히
여가는 일과 반대의 개념으로 통용된다. 어떤 이는 여가를 시간낭비로 보고, 우리
사회의 기본 가치인 일, 동기, 성취에 반대된다고 생각한다. 그러나 여가에 대한 태
도가 점점 긍정적으로 변해가고 있다(Clebone & Taylor, 1992).

Neulinger(1981)는 『여가심리학』이라는 책에서 여가에 대해 다음과 같이 설명하
고 있다. 여가란 노동에 반대되는 개념이 아니다. 즉, 노동을 신성하고 긍정적인 것
으로 여기고, 여가를 부정적인 것으로 여겨서도 안 된다. 여가도 노동과 마찬가지
로 우리 인생에서 꼭 필요한 것이다. 특히 여가는 자유롭게 선택해야 하며, 활동 그
자체에 만족을 얻는 내재적 동기에 의해서 여가활동에 참여할 때 더욱 바람직하다.

여가활동은 몇 가지 이유로 바람직하다. 개인적 관심을 표현하는 수단이기도 하

고, 같은 취미를 가진 사람들과 교류하고, 스트레스에 대처하게 하고, 신체적, 정신적 기능을 개선시키고, 자신에 대한 긍정적 느낌을 갖게 해준다.

　여가활동은 연령, 성격, 건강, 흥미, 능력, 경제상태, 사회문화적 요인 등에 따라 다양하다. 이들 중 여가활동과 연령에 관한 연구를 보면, 여가활동은 연령에 따라 다양한 형태로 나타나는 것을 알 수 있다(Bray & Howard, 1983; Elder, 1974; Lowenthal et al., 1976).

　Neulinger(1981)에 의하면 성년기에는 중년기보다 사회적, 경제적 압박이 심하고, 가족에 대한 책임으로 여기활동의 폭이 좁다고 한다. 젊은 성인들은 자신의 여가를 사회관습에 맞추고, 사회적으로, 직업적으로 성공하기 위해 '필요한' 사람들과 교제하는 등 자신의 여가활동을 조심스럽게 구상한다.

　그러나 성년기 여가활동에서 중요한 것은 여가활동의 양보다는 질이 더 우선되어야 한다는 것이다(Kelly, Steinkamp, & Kelly, 1987). 즉, 참여하는 여가활동의 수는 문제가 되지 않으며, 단지 그것을 얼마나 잘 즐기느냐가 더욱 중요하다고 할 수 있다. 그리고 효율적인 여가활동을 위해서는 자신에게 적합한 여가활동을 선택하는 것이 무엇보다 중요하다.

　중년기에는 경제적으로 어느 정도 여유가 있으며 자유시간도 더 많아진다. 이러한 중년기 변화가 여가에 대한 폭넓은 기회를 제공해준다. 많은 사람들에게 있어 중년기는 생애 처음으로 자신의 관심분야를 확장할 기회를 갖게 해준다. 중년기의 여가 활동은 성년기의 능동적 여가활동으로부터 노년기의 수동적 여가유형으로 바뀐다. 중년기에는 격렬한 운동이나 스포츠보다는 클럽이나 조직에 가입해서 사회문화적 활동이나 다른 사람들과 교제하는 데 시간을 더 많이 보낸다.

　한 연구(Loprinzi, 2015)에서 몸을 많이 움직이지 않고 주로 앉아서 지내는 여가활동(예: TV 시청, 비디오 게임, 컴퓨터 사용 등)을 하는 사람들은 연령이 증가할수록 텔로미어(telomere)[1] 길이가 짧아지는데 텔로미어 길이가 짧아지면 수명이 짧아지는

---

1) 텔로미어는 염색체의 말단부에 존재하는 유전자 조각으로서 염색체를 보호하게 된다. 세포분열이 반복될수록 텔로미어는 점점 짧아져서 노화세포가 되어 마침내 죽게 된다.

것으로 나타났다.

중년기에는 은퇴에 대비해서 경제적으로, 심리적으로 준비할 필요가 있다. 중년기에 시작되는 은퇴준비 프로그램에는 여가교육이 포함된다(Connolly, 1992; Knesek, 1992). 우리 사회는 일의 윤리(work ethic)를 강조하므로, 여가시간을 어떻게 활용하는가에 대한 교육이 필요하다. 중년기에 개발된 여가활동은 이러한 준비과정에 매우 중요하다. 만약 은퇴 후에도 계속해서 할 수 있는 여가활동이 있다면 직업으로부터 은퇴로의 전환을 좀더 용이하게 해줄 것이다.

노인에게 여가의 의미는 젊은이나 중년의 그것과는 다르다. 생활의 대부분이 여가라고 해도 과언이 아니기 때문에, 노인의 여가활동은 그들의 생활만족도와 직접적으로 연관이 있다. 노년기의 여가활동은 노인의 고독, 허탈감, 소외감을 극복하는 데 도움이 된다. 노인들은 여가를 통해 적절히 기분전환을 할 기회를 갖게 되며, 자기의 능력을 발휘할 수 있는 기회를 갖게 되고, 문화적인 생활을 하고자 하는 욕구도 충족시키게 된다. 이처럼 노년기 여가의 의미는 노인의 다양한 욕구를 충족시켜 줄 수 있다는 점에 있다.

그러나 경제적 이유나 건강상의 이유로 여가활동에 참여하지 못하고 무료하게 보내야 할 경우도 있고 또한 여가활동 및 여가수단에 대한 지식, 경험, 훈련부족 등으로 여가를 제대로 활용하지 못하는 경우도 있다.

노인의 여가는 생산적 활동에 왕성하게 참여하고 있는 젊은 층의 그것과는 분명히 다르다. 젊은 층은 재생산의 수단 또는 심신의 피로회복 등을 주된 목적으로 여가를 활용하고 있다. 그러나 노인은 여가를 선택적으로 즐기기보다는 사회적 제도와 일반적 인식에 기초해 여가가 일방적으로 주어지는 경우가 많다. 그렇기 때문에 항상 여가가 넘쳐나는 생활을 해야 하고, 심할 경우는 여가 자체가 즐거움의 대상이라기보다는 무료함과 고통의 대상이 되기도 한다. 만약 이러한 경우라면 여가

자체가 정신적인 스트레스이며 정서적인 불안감을 유발할 수도 있다. 따라서 소극적으로는 여가를 적절히 활용하지 못해 발생하는 문제점을 해소하고, 적극적으로는 여가를 즐겁고 보람되게 보냄으로써 인생을 의미 있게 마무리 짓는 것에 초점을 맞춘 다양한 대안들이 모색되어야 한다. Leitner와 Leitner(1985)는 여가활동은 건강 증진, 사회적 접촉과 사귐의 기회 증진, 사기와 생활만족감 증진, 신체적 · 정신적 자신감의 증진, 자기가치성과 자기유용성의 확대, 자립성 향상이 이루어지고, 특히 의미 있고 즐거운 삶을 얻을 수 있도록 노년기의 여가활동이 계획되어야 함을 강조하고 있다.

우리나라 노인들의 여가활동에 관한 연구(이가옥 외, 1994)에서 노인들이 많이 참여하는 여가활동은 주로 TV 시청과 라디오 청취(95. 7%)로 나타났다. 다음으로 노인들이 많이 참여하는 여가활동은 친구 · 친척 모임 참여(62. 0%), 성경읽기, 기도 등의 종교생활(50. 6%), 신문 · 책보기(33. 9%) 등으로 수동적인 여가활동을 많이 즐기는 것으로 보인다. 그리고 운동 · 등산 등 체력관리를 위한 취미생활도 21. 1%의 노인이 참여하고 있어 비교적 많은 노인들이 건강관리를 하고 있는 것으로 나타났다.

〈그림 12-4〉는 우리나라 노인들이 노후를 보내고 싶은 방법에 관한 것이다. 노후

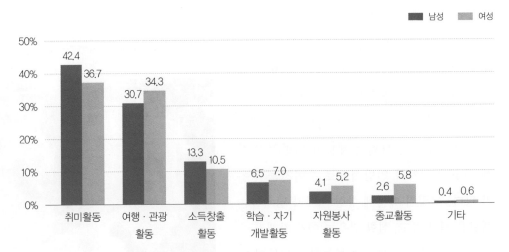

〈그림 12-4〉 우리나라 노인들이 노후를 보내고 싶은 방법
출처: 사회통계국 사회통계기획과 2021년 사회조사보고서.

를 보내고 싶은 방법으로 취미활동(39.5%), 여행·관광활동(32.5%), 소득창출활동
(11.9%) 순으로 응답하였다. 남성은 여성보다 상대적으로 취미활동, 소득창출활동
에 대한 선호가 높은 반면, 여성은 여행·관광활동, 학습·자기개발활동, 자원봉사
활동, 종교활동에 대한 선호가 높은 것으로 나타났다.

　우리나라 60세 이상 노인 522명을 대상으로 여가활동이 삶의 만족도에 영향을
미치는 요인을 알아본 최근 연구(백종욱, 김성오, 김미양, 2010)에서는 조사대상자의
95%가 소일형 여가 중 라디오 청취나 TV 시청에 참여하고 있으며, 경제상태가 좋
을수록 취미문화형과 사회단체형 여가활동 참여가 많은 것으로 나타났다. 여가활
동 참여유형에 따른 생활만족도에서는 사회단체형 여가활동 수준이 생활만족도에
가장 큰 영향을 미치는 것으로 나타났다.

13장

가족 외적 영향: 학교, 텔레비전, 컴퓨터

제11장에서는 사회화 기관으로서의 가족의 영향, 즉 부모의 양육행동, 형제자매, 조부모의 영향 등에 관해 살펴보았다. 가족이 아동과 청년의 사회화 과정에 미치는 영향이 지대하지만, 학교나 또래, 텔레비전과 컴퓨터 등의 가족 외적인 영향도 만만치 않다.

출생 초기의 사회성발달은 부모와의 애착형성에 기초하는 것이지만, 아동이 성장함에 따라 접촉대상이 확대되어 또래집단의 비중이 커지게 된다. 사회가 점차 핵가족화·소가족화되고 여성의 취업률이 증가하고 세대 간의 격차가 심화되면서 과거의 혈육 간의 밀접한 관계를 또래집단이 대신하고 있다. 또래의 영향에 대해서는 제12장에서 살펴본 바 있다.

아동들은 출생 직후부터 TV에 노출된다고 해도 과언이 아니다. 첫돌만 지나도 유아들은 하루 중 많은 시간을 TV시청으로 보낸다. 텔레비전은 아동이 쉽게 접근할 수 있고 오락성이 높아 많은 시간을 그 앞에서 보내므로 TV가 아동발달에 미치는 영향은 매우 크다 하겠다. TV는 20세기의 다른 어떤 기술혁신보다도 우리의 일상생활에 커다란 영향을 미쳤다는 주장이 있다. TV 프로그램에 맞추기 위해 심지어 식사시간과 여가시간 그리고 수면습관을 바꾸는 사람들도 있다.

텔레비전과 마찬가지로 오늘날 컴퓨터가 아동과 청소년의 생활에 미치는 영향도 지대하다. 컴퓨터의 사용은 아동과 청년들에게 학업을 비롯한 의사소통, 정보수집, 취미나 여가생활 등의 일상생활에서 필수적인 것으로 자리잡고 있다.

아동이 6세가 되면 초등학교에 입학하면서 가정환경과는 매우 다른 새로운 학교환경에 노출된다. 학교는 가정과 더불어 가장 중요한 사회화 기관이다. 우리는 흔히 학교를 공부하는 곳으로만 생각하기 쉽지만, 학교는 아동과 청소년들에게 매우 중요한 사회적 활동의 장(場)이기도 하다. 오늘날 학교의 영향은 이전 세대에 비해 더 강력하다. 즉, 현대사회에 들어오면서 가정의 교육적 기능이 약화됨에 따라 학교는 아동과 청소년의 사회화 과정에서 중요한 역할을 하게 되었다.

이 장에서는 학교환경과 관련하여 교사의 영향, 열린 교육, 학부모의 참여, 학교폭력과 집단따돌림 등을 살펴보고, 다음으로 텔레비전이 아동과 청소년의 인지발달, 사회성발달, 정서발달에 미치는 영향을 알아보고자 한다. 끝으로 컴퓨터의 영향으로는 인터넷과 비디오 게임, 뮤직비디오 등에 관해 살펴보기로 한다.

1. 학교환경

사진 설명 학교에서의 사회적 상호작용은 아동기 자아정체감발달에 큰 영향을 준다.

학교는 때로는 아동과 청년들에게 있어서 가정보다도 더 중요한 의미를 갖는다. 많은 아동과 청년들이 아동기와 청년기의 대부분을 학교에서 보내게 됨에 따라 학교는 이들의 성장과 발달에 큰 영향을 미치는 곳이 되었다. 오늘날 학교의 영향은 그 이전 세대에 비해 더 강력하다. 즉, 현대사회에 들어오면서 가정의 교육적 기능이 약화됨에 따라 학교는 아동과 청년들의 사회화 과정에 중요한 역할을 하게 되었다.

1) 교사의 영향

　일생을 통해서 교사만큼 아동과 청년의 사회화 과정에 큰 영향을 미치는 사람도 드물다. Erikson(1968)은 훌륭한 교사는 아동과 청년으로 하여금 열등감 대신 근면성을 갖도록 만든다고 믿는다. 훌륭한 교사는 이들이 가진 특수한 재능을 알아보고 격려할 줄 안다. 또한 이들로 하여금 자기 자신에 대해 기분좋게 느낄 수 있는 상황을 설정할 줄 안다. 심리학자와 교육자들은 훌륭한 교사의 특성으로 다음과 같은 것들을 열거한다(Jussim & Eccles, 1993). 훌륭한 교사는 위엄이 있고, 열의가 있으며, 공정하고, 적응력이 있으며, 따뜻하고, 융통성이 있으며, 학생들의 개인차를 잘 이해하는 것 등이다.

사진 설명　학생들은 자신감이 있고, 관대하고, 따뜻하며, 신뢰할 수 있는 교사를 좋아한다(조선일보 DB 사진).

　미국의 전국 표본조사 연구에서는 160,000명의 청소년들을 대상으로 훌륭한 교사의 특성을 알아보았다. 그 결과 훌륭한 교사는 공정하고, 실력이 있으며, 수업에 열의가 있고, 학생들을 좋아하고, 위엄이 있는 것으로 나타났다(Norman & Harris, 1981). 또 다른 연구들(Aptekar, 1983; Carter, 1984; Teddlie, Kirby, & Stringfield, 1989)에 따르면, 학생들은 자신감이 있고, 관대하고, 정서적으로 안정되고, 친절하고, 따뜻하고, 신뢰할 수 있고, 학생들로 하여금 열등감을 느끼지 않도록 만드는 교사를 좋아하는 것으로 나타났다. 학생들은 또한 청년의 발달과업을 이해하고, 청년에게 관심을 가지고 청년들의 적응문제를 이해하는 교사, 지나치게 권위적이거나 학생과 친구처럼 어울리려는 교사보다 합리적인 규제를 하고, 자연스럽게 권위를 행사하는 교사를 좋아하는 것으로 나타났다. 교사의 학생들에 대한 태도와 기대는 학생들의 성취행동에 중요한 영향을 미친다. 학생들의 능력에 대해 높은 기대수준을 설정해서 긍정적인 피드백을 주고 학생들과 자주 대화를 갖는 교사가 가장 효율적인 교사이다(Solomon, Scott, & Duveen, 1996).

　우리나라 초등학생들이 인식하는 우수교사의 특성 탐색에 관한 연구(고재천, 김슬기, 2013)에 의하면, 우수교사의 특성들은 '수업시간에 중요한 내용을 정확히 가르쳐주는 교사' '학생들에게 상처를 주는 말을 하지 않는 교사' '학생의 사생활을 존중하고 비밀을 지켜주는 교사' '학생의 의견을 존중하고 잘 반영해주는 교사' '수업 준비를 충실히 하여 수업을 원활하게 이끄는 교사' '차별하지 않고 기회를 공정하게 부여하는 교사' '감정에 따라 행동하지 않는 교사' '기초개념과 원리를 잘 설명하여 학생들을 이해시키는 교사' 등이었다.

초등학교 6학년 아동 450명을 대상으로 한 연구(백한진, 1998)에서는, 아동이 지각한 교사의 행동과 자아개념 간에는 관련성이 있는 것으로 나타났다. 즉, 교사의 행동을 긍정적으로 지각하는 아동일수록 학업적 자아개념이 높게 나타났다.

2) 열린 교육

많은 인본주의 교육자들은 학교가 지식의 전달, 교사중심의 전통적 교육에서 탈피하여 학생중심의 '열린 교육'을 해야 한다고 주장한다. 전통적 교실에서 학생들은 여러 줄로 늘어앉아 교탁과 칠판을 사이에 두고 강의하는 교사와 마주보고 있으며 교과과정은 매우 구조화되어 있다. 일반적으로 모든 학생들은 같은 과목을 공부하고 급우끼리보다는 교사와 상호작용한다. 이때 교사는 모든 학생들과 골고루 상호작용하기가 어렵다. 〈그림 13-1〉에서 보는 바와 같이 주로 앞자리나 가운데 자리에 앉은 학생들은 교사의 눈에 비교적 잘 띄므로 교사의 지명을 받아 토론에 참여하기가 쉽다. 반면에 이러한 '활동영역(zone of activity)' 밖에 앉아 있는 학생들은 수업진행에서 도외시될 가능성이 크다(Adams & Biddle, 1970).

반면에 열린 교실에서는 학생들의 대부분이 각기 다른 활동을 하게 된다. 여기서는 흔히 학생들이 교실의 여기저기에 흩어져 앉아 혼자서 또는 몇 명이 작은 집단을 이루어 공부를 하는데, 책을 읽거나 수학문제를 풀거나 공작을 하거나 과학실험 등을 한다. 그리고 교사는 학급의 중심인물 역할을 하지 아니하고 교실을 돌아다니면서 학생들이 하고 있는 활동에 조언자의 역할을 할 뿐이다.

'열린 교육' 접근법은 영국의 교육제도에 기초한 것으로, 조직적인 학급 내에서

교사

전통적 교실에서는 '활동영역'(음영이 진 부분) 내의 학생들이 교사들의
주의를 끌기가 쉽고, 따라서 학급 내의 여러 가지 활동에 참여하기가 쉽다.

〈그림 13-1〉 전통적 교실과 활동영역

학생의 수준에 적합하게 학습하도록 고안된 것이다. 그러나 미국의 많은 학교에서 '열린 교육'을 잘못 적용하는 바람에 교실의 벽을 허물고, 학생들이 원하는 것은 무엇이든지 할 수 있게 하는 것이 '열린 교육'인 줄 오해하여 결과적으로 '열린 교육'에 대한 강한 반발을 불러일으켰다.

사진 설명 학생들이 '열린 교실'에서 수업을 받고 있다.

최근 미국에서는 '기초교과 중심으로 돌아가자는 운동(back-to-basics movement)'이 많은 인기를 얻고 있다. 이 운동의 주창자들은 중등학교에서 선택과목이 지나치게 많아 학생들로 하여금 기초교육을 받지 못하게 한다고 주장한다. 이들은 학교는 지식전달에만 관심을 가져야지 아동의 사회적, 정서적 생활에는 신경을 쓸 필요가 없다고 믿는다. 또한 수업시간과 수업일수를 늘리고, 숙제를 더 많이 내어주고, 시험을 더 자주 보고, 학생들에게 엄한 규율을 적용해야 한다고 주장한다. 이 운동은 1970년대의 '열린 교육'의 시대풍조에 대한 반작용인 것으로 해석할 수 있다.

열린 교실은 전통적인 교실보다 더 효과적인가? 전통적인 교실과 열린 교실을 비교해볼 때, 전반적인 효과를 알아보기보다는, 구체적으로 열린 교실의 어떤 측면이 아동과 청소년발달의 어떤 측면과 관련이 있는가를 알아보는 것이 보다 중요하다. 한 연구(Good, 1979)에 의하면 전반적으로는 학생들의 학업수행과 행동에서 두 집단 간의 차이가 없는 것으로 나타났지만, 특히 교사가 매우 어려운 개념을 설명하거나 많은 사실적 정보를 전달해야 하는 과목의 경우에는 전통적인 교실이 학생들에게 더 유익한 것으로 나타났다. 또 다른 연구(Giaconia & Hedges, 1982)에서는 개개인에게 적합한 학습속도, 교수법, 학습자료, 소집단 학습 등의 개별학습과 더불어 학습에 어느 정도로 능동적으로 참여하는지 등이 아동과 청소년의 자아개념과 정적인 상관이 있는 것으로 나타났다.

우리나라에서 '열린 교육' 교수방법이 아동의 창의성과 학업성취에 미치는 효과를 알아본 몇몇 연구(김선희, 1995; 송현석, 1996; 장정순, 1996)에 의하면, '열린 교육' 교수방법이 교사중심의 교수방법보다 아동의 학업성취와 창의성(개방성, 유창성, 융통성, 독창성 등의 하위영역)을 증진시키는 데 효과가 있는 것으로 밝혀졌다.

한편, 많은 일선 교사와 교육전문가들은 오늘날 우리 사회에서 만연하고 있는 '학교붕괴' 현상에 대해 '지식중심'과 '반복학습'의 전통 교육법 대신 '수요자 중심 교육'을 기치로 내건 '열린 교육'에 그 원인이 있다고 지적한다. '열린 교육'의 이념은 아동중심의 진보주의 교육철학에 뿌리를 두고 있으며, 아동을 '여유롭고 자유롭게' 교육시키는 것이 그 목표이다. 물론 '학교붕괴'의 원인을 어느 한두 가지로 성급히 단정할 수는 없지만, 우리의 미래를 좌우할 교육의 기본 철학과 방법론에 대해서는 좀 더 심도 있는 연구가 있어야 할 것이다.

3) 학부모의 참여

학교교육에 대한 부모의 참여는 아동기와 마찬가지로 청년기에도 여전히 중요하지만 자녀가 일단 중·고등학교에 들어가면 부모의 관심은 크게 줄어든다.

Epstein(1990)은 청소년의 학교교육에 학부모의 참여를 높이기 위한 방안을 소개하였다. 첫째, 부모는 청소년의 건강과 안전에 대한 책임이 있다. 많은 부모들이 청소년기의 특성인 정상적 변화에 대한 지식이 없다. 따라서 학교와 부모 간의 연계

사진 설명　학부모들의 학사 참여 www.sgt.co.kr

프로그램을 개발하여 청년발달의 정상적 과정에 대해 부모교육을 시킨다. 학교는 또한 청년기 우울증, 약물남용, 청소년 비행, 먹기장애, 성병을 포함한 청소년의 건강문제에 관한 프로그램을 제공한다.

둘째, 학교는 교과과정을 비롯한 학교 프로그램 및 청소년의 개별적 발달에 대해 부모에게 알릴 의무가 있다. 중·고등학교에서는 교사와 부모가 접촉할 기회가 별로 없다. 따라서 보다 직접적이고 개별적인 부모와 교사 간의 의사소통 프로그램이 필요하다. 셋째, 일일교사와 보조교사 등의 방법을 통한 부모의 적극적인 참여가 필요하다. 넷째, 부모 재교육 프로그램 등을 통해 가정에서 청소년의 학습을 도울 수 있게 격려한다. 다섯째, 학부모–교사 협의회 등을 통해 학부모가 학교의 의사결정에 참여하도록 유도한다. 끝으로, 청소년의 교육 경험을 폭넓게 하기 위해 지역사회의 여러 기관들과 자매결연을 맺고, 특별강연 등의 기회를 통해 앞으로 청소년의 직업세계에 대한 통찰력을 길러준다.

한 연구(Epstein & Dunbar, 1995)에서 중등교육에 학부모의 직극직인 참어를 유도한 프로그램이 청소년들의 학업성취에 긍정적인 효과가 있는 것으로 나타났다.

4) 학교폭력

최근 한 워크숍에서 현직 교사가 발표한 학교폭력의 실체가 드러나면서 우리 사회 각계각층에서 학교폭력에 대한 관심이 고조되고 있다. 경찰이 중·고교 폭력조직인 일진회에 대해 강제 해체라는 강경 대응방침을 정한 것은 학생들의 피해 규모가 엄청나게 커지고 있기 때문이다. 대인 혐오증으로 학교를 옮기거나 그만두는 경우도 많으며, 일부 학부모는 피해 자녀를 해외에 유학 보내는 사례까지 나오고 있는 등 일진회의 심각성이 극에 달했다는 판단에 따른 것이다(조선일보 2005년 3월 11일자).

2022년 교육부 보도자료(〈그림 13-2〉 참조)에 의하면 우리나라 초등학교 4학년부터 고등학교 3학년 학생들을 대상으로 한 '2022년 1차 학교폭력 실태조사' 결과, 초등학교 3.8%, 중학교 0.9%, 고등학교 0.3%의 학생들이 학교폭력을 겪은 것으로 나타났다. 유형별로는 언어폭력(41.8%), 신체폭력(14.6%), 집단따돌림(13.3%) 순으로 나타났으며, 초·중·고 모든 학교에서 '언어폭력'의 비중이 가장 높았다. 이를 학교급별로 살펴보면 초등학교(14.6%)와 중학교(15.5%)는 '신체폭력'이, 고등학교(15.4%)는 '집단따돌림'이 높게 나타났다.

학교폭력은 그 형태나 정도가 다양하므로 한마디로 정의하기가 어렵다. 심응철(1996)에 의하면, 협의의 학교폭력은 가해자나 피해자가 모두 학생이고 폭력이 교내에서 발생하는 경우를 말하고, 광의의 학교폭력은 교내에서뿐만 아니라 학교 주변에서의 폭력까지 포함하여 학생이 당한 모든 피해를 의미한다고 한다. 박경아

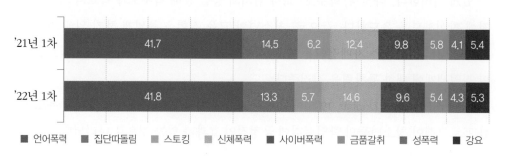

〈그림 13-2〉 학교폭력 피해유형별 비중(2021~2022)

출처: 교육부 보도자료(2022. 9. 6.).

(2003)는 학교 안이나 학교 주변에서 학생 상호간에 발생하는 개인이나 집단에 의한 신체적 폭행(사진 참조), 괴롭힘, 따돌림, 금품갈취, 위협이나 협박, 폭언이나 욕설 등을 통틀어 학교폭력으로 보고 있다. 간단히 말해서 학교폭력은 학교 안팎에서 발생하는 신체적 · 심리적 · 언어적 위해를 가하는 행위라고 할 수 있다. 이와 같이 학교폭력은 학교를 중심으로 하루 중 많은 시간을 함께 보내는 동일집단 내의 인간관계에서 발생하고 반복 · 지속

된다는 특성 때문에 그 사회적 의미와 후유증이 심각하다.

청소년을 대상으로 학교폭력의 원인을 조사한 연구(김정옥, 박경규, 2002)에 의하면, 부모로부터 신체적 · 언어적 학대나 유기를 많이 경험할수록 그리고 부모 간의 폭력행사를 많이 목격할수록 학교폭력을 많이 행사하는 것으로 나타났다. 임희복 (2003)의 연구에서도 가정폭력의 목격이나 경험이 청소년의 학교폭력 가해 측면에 영향을 미치는 것으로 나타났다. 따라서 학교폭력을 근절하기 위한 방안으로는 가정에서의 화목유지와 기강을 바로잡는 일이 무엇보다 시급한 것으로 보인다.

산업화 이후 급격한 사회적 변화와 맞물려 학교폭력은 점점 그 강도가 흉포화하고 있으며, 지능화, 저연령화, 집단화되고 있기에 그 문제의 심각성은 매우 크다고 할 수 있다. 초등학교 아동의 폭력 성향에 관한 연구(이충원, 2000)에 의하면, 가해자가 한 명인 경우보다 두 명 이상인 경우가 2배 정도 높게 나타나는 것을 볼 수 있는데, 이는 오늘날 집단따돌림, 즉 왕따 현상이 만연해 있음을 통해서도 확인할 수 있다.

지금처럼, 온 국민이 학교폭력에 관심을 기울이게 된 시점이야말로 정부와 학교가 실효성 있는 대책을 수립할 수 있는 좋은 기회라 할 수 있다. 누구나 학교폭력의 직접 혹은 간접 피해자가 될 수 있으므로 더 이상의 희생자가 발생하지 않도록 가정과 학교와 정부가 협력 · 연계하여 함께 노력해야 할 것이다.

5) 집단따돌림

'집단따돌림'은 '왕따'라고도 하며, '왕따'는 '왕따돌림'의 준말로 아동과 청소년 사이에서 은어로 소통되고 있다. 이를 일본에서는 '이지메'라고 표현하며, 오늘날 '집단따돌림'은 '집단괴롭힘' '또래괴롭힘' '또래따돌림'이라는 용어로도 통용되고 있다.

집단따돌림은 두 명 이상이 집단을 이루어 특정인을 그가 속한 집단 속에서 소외시켜 구성원으로서의 역할수행에 제약을 가하거나 인격적으로 무시 혹은 음해하는 언어적·신체적인 일체의 행위를 지칭한다(구본용, 1997). 박경숙(1999)은 한 집단의 구성원 중 자기보다 약한 상대를 대상으로 또는 집단의 암묵적인 규칙을 어긴 자를

대상으로 여럿이 함께 또는 개인이 돌아가며 신체적·심리적인 공격을 지속적으로 가하여 반복적으로 고통을 주는 행동을 집단따돌림이라고 정의한다. 이와 같이 집단따돌림은 가해자가 두 명 이상의 집단을 이룬다는 특징을 보이며, 또한 자기보다 약한 상대를 집단으로부터 배제시키고, 신체적·심리적 위해를 가하는 행위로 볼 수 있다(사진 참조).

한국청소년개발원(1995)에 의하면, 우리나라 청소년들은 신체에 대한 힘의 행사뿐 아니라 언어적 폭력이나 집단에서의 고의적인 소외인 따돌림 등 심리적인 불쾌감까지도 폭력으로 생각하고 있다고 한다. 또한 Olweus(1993, 2013)는 괴롭힘 (bullying)의 유형을 직접적인 것과 간접적인 것으로 나누며, 직접적인 괴롭힘은 피해대상에 대해 외부적으로 공격행동을 하는 것을, 간접적인 괴롭힘은 사회적 소외, 즉 집단으로부터 축출하는 것을 의미한다고 한다. Crick과 Grotpeter(1996)는 관계상의 괴롭힘, 명백한 괴롭힘, 친사회적 행동의 박탈요인으로 또래괴롭힘의 유형을 분류한다. 관계상의 괴롭힘은 고의로 다른 아동에게 해를 주거나 또래관계에 손상을 입히기 위하여 사회적 관계를 이용해 괴롭히는

것을 의미하고(예: 나쁜 소문 퍼뜨리기, 사회집단으로부터 고의로 소외시키기), 명백한 괴롭힘은 의도적으로 신체적·언어적 방법으로 다른 아동에게 해를 입히는 것을 말하며(예: 때리기, 차기, 밀기, 욕하기, 별명 부르기, 언어적 위협), 친사회적 행동의 박탈은 도움을 받아야 하거나 사회적·정서적 어려움에 직면해 있을 때에 또는 친구를 사귀어야 할 때에 또래들이 고의는 아니지만 이를 해결하는 데 있어 실질적인 도움을 주지 않고 정서적으로 지원하지 않으며 그대로 방치하는 것을 의미한다. 이와 같은 폭력과 괴롭힘을 대표하는 공격성은 직·간접적으로 이루어지는 행동을 모두 포함하며, 신체적·언어적으로 행해질 뿐 아니라 관계상의 소외를 경험하는 것으로도 나타난다.

집단따돌림 현상이 청소년들의 사회관계 과정 속에서 어떠한 양상으로 나타나고, 어떠한 특징을 지니고 있는지, 그 과정에서 미디어는 어떤 역할을 수행하는지를 분석하기 위하여 서울 및 경기도 거주 중학생 14명을 대상으로 이루어진 연구(이지영, 권예지, 고예나, 김은미, 나은영, 박소라, 2016)에 의하면, 따돌림 현상을 청소년들의 또래관계(무리)의 맥락에서 '외톨이형 따돌림'과 '관계형 따돌림'으로 구분하여 접근할 필요가 있는 것으로 나타났다. 청소년들은 '학급(반)'이라는 특수한 환경 속에서 소규모의 무리를 지어 친구관계를 형성하고 있었으며, 무리가 형성되는 학년 초기에 어떤 무리에도 속하지 못한 학생은 다른 학생들로부터 배제되어 따돌림의 대상이 되는 것으로 나타났다. 반면, 다양한 친구 무리 속에서 발생하는 갈등의 과정에서도 따돌림은 빈번히 일어나고 있었다. 후자에 해당하는 관계형 따돌림은 외톨이형 따돌림과 구별되는 것으로 관찰되었다.

또래관계가 아동의 또래괴롭힘에 미치는 영향에 관한 연구(박연정, 정옥분, 2003)에서, 아동의 또래관계와 또래괴롭힘은 각 하위요인별로 유의한 상관관계를 보였다. 또래관계의 하위요인 중 사회적 지지 요인과 친밀 요인, 우의 요인은 또래괴롭힘과 부적 상관관계를 보였고, 대립 요인과 처벌/주도권 요인은 또래괴롭힘과 정적 상관관계를 보였다. 아동의 또래괴롭힘에 영향을 미치는 주요 변인으로는 또래관계의 하위요인 중 사회적 지지 요인과 처벌/주도권 요인이 그리고 아동의 연령이 유의한 변인으로 나타났다.

초등학생의 집단따돌림 실태와 대처방안에 관한 연구(이관형, 김양현, 안현미, 2001)에 의하면, 집단따돌림에서 벗어나는 방법으로 3, 4, 5학년의 경우 '학급담임과 부모님 도움을 얻어서(67.5%, 41.4%, 45.5%)'라고 응답한 경우가 가장 많았고, 6학년의 경우 '자기행동을 고쳐서(36.6%)'라고 응답한 경우가 가장 많았으며, 자신이 따돌림을 당할 경우의 의논상대로는 3(39.3%), 4(46.4%), 5(40.3%), 6(30.0%)학년 모두 '부모'를 들었다. 즉, 초등학교 시기의 아동은 집단따돌림의 피해경험을 부모와 함께 상의하고 극복하고자 하는 것을 알 수 있다.

초등학생의 학급응집력과 집단따돌림 간의 관계에 대한 연구(엄인하, 조영아, 2015)에 의하면, 학급응집력이 높을수록 방관태도 및 집단따돌림은 유의하게 낮아졌으며, 방관태도가 높아질수록 집단따돌림은 유의하게 높아졌다. 또한 방관태도는 학급응집력과 집단따돌림의 피해 및 가해 관계에서 모두 부분매개 효과를 보였다. 즉, 학급응집력이 집단따돌림의 피해 및 가해행동에 직접적인 영향을 주기도 하지만 방관태도를 매개로 하여 간접적인 영향을 미치는 것으로 나타났다.

집단따돌림 피해자들의 극복과정 유형을 분석한 최근 연구(서영석, 안하얀, 이채리, 박지수, 김보흠, 성유니스, 2016)에 의하면, '참여자가 지닌 내면의 힘' '주변의 지지와 개입 등 외적 자원' '참여자가 사용한 대처방식'이 서로 상호작용하면서 따돌림을 극복하는 데 많은 영향을 미치는 것으로 나타났다. 세 요인 간 상호작용에 초점을 두고 사례 간 유형화를 시도한 결과 ① 강한 내면의 힘과 외적 자원을 바탕으로 다양한 대처전략을 유연하게 사용한 참여자, ② 주변의 외적 자원은 많지 않았지만 원래 가지고 있던 내면의 힘을 바탕으로 자기계발 등을 통해 따돌림을 극복한 참여자, ③ 마지막으로 내면의 힘은 약하지만 외부로부터 강한 도움을 받아 세상으로 나아가려고 노력한 참여자 등 세 개 유형이 도출되었다.

2. 텔레비전의 영향

텔레비전이 처음 소개된 1940년대 말에 그것은 일부 부유층이나 구입할 수 있는

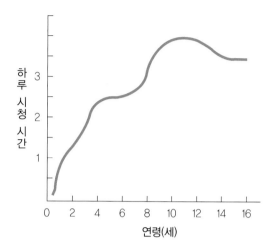

〈그림 13-3〉 미국 아동과 청소년의 하루 텔레비전 시청시간

출처: Liebert, R. M., & Sprafkin, J. (1988). *The early window: Effects of television on children and youth* (3rd ed.). Allyn & Bacon.

값비싼 사치품이었다. 심지어는 집에 텔레비전이 있다는 이유만으로 부잣집 아이들은 친구들에게 인기가 있었다. 오늘날 어느 가정이나 한 대 또는 그 이상의 텔레비전을 소유하고 있으며 3~11세 사이의 아동들은 하루에 평균 2~4시간을 TV 시청으로 보낸다(Huston et al., 1990; Liebert & Sprafkin, 1988).

〈그림 13-3〉에서 보는 바와 같이 영아기부터 시작되는 TV 시청시간은 12세까지 꾸준히 증가하다가 청년기 이후 다소 감소한다. 이러한 결과를 두고 볼 때 오늘날 아동과 청소년들은 18세까지 잠자는 시간 다음으로 많은 시간을 TV 시청으로 보낸다고 할 수 있다. 따라서 부모나 교사들은 텔레비전이 아동과 청소년발달에 미치는 영향에 대해 관심을 보이지 않을 수 없다.

오늘날 많은 아동들은 유아기 때부터 TV나 컴퓨터, 스마트폰 등을 사용하고 있다(Lever-Duffy & McDonald, 2018). TV는 20세기 후반부터 계속해서 아동발달에 큰 영향을 미치고 있지만(Maloy et al., 2021), 최근에 와서 TV나 DVD의 영향뿐만

아니라 비디오게임, 컴퓨터, 아이패드(사진 참조) 등의 과도한 사용에 대한 경각심을 일깨우기 위해 '스크린 타임(screen time)'이라는 용어가 사용되고 있다(Bickham et al., 2013; Boers, Afzali, & Conrod, 2020; Lissak, 2018; Lloyd et al., 2014; Ngantcha et al., 2018; Poulain et al., 2018; Yilmaz, Demirli Caylan, & Karacan, 2014).

최근 세계보건기구(World Health Organization: WHO)에서는 3~4세 유아가 하루에 1시간 미만의 '스크린 타임'을 갖도록 권고하였다(Willumsen & Bull, 2020). 장시간의 '스크린 타임' 노출은 아동기 건강문제, 수면문제, 학업성취, 비만, 공격성, 불안, 우울증과 관련이 있으며(Berglind et al., 2018; Hale et al., 2018; LeBourgeois et al., 2017; Lissak, 2018; Picherot et al., 2018), 인지발달을 저하시키는 것으로 밝혀졌다(Carson et al., 2015). 유아를 대상으로 한 또 다른 최근 연구에서는 하루에 2시간 이상 스크린 타임에 노출된 유아는 주의집중 문제나 외현화 문제가 있는 것으로 나타났다(Tamana et al., 2019). 또한 TV, DVD, 비디오게임, 뮤직비디오 등의 폭력물 시청은 사회적 능력의 감소(Hinkley et al., 2018)와 높은 수준의 신체적 공격과 관련이 있는 것으로 밝혀졌다(Coker et al., 2015).

여기서는 텔레비전이 아동과 청소년의 발달에 미치는 영향—TV와 가족생활, TV 폭력물의 영향, TV와 친사회적 행동, TV가 사회적 고정관념, 인지발달에 미치는 영향 등—에 관해 살펴보기로 한다.

1) TV와 가족생활

Urie Bronfenbrenner

가정에 TV가 있다는 사실은 부모자녀관계와 가족생활 전반에 큰 영향을 미친다. 한 연구(Johnson, 1967)에 의하면, 텔레비전을 구입한 후 대부분의 가족들은 수면과 식사시간을 바꾸는 것으로 나타났다. 또한 부모가 자녀와 함께 하는 게임이나 외출과 같은 부모자녀의 공동시간은 감소하였다. 그리고 많은 부모들은 이따금씩 TV를 '보모대용(electronic babysitter)'으로 사용하였다. TV를 함께 시청함으로써 부모와 자녀가 많은 시간을 같이 보낼 수 있음에도 불구하고 이런 류의 상호작용은 자녀에게 별다른 의미가 없는 것으로 보인다. Bronfenbrenner(1970)는 이 같은 사실에 대해 다음과 같이 말한다.

> 텔레비전의 일차적 위험은 그것이 어떤 행동을 유발하기 때문이라기보다는 그것으로 인해 바람직한 행동들이 방해를 받는다는 점이다. 즉, TV로 인해 대화, 게임, 가족 모임, 가족회의와 같이 아동이 학습할 수 있고 아동의 인격이 형성될 수 있는 상황이 감소된다. 따라서 텔레비전을 켜는 순간 자녀가 인간으로 성장할 수 있는 과정이 꺼진다고 할 수 있다.

그렇다면 아동들은 정말 TV로 인해 시각적인 즐거움에만 사로잡혀서 친구를 사귀거나 학교숙제를 하는 데에는 관심이 없는 사회적 고립자로 변하게 되는가? 한 가지 분명한 사실은 TV시청으로 인해 아동들이 친구를 사귀거나 숙제를 하는 데 보내는 시간은 영향을 받지 않는다는 것이다. 스포츠나 과외활동을 많이 하는 인기 있는 아동이나 그렇지 않은 아동이나 TV 시청시간에서는 차이가 없는 것으로 나타났다(Lyle & Hoffman, 1972). 따라서 TV 시청으로 또래와의 놀이나 독서 같은 귀중한 활동이 줄어든다고 주장하는 것은 옳지 않은 것으로 보인다.

2) TV 폭력물의 영향

텔레비전의 폭력적인 장면은 보편화되어 있다. 특히 아동용 프로그램이 성인용 프로그램보다 폭력적인 장면이 더 많은 것으로 나타났다(Signorielli, Gross, & Morgan, 1982). TV에서 폭력적인 내용을 보게 되면 시청자들은 공격적으로 행동하게 되는가? 아니면 공격적인 행동에 대해 무감각하게 되는가?

정화가설(catharsis hypothesis)에 의하면, 폭력물을 시청함으로써 긴장을 해소하게 되어 다른 사람에게 공격적 행동을 하지 않는다고 한다. Feshbach(1970)는 TV를 보고 공격적인 행동을 상상함으로써 카타르시스를 경험한다고 주장한다. 만약 그렇다면 TV 폭력물에 노출됨으로써 공격적 충동을 억누를 수 있게 될 것이다.

한편 Bandura(1973)의 사회학습이론에서는 TV 폭력물은 아동들로 하여금 그 행동을 모방하게 함으로써 공격적·반사회적 행동을 증가시킨다는 주장을 하면서 다음과 같은 이유를 제시하고 있다. 첫째, 다른 사람들이 폭력을 행사하는 장면을 보게 되면 생리적으로 흥분하게 되는데 이것은 공격적 행동을 유발한다는 것이다. 둘째, TV에서 폭력적인 행동을 하는 배우는 공격적 모델이 되고 그 모델의 공격적 행동을 모방하게 된다는 것이다. 셋째, TV에서 공격적 행동을 한 모델이 처벌을 받지 않고 오히려 사회적 보상을 받는 장면을 보게 되면 같은 상황에서 유사한 행동을 하게 된다는 것이다.

둔감화 가설(desensitization hypothesis)은 TV에서 폭력적 행동을 빈번하게 보게 되면 공격적인 행동에 무감각해져서 실생활에서 공격적 행동을 불안 없이 수용하게 된다고 주장한다. 즉, 공격적 행동을 담은 TV 프로그램은 공격적 행동을 촉진할 뿐만 아니라 실생활에서 일어나는 공격적인 사건에 대한 아동의 포용성을 증가시켜 그것에 대해 둔감하게 만들 수 있다는 것이다. 한 연구(Drabman & Thomas, 1974)에 의하면 공격적인 프로그램을 본 아동들은 그렇지 않은 아동들에 비해 실제로

친구들이 싸우는 장면을 보고 중재하거나 도와주려는 반응을 덜 보이는 것으로 나타났다. Drabman과 Thomas는 이러한 결과에 대해 폭력적인 프로그램을 계속 접하게 되면 이후에 공격적인 사건에 대해 정서적 민감도가 무디어지고, 더 나아가 공격적 행동을 일상적인 것으로 받아들여 묵인하거나 허용하는 반응을 보인다고 해석하였다.

TV 폭력물의 해로운 영향을 감소시키는 방안은 무엇인가? 폭력적 프로그램의 효과를 감소시킬 수 있는 가장 좋은 방법은 아동이 시청하는 프로그램을 주의깊게 살펴보고 아동으로 하여금 비폭력적인 프로그램을 보도록 유도하

사진 설명 TV 폭력물에 과도하게 노출되면 아동은 실제 생활에서 공격성에 대해 자극을 덜 받게 되고, 이 세상을 적대적이고 공격적인 사람들이 주로 살고 있는 폭력적인 세계로 인식하게 된다.

는 것이다. 그러나 부모가 자녀들로 하여금 폭력적인 TV 프로그램을 전혀 보지 못하도록 보호하기란 거의 불가능한 일이다. 왜냐하면 폭력적인 내용은 거의 모든 프로그램에 퍼져 있으며, 집에서 TV를 볼 수 없게 되는 경우라도 호기심 많은 아동들은 친구네 집이나 만화방을 찾을 수도 있기 때문이다.

또 다른 한 가지 방안은 자녀와 함께 폭력물을 시청하면서 아동이 프로그램을 비판적으로 평가하도록 돕는 것이다. 예를 들어, 아동들이 시청하면서 놓치게 되는 공격자의 의도나 동기에 대해 설명하고, 공격적 행동의 결과로서 자신이 받게 되는 불행한 결과 등을 지적해주는 것이다. 이렇게 함으로써 아동들은 폭력적인 프로그램에 대해 비판적인 안목을 키울 수 있고, 폭력의 의미를 훨씬 더 잘 이해하게 되며, 폭력적인 프로그램의 영향을 덜 받게 된다고 한다(Collins, 1983; Collins, Sobol, & Westby, 1981; Liebert & Sprafkin, 1988).

3) TV가 사회적 고정관념에 미치는 영향

아동들은 흔히 TV를 통해서 바깥세상과 사람들을 처음으로 접하게 된다. 사실상 많은 아동들은 경찰, 법률가, 인종이나 민족이 다른 사람들, 노인들과 직접적인 접촉의 기회가 거의 없으므로 단지 TV 속에 등장하는 인물들을 통해 이 사람들에 대한 개념을 형성할 가능성이 높다.

성역할에 대한 고정관념도 마찬가지인데, 제7장에서 살펴본 바와 같이 텔레비전은 전통

사진 설명　TV 프로그램 'Sesame Street'

적인 성역할을 자주 묘사함으로써 많은 시간을 텔레비전 시청으로 보내는 아동과 청소년들로 하여금 전통적 성역할을 고수하게 하는 결과를 낳는다.

고정관념을 감소시킬 수 있는 프로그램들이 미국에서 개발되어 그 효과가 검증된 바 있다. 예를 들어, 1969년 'Sesame Street'는 아프리카계 미국인과 라틴 아메리

카계 미국인들을 긍정적으로 묘사함으로써 이들에 대한 긍정적인 태도를 심는 데 기여한 바 있다. 한 연구(Gorn, Godlberg, & Kanungo, 1976)에 의하면, 소수민족의 유아들이 즐거운 놀이친구로 묘사된 'Sesame Street'를 시청한 후 백인 유아들이 그 이전보다 소수민족 유아들과 더 잘 어울려 노는 것으로 나타났다.

1975년에 미국 국립교육원(National Institute of Education)은 성역할 고정관념을 타파하고 성별에 관계없이 여러 가지 직업에 종사할 수 있음을 보여주는 '프리스타일(Freestyle)'이라는 프로그램을 제작하였다. 이 프로그램의 효과에 대한 연구결과들은 상당히 고무적이다. 가령 한 연구(Johnston, Ettema, & Davidson, 1980)에서는 초등학생들이 이 프로그램을 13회 시청한 후 다음과 같은 변화를 보였다고 한다.

사진 설명 'Oliver Twist' 같은 영화는 유태인에 대한 부정적 고정관념을 심어준다.

첫째, 남아들은 스포츠나 기계에 관한 활동을 하는 여아들에 대해 보다 관용적이 되었으며, 여아들도 이러한 분야에 더욱 관심을 갖게 되었다. 둘째, 남녀 모두 집안일이나 아기돌보기와 같은 여성적인 활동을 하는 남아에 대해 더 수용적이 되었다. 셋째, 남녀 모두 비전형적인 직업을 갖는 사람들에 대해 더 수용적이 되었다. 넷째, 남녀모두 요리, 세탁, 청소, 집수리 등의 집안일의 분담에 대해 덜 전통적이고 보다 평등한 태도를 갖게 되었다.

이와 같이 TV는 사람들을 어떻게 묘사하는가에 따라 사회적 고정관념을 강화시키거나 감소시킬 수 있다. 유감스럽게도 아직까지 상업방송에서는 성이나 인종에 대해 고정관념적인 묘사를 많이 하는 편이다. 단지 교육방송(또는 공공방송)에서만 몇몇 프로그램에서 고정관념에서 벗어난 프로그램을 방송하고 있다.

4) TV와 친사회적 행동

지금까지 텔레비전의 부정적인 영향에 대해 살펴보았다. 하지만 프로그램의 내용을 잘 구성한다면 텔레비전은 아동발달에 효과적인 도구로 활용할 수 있을 것이다.

미국 PBS 방송에서는 취학 전 아동의 일상적인 학습을 보충하기 위해 교육프로그램을 많이 제작하였다. 예를 들면, 취학 전 아동의 지적 발달과 사회성발달을 촉진시키기 위해 'Sesame Street'라는 프로그램을 제작하였

다. 프로그램의 내용은 알파벳, 숫자, 셈하기, 어휘, 그 외 아동의 사회성발달을 돕기 위한 교과과목을 빠른 동작과 재미있는 에피소드로 구성한 것이다. 그리고 "Mister Rogers' Neighborhood"라는 프로그램은 아동의 사회성발달을 촉진하기 위해 제작된 것이다. 여기서 로저스 아저씨는 시청자들에게 아동을 재미있게 하거나 당혹스럽게 하는 일(예: 애완동물의 죽음), 또는 비행기를 탈 때의 두려움 등에 대해 직접적으로 이야기해준다. 또한 인종이나 사회적 배경이 다른 아동들과 협력하고, 그들로부터 좋은 점을 본받을 것을 권고한다. 그리고 "너와 똑같은 사람은 이 세상에 아무도 없으며 나는 있는 그대로의 너를 좋아한다"라고 반복해서 말해줌으로써 아동들로 하여금 자신을 긍정적으로 보게끔 도와준다.

이들 두 프로그램은 아동들의 사회적 행동에 긍정적인 영향을 주는 것으로 나타났다. 장기간에 걸쳐 이러한 프로그램을 시청할 경우 취학 전 아동은 보다 다정하고, 사려 깊고, 협동적이 되었다(Friedrich & Stein, 1975; Hearold, 1986; Paulson, 1974). 그러나 아동이 친사회적 프로그램을 단순히 시청하는 것만으로는 별로 효과가 없고, 어른들이 아동과 함께 시청하면서 프로그램의 교훈을 되새겨보거나 실제 상황에서 그 역할을 직접 해보도록 격려해주면 더욱 큰 효과가 있다고 한다(Friedrich & Stein, 1975; Friedrich-Cofer et al., 1979). 그런데 친사회적 프로그램을 접한 아동들이

협동적이 되기는 하나 공격성이 줄어들지는 않는 것으로 보인다. 이것은 친사회적 프로그램을 많이 시청하는 아동들은 일반적으로 더욱 사교적이 되며, 따라서 또래와 다툴 기회가 더 많아지기 때문인지 모른다. 어쨌든 친사회적 프로그램의 긍정적인 영향은 부정적인 영향을 훨씬 능가하며, TV 폭력물이 아동의 공격성을 증가시키는 이상으로 친사회적 프로그램이 아동의 친사회적 행동에 영향을 미치는 것으로 보인다(Calvert & Kotler, 2003; Hearold, 1986).

5) TV가 인지발달에 미치는 영향

1968년 미국 정부와 사립재단들이 공동 기금으로 아동의 지적 발달을 촉진할 수 있는 TV 프로그램을 제작하는 CTW(Children's Television Workshop)를 발족시켰다. CTW의 첫 번째 작품인 'Sesame Street'는 세계에서 가장 유명한 아동용 프로그램이 되었는데, 오늘날 미국의 3~5세 아동 중 약 85%가 이를 시청하고 있으며 우리나라를 포함하여 세계 70여 개국에서 방송되고 있다(Liebert, Sprafkin, & Davison, 1982; Wright & Huston, 1983). 'Sesame Street'는 3~5세 아동들을 대상으로 하여 숫자와 문자를 인지하고 변별하며, 셈하기, 분류 및 서열화, 간단한 문제해결하기 등 주요 인지기술을 촉진하기 위해 제작된 프로그램이다. 열악한 환경에 있는 유아들에게 정기적으로 이 프로그램을 시청하게 함으로써 학교에 입학하여 학교생활에 잘 적응할 수 있도록 하는 것이 이 프로그램의 목적이다. 'Sesame Street'는 1969년에 방영되자마자 커다란 호응을 얻었다.

사진 설명 스페인어로 방송되는 'Sesame Street'
Don Pimpón of Spain's 'Barrio Sesame'

'Sesame Street'가 방송된 첫 시즌 동안에 ETS (Educational Testing Service)에서는 미국의 5개 지역에서 약 950명의 아동들을 대상으로 그 효과를 평가하였다. 우선 이들은 아동의 전반적인 지적 능력을 사전검사하여 문자, 숫자, 기하학적 도형에 관한 지식수준을 평가하였다. 그 후 시즌이 끝난 후에 재검사를 실시하였다. 원래 계획하기로는 'Sesame Street'를 보라고 권장한 실험집단과 권장하지 않은 통제집단으로 나누도록 되어 있었다. 그러나 이 프로그램은 아동에게 워낙 인기가 있었으므로 통제집단의 아동들도 실험집단의 아동들만큼 이 프로그램을 자주 시청한 것으로 밝혀졌다. 따라서 시청빈도를 기준으로 하여 네 집단으로 나눌 수밖에 없었는데 Q1의 아동은 이 프로그램을 거의 시청하지 않았고, Q2의 아동은 일주일에 2~3회, Q3의 아동은 일주일에 4~5회 그리고 Q4의 아동은 5회 이상 시청하였다.

　자료를 분석해본 결과 예상대로 'Sesame Street'는 교육적 효과가 있는 것으로 나타났다. 〈그림 13-4〉에서 보는 바와 같이 이 프로그램을 가장 많이 시청한 아동들(Q3과 Q4)이 총점수, 알파벳검사 점수, 자기이름쓰기 등에서 크게 향상된 것으로 나타났다. 특히 5세 아동보다 3세 아동에게서 더 큰 효과가 나타났는데 이는 아마도 어린 아동들은 이 프로그램 시청 전에 알고 있는 것이 더 적었기 때문일지 모른

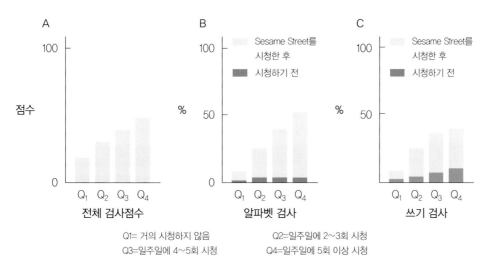

〈그림 13-4〉 'Sesame Street' 시청시간과 아동의 지적 능력

출처: Liebert, R. M., & Sprafkin, J. (1988). *The early window: Effects of television on children and youth* (3rd ed.). Allyn & Bacon.

사진 설명 Bill Cosby(가운데)가 주연한 TV 프로그램, '코스비 가족'

다. 이듬해에는 첫해에 'Sesame Street'가 방영되지 않았던 도시에 거주하는 불우한 아동들을 대상으로 평가했는데 여기서도 앞의 연구와 비슷한 결과가 나왔다(Bogatz & Ball, 1972). 또한 이들은 원래의 표본 중에서 초등학교나 유치원에 입학한 283명의 아동들을 추적 조사하였다. 연구결과 이 프로그램을 자주 보는 아동은 그렇지 않은 아동보다 학교공부를 더 잘 따라오고 학교생활에도 더 많은 관심을 보인다는 평가를 받았다(Bogatz & Ball, 1972; Rice, Huston, Truglio, & Wright, 1990).

1970년 CTW는 전문가들의 자문을 받아 초등학생들에게 읽기기술을 가르치기 위한 'The Electric Company'를 제작하였다. 이 프로그램은 많은 부분이 만화영화로 되어 있으며 아동의 흥미를 끌기 위해 Bill Cosby 같은 유명인사들을 자주 등장시켰다. 이 프로그램은 단어를 해독하는 데 도움이 되도록 글자모양과 발음을 연결지어 아동에게 가르치고 문장의 의미와 문법도 가르친다 (Liebert & Sprafkin, 1988).

1~4학년 아동들을 대상으로 독해력검사를 실시함으로써 이 프로그램의 효과를 평가해보았다. 가정에서의 시청은 아동의 독해력에 별 영향을 주지 않았으나 학교에서 시청한 아동들은 시청하지 않은 아동들보다 독해력검사에서 현저하게 높은 점수를 받았다(Ball & Bogatz, 1973; Corder-Bolz, 1980). 이것은 아동이 학습한 것을 응용하도록 도와주는 학교 선생님과 같은 성인과 함께 시청하면 효과가 더 크다는 점을 말해준다.

3. 컴퓨터의 영향

텔레비전과 마찬가지로 오늘날 컴퓨터가 아동과 청소년의 생활에 미치는 영향은 지대하다. 컴퓨터의 사용은 아동과 청년들에게 학업을 비롯한 의사소통, 정보수집, 취미나 여가생활 등의 일상생활에서 필수적인 것으로 자리잡고 있다. 예를 들면, 대다수의 청년들이 인터넷을 통해 매일 이메일을 체크하고, 신문이나 방송의 뉴스보다 빨리 정보를 획득하고, 채팅이나 동호회 등의 공동체 활동을 통해 다른 사람들과 교류하며, 게임 등으로 여가를 즐기고 있다. 또한 아동과 청소년들 사이에서는 컴퓨터 게임, 컴퓨터 통신, 컴퓨터 응용 프로그램 운용 등 컴퓨터와 관련된 소재들이 대화의 주제로 등장하고 있다. 대한민국 게임백서(2002)에 따르면, 우리나라 아동과 청소년의 컴퓨터 이용형태는 게임(36.6%), 음악/영화/만화감상(17.8%), 이메일(16.5%)의 순으로 나타났다.

1) 인터넷

오늘날 컴퓨터의 사용은 청년들에게 학업을 비롯한 의사소통, 정보수집, 취미나 여가생활 등의 일상생활에서 필수적인 것으로 자리잡고 있다(사진 참조). 예를 들면, 대다수의 청년들이 인터넷을 통해 매일 이메일을 체크하고, 신문이나 방송의 뉴스보다 빨리 정보를 획득하며, 채팅이나 동호회 등의 공동체 활동을 통해 다른 사람들과 교류하며, 게임 등으로 여가를 즐기고 있다. 또한 청년들 사이에서는 컴퓨터 게임, 컴퓨터 통신, 컴퓨터 응용 프로그램 운용 등 컴퓨터와 관련된 소재들이 대화의 주제로 등장하고 있다(O'keefe et al., 2011; Mesch, 2012; Rideout, Foehr, & Roberts, 2010).

최근에 와서 청소년들이 이용하는 사회적 상호작용 매체가 컴퓨터에서 휴대폰(특히 스마트폰)이나 SNS(Social Network Service) 이용으로 옮겨가고 있다(Underwood et al., 2012; Valkenburg & Peter, 2011).

소셜네트워크서비스(Social Network Service: SNS)는 개인의 프로파일을 구성하도록 하고, 타인과 연결을 도모하며, 이러한 연결망을 아우르는 웹기반의 서비스로(Boyd & Ellison, 2008), 대표적으로 트위터, 페이스북, 카카오톡 등을 들 수 있다. SNS는 소셜미디어라고 불리기도 하는데, 개인은 소셜미디어를 통해 자신의 일상경험과 의견, 정보를 얻기도 하며, 주요 사회적 사건이나 이슈에 대한 뉴스도 접한다. 또한 트위터, 페이스북, 카카오톡 등 소셜미디어를 통해 새로운 친구를 만나고 사귀기도 하며, 직접 만나기 어려운 친구들과 대화를 나누고 사진, 그림이나 글을 통해 필요한 정보를 공유하기도 한다. 소셜미디어는 개인의 의견, 감정, 정보, 지식을 교환하고 공유하는 사회적 네트워크가 되고 있다. 이처럼 SNS를 이용하는 사람들이 급격히 증가하면서 일상생활에서도 크고 작은 변화가 일어나고 있다.

최근 들어 SNS가 개인의 일상생활과 사회에 미치는 영향에 대한 연구가 조금씩 이루어지고 있다. 연구결과에 따르면, SNS는 다양한 사람들과 정보를 공유하며 상호작용할 수 있고, 지속적으로 관계를 유지하는 도구이자 자신의 정체성을 표현하는 도구가 되기도 하며, 자신의 기분이나 감정을 표출하는 유용한 도구로 사용될 뿐 아니라(고상민, 황보환, 지용구, 2010; 이창호, 성윤숙, 정낙원, 2012) 개인의 사회적 네트워크나 지지 기반을 확장시키고 사회적 참여를 증진시키는 등의 긍정적인 사회적 기능도 담당하고 있다. 반면, SNS는 불명확한 정보 출처에서 비롯되는 유해한 정보의 급속한 확산, 사이버 언어폭력의 증가, 과도한 SNS 사용으로 인한 중독현상(머니투데이, 2012. 3. 15.) 등과 같은 부정적 영향도 보고되고 있다.

문자 메시지 주고받기(사진 참조)는 청년이 친구들과 상호작용하는 주요 매체로 떠오르고 있는데, 면 대 면 접촉, 이메일, 통화 등을 훨씬 능가하고 있다(Lenhart, Purcell, Smith, & Zickuhr, 2010). 최근 연구(Lenhart, 2012)에서 12~17세 청소년이 하루에 이용하는 문자 메시지는 평균 60건으로 나타났다. 또한 최근에 성적 문자 메시지나 사진 등을 주고받는 이른바 '섹스팅(Sexting)'이 주요 관심사가 되고 있다(Gordon-Messer,

Bauermeister, Grodzinski, & Zimmerman, 2013). 한 연구에서 '섹스팅'을 이용하는 성인의 경우 약물남용이나 혼음과 같은 위험한 성행위를 더 많이 하는 것으로 나타났다(Benotsch et al., 2013).

우리나라의 중학생 217명을 대상으로 청소년의 심리적 변인과 인터넷 중독, 사이버 관련 비행의 관계에 대해 살펴본 연구(김진희, 김경신, 2003)에 따르면 우울수준이 높을수록, 자아존중감이 낮을수록, 충동성이 높을수록 인터넷 중독성향이 높은 것으로 나타났으며, 인터넷 중독성향이 높을수록, 감각추구성향이 높을수록 사이버 비행의 정도가 높은 것으로 나타났다. 고등학생을 대상으로 한 연구(류은정 외, 2004)에서도 인터넷 중독과 우울, 자살사고 간에는 정적 상관관계가 있는 것으로 나타났다.

2) 비디오 게임

최근 아동과 청소년의 비디오 게임 이용률이 급증하고 있다. 아동과 청소년 자녀가 있는 대부분의 가정에서는 비디오 게임 장치가 있는 것으로 나타났다. 또한 비디오 게임에서의 기술력이 신장되면서 동시에 폭력성도 높아졌다(사진 참조). 이제 가장 인기 있는 비디오 게임의 80%는 폭력적이며, 21%는 여성에 대한 폭력성까지도 포함하고 있다(Dietz, 1998). 게임에서 보이는 여성에 대한 폭력성은 청소년

들에게 부정적인 성역할과 멍청한 희생자로서의 여성의 모습을 강화시킨다(Funk & Buchman, 1996).

많은 심리학자들은 비디오 게임의 내용이 가지고 있는 폭력성에 우려를 나타내고 있다(Dewall, Anderson, & Bushman, 2013; Hanson, 1999). 폭력성과 관련된 연구들을 좀더 자세히 살펴보면 다음과 같다. 첫째, 아동과 청년을 대상으로 한 단기간의

연구에서 비디오 게임을 한 후에 게임의 공격성을 모방하는 증거가 있었다(Silvern & Williamson, 1987). 즉, 비디오 게임은 아동이 게임에서 경험하고 보았던 것을 나타내도록 고무시키는 것으로 보인다(Schutte et al., 1988). 그리하여 게임에서의 공격적인 행위에 대한 강화는 실제 세계로 전이되며, 청년들은 문제해결을 위해 공격적인 행동을 한다(사진 참조). 둘째, 청년의 공격적 사고와 관련이 있다. 대학생을 대상으로 폭력적인 게임을 하는 경우와 그렇지 않은 경우를 관찰한 연구에서, 폭력적인 게임을 한 대학생들이 높은 공격적 사고를 보였다(Calvert & Tan, 1994; Gentile, 2011). 셋째, 폭력적인 비디오는 개인의 성격특성에 큰 영향을 미친다. 남녀 대학생을 대상으로 한 연구에서 폭력적인 비디오에 노출된 경우 공격적인 성격특성을 보

사진 설명 게임에서 경험한 공격성을 실생활에서 그대로 나타내 보이기도 한다.

였다(Anderson, 2000). 넷째, 폭력적인 비디오 게임은 TV를 시청하는 경우보다 심장박동이나 혈압을 높이는 효과가 있다(Kubey & Larson, 1990). 다섯째, 공격적인 비디오 게임을 하는 십대들은 친사회적 행동을 덜 하는 경향이 있다(Fraser et al., 2012; Van Schie & Wiegman, 1997). 여섯째, 많은 이들이 비디오 게임에 '중독'되어 있다. 그리고 게임방은 중독성을 배가시킨다.

딥페이크(Deepfake)

딥페이크란 인공지능 기술을 이용해 영상의 일부를 합성하는 기술, 혹은 그 결과물을 뜻한다. 즉, 인공지능이 다량의 데이터에 대한 반복학습을 통해 처리 능력을 향상시키는 기술을 뜻하는 '딥 러닝(deep learning)'과 가짜를 뜻하는 '페이크(fake)'를 합쳐 만든 신조어이다. 주로 영상 속 인물의 얼굴이나 특정 부위를 다른 인물의 얼굴이나 해당 부위로 바꾸는 방법으로 이루어진다(다음백과사전, 2023).

딥페이크가 전 세계적으로 문제가 되는 이유는 인공지능의 딥 러닝기술을 이용해 교묘하게 가짜를 만들어내기 때문이다. 2023년 5월 미 국방부 청사인 펜타곤 영내에서 폭발이 일어났다는 이른바 '가짜 사진'이 온라인에 확산되었다. 이로 인해 미국 증시가 폭락하고 전 세계가 세계대전에 대한 불안에 떨었다.

이처럼 AI기술을 활용해 진짜처럼 만든 가짜 편집물(이미지·음성·동영상)인 딥페이크의 심각성은 진짜와 가짜, 사실과 허구를 구분할 수 없다는 것이다. 또한 컴퓨터로 한두 시간이면 누군가의 인생을 망칠 수 있는 사실적인 딥페이크를 제작할 수 있게 되었다. 그렇다 보니 사이버 범죄자들은 이러한 딥페이크를 악용해 더 심각한 범죄를 저지르고 있다. 최근에는 특정 정치인, 특히 여성 정치인의 얼굴과 포르노 여배우의 신체를 교묘하게 합성하여 SNS에 퍼뜨리는 '가짜 사진'이 퍼져 나가 논란을 빚기도 하였다. 우리나라에서도 최근 불특정 다수의 여성 얼굴과 나체 사진을 합성한 성범죄물이 대규모로 유포되면서 딥페이크 피해가 심각한 수준에 있다. 뿐만 아니라 이제는 인공지능(AI)을 이용하여 가족, 지인의 목소리와 사진을 이용하여 돈을 갈취해 가는 피싱사건이 이미 널리 퍼져 있다.

3) 뮤직비디오

뮤직비디오는 1981년 8월 1일 MTV 개국과 함께 공식적으로 시작된 비교적 새로운 예술 장르이다(Sherman & Dominick, 1986). 뮤직비디오는 음악 가사를 시청각적으로 묘사할 수 있는 비디오 형식을 빌려와 음악을 전달하기 때문에, 가사와 함께 그 이미지가 극대화되는 이점을 지니고 있다(Strasburger, 1995; Zillmann & Mundorf, 1987). 뮤직비디오는 매우 인기가 많은 매체로서, 대학생들을 대상으로 한 연구에 따르면 많은 이들이 MTV 채널을 선호하며, 특히 그들 중 39%는 다른 많은 채널들 중 가장 선호하는 채널이라고 응답했다(Paul, 2001).

다수의 청년들이 선호하는 미디어 중 하나인 뮤직비디오의 영향은 다음과 같다. 첫째, 선정적인 뮤직비디오를 본 사람은 혼전 성교(Calfin, Carroll, & Schmidt, 1993; Martino et al., 2006)와 공격성의 표현(Hansen & Hansen, 1996)에 대해 더 긍정적인 시

사진 설명　MTV나 록 비디오에서 여성은 종종 성적 대상으로 묘사된다.

각을 가지게 된다. 즉, 청년들은 성적인 영상과 폭력적이며 반체제적인 주제를 담고 있는 매우 충격적인 뮤직비디오에 노출되었을 때에 보복적인 공격성을 드러낼 가능성이 높았다(Rehman & Reilly, 1985). 둘째, 위험한 행동과 뮤직비디오 간의 관련성이 보고되었다(Klein et al., 1993). 많은 뮤직비디오는 거칠고, 난폭하며, 용서할 수 없는 세상 그리고 선정적인 세상을 표현한다. 따라서 이러한 내용을 담고 있는 뮤직비디오에 나타난 이미지는 사회적 환경에 대해 민감하게 반응하는 10대들의 지각을 강화시키고 나아가 위험한 행동을 불러오게 한다(Brown & Hendee, 1989; Strasburger, 1990). 또한 많은 뮤직비디오에서 흡연과 음주 장면을 여과 없이 방영함으로써 청년의 흡연과 음주를 부추기는 결과를 낳고 있다(Raloff, 1997).

14장

성취동기와 성취행동

오늘날 우리 사회의 아동과 청소년은 성공을 지나치게 강조하는 성취지향적인 문화 속에서 성장하고 있다. 성공하기 위해서 다른 사람과 치열한 경쟁을 해야 하고, 또한 성취동기가 있어야 한다. 성취동기라는 개념은 성취하고자 하는 욕구이다. 성취동기가 높은 사람들은 성공에 대한 강한 희망과 어려운 과제에 직면했을 때에 끝까지 대처하는 끈기가 있다.

아동과 청소년의 성취행동은 지적 능력과 반드시 일치하는 것은 아니다. 예를 들면, 지적 능력이 매우 뛰어난 아동일지라도 자신의 능력에 대해 확신을 갖지 못하고 문제해결에서 쉽게 포기하게 되면 성취행동이 낮아지는 반면, 지적 능력이 뛰어나지 못하더라도 성취동기가 높고 주어진 과제를 끝까지 완수하려고 하며, 자신의 능력에 자신감을 갖는 아동의 경우 성취행동이 극대화된다.

아동과 청년이 자신의 수행정도를 평가하는 기준이 성취행동을 결정하는 중요한 요인이 된다. 어떤 청년들은 성공에 대한 기준이 높은가 하면 또 어떤 청년들은 매우 낮다. 예를 들면, 학기말고사에서 똑같이 B를 받은 두 청년의 반응은 전혀 다를 수 있다. 한 청년의 반응은 너무 실망하여 답안지를 쓰레기통에 버리는 것이고, 또 다른 청년의 반응은 그 결과에 매우 만족하는 것이다. 두 청년의 반응이 이렇게 다른 이유는 그들이 설정해놓은 성공에 대한 기준이 다르기 때문이다.

부모, 친구, 형제, 교사와의 상호작용이 아동들이 설정하는 성공의 기준에 영향을 미친다. 사회적 상호작용에서 모델링의 과정은 매우 중요하다. 성공에 대해 매우 너그러운 기준을 가지고 있는 모델에 노출되는 아동들은 그 또한 매우 낮은 기준을 채택하고, 엄격한 기준을 가진 모델에 노출되는 아동들은 엄격한 기준을 채택한다. 성공에 대한 높은 기준을 설정한 아동들은 그 기준에 맞추려고 더 많은 노력을 하게 된다.

이 장에서는 우선 성취의 동기적 견해와 행동적 견해를 살펴보고 나서 성취동기와 성취행동에 관한 이론을 살펴보기로 한다. 그리고 불안수준과 성취행동, 자기효능감과 성취행동을 살펴본 다음 성취행동에 영향을 주는 요인으로 부모의 양육행동, 출생순위와 가족의 크기, 사회계층, 성취행동에서의 성차에 관해 알아보기로 한다.

1. 성취개념의 정의

심리학자들은 두 가지 시각에서 성취개념을 이해하고 있다. 성취를 동기로 보는 입장과 행동으로 보는 입장이 그것이다. 여기서 두 입장을 비교해 살펴보기로 하자 (Shaffer, 2000, 2009).

David McClelland

1) 성취의 동기적 견해

McClelland와 그의 동료들(1953)은 성취를 동기라고 보고 성취욕구(need for achievement)에 대해 다음과 같이 설명하였다. 성취욕구란 "높은 평가기준이 설정되었을 때, 다른 사람들보다 뛰어나려고 노력하며 성공하고자 하는 학습된 동기이다"(p. 78). 다시 말해서, 성취욕구가 높은 사람은 높은 기준에 이르거나 그 기준을 넘어설 때 자부심을 느끼도록 학습했으므로, 바로 이러한 자기충족감을 맛보기 위해 이들은 새로운 과제에 도전하여 성공하고자 하고 남보다 앞서려고 노력한다는 것이다.

McClelland는 성취동기를 측정하기 위해 피험자들에게 넉 장의 사진을 보여준 다음 '창의적 상상력'을 동원해서 이야기를 만들어보라고 하였다. 사진 속에는 사람들이 일하거나 공부하는 듯한 모습이 담겨 있는데, 그 속에 담긴 주제가 정확히 무엇인지를 규정하기는 상당히 애매하다. 사람들은 특정 주제에 자기 자신과 자신의 동기를 투사한다는 가정하에, 피험자가 말한 네 가지 이야기 속에 성취와 관련된 내용이 얼마나 많은지를 가지고 성취욕구수준을 평가하게 된다. 예를 들면, 위의 사진에 대해 성취욕구가 높은 사람은 사진 속의 인물들이 의학계를 깜짝 놀라게 할 만한 신약을 발명하기 위해 몇 달간 고군분투 중이라고 말하는 반면, 성취욕구가 낮은 사람은 하루일과가 끝나고 집에 가서 쉴 수 있기 때문에 기뻐한다고 말할지 모른다.

2) 성취의 행동적 견해

McClelland와는 대조적으로 Crandall과 그의 동료들은 성취를 동기가 아니라 행동적 구성개념으로 본다. Crandall, Katkovsky 그리고 Preston(1960, p. 789)에 의하면 "성취란 높은 평가기준이 설정된 상황에서 인정을 받기 위한 행동이다." 또한 그들은 모든 성취과제에 일괄적으로 적용되는 성취동기란 없으며, 한 사람이 특정한 과제(예: 미술, 학과공부, 운동)에 기울이는 노력은 그것을 얼마나 중요하게 여기는가와 그것을 얼마나 잘할 수 있고 인정받을 수 있다고 기대하는가에 따라 다르다고 주장한다.

성취행동을 강화하는 것이 무엇인가에 대한 McClelland와 Crandall의 견해는 분명히 다르다. McClelland와 그의 동료들은 성취에 따르는 '자부심(personal pride)'이 성취행동을 강화하고 앞으로도 그러한 행동을 계속하도록 이끈다고 한다. 즉, 자부심이 유능함이나 성취에 대한 '내재적' 욕구를 충족시켜 준다는 것이다. 반면, Crandall과 그의 동료들은 왜 사람들이 엄격한 기준에 맞추려고 애쓰는가에 대한 설명으로 내재적 욕구충족을 언급할 필요가 없다는 반론을 제기한다. 대신 성취행동이란 부모, 교사, 또래와 같은 중요한 사람들로부터 '인정'을 받기 위한 (또는 불인정을 피하기 위한) 도구적 반응이라고 주장한다.

두 견해 중 어느 것이 옳을까? 아마 둘다 옳을지 모른다. Harter(1981)에 의하면 성취과제를 유능하고자 하는 욕구를 충족시키는 수단(McClelland의 성취욕구와 매우 유사한 내재적 지향)으로 보는 아동들이 있는가 하면, 좋은 성적, 보상, 사회적 인정을 얻기 위한 수단(다른 이론가들이 '사회적 성취'라고 부르는 외재적 지향)으로 보는 아동들도 있다고 한다. Harter는 아동의 성취지향이 내재적 지향인지 외재적 지향인지를 알아보기 위해 30문항으로 된 질문지를 이용하였다. 질문지는 내재적 지향에 관한 문항(예: 나는 도전해볼 만한 과제가 좋다; 나는 문제를 스스로 푸는 것이 좋다)과 외재적 지향에 관한 문항(예: 나는 좋은 성적을 얻기 위해 또는 선생님의 인정을 받기 위해 열심히 공부한다)으로 구성되어 있다. 연구결과 내재적 지향의 아동들은 외재적 지향의 아동들보다 단순한 문제보다는 도전해볼 만한 문제를 선호하였고, 학과공부에서 자신을 유능하다고 생각하는 것으로 나타났다. 과제를 완성하기 위해 도움이 필요한 경우에도 내재적 지향의 아동들은 힌트와 같은 간접적 도움을 선호한 반면, 외재적 지향의 아동들은 곧바로 해답이 주어지기를 원했다(Nelson-LeGall & Jones, 1990).

2. 성취동기와 성취행동에 관한 이론

성취동기와 성취행동을 설명해주는 몇 가지 이론이 있는데, McClelland의 성취동기이론, Atkinson의 성취욕구이론, Weiner의 귀인이론, Dweck의 무력감학습이론 등이 그것이다. 이 네 가지 이론은 여러 가지 면에서 서로 다르지만 네 가지 이론 모두 아동과 청소년의 성취동기와 성취행동을 이해하는 데 기여한 바가 매우 크다 (Shaffer, 1988, 1994, 2000).

1) McClelland의 성취동기이론

1938년 Henry Murray는 『성격의 탐구』라는 저서에서 성취욕구를 포함한 28가지 욕구(예를 들면, 성적 욕구, 친화욕구, 양육욕구 등)에 대해 설명한 바 있다. 그는 성취욕구를 "어떤 일을 가능한 한 빨리 그리고 잘하려는 욕망이나 경향"(p. 64)이라고 정의하였다.

McClelland와 Wesleyan 대학의 동료들은 이 책을 읽고서 성취동기의 발달에 관심을 갖게 되었다. 이들은 성취욕구를 학습된 동기로 보았고, 다른 모든 복잡한 사회적 동기처럼 특정 행동에 뒤따르는 보상과 처벌에 의해 이것이 획득된다고 보았다. 만약 아동이 독립적이고, 경쟁적이고, 성공적일 때 강화를 받고, 실패할 경우 인정받지 못한다면 그들의 성취동기는 보다 높아질 것

Henry Murray

이다. 그러나 아동이 독립적이고, 경쟁적이고, 일상생활에서 유능하도록 격려를 받지 못한다면 높은 성취욕구를 발달시키기는 쉽지 않을 것이다. 요약하면, 개인의 성취동기의 강도는 성취와 관련하여 어떤 경험을 했는가에 달려 있다. McClelland 등은 이러한 성취경험의 질은 아동이 속한 문화나 사회계층, 독립심과 성취의 가치에 대한 부모의 태도에 따라 다르다고 본다.

McClelland와 그의 동료들은 우선 성취동기를 측정할 방법을 모색하였다. 그들은 성취동기를 측정하는 방법으로 '이야기 만들기 방법(story-writing technique)'을 사용하기로 했는데, 그 이유는 사람들의 진정한 동기는 꿈이나 소망, 백일몽 등의 여러 가지 공상에 반영된다고 믿었기 때문이다. 이 방법으로 성취동기를 측정해본 결과 성취와 관련된 상상의 양에는 상당한 개인차가 있는 것으로 나타났다. 다음으로 이 측정도구의 타당도를 알아보기 위해 성취욕구수준과 성취행동과의 관계를

알아보았다. 그 결과 성취동기와 성취행동 간에는 유의한 상관이 있는 것으로 밝혀졌다. 1950년대에 실시된 여러 연구에서 성취욕구점수가 높은 대학생들은 점수가 낮은 대학생들보다 평균 학점이 높은 경향을 보여주었다(Bendig, 1958; McClelland et al., 1953; Weiss, Wertheimer, & Groesbeck, 1959). 그리고 성취욕구가 높은 사람들은 낮은 사람들보다 더 높은 지위의 직업에 종사하려는 포부를 가지고 있었다(Minor & Neel, 1958).

Max Weber

그렇다면 특정한 시기에 성취욕구가 높은 사람들이 한 사회에 많이 몰려 있으면 어떤 일이 발생할 것인가? 이 사회는 기술적 · 경제적으로 눈부신 성장을 하지 않을까? McClelland는 독일의 사회학자 Max Weber의 저서를 읽은 후 이러한 의문을 갖게 되었다. 『청교도 윤리와 자본주의 정신(The Protestant Ethic and the Spirit of Capitalism)』(1904/1930)에서 Weber는 유럽의 청교도 국가가 가톨릭 국가보다 더 생산적이고 경제적으로 더 발전했다고 주장하였다. 그는 이러한 차이를 만들어낸 원인은 '청교도 윤리', 즉 자립, 만족지연, 노동을 신성시 하는 교리에 있다고 강조하였다. 다시 말해서, 청교도의 이데올로기가 자본주의 정신의 발달을 촉진하고, 경제 생산성을 증가시켰다는 것이다. McClelland는 Weber의 이러한 주장을 자신의 성취동기이론의 기초로 하여 다음과 같은 모델을 제시하고, 국민의 평균 성취동기수준으로써 한 사회의 경제적 성장과 발달을 예측할 수 있다는 가설을 제안하였다.

| 청교도적 이데올로기 | → | 사회대행자에 의한 독립심과 성취훈련 | → | 높은 성취욕구자의 배출 | → | 경제적 성장 |

이 가설의 직접적인 검증결과는 McClelland가 매우 흥미로운 방법으로 23개국의 평균 성취욕구를 평가한 그의 저서 『성취하는 사회(The Achieving Society)』(1961)

에 잘 나타나 있다. 그는 각 국가에서 초등학생들이 사용하는 교과서(1920년대와 1950년도의 교과서)를 수집하여 앞에서 설명한 바 있는 검사에서 했듯이 성취내용이 담긴 이야기를 선별하여 채점하였다. 그가 성취욕구를 측정하기 위해 아동의 교과서를 택한 이유는 그것이 각 나라의 대중문화를 반영하고 특정한 시기에 초등학생이 경험한 성취훈련의 양을 나타내는 매우 좋은 지표라고 생각했기 때문이다. McClelland의 목표는 1920년대의 교과서에 담긴 성취내용의 양으로써 한 국가의 경제성장을 예측할 수 있는지를 알아보는 것이었다.

McClelland가 예측한 대로 1920년대에 한 나라에서 사용한 교과서에 내포된 성취내용의 양과 1929~1950년 사이의 경제성장 간에는 정적 상관(r=.53)이 있는 것으로 나타났다. 그러나 비록 이 관계가 그의 가설과 일치한다고 하더라도 경제성장의 직접적 원인이 성취욕구라고 단정하기는 어렵다. 한 가지 대안가설(rival hypothesis)은 1920년대에 이미 진행 중이던 경제성장이 국민의 성취지향성과 이후의 경제성장 모두에 영향을 미쳤을지도 모른다는 것이다. 만약 이 가설이 옳다면 1929~1950년의 경제성장은 1950년의 교과서에 담긴 성취내용의 양과 높은 상관이 있어야 한다. 그러나 이 관계는 입증되지 않았다.

요약하면, McClelland의 비교문화연구는 성취동기가 경제성장에 선행하고 한 국가의 평균 성취욕구수준이 경제성장을 예측할 수 있는 지표임을 시사해주고 있다.

2) Atkinson의 성취욕구이론

Atkinson(1964)은 인간에게는 성공하고자 하는 성향인 성공획득동기(motive to attain success: Ms)뿐만 아니라 실패를 피하려는 성향인 실패회피동기(motive to avoid failure: Mf)가 있는데, 성취행동은 두 동기의 갈등상황의 결과라고 주장한다. 성공획득동기는 어떤 일을 잘 해냈을 때에 자부심을 느끼는 것이고, 실패회피동기는 어떤 일을 잘못 하였을 때에 수치심이나 당혹감을 느끼는 것을 말한다.

Janette Atkinson

Atkinson에 의하면 한 사람이 성취활동에 접근하거나 회피하는 경향은 상반되는 두 동기의 상대적 강도에 의존한다고 한다. 새로운 도전을 기꺼이 받아들여 많은 것을 성취하려는 사람은 성공획득동기가 실패회피동기보다 훨씬 강하다고 가정할 수 있다(즉, Ms>Mf이다). 반면에 도전적 과제를 피하고 성취하지 못하는 사람들은 실패회피동기가 성공획득동기보다 더 강하다고 생각할 수 있다(즉, Mf>Ms이다). 이와 같이 Atkinson의 이론에서 성취동기와 성취행동 간의 관계는 실패회피동기의 강도에 의해 큰 영향을 받는 것으로 보인다.

Atkinson은 또한 성취행동에서 성취가치와 성취기대라는 두 가지 인지요인을 강조한다. Atkinson(1964)에 의하면, 인간이 전력을 다해 과업을 수행하는 데에는 자신이 그것을 완성할 수 있을 것이라는 기대요인과 더불어 성취에 부여하는 가치요인이 함께 작용한다고 한다. 우리는 하찮게 생각하는 목표보다 가치가 있고 중요하다고 생각하는 목표를 향해 더 많은 노력을 기울이게 된다는 것이 Atkinson의 주장이다. 즉, 한 사람이 자신이 이룰 성공에 대해 얼마 만한 가치를 부여하는가 하는 것이 성취행동의 중요한 결정요인이라는 것이다. Crandall(1967)도 같은 견해를 보이는데, 그녀에 의하면 학교공부, 운동, 취미생활, 친구사귀기 등을 포함해서 아동이 성취해야 할 분야는 수도 없이 많다고 한다. 그리고 각 분야에 따라 성취가치(achievement value)의 정도가 다르다고 한다.

한 연구(Raynor, 1970)에서 심리학입문 강의시간에 대학생들에게 성취욕구검사와 시험불안검사를 실시하였다. 또한 이들로 하여금 이 과목이 자신의 장래에 얼마나 중요하다고 생각하는지에 대해서도 평가하게 하였다. Raynor는 성취동기가 높은 학생들의 경우(즉, Ms>Mf) 이 과목이 자신의 장래에 중요하다고 생각한다면(높은 가치부여) 이 과목에서 좋은 성적을 내려고 노력할 것이지만, 반대로 실패회피동기가 높은 학생들의 경우(즉, Mf>Ms)는 이 과목을 중요하게 생각하면 할수록 오히려 좋은 성적을 내지 못할 것이라고 예측하였다. 왜냐하면 자신이 가치 있다고 생각하는 과제에서 잘못하면 어떻게 할까 하는 두려움이 학습을 방해하여 나쁜 결과를 초래하기 때문이다. 연구결과는 Raynor가 예측한 그대로 나타났다. 여기서 우리는 한 개인의 성취행동은 성취욕구뿐만 아니라 실패에 대한 두려움, 성취에 부여하는 가치에 따라 다르다는 것을 알 수 있다.

Atkinson이 강조한 두 번째 인지요인은 성취에 대한 기대이다. 우리는 목표를 달성할 가능성이 희박할 때보다 성공에 대한 기대가 높을 때에 더욱 노력하게 된다는 것이 Atkinson의 주장이다. IQ와 학업성취도와의 관계를 보면, 머리가 좋은 학생이 지능이 낮거나 보통인 학생보다 학업성적이 더 우수한 것을 알 수 있다(Shaffer, 1993). 그러나 때로는 머리가 우수한 학생이라도 성취기대가 낮은 경우 머리는 좋지 않지만 성취기대가 높은 학생보다 성적이 더 좋지 않은 경우를 볼 수 있다(Battle, 1966; Crandall, 1967; Phillips, 1984). 다시 말해서 성공이나 실패에 대한 기대수준이 성취행동을 결정하는 중요한 요인임을 말해준다. 즉, 성취기대가 높은 학생은 성적이 좋은 반면, 성취기

사진 설명 성취기대가 높은 학생은 성적이 좋은 편이다.

대가 낮은 경우 어차피 자신의 목표에 도달하지 못할 것이라고 믿기 때문에 노력을 덜 하게 된다는 것이다(Boggiano, Main, & Katz, 1988; Harter, 1988).

3) Weiner의 귀인이론

Weiner(1974, 1986)의 귀인이론에 의하면 한 개인의 성취행동은 과거의 성공과 실패를 어떻게 해석하는가와 자신이 성공 또는 실패를 통제할 수 있다고 생각하는지의 여부에 달려 있다고 한다.

Weiner는 사람들은 자신의 성공이나 실패의 원인을 ① 능력(또는 능력부족), ② 과제를 수행하는 데 기울인 노력, ③ 과제의 난이도 그리고 ④ 운의 영향(행운 또는 불운) 때문이라고 생각한다고 주장한다. 이 중 능력과 노력은 내적 원인 또는 개인의 특성이고, 과제의 난이도와 운은 외적 원인 또는 환경적 요인이다. 이 내적 요인과 외적 요인의 차원은 Crandall(1967)이 통제의 소

Bernard Weiner

재(locus of control)라고 부르는 성격차원과 유사하다.

내적 통제(internal locus of control)형의 사람들은 자신의 행동과 그 결과를 자신이 통제할 수 있다고 생각한다. 즉, 실수를 했을 경우, 다른 사람 탓이 아니라 자기 탓으로 생각한다. 그리고 학교에서 열심히 공부하면 좋은 성적을 낼 수 있다고 생각한다. 예를 들어, 기말 리포트에서 A를 받으면 그것은 자신의 뛰어난 문장력이나 열심히 노력한 결과 때문이라고 생각한다. 반면, 외적 통제(external locus of control)형의 사람들은 자신의 행동이나 그 결과는 자신의 통제 밖에 있는 것으로 운, 운명, 그 외의 다른 상황 때문이라고 생각한다.

Crandall(1967)에 의하면 내적 통제의 소재는 성취행동에 도움이 된다. 왜냐하면 내적 통제형의 사람들은 성공을 위해서 열심히 노력하면 좋은 결과를 가져올 수 있다고 믿기 때문이다. 반면, 외적 통제형의 사람들은 자신의 노력이 결과에 영향을 미친다고 생각하지 않기 때문에 성공하기 위해 노력하지 않는다.

100편이 넘는 연구물을 검토한 결과, Findley와 Cooper(1983)는 내적 통제형이 학교성적이 좋고, 학력고사 점수가 높으며, 표준화된 성취검사의 점수가 높다고 보고하였다.

그렇다면 Weiner의 귀인이론은 Crandall의 통제소재론과 어떻게 다른가? Weiner는 성취결과의 네 가지 가능한 원인은 안정성 차원에서도 각기 차이가 있다고 주장한다. 능력과 과제의 난이도는 비교적 안정적인 요인이다. 예를 들어, 오늘 언어능력이 뛰어난 사람은 내일도 그러할 것이고, 대수문제를 특히 어렵다고 생각하는 사람은 유사한 문제도 어렵다고 생각할 것이다. 반면, 노력과 운은 상황에 따라 달라질 수 있는 불안정한 요인이다. 〈표 14-1〉에서 보는 바와 같이 Weiner는 통제의 소

표 14-1 성취결과의 네 가지 원인

안정성	통제의 소재	
	내적 원인	외적 원인
안정적 원인	능력	과제의 난이도
불안정한 원인	노력	운

재와 안정성 차원에 의해 성공이나 실패의 원인을 네 가지로 분류하고 있다.

(1) 성취행동에서 안정성과 통제의 소재가 하는 기여

Weiner에 의하면, 성취행동의 귀인에서 통제의 소재와 안정성 차원을 구분하는 것은 매우 중요하다고 한다. 왜냐하면 두 차원은 각기 다른 기여를 하기 때문이다. Weiner는 성취기대를 결정하는 것은 안정성 차원이라고 주장한다. 예를 들어, 자신의 성취를 능력과 같은 안정요인에 귀인한다고 보는 사람은 앞으로도 유사한 상황에서 성공할 것이라고 확신한다. 그러나 자신의 성취를 노력이나 운과 같이 불안정요인에 귀인한다고 보는 사람은 앞으로도 그와 유사한 상황에서 성공을 기대하기는 어려울 것이다. 한편, 실패의 원인을 우리가 어찌해볼 도리가 없는 안정된 요인(예: 낮은 능력이나 과제의 난이도)에 귀인하는 것으로 본다면 앞으로 그와 유사한 과제에서 실패하리라고 예상하기가 쉽다. 그러나 실패의 원인을 불안정한 요인(예: 불운이나 게으름)에 귀인하는 것으로 본다면, 앞으로 개선의 여지가 있으므로 좋은 결과를 기대할 수 있을 것이다.

만약 안정성 차원이 성취기대를 결정한다면 통제의 소재는 어떤 역할을 하는 것인가? Weiner에 의하면 통제의 소재는 결과의 가치에 영향을 미치며 더 나아가서는 성취동기에 영향을 미친다고 한다. 성공을 능력이나 노력과 같은 내적 요인에 귀인할 수 있을 때 우리는 그것을 보다 가치롭게 여길 수 있다. 한편 실패의 원인을 내적 요인에 귀인하는 것으로 본다면 자아존중감이 손상되어 앞으로 성공을 위해서 별다른 노력을 기울이지 않을 것이다.

Weiner의 귀인이론은 성취기대와 성취가치라는 두 가지 인지요인의 중요성을 강조한다는 점에서 Atkinson의 성취욕구이론과 유사하다. 즉, Weiner의 귀인이론은 성취에 대한 기대 및 가치이론이라 할 수 있다. 통제의 소재 차원은 성공이나 실패의 가치판단에 영향을 미치는 한편 안정성 차원은 성취기대의 형성에 영향을 미친다. 이 두 요인(기대와 가치)이 합쳐져서 앞으로 성취행동을 할지 안할지를(성취동기) 결정하게 된다. 〈그림 14-1〉은 Weiner의 귀인이론에 대한 개관이다.

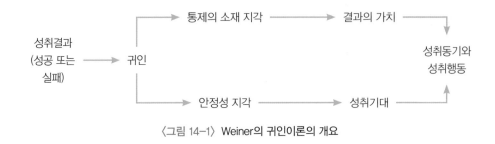

〈그림 14-1〉 Weiner의 귀인이론의 개요

(2) 성취관련 귀인에서의 연령차

Weiner의 귀인이론은 주로 성인을 대상으로 한 것이기 때문에 아동들에게 적용하기에는 적합하지 않을지 모른다. 과연 아동들도 귀인이론의 네 가지 요인을 구분할 수 있는가? 또한 성인처럼 성공이나 실패에 대해 귀인할 수 있을까? 7세 이전의 아동은 비록 과거에 반복해서 실패한 경험이 있더라도 자신이 어떤 과제에서라도 성공할 수 있는 능력이 있다고 믿는 비현실적 낙관론자이다(Stipek & MacIver, 1989). 이 아동들이 미래의 성취를 그토록 과대평가하는 이유는 무엇일까? 한 가지 가능한 이유는 이들의 소망적 사고(wishful thinking)에 기인한다. 어린 아동은 자신의 바람과 그것을 잘 해낼 수 있는 능력을 혼동하여 자신이 진정으로 원하기만 하면 성취할 수 있다고 여길 가능성이 있다(Stipek, Roberts, & Sanborn, 1984).

아동들이 미래의 성공가능성을 과대평가하는 또 다른 이유는 이들이 능력과 노력을 구분하지 못하는 데 있다. 능력이 안정된 속성임을 아직 이해하지 못하는 아동들은 능력과 노력을 혼동하여 열심히 노력하기만 하면 성공할 수 있다고 생각할지 모른다. 그러나 8~12세의 아동은 능력과 노력을 구분하기 시작하는데(Nicholls & Miller, 1984; Pomerantz & Ruble, 1997), 이것은 어쩌면 이 시기에 획득하는 구체적 조작 능력 때문인지 모른다.

그러다가 12~13세가 되면 아동들은 능력, 노력, 과제의 난이도, 운을 모두 구분할 수 있게 된다. 이 시기에는 형식적 조작 능력을 획득하게 되어 성공이나 실패의 네 가지 원인이 두 가지 추상적 차원(통제의 소재와 안정성)에 따라 어떻게 작용하는지를 이해할 수 있는 가역적 사고가 가능해진다.

4) Dweck의 무력감학습이론

Carol Dweck

Dweck(2001)과 그의 동료들(Dweck & Elliott, 1983; Dweck & Leggett, 1988)은 성취결과(특히 실패)에 대한 아동들의 반응양식에 큰 차이가 있음을 발견하였다. 어떤 아동들은 '성취지향성(mastery orientation)'을 보였는데, 그들은 성공을 자신의 능력과 결부시킨 반면 실패를 노력부족과 같은 불안정 요인에 귀인하는 것으로 보는 경향이 있었다. 그들은 능력이라는 것이 상황에 따라 변하는 것이 아닌 안정된 속성이라는 사실을 알면서도 열심히 노력하면 자신의 능력을 향상시킬 수 있다고 믿었다. 따라서 성취지향의 아동들은 이전에 유사한 과제에서 성공을 했든 실패를 했든 그에 상관없이 새로운 과제에 도전해보고자 하는 성취동기가 매우 높은 것으로 나타났다(〈그림 14-2〉 참조).

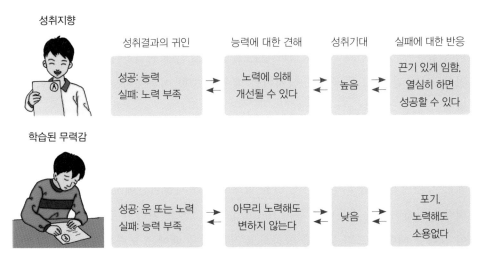

〈그림 14-2〉 성취지향과 학습된 무력감의 특성

이와는 대조적으로 다른 아동들은 '학습된 무력감 지향성(learned helplessness orientation)'을 보였는데, 이들은 자신의 성공을 노력이나 운과 같은 불안정 요인에 귀인하는 것으로 봄으로써 자신의 성공에 대해 자부심을 갖지 못했다. 반면에 자신의 실패를 능력부족과 같은 안정된 내적 요인에 귀인한다고 봄으로써 미래의 성공에 대한 기대가 낮은 것으로 나타났다. 만약 실패의 원인을 어찌해볼 도리가 없는 능력부족에 귀인하는 것으로 본다면 그와 유사한 과제에 직면할 경우 좌절하게 되고 열심히 노력할 하등의 이유가 없는 것이다. 결과적으로 아동은 시도해보지도 않은 채 무기력하게 포기하고 말 것이다(〈그림 14-2〉 참조).

여기서 중요한 것은 학습된 무력감 증후군을 보이는 아동들이 단순히 열등생은 아니라는 점이다. Dweck(1978)은 무력감을 보이는 아동의 성적이 성취지향적 아동의 성적과 동등하거나 그 이상인 경우도 있었다고 보고한다. 이와 유사한 맥락에서 Phillips(1984)는 능력 있는 5학년생을 대상으로 성취지향성을 대규모로 연구하였다. 그중 약 20%는 학업 면에서 자신의 능력을 몹시 과소평가하는 자아개념을 가지고 있었다. 이와 같이 자신의 능력을 잘못 파악하고 있는 학생들은 여러 면에서 학습된 무력감 증후군을 나타내었다. 자기능력을 정확히 지각하는 학생에 비해 자기비하적 학생은 첫째, 스스로 성취기준을 낮게 정했으며 성취기대 또한 낮았다. 둘째, 공부하는 데 끈기가 부족하다는 교사의 지적을 받았다. 셋째, 자신의 성공을 능력과 같은 안정 요인보다는 노력과 같은 불안정 요인에 귀인한다고 보는 경향이 있었다. 이와 같이 그 누구라도 심지어는 매우 유능한 아동조차도 학습된 무력감에 빠질 수 있는 것으로 보인다.

그렇다면 무력감 학습은 어떻게 이루어지는가? Dweck(1978, 2001)에 의하면 부모나 교사가 아동이 잘한 일에 대해서는 열심히 했다고 칭찬하면서 실수를 했을 때에는 아동의 능력을 의심하는 발언을 함으로써 부지불식간에 아동으로 하여금 무력감을 학습하도록 만든다고 한다(Heyman et al., 1992). 따라서 부모나 교사는 아동이 잘했을 때에는 그의 능력을 칭찬하고 잘못 했을 때에는 노력부족이라고 말해줌으로써 아동으로 하여금 자신이 노력하기만 하면 잘할 수 있다는 성취지향성을 심어주도록 한다.

Dweck과 그의 동료들(1978)은 5학년생에 대한 교사의 평가양식을 관찰한 결과 학생에 따라 그들의 평가방식이 다름을 발견하였다. 어떤 학생에게는 성취지향으로 이끄는 평가를 한 반면, 다른 학생에게는 학습된 무력감 지향으로 이끄는 평가를 하였다.

학습된 무력감에 한번 빠지기 시작하면 이것은 오랜 기간 동안 지속되어 끝내는 아동의 학습능력에 큰 손상을 주게 된다(Fincham, Hokoda, & Sanders, 1989). 학습된

학업성취도와 COVID-19

2020년 COVID-19 팬데믹 상황에서 바이러스 확산을 막기 위해 미국을 비롯한 여러 나라에서 학교를 폐쇄하고 대면수업에서 비대면수업으로 전환하였는데, 비대면수업에서는 효율적인 학습이 이루어지지 못했다.

학교폐쇄는 특히 빈곤 아동, 감각장애(시각장애 또는 청각장애), 학습장애 아동들에게 부정적인 영향을 준 것으로 나타났다(Ozudogru, 2021). 예를 들면, 저소득층 아동은 컴퓨터나 인터넷 접근성이 떨어졌고, 시각장애나 청각장애가 있는 아동 또는 학습장애나 ADHD 아동들은 대면수업에서보다 온라인 수업에서 효율적인 학습이 이루어지지 못했다(Dudovitz et al., 2022). 학교폐쇄는 또한 아동의 영양문제도 초래할 수 있다. 많은 학생들이 하루에 필요한 칼로리 양의 50% 정도를 학교에서 공급받아 왔는데, 저소득층 아동들은 COVID-19 팬데믹 이전 수준의 영양섭취가 불가능해졌다. 사회적 거리두기와 마스크 착용 일상화로 인해 팬데믹 현상은 아동의 사회정서발달과 교우관계에도 부정적인 영향을 미치는 것으로 보인다 (Kranz, Steiner, & Mitchell, 2022).

한편, COVID-19 팬데믹을 거치며 전세계 국가들의 학업성취도가 일제히 추락한 가운데 한국은 예년 수준을 유지한 것으로 밝혀졌다. OECD가 공식 발표한 2022년도 국제 학업성취도 평가 결과에 의하면 한국 학생들은 모든 영역에서 OECD 평균보다 높은 점수를 기록한 것으로 나타났다. 이러한 결과에 대해 한국의 공교육 현장이 비대면수업에 빠르게 적응한 영향이라는 분석이 있다. 반면, COVID-19로 등교수업이 정상적으로 이루어지지 못함으로써 보통학력 이상 비율은 감소하고, 기초학력 미달 비율은 증가하는 등 학생들의 학업성취도가 떨어졌다는 사실이 우리나라 국가 공식지표로 확인된 바 있다. 뿐만 아니라 2022년 학생정신건강 실태조사에 의하면 학생들의 우울감, 불안감은 높아지고 교사 및 교우관계는 멀어진 것으로 나타났다.

무력감을 보이는 아동이 자신이 실패한 과제에 보다 끈기 있게 임하도록 하려면 어떻게 해야 하는가? Dweck에 의하면, 이런 아동들로 하여금 자신의 실패의 원인이 능력부족과 같은 안정 요인이 아니라 노력부족과 같은 불안정 요인이라고 생각하게끔 하는 귀인 재교육(attribution retraining)이 가장 효율적인 치료방법이라고 한다. 또 다른 방법은 수업시간에 새로운 주제를 가르칠 때에 보다 이해하기 쉽고 분명하게 설명해주는 것이다. 한 연구(Licht & Dweck, 1984)에서 이런 방식으로 수업을 진행한 결과 학습된 무력감을 보이는 아동이 새로운 주제에 대해 이해하는 정도가 향상된 것으로 나타났다. 그러나 가장 중요한 것은 학습된 무력감을 보이는 아동을 사후에 치료하는 것보다 이를 사전에 예방하는 것이다.

3. 불안수준과 성취행동

Charles Spielberger

Atkinson(1964)에 의하면 지나치게 높은 수준의 불안은 성취행동에 부정적인 영향을 미친다고 한다. 불안은 정의하기가 쉽지 않은 개념이지만, 심리학에서 널리 사용되는 용어 중의 하나이다. 대부분의 심리학자들은 불안은 무슨 나쁜 일이나 괴로운 일이 곧 일어나리라 생각되는 기분 좋지 않은 상태라는 것에 동의한다(Sarason & Spielberger, 1975).

그러나 불안은 역기능적 역할뿐만 아니라 순기능적 역할도 하기 때문에 성취불안을 완전히 제거하려는 노력은 바람직한 목표가 아니다. 예를 들면, 적정 수준의 불안은 오히려 아동이나 청년으로 하여금 성취행동을 하게 한다. 어떤 철학자들은 심지어 불안이야말로 사회적 진보에 절대적으로 필요한 활력소라고 주장한다.

이와 같이 불안은 성취행동을 조장하기도 하고 저해하기도 한다. 불안과 성취행동과의 관계를 연구하기 위해 Spielberger, Gorsuch 그리고 Lushene(1970)은 특성불안과 상태불안을 측정하는 도구를 개발하였다.

여기서 특성불안이라 함은 시간과 상황에 상관없이 항상 일정 수준의 불안감을 느끼는 것을 의미하고, 상태불안이라 함은 특정상황에 따라 불안감이 나타났다 사라졌다 하는 것을 말한다. 특성불안은 어떤 상황에 대해 "일반적으로 어떻게 느끼는가"라는 질문으로 측정되고, 상태불안은 어떤 상황에 대해 "바로 지금 어떻게 느끼는가"라는 질문으로 측정된다. 따라서 어떤 청년의 경우 상태불안은 높지만 특성불안은 낮을 수 있다.

연구결과(Spielberger, 1966), 특성불안은 성취행동과 별로 관련이 없지만, 상태불안은 관련이 있는 것으로 보인다. 상태불안과 성취행동과의 관계는 곡선 관계이다. 〈그림 14-3〉에서 보는 바와 같이 불안수준이 중간 정도일 때 성취행동이 극대화되고, 불안수준이 너무 낮거나 높으면 성취행동이 낮아진다.

대부분의 과제에서 불안수준과 성취행동 간의 관계는 곡선관계지만 양자 간의 관계의 정확한 양상은 과제의 난이도에 달려 있다. 가령 초인종을 누르거나 서명을 하는 것과 같은 매우 단순한 과제에서 불안의 적정수준은 〈그림 14-4〉에서 보는 바와 같이 매우 높아야 한다. 반면, 자동차 운전을 처음 배우거나 공장에서 위험한 기계를 조작하는 등의 복잡한 과제에서는 불안의 적정수준이 매우 낮다.

Meichenbaum, Turk 그리고 Burstein(1975)은 불안에 대처하는 책략을 몇 가지 소개하였는데, ① 근육이완과 호흡운동, ② 긍정적 사고를 통한 인지적 통제, ③ 환경을 통제할 줄 아는 사회적 기술의 습득 등이 그것이다.

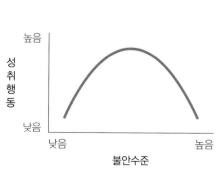

〈그림 14-3〉 불안수준과 성취행동과의 관계

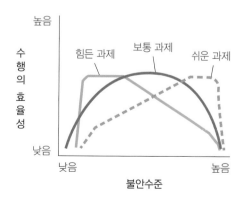

〈그림 14-4〉 과제의 난이도에 따른 불안의 적정수준

4. 자기효능감과 성취행동

Dale Schunk

자기효능감이란 자신이 어떤 일을 훌륭히 해낼 수 있다는 개인적 신념이다. Schunk(2001, 2004, 2012, 2020)는 자기효능감의 개념을 성취행동에 적용하였다. 자기효능감이 낮은 사람들은 어려운 과제를 쉽게 포기하는 반면, 자기효능감이 높은 사람들은 어려운 과제라도 많은 시간을 소요하고 더 많은 노력을 해서라도 그 과제를 해결하고자 한다. Collins(1982)는 한 연구에서 학생들을 수학능력수준별로 상중하의 세 집단으로 나누고 각 집단별로 수학에 대한 자기효능감이 높은 학생들과 낮은 학생들의 문제해결수준을 연구하였다. 연구자는 수업이 끝난 후 학생들에게 새로운 문제를 풀게 하고, 틀린 문제를 다시 풀게 하였다. 연구결과 모든 집단에서 수학능력은 문제해결과 상관이 있었지만 수학에 대한 자기효능감이 높은 학생들이 낮은 학생들보다 수학문제를 보다 정확하게 풀었고 실수한 문제를 풀 때도 더 열심히 하는 것으로 나타났다. Pajares와 Miller(1994) 또한 수학문제를 푸는 상황에서 자기효능감이 수학적 자아개념이나 수학관련 선행 경험보다 문제해결 능력을 더 잘 예측할 수 있음을 밝혀 자기효능감의 중요성을 강조하였다. 중 · 고등학생을 대상으로 한 또 다른 연구(Zimmerman, Bandura, & Matinez-Pons, 1992)에서도 자기효능감은 학업성취와 관련이 있는 것으로 나타났다. 교사의 자기효능감 또한 아동과 청년의 성취행동에 영향을 미친다(Pintrich & Schunk, 2002). 자기효능감이 낮은 교사는 학업에 문제가 발생했을 경우 스트레스를 받고 곤경에 빠지며 교사라는 직업에 회의를 느낌으로써 아동과 청년의 학습의 질에 부정적인 결과를 초래한다 (Melby, 1995).

우리나라 도시와 농촌의 중학생을 대상으로 한 연구(김의철, 박영신, 1999)에서도 심리특성을 측정하는 여러 변인들 가운데서 자기효능감은 학업성적과 높은 상관을 보였다. 그리고 우리나라 고등학생을 대상으로 한 연구(Park & Kim, 1999)에서도 자기효능감은 학업성취와 관련이 있는 것으로 나타났다.

Bandura(1994)는, 자기효능감과 성취행동과의 관계는 성취에 대한 자기효능감의 근원과 매개과정으로 나누어서 살펴보아야 한다고 주장한다.

1) 성취에 대한 자기효능감의 근원

성취에 대한 자기효능감은 다음과 같은 네 가지 주요 근원으로부터 형성된다.

(1) 성공경험(Mastery Experiences)

자기효능감을 형성하는 가장 효율적인 방법은 성공적인 수행경험을 통해서 이루어지는 것이다. 성공적인 수행은 자기효능감에 대한 강한 신념을 형성해주지만, 반복적인 실패는 자기효능감을 약화시킨다. 특히 자기효능감이 강하게 형성되기 이전에 실패를 경험한 경우에 그리고 실패가 노력의 부족이나 외적 환경에 기인한 것이 아닌 경우에 자기효능감은 더욱 약화된다.

그러나 비록 성공적인 수행경험이 자기효능감을 형성하기 위한 효율적인 방법이라 하더라도, 수행에서 성공했다고 해서 반드시 자기효능감이 향상되는 것은 아니며 수행에서 실패했다고 해서 반드시 자기효능감이 저하되는 것도 아니다. 쉽게 얻은 성공은 성급하게 결과를 기대하고 실패 때문에 낙담하게 되는 결과를 초래할 수도 있다. 탄력성 있는 자기효능감을 형성하기 위해서는 지속적인 노력을 통해 좌절을 극복하는 경험을 해야 한다. 어떤 곤경과 좌절은 성공하기 위해서는 지속적인 노력이 필요하다는 사실을 가르쳐준다. 자신이 수행에서 성공하는 데 필요한 능력을 가지고 있다는 확신을 하게 되면, 역경에 처했을 때 오래 견디며 장애에 직면해서도 난관을 극복하게 된다. 또한 시련을 통해 장애를 견딤으로써 이후 역경에 직면해서 더 강해지게 된다.

(2) 대리경험(Vicarious Experiences)

자기효능감을 강화시키는 두 번째 방법은 사회적 모델이 제공하는 대리경험을 통해서 얻어지는 것이다. 사람들은 사회비교적인 추론을 통해 자신의 능력을 판단한다. 우리는 다른 사람이 어떤 과제를 성공적으로 수행하는 것을 보게 되면 우리 자신도 그렇게 할 수 있는 것으로 생각하는 경향이 있다. 자신과 능력이 비슷하다고 생각하는 사람들일 경우 더욱 그러하다. 마찬가지로 자신과 능력이 비슷하다고 생각하는 다른 사람들이 많은 노력에도 불구하고 실패하는 것을 보게 되면, 자신의 능력에 대한 자신이 없어지고 따라서 노력을 덜 하게 된다(Brown & Inouye, 1978). 자신과 모델과의 유사성이 크다고 여길수록 모델의 성공과 실패가 자기효능감 판단에 미치는 영향력은 커지게 된다. 만일 자신과 모델이 매우 다르다고 여긴다면, 자신의 효능감에 대한 신념은 모델의 행동과 모델이 생산해낸 결과에서 별로 영향을 받지 않을 것이다.

모델링은 한 개인이 자신의 능력을 평가하는 사회적 기준을 제공한다는 것 이상의 영향력을 지닌다. 사람들은 자신이 열망하는 유능성을 지닌 유능한 모델을 추구한다. 그리고 유능한 모델은 자신의 행동이나 사고의 표현방식을 통해 지식을 전달하고 효율적인 기술과 전략들을 가르친다. 효율적인 수단의 획득은 자기효능감을 증진시킨다.

(3) 사회적 설득(Social Persuasion)

사회적 설득은 사람들로 하여금 자신이 추구하는 것을 성취할 능력이 있다는 믿음을 강화시켜주는 수단을 제공해준다. 어떤 일을 함에 있어서 누군가가 우리에게 잘할 수 있다고 격려를 해주면 대부분의 경우 더 잘하게 된다. 물론 격려의 말을 듣는다고 해서 지나치게 어려운 과제를 언제나 성공적으로 수행할 수 있는 것은 아니다. 그러나 격려의 말은 어떤 일을 하는 데 우리로 하여금 더 많은 노력을 기울이게 함으로써 도움이 된다.

하지만 사회적 설득을 통해 높은 자기효능감을 유지시키는 일은 자기효능감을 약화시키는 것보다 더 어려운 일이다. 자기효능감에 대한 비현실적인 격려는 자신이 한 노력에도 불구하고 실망스러운 결과가 나올 경우 곧바로 부당한 것으로 판명된다. 그런가 하면 자신이 무능하다는 말을 계속해서 들어온 사람들은 자신의 잠재력을 신장시킬 수 있는 도전적인 활동을 회피하고, 어려움에 직면하면 쉽게 포기해 버리는 경향이 있다. 자기효능감에 대한 불신은 자신이 할 수 있는 활동을 제한하고 성취동기를 저하시킬 뿐 아니라 그러한 자신의 행동을 정당화한다.

(4) 생리적 상태와 정서적 상태(Somatic and Emotional States)

사람들은 또한 자신의 능력을 판단할 때 생리적 상태와 정서적 상태의 영향을 받는다. 체력과 스태미너를 요하는 활동에서 사람들은 피곤함, 통증, 고통 등을 느끼면, 이것을 신체적 비효능감의 지표로 생각한다. 자기효능감에 대한 생리적 지표는 특히 건강과 체력 및 지구력을 요하는 활동에서 중요한 역할을 한다. 우리는 어떤 일을 함에 있어서 스트레스를 받거나 긴장을 하게 되면, 그 과

제가 우리에게 너무 어려운 것으로 해석할 수 있다. 같은 생리적 징후에도 사람들은 가끔 다른 반응을 보인다. 예를 들어, 400m 경주를 하기에 앞서(사진 참조), 불안감을 가진 소녀는 자신의 불안감을 너무 긴장한 탓에 잘 달릴 수 없을 것으로 해석하는가 하면, 또 다른 소녀는 같은 생리적 징후를 "전의가 불타고" 있는 것으로 해석한다. 후자의 소녀는 이미 최선을 다 할 준비가 되어 있는 것이다.

정서적 상태 역시 개인의 자기효능감에 대한 판단에 영향을 미친다. 긍정적 정서상태는 자기효능감을 높게 지각하게 만들지만 부정적인 정서는 그와 반대가 되게 한다. 따라서 자기효능감을 증진시키는 네 번째 방법은 스트레스 수준을 감소시키고, 부정적 정서상태에 쉽게 빠지는 성향을 바꾸고, 신체적 상태에 대한 그릇된 지각을 정정하는 방법이다. 그러나 중요한 것은 단순한 신체적·정서적 상태 그 자체가 아니라 사람들이 그것을 어떻게 지각하고 해석하는가 하는 것이다. 높은 자기효능감을 지닌 사람들은 부정적 정서상태에서도 의욕을 불태우는 반면, 낮은 자기효능감을 지닌 사람들은 부정적 정서상태에서는 의기소침해진다.

2) 성취에 대한 자기효능감의 매개과정

성취에 대한 자기효능감은 다음과 같은 네 가지 주요 매개과정을 통해서 형성된다.

(1) 인지적 과정

인지적 과정에 대한 자기효능감의 효과는 여러 가지 형태로 나타난다. 개인적인

목표설정은 자신의 능력을 어떻게 평가하느냐에 달려 있다. 즉, 자기효능감을 높게 지각할수록 목표를 높게 설정하고 그 목표를 실현시키고자 하는 결의도 확고하다(사진 참조). 대부분의 행동은 처음에는 사고의 형태로 구성된다. 자기효능감은 자신이 구상하는 예상된 시나리오를 구체화한다. 자기효능감이 높은 사람들은 긍정적인 결과를 초래하는 성공 시나리오를 상상하고 그에 걸맞은 노력을 한다. 반면, 자기효능감이 낮은 사람들은 실패 시나리오를 상상하고 일이 잘 안 풀릴 수만 가지 생각에 골몰한다. 자신에 대한 회의와 싸우면서 많은 것을 성취하기란 어려운 일이다(Krueger & Dickson, 1994).

거듭되는 실패나 좌절에도 아랑곳없이 과제지향성을 유지하기 위해서는 강한 자기효능감을 필요로 한다. 매우 힘든 상황에서 어려운 과제에 직면하게 되면 자기효능감에 회의적인 사람들은 점점 성취동기가 낮아지고 수행의 질도 떨어지게 된다. 반면, 자기효능감을 탄력성 있게 유지하는 사람들은 도전적인 목표를 설정하고 그 목표를 달성하기 위한 노력을 하게 된다.

(2) 동기적 과정

대부분의 성취동기는 인지적인 형태로 유발된다. 사람들은 미래를 예상함으로써 스스로를 동기화하고 자신의 행동을 예상한 대로 이끈다. 사람들은 자신이 무

엇을 할 수 있는가에 대한 신념을 형성하고, 자신을 위한 목표를 설정하고, 가치 있는 미래를 실현하기 위한 계획을 세운다. 이때에 자기효능감은 성취동기의 인지적 자기규제에 있어 중심적인 역할을 한다. 인지적 동기유발인자에는 세 가지 유형이 있는데, 원인귀인(causal attribution), 결과기대(outcome expectancies), 인식된 목표 (cognized goals)가 그것이다. 자기효능감은 이 세 가지 인지적 동기에서 다양하게 작용한다.

첫째, 자기효능감은 여러 연구들(Chwalisz, Altmaier, & Russell, 1992; Grove, 1993; Silver, Mitchell, & Gist, 1995)에서 성취에 대한 귀인의 효과를 매개하는 것으로 나타났다. 자기효능감이 높은 사람들은 자신의 실패를 노력부족으로 귀인시키는 반면, 자기효능감이 낮은 사람들은 자신의 실패를 능력부족으로 귀인시킨다.

둘째, 기대가치이론에 의하면, 동기는 어떤 행동이 어떤 결과를 초래할 것이며, 그 결과의 가치는 어떠할 것인가라는 기대에 의해 규정된다고 한다. 기대가치이론은 어떤 행동이 어떤 결과를 보장할 수 있다는 기대가 높고, 그러한 결과들이 가치 있는 것이라고 여겨질수록 어떤 행동을 수행하기 위한 동기가 더욱 높아진다고 가정한다. 결과에 대한 기대가 수행동기를 예측한다는 연구결과들도 많이 볼 수 있다 (Feather, 1982; Schwab, Olian-Gottlied, & Heneman, 1979). 그러나 사람들은 있음직한 수행결과에 대한 신념뿐만 아니라 자신이 할 수 있는 것에 대한 신념에 따라 행동한다. 따라서 결과기대에 대한 동기적 영향력은 부분적으로 자기효능감에 의해 좌우된다. 어떤 일을 잘 해냈을 경우 가치 있는 결과가 보장되는 일은 많지만 자신에게는 그 일을 해낼 수 있는 능력이 없다고 판단하기 때문에 포기하는 경우가 무수히 많다. 미술대회에서 입상하는 것은 사회적 인정과 자기만족의 결과를 제공할 것이라고 기대하지만, 자신의 미술 실력이 그것을 성취할 만큼 뛰어나지 못하다고 생각해서 미술대회에 나가는 것조차 포기하는 아동이 그 예가 될 수 있다(사진 참조).

셋째, 명백하고 도전적인 목표는 성취동기를 강화하고 유지시킨다(Locke & Latham, 1990). 목표설정에 기초한 동기는 인지적 비교과정을 포함한다. 사람들은 자신이 설정한 목표를 달성할 때까지 계속해서 노력할 수 있도록 스스로를 격려한다. 그들은 가치 있는 목표를 달성함으로써 자기만족을 추구하고 수준 이하의 수행에는 만족을 하지 못하기 때문에 노력을 한층 강화한다. 자기효능감은 여러 가지 방식으로 성취동기에 영향을 미친다. 자기효능감은 자신을 위해 어떤 목표를 설정하고, 얼마나 많은 노력을 기울이며, 어려움에 처해서는 얼마나 오래 인내할 것인지, 그리고 실패할 경우 얼마나 탄력적으로 대처할 것인지를 결정지어준다. 자기효능감이 낮은 사람들은 장애와 실패에 직면했을 때 노력을 게을리하고 쉽게 포기하지만 자기효능감이 높은 사람들은 실패했을 때에 더욱더 많은 노력을 기울인다.

(3) 정서적 과정

자기효능감은 성취동기의 수준뿐만 아니라 어려운 상황에서 경험하게 되는 스트레스와 우울증에도 영향을 미친다. 낮은 자기효능감은 우울증과 불안감을 야기할 수 있다. 자신이 설정한 목표를 달성할 수 있는 능력이 부족하다고 느끼면 사람들은 우울증에 빠진다. 사회적 효능감 또한 우울증과 관련이 있다. 사회적 효능감이 높다고 생각하는 사람들은 만성적 스트레스 요인의 악영향 등을 완화시켜주고 자신의 삶에 만족을 초래할 수 있는 사회적 관계를 추구하지만, 사회적 효능감이 낮다고 생각하는 사람들은 사회적 고립을 초래함으로써 우울증에 빠지게 된다.

정서적 과정에서의 자기효능감은 또한 건강에 영향을 미치는 생물학적 체계와도 관련이 있다. 스트레스는 건강에 직접적인 영향을 미치는 요인이다. 문제가 되는 것은 스트레스 자체가 아니라 스트레스에 대처할 수 없다는 무력감이다. 자기효능감이 높은 사람은 스트레스를 받더라도 그에 잘 대처하기 때문에 생물학적 체계가 별 영향을 받지 않지만, 자기효능감이 낮은 사람은 스트레스를 받게 되면 면역체계가 손상되어 발병하기 쉽다. 자기효능감이 높은 사람들은 또한 건강을 해치는 생활습관을 개선하고 건강을 증진시키는 생활습관을 채택하는 경향이 있다.

(4) 선택적 과정

우리 인간은 환경의 산물이다. 자기효능감은 사람들이 선택하는 환경과 활동의 종류에 영향을 미침으로써 궁극적으로는 그들이 살아갈 인생의 과정에 영향을 미친다. 사람들은 자신의 능력이 미치지 못한다고 믿는 활동이나 상황을 피하려는 경향이 있다. 자기효능감이 높으면 높을수록 사람들은 더욱더 도전적인 활동을 선택한다. 자신이 무엇을 선택하느냐에 따라 인생의 방향을 결정지을 수 있는 각기 다른 능력과 가치관과 사회적 관계망이 형성된다.

선택적 과정을 통해 인생의 과정에 영향을 미치는 자기효능감의 힘은 직업선택과 발달에 관한 연구에서 가장 잘 나타나고 있다(Betz & Hackett, 1986; Lent & Hackett, 1987). 사람들은 자기효능감이 높을수록 직업선택에서 더 많은 가능성을 고려하고, 더 많은 관심을 보이며, 그들이 원하는 직업에 필요한 교육을 받고 그리고 그 직업에서 성공할 가능성도 크다. 한 개인의 직업은 여러 가지 면에서 그 사람의 인생에 영향을 미친다. 즉, 직업은 인간발달의 모든 측면과 연결되어 있다. 개인의 지적, 신체적, 사회적, 정서적 요인은 개인의 직업에 영향을 미치고, 개인의 직업 또한 삶의 모든 영역에 영향을 미친다.

5. 성취행동과 관련요인

성취행동에 영향을 미치는 요인으로는 부모의 양육행동, 출생순위와 가족의 크기, 사회계층, 사회문화적 요인, 성취행동에서의 성차 등이 있다(Shaffer, 2000).

1) 부모의 양육행동

자녀의 성취동기를 높이기 위해서는 자녀를 어떻게 양육해야 하는가? McClelland 등은 『성취동기』(1953)에서 부모가 자녀에게 독립심과 자립심을 강조하면 자녀의 성취동기가 높아진다고 주장했는데, 이러한 주장은 연구결과 사실임이 입증되었다.

몇몇 연구(Cassidy & Lynn, 1991; Grolnick & Ryan, 1989; Grolnick, Gurland, DeCourcey, & Jacob, 2002; Joussemet, Koestner, Lekes, & Landry, 2005; Winterbottom, 1958)에서 자녀의 독립심을 길러주는 부모의 격려와 자율성에 대한 지지가 자녀의 성취동기와 정적인 상관이 있는 것으로 나타났다.

Rosen과 D'Andrade(1959)는 이에 덧붙여 직접적인 성취훈련(아동이 하는 일을 잘하도록 격려하는 것)이 적어도 독립심훈련(아동이 하는 일을 자기 식대로 하도록 격려하는 것)만큼이나 성취동기의 발달에 중요하다는 제안을 하였다. 이 가설을 검증하기 위해 연구자들은 사전검사에서 성취동기가 높거나 낮은 것으로 나타난 9~11세의 남아의 가정을 방문하여 그들에게 어려우면서도 좌절감을 안겨주는 과제―예컨대, 눈을 가린 채 한 손으로만 불규칙한 모양의 탑을 쌓기―를 주었다. 남아들이 가정에서 어떤 독립심훈련과 성취훈련을 받는지 알아보기 위해, 연구자들은 부모들에게 아들이 과제를 수행할 때 지켜보면서 원한다면 격려나 제안을 해달라고 부탁하였다. 그 결과는 명백하였다. 성취동기가 높은 아동의 부모는 아들에게 더 높은 기준을 설정하였고 수행의 질에 관심을 보였다. 그들은 도움이 되는 힌트를 많이 주었고 수행기준에 맞는 행동을 할 때 즉시 아들을 칭찬하였다. 반면, 성취동기가 낮은 아동의 부모(특히 아버지)는 독립심훈련이나 성취훈련 어느 것도 강조하지 않았다. 그들은 아들에게 과제수행 방법을 자주 일러주면서도 막상 아들이 잘못했을

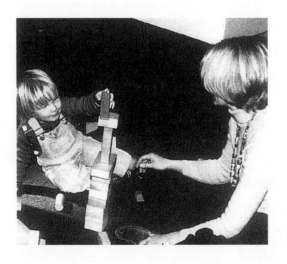

때에는 오히려 짜증을 내었다. 결과적으로 성취동기가 높은 아동들은 낮은 아동들보다 과제를 더 잘 수행했고, 심지어 그것을 즐기는 것으로 보였다. 따라서 자녀가 자신의 방식으로 문제를 해결하고 잘하도록 부모가 격려할 때(가끔 힌트를 주면서) 자녀의 자립심, 성취동기, 성취행동이 발달하게 된다(사진 참조).

여기서 자녀의 수행에 뒤따르는 칭찬이나 벌주기의 중요성을 강조할 필요가 있다. 성취동기 수준이 높은 자녀의 부모들은 자녀가 잘

했을 때에는 칭찬을 하지만 실패에 대해서는 지나치게 야단을 치지 않는다. 반면, 성취동기 수준이 낮은 자녀의 부모들은 자녀의 성취를 당연하게 여겨 성공에는 덤덤하게 반응하면서 실패에 대해서는 심하게 꾸짖는 경향이 있다(Burhans & Dweck, 1995; Teeven & McGhee, 1972).

성취동기가 높은 자녀의 부모들은 다음과 같은 특성을 가지고 있다. 첫째, 애정적, 수용적이고, 자녀의 성취에 대해 즉각적인 반응(칭찬)을 보인다. 둘째, 자녀가 해서는 안 되는 행동에 대한 기준을 설정해서 단호하게 통제한다. 셋째, 자녀의 독립심과 자율성을 강조한다. Baumrind(1973)는 이러한 특성을 가진 부모들을 '권위 있는 부모(authoritative parenting)'라고 명명했는데, 이런 부모의 자녀들(아동과 청소년)은 성취동기 수준이 높고 학업성취도 또한 높은 것으로 나타났다(Glasgow et al., 1997; Lamborn et al., 1991; Lin & Fu, 1990; Steinberg, Elmen, & Mounts, 1989).

부모자녀 간에 행해지는 의사소통의 측면에서 보면, 부모자녀 간의 양방향적인 의사소통은 일방적 의사소통보다 자녀의 성취동기에 더욱 효과적이다. 자녀 중심적이고 상호작용이 이루어지며 부모와의 의사소통이 자유로운 가정에서 자라는 자녀는 부모 중심적이고 일방향적 의사전달이 이루어지는 폐쇄적 가정의 경우에 비해 보다 높은 성취동기를 가지는 것으로 나타났다(박성주, 1986). 부모가 자녀의 행동을 통제할 때 사용하는 언어 또한 아동의 성취동기 수준에 영향을 미칠 수 있다(최경순, 정현희, 1998). 부모가 아동의 행동을 통제할 때 아동에게 타당한 근거를 제시하지 않고 부모의 권위와 지위에 입각해서 복종할 것을 강요하는 경우, 아동의 성취동기는 낮아지게 된다. 이러한 연구결과들은 부모자녀 간의 의사소통이 자녀의 성취동기에 중요한 역할을 하고 있음을 보여준다(홍성흔, 도현심, 2002).

아동과 그들의 아버지를 대상으로 아버지의 자녀양육 참여도와 아동의 성취동기와의 관계에 대해 살펴본 연구(성수현, 1996)에 의하면, 아버지의 자녀양육 참여도와 아동의 성취동기와의 관계는 매우 유의한 상관관계가 있는 것으로 나타났는데, 아버지의 자녀양육 참여도가 높을수록 아동의 성취동기도 높다는 것을 알 수 있었다. 그리고 아버지의 자녀양육 참여도의 하위영역 중 여가활동이 아동의 성취동기에 가장 큰 영향을 미치는 것으로 나타났다.

2) 출생순위와 가족의 크기

출생순위도 성취행동과 관련이 있다. 맏이가 다른 형제들에 비해 성취욕구가 높고, 교육에 대한 열망수준도 높다. 실제로 장남장녀 중에 저명인사가 많다(Bradley, 1968; Glass, Neulinger, & Brim, 1974; Paulhus, 2008; Paulhus & Shaffer, 1981; Zajonc & Mullally, 1997).

출생순위 및 가족의 크기와 성취행동 간의 관계는 '부모의 사회화 가설'과 '정신적 중재 가설'로 설명해볼 수 있다. 첫째, '부모의 사회화 가설(parental socialization hypothesis)'은 맏이와 소규모 가족의 자녀는 둘째 이후나 대가족의 자녀보다 부모로부터 더 직접적인 성취훈련을 받는다고 주장한다. 이 가설과 일치되는 한 가지 발견은 부모가 맏이에게 더 높은 성취를 기대한다는 사실이다(Baskett, 1985). 이러한 기대가 자녀에 대한 성취훈련에 영향을 미치는 것일까? 분명히 그렇다. Bradley와 Caldwell(1984)은 HOME[1] 측정도구를 사용해서 맏이의 초기 가정환경이 둘째 이후보다 더 도전적이고 자극적인 것임을 발견하였다. Rothbart(1971)는 5세 자녀가 일련의 성취과제를 수행할 때 어머니들에게 그 모습을 지켜보도록 하였다. 이 자녀들 중 반은 맏이였고 반은 둘째였다. 또한 가족의 크기를 통제하기 위해 연구대상은 자녀의 수가 두 명이며 두 자녀의 성별이 동일한 경우로 제한하였다. 연구결과, 어머니들은 첫째든 둘째든 출생순위에 상관없이 동일한 양의 시간을 자녀와 함께 보냈지만 상호작용의 질에는 차이가 있었다. 즉, 어머니들은 맏이에게 더 상세하게 설명을 해주었고, 성취압력을 더 많이 가했으며 얼마나 잘 해낼지를 더 많이 염려하였다. 그 결과 맏이들은 거의 대부분의 과제에서 더 높은 점수를 얻었다. 확실히 이러한 결과는 맏이가 부모로부터 더 직접적인 성취훈련을 받는다는 가설과 일치하는 것이다.

둘째, '정신적 중재 가설(mental mediation hypothesis)'은 Belmont와 Marolla(1973)

---

1) HOME(Home Observation for Measurement of the Environment)은 Caldwell과 Bradley(1984)에 의해 개발된 측정도구로서 관찰과 부모면접을 통해 아동의 가정환경의 질을 측정한다.

의 놀랄 만한 연구결과를 설명하기 위해 Zajonc(1975; Zajonc & Mullally, 1997)가 제안한 가설이다. Belmont와 Marolla는 40만 명에 가까운 네덜란드 군인들의 기록을 분석한 결과 사회계층을 통제하고 나서 가족의 크기가 지능지수에 유의한 영향을 미친다는 사실을 발견하였다. 머리가 가장 좋은 군인들은 소가족 출신이었다. 가족의 크기가 같은 경우만을 비교했을 때에는 출생순위의 효과가 나타났다. 즉, 첫아이가 둘째 아이보다 더 우수하고, 둘째가 셋째보다, 셋째가 넷째보다 더 우수한 것으로 나타났다. 이러한 결과는 네덜란드 군인뿐만 아니라 다른 여러 나라에서도 반복검증되었다(Zajonc et al., 1979).

Robert Zajonc

　Zajonc는 출생순위와 가족의 크기의 효과에 대해 매우 흥미 있는 설명을 하고 있다. 그의 정신적 중재 가설에 의하면, 아동의 지적 발달은 한 집에 사는 다른 모든 가족의 평균적 지적 수준에 달려 있다고 한다. 맏이는 다른 아동과 비교했을 때 일반적으로 지적 수준이 높은 어른들만 있는 환경에 노출된다는 점에서 유리한 입장에 있다. 반면, 둘째 아이는 부모뿐만 아니라 지적으로 덜 성숙한 손위 형제와 함께 있다는 점에서 덜 자극적인 지적 환경에 접하게 된다. 물론 셋째와 넷째 아이는 더 불리하다. 따라서 둘째 이후나 대가족 출신의 아동은 맏이나 소규모 가족 출신의 아동에 비해 아이들 수준의 유치한 정신세계에서 더 많은 시간을 보내고, 어른들과는 상호작용을 덜 하게 되고, 자신의 지적 잠재력을 최대로 발휘할 기회가 적기 때문에 성취행동을 덜 하게 된다는 결론을 내릴 수 있다(Zajonc, 1975; Zajonc & Mullally, 1997).

　HOME 측정도구를 사용한 연구(Bradley & Caldwell, 1984; Gottfried et al., 1994)에서 한 가정의 지적 분위기는 가족의 크기와 반비례한다는 결과가 나왔는데, 이것은 정신적 중재 가설을 지지하는 것이다. 그러나 이 가설이 항상 옳은 것만은 아니다. 예를 들어, 한부모 가정의 아동이 양친부모 가정의 아동보다 항상 지적 수준이 더 낮거나 학업성취도가 떨어지는 것은 아니며(Duncan et al., 1994; Entwisle & Alexander, 1990), 네 명의 성숙한 어른(양친부모와 조부모)이 있는 가정의 아동이 부모만 있는 가정의 아동보다 지적 수준이 더 높지도 않았다(Brackbill & Nichols, 1982). 결론적으로 말해서 출생순위와 가족크기의 효과는 매우 미미한 편이었고 그것도 많은 수의 가족을 비교했을 때에만 나타나는 효과였다.

3) 사회계층

사회계층 또한 성취행동과 관련이 있다. 서구 사회에서는 보편적으로 한 가족의 사회계층을 측정하기 위해 수입, 부모의 직업과 교육수준을 참고하는데, 이것은 그 가족의 현재나 이전의 성취수준에 근거한 것이다. 박용헌(1983)은 『성취인의 심리』에서 일반적으로 부모의 교육수준이 높을수록, 직업이 전문직일수록 그리고 가정의 수입이 많을수록 자녀의 성취동기가 높다고 주장하였다. 이와 같이 사회계층은 명백히 성취와 관련된 것이므로, 중류계층과 상류계층의 자녀들이 일반적으로 성취욕구가 높고, 학교성적이 좋은 것으로 나타났다(Hess, 1970; McLoyd, 1998; Patterson et al., 1990). 중류계층의 자녀들은 만족지연 능력 또한 높은 것으로 보인다(Mischel, 1970). 만족지연이라 함은 지금 바로 보상을 받는 것보다 만족을 지연시켜 나중에 더 큰 보상을 받게 되는 것을 말한다. 예를 들면, 재미있는 텔레비전 프로그램을 시청함으로써 지금 당장 즐거움이라는 보상을 받는 대신에 내일 있을 시험공부를 열심히 함으로써 좋은 성적이라는 더 큰 보상을 받게 된다는 것이다. 또 다른 예로, 청소년들이 순간의 쾌락을 위해 약물남용, 성행위 등의 비행에 빠져들지 않고 당장은 힘들고 괴롭지만 열심히 공부해서 장래 훌륭한 사람이 되는 것 등이다.

Anne Anastasi

성취에 있어서 사회계층 간의 차이에 대한 한 가지 가능한 설명은 일반지능이다. 대체로 중상류계층의 아동들은 하류계층의 아동들보다 지능점수가 더 높은 경향이 있는데(Neisser et al., 1996), 이로 인해 성취수준도 더 높다는 것이다. 그러나 지능검사란 단지 지적 수행의 평가일 뿐이지 지적 능력 자체를 정확히 측정하지 못할 수도 있고, 표준화된 지능검사의 대부분이 중상류층 아동들에게 더 익숙한 문항으로 구성되어 있기 때문에(Anastasi, 1976) 하류계층 아동들의 지능이 과소평가되었을지도 모른다. 따라서 지적 능력의 사회계층 간 차이가 성취행동을 설명한다고 단정적으로 말할 수 없다. 왜냐하면, 지능이란 것이 실제 능력과는 상관없이 사회계층과 관련된 다른 특성(예컨대, 부모의 양육행동이나 가정환경)의 영향을 받을 수도 있기 때문이다.

또 다른 가능한 설명은 성취행동에 대한 부모나 교사의 기대수준이다. 부모나 교사는 중상류층의 아동이 학교에서 우수한 성적으로 공부하고, 대학에 진학해서 결국은 전문직이나 높은 지위의 직업에 종사하기를 기대한다. 반면, 하류계층의 아동들에게는 우수한 성적, 대학진학, 높은 지위의 직업 등을 강조하기보다는 안정된 직업을 갖기를 바란다. 이와 같이 중상류층 아동에게는 '출세(성공)'하기를 기대하는 반면, 하류계층 아동에게는 '그럭저럭 살아가기를' 기대한다. Crandall(1967, p. 425)은 "사회계층과 관련된 이러한 태도, 가치, 기대는 아동의 성취동기, 포부, 성취행동에 영향을 미치게 된다"라고 주장한다.

4) 사회문화적 요인

한 개인이 태어나 성장하는 동안 그가 어떠한 경험을 하게 되고 어떠한 지적, 감정적, 행동적 학습을 하게 되느냐에 따라 성격, 태도, 동기, 가치관, 능력 등이 결정된다. 독립심, 자율성, 자기책임, 과업지향성 등을 강조하고, 그러한 상황에서 지적, 감정적, 행동적 경험을 풍부히 하는 문화나 가정에서 자라고 훈련된 아동은 높은 수준의 성취동기를 갖게 된다(박용헌, 1991).

문화에 따라 성취동기를 개인지향적인 것과 사회지향적인 것으로 구분(Yang, 1982, 1986)한 것을 살펴보면, 성취동기가 지향성에 따라 다르게 나타남을 볼 수 있다. 일반적으로 집단주의적 문화의 성격이 강한 동양에서는 내집단의 기대에 부응하기 위한 타인지향적 성취동기인 사회지향적 성취동기의 비율이 높은 반면, 개인주의적 문화의 성격이 강한 서양에서는 내집단의 기대보다는 개인의 목표를 이루기 위한 자율적인 성취동기인 개인지향적 성취동기의 비율이 높음을 알 수 있다. 이는 Yu와 Yang(1994)의 주장대로, 서양에서 적용되어 온 성취동기이론이 동아시아 사회에서는 그대로 적용되지 않음이 반영된 것이라 볼 수 있다. 즉, 중국과 일본에서 이루어진 연구를 보면, 사회가 개인의 성취목표를 결정한다는 것인데, 개인이 성취해야 할 기준을 내집단이 결정하고 동시에 개인의 성취목표가 내집단의 가치 및 목표와 일치하는 성취동기가 서구 사회의 일반적인 개인중심의 성취동기와는 질적으로 다름을 지적하고 있는 것이다(박영신, 김의철, 2003). 그러나 전통적으로 사회지향적인 측면이 강조되는 우리나라의 경우, 학생들이 사회지향적 성취동기보다 개인지향적 성취동기가 더 우세하게 나타났음을 볼 수 있는데(박재현, 2003) 이는 청소년들이 자기중심적이고 개인주의적이며 독립지향적인 가치로 변화하고 있음을 보여주는 것이라 할 수 있을 것이다(도종수 외, 1994). 이와 같은 연구결과는 부모와 같은 내집단의 기대 부응을 위하기보다는 개인의 목표를 달성하기 위한 자율적인 성취욕구가 더 크다는 것을 의미한다.

5) 성취행동에서의 성차

우리 사회가 여성과 남성에게 기대하는 성취수준에도 차이가 있다. 우리 사회에서 여성이라는 '성'은 별로 가치가 없다. 그리고 여성이 지나치게 독립적이고 성취동기가 높으면 '여성적'이지 못한 것으로 간주된다.

성취행동에서 나타난 남녀 간의 성차를 보면 남성과 여성은 성공과 실패에 대해 달리 반응하는 것으로 보인다. 남성은 성공을 자신의 능력 때문인 것으로 생각하고, 실패를 자신의 노력부족 때문인 것으로 생각한다. 반면, 여성은 자신의 실패를 능력부족인 것으로 생각하고, 자신의 성공은 운이나 열심히 노력한 덕분인 것으로, 또는 주어진 과제가 쉬웠기 때문인 것이라고 생각한다(Dweck, 1986, 1989). 이러한 현상은 특히 머리가 좋고 유능한 여성의 경우 더 심하다. 머리가 좋은 여성은 도전을 두려워하고, 자신의 실패를 무능력 탓으로 돌리고, 그래서 실패할 경우 위축된다 (Dweck, 1989).

지난 수십 년간 수많은 연구에 의해 여성의 성취능력이 남성의 성취능력보다 뒤떨어지지 않는다는 사실이 밝혀졌다(Maccoby & Jacklin, 1974; Halpern, 1997). 그리고 많은 서구 사회에서 지금까지 남성의 전유물로 여겨져 왔던 거의 모든 직업분야에서 여성들이 눈부신 성취를 보여주고 있다(Tarvis & Wade, 1984). 이런 점에서 볼 때, 많은 여성들(심지어는 여대생조차)이 자신은 남성보다 열등하다고 믿거나 성공의 원인을 자신의 능력 이외의 다른 요인에 귀인하고 있다고 믿는 사실은 매우 흥미롭다(Jacobs & Eccles, 1992).

많은 성취이론가들은 성취기대의 성차가 가정에서 시작된다고 믿는다. 즉, 부모들이 자녀의 성별에 따라 다르게 양육하며 아들과 딸에 대해 기대하는 성취수준에 차이가 있다는 것이다. 예를 들면, 아들은 의사가 되기를 바라면서 딸은 간호사가 되기를 원한다. 여성들은 종종 전통적으로 남성적인 직업으로 알려진 분야에서 일하려고 하면, 주변에서 이를 탐탁지 않게 여기거나 못하게 말리는 것을 경험한다. 여성이 자신의 학업능력을 과소평가하거나 학업성취를 남성에 비해 덜 중요하게 여긴다는 점을 감안한다면, 대부분의 사회에서 소위 성취하는 여성의 수가 적은 것은 놀랄 일이 아니다. 그럼에도 불구하고 여러 분야에서 남성을 능가하는 여성이 적지 않다는 점을 볼 때, 남성과 여성은 성취욕구나 능력이 다르다기보다는 각자 성취해온 영역이 다르다고 볼 수 있다. 그러나 21세기에 들어오면서 정치, 경제, 의학, 법률, 경영, 행정 등의 분야에 종사하는 여성들의 수가 크게 증가하였으며 성취영역에서의 성차 또한 점차 완화되는 추세에 있다.

15장

사회정서발달장애

발달장애는 크게 외현화 장애(externeralizing disorder)와 내재화 장애(internalizing disorder)로 나눌 수 있다. 공격성, 반사회적 행동, 과잉행동장애, 품행장애에서와 같이 바람직하지 않은 행동을 밖으로 표출하는 것이 외현화 장애의 두드러진 특징 이며, 불안, 우울증, 사회적 위축 등과 같이 발달장애가 내면화된 상태로 표현되는 것이 내재화 장애가 갖는 특징이다.

발달장애의 원인에 대해서는 발달적 관점에서 문제행동을 연구할 수 있다. 예를 들면, 일반적으로 아동이나 청소년들을 슬프게 하거나 불안하게 하는 원인을 살펴봄 으로써 우리는 우울증에 대해 이해를 할 수 있게 된다. 또는 아동들이 사회적 기술이 나 자신감을 어떻게 획득하는가를 살펴봄으로써 사회적 위축에 대해 이해할 수 있게 될 것이다. 이와 같은 접근법을 발달정신병리학(Developmental Psychopathology)이 라고 한다. 발달정신병리학은 발달장애를 종래의 정신의학이나 임상심리학적 시각 에서가 아니라 발달적 관점에서 이해하려고 한다.

특히 정서규제능력과 외현화 장애 및 내재화 장애와의 연관성이 발달정신병리학 자들에 의해 밝혀진 바 있다. 예를 들면, 공격적 행동과 적대적 행동을 수반하는 것으 로 보이는 외현화 장애는 분노와 같은 부정적 정서의 규제능력부족, 사회적으로 금지된 행동을 억제하는 능력의 부족과 관련이 있는 것으로 나타났다. 불안, 슬픔, 수치심, 수줍음, 죄책감, 적개심 등의 부정적 정서를 수반하는 것으로 보이는 내재화 장애 또한 극심한 행동억제 및 정서규제능력의 부족과 관련이 있는 것으로 나타났다.

발달장애의 분류기준은 학자들에 따라 다양하지만, 가장 보편적으로 사용되는 것은 DSM(Diagnostic and Statistical Manual of Mental Disorders) 분류기준이다. 현재 개발되어 사용되고 있는 DSM-5(미국정신의학협회, 2015)에서는 기존의 DSM-IV에서 분류되어 사용된 '유아기, 아동기, 청년기에 진단되는 장애'라는 범주 대신 신경발달장애(neurodevelopmental disorders)라는 명칭 하에 여러 가지 아동기의 발달장애를 분류하고 있고, 그 외에도 불안장애, 외상 및 스트레스 관련장애, 급식 및 섭식장애, 배설장애, 파괴적, 충동조절 및 품행장애 등 다른 진단군에 몇 개의 장애를 포함시켜 분류하고 있다. 또한 DSM-5 진단기준을 개정하여 발간된 DSM-5-TR(미국정신의학협회, 2023)에서는 유병률, 위험 및 예후 인자, 문화와 관련된 진단적 쟁점, 성 및 젠더와 관련된 진단적 쟁점, 자살 사고 혹은 행동과의 연관성, 동반 이환(comorbidity)[1] 등에서 광범위한 업데이트가 이루어졌다(〈표 15-1〉 참조).

표 15-1 발달장애의 분류

장애범주	하위 유형
신경발달장애	지적 발달장애, 자폐스펙트럼장애, 의사소통장애, 주의력결핍 과잉행동장애, 특정학습장애, 운동장애(발달성 협응장애, 상동증적 운동장애, 틱장애 등) 등
불안장애	분리불안장애, 선택적 함구증 등
외상 및 스트레스 관련장애	반응성 애착장애, 탈억제성 사회적 유대감장애, 외상후스트레스장애, 급성 스트레스장애, 적응장애, 지속적 비탄장애 등
급식 및 섭식장애	이식증, 되새김장애, 회피적/제한적 음식섭취장애, 신경성 식욕부진증, 신경성 폭식증, 폭식장애 등
배설장애	유뇨증, 유분증 등
파괴적, 충동조절 및 품행장애	적대적 반항장애, 간헐적 폭발장애, 품행장애 등

출처: 미국정신의학협회(2023). 정신질환의 진단 및 **통계편람**(제5판 수정판). 권준수 외(역). 서울: 학지사.

1) 한 환자가 두 만성 질환을 동시에 앓는 상태.

일부에서는 영유아기 발달장애를 분류함으로써 영유아에게 일찍부터 사회적 낙인을 찍고 편견을 초래할 수 있다는 면에서 영유아기 발달장애를 진단하는 것을 반대한다. 그러나 발달장애를 체계적으로 분류함으로써 자료를 효과적으로 수집하고 정보를 교환할 수 있으며, 이로 인해 치료를 효과적으로 실시할 수 있다는 장점이 있어 발달장애의 분류와 진단체계를 위한 노력들은 계속 이루어지고 있다.

이 장에서는 자폐스펙트럼장애, 주의력결핍 과잉행동장애, 품행장애, 청소년 비행 등의 외현화 장애와 성격장애, 불안장애, 학교공포증, 우울증, 자살 등의 내재화 장애를 살펴보기로 한다.

1. 자폐스펙트럼장애

자폐스펙트럼장애(Autism Spectrum Disorder: ASD)는 신경발달장애의 한 범주로 분류된다.

DSM-5에서는 DSM-IV에서 전반적 발달장애의 범주에 포함시켰던 유아자폐증, 아스퍼거 증후군, 소아기 붕괴성 장애 등의 진단명을 없애고, 이를 모두 자폐스펙트럼장애로 포괄적으로 분류하였다. 어려서만 일시적인 자폐증상을 보이는 레트 장애(Rett's disorder)는 DSM-5에서는 그 진단명이 제외되었다.

자폐장애(autistic disorder) 또는 자폐증(autism)은 1943년에 소아정신과 의사인 Leo Kanner에 의해 최초로 확인된 장애로서 다음과 같은 몇 가지 특징을 보인다(Newcombe, 1996; Wicks-Nelson & Israel, 2000). 첫째, 언어발달이 정상적으로 이루어지지 않는다. 자폐 아동의 절반 정도는 말을

사진 설명 자폐장애에 대한 올바른 이해와 인식을 제고하는 데 큰 기여를 했다는 평가를 받은 영화, '말아톤'

전혀 하지 못한다. 이들은 언어발달이 극단적으로 지체되거나, 동일한 말을 계속해서 반복하거나, 대명사를 바꾸어 사용하는 경향이 있다(예를 들면, '나'를 '너'라고 바꾸

어 말한다). 둘째, 자폐 아동들은 놀이를 할 때 융통성이 없고, 상상 놀이를 하지 못하며, 특정 사물에 집착하거나 특정 의식(예를 들면, 가지고 놀던 장난감을 정확히 같은 위치에 놓기)을 지나치게 고집한다. 그들에게 동일성과 반복성은 매우 중요하다. 셋째, 주양육자와 정상적인 애착을 형성하지 못하고, 타인과 눈을 맞추지 못하며, 사회적 상호작용이나 의사소통이 비정상적이다. 넷째, 자폐 아동은 타인의 정서를 이해하고 지각하는 데 결함이 있다. 다섯째, 다른 사람들의 존재나 감정을 인식하는 능력이 현저하게 결핍되어 있다. 이들은 사람을 사물로서 대하며 다른 사람을 감정을 가진 존재로 보지 못하는 것 같다.

Leo Kanner

Michael Rutter

Kanner 이후에 Rutter(1968)가 정리한 자폐증의 특징이 자폐증의 진단기준으로 널리 사용되는 DSM-IV의 기준이 되었는데, Rutter의 자폐증에 대한 정의는 그 당시 학자들이 자폐를 정신장애나 아동기 정신분열증의 한 형태로 보던 시각에서 벗어나 자폐증을 하나의 다른 장애로 보게 만들었다.

지금까지는 자폐증이라는 진단이 심한 낙인효과를 초래한다고 생각하여 전반적 발달장애라는 용어를 사용하였으나 DSM-5에서는 자폐스펙트럼장애라는 용어를 사용함으로써 아주 가벼운 상태의 자폐증상에서부터 심한 형태의 자폐증상이 연속선상으로 존재하는 것으로 간주한다. 즉, 자폐적인 특성을 보이면서 사회성이 떨어지는 아스퍼거증후군의 경우, 과거와 달리 아스퍼거증후군으로 진단을 내리는 것이 아니라 자폐스펙트럼장애의 경미한 축의 끝에 위치하는 고기능 자폐증의 한 형태로 간주하여 자폐스펙트럼장애로 진단을 내리게 된다는 것이다. 자폐스펙트럼장애의 특징은 사회적 의사소통과 상호작용 기능의 지속적 손상과 제한적이고 반복적인 행동양식과 관심분야, 활동을 특징으로 한다.

자폐스펙트럼장애는 DSM-5의 신경발달장애에 해당하는 것으로, 사회적 기능과 의사소통기능의 손상이 핵심적인 증상이다(American Psychiatric Association, 2013). 영아기에 조기선별이 가능한 장애로, DSM-5에서는 "어린 시절에 시작"되어야 한다고 규정되어 있으나 자폐스펙트럼장애 증상을 처음으로 인식한 나이를 조사한 결과, 29.5%가 1세 이전에, 51.11%가 18개월 이전, 64.6%가 2세 이전에, 87.8%가 3세 이전에 발견한 것으로 나타났으며, 100%가 6세 이전에 발견한 것으로 나타났다(윤현숙, 2006). 이처럼 실제로 부모가 아동의 자폐성장애를 인지하는 시점은 3세 이전이 대부분이지만 의사가 추후진단을 권유하거나 이후 개선될 것이라는 부모의 생각 등 여러 요인으로 인해 실제로 자폐성장애로 진단이 내려지는 시기는 오히려 늦어져 조기중재로 이어지는 경우가 높지 않다(국립특수교육원, 2015).

자폐증이 나타나는 남녀 비율은 3:1이라고 한다. 즉, 남아에게 3배 정도 더 흔히 발병되는 것으로 알려져 있다. 그러나 여아에게 발병되는 경우에는 증상이 더 심하고 인지적 기능의 장애가 더 심각하며, 가족력에서 함께 나타나는 경우가 더 많다(조수철, 1999).

자폐증은 조기진단과 조기치료가 중요하다. 의학계에서는 생후 18~24개월이면 자폐증 조기진단이 가능하다고 말한다. 자폐증 조기진단과 치료가 이루어지면 아동의 사회성발달이 어느 정도 가능하고 독립적인 생활 또한 가능하다고 본다.

Rita Wicks-Nelson

아동이 성장함에 따라 증상이 약간 호전되는 경우도 있으나 성인이 되어서 독립적인 생활을 할 수 있는 경우는 극소수이다. 일반적으로 언어능력과 지적 능력이 자폐증의 예후와 관련되는 가장 중요한 요인인 것으로 보인다(Wicks-Nelson & Israel, 2000).

자폐스펙트럼장애의 확실한 원인은 알려져 있지 않으나 유전적 요인과 환경적 요인이 모두 영향을 미치는 것으로 알려져 있다. 자폐의 원인으로 과거에는 환경요인, 특히 부모의 양육태도가 중요한 요인으로 지목되었다. 자폐아동의 부모는 냉담하고 애정이 없고, 아동에게 민감한 반응을 보이지 못하기 때문에 아동이 부모에 대해 적개심을 갖고 마음의 문을 닫아버리는 자폐증상을 보이게 된다고 생각하였다. 그러나 최근에는 부모의 양육태도가 주요 원인으로 받아들여지지 않으며, 오히려 유전적 요인이나 뇌의 기질적인 이상

Allen C. Israel

이 중요한 원인으로 지목된다. 자폐성장애의 유전율은 80% 정도로, 유전적 요인은 자폐성장애의 가장 강력한 요인으로 알려져 있다(Abrahams & Geschwind, 2008). 자폐성장애는 유전적인 특성으로 인해 형제발생률이 3~10%로 높게 나타난다. 손위 형제가 자폐성장애로 진단된 경우 동생에게서 그 발생률이 18.7%에 달하는 것으로 나타나 이러한 사실을 뒷받침하고 있다. 특히 남자형제에서는 그 위험률이 2배, 한 가족에서 두 명 이상 자폐성장애로 진단된 경우에는 3배로 높아지는 것으로 나타났다(Ozonoff et al., 2011).

유전적 요인이 자폐성장애의 강력한 요인으로 알려지면서 조기발견과 조기개입의 중요성이 뇌의 가소성과 관련되어 강조되고 있다. 즉, 뇌의 가소성이 높아 변화가능성이 큰 영유아기에 뇌의 보상과정을 도움으로써 정상발달의 기회를 제공하고 이차적인 신경손상과 이에 따른 공존질환 발생을 방지할 수 있기 때문이다. 실제 연구결과에서도 조기선별을 통한 조기중재가 이루어질수록 아동의 이후 발달이 양호한 것으로 보고되었으며, 3세 이후 진단을 통해 개입이 이루어진 경우에는 뇌발달상의 이점(利點)이 없는 것으로 나타났다(Dawson, 2008; Dawson et al., 2010). 이처럼 영유아 자폐스펙트럼장애를 조기선별, 조기중재하는 효과는 국내외적으로 거듭 입증이 되고 있다(이경숙, 윤현숙, 정희승, 유희정, 2015). 최근에 와서는 두뇌의 특정 부분의 이상으로 인한 장애로 보인다는 연구 결과들이 나타나고 있다(Catarino et al., 2013; Doll & Broadie, 2014).

2012년 과학전문지, 'Nature'에는 하버드 · 예일 · 워싱턴 대학 연구진이 자폐 아동과 그 부모의 유전자 배열순서를 분석한 연구결과가 보도되었다. 이들 가족의 경우 자폐증은 부모의 정자와 난자가 수정하는 전후 과정에서 자녀의 유전자가 돌연변이를 일으켜 발병하는 것으로 나타났다. 연구대상인 자폐 아동의 유전자 중 3개의 유전자(CHD8 · SNC2A · KATNAL2)에서 공통적으로 돌연변이가 발견되었다. 이때 돌연변이는 아버지로부터 물려받은 유전자에서 발생하는 경우가 어머니로부터 물려받은 유전자에서 발생하는 경우보다 4배 정도 더 높은 것으로 나타났다. 자폐증 발병원인이 난자보다 정자의 결함 때문에 발생하는 경우가 더 많다는 것이다(조선일보, 2012년 4월 6일자).

사진 설명 '기쁨터'에서 주관한 음악회에서 자폐 아동들이 멋진 사물놀이를 선보이고 있다.

출처: 중앙일보 2002년 4월 9일에서 전재

　자폐증은 완치되기 어려운 것으로 알려져 있다. 그러나 Bettelheim (1967)과 Lovaas(1973)의 치료법이 얼마간 성공을 거두었다. Bettelheim 은 자폐아들을 위한 학교를 운영하였는데, 이 곳에서의 치료원칙은 사랑과 보살핌 그리고 자율성을 강조하는 것이다. Lovaas는 행동수정 (behavior modification) 프로그램을 자폐증 치료에 이용하였다. 이 프로그램은 자폐 아동의 언어와 자립심 등을 향상시키며, 그 결과로 그들의 사회적 능력을 향상시킨다.

Bruno Bettelheim

　우리나라에서는 자폐 아동들의 잠재된 재능을 이끌어 내고, 집중력을 높이는 '기쁨터'라는 프로그램이 있다. '기쁨터'는 1998년 경기도 일산지역을 중심으로 자폐 아동의 부모들이 만든 모임이다. 이 프로그램에서는 핸드 페인팅이나 색칠놀이 등 자활 미술이나 율동 프로그램, 이야기나누기, 현장학습을 통한 사회성 강화훈련 등을 요일별로 진행한다. 또 다른 활동은 온라인 활동이다. 2000년 6월에 개설된 인터넷 홈페이지(www.joyplace.org)에는 전국의 자폐 아동 부모들이 글을 올

O. Ivar Lovaas

러 정보를 나누고 애환에 얽힌 이야기들을 서로 나누고 있다.

협동놀이 환경에서 교사의 역할이 자폐증 아동의 사회성발달에 미치는 효과에 관한 연구(김수영, 2001)에서 특수학교 재학중인 6세에서 8세 미만의 자폐증 아동 20명을 대상으로, 그들을 실험집단과 통제집단으로 나누어 협동놀이 환경에서 교사의 구조적인 놀이 중재의 효과를 살펴보았다. 그 결과, 교사주도의 놀이집단은 또래주도의 놀이집단에 비해 집단 내에서 사회적 상호작용의 변화가 크고, 사회성이 향상되었다고 한다. 그렇다면, 협동놀이 환경에서의 교사의 놀이 중재 역할이 자폐증 아동의 사회적 상호작용 변화와 사회성 향상에 영향을 미친다고 할 수 있다.

2. 주의력결핍 과잉행동장애

주의력결핍 과잉행동장애(Attention Deficit Hyperactivity Disorder: ADHD)도 신경발달장애의 한 범주로 분류된다. 주의력결핍 과잉행동장애는 동등한 발달수준에 있는 아동에게서 관찰되는 것보다 더 빈번하고, 심하며, 지속적으로 부주의 또는 과잉행동이나 충동성을 보이는 것을 의미한다. 이러한 증상들은 대개 7세 이전에 발견되며, 적어도 아동이 소속되어 있는 두 가지 이상의 상황(가정, 학교, 유치원 등)에서 나타나야 한다(미국정신의학협회, 2015).

주의력결핍 과잉행동장애를 가지고 있는 아동은 충동적이며, 한 가지 일에 주의집중을 못하고 부산하게 움직이는 특징을 가지고 있다. 주의력이 부족하기 때문에 정서적, 행동상의 문제를 유발하기도 하고, 또래들로부터 따돌림을 당하거나 부모나 교사로부터 벌을 받는 경우가 빈번하기 때문에 자아존중감이 낮고 우울증이 나타나는 경우도 있으며, 지능에 비해 학업성적이 낮게 나타난다(Obsuth, 2020; Tistarelli et al, 2020).

주의력결핍 과잉행동장애는 복합형, 주의력결핍 우

세형, 과잉행동/충동 우세형의 세 가지 하위유형으로 분류할 수 있다. 주의력결핍 우세형은 6가지 이상의 부주의 증상이 6개월간 지속되면서 과잉행동과 충동증상은 6가지 미만인 유형이며, 과잉행동/충동 우세형은 6가지 이상의 과잉행동/충동증상이 적어도 6개월간 지속되면서 부주의 증상은 6가지 미만인 유형이다. 또한 복합형은 6가지 이상의 부주의 증상과 6가지 이상의 과잉행동/충동증상이 적어도 6개월 이상 지속되는 유형으로, 대부분의 주의력결핍 과잉행동장애는 이에 해당한다.

주의력결핍 과잉행동장애는 아동기의 정신장애 가운데 가장 일반적이고 광범위하게 발생하며, 유아기에는 과격하고 공격적인 행동을 보이거나 주의집중이나 규율을 준수하는 것에서 어려움을 보이지만, 아동기에는 구조화된 수업환경으로 인해 더욱 어려움을 겪는다. 청년기가 되면 20% 정도는 증상이 없어지지만 대부분은 더욱 더 증상이 복잡해져 학업에서 어려움을 보이고 반항적이며 사회적 관계의 어려움이나 비행과 관련된다(고려원, 박난숙, 오경자, 홍강의, 1995).

주의력결핍 과잉행동장애는 여아보다 남아에게서 4~6배 많이 나타난다. 주의력결핍 과잉행동장애의 원인은 아직까지 정확하게 알려지지 않았으나 다음과 같은 여러 가지 요인이 영향을 미치는 것으로 보인다.

첫째, 중추신경계의 손상이나 생화학적 이상이 주의력결핍 과잉행동장애의 원인이 된다는 것이다. 연구결과, 전두엽의 손상은 행동결과에 대한 무관심, 충동성과 불안감 증가, 과도한 정서상태, 낮은 감수성과 학업에서의 어려움을 초래한다고 한다(조수철, 1990). 또한 정서적인 행동이나 정서조절과 관련이 있는 변연계의 손상이 정서적인 문제를 유발할 수 있으며, 특히 감각자극에 의미를 부여하는 편도체의 손상은 정서표현이나 경험에 큰 영향을 미치는 것으로 나타났다(Phelps & LeDoux, 2000).

둘째, 일란성 쌍생아의 경우에는 한 명이 주의력결핍 과잉행동장애를 보일 경우다른 한 명도 주의력결핍 과잉행동장애를 보일 확률이 높고, 이들 가족 가운데 동일한 문제를 가진 사람들이 있을 경우 통제집단에 비해 4배 정도 발생률이 높은 것으로 보고되고 있다(Anastopoulos & Barkley, 1990). 이는 주의력결핍 과잉행동장애의 발생에 유전적 요인이 영향을 미치고 있음을 의미하는 것이다.

셋째, 가정불화나 이와 관련된 가족 내의 분위기, 부모의 양육태도도 관련이 있다. 부모의 양육태도가 지나치게 과잉보호적인 경우 아동은 책임감이나 인내심이 결여되어 있으며 규칙을 준수하는 능력이 부족하고, 지나치게 권위주의적인 경우에는 오히려 반발이나 적개심으로 인한 행동문제가 빈번하게 나타난다. 또한 주의력결핍 과잉행동장애 아동은 어머니와의 상호작용에서 더 요구적이며, 어머니도 이들이 보이는 행동특성으로 인해 정상아동의 어머니보다 명령적이고 거부적이며 부정적인 표현을 더 많이 하는 것으로 나타났다(Anastopoulos & Barkley, 1990). 이러한 상호작용에서의 높은 스트레스가 주의력결핍 과잉행동장애 아동의 증상을 더욱 악화시키고 장기화시키는 데 기여한다는 것이다.

넷째, 주의력결핍 과잉행동장애는 영양이나 식습관과도 관련이 있다는 연구에 대해서는 학자들 간에 의견의 일치를 보이고 있지는 않으나, Feingold(1979)는 인공 감미료나 방부제와 같은 식품의 영향을 강조하면서 과다한 당분의 섭취는 과잉행동을 유발하는 대표적인 요인이 된다고 하였다.

다섯째, 귀인양식도 영향을 미치는 것으로 볼 수 있다. ADHD 아동은 자신의 성공에 대해 외적 요인으로 귀인시키는 경향이 있는 반면, 부정적인 상황에서는 자신의 실패를 내적 요인으로 귀인시킴으로써 낮은 자아존중감을 보이게 된다는 것이다(Milich, Carlson, Pelham, & Licht, 1991).

여섯째, 지나치게 산만한 주위환경이나 불규칙적인 생활계획은 ADHD 아동의 증세를 심화시키는 것으로 보고되고 있다. 특히 사회경제적 지위가 낮은 가정에서는 규칙적인 생활계획을 제공하는 데 어려움이 많아 증상을 더욱 악화시키는 것으로 보인다. 보통 학동기 아동의 3~5% 정도가 주의력결핍 과잉행동장애를 보이는데, 남아가 여아보다 발생률이 훨씬 높다. 〈그림 15-1〉에서 보는 바와 같이 10세 이

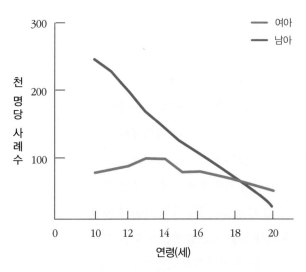

〈그림 15-1〉 아동의 성과 연령에 따른 ADHD의 발생률

출처: Sarason, I. G., & Sarason, B. R. (1996). *Abnormal psychology*. NJ: Prentice-Hall.

후에는 발생률이 줄어들지만, 18세까지는 남아에게서 ADHD가 더 많이 나타난다(Barkley, 1990; Taylor, 1994).

부산지역의 초등학교 저학년 아동 1,051명을 대상으로 하여 ADHD-SC4를 이용해 주의력결핍 과잉행동의 출현율을 조사한 연구(안미경, 2001)에 따르면 전체 출현율은 4%로 나타났다고 한다.

ADHD는 다른 장애들과는 다르게 여러 가지 장면에서 일관된 증상을 보이지 않는 경우가 많다. 시간이나 장소에 따라, 또는 상호작용하는 사람에 따라 그 증상이 상이하게 나타나 하나의 도구만으로 또는 주변인 한 사람과의 면담만으로 ADHD를 진단하는 것은 어렵다. 또한 ADHD를 가진 아동들은 품행장애, 반항성장애, 학습장애, 불안장애, 우울장애등의 장애를 동반해서 가지고 있는 경우가 많기 때문에 다각적으로 아동의 상태를 분석하는 것이 필요하다(Arnold & Jensen, 1995; Hinshaw, 2001).

ADHD의 징후는 보통 유아기에 나타나는데, 이러한 유아들은 전반적으로 또래에 비해 미성숙하고 서투른 경향이 있다. 그 징후가 유아기부터 나타날지라도 ADHD로 진단되는 것은 보통 초등학교 시기이다(Pueschel, Scola, Weidenman, & Bernier, 1995). 공식적인 학교교육이 시작됨으로써 학업적 · 사회적 요구가 증가하고, 행동통제에 대해 보다 엄격한 기준을 적용하게 되기 때문이다. 교사들에 따르면, ADHD 아동들은 수업시간에 독립적으로 작업을 하거나 앉아서 하는 작업을 잘하지 못하고, 가만히 있지 못하며 행동이 매우 산만하다고 한다. ADHD 아동들은 친구가 없으며, 교우관계 측정도에서 친구들이 가장 싫어하는 유형으로 나타나기도 한다(Henker & Whalen, 1989). 그리고 ADHD 아동의 부모들은 양육 스트레스를 더 많이 경험하는 것으로 보인다(Fisher, 1990).

사진 설명 ADHD 아동(오른쪽)은 사회적 규칙을 무시하고, 충동적으로 행동하며, 과제에 집중하지 못하고, 급우(짝)의 학업을 방해한다.

학습문제를 동반한 주의력결핍 과잉행동장애 아동의 특성을 분석한 연구(김미경, 1996)에 따르면, 연구대상인 ADHD 아동 26명 중 12명의 아동이 학습문제를 동반한 ADHD 아동으로 나타났다고 한다. 또한 학습문제를 동반하는 ADHD 아동들은 일반 ADHD 아동들에 비해 인지과정상의 결함이 더 전반적이고 심각한 수준으로 나타났으며, 실제 학업수행력도 떨어지는 것으로 나타났다고 한다.

ADHD 아동에게서 나타나는 행동적 문제는 청소년기까지 지속되는 경향이 있다 (Sibley et al., 2012). 가정환경이 긍정적이고 품행장애 증상이 나타나지 않으면 보다 성공적으로 적응하게 되는 것으로 보인다(Campbell & Werry, 1986). 사실 비행의 유무는 매우 중요한 문제이다. 한 연구(Moffitt, 1990)에서 비행을 하지 않는 ADHD 남아들은 언어적 IQ나 읽기 능력이 부족하지 않았고, 청소년 초기에 반사회적 행동으로 인해 크게 힘들어하지 않았다. 반면, ADHD와 비행을 동시에 보인 남아들은 ADHD만 보인 남아나 비행만을 보인 아동과 비교하여 그 예후가 훨씬 나빴다고 한다.

신경학적·생화학적·사회적·인지적 요인들에 대해 많은 연구가 행해졌음에도 불구하고, ADHD의 원인은 아직 잘 알려져 있지 않다. 유전적 요인과 환경적 요인이 모두 영향을 미치는 것으로 보인다. 즉, 일란성 쌍생아 중 하나가 ADHD이면 다른 하나도 ADHD일 가능성이 높고, 부부관계가 원만하지 못하고 가족 간의 갈등이 심한 경우 자녀가 ADHD일 가능성이 크다(Bernier & Siegel, 1994; Biederman, Faraone, Keenan, Knee, & Tsuang, 1990).

약물치료가 단기적으로는 도움이 될 수 있을지 모르나 장기적으로 ADHD를 치료하지는 못하는 것으로 보인다(Weiss, 1983). 약물치료와 더불어 적절한 학업적·사회적 행동을 강화해 주는 중재 프로그램이 가장 효과적인 방법인 것으로 보인다 (Barkley, 1990).

유아의 주의력결핍 과잉행동 수준에 따른 어머니의 양육스트레스와 양육행동에 관한 연구(정계숙, 노진형, 2010)에서 유아의 주의력결핍 과잉행동 수준이 높은 집단이 낮은 집단보다 어머니의 양육스트레스 전체 및 하위요인별 스트레스가 더 높은 것으로 나타났다. 또한 주의력결핍 과잉행동장애로 선별된 유아의 어머니는 비일관적이며 거부적인 양육행동을 더 많이 하는 것으로 나타났다. 일반적으로 주의력결핍 과잉행동장애 징후를 보이는 유아는 증상의 발현 후 주의력결핍 과잉행동장애라는 진단이 내려지기까지는 오랜 시간 간격이 있다. 따라서 주의산만하고 과잉행동적인 유아기 자녀를 둔 어머니는 오랫동안 만성적인 양육스트레스를 경험하게 되므로 장애진단을 받기 전에라도 부모를 위해 장기적 관점에서의 체계적 부모교육 및 유아발달을 돕는 중재적 지원이 필요한 것으로 연구자들은 결론내리고 있다.

3. 품행장애

품행장애(conduct disorder)의 증상은 타인의 기본적 권리를 침해하거나 사회적 규범이나 규칙을 위반하는 행동을 지속적이고 반복적으로 나타내는 것이다. 즉, 6개월 이상 지속적으로 도둑질, 강도행위, 방화, 만성적 무단결석, 물건 파괴 혹은 빈번한 육체적 싸움과 같은 행동들 중 최소 세 가지 이상을 행하는 경우이면 품행장애로 진단한다(Newcombe, 1996).

보통 10세 이전에 나타나는 아동기 발병형과 그 이후에 나타나는 청소년기 발병형으로 나뉜다. 아동기 발병형은 주로 남아에게 많고, 대개 타인에게 신체적 공격을 가하며, 또래관계에 문제가 있다. 또한 아동기에 발병한 경우가 청소년기에 발병하는 경우보다 더 지속적이고 이후 반사회적 성격장애로 이어질 가능성이 더 높다(APA, 1994).

품행장애를 공격적 행동(예를 들면, 싸움, 물건 파괴 등)과 비행행동(예를 들면, 거짓말, 도둑질, 무단결석 등)으로 나누는 경우도 있다(Achenbach, 1993). 일반적으로 공격적 증후군이 비행 증후

Thomas M. Achenbach

군보다 유전적 영향을 많이 받는다(Edelbrock, Rende, Plomin, & Thompson, 1995). 또한 이 두 종류의 증후군은 발달양상에서도 차이를 보인다. 공격적 증후군은 10세 이후에는 계속적으로 감소하나, 비행 증후군은 오히려 증가하는 경향이 있다(Stanger, Achenbach, & Verhulst, 1997).

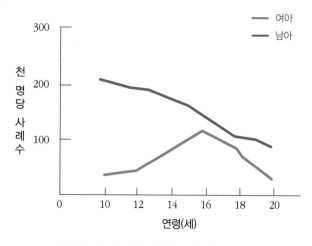

천 명 당 사 례 수

— 여아
— 남아

〈그림 15-2〉 연령과 성에 따른 품행장애의 비율
출처: Sarason, I. G., & Sarason, B. R. (1996). *Abnormal psychology*.
     NJ: Prentice-Hall.

일반적으로 유아기에는 품행장애를 보이는 남아와 여아의 비율이 별로 차이를 보이지 않으나, 아동기에는 남아가 여아보다 신체적 공격성이나 그외 외적인 행동 문제를 나타내는 비율이 훨씬 높다(Keenan & Shaw, 1997). 〈그림 15-2〉는 연령과 성에 따른 품행장애의 비율에 관한 것이다. 일반적으로 남아가 여아보다 품행장애를 더 많이 보이지만, 남아의 경우에는 10세에 가장 높은 비율을 보이고 그 후로는 줄어든다. 반면, 여아의 경우에는 10대 중반에 가장 높은 비율을 보인다.

많은 연구에서 품행장애와 빈곤, 스트레스, 부부갈등, 아동학대와 같은 가정환경 간에 관련이 있는 것으로 나타났다(Dishion, French, & Patterson, 1995; Earls, 1994; Eron & Huesmann, 1990; Farrington, 1995; Rutter, 1997; Werner & Smith, 1992; Yoshikawa, 1994). 그 외에도 또래의 영향이나 모방학습, 비행 행동을 했을 때의 보상을 통한 학습이 품행장애에 영향을 미치는 것으로 보인다.

품행장애에 대한 가장 효과적인 치료는 예방적인 치료로서 이는 발병 후의 처치보다 훨씬 더 효과적이다. 예방적인 노력으로 가정환경의 변화, 교육과 지원을 통한 부모자녀관계 형성 등이 필요하다(Yoshikawa, 1994). 또한 이미 품행장애를 나타내는 아동들에게는 잘못된 행동에 대한 억압보다는 사회적 문제해결 기술과 사회적 능력을 증진시켜 주는 것이 중요하다(Rutter & Giller, 1984).

품행장애를 보이는 남자 청소년 30명과 일반 청소년 30명을 대상으로 한 연구(김경희, 이희정, 2001)에 따르면, 도덕적 정서반응에 있어 두 집단 간에 차이를 확인할 수 있었다. 즉, 가해자 입장에서 품행장애 청소년 집단은 기쁨을, 일반 청소년 집단은 죄책감을 더 많이 느끼는 것으로 나타났다. 피해자 입장에서 도덕적 정서반응으로 일반 청소년 집단에서는 분노가, 품행장애 청소년 집단에서는 당황 정서가 가장 빈번하게 나타났다. 한편 가해자와 피해자의 입장에서 볼 때 도덕적 정서귀인은 일반 집단의 경우 공평성이나 정당성 같은 도덕적 측면과 관련하여 귀인하였고, 품행장애 청소년 집단에서는 물질적 결과와 관련하여 귀인하는 것임을 알 수 있었다.

4. 성격장애

성격장애는 본인보다는 주위의 다른 사람들에게 더 큰 피해를 준다는 점에서 특이하다. 따라서 전문적인 도움을 받기를 거부하는 경우가 많다. 자기도취적 성격장애와 반사회적 성격장애가 보편적인 장애 형태이다(Atwater, 1996).

자기도취적 성격장애자는 지나칠 정도로 잘난 체 하지만, 때로는 열등감이 수반된다. 자신의 재능이나 성취에 대해 과장하고, 특별한 사람으로 인정받기를 원한다. 또한 다른 사람들의 평가에 대해 지나치게 민감하고, 비판에 대해 거만하게 반응한다. 그들은 자신이 너무나 특별하기 때문에 오로지 특별한 사람들만 자신을 이해할 수 있다고 믿는다.

이러한 성격장애의 원인에 대해서는 몇 가지 학설이 있다. 정신분석이론에 의하면, 자기도취적 성격장애는 아동기 때에 애정과 인정을 받지 못한 것에 대한 반작용이라고 설명한다. 부모의 애정부족으로 자아존중감이 낮고, 심한 열등감에서 벗어나기 위해 대신 과장된 자아상이 형성된다. 반면, 인지적 사회학습이론은 자기도취적 성격장애를 아동이 자신의 재능을 과대평가한 나머지 나중에 성인이 되었을 때 무엇을 할 수 있는가에 대한 과장된 기대의 산물이라고 본다. 그 원인이 무엇이든 간에 자녀에 대한 과대평가, 청년들의 과장된 기대, 텔레비전의 영향, 소비성향 등으로 인해 오늘날 우리사회에서 자기도취적 성격장애가 양산되고 있다.

가장 골치 아픈 성격장애가 반사회적 성격장애이다. 반사회적 성격장애자들은 상습적으로 반사회적 행동을 하는데 대개 15세 이전에 시작된다. 다른 사람의 권리를 무시하고, 닥치는 대로 무엇을 훔치는 등 충동적으로 분별없이 행동하기 때문에 종종 법적인 문제를 일으킨다. 이들은 정상적인 양심이 없는 사람들로서 배신을 잘하고, 무책임하고, 죄책감 없이 다른 사람들을 이용하고 그리고 무정하다. 이들의 대부분은 부모 스스로가 반사회적 행동을 자주 하고 체벌을 많이 하는 등 애정이 결핍된 가정의 출신이 많다.

독특한 형태의 뇌파가 반사회적 성격장애의 원인일 수도 있고, 우리 사회가 명성과 성공을 지나치게 강조한 나머지 어떤 면에서 반사회적 행동을 조장한 결과일 수도 있다(Bootzin & Acocella, 1988).

우리나라 초등학생 577명을 대상으로 한 연구(심희옥, 1997)에서는 아동 후기의 반사회적 행동의 경우, 학년이 높을수록 반사회적 행동을 더 많이 하는 것으로 나타났다. 또한 부정적 생활경험을 많이 하고, 자아존중감이 낮은 아동들일수록 반사회적 행동을 더 많이 하는 것으로 나타났다. 대학생을 대상으로 한 연구(홍상황, 김영환, 1998)에서는 경계선 성격장애가 있는 경우 우울증, 부정적 성격특성 및 일반적 정신병리가 증가하는 것으로 나타났다.

5. 불안장애

불안감은 정상적인 사람들도 가끔 경험하는 것으로 그 정도가 심하지 않으면 문제가 되지 않는다. 하지만 그 정도가 지나치게 심할 경우에는 부적응으로 본다. 불안증상은 주로 무슨 나쁜 일이 곧 일어날 것 같은 두려움과 초조감이 주요 증상으로 나타나지만, 가슴이 답답하고 숨이 가빠지고 심장이 두근거리는 등의 신체증상이 함께 나타나기도 한다.

불안은 정의하기가 쉽지 않은 심리학 용어 중 하나인데, 불안장애(anxiety disorder)와 비슷한 용어로 공포장애가 있다. 공포장애란 어떤 사람이나 사물 및 상황에 대해 타당한 이유 없이 두려움을 느끼는 것을 말한다.

아동기의 공포심은 보편적인 것이다. 유아기에서 약 12세까지는 어둠이나 개와 같이 두려워하는 것이 몇 가지씩 있기 마련이다. 하지만 몇몇 아동들은 여러 가지

사진 설명 ISSBD 국제학회에서 저자가 Stephen Porges 교수와 함께

만성적인 불안―공포, 악몽, 학교공포증, 수줍음, 소심함, 자신감 결여―으로 고통
받고 있다. 따라서 정상적인 공포 또는 불안과 과잉불안을 구분하는 것이 중요하다.

　만성적 불안문제를 보이는 아동들은 새로운 상황에 불안해하고 자동적으로 과잉
반응을 한다. 또한 여러 사건들에 대해서 보다 부정적인 사고를 하며 지나치게 자
기비판적이다(Bell-Dolan & Wessler, 1994).

　Porges(2003, 2004)는 아동이 새로운 상황에 직면했을 때 그것이 안전한 상황임에
도 불구하고, 과잉반응으로 방어체계를 작동하는 것(예: 불안장애, 반응성 애착장애)
이나 위험한 상황임에도 불구하고 방어체계를 작동하지 않는 것(예: 윌리엄스 증후
군) 모두 불안장애를 비롯한 여러 가지 발달장애의 원인이 될 수 있다고 본다.

　신경계는 환경으로부터 감각정보 처리과정을 통해 위험을 감지하고 평가하게
된다. 위험에 대한 이러한 신경계의 평가는 의식적인 사고를 요구하지 않기 때문
에 Stephen Porges(2004)는 '신경지(neuroception)'라는 새로운 용어를 만들어 내었
다. 신경지(神經知)는 인지(認知)와는 다른 자율신경계의 무의식적인 반응으로 안
전이나 위험을 감지하는 것을 의미한다. 만약 신경지에 문제가 발생하면 자폐증,

ADHD, 불안장애, 반응성 애착장애 등의 발달장애가 나타날 수 있다.

분리불안 장애(Separation Anxiety Disorder: SAD)는 아동이 가정이나 부모와 떨어질 때 느끼는 과도한 불안을 나타내는 말이다. 이러한 아동들은 부모와 함께 있기를 바라고 부모와 떨어지는 것을 지나치게 두려워한다. 심한 경우 구토, 설사, 두통 등과 같은 신체적 증상이 나타나기도 한다. 분리불안 장애는 아동이 어떤 생활상의 스트레스를 경험한 후에 나타나는 경우가 많다. 이런 스트레스의 예로는 부모의 이혼이나 죽음으로 인한 상실감, 애완동물의 죽음, 새로운 동네로 이사를 하는 것 등이 있다.

〈그림 15-3〉은 연령과 성에 따른 분리불안 장애의 비율에 관한 것이다. 10세 이후에는 분리불안 장애의 비율이 급격히 감소하는 것을 볼 수 있다. 분리불안 장애가 청소년기에는 흔치 않지만, 일단 나타나면 심각한 만성적 정신병리로 이어질 수 있다(Clark et al., 1994).

성인 정신과 병원 외래 환자인 사회공포증 환자 52명과 공황장애 환자 58명을 대상으로 하여, 성인 불안장애 환자에서의 아동기 시절 불안장애 과거력 및 그 유무에 따른 임상양상의 차이에 대해 살펴본 연구(오윤희, 안창일, 오강섭, 2004)에 의하면 전체 대상 환자들 중 37.3%에 해당하는 41명이 아동기에 불안장애의 과거력이 있는 것으로 나타났다. 그중에서 사회공포증이 28명으로 가장 많았고, 특정공포증이 7명, 일반화된 불안장애와 강박장애가 각각 2명 그리고 외상후 스트레스 장애와 분리불안 장애가 한 명씩 있었다. 한편 사회공포증으로 진단받은 52명 중 48.1%에 해당하는 25명이 아동기에 불안장애의 과거력이 있었던 반면, 공황장애 환자 중에는 27.6%에 해당하는 16명만이 아동기 시절 과거 불안장애가 진단되어 두 집단 간에 상이한 결과가 나왔다. 아동기에 불안장애 과거력을 가진 이들 환

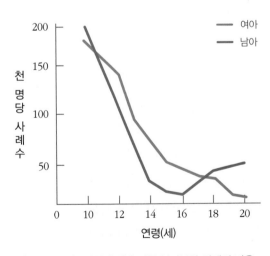

〈그림 15-3〉 연령과 성에 따른 분리불안 장애의 비율

출처: Sarason, I. G., & Sarason, B. R. (1996). *Abnormal psychology*. NJ: Prentice-Hall.

자들은 그렇지 않은 환자들에 비해 전반적인 적응정도가 낮았고, 장애로 인한 곤란정도는 높았으며, 만성화되었고, 사회적 상황에서 느끼는 불안과 회피정도는 높게 나타났다.

일반적으로 불안장애의 치료에는 체계적 둔감법(systematic desensitization)의 사용이 권장된다. 체계적 둔감법이란 불안이나 회피의 대상이 되는 자극에 점차적으로 노출시킴으로써 불안반응을 줄여가는 것이다. 예를 들어, 어둠에 대해 공포를 보이는 아동에게 어둠을 그대로 직면하게 하든지, 혹은 어둠을 전혀 경험하지 않도록 하는 방법을 사용할 수 있다. 그러나 아동이 전혀 어둠을 경험하지 않는 것은 불가능하므로, 이에 대한 불안감은 어둠에 직면함으로써 감소시킬 수 있다. 체계적 둔감법은 어둠에 직면하되 갑작스러운 직면은 아동에게 심리적 부담을 줄 수 있으므로, 아동이 유쾌한 활동을 하고 있는 동안 점진적으로 직면하게 하는 방법이다.

6. 학교공포증

학교공포증(school phobia)은 집을 떠나 등교하는 것에 대해 심한 불안감을 느껴 등교를 기피하는 것으로서 시험에 대한 불안, 교우관계, 교사와의 관계, 부모가 자기를 버리지 않을까 하는 두려움 등 여러 가지 원인에서 발생할 수 있다. 정신분석적 관점에서는 어머니에 대한 과도한 의존이 학교공포증의 원인이라고 본다. 학교에 가기 싫은 것이 아니라 어머니와의 분리를 두려워한다는 것이다.

학교공포증이 있는 아동은 흔히 아침을 먹는 시간에 토할 것 같다거나, 머리가 아프다거나, 배가 아프다고 말한다. 억지로 학교에 가더라도 집에 무슨 일이 일어나지 않을까 걱정하느라 공부도 제대로 못하게 된다.

또한 그들은 자신의 능력에 대해 전반적인 불안감을 가지고 있으며, 그들의 능력을 검사하는 과제에 대해서도 불안감을 보인다. 성취와 관련된 공포를 가진 아동은 대중 앞에서 말하는 것, 시험, 질문받는 것 등을 두려워한다. 어떤 아동은 지나칠 정도로 학업적 성취에 대해 두려움을 가진 나머지 두려움으로 마비되어 아무것도 할 수 없는 경우도 있다. 이들은 좋지 못한 학업평가를 받는 것에 대해 두려움을 가지고 있는 완벽주의자인 경우도 있다.

학교공포증은 사회공포증(social phobia)과도 관련이 있다. 이는 또래집단이나 대중 앞에서 말하는 것에 대한 두려움에서 비롯되기도 한다. 이들은 모욕을 당하거나 당황함을 느끼는 상황에 대해 극도의 공포심을 갖는다. 또한 다른 사람의 판단에 지나치게 집착한다. 특히 그들에게는 또래집단의 판단이 큰 비중을 차지한다. 실제로 사회공포증은 11~12세경 아동이 서로에게 모욕을 가하고 괴롭힐 때 시작되며, 이는 예민한 아동에게 심각한 영향을 미치게 된다(Brooks, 1991).

사진 설명 Brooks의 저서 『부모되기의 과정』

신체적 특성, 인지적 능력이나 성격적 요인은 또래집단으로부터 괴롭힘을 당하는 중요한 원인이 된다. 이처럼 또래집단과의 문제는 학교환경을 적대적으로 만드는 중요한 원인이 되고 있으며, 점차 그 연령이 낮아져 최근에는 유치원 아동에게서도 나타나고 있다. 학교에 대해 두려움을 보이는 아동의 어머니는 자신도 학교공포증을 경험한 경우가 많다. 이처럼 건강하지 못한 의존성의 사이클이 다시 그들의 자녀에게서 재현된다.

불안장애와 마찬가지로 공포증의 치료에는 체계적 둔감법의 사용이 권장된다. 이 방법은 불안을 주는 상황에 노출되는 시간을 점차 늘려감으로써 일상적인 생활 속으로 융화되어 가게 하는 것이다. 이는 또래집단이나 시험에 쉽게 익숙해질 수 있도록 도와줄 수 있는 효과적인 방법이다. 또한 학교출석에 대해 보다 확고한 규칙을 설정하고 규칙적인 아침시간표를 계획함으로써 아동이 불안이나 학교와 관련된 공포로부터 벗어나게끔 도와줄 수 있다.

7. 우울증

우울증(depression)은 아동기나 청소년기에 나타나는데, 특히 사춘기를 전후해서 급격히 증가한다. 아동기의 우울 증은 급성 우울증과 만성 우울증으로 나눌 수 있다(Cytryn & Mcknew, 1972). 급성 우울증은 부모의 사망과 같은 생활사건 에 대한 반응으로서 일어나며, 만성 우울증은 한 가지 돌발 사건보다는 빈번한 상실이나 분리를 오랫동안 경험한 것이 그 원인이라 할 수 있다.

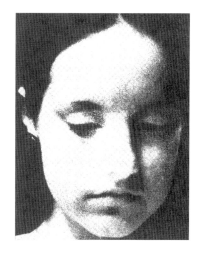

우울증에 걸린 아동들은 부정적인 자아개념을 가지고 있 을 뿐 아니라 자기비하를 하는 경향이 있다(Jaenicke et al., 1987). 우울한 아동들은 슬픔과 같은 주관적 느낌 외에 사회 적으로 위축되고, 자아존중감이 낮고, 집중력이 부족하며, 학업수행능력도 떨어진

사진 설명　우울증에 걸린 아동은 자아존중감이 낮고, 집중력이 부족하며, 학업수행능력이 떨 어 진다.

다. 또한 즐거움을 상실하고, 다른 심리적 장애(불안장애, 품행장애 등)나 신체적 질
병을 호소하는 경우가 있으며, 생리적 기능(수면, 섭식, 배설 등)에 변화가 생기기도
한다(Wicks-Nelson & Israel, 2000).

   아동발달 센터를 찾아온 유아 1,000명을 대상으로 한 연구(Weiss et al., 1992)
에 따르면, 1% 미만의 유아들이 우울증상을 보였다고 한다. 이들은 슬픔, 식욕부
진, 수면부족, 피로, 기타 신체적 불편을 나타내었다. 반면, 초등학교 3학년 아동을
대상으로 한 종단연구(Nolen-Hoeksema, Girgus, & Seligman, 1992)에 의하면, 심각
한 수준의 우울증상을 보이는 아동이 5~12%에 달하였다고 한다. 5년간의 연구에
서 첫 해에 우울증상을 보인 아동들은 5년 후에도 우울증상을 보이는 경향이 있었
다. 또한 우울증은 아동기에서 청소년기로 갈수록 현저히 증가하는 경향이 있으며
(Cantwell, 1990; Rutter, 1986), 특히 여아의 경우 남아보다 우울증상을 보이는 비율이
청소년기 이후 매우 높아진다는 것을 알 수 있다(〈그림 15-4〉 참조).

   초등학교 4, 5, 6학년 577명을 대상으로 한 연구(심희옥, 1997)에 의하면, 아동 후
기의 우울증 성향은 학년, 스트레스, 개인적 · 환경적 자원, 학업성취 정도를 통제
한 후에도, 여아가 남아보다 높은 것으로 나타났다고 한다. 또한 부정적 생활경험
을 많이 겪은 아동일수록 더 우울한 것으로 나
타났다.

   아동기와 청년기의 우울증을 이해하려면
유아기와 아동기에 어떤 경험을 했는지를 알
아야 한다고 믿는 학자들이 있다. 예를 들면,
Bowlby(1989)는 영아기의 모자녀 간 불안정
한 애착, 애정이 부족한 양육행동 그리고 아동
기에 부모를 잃는 것 등이 부정적인 인지적 도
식을 초래하여 우울증으로 연결된다고 한다.

   아동기와 청년기의 우울증을 이해하는 데
중요한 또 다른 요인은 학습된 무력감이다.
학습된 무력감은 자신이 통제할 길이 전혀 없

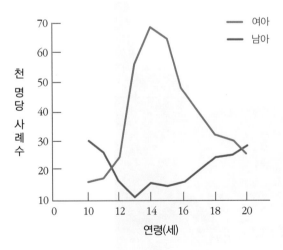

〈그림 15-4〉 연령과 성에 따른 우울증의 발생률

출처: Sarason, I. G., & Sarason, B. R. (1996). *Abnormal psychology*. NJ: Prentice-Hall.

는 스트레스를 오랜 기간 동안 받거나 계속되는 실패의 경험에서 발생하는 것으로, 이러한 경험은 상황을 개선하기 위해 자신이 아무것도 할 수 없다는 무력감을 낳는다. 즉, 우울증에 빠진 사람들은 자신이 아무것도 통제할 수 없다는 생각 때문에 매사에 냉담하고 무관심하게 된다. 학습된 무력감이라는 개념을 최초로 제안한 Seligman(1989)에 의하면, 오늘날 아동기와 청년기에 우울증이 보편화된 이유는 우리 사회가 개인의 독립심을 지나치게 강조하고, 가족이나 다른 사람과의 관계를 지나치게 무시한 결과 때문이라고 한다.

Martin Seligman

　가족요인 또한 아동기와 청년기의 우울증과 관계가 있다. 부모에게 우울증이 있으면 아동기나 청년기의 자녀가 우울증에 빠지기 쉽고, 부모가 이혼하거나 정서적인 뒷받침을 못해주거나, 부부갈등에 빠져 있거나 경제적 문제가 있으면 자녀가 우울증에 빠지기 쉽다(Marmorstein & Shiner, 1996; Sheeber, Hops, Andrews, & Davis, 1997). 그리고 가족의 응집력이 약하거나 가족 간에 의사소통이 제대로 이루어지지 않는 경우도 아동기의 우울증과 관련이 있다(임영식, 1997).

　교우관계도 아동기와 청년기의 우울증과 관련이 있는데, 가까운 단짝 친구가 없거나 친구들과 친밀한 관계를 맺기 힘든 경우, 그리고 친구들에게 인기가 없거나 또래들로부터 따돌림을 당하는 것 등은 아동기의 우울증을 증가시킨다(Vernberg, 1990).

　우울증은 치료하지 않으면 매우 지속적으로 나타나거나, 사라졌다가 다시 나타나는 경향이 있다. 항우울제가 우울증 치료에 가끔 사용되지만, 최근에는 대인관계 심리치료와 인지치료가 우울증 치료에 효과적인 것으로 나타났다(Beardslee et al, 1996; Mufson, Moreau, Weissman, & Klerman, 1993; Stark, Rouse, & Livingston, 1991). 대인관계 심리치료는 아동이나 청년으로 하여금 대인관계 문제를 해결하는 기술을 익히도록 도와줄 뿐만 아니라 자신의 감정을 분명하게 표현하는 방법을 익히도록 한다. 인지치료는 자신에 대한 생각을 바꿈으로써 기분을 변화시키는 방법을 가르치는 것을 말한다.

8. 자살

자살이 전염병처럼 번지고 있다. 우울증을 앓았던 유명 연예인부터 생활고를 견디지 못한 서민들까지 자살로 생을 마감하는 사례가 잇따르고 있다.

특히 청년기의 자살은 유명인의 자살을 뒤따르는 모방자 살의 경향, 이른바 '베르테르 효과'가 뚜렷하다. 베르테르 효과란 19세기 독일의 문호 괴테의 소설 『젊은 베르테르의 슬픔』에서 주인공 베르테르가 권총으로 자살한 내용을 읽 은 유럽의 젊은이들이 유행처럼 자살하게 된 데서 비롯된 용어이다.

일반적으로 자살을 기도하는 사람들은 대체로 외롭고, 소 외되었으며, 따돌림을 받는다고 느끼고, 부모와 친구들로부 터 사랑받지 못한다고 생각한다. 많은 경우 자살기도는 정말로 죽 기를 원해서가 아니라 자신의 괴로움을 극적인 방법으로 표현하는 것이라고 볼 수 있다. 자살기도는 관심과 도움을 구하는 필사적인 탄원인 것이다. 그러나 원래의 의도보다 더 성공하는 바람에 또는 전략상 오산으로 인해 종종 도움을 받기도 전에 죽게 된다.

자신의 생명을 스스로 끊으려는 자살을 방지하기 위해 우리는 무 엇을 할 수 있는가? 자살을 시도하는 사람은 대부분의 경우 행동으 로 옮기기 전에 여러 가지 위험신호를 보낸다. 〈그림 15-5〉는 자살 기도에 앞서 흔히 나타나는 자살경보 신호이다.

Johann Goethe

이상과 같은 자살경보 신호에도 불구하고 사람들은 이러한 위험신호를 심각하 게 생각하지 않거나, 부정하거나 무시하며, 그 중요성을 이해하지 못하는 경우가 많 다. 이상과 같은 위험신호가 보이면 주변에서 관심을 가지고 지켜보는 등 각별한 주의가 필요하다(Santrock, 1998).

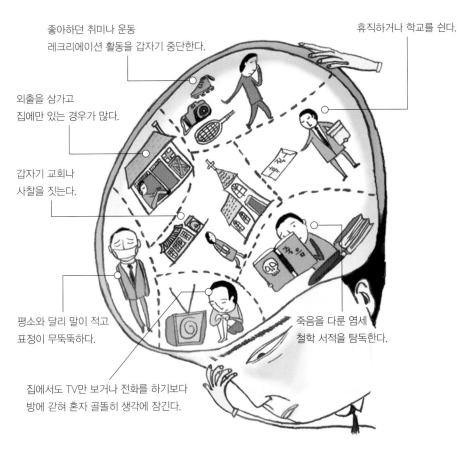

좋아하던 취미나 운동
레크리에이션 활동을 갑자기 중단한다.

휴직하거나 학교를 쉰다.

외출을 삼가고
집에만 있는 경우가 많다.

갑자기 교회나
사찰을 짓는다.

평소와 달리 말이 적고
표정이 무뚝뚝하다.

죽음을 다룬 염세
철학 서적을 탐독한다.

집에서도 TV만 보거나 전화를 하기보다
방에 갇혀 혼자 골똘히 생각에 잠긴다.

〈그림 15-5〉 자살경보 신호
출처: 교직원 신문 2005년 3월 21일자.

9. 청소년 비행

청소년 비행이라는 용어는 가출이나 성행위 같은 사회적으로 용납되지 않는 행동에서부터 강도나 절도, 살인과 같은 범죄행위에 이르기까지 그 범위가 상당히 넓다. 법적인 관점에서 청소년 비행은 두 가지 범주로 나뉜다. 한 가지 범주는 우범소년(status offender)이다. 우범소년은 무단결석, 가출, 성행위, 부모님 말씀 안 듣기 등 미성년자에 의해 행해지는 것이 아니라면 범죄로 간주되지 아니하는 행위를 하

는 젊은이다. 마크 트웨인의 주인공 허클베리핀이 오늘날 살아서 활동한다면 이 범주에 들 것이다.

두 번째 범주는 비행 청소년이다. 비행은 절도, 강간, 살인 등과 같이 누가 하든지 범죄로 간주되는 행위를 말한다. 미성년 범죄자는 보통 성인 범죄자와는 다르게 취급된다. 재판 절차는 원칙적으로 비공개로 진행되고 처벌도 보다 관대하다.

우리나라에서는 청소년 비행을 범죄행위, 촉법행위, 우범행위의 세 범주로 나눈다(청소년백서, 1996). 범죄행위는 14세 이상 20세 미만의 소년이 형사법령에 저촉되는 행위를 하는 경우를 말하고, 촉법행위는 형사법령을 위반하였으나 형사미성년자(14세 미만)의 행위라는 이유로 형사책임을 묻지 아니하는 행위를 말한다. 우범행위는 12세 이상 20세 미만의 소년이 그 자체는 범죄가 아니지만 범죄를 저지를 우려가 있다고 인정되는 행위를 하는 경우를 말한다. 우리나라도 소년법 등에서 청소년 비행을 일반 범죄와는 달리 처리하는 규정을 두고 있다.

1) 비행 청소년의 특성

Erikson(1968)은 청소년 비행을 청년이 역할정체감을 성공적으로 해결하지 못한 결과로 본다. 유아기, 아동기 또는 청년기에 자신의 행동이 사회기준이나 부모의 기대에 미치지 못함을 깨달으면 부정적 정체감을 형성하게 되어 비행 청소년의 길로 접어들게 된다. 따라서 Erikson은 청소년 비행은 비록 그것이 부정적인 정체감일지라도 정체감을 형성하려는 시도로 본다.

청소년 비행은 자기통제 능력의 부족과도 관련이 있다. 대부분의 젊은이들은 허용되는 행동과 허용되지 않는 행동을 구별하지만 비행 청소년은 그렇지 못하다. 혹 구별한다고 하더라도 충동적인 성격으로 인해 자기통제력이 부족하다. 이들은 자신의 나쁜 행동에 대해 별로 죄책감이 없고 그리고 때로는 자신의 행동 때문이 아니라 자신이 붙잡혔기 때문에 처벌을 받는다고 믿는다(Arbuthnut, Gordon, & Jurkovic, 1987). 비행 청소년은 자신뿐만 아니라 다른 사람들에게도 엄청난 해를 주기 때문에 이들의 존재는 재앙이라고 할 수 있다. 또 다른 연구(Chen & Jacobson, 2013)에서는 충동성 또한 청소년 비행과 관련이 있는 것으로 나타났다.

사회경제적 요인 또한 청소년 비행에 중요한 역할을 한다. 저소득층의 청년들은 교육의 기회, 좋은 직장을 얻을 기회가 적기 때문에 자신의 불우한 환경에 좌절하게 되어 마침내 비합법적인 수단으로 자신이 원하는 것을 얻고자 한다(Kennedy, 1991). 이외에도 학업성적(Perlmutter, 1987), 언어능력(Quay, 1987), 문제해결 능력(Hains & Ryan, 1983), 자아존중감(Henggeler, 1989), 사회적 기술(Kupersmidt & Coie, 1990), 만족지연 능력(Ross, 1979), 부정적인 자아개념(최광현, 심웅철, 1986) 등이 청소년 비행과 관련이 있다.

한 연구(Offer, Ostrov, & Marohn, 1972)에서는, 비행 청소년을 네 종류로 분류하고 있다. 첫째, '충동적인' 비행소년은 아무 생각 없이 행동하고 자제력이 없으며, 둘째, '감정이 메마른' 비행소년은 수동적이고, 무감각하며, 고독한 사람이다. 셋째, '자기도취적인' 비행소년은 자기 자신에게만 관심이 있고, 자신이 상처받았다고 느끼며, 자아존중감을 지키는 유일한 방법은 자신에게 상처를 입힌 사람에게 보복하는 것이라고 여긴다. 넷째, '우울한' 비행소년은 자신의 내적 갈등의 고통에서 벗어나기 위해 범죄를 저지른다.

2) 비행 청소년의 가족

부모의 몇 가지 특성이 자녀의 비행과 연관이 있다. 일반적으로 지나치게 허용적이거나, 지나치게 엄격하거나, 지나치게 권위적인 양육행동은 청소년 비행과 연관이 있다. 한 연구(Patterson & Stouthmer-Loeber, 1984)에서, 청년들의 반사회적 행동은 부모가 자녀를 훈육하는 능력과 밀접한 관련이 있다는 것이 밝혀졌다. 즉, 비행 청소년의 부모들은 자기 자식이 어디에서 어떤 친구들을 사귀며, 어떤 행동을 하는지 관심이 없는 것으로 보인다. 이들 연구자들은 또한 비행 청소년의 부모들은 자녀가 규칙을 위반한 데 대해 설교나 위협보다 더 엄한 처벌을 하지 않는다고 보고하였다. 가족 간의 불화, 특히 적대적인 형제관계 또한 청소년 비행과 관련이 있는 것으로 나타났다(Capaldi & Shortt, 2003; Chen & Jacobson, 2013; Conger & Reuter, 1996; Slomkowski et al., 2001).

우리나라 비행 청소년 전문교육기관에 있는 남학생 202명을 대상으로 비행 청소년의 심리적 가정환경과 비행성향 및 자살충동과의 관계를 알아본 연구(김두식, 2000)에 의하면, 심리적 가정환경이 비성취, 폐쇄, 거부, 타율적이면 비행성향이 높았다고 한다. 따라서 비행예방을 위해서는 개방적, 친애적 그리고 자율적인 가정환경의 조성이 요구된다. 또한 비행 청소년의 비행성향과 자살충동 간에는 밀접한 관계가 있으므로 자살예방을 효과적이고 합리적으로 예방하기 위해서는 가정의 심리적 환경이 잘 조성되어야 할 것이다.

Snyder와 Patterson(1987)은 비행 청소년의 가족을 연구한 바 있는데, 이 연구에서 청소년 비행과 연관이 있는 가족생활의 네 가지 측면을 발견하였다. 첫째, 청년이 해도 좋은 일과 해서는 안 될 일에 대한 기준이 없다. 둘째, 부모의 감독 소홀로 자녀가 어디서 무슨 짓을 하는지, 무슨 생각을 하고 있는지에 관심이 없다. 셋째, 자녀훈육에 일관성이 없다. 즉, 자녀의 바람직하지 못한 행동에 대해 일관성 없이 반응한다. 그리고 바람직한 행동을 칭찬하기보다는 바람직하지 못한 행동을 벌하는 경향이 있다. 넷째, 가족문제나 위기를 효율적으로 해결하는 능력이 부족하다.

3) 우리나라 청소년 비행의 현황

2024년에 발간된 『2023 청소년백서』에 의하면, 2022년 청소년 범죄자는 78,102명으로 2021년 대비 17.1% 증가하였으며, 2014년의 84,661명 대비 7.7% 감소한 것으로 나타났다. 연령별로는 촉법소년 수는 2014년 7,104명에서 2022년 1만 7,076명으로 크게 증가한 반면, 범죄소년은 2014년 7만 7,557명에서 2022년 6만 1,026명으로 감소하였다. 청소년 인구 수를 고려한 청소년 범죄율은 2014년 청소년 인구(10~19세 미만) 10만 명당 1,603.1명에서 등락을 거쳐 2022년에는 1,868.8명으로 2021년 1,582.0명 대비 큰 폭의 증가를 보였다. 청소년 범죄자뿐만 아니라 전체 범죄자 수도 감소하여, 전체 범죄자 중 청소년 범죄자가 차지하는 비율은 2014년 4.5%에서 변동을 거쳐 2022년에는 5.6%로, 2014년 대비 1.1%p 증가하였다. 2022년 범죄소년의 경우, 재산범죄율(절도, 사기 등)이 가장 높고, 성폭력 등의 강력(흉악)범죄율(성폭력, 강도 등)이 가장 낮았으나, 교통범죄를 제외한 범죄유형별 범죄율이 작년 대비 상승하고 있다. 특히, 마약범죄가 10년 전 대비 1.17% 증가하여 청소년의 신체적·정신적 발달에 부정적인 영향을 미치는 심각한 문제가 발생하고 있다.

① 2022년 청소년 범죄 유형별 분포상황을 보면, 재산범죄율은 14세 이상 19세 미만 인구 10만 명당 1,063.0명으로 가장 높게 나타났으며, 그다음은 강력범죄(폭력) 671.8명, 교통범죄 253.7명, 강력범죄(흉악) 232.6명 순으로 나타났다. 범죄소년의 재산범죄율은 변동을 보이며, 2020년에 14세 이상 19세 미만 인구 10만 명당 1,229.3명으로 최고치를 기록하였다. 그러나 2021년에는 927.9명으로 지난 8년간 최저치를 기록한 후, 2022년에는 1,063.0명으로 증가하였다. 강력범죄(흉악)율은 2016년 이후 지속적인 증가세를 보여, 2022년에는 14세 이상 19세 미만 인구 10만 명당 232.6명으로 최고치를 기록하였다. 반면, 강력범죄(폭력)율은 2014년 14세 이상 19세 미만 인구 10만 명당 593.7명에서 증가세를 보이다가 2019년에 759.9명으로 최고치를 기록한 후 2년 연속 감소하였으나, 2022년에는 671.8명으로 전년 대비 증가하였다. 범죄소년이 저지른 교통범죄는 2014년 14세 이상 19세 미만 인구 10만 명당 276.4명에서 변동을 보이며, 2022년에는 253.7명으로 최근 9년 중 최저치를 기록하였다.

② 2022년 범죄소년(14~18세)의 세부 연령 분포를 살펴보면, 18세가 20.9%(1만 2,728명)로 가장 높은 비율을 차지하였고, 이어 16세 21.5%, 17세 20.8%, 15세 19.1%, 14세 15.0% 순으로 나타났다. 또한, 최근 10년간 범죄소년 중 14세 청

소년이 차지하는 비율이 증가하는 추세이다.

③ 2022년도 범죄소년의 성별 구성 비율을 보면, 남자가 82.5%, 여자가 17.5%로, 남자 청소년이 여성 청소년에 비해 약 5배 정도 많다. 범죄소년 중 여자 청소년의 비율은 2013년 16.2%에서 2014년과 2015년 14.8%까지 낮아졌으나, 이후 3년 연속 증가하여 2018년에 18.5%로 최고치를 기록한 뒤, 2년 연속 감소하는 추세를 보였다. 그러나 2021년 17.0%, 2022년 17.5%로 2년 연속 증가하는 추세를 보이고 있다.

④ 전과가 있는 범죄소년의 비율은 2013년 46.1%로 최고치를 기록한 이후 감소하여 2021년에는 33.7%까지 하락하였다는 점에서 긍정적인 변화가 있었으나, 4범 이상 범죄소년의 비율은 14.4%이고, 전과가 있는 범죄소년 중 4범 이상이 차지하는 비율이 2013년 이후 지속해서 가장 높은 비율을 차지하고 있어 주목할 만하다. 이는 향후 재범률이 높은 범죄소년에 대한 체계적인 교정교육과 지속적인 사후관리의 필요성을 시사한다.

4) 기타 청소년 비행

기타 청소년 비행으로는 약물남용, 흡연, 음주 등이 있다. 약물남용, 흡연, 음주 등은 긴장과 불안감을 덜어주며, 들뜬 기분을 유지하게 해주고, 인생을 만화경처럼 보이게 한다. 그러나 이것들로 인하여 비싼 대가를 치르게 된다.

약물남용은 약물을 비의학적인 목적으로 사용하고, 약물을 지속적 혹은 산발적으로 사용하여 직업이나 사회생활에 지장을 초래하게 되는 경우를 말한다. 약물에 중독되면 정상적인 생활이 불가능하거나 때로는 치명적인 병으로 목숨을 잃기도 한다. 그리고 어른이 되어서도 직업과 결혼생활이 안정되지 못하며, 범죄를 저지르기 쉽다.

우리나라 청소년의 약물남용이 점차 증가하는 추세에 있

다. 2023년도 전체 마약류사범 중 20 · 30대의 비중이 55.6%를 차지하였는데, 2021년 처음 50%를 돌파한 이래 계속 증가하고 있어, 인터넷 · SNS 등의 보급과 이를 이용한 마약류에 대한 진입장벽이 낮아져 젊은 층의 마약류 범죄가 심각해진 것으로 분석된다. 특히 2022년도에는 10대 마약류사범도 481명(2.6%)으로 역대 최다치를 기록하였다.

흡연은 한 번 시작하면 끊기가 무척 힘들다. 많은 사람들이 담배를 끊으려고 애쓰지만 성공하지 못하는 경우가 많다. 담배를 피우게 되면 담배의 주성분인 니코틴에 의해 일시적으로는 긴장과 불안감을 덜어 줄 수 있으나, 고혈압과 심장병을 유발하고, 만성 기관지염과 같은 호흡계 질환을 초래하며, 폐암에 걸리게 될 위험이 있다.

우리나라 중학생 150명을 대상으로 한 연구(최희곤, 2001)에서, 남녀 총 흡연율은 21.6%로 조사되었고, 흡연 동기로는 호기심과 친구나 선배의 권유가 가장 많았다(사진 참조). 흡연 장소로는 학교 및 그 주변, PC방, 공터나 유원지 순으로 나타났고, 구입 장소는 슈퍼로 밝혀졌다. 처음 흡연하게 된 시기는 중학교 1학년 때가 가장 많았고, 흡연을 지속하는 이유로는 습관적으로, 스트레스 해소, 친구들과 어울리기 위해서 순으로 응답하였다. 마지막으로 금연 시도에 있어서는 조금 해보았다, 전혀 해보지 않았다, 많이 해보았다 순으로, 금연 이유로는 건강에 좋지 않으니까, 이성친구가 못하게 해서로 나타났다.

또한, 술을 지나치게 많이 마시면 자율신경이 마비되고, 신장과 간을 해치며, 위염이 생긴다. 더 심하면 혼수상태에 빠지고 죽음에까지 이르게 되며, 특히 임

신한 여성이 술을 마시게 되면 태아의 건강도 위험하게 된다.

우리나라 청소년 650명을 대상으로 한 음주와 폭력성과의 관계에 관한 연구(유현, 2000)에서, 음주 경험은 폭력성과 상관관계를 보였는데, 음주 시 대물, 대인, 자해적인 폭력이 발생하는 빈도가 높은 것으로 나타났다.

그 외 국내의 청년기 문제행동을 다룬 연구 중에는 청소년 비행에 관한 것이 많다. 지금까지의 연구에서 청소년 비행의 원인은 일차적으로 가정환경을 강조하는 입장이다. 가정환경 이외에는 학업성취와 입시위주의 주입식 교육들이 비행과 관련되며(이재창, 1986), 부정적인 자아개념과도 관계가 있다고 본다(최광현, 심웅철, 1986).

참고문헌

강기숙 · 이경님(2001). 어머니의 양육행동과 유아의 사려성이 유아의 자기통제행동에 미치는 영향. 아동학회지, 22(4), 115-132.

강영숙(1981). 청년기에서 초기 성인기에 걸친 한국인의 도덕판단력의 발달양상에 관한 연구. 이화여자대학교 대학원 석사학위논문.

고려원 · 박난숙 · 오경자 · 홍강의(1995). 주의력결핍 과잉행동장애에 대한 약물치료와 부모훈련을 통한 행동치료의 효과. 한국심리학회지, 14(1), 1-14.

고상민 · 황보환 · 지용구(2010). 소셜네트워크서비스와 온라인 사회적 자본: 한국과 중국 사례를 중심으로. 한국전자거래학회지, 15(1), 103-118.

고영실 · 박용한(2020). 아버지의 양육참여도, 어머니의 일 · 가정 양립과 유아의 성역할 고정관념의 관계. 열린부모교육연구, 12(2), 1-18.

고윤지 · 김명순(2013). 유아의 놀이성, 놀이주도성 및 의사소통능력 수준에 따른 놀이행동. 아동학회지, 34(1), 175-189.

고재천 · 김슬기(2013). 초등학생들이 인식하는 우수교사의 특성 탐색. 한국초등교육, 24(3), 207-228.

곽금주 · 성현란 · 장유경 · 심희옥 · 이지연 · 김수정 · 배기조(2005). 한국영아발달연구. 서울: 학지사.

구미향 · 이양희(2000). 영아기 애착관련 변인과 모성행동 특성 분석. 아동학회지, 21(4), 81-103.

구본용(1997). 청소년의 집단따돌림의 원인과 대처방안. 청소년상담연구보고서, 29. 청소년대화의 광장.

구순주(1984). 청소년의 성역할 유형과 창의성과의 관계. 경북대학교 대학원 석사학위논문.

국립특수교육원(2015). 특수교육백서. 충남: 국립특수교육원.

김경희 · 이희정(2001). 품행장애 청소년과 일반 청소년의 도덕적 정서. 한국심리학회지: 발달, 14(2), 121-136.

김광옥 · 하주용(2008). 지상파텔레비전 광고에 나타난 여성의 이미지: 고정관념지수(Stereotype Index)를 이용한 성별 스테레오타입 분석. 韓國言論學報, 51(2), 453-478.

김난실 · 조혜진(2007). 영아의 기질적 특성과 기질에 따른 놀이행동분석. 영유아교원교육학, 11(1), 237-256.

김두식(2000). 비행청소년의 심리적 가정환경과 비행성향 및 자살충동과의 관계. 서강대학교 교육대학원 석사학위논문.

김명희(2003). TV 만화영화에 나타난 성역할 연구. 원광대학교 행정대학원 석사학위논문.

김미경(1996). 학습문제를 동반한 주의력결핍 과잉행동장애(ADHD) 아동의 특성분석. 성균관대학교 대학원 석사학위논문.

김미진(2010). 아동의 다문화 수용성 척도개발에 관한 연구. 고려대학교 대학원 박사학위논문.

김미신 · 성옥분(2010). 아동의 다문화 수용성 척도개발과 타당화 연구. 인간발달연구, 17(4), 69-88.

김민정 · 도현심(2001). 부모의 양육행동, 부부갈등 및 아동의 형제자매관계와 아동의 공격성 간의 관계. 아동학회지, 22(2), 149-166.

김상윤(1990). 도덕 및 인습적 일탈행위에 관한 아동의 상호 작용과 개념발달. 고신대학 논문집, 18, 185-200.

김상희·박성연(1990). 형제간 및 또래간 사회성에 영향을 주는 가족인구학적 변인. 아동학회지, 11(2), 59-81.

김선희(1995). 열린 교육 수업방식이 아동의 창의성과 학업 성취에 미치는 효과. 건국대학교 대학원 석사학위논문.

김선희·김경연(1994). 우정관계 관련변인의 관계종결에 대한 영향. 아동학회지, 15(2), 181-194.

김성희·정옥분(2011). 아동이 지각하는 어머니의 과보호와 아동의 정서조절능력 및 또래관계: 정서조절능력의 매개효과를 중심으로. 인간발달연구, 18(3), 69-92.

김송이·박경자(2001). 또래 지위와 친구 관계에 따른 아동의 갈등 해결 방식. 아동학회지, 22(4), 69-84.

김수영(2001). 협동놀이 환경에서 교사의 역할이 자폐증 아동의 사회성 발달에 미치는 효과: 초등학교 1학년 자폐증 아동을 중심으로. 고려대학교 교육대학원 석사학위논문.

김수영·김수임·김현아·정금자(2002). 유아놀이의 이론과 실제. 서울: 양서원.

김영희(1988). 한국 청소년의 성역할 정체감 유형과 학습된 무기력과의 관계. 숙명여자대학교 대학원 박사학위논문.

김완진(2002). 아동학대예방센터의 서비스 협력체계 구축에 관한 연구. 가톨릭대학교 사회복지대학원 석사학위논문.

김원경·권희경·전제아(2006). 부모의 양육행동, 아동의 우울 및 자기효능감과 아동의 문제해결력 간의 구조모델. 아동학회지, 27(3), 67-79.

김유미·이순형(2014). 3, 4, 5세 유아의 공격행동에 대한 도덕판단 및 정당화 추론과 틀린 믿음 이해와의 관계. 아동학회지, 35(3), 49-69.

김윤경·이옥경(2001). 아동과 청소년의 또래관계에 따른 심리사회적 적응과 행동특성. 한국심리학회지: 발달, 14(2), 65-82.

김은정(1996). 유아의 성도식 발달과 놀이친구 및 놀이방식 선택. 서울대학교 대학원 석사학위논문.

김은하·최해훈·이순행·방희정(2005). 12~18개월 영아의 애착 행동 특성 연구. 아동학회지, 26(4), 35-53.

김의철·박영신(1999). 한국 청소년의 심리, 행동특성의 형성: 가정, 학교, 친구, 사회 영향을 중심으로. 한국교육심리학회, 교육심리연구, 13(1), 99-142.

김정옥·박경규(2002). 청소년의 가정폭력 경험과 학교폭력과의 관계 연구. 한국가족관계학회지, 7(1), 93-115.

김진아·엄정애(2006). 유아의 도덕적 판단력, 도덕적 감정과 도덕적 행동과의 관계. 아동학회지, 27(2), 85-100.

김진희·김경신(2003). 청소년의 심리적 변인과 인터넷 중독, 사이버관련 비행의 관계. 청소년복지연구, 5(1), 85-97.

김희강(1980). 새로운 성역할 개념에 관한 일 연구. 고려대학교 대학원 석사학위논문.

노치영·박성연(1992). 가족 폭력의 세대 간 전이에 관한 연구: 부모의 폭력 행동과 아동의 공격성 관계. 대한가정학회지, 30(4), 219-230.

다음백과사전 https://100.daum.net/encyclopedia/view/47XXXXXb123

도종수·이광호·전명기·구정화(1994). 청소년 육성 관련 정책개발 및 연구 (Ⅲ): 청소년의 의식과 문화-신세대의 특성 이해를 위한 의식 조사 연구. 한국청소년개발원 연구보고서.

도현심(1996). 아동의 수줍음, 대인적응성 및 또래수용성과 외로움 간의 관계. 아동학회지, 17(2), 33-45.

류경화(1999). 유아를 위한 전통놀이 교육. 서울: 창지사.

류은정·최귀순·서정석·남범우(2004). 청소년의 인터넷 중독과 우울, 자살사고와의 관계. 대한간호학회지, 34(1), 102-110.

문혁준(2000). 아동의 기질적 특성과 부모의 훈육방법. 대한가정학회지, 38(6), 29-41.

문화체육부(1996). 청소년백서. 서울: 문화체육부 청소년정책실.

문화체육부(1997). 청소년백서. 서울: 문화체육부 청소년정책실.

문화체육부(2015). 청소년백서. 서울: 문화체육부 청소년정책실.

미국정신의학협회(2023). 정신질환의 진단 및 통계 편람(제5판

수정판). 권준수 외(역). 서울: 학지사.

민성혜 · 이민영 · 최혜영 · 전혜정(2009). 다문화 가정 유아기 자녀의 정서지능에 영향을 미치는 경로모형 분석. 대한가정학회지, 47(1), 55-63.

박경숙(1999). 왕따 · 학교폭력의 실태와 대처방안에 대한 토론. 일본 동경국제대학 T. Takuma 교수 초청 한 · 일 학술대회 자료집. 경희대학교 교육문제연구소.

박경아(2003). 학교폭력 피해자의 학교적응에 관한 연구: 보호요인을 중심으로. 연세대학교 대학원 석사학위논문.

박서정 · 김순옥(2003). 아동의 친사회적 행동에 관한 연구-부모와의 상관관계를 중심으로-. 성균관대학교 생활과학연구소. 생활과학, 6, 151-172.

박성옥 · 어은주(1994). 청소년의 자아정체감에 영향을 미치는 변인연구. 대전대학교 자연과학 연구소 논문집 제5집, 101-110.

박성주(1986). 한국 청소년의 성취동기에 관한 일 연구. 고려대학교 대학원 석사학위논문.

박연정 · 정옥분(2003). 또래관계가 아동의 또래괴롭힘에 미치는 영향. 인간발달연구, 10(2), 75-92.

박영신 · 김의철(2003). 한국 학생의 자기효능감, 성취동기와 학업성취: 토착심리학적 접근. 교육심리연구, 17(1), 37-54.

박용헌(1983). 성취인의 심리. 서울: 배영사.

박용헌(1991). 성취동기육성의 교수방안. 서울: 교육출판사.

박은숙(1982). 어머니의 양육차원이 한국유아의 낯가림, 격리불안 및 대물애착 발달에 미치는 영향에 관한 연구. 이화여자대학교 대학원 석사학위논문.

박재현(2003). 부모의 사회경제적 배경, 성취압력 및 고등학생의 성취동기 지향성 간 인과관계. 연세대학교 대학원 석사학위논문.

박점순(2003). 부모의 양육태도가 아동 및 청소년의 자아개념에 미치는 영향. 성신여자대학교 교육대학원 석사학위논문.

박진희 · 이순형(2005). 공격행동에 대한 유아의 도덕판단과 추론: 공격행동의 의도와 결과 제시유무를 중심으로. 아동학회지, 26(2), 1-14.

백종욱 · 김성오 · 김미양(2010). 노인들의 여가활동과 삶의 만족도와의 관계. 임상사회사업연구, 7(1), 37-58.

백한진(1998). 아동이 지각한 교사행동이 자아개념에 미치는 영향. 관동대학교 교육대학원 석사학위논문.

서동인 · 유영주(1991). 손자녀가 지각한 조모와의 심리적 친밀도. 아동학회지, 12(2), 154-172.

서문희 · 최윤경 · 신윤정 · 이세원(2010). 영유아양육비용에 관한 연구. 육아정책연구소.

서봉연(1988). 자아정체감의 정립과정. 이춘재 외. 청년심리학, 101-136. 서울: 중앙적성출판사.

서영석 · 안하얀 · 이채리 · 박재수 · 김보흠 · 성유니스(2016). 집단따돌림 피해자들의 극복과정 유형. 상담학연구, 17(1), 39-64.

서현 · 이승은(2007). 농촌지역의 국제결혼 자녀가 경험하는 어려움에 관한 연구. 열린유아교육연구, 12(4), 25-47.

설은정 · 정옥분(2012). 우리나라 부모의 양육행동이 아동의 다문화 수용성에 미치는 영향. 인간발달연구, 19(2), 91-113.

성수현(1996). 아버지의 자녀양육 참여도와 아동의 성취동기와의 관계. 아동교육, 5(2), 54-72.

송나리(1993). 외동이의 사회적 능력 및 인지능력 발달에 관한 연구. 이화여자대학교 대학원 석사학위논문.

송명자(1992). 도덕판단발달의 문화적 보편성: 영역구분 모형의 가능성과 한계. 한국심리학회지: 일반, 11(1), 65-80.

송현석(1996). 열린수업 방식과 전통수업 방식에 의한 초등학교 아동의 창의성과 학습태도 비교 분석. 경성대학교 대학원 석사학위논문.

신명숙 · 류점숙(2003). 전통놀이가 유아의 사회성 발달에 미치는 효과-비석치기, 윷놀이, 고누놀이를 중심으로-. 유아교육, 12(1), 33-50.

신의진 · 이경숙 · 정석진 · 홍현주(2003). 한국 애착장애아동의 발달 및 임상적 특성. 한국심리학회지: 발달, 16(4), 155-174.

심응철(1996). 학교폭력: 현실과 대책. 한국청소년교육연구소 자료집 96-1. 한국청소년교육연구소.

심희옥(1997). 아동 후기 초등학교 학생의 내적 · 외적 문제행동인 우울성향과 반사회적 행동에 영향을 주는 요인들. 아동학회지, 19(1), 39-52.

심희옥(2000). 또래 지지와 대인관계 갈등 대처방법 및 사회적 기술과의 관계. 아동학회지, 21(1), 19-33.

안미경(2001). ADHD-SC4를 통한 주의력결핍 과잉행동아동 출현율 조사: 부산지역의 초등학교 저학년을 대상으로. 대구대학교 대학원 석사학위논문.

양순미(2007). 농촌지역 다문화가족의 초등학생들의 학교생활적응과 가족생활행복에 작용하는 요인. 한국심리학회지: 여성, 12(4), 559-576.

엄인하 · 조영아(2015). 초등학생의 학교응집력과 집단따돌림의 관계에서 방관태도의 매개효과. 청소년학연구, 22(10), 49-75.

오성배(2007). 국제결혼 자녀의 교육환경과 문제. 교육비평, 22, 186-213.

오윤희 · 안창일 · 오강섭(2004). 성인 불안장애 환자에서의 아동기 시절 불안장애 과거력 및 그 유무에 따른 임상양상의 차이. 한국심리학회지: 임상, 23(4), 873-889.

온영란(1996). 유아교육 프로그램의 전통놀이에 대한 조사연구. 원광대학교 교육대학원 석사학위논문.

우혁기(2003). 언어적 통제유형에서 부모 간 일치 여부가 유아의 도덕성 발달에 미치는 양향. 아동교육, 12(1), 77-93.

위영희(1994). 영아의 사회적 참조행동과 관련변인에 관한 연구. 연세대학교 대학원 박사학위논문.

유미열 · 김경철 · 최연철 · 장연주(2012). 유아교실에서 교육 로봇 아이로비큐의 역할, 그리고 한계와 기대. 열린유아교육연구, 17(1), 117-138.

유안진(1981). 한국 고유의 아동놀이. 서울: 정민사.

유안진(1994). 건강한 가정과 건강한 아동. 제16차 한국아동학회 추계워크숍(pp. 3-23).

유지윤(2023). 휴머노이드 영유아 교실에 대한 교사의 인식. 숙명여자대학교 대학원 석사학위논문.

유현(2000). 청소년의 음주와 폭력성과의 관계에 관한 연구. 명지대학교 대학원 석사학위논문.

윤경희(1998). 영아의 자아인식에 관한 연구. 성신여자대학교 대학원 석사학위논문.

윤진(1985). 성인 · 노인심리학. 서울: 중앙적성출판사.

윤태복 · 나은숙(2018). 에듀테인먼트 휴머노이드 로봇의 지능적인 율동 서비스 연구. 한국게임학회논문지, 18(4), 75-82.

윤현숙(2006). 자폐아 조기판별을 위한 한국부모의 인식시기. 자폐성 장애연구, 6(1), 1-15.

이가옥 · 서미경 · 고경환 · 박종돈(1994). 노인생활 실태분석 및 정책과제. 한국보건사회연구원.

이경님(2001). 아동의 자기통제와 관련 변인과의 인과관계-아동의 사려성, 자아개념 및 어머니의 양육행동을 중심으로-. 대한가정학회지, 38(2), 97-110.

이경숙 · 윤현숙 · 정희승 · 유희정(2015). 국내 자폐스펙트럼장애 영유아의 조기 선별 및 지원 체계 고찰. 자폐성 장애연구, 15(2), 93-120.

이경옥 · 이병호(2005). 교육용 로봇 활용 경험이 유아의 로봇 이미지 및 관계 인식에 미치는 영향 연구. 로봇학회 논문지, 10(2), 99-107.

이관형 · 김양현 · 안현미(2001). 초등학생의 집단따돌림 실태와 대처방안. 서울교육대학교 학생생활연구소, 학생생활연구, 27, 1-78.

이귀애(2023). 자기통제가 유아와 아동의 적응과 부적응에 미치는 영향에 대한 다층메타분석. 충북대학교 대학원 박사학위논문.

이상은 · 이주리(2010). 어머니의 양육행동 및 유아의 놀이성과 유아의 또래유능성: 유아놀이성의 조절효과를 중심으로. 아동학회지, 31(6), 71-85.

이숙재(2001). 유아놀이활동. 서울: 창지사.

이승국(1999). 청소년의 자아정체감 발달에 영향을 미치는 생태학적 변인들의 구조분석. 계명대학교 대학원 박사학위논문.

이영 · 나유미(1999). 유아의 애착 및 어머니-유아 상호작용과 또래 상호작용 간의 관계. 아동학회지, 20(3), 19-32.

이영주(1990). 부모의 온정, 통제 및 형제자매환경에 따른 아동의 친사회적 행동. 대한가정학회지, 28(2), 107-118.

이영주(2007). 국제 결혼한 여성의 자녀에 대한 심리사회적 적응에 영향을 미치는 보호요인에 관한 연구. 한국심리학회지: 여성, 12(2), 83-105.

이영환(1993). '낯선 상황'에서 영아의 아버지에 대한 애착

유형. 경희대학교 대학원 박사학위논문.

이옥경(2002). 과제의 특성에 따른 유아와 아동의 친사회적 도덕추론과 친사회적 의사결정 및 어머니의 친사회적 도덕추론의 관계. 서울대학교 대학원 박사학위논문.

이은해(1999). 아동의 친구관계에 관한 연구. 아동학회지, 20(3), 77-98.

이재연·한지숙(2003). 아동과 부모, 가족환경 특성에 따른 아동학대 실태 연구. 아동학회지, 24(2), 63-78.

이재창(1986). 청소년의 행동 성향에 관한 연구. 대한교육연합회.

이정희(2019). 어머니의 자기분화, 어머니의 분리불안 및 과보호 양육행동이 유아의 분리불안에 미치는 영향. 이화여자대학교 대학원 석사학위논문.

이주혜(1981). 유아의 낯가림 및 격리불안과 어머니의 양육태도와의 관계. 성균관대학교 대학원 석사학위논문.

이지영·권예지·고예나·김은미·나은영·박소라(2016). 한국 청소년의 집단따돌림에 대한 심층인터뷰 연구-따돌림의 유형화 및 소셜미디어의 역할을 중심으로. 언론정보연구, 53(1), 267-309.

이진숙(2007). 국제결혼가정의 자녀양육실태와 아버지의 양육참여에 관한 연구. 열린유아교육연구, 12(6), 21-42.

이차선(1998). 청소년의 자아정체감 형성변인 분석. 고려대학교 대학원 석사학위논문.

이충원(2000). 초등학교 아동의 폭력 성향과 가정환경의 상관성 연구. 동국대학교 교육대학원 석사학위논문.

이효림·엄정애(2005). 유아의 정서능력과 놀이행동 간의 관계. 아동학회지, 26(6), 1-15.

임양미(1994). 어머니 양육방식의 관련요인. 연세대학교 대학원 석사학위논문.

임양미·박주희(2012). 다문화가정 유아의 어린이집 경험이 의사소통능력에 미치는 영향: 어머니 한국어능력의 조절효과. 대한가정학회지, 50(8), 65-77.

임영식(1997). 우울증이 가져오는 청소년기의 행위 양태. 오늘의 청소년, 제117권, 8-13.

임정하·정옥분(1997). 아동이 지각한 또래관계와 사회적 능력과의 관계. 아동학회지, 18(1), 163-175.

임희복(2003). 가정폭력 목격 및 경험과 학교폭력의 관계에 관한 연구. 대전대학교 교육대학원 석사학위논문.

장미자(1998). 애착의 세대간 전이: 어머니의 내적 실행모델과 영아의 애착유형. 경희대학교 대학원 박사학위논문.

장선철·송미현(2004). 고등학생의 외모만족도와 자아존중감 및 학교적응의 관계. 청소년학연구, 11(3), 115-133.

장재정(1988). 중년기 여성의 성역할 정체감과 심리적 건강. 고려대학교 대학원 박사학위논문.

장정순(1996). 열린 교육 시행학교 아동과 일반학교 아동 간의 창의성 비교 연구. 강원대학교 대학원 석사학위논문.

장하경·서병숙(1991). 성역할 정체감 척도개발에 관한 연구. 대한가정학회지, 29(4), 167-179.

장휘숙(1997). 청소년기의 애착과 자아존중감 및 자기효능감의 관계. 인간발달연구, 4(1), 88-105.

전귀연(1984). 아동의 성역할 유형과 자아존중감과의 관계. 경북대학교 대학원 석사학위논문.

정경택(2003). 사회적 지지와 지각된 스트레스가 청소년의 공격성에 미치는 영향. 아동교육, 12(2), 151-162.

정계숙·노진형(2010). 유아의 주의력결핍 과잉행동 수준에 따른 모 양육스트레스와 양육행동: 모와 교사의 다중평정을 통하여. 인간발달연구, 17(1), 285-300.

정성훈·진미경·정운선·임효덕(2006). 영아-어머니 애착과 관련 변인들에 대한 연구. 인간발달연구, 13(3), 21-37.

정순화·김시혜(1996). 동시를 통해 아동이 묘사한 아버지의 모습. 아동학회지, 17(2), 79-105.

정순화·정옥분(1994). 아동의 성도식과 성관련 과제의 기억 및 선호. 아동학회지, 15(1), 37-54.

정옥분(1986). 한·미 양국 대학생의 성역할 정체감과 자존감에 관한 비교문화연구. 대한가정학회지, 24(2), 123-137.

정옥분·Rubin, K. H.·박성연·윤종희·도현심(2003). 영아기 기질 및 부모의 양육행동에 따른 2~4세 아동의 행동억제에 관한 단기종단연구: 8개국 비교문화연구를 위한 기초연구. 한국가정관리학회지, 21(3), 29-38.

정옥분·Rubin, K. H.·박성연·윤종희·도현심·김경은(2011). 영아기 정서와 기질, 유아기 어머니의 긍정적 양육태도와 4세 유아의 또래상호작용의 질. 인간발달연구, 18(1), 151-168.

정옥분 · 김광웅 · 김동춘 · 유가효 · 윤종희 · 정현희 · 최경
순 · 최영희(1997). 전통 '효' 개념에서 본 부모역할 인식
과 자녀양육행동. 아동학회지, 18(1), 81-107.

정은희 · 이미숙(2004). 아동이 지각한 부부갈등, 아동의 공
격성과 또래 괴롭힘 가해 및 피해와의 관계. 한국가정관
리학회지, 22(4), 115-126.

정진 · 성원경(1995). 유아놀이와 게임활동의 실제. 서울: 학
지사.

정진경(1990). 한국 성역할 검사(KSRI). 한국심리학회지: 사
회, 5(1), 82-92.

정해영 · 정옥분(2011). 우리나라 다문화가정 어머니의 양
육스트레스와 양육행동이 아동의 학교준비도에 미치는
영향. 인간발달연구, 18(2), 277-297.

정현숙(1993). 부모의 이혼에 따른 자녀들의 적응. 아동학회
지, 14(1), 59-75.

조수철(1990). 주의력결핍 과잉행동장애의 개념과 생물학
적 연구. 소아 · 청소년 정신의학, 1(1), 5-26.

조수철(1999). 소아정신질환의 개념. 서울: 서울대학교 출판부.

조영주 · 최해림(2001). 부모와의 애착 및 심리적 독립과 성
인애착의 관계. 한국심리학회지: 상담 및 심리치료, 13(2),
71-91.

조은진(1997). 한국 유아들의 친사회적 행동: 사회인지 발
달과의 관계. 교육학연구, 35(5), 219-238.

조현웅(2000). 아동학대 실태 및 관련법 고찰. 광주대학교
산업대학원 석사학위논문.

조현철(2000). 다면적 · 위계적 모델을 중심으로 본 초 · 중
학생들의 자아개념 구조 분석. 아동학회지, 20(2), 99-
118.

진미경(2006). 영아의 애착유형과 어머니의 애착표상 유형
에 대한 연구. 아동학회지, 27(6), 69-79.

청소년상담원(1996). 자녀의 힘을 북돋우는 부모. 청소년 대화
의 광장.

최경순 · 정현희(1998). 어머니의 언어통제유형과 아동의
성취동기 및 내외통제성과의 관계. 인간발달연구, 5(2),
149-163.

최광현 · 심웅철(1986). 비행청소년의 자아개념 연구. 행동
과학연구, 8(1), 275-282.

최영희(1987). 5~8개월아의 기질조사연구. 아동학회지,
8(2), 1-15.

최영희(1993). 기질과 환경 간의 조화로운 합치 모델 검증
연구(I): 조화로운 합치정도와 양육태도. 한국심리학회지:
발달, 6, 217-226.

최영희(1999). 대학생활적응과 정서지능과의 관계 연구. 한
국청소년복지학회, 1(1), 127-137.

최회곤(2001). 청소년 흡연실태와 그 대책에 관한 연구. 한
성대학교 행정대학원 석사학위논문.

하승민 · 이재연(1996). 단일연령집단과 혼합연령집단 간의
아동의 사회-인지놀이 행동비교연구. 아동학회지, 17(1),
153-171.

한국게임산업개발원(2002). 2002 대한민국 게임백서. 서울:
한국게임산업개발원.

한국청소년개발원(1995). 청소년의 폭력에 관한 의식 및 실
태조사 연구. 청소년 육성 관련 정책 개발 및 연구, 4.

한종혜(1996). 아동의 사회적 관계망에 따른 역량 지각 및
자아존중감. 경희대학교 대학원 박사학위논문.

허수경 · 이경님(1996). 인지양식 유형과 보상의 제시형태
에 따른 아동의 만족지연능력 발달. 아동학회지, 17(2),
221-233.

허인숙 · 유준상(2004). 친사회적 행동과 학습태도와의 관
계에 관한 연구. 교육심리연구, 18(4), 217-232.

허재윤(1984). 청소년의 도덕성 발달과 가정환경과의 관계:
13세 아동을 중심으로. 중앙대학교 교육대학원 석사학
위논문.

홍상황 · 김영환(1998). 경계선 성격장애 척도의 타당화
연구: 대학생을 대상으로. 한국심리학회지: 임상, 17(1),
259-271.

홍성흔 · 도현심(2002). 모-자녀관계 및 자아존중감과 청
소년의 성취동기 간의 관계. 대한가정학회지, 40(12),
145-157.

홍연애 · 정옥분(1993). 전형적 · 비전형적 성역할 VTR 프
로그램이 유아의 성역할 고정관념에 미치는 효과. 아동
학회지, 14(1), 39-57.

황정미 · 김이선 · 이명진 · 최현 · 이동주(2007). 한국사회의
다민족 · 다문화 지향성에 대한 조사연구. 한국여성정책연

구원.

황정혜(2020). 인공지능(AI) 음성인식 스피커를 활용한 가정에서의 유아 대상 상호작용 영어 학습모형 개발에 관한 연구. 고려대학교 대학원 박사학위논문.

황혜신·이순형(1990). 아동의 성항상성과 성별 특정화 행동. 아동학회지, 11(2), 82-97.

Abrahams, B. S., & Geschwind, D. H. (2008). Advances in autism genetics: On the threshold of a new neurobiology. *Nature Reviews Genetics, 9* (5), 341-355.

Achenbach, T. M. (1993). *Empirically based taxonomy: How to use syndromes and profile types derived from the CBCL/4-18, TRF, and YSR.* Department of Psychiatry, University of Vermont. Burlington, VT.

Adams, G. R., & Gullotta, T. D. (1989). *Adolescent life experiences.* Pacific Grove, California: Brooks/Cole.

Adams, G. R., Abraham, K. G., & Markstrom, C. A. (1987). The relations among identity development, self-consciousness, and self-focusing during middle and late adolescence. *Developmental Psychology, 23* (2), 292-297.

Adams, G. R., Gullotta, T. P., & Markstrom-Adams, C. (1994). *Adolescent life experiences* (3rd ed.). Pacific Grove, California: Brooks/Cole.

Adams, R. S., & Biddle, B. J. (1970). *Realities of teaching.* New York: Holt, Rinehart, & Winston.

Aderman, D. (1972). Elation, depression, and helping behavior. *Journal of Personality and Social Psychology, 24* (1), 91-101.

Adorno, T., Frenkel-Brunswik, E., Levinson, D., & Sanford, N. (1950). *The authoritarian personality.* New York: Harper.

Ahadi, S. A., & Rothbart, M. K. (1994). Temperament, development, and the big five. In C. F. Halverson, Jr., G. A. Kohnstamm, & R. P. Martin (Eds.), *The developing structure of temperament and personality from infancy to adulthood* (pp. 189-207). Hillsdale, NJ: Erlbaum.

Ainsworth, M. D. S. (1979). Infant-mother attachment. *American Psychologist, 34* (10), 932-937.

Ainsworth, M. D. S. (1983). Patterns of infant-mother attachment as related to maternal care: Their early history and their contribution to continuity. In D. Magnusson & V. L. Allen (Eds.), *Human development* (pp. 26-45). New York: Academic Press.

Ainsworth, M. D. S. (1989). Attachments beyond infancy. *American Psychologist, 44* (4), 709-716.

Alcock, J. E., Carment, D. W., & Sadava, S. W. (1994). *Social psychology* (3rd ed.). Prentice-Hall.

Alessandri, S. M., & Lewis, M. (1996). Differences in pride and shame in maltreated and nonmaltreated toddlers. *Child Development, 67,* 1857-1869

Alink, L. R. A., Mesman, J., van Zeijl, J., Stolk, N., Juffer, F., Koot, H. M., Bakermans-Kranenburg, M. J., & van IJzendoorn, M. H. (2006). The early childhood aggression curve: Development of physical aggression in 10- to 50-month-old children. *Child Development, 77,* 954-956.

Allen, J. P., & Kuperminc, G. P. (1995, March). *Adolescent attachment, social competence, and problematic behavior.* Paper presented at the meeting of the Society for Research in Child Development, Indianapolis.

Allgood-Merten, B., & Stockard, J. (1991). Sex role identity and self-esteem: A comparison of children and adolescents. *Sex Roles, 25,* 129-139.

Almedingen, E. M. (1961). *The Empress Alexandra: 1872-1918.* London: Hutchison.

Alwin, D. F. (1994). Aging, personality, and social change: The stability of individual differences over the adult life span. In D. L. Featherman, R. M. Lerner, & M. Perlmutter (Eds.), *Life-span development and behavior* (Vol. 12). Hillsdale, NJ: Erlbaum.

Amato, P. R. (1983). Helping behavior in urban and rural

environments: Field studies based on a texonomic organization of helping episodes. *Journal of Personality and Social Psychology, 45* (3), 571-586.

Amato, P. R., & Anthony, C. J. (2014). Estimating the effects of parental divorce and death with fixed effects. *Journal of Marriage and the Family, 76* (2), 370-386.

Ambron, S. R., & Irwin, D. M. (1975). Role-taking and moral judgment in five-and seven-year-olds. *Developmental Psychology, 11,* 102.

American Psychiatric Association. (2013). *Diagnostic and statistical manual of mental disorders* (5th ed.). Washington, DC: Author.

Anastasi, A. (1976). *Psychological testing.* New York: Macmillan.

Anastopoulos, A. D., & Barkley, R. A. (1990). Counseling and training parents. In R. A. Barkley (Ed.), *Attention-deficit hyperactivity disorder: A handbook for diagnosis and treatment.* New York: Guilford.

Anderson, C. A. (2000). Playing video games and aggression. *Journal of Personality and Social Psychology, 78,* 772-790.

Apteker, L. (1983, Summer). Mexican-American high school student's perception of school. *Adolescence, 18,* 345-357.

Arbuthnut, J., Gordon, D. A., & Jurkovic, G. J. (1987). *Personality. In H. C. Quay (Ed.), Handbook of juvenile delinquency.* New York: Wiley.

Archer, S. L. (1989). The status of identity: Reflections on the need for intervention. *Journal of Adolescence, 12,* 345-359.

Archer, S. L. (Ed.). (1994). *Intervention for adolescent identity development. Newbury Park,* California: Sage.

Armsden, G., & Greenberg, M. T. (1984). *The inventory of parent and peer attachment: Individual differences and their relationship to psychological well-being in adolescence.* Unpublished manuscript, University of Washington.

Arnold, L. E., & Jensen, P. S. (1995). Attention deficit disorders. In H. I. Kaplan & B. J. Sadock (Eds.), *Comprehensive textbook of psychiatry.* Baltimore: Williams & Wilkins Press.

Aronson, E., Wilson, T. D., & Akert, R. M. (1997). *Social psychology* (2nd ed.). Addison-Wesley Educational Publishers Inc.

Asch, S. E. (1946). Forming impressions of personality. *Journal of Abnormal and Social Psychology, 41,* 258-290.

Asendorpf, J. B. (1990). Development of inhibition during childhood: Evidence for situational specificity and a two-factor model. *Developmental Psychology, 26,* 721-730.

Asendorpf, J. B. (1994). The malleability of behavioral inhibition: A study of individual developmental functions. *Developmental Psychology, 30,* 912-919.

Asher, S. R., & Dodge, K. A. (1986). Identifying children who are rejected by their peers. *Developmental Psychology, 22* (4), 444-445.

Astor, R. A. (1994). Children's moral reasoning about family and peer violence: The role of provocation and retribution. *Child Development, 65,* 1054-1067.

Atkinson, J. W. (1964). *An introduction to motivation.* Princeton, NJ: Van Nostrand.

Atkinson, J., & Huston, T. L. (1984). Sex role orientation and division of labor early in marriage. *Journal of Personality and Social Psychology, 46,* 330-345.

Atwater, E. (1992). *Adolescence* (2nd ed.). Englewood Cliffs, NJ: Prentice-Hall.

Atwater, E. (1996). *Adolescence* (4th ed.). New York: Prentice-Hall.

Auyeung, B., Baron-Cohen, S., Ashwin, E., Knickmeyer, R., Taylor, K., Hackett, G., & Hines, M. (2009). Fetal testosterone predicts sexually differentiated childhood behavior in girls and in boys. *Psychological Science, 20*, 144-148.

Bagby, R. M., Taylor, G. J., & Parker, J. D. A. (1994). The twenty-item Toronto Alexithymia Scale: Part II, Convergent, discriminant, and concurrent validity. *Journal of Psychosomatic Research, 38*, 23-32.

Bagwell, C. L., Newcomb, A. F., & Bukowski, W. M. (1998). Pre-adolescent friendship and peer rejection as predictors of adult adjustment. *Child Development, 69* (1), 140-153.

Baillargeon, R. H., Zoccolillo, M., Keenan, K., Cote, S., Perusse, D., Wu, H., Boivin, M., & Tremblay, R. E. (2007). Gender differences in physical aggression: A prospective population-based survey of children before and after 2 years of age. *Developmental psychology, 43*, 13-26.

Bakan, D. (1966). *The duality of human existence.* Chicago: Rand McNally.

Bakema, M. J., van Zuiden, M., Collard, D., Zantvoord, J. B., de Rooij, S. R., Elsenburg, L. K., Snijder, M. B., Stronks, K., van den Born, B. H., & Lok, A. (2020). Associations between child maltreatment, autonomic regulation, and adverse cardiovascular outcome in an urban population: The HELIUS Study. *Frontiers in Psychiatry, 11*, 69.

Ball, S., & Bogatz, C. (1973). *Reading with television: An evaluation of the Electric Company.* Princeton, NJ: Educational Testing Service.

Bandura, A. (1965a). Influence of model's reinforcement contingencies on the acquisition of imitative responses. *Journal of Personality and Social Psychology, 1*, 589-595.

Bandura, A. (1965b). Vicarious processes: A case of no-trial learning. In L. Berkowitz (Ed.), *Advances in experimental social psychology* (Vol. 2). New York: Academic Press.

Bandura, A. (1969). Social learning theory of identificatory processes. In D. A. Goslin (Ed.), *Handbook of socialization theory and research.* Chicago: Rand McNally.

Bandura, A. (1973). *Aggression: A social learning analysis.* Englewood Cliffs, NJ: Prentice-Hall.

Bandura, A. (1977). *Social learning theory.* Englewood Cliffs, NJ: Prentice-Hall.

Bandura, A. (1981). Self-referent thought: A developmental analysis of self-efficacy. In J. H. Flavell & L. Ross (Eds.), *Social cognitive development: Frontiers and possible futures.* New York: Cambridge University Press.

Bandura, A. (1986). *Social foundations of thought and action: A social cognitive theory.* Englewood Cliffs, NJ: Prentice-Hall.

Bandura, A. (1993). Perceived self-efficacy in cognitive development and functioning. *Educational Psychologist, 28*, 117-148.

Bandura, A. (1994). Self-efficacy. In V. S. Ramachadraun (Ed.), *Encyclopedia of human behavior* (Vol. 4). New York: Academic Press.

Bandura, A. (2004, May). *Toward a psychology of human agency.* Paper presented at the meeting of the American Psychological Society, Chicago.

Bandura, A. (2010). Self-efficacy. In D. Matsumoto (Ed.), *Cambridge dictionary of psychology.* New York: Cambridge University Press.

Bandura, A. (2012). *Social cognitive theory. Annual Review of Clinical Psychology* (Vol. 8). Palo Alto, CA: Annual Reviews.

Bandura, A. (2016). *Moral disengagement: How people do harm and live with themselves.* New York: Worth.

Bandura, A., & Schunk, D. H. (1981). Cultivating competence, self-efficacy, and intrinsic interest through proximal self-motivation. *Journal of Personality and Social Psychology, 67*, 601-607.

Bandura, A., & Walters, R. H. (1959). *Adolescent aggression*. New York: Ronald Press.

Bandura, A., & Walters, R. H. (1963). *Social learning and personality development*. New York: Holt, Rinehart, & Winston.

Bandura, A., Grusec, J. E., & Menlove, F. L. (1967). Some determinants of self-monitoring reinforcement systems. *Journal of Personality and Social Psychology, 5*, 449-455.

Bandura, A., Ross, D., & Ross, S. A. (1961). Transmission of aggression through imitation of aggressive models. *Journal of Abnormal and Social Psychology, 63*, 575-582.

Bandura, A., Ross, D., & Ross, S. A. (1963). Imitation of film-mediated aggressive models. *Journal of Abnormal and Social Psychology, 66*, 3-11.

Bank, L., Forgatch, M., Patterson, G., & Fetrow, R. (1993). Parenting practices of single mothers: Mediators of negative contextual factors. *Journal of marriage and the Family, 55* (2), 371-384.

Barash, D. P. (2002, May 24). Evolution, males violence. *Chronicle of Higher Education*, pp. B7-B9.

Barkley, R. A. (1990). Attention deficit disorders: History, definition, and diagnosis. In M. Lewis & S. M. Miller (Eds.), *Handbook of developmental psychopathology* (pp. 65-75). NY: Plenum.

Bar-On, R. (1997). *BarOn Emotional Quotient Inventory (EQ-i): Technical manual*. Toronto, Canada: Multi-Health Systems.

Bar-Tal, D., Raviv, A., & Leiser, T. (1980). The development of altruistic behavior: Empirical evidence. *Developmental Psychology, 16*, 516-524.

Barnett, M. A. (1987). Empathy and related responses in children. In N. Eisenberg & J. Strayer (Eds.), *Empathy and its development*. Cambridge, England: Cambridge University Press.

Barnett, M. A., King, L. M., & Howard, J. A. (1979). Inducing affect about self or other: Effects on generosity in children. *Developmental Psychology, 15*, 164-167.

Barnett, R. C., Marshall, N. L., & Pleck, J. H. (1992). Men's multiple roles and their relationship to men's psychological distress. *Journal of Marriage and the Family, 54*, 358-367.

Baron, R. A. (1983). The control of human aggression: An optimistic perspective. *Journal of Social and Clinical Psychology, 1*, 97-119.

Bartholomew, K., & Horowitz, L. M. (1991). Attachment styles among young adults: A test of a four-category model. *Journal of Personality and Social Psychology, 61*, 226-244.

Baruch, G. K., & Barnett, R. C. (1986). Father's participation in family work and children's sex-role attitudes. *Child Development, 57*, 1210-1223.

Baskett, L. M. (1985). Sibling status effects: Adult expectations. *Developmental Psychology, 21*, 441-445.

Basow, S. A. (1980). *Sex-role stereotypes: Traditions and alternatives*. Montery, CA : Brooks/Cole.

Basow, S. A. (1992). *Gender: Stereotypes and roles* (3rd ed.). Pacific Grove, CA: Brooks/Cole.

Bates, J. E. (1987). Temperament in infancy. In J. D. Osofsky (Ed.), *Handbook of infant development* (2nd ed.). New York: Wiley.

Bates, J. E. (1990). Conceptual and empirical linkages between temperament and behavior problems: A commentary on the Sanson, Prior, and Kyrios study. *Merrill-Palmer Quarterly, 36*, 193-199.

Bates, J. E., Pettit, G. S., Dodge, K. A., & Ridge, B. (1998). Interaction temperamental resistance to control and restrictive parenting in the development of externalizing behavior. *Developmental Psychology, 34*, 982-995.

Bates, J. E., Bayles, K., Bennett, D. S., Ridge, B., & Brown, M. M. (1991). Origins of externalizing behavior problems at eight years of age. In D. Pepler & K. Rubin (Eds.), *Development and treatment of childhood aggression*. Hillsdale, NJ: Erlbaum.

Batson, C. D. (1991). *The altruism question: Toward a social-psychological answer*. Hillsdale, NJ: Erlbaum.

Batson, C. D., Dyck, J. L., Brandt, J. R., Batson, J. G., Powell, A. L., McMaster, M. R., & Griffit, C. (1988). Five studies testing two new egoistic alternatives to the empathy-altruism hypothesis. *Journal of Personality and Social Psychology, 55*, 52-77.

Battle, E. S. (1966). Motivational determinants of academic competence. *Journal of Personality and Social Psychology, 4*, 634-642.

Baumrind, D. (1973). The development of instrumental competence through socialization. In A. Pick (Ed.), *Minnesota symposium on child psychology* (Vol. 7). Minneapolis: University of Minnesota Press.

Baumrind, D. (1991). Effective parenting during the early adolescent transition. In P. A. Cowan & E. M. Hetherington (Eds.), *Advances in family research* (Vol. 2). Hillsdale, New Jersey: Erlbaum.

Baumrind, D. (2012). Authoritative parenting revisited: History and current status. In R. Larzelere, A. S. Morris, & A. W. Harist (Eds.), *Authoritative parenting*. Washington, DC: American Psychological Association.

Beardslee, W. R., Keller, M. B., Seifer, R., Lavorie, P. W., Staley, J., Podorefsky, D., & Shera, D. (1996). Prediction of adolescent affective disorder: Effects of prior parental affective disorders and child psychopathology. *Journal of the American Academy of Child and Adolescent Psychiatry, 35*, 279-288.

Beckendam, C. C. (1997). *Dimensions of emotional intelligence: Attachment, affect regulation, alexithymia, and empathy*. Unpublished doctoral dissertation, The Fielding Institute, Santa Barbara, CA.

Becker, J. M. (1977). A learning analysis of the development of peer-oriented behavior in nine-month-old infants. *Developmental Psychology, 13*, 481-491.

Becker, W. C. (1964). Consequences of different kinds of parental discipline. In M. L. Hoffman & L. W. Hoffman (Eds.), *Review of child development research* (Vol. 1). New York: Russell Sage Foundation.

Bednar, R. L., Wells, M. G., & Peterson, S. R. (1995). *Self-esteem* (2nd ed.). Washington, DC: American Psychological Association.

Belansky, E. S., & Boggiano, A. K. (1994). Predicting helping behavior: The role of gender and instrumental/expressive self-schemata. *Sex Roles, 30*, 647-661.

Bell, R. Q., Weller, G. M., & Waldrip, M. F. (1971). Newborn and preschooler: Organization of behavior and relations between periods. *Monographs of the Society for Research in Child Development, 36* (1-2, Serial No. 142).

Bell, S. M., & Ainsworth, M. D. S. (1972). Infant crying and maternal responsivenss. *Child Development, 43*, 1171-1190.

Bell-Dolan, D., & Wessler, A. E. (1994). Attribution style of anxious children: Extensions from cognitive theory and research on adult anxiety. *Journal of Anxiety Disorders, 8*, 79-94.

Belmont, L., & Marolla, F. A. (1973). Birth order, family size, and intelligence. *Science, 182*, 1096-1101.

Belsky, J. (1979). Mother-father-infant interaction: A naturalistic observational study. *Developmental Psychology, 15*, 601-607.

Belsky, J. (1980). Child maltreatment: An ecological integration. *American Psychologist, 35*, 320-335.

Belsky, J. (1984). The determinants of parenting: A process model. *Child Development, 55*, 83-96.

Belsky, J. (1996). Parent, infant, and social contextual antecedents of father-son attachment security.

Developmental Psychology, 32, 905-913.

Belsky, J., & Steinberg, L. D. (1978). The effects of day care: A critical review. *Child Development, 49*, 929-949.

Belsky, J., Fish, M., & Isabella, R. (1991). Continuity and discontinuity in infant negative and positive emotionality: Family antecedents and attachment consequences. *Developmental Psychology, 27*, 421-431.

Belsky, J., Hsieh, K., & Crnic, K. (1996). Infant positive and negative emotionality: One dimension or two?. *Developmental Psychology, 32*, 289-298.

Bem, S. L. (1974). The measurement of psychological androgyny. *Journal of Consulting and Clinical Psychology, 42*, 155-162.

Bem, S. L. (1975). Sex role adaptability: One consequence of psychological androgyny. *Journal of Personality and Social Psychology, 31*, 634-643.

Bem, S. L. (1981). Gender schema theory: A cognitive account of sex typing. *Psychological Review, 88*, 354-369.

Bem, S. L. (1985). Androgyny and gender schema theory: A conceptual and empirical investigation. In T. B. Sonderegger (Ed.), *Nebraska Symposium on Motivation, 1984: Psychology and gender*. Lincoln: University of Nebraska Press.

Bem, S. L., & Lenney, E. (1976). Sex typing and the avoidance of cross sex behavior. *Journal of Personality and Social Psychology, 33*, 48-54.

Bem, S. L., Martyna, W., & Watson, C. (1976). Sex typing and androgyny: Further explorations of the expressive domain. *Journal of Personality and Social Psychology, 34*, 1016-1023.

Bendig, A. W. (1958). Predictive and postdictive validity of need achievement measures. *Journal of Educational Research, 52*, 119-120.

Benotsch, E. G., Snipes, D. J., Martin, A. M., & Bull, S. S.

(2013). Sexting, substance use, and sexual risk in young adults. *Journal of Adolescent Health, 52* (3), 307-313.

Berenbaum, S. A., & Bailey, J. M. (2003). Effects on gender identity of prenatal androgens and genital appearance: Evidence from girls with congenital adrenal hyperplasia. *Journal of Clinical Endocrinology and Metabolism, 88*, 1102-1106.

Bergamini, J. (1969). *The tragic dynasty: A history of the Romanovs*. New York: Putnam's.

Bergen, D., & Fromberg, D. P. (2009). Play and social interaction in middle childhood. *Phi Delta Kappan, 90*, 426-430.

Berger, S. M. (1962). Conditioning through vicarious instigation. *Psychological Review, 69*, 450-466.

Berglind, D., Ljung, R., Tynelius, P., & Brooke, H. L. (2018) Cross-sectional and prospective associations of meeting 24-h movement guidelines with overweight and obesity in preschool children. *Pediatric Obesity, 13*, 442-449.

Berk, L. E. (1996). *Infants, children, and adolescents* (2nd ed.). Needham Heights, MA: Allyn & Bacon.

Berkowitz, L. (1965). The concept of aggressive drive: Some additional considerations. In L. Berkowitz (Ed.), *Advances in experimental social psychology* (Vol. 2). Orlando, FL: Academic Press.

Berkowitz, L. (1989). Frustration-aggression hypothesis: Examination and reformulation. *Psychological Bulletin, 106*, 59-73.

Berkowitz, L., & Connor, W. H. (1966). Success, failure, and social responsibility. *Journal of Personality and Social Psychology, 4*, 664-669.

Berndt, T. J. (1981a). Age changes and changes over time in prosocial intentions and behavior between friends. *Developmental Psychology, 17*, 408-416.

Berndt, T. J. (1981b). Effects of friendship on prosocial intentions and behavior. *Child Development, 52*,

636-643.

Berndt, T. J. (2002). Friendship quality and social development. *Current Directions in Psychological Science, 11*, 7-10.

Berndt, T. J., & Bulleit, T. N. (1985). Effects of sibling relationships on preschoolers' behavior at home and at school. *Developmental Psychology, 21*, 761-767.

Bernier, J. C., & Siegel, D. H. (1994). Attention deficit hyperactivity disorder: A family and ecological systems perspective. *Families in Society, 75*, 142-151.

Bettelheim, B. (1967). *The empty fortress: Infantile autism and the birth of the self*. New York: Free Press.

Betz, N. E., & Hackett, G. (1986). Applications of self-efficacy theory to understanding career choice behavior. *Journal of Social and Clinical Psychology, 4*, 279-289.

Bianchi, S. M., & Spain, D. (1986). *American women in transition*. New York: Russell Sage Foundation.

Bickham, D. S., Blood, E. A., Walls, C. E., Shrier, L. A., & Rich, M. (2013). Characteristics of screen media use associated with higher BMI in young adolescents. *Pediatrics, 131*, 935-941.

Biddle, B. J., & Thomas, E. J. (Eds.) (1966). *Role theory: Concepts and research*. New York: Wiley.

Biederman, J., Faraone, S. V., Keenan, K., Knee, D., & Tsuang, M. T. (1990). Family-genetic and psychosocial risk factors in DSM-III attention deficit disorder. *Journal of the American Academy of Child and Adolescent Psychiatry, 29*, 526-533.

Bielby, D., & Papalia, D. (1975). Moral development and perceptual role taking egocentrism: Their development and interrelationship across the life span. *Interrelational Journal of Aging and Human Development, 6* (4), 293-308.

Blakemore, J. E. O., Berenbaum, S. A., & Liben, L. S. (2009). *Gender development*. Clifton, NJ: Psychology Press.

Blanchard, M., & Main, M. (1979). Avoidance of the attachment figure and social-emotional adjustment in day-care infants. *Developmental Psychology, 15*, 445-446.

Blasi, A. (1988). Identity and the development of the self. In D. Lapsley & F. C. Power (Eds.), *Self, ego, and identity: Integrative approaches*. New York: Springer-Verlag.

Blehar, M. (1974). Anxious attachment and defensive reactions associated with day care. *Child Development, 45*, 683-692.

Blieszner, R., & Adams, R. (1992). *Adult friendship*. Newbury Park, CA: Sage.

Block, J. (1971). *Lives through time*. Berkeley, CA: Bancroft Books.

Block, J. (1995). A contrarian view of the five-factor approach to personality description. *Psychological Bulletin, 117* (2), 187-215.

Block, J. H. (1973). Conceptions of sex roles: Some cross-cultural and longitudinal perspectives. *American Psychologist, 28*, 512-526.

Block, J. H. (1984). *Sex role identity and ego development*. San Francisco: Jossey-Bass.

Block, J. H., & Robins, R. W. (1993). A longitudinal study of consistency and change in self-esteem from early adolescence to early adulthood. *Child Development, 64*, 909-923.

Block, J. H., Block, J., & Morrison, A. (1981). Parental agreement-disagreement on child rearing orientations and gender-related personality correlates in children. *Child Development, 52* (3), 965-974.

Blurton-Jones, N. (Ed.) (1972). *Ethological studies of child behavior*. Cambridge: Cambridge University Press.

Boele S., Der Graaff, J. V., De Wied M., Der Valk I. V.,

Crocetti E., & Branje, S. (2019). Linking parent-child and peer relationship quality of empathy in adolescence: A multi-level meta-analysis. *Journal of Youth and Adolescence, 48* (6), 1033-1055.

Boers, E., Afzail, M. H., & Conrod, P. (2020). A longitudinal study on the relationship between screen time and adolescent alcohol use: The mediating role of social norms. *Preventive Medicine, 132*, 105992.

Bogatz, G. A., & Ball, S. (1972). *The second year of Sesame Street: A continuing evaluation*. Princeton, NJ: Educational Testing Service.

Boggiano, A. K., Main, D. S., & Katz, P. A. (1988). Children's preference for challenge: The role of perceived competence and control. *Journal of Personality and Social Psychology, 54*, 134-141.

Boldizar, J. P. (1991). Assessing sex-typing and androgyny in children: The children's sex-role inventory. *Developmental Psychology, 27*, 505-515.

Boldizar, J. P., Perry, D. G., & Perry, L. C. (1989). Outcome values and aggression. *Child Development, 60*, 571-579.

Booth-Laforce, C., & Kerns, K. A. (2009). Child-parent attachment relationships, peer relationships, and peer-group functioning. In K. H. Rubin, W. M. Bukowski, & B. Laursen (Eds.), *Handbook of peer interactions, relationships, and groups*. New York: Guilford.

Bootzin, R. R., & Acocella, J. R. (1988). *Abnormal psychology* (5th ed.). New York: Random House.

Bornstein, M. H. (1995). Parenting infants. In M. H. Bornstein (Ed.), *Handbook of parenting* (pp. 3-41). Mahwah, NJ: Erlbaum.

Bornstein, M. H., & Haynes, O. M. (1998). Vocabulary competence in early childhood: Measurement, latent construct, and predicitve validity. *Child Development, 69*, 2910-2929.

Bosacki, S. (2013). Theory of mind understanding and conversational patterns in middle childhood. *The Journal of Genetic Psychology: Research and Theory on Human Development, 174*, 170-191.

Bower, G. H. (1981). Mood and memory. *American Psychologist, 36*, 129-148.

Bowker, J. C., Rubin, K., & Coplan, R. (2012). Social withdrawal during adolescence. In J. R. Levesque (Ed.), *Encyclopedia of adolescence*. New York: Springer.

Bowlby, J. (1958). The nature of the child's tie to his mother. *International Journal of Psychoanalysis, 39*, 1-23.

Bowlby, J. (1969). *Attachment and loss* (Vol. 1). Attachment. New York: Basic Books.

Bowlby, J. (1973). *Attachment and loss* (Vol. 2). Separation, anxiety, and anger. New York: Basic Books.

Bowlby, J. (1989). *Secure attachment*. New York: Basic Books.

Boyatzis, R. E., Goleman, D., & Hay/McBer (1999). *Emotional competence inventory*. Boston: Hay Group.

Boyd, D. M., & Ellison, N. B. (2008). Social network sites: Definition, history, and scholarship. *Journal of Computer-Mediated Communication, 13*, 210-230.

Boyle, M. H., Jenkins, J. M., Georgiades, K., Cairney, J., Duku, E., & Racine, Y. (2004). Differential-maternal parenting behavior: Estimating within-and between-family effects on children. *Child Development, 75*, 1457-1476.

Brackbill, Y., & Nichols, P. L. (1982). A test of the confluence model of intellectual development. *Developmental Psychology, 18*, 192-198.

Bracken, B., & Lamprecht, M. (2003). Positive self-concept: An equal opportunity construct. *School Psychology Quarterly, 18*, 103-121.

Bradley, R. H. (1968). Birth order and school-related behavior: A heuristic review. *Psychological Bulletin,*

70, 45-51.

Bradley, R. H., & Caldwell, B. M. (1984). The HOME inventory and family demographics. *Developmental Psychology, 20*, 315-320.

Branden, N. (1969). *The psychology of self-esteem.* Los Angeles, California: Nash Publishing Corporation.

Braver, S. L., & Lamb, M. E. (2013). Marital dissolution. In G. W. Peterson & K. R. Bush (Eds.), *Handbook of marriage and the family* (3rd ed.). New York: Springer.

Bray, D. W., & Howard, A. (1983). The AT & T longitudinal studies of managers. In K. W. Schaie (Ed.), *Longitudinal studies on adult psychological development.* New York: Guilford.

Brenner, J., & Mueller, E. (1982). Shared meaning in boy toddlers' peer relations. *Child Development, 53*, 330-391.

Bretherton, I. (1992). The origins of attachment theory: John Bowlby and Mary Ainsworth. *Developmental Psychology, 28*, 759-775.

Bridges, K. M. B. (1930). Genetic theory of emotions. *Journal of Genetic Psychology, 37*, 514-527.

Bridges, L., & Grolnick, W. (1995). The development of emotional self-regulation in infancy and early childhood. In N. Eisenberg (Ed.), *Social development: Review of child development research* (pp. 185-211). Thousand Oaks, CA: Sage.

Brislin, R. (1993). *Understanding culture's influence on behavior.* Fort Worth, Texas: Harcourt Brace.

Broberg, A., Lamb, M. E., & Hwang, P. (1990). Inhibition: Its stability and correlates in sixteen-to forty-month-old children. *Child Development, 61*, 1153-1163.

Brody, G. H. (1998). Sibling relationship quality: Its causes and consequences. *Annual Review of Psychology, 49*, 1-14.

Brody, G. H., & Shaffer, D. R. (1982). Contributions of parents and peers to children's moral socialization.

Developmental Review, 2, 31-75.

Brodzinsky, D. M., Messer, S. B., & Tew, J. D. (1979). Sex differences in children's expression and control of fantasy and overt aggression. *Child Development, 50*, 372-379.

Bronfenbrenner, U. (1970). *Who cares for America's children?.* Invited address presented at the conference of the National Association for the Education of Young Children, Washington, DC.

Brooks, J. B. (1991). *The process of parenting* (3rd ed.). CA: Mayfield Publishing Company.

Brown, B. B., & Larson, J. (2009). Peer relationships in adolescence. In R. M. Lerner & L. Steinberg (Eds.), *Handbook of adolescent psychology* (3rd ed.). New York: Wiley.

Brown, E. F., & Hendee, W. R. (1989). Adolescents and their music. *Journal of the American Medical Association, 262*, 1659-1663.

Brown, I., Jr., & Inouye, D. K. (1978). Learned helplessness through modeling: The role of perceived similarity in competence. *Journal of Personality and Social Psychology, 36*, 900-908.

Brown, P., & Elliot, R. (1965). Control of aggression in a nursery school class. *Journal of Experimental Child Psychology, 2*, 103-107.

Bryant, B. K. (1982). An index of empathy for children and adolescents. *Child Development, 53*, 413-425.

Bryant, B. K., & Crockenberg, S. B. (1980). Correlates and dimensions of prosocial behavior: A study of female siblings with their mother. *Child Development, 51*, 529-544.

Buhrmester, D., & Furman, W. (1987). The development of companionship and intimacy. *Child Development, 58* (4), 1101-1113.

Buki, L. P., Ma, T., Strom, R. D., & Strom, S. K. (2009). Chinese immigrant mothers of adolescent: Self-perceptions of acculturation effects on parenting.

Cultural Diversity and Ethnic Minority Psychology, 9 (2), 127-140.

Bukowski, W. M., & Hoza, B. (1989). Popularity and friendship: Issues in theory, measurement, and outcome. In T. J. Berndt & G. W. Ladd (Eds.), *Peer relationships in child development* (pp. 71-74). New York: Wiley.

Bukowski, W. M., & Kramer, T. L. (1986). Judgments of the features of friendship among early adolescent boys and girls. *Journal of Early Adolescence, 6*, 331-338.

Bullock, D., & Merrill, L. (1980). The impact of personal preference on consistency through time: The case of aggression. *Child Development, 51*, 808-814.

Burhans, K. K., & Dweck, C. S. (1995). Helplessness in early childhood: The role of contingent worth. *Child Development, 66*, 1719-1738.

Burton, L., Henninger, D., Hafetz, J., & Cofer, J. (2009). Aggression, gender-typical childhood play, and a prenatal hormonal index. *Social Behavior and Personality, 37*, 105-116.

Buss, A. H. (1961). The psychology of aggression. New York: John Wiley.

Buss, A. H., & Perry, M. (1992). The aggression questionnaire. *Journal of Personality and Social Psychology, 63*, 452-459.

Buss, A. H., & Plomin, R. (1984). *Temperament: Early developing personality traits.* Hillsdale, NJ: Erlbaum.

Buss, A. H., & Plomin, R. (1986). The EAS approach to temperament. In R. Plomin & J. Dunn (Eds.), *The study of temperament: Changes, continuities, and challenges.* Hillsdale, NJ: Erlbaum.

Buss, D. M. (2000). Evolutionary psychology. In A. Kazdin (Ed.), *Encyclopedia of psychology.* Washington, DC, & New York: American Psychological Association and Oxford University Press.

Button, E. (1990). Self-esteem in girls aged 11-12: Baseline findings from a planned prospective study of vulnerability to eating disorders. *Journal of Adolescence, 13*, 407-413.

Buxhoeveden, S. (1930). *The life and tragedy of Alexandra Feodorovna, Empress of Russia: A biography.* New York and London: Longmans-Greene.

Caldwell, B. M. (1964). The effects of infant care. In M. L. Hoffman & L. W. Hoffman (Eds.), *Review of child development research* (Vol. 1). Chicago: University of Chicago Press.

Calfin, M. S., Carroll, J. L., & Schmidt, J. (1993). Viewing music-video-tapes before taking a test of premarital attitudes. *Psychological Reports, 72*, 485-481.

Calvert, S. L., & Kotler, J. A. (2003). Lessons from children's television: The impact of the Childern's Television Act on children's learning. *Journal of Applied Developmental Psychology, 24*, 275-335.

Calvert, S. L., & Tan, S. L. (1994). Impact of virtual reality on young adults' physiological arousal and aggressive thoughts. *Journal of Applied Developmental Psychology, 15*, 125-139.

Camarena, P. M., Sarigiani, P. A., & Petersen, A. C. (1990). Gender-specific pathways to intimacy in early adolescence. *Journal of Youth and Adolescence, 19*, 19-32.

Campbell, D. T., & Stanley, J. C. (1966). *Experimental and quasi-experimental designs for research.* Chicago: Rand McNally.

Campbell, J., & Moyers, W. (1988). *The power of myth with Bill Moyers.* New York: Doubleday.

Campbell, S. B., & Werry, J. S. (1986). Attention deficit disorder (hyperactivity). In H. C. Quay & J. S. Werry (Eds.), *Psychopathological disorders of childhood* (3rd ed., pp. 111-115). NY: Wiley.

Campione-Barr, N. (2011). Sibling conflict. *Encyclopedia of family health.* Thousand Oaks, CA: Sage.

Camras, L., Oster, L. A., Campos, J. J., Miyake, K.,

& Bradshaw, D. (1992). Japanese and American infants' responses to arm restraint. *Developmental Psychology, 28*, 578-583.

Cantwell, D. P. (1990). Depression across the early life span. In M. Lewis & S. M. Miller (Eds.), *Handbook of developmental psychopathology* (pp. 293-309). NY: Plenum.

Capaldi, D. M., & Patterson, G. R. (1991). Relation of parental transitions to boys' adjustment problems: I. A linear hypothesis. II. Mothers at risk for transition and unskilled parenting. *Developmental Psychology, 27*, 489-504.

Capaldi, D. M., & Shortt, J. W. (2003). Understanding conduct problems in adolescence from a life-span perspective. In G. Adams & M. Berzonsky (Eds.), *Blackwell handbook of adolescence*. Malden, MA: Blackwell.

Caplan, P. J. (1979). Beyond the box score: A boundary condition for sex differences in aggression and achievement striving. In B. A. Maher (Ed.), *Progress in experimental personality research* (Vol. 9). New York: Academic Press.

Carlo, G., Eisenberg, N., Troyer, D., Switzer, G., & Speer, A. L. (1991). The altruistic personality: In what context is it apparent?. *Journal of Personality and Social Psychology, 61*, 450-458.

Carlo, G., White, R. M. B., Streit, C., Knight, G. P., & Zeiders, K. H. (2018). Longitudinal relations among parenting styles, prosocial behaviors, and academic outcomes in U.S. Mexican adolescents. *Child Development, 89* (2), 577-592.

Carlsmith, J. M., & Gross, A. E. (1969). Some effects of guilt on compliance. *Journal of Personality and Social Psychology, 11*, 232-239.

Carlson, C., Namy, S., Norcini Pala, A., Wainberg, M. L., Michau, L., Nakuti, J., Knight, L., Allen, E., Ikenberg, C., Naker, D. & Devries, K. (2020). Violence against children and intimate partner violence against women: Overlap and common contributing factors among caregiver-adolescent dyads. BMC *Public Health, 20* (1), 124.

Carson, V., Kuzik, N., Hunter, S., Wiebe, S. A., Spence, J. C., Friedman, A., Tremblay, M. S., Slater, L., & Hinkley, T. (2015). Systematic review of sedentary behavior and cognitive development in early childhood. *Preventive Medicine, 78*, 115-122.

Carstensen, L. L., Isaacowitz, D. M., & Charles, S. T. (1999). Taking time seriously: A theory of socioemotional selectivity. *American Psychologist, 54*, 165-181.

Carter, E. B. (1984, June). A teacher's view: Learning to be wrong. *Psychology Today, 18*, 35.

Carver, C. S., & Scheier, M. F. (2021). Self-regulation and control in personality functioning. In P. J. Corr & G. Matthews (Eds.), *Cambridge handbook of personality psychology* (2nd ed.). New York: Cambridge University Press.

Caspi, A., & Silva, P. A. (1995). Temperamental qualities at age three predict personality traits in young adulthood: Longitudinal evidence from a birth cohort. *Child Development, 66*, 486-498.

Caspi, A., Henry, B., McGee, R. O., Moffitt, T. E., & Silva, P. A. (1995). Temperamental origins of child and adolescent behavior problems: From age 3 to age 15. *Child Development, 66*, 55-68.

Cassidy, J., & Asher, S. R. (1992). Loneliness and peer relations in young children. *Child Development, 63*, 350-365.

Cassidy, T., & Lynn, R. (1991). Achievement motivation, educational attainment, cycles of disadvantage and social competence: Some longitudinal data. British *Journal of Educational Psychology, 61*, 1-12.

Castles, S., & Miller, M. J. (2009). *The age of migration: International population movements in the modern world*. New York: Guilford Press.

Catarino, A., & Andrade, A., Churches, O., Wagner, A. P., Baron-Cohen, S., & Ring, H. (2013). Task-related functional connectivity in autism spectrum conditions: An EEG study using wavelet transform coherence. *Molecular Autism, 4* (1), 1.

Chandler, M. J. (1973). Egocentrism and antisocial behavior: The assessment and training of social perspective taking skills. *Developmental Psychology, 9*, 326-332.

Chap, J. B. (1985/1986). Moral judgment in middle and late adulthood: The effects of age-appropriate moral dilemmas and spontaneous role taking. *International Journal of Aging and Human Development, 22* (3), 161-171.

Chapman, M., Zahn-Waxler, C., Cooperman, G., & Iannotti, R. J. (1987). Empathy and responsibility in the motivation of children's helping. *Developmental Psychology, 23*, 140-145.

Chen, P., & Jacobson, K. C. (2013). Impulsivity moderates promotive environmental influences on adolescent delinquency: A comparison across family, school, and neighborhood contexts. *Journal of Child Psychology, 41*, 1133-1143.

Chen, X., Rubin, K. H., & Li, Z. (1995). Social functioning and adjustment in Chinese children: A longitudinal study. *Developmental Psychology, 31*, 531-539.

Chen, X., Rubin, K. H., & Sun, Y. (1992). Social reputation and peer relationships in Chinese and Canadian children: A cross-cultural study. *Child Development, 63*, 1336-1343.

Chess, S., & Thomas, R. (1984). *Origins and evolution of behavior disorders*. New York: Brunner/Mazel.

Chess, S., & Thomas A. (1999). *Goodness of fit: Clinical applications from infancy through adult life*. Ann Arbor, MI: Edwards Brothers.

Choi, J., & Silverman, I. (2003). Processes underlying sex differences in route-learning strategies in childern and adolescents. *Personality and Individual Differences, 34*, 1153-1166.

Christensen, L. B., Johnson, R. B., & Turner, L. A. (2015). *Research methods* (12th ed.). Upper Saddle River, NJ: Pearson.

Christensen, L. B., Johnson, R. B., & Turner, L. A. (2020). *Research methods, design, and analysis* (13th ed.). Upper Saddle River, NJ: Pearson.

Chwalisz, K. D., Altmaier, E. A., & Russell, D. W. (1992). Causal attributions, self-efficacy cognitions, and coping with stress. *Journal of Social and Clinical Psychology, 11*, 377-400.

Cialdini, R. B., & Kenrick, D. T. (1976). Altruism as hedonism: A social developmental perspective on the relationship of negative mood state and helping. *Journal of Personality and Social Psychology, 34*, 907-914.

Cialdini, R. B., Schaller, M., Houlihan, D., Arps, K., Fultz, J., & Beaman, A. L. (1987). Empathy-based helping: Is it selflessly or selfishly motivated?. *Journal of Personality and Social Psychology, 52*, 749-758.

Cicchetti, D. (2013). Developmental psychopathology. In P. Zelazo (Ed.), *Oxford handbook of developmental psychology*. New York: Oxford University Press.

Cicchetti, D., & Banny, A. (2014). A developmental psychopathology perspective on child maltreatment. In M. Lewis & K. Rudolph (Eds.), *Handbook of developmental psychopathology*. New York: Springer.

Cicchetti, D., & Handley, E. D. (2019). Child maltreatment and the development of substance use and disorder. *Neurobiology of Stress, 10*, doi:10.1016/j.ynstr.2018.100144.

Cicchetti, D., & Toth, S. (2015). A multilevel perspective on child maltreatment. In R. M. Lerner (Ed.), *Handbook of child psychology and developmental science* (7th ed.). New York: Wiley.

Cicchetti, D., Toth, S. L., Nilsen, W. J., & Manley, J. T. (2014). What do we know and why does it matter? The dissemination of evidence-based interventions for child maltreatment. In H. R. Schaeffer & K. Durkin (Eds.), *Blackwell handbook of developmental psychology in action* (2nd ed.). New York: Blackwell.

Clark, D. B., Smith, M. G., Neighbors, B. D., Skerlec, L. M., & Randall, J. (1994). Anxiety disorders in adolescence: Characteristics, prevalence, and comorbidities. *Clinical Psychology Review, 14*, 113-137.

Clark, M. S., Ouellette, R., Powell, M. C., & Milberg, S. (1987). Recipient's mood, relationship type, and helping. *Journal of Personality and Social Psychology, 53*, 94-103.

Clebone, B. L., & Taylor, C. M. (1992, February). Family and social attitudes across four generations of women or maternal lineage. *Psychological Reports, 70*, 268-270.

Coie, J. D., Dodge, K. A., Terry, R., & Wright, V. (1991). The role of aggression in peer relations: An analysis of aggression episodes in boy's play groups. *Child Development, 62*, 812-826.

Coker, T. R., Elliott, M. N., Schwebel, D. C., Windle, M., Toomey, S. L., Tortolero, S. R., Hertz, M. F., Peskin, M. F., & Schuster, M. A. (2015). Media violence exposure and physical aggression in fifth-grade children. *Academic Pediatrics, 15* (1), 82-88.

Colby, A., & Damon, W. (1992). Gaining insight into the lives of moral leaders. *Chronicle of Higher Education, 39* (20), 83-84.

Colby, A., Kohlberg, L., Gibbs, J., & Lieberman, M. (1980). *A longitudinal study of moral judgment.* Unpublished manuscript, Harvard University, Cambridge, MA.

Cole, P. M. (1986). Children's spontaneous control of facial expression. *Child Development, 57*, 1309-1321.

Collins, J. L. (1982). *Self-efficacy and ability in achievement behavior.* Paper presented at the annual meeting of the American Educational Research Association, New York.

Collins, W. A. (1983). Interpretation and inference in children's television viewing. In J. R. Bryant & D. R. Anderson (Eds.), *Children's understanding of television: Research on attention and comprehension.* New York: Academic Press.

Collins, W. A., Sobol, B. L., & Westby, S. (1981). Effects of adult commentary on children's comprehension and inferences about a televised aggressive portrayal. *Child Development, 52*, 158-163.

Conger, R. D., & Reuter, M. (1996). Siblings, parents, and peers: A longitudinal study of social influences in adolescent risk for alcohol use and abuse. In G. H. Brody (Ed.), *Sibling relationships: Their causes and consequences.* Norwood, NJ: Ablex.

Connolly, J. (1992). Participatory versus lecture/discussion preretirement education: A comparison. *Educational Gerontology, 18*, 365-379.

Constantinople, A. (1973). Masculinity-femininity: An exception to a famous dictum?. *Psychological Bulletin, 80*, 389-407.

Cooley, C. H. (1902). Human nature and the social order. New York: Scribner's.

Coplan, R. J., & Arbeau, K. A. (2009). Peer interactions and play in early childhood. In K. H. Rubin, W. M. Bukowski, & B. Laursen (Eds.), *Handbook of peer interactions, relationships, and groups.* New York: Guilford.

Coplan, R. J., Gavinski-Molina, M., Lagace-Sequin, D. G., & Wichmann, C. (2001). When girls versus boys play alone: Nonsocial play and adjustment in kindergarten. *Developmental Psychology, 37*, 464-474.

Corder-Bolz, C. R. (1980). Mediation: The role of significant others. *Journal of Communication, 30*, 106-118.

Cosmides, L., & Tooby, J. (1992). Cognitive adaptations for social exchange. In J. H. Barkow, L. Cosmides, & J. Tooby (Eds.), *The adapted mind: Evolutionary psychology and the generation of culture* (pp. 163-228). New York: Oxford University Press.

Costa, P. T., Jr., & McCrae, R. R. (1980). Influence of extraversion and neuroticism on subjective well-being: Happy and unhappy people. *Journal of Personality and Social Psychology, 38*, 668-678.

Costa, P. T., Jr., & McCrae, R. R. (1988). Personality in adulthood: A six-year longitudinal study of self-report and spouse ratings on the NEO Personality Inventory. *Journal of Personality and Social Psychology, 54*, 853-863.

Costa, P. T., Jr., & McCrae, R. R. (1994). Set like plaster? Evidence for the stability of adult personality. In T. F. Heatherton & J. L. Weinberger (Eds.), *Can personality change?* Washington, DC: American Psychological Association.

Coté, J. E. (2009). Identity formation and self-development. In R. M. Lerner & L. Steinberg (Eds.), *Handbook of adolescent psychology* (3rd ed.). New York: Wiley.

Coté, J. E., & Levine, C. (1988). On critiquing the identity status paradigm: A rejoinder to Waterman. *Developmental Review, 8*, 209-218.

Cowan, C. P., Cowan, P. A., Heming, G., & Miller, N. B. (1991). Becoming a family: Marriage, parenting, and child development. In P. A. Cowan & M. Hetherington (Eds.), *Child family transitions.* Hillsdale, NJ: Erlbaum.

Cox, M. J., Owen, M. T., Henderson, V. K., & Margand, N. A. (1992). Prediction of infant-father and infant-mother attachment. *Developmental Psychology, 28*, 474-483.

Crandall, V. C. (1967). Achievement behavior in young children. In *The young child: Reviews of research.* Washington, DC: National Association for the Education of Young Children.

Crandall, V. J., Katkovsky, W., & Preston, A. A. (1960). A conceptual formulation of some research on children's achievement development. *Child Development, 31*, 787-797.

Crick, N. R., & Bigbee, M. A. (1998). Relational and overt forms of peer victimization: A multiformant approach. *Journal of Consulting and Clinical Psychology, 66* (2), 337-347.

Crick, N. R., & Dodge, K. A. (1996). Social information-processing mechanisms in reactive and proactive aggresstion. *Child Development, 67*, 993-1002.

Crick, N. R., & Grotpeter, J. K. (1996). Children's treatment by peers: Victims of relational and overt aggression. *Developmental Psychopathology, 6*, 367-380.

Crick, N. R., Grotpeter, J. K., & Bigbee, M. A. (2002). Relationally and physically aggressive children's intent attributions and feelings of distress for relational and insturmental peer provocations. *Child Development, 73*, 1134-1142.

Cristall, L., & Dean, R. S. (1976). Relationship of sex role stereotypes and self-actualization. *Psychological Reports, 39*, 842.

Crockenberg, S. B. (1986). Are temperamental differences in babies associated with predictable differences in care-giving? In J. V. Lerner & R. M. Lerner (Eds.), *Temperament and social interaction in infants and children.* San Francisco: Jossey-Bass.

Crockett, L. J. (1990). Sex role and sex typing in adolescence. In R. M. Lerner, A. C. Petersen, & J. Brooks-Gunn (Eds.), *The encyclopedia of adolescence.* New York: Garland.

Crouter, A. C., & McHale, S. (2005). The long arm of the

job revisited: Parenting in dual-earner families. In T. Luster & L. Okagaki (Eds.), *Parenting. Mahwah*, NJ: Erlbaum.

Cummings, E. M., Iannotti, R. J., & Zahn-Waxler, C. (1985). Influence of conflict between adults on the emotions and aggression of young children. *Developmental Psychology, 21*, 495-507.

Cummings, E. M., Iannotti, R. J., & Zahn-Waxler, C. (1989). Aggression between peers in early childhood: Individual continuity and developmental change. *Child Development, 60*, 887-895.

Cunningham, M. R. (1979). Weather, mood, and helping behavior: Quasi experiments with the sunshine Samaritan. *Journal of Personality and Social Psychology, 37*, 1947-1956.

Cunningham, M. R. (1986). Levites and brother's keepers: A sociobiological perspective on prosocial behavior. *Humboldt Journal of Social Relations, 13*, 35-67.

Cytryn, L., & McKnew, D. (1972). Proposed classification of childhood depression. *American Journal of Psychiatry, 129*, 149-155.

Damon, W. (1988). *The moral child*. New York: Free Press.

Darley, J., & Fazio, R. H. (1980). Expectancy confirmation processes arising in the social interaction sequence. *American Psychologist, 35*, 867-881.

Davidson, E. S., Yasuna, A., & Tower, A. (1979). The effects of television cartoons on sex-role stereotyping in young girls. *Child Development, 50*, 597-600.

Davis, D., Rainey, H. G., & Brock, T. C. (1976). Interpersonal physical pleasuring: Effects of sex combinations, recipient attributes, and anticipated future interaction. *Journal of Personality and Social Psychology, 33*, 89-106.

Davis-Kean, P. E., & Sandler, H. M. (2001). A meta-analysis of measures of self-esteem for young children: A framework for future measures. *Child Development, 72*, 887-906.

Davison, K. K., & Birch, L. L. (2002). Processes linking weight status and self-concept among grils from ages 5 to 7 years. *Developmental Psychology, 38*, 735-748.

Davitz, J. (1952). The effects of previous training on post-frustration behavior. *Journal of Abnormal and Social Psychology, 47*, 309-315.

Dawson, G. (2008). Early behavioral intervention, brain plasticity, and prevention of autism spectrum disorder. *Development and Psychopathlogy, 20* (3), 775-803.

Dawson, G., Rogers, S., Munson, J., Smith, M., Winter, J., Greenson, J., Donaldson, A., & Varley, J. (2010). Randomized, controlled trial of an intervention for toddlers with autism: The Early Start Denver Model. *Pediatrics, 125* (1), 17-23.

Dellas, M., & Jernigan, L. P. (1990). Affective personality characteristics associated with undergraduate ego identity formation. *Journal of Adolescent Research, 5*, 306-324.

Denham, S. A. (1986). Social cognition, prosocial behavior, and emotion in preschoolers: Contextual validation. *Child Development, 57*, 194-201.

Denham, S., Warren, H., von Salisch, M., Benga, O., Chin, J. C., & Geangu, E. (2011). Emotions and social development in childhood. In P. K. Smith & C. H. Hart (Eds.), *Wiley-Blackwell handbook of childhood social development* (2nd ed., pp. 413-433). New York: Wiley.

DeVries, M. W., & Sameroff, A. J. (1984). Culture and temperament: Influences on infant temperament in three East African societies. *American Journal of Orthopsychiatry, 54*, 83-96.

DeWall, C. N., Anderson, C. A., & Bushman, B. J. (2013). Aggression. In I. B. Weiner & others (Eds.), *Handbook of psychology* (2nd ed., Vol. 5). New York: Wiley.

Diener, M. L., Goldstein, L. H., & Mangelsdorf, S. C.

(1995). The role of prenatal expectations in parents' reports of infant temperament. *Merrill-Palmer Quarterly, 41*, 172-190.

Dietz, T. L. (1998). An examination of violence and gender role portrayals in video games: Implications for gender socialization and aggressive behavior. *Sex Roles, 38*, 425-442.

DiPietro, J. A., Hodgson, D. M., Costigan, K. A., & Johnson, T. R. B. (1996). Fetal antecedent of infant temperament. *Child Development, 67*, 2568-2583.

Dishion, T., French, D., & Patterson, G. (1995). The development and ecology of antisocial behavior. In D. Cicchetti & D. Cohen (Eds.), *Developmental psychopathology* (Vol. 2). New York: Wiley.

Dlugokinski, E. L., & Firestone, I. J. (1974). Other centeredness and susceptibility to charitable appeals: Effects of perceived discipline. *Developmental Psychology, 10*, 21-28.

Dodge, K. A. (1980). Social cognition and children's aggressive behavior. *Child Development, 51*, 162-170.

Dodge, K. A. (1986). A social information processing model of social competence in children. In M. Perlmutter (Ed.), *Minnesota symposia on child psychology* (Vol. 18). Hillsdale, NJ: Erlbaum.

Dodge, K. A., & Frame, C. L. (1982). Social cognitive biases and deficits in aggressive boys. *Child Development, 53*, 620-635.

Dodge, K. A., & Pettit, G. S. (2003). A biopsychosocial model of the development of chronic conduct problems in adolescence. *Developmental Psychology, 39*, 349-371.

Dodge, K. A., & Somberg, D. R. (1987). Hostile attributional biases among aggressive boys are exacerbated under conditions of threats to the self. *Child Development, 58*, 213-224.

Dodge, K. A., Coie, J. D., & Lynam, D. (2006). Aggression and antisocial conduct in youth. In W. Damon & R. M. Lerner (Series Eds.), & N. Eisenberg, (Vol. Ed.), *Handbook of child psychology: Vol. 3. Social, emtional, and personality development* (6th ed., pp 719-788). New York: Wiley.

Dodge, K. A., Murphy, R. R., & Buchsbaum, K. (1984). The assessment of intention-cue detection skills in children: Implications for developmental psychopathology. *Child Development, 55*, 163-173.

Dodge, K. A., Pettit, G. S., & Bates, J. E. (1994). Socialization mediators of the relation between socioeconomic status and child conduct problems. *Child Development, 65*, 649-665.

Dodge, K. A., Coie, J. D., Pettit, G. S., & Price, J. M. (1990). Peer status and aggression in boys' groups: Developmental and contextual analyses. *Child Development, 61*, 1289-1310.

Doll, C. A., & Broadie, K. (2014). Impaired activity-dependent neural circuit assembly and refinement in autism spectrum disorder genetic models. *Frontiers in Cellular Neuroscience, 8*, 30.

Dollard, J., Doob, L., Miller, N. E., Mowrer, O. H., & Sears, R. R. (1939). *Frustration and aggression*. New Haven: Yale University Press.

Doob, A. N., & Kirshenbaum, H. M. (1973). The effects on arousal of frustration and aggression films. *Journal of Experimental Social Psychology, 9*, 57-64.

Dornbusch, S. M., Carlsmith, J. M., Bushwall, S. J., Ritter, P. L., Leiderman, H., Hastorf, A. H., & Gross, R. T. (1985). Single parents, extended household, and the control of adolescents. *Child Development, 56*, 326-341.

Douvan, E., & Adelson, J. (1966). *The adolescent experience*. New York: Wiley.

Dovidio, J. F. (1984). Helping behavior and altruism: An empirical and conceptual overview. In L. Berkowitz (Ed.), *Advances in experimental social psychology*

(Vol. 17, pp. 361-427). New York: Academics Press.

Dovidio, J. F., Piliavin, J. A., Gaertner, S. I., Schroeder, D. A., & Clark, R. D. III. (1991). The arousal: Cost-reward model and the process of intervention. In M. S. Clark (Ed.), *Review of personality and social psychology* (Vol. 12, pp. 86-118). Newbury Park, CA: Sage.

Drabman, R. S., & Thomas, M. H. (1974). Does media violence increase children's toleration of real-life aggression? *Developmental Psychology, 10*, 418-421.

Dreikurs, R. (1967). *Psychodynamics, psychotherapy, and counselling.* Chicago: Alfred Adler Institute.

Duck, S. (1991). *Human relationships. Newbury Park.* CA: Sage.

Dudovitz, R. N., Thomas, K., Shan, M. D., Szilagyi, P. G., Vizueta, N., Vangala, S., Shetgiri, R., & Kapteyn, A. (2022). School-age children's wellbeing and school-related needs during the COVID-19 pandemic. *Academic Pediatrics, 22* (8), 1368-1374.

Duncan, G. J., Brooks-Gunn, J., & Klebanov, P. K. (1994). Economic deprivation and early childhood development. *Child Development, 65*, 296-318.

Duriez, B., Luyckx, K., Soenens, B., & Berzonsky, M. (2012). A process-content approach to adolescent identity formation: Examining longitudinal associations between identity styles and goal pursuits. *Journal of Personality, 80*, 135-161.

Durrant, J. E. (2008). Physical punishment, culture, and rights: Current issues for professionals. *Journal of Developmental and Behavioral Pediatrics, 29*, 55-66.

Dusek, J. B. (1987). Sex roles and adjustment. In P. B. Carter (Ed.), *Current conceptions of sex roles and sex typing: Theory and research.* New York: Praeger.

Dweck, C. S. (1978). Achievement. In M. E. Lamb (Ed.), *Social and personality development.* New York: Holt, Rinehart, & Winston.

Dweck, C. S. (1986). Motivational processes affecting learning. *American Psychologist, 41*, 1040-1048.

Dweck, C. S. (1989). Motivation. In A. Lesgold & R. Glaser (Eds.), *Foundations for a psychology of education.* Hillsdale, New Jersey: Erlbaum.

Dweck, C. S. (2001). Caution-praise can be dangerous. In K. L. Frieberg (Ed.), *Human development 01/02* (29th ed., pp. 105-109). Guilford, CT: McGraw-Hill/Dushikin.

Dweck, C. S., & Bush, E. S. (1976). Sex differences in learned helplessness: Differential debilitation with peer and adult evaluators. *Developmental Psychology, 12*, 147-156.

Dweck, C. S., & Elliott, E. S. (1983). Achievement motivation. In E. M. Hetherington (Ed.), *Handbook of child psychology* (Vol. 4). New York: Wiley.

Dweck, C. S., & Leggett, E. L. (1988). A social-cognitive approach to motivation and personality. *Psychological Review, 95*, 256-273.

Dweck, C. S., Davidson, W., Nelson, S., & Enna, B. (1978). Sex differences in learned helplessness: II. The contingencies of evaluative feedback in the classroom and III. An experimental analysis. *Developmental Psychology, 14*, 268-276.

Eagly, A. H. (1987). *Sex differences in social behavior: A social-role interpretation.* Hillsdale, NJ: Erlbaum.

Eagly, A. H., & Crowley, M. (1986). Gender and helping behavior: A meta-analytic review of the social psychological literature. *Psychological Bulletin, 100*, 283-308.

Earls, F. (1994). Oppositional-defiant and conduct disorders. In M. Rutter, E. Taylor, & L. Hersov (Eds.), *Child and adolescent psychiatry.* London: Blackwell.

East, P. L. (1991). Peer status groups. In R. M. Lerner, A. C. Petersen, & J. Brooks-Gunn (Eds.), *Encyclopedia of adolescence* (Vol. 2). New York: Garland.

Easterbrook, J. A. (1959). The effects of emotion on

cue utilization and the organization of behavior. *Psychological Review, 66*, 183-200.

Easterbrooks, M. A., Bartlett, J. D., Beeghly, M., & Thompson, R. A. (2013). Social and emotional development in infancy. In I. B. Weiner & others (Eds.), *Handbook of psychology* (2nd ed., Vol. 6). New York: Wiley.

Eaton, W. O., & Saudino, K. J. (1992). Prenatal activity level as a temperament dimension? Individual differences and the developmental functions in fetal movement. *Infant Behavior and Development, 15*, 57-70.

Eberhard, M. T. W. (1975). The evolution of social behavior by kin selection. *The Quarterly Review of Biology, 50*, 1-33.

Eberly, M. B., Hascall, S. A., Andrews, H., & Marshall, P. M. (1997, April). *Contributions of attachment quality and adolescent prosocial behavior to perceptions of parental influence: A longitudinal study.* Paper presented at the meeting of the Society for Research in Child Development, Washington, DC.

Eccles, J. S. (1987). Adolescence: Gateway to gender-role transcendence. In D. B. Carter (Ed.), *Current conceptions of sex roles and sex typing: Theory and research.* New York: Praeger.

Eckerman, C. O., & Whatley, J. L. (1977). Toys and social interaction between infant peers. *Child Development, 48*, 1645-1658.

Eckerman, C. D., Davis, C. C., & Didow, S. M. (1989). Toddlers' emerging ways of achieving social coordinations with a peer. *Child Development, 60*, 440-453.

Eckerman, C. O., Whatley, J. L., & Kuts, S. L. (1975). Growth of social play with peers during the second year of life. *Developmental Psychology, 11*, 42-49.

Eckerman, C. O., Whatley, J. L., & Mcgehee, L. J. (1979). Approaching and contacting the object another manipulates: A social skill of the 1-year-old. *Developmental Psychology, 15*, 585-593.

Edelbrock, C., Rende, R., Plomin, R., & Thompson, L. A. (1995). A twin study of competence and problem behavior in childhood and early adolescence. *Journal of Child Psychology and Psychiatry, 36*, 775-785.

Egan, S. K., & Perry, D. G. (1998). Does low self-regard invite victimization? *Developmental Psychology, 34* (2), 299-309.

Eggum, N. D., Eisenberg, N., Kao, K., Spinrad, T. L., Bolnick, R., Hofer, C., & Fabricius, W. V. (2011). Emotion understanding, theory of mind, and prosocial orientation: Relations over time in early childhood. *The Journal of Positive Psychology, 6*, 4-16.

Eisenberg, N. (1991). Prosocial development in adolescence. In R. M. Lerner, A. C. Petersen, & J. Brooks-Gunn (Eds.), *Encyclopedia of adolescence* (Vol. 2). New York: Garland.

Eisenberg, N., & Fabes, R. A. (1991). Prosocial behavior and empathy: A multimethod developmental perspective. In M. S. Clark (Ed.), *Review of personality and social psychology* (Vol. 12, pp. 34-61). Newbury Park, CA: Sage.

Eisenberg, N., Lennon, R., & Roth, K. (1983). Prosocial development: A longitudinal study. *Developmental Psychology, 19*, 846-855.

Eisenberg, N., Spinrad, T. L., & Knafo-Noam, A. (2015). Prosocial development. In M. E. Lamb (Vol. Ed.) & R. M. Lerner (Ed.), *Handbook of child psychology and developmental science: Vol. 3. Socioemotional processes* (pp. 610-656). Hoboken, NJ: Wiley.

Eisenberg, N., Spinrad, T., & Sadovsky, A. (2013). Empathy-related responding in children. In M. Killen & J. G. Smetana (Eds.), *Handbook of moral development* (2nd ed). New York: Routledge.

Eisenberg, N., Fabes, R. A., Nyman, M., Bernzweig, J., & Pinuelas, A. (1994). The relations of emotionality and regulation to children's anger-related reactions. *Child Development, 65,* 109-128.

Eisenberg, N., Schaller, M., Fabes, R. A., Bustamante, D., Mathy, R. M., Shell, R., & Rhodes, K. (1988). Differentiation of personal distress and sympathy in children and adolescents. *Developmental Psychology, 24,* 766-775.

Eisenberg, N., Spinrad, T. L., Fabes, R. A., Reiser, M., Cumberland, A., Shepard, S. A., Valiente, C., Loyosa, S. H., Guthrie, I. K., & Thompson, M. (2004). The relations of effortful control and impulsivity to children's resiliency and adjustment. *Child Development, 75,* 25-46.

Eisenberg-Berg, N., & Geisheker, E. (1979). Content of preachings and power of the model/preacher: The effect on children's generosity. *Developmental Psychology, 15,* 168-175.

Eisenberg-Berg, N., & Hand, M. (1979). The relationship of preschoolers' reasoning about prosocial moral conflicts to prosocial behavior. *Child Development, 50,* 356-363.

Ekas, N. A., Braungart-Rieker, & Messinger, D. S. (2018). The development of infant emotion regulation: Time is of the essence. In P. M. Cole & T. Hollenstein (Eds.), Emotion regulation, New York: Routledge.

Ekman, P., & Friesen, W. V. (1969). The repertoire of nonverbal behavior: Categories, origins, usage, and coding. *Semiotica, 1,* 49-98.

Ekman, P., & Friesen, W. V. (1975). *Unmasking the face.* Engelwood Cliffs, NJ: Prentice-Hall.

Elder, G. H., Jr. (1974). *Children of the great depression.* Chicago: University of Chicago Press.

Elliott, D. S., & Ageton, S. S. (1980). Reconciling race and class differences in self-reported and official estimates of delinquency. *American Sociological Review, 45,* 95-110.

Ellsworth, C. P., Muir, D. L., & Hains, S. M. J. (1993). Social competence and person-object differentiation: An analysis of the still-face effect. *Developmental Psychology, 29,* 63-73.

Emde, R. N., Plomin, R., Robinson J., Corley, R., DeFries, J., Fulker, D. W., Reznick, J. S., Campos, J., Kagan, J., & Zahn-Waxler, C. (1992). Temperament, emotion, and cognition at fourteen months: The MacArthur Longitudinal Twin Study. *Child Development, 63,* 1437-1455.

Emmerich, W. (1966). Continuity and stability in early social development: II. Teacher's ratings. *Child Development, 37,* 17-27.

Entwisle, D. R., & Alexander, K. L. (1990). Beginning school math competence: Minority and majority considerations. *Child Development, 61,* 454-471.

Epstein, J. L. (1990). School and family connections: Theory, research, and implications for integrating sociologies of education and family. In D. G. Unger & M. B. Sussman (Eds.), *Families in community settings: Interdisciplinary responses.* New York: Howorth Press.

Epstein, J. L., & Dunbar, S. L. (1995). Effects on students of an interdisciplinary program linking social studies, art, and family volunteers in the middle grades. *Journal of Early Adolescence, 15,* 114-144.

Erikson, E. H. (1950). *Childhood and society.* New York: Norton.

Erikson, E. H. (1963). *Childhood and society* (2nd ed). New York: Norton.

Erikson, E. H. (1968). *Identity: Youth and crisis.* New York: Norton.

Erikson, E. H. (Ed.), (1978). *Adulthood.* New York: Norton.

Erikson, E. H. (1982). *The life cycle completed: A review.* New York: Norton.

Eron, L. D. (1980). Prescription for reduction of aggression. *American Psychologist, 35,* 244-252.

Eron, L. D., & Huesmann, L. R. (1990). The stability of aggressive behavior even unto the third generation. In M. Lewis & S. M. Miller (Eds.), *Handbook of developmental psychopathology*. New York : Plenum Press.

Fabes, R. A., & Eisenberg, N. (1992). Young children's coping with interpersonal anger. *Child Development, 63*, 116-128.

Fabes, R. A., Eisenberg, N., & Miller, P. A. (1990). Maternal correlates of children's vicarious emotional responsiveness. *Developmental Psychology, 26*, 639-648.

Fabes, R., Eisenberg, N., Karbon, M., Bernzweig, J., Speer, A., & Carlo, G. (1994). Socialization of children's vicarious emotional responding and prosocial behavior. *Developmental Psychology, 30*, 44-55.

Fagot, B. I. (1977). Consequence of moderate cross-gender behavior in preschool children. *Child Development, 48*, 902-907.

Fagot, B. I., Rodgers, C. S., & Leinbach, M. D. (2000). Theories of gender socialization. In T. Eckes & H. M. Trautner (Eds.), *The developmental social psychology of gender*. Mahwah, NJ: Erlbaum.

Falbo, T., & Poston, D. L. (1993). The academic, personality, and physical outcomes of only children in China. *Child Development, 64*, 18-35.

Farrington, D. (1995). The Twelfth Jack Tizard Memorial Lecture. The development of offending and antisocial behavior in childhood: Key findings from the Cambrige study of delinquent development. *Journal of Child Psychology and Psychiatry, 36*, 929-964.

Feather, N. T. (Ed.) (1982). *Expectations and actions: Expectancy-value models in Psychology*. Hillsdale, NJ: Erlbaum.

Feingold, B. F. (1979). *The Feingold cookbook for hyperactive children*. New York: Random House.

Feinman, S. (1992). *Social referencing and the social construction of reality in infancy*. New York: Plenam.

Feinman, S., Roberts, D., Hsieh, K., Sawyer, D., & Swanson, D. (1992). A critical review of social referencing in infancy. In S. Feinman (Ed.), *Social referencing and the social construction of reality in infancy*. New York: Plenum.

Feldman, N. A., & Ruble, D. N. (1988). The effect of personal relevance on psychological inference: A developmental analysis. *Child Development, 59*, 1339-1352.

Feldman, S. S., Biringen, Z. C., & Nash, S. C. (1981). Fluctuations of sex-related self-attributions as a function of stage of family life cycle. *Developmental Psychology, 17*, 24-35.

Fenzel, L. M. (1994, February). *A prospective study of the effects of chronic strains on early adolescent self-worth and school adjustment*. Paper presented at the meeting of the Society for Research on Adolescence, San Diego.

Fergusson, D. M., McLeod, G. F., & Horwood, L. J. (2013). Childhood sexual abuse and adult developmental outcomes: Findings from a 30-year longitudinal study in New Zealand. *Child Abuse and Neglect, 37*, 664-677.

Feshbach, N. (1978). Studies of the development of children's empathy. In B. Maher (Ed.), *Progress in experimental personality research*. Orlando, FL: Academic Press.

Feshbach, N., & Feshbach, S. (1982). Empathy training and the regulation of aggression: Potentialities and limitations. *Academic Psychology Bulletin, 4*, 399-413.

Feshbach, S. (1964). The function of aggression and the regulation of aggressive drive. *Psychological Review, 71*, 257-272.

Feshbach, S. (1970). Aggression. In P. H. Mussen (Ed.),

Carmichael's manual of child psychology (Vol. 2). New York: Wiley.

Festinger, L. (1957). *A theory of cognitive dissonance.* Stanford, CA: Stanford University Press.

Field, T. (1978). Interaction behaviors of primary versus secondary caretaker fathers. *Developmental Psychology, 14*, 183-184.

Fincham, F. D., Hokoda, A., & Sanders, R., Jr. (1989). Learned helplessness, test anxiety, and academic achievement: A longitudinal analysis. *Child Development, 60*, 138-145.

Findley, M. J., & Cooper, H. M. (1983). Locus of control and academic achievement: A literature review. *Journal of Personality and Social Psychology, 44*, 419-427.

Fine, M. J. (1980). *Handbook on parent education.* San Diego, CA: Academic Press.

Finkelstein, N. W., Dent, C., Gallacher, K., & Ramey, C. T. (1978). Social behavior of infants and toddlers in a day-care environment. *Developmental Psychology, 14*, 257-262.

Fisher, M. (1990). Parenting stress and the child with attention deficit hyperactivity disorder. *Journal of Clinical Child Psychology, 19*, 337-346.

Flaherty, E. G., Perez-Rossello, J. M., Levine, M. A., Hennrikus, W. L., Christian, C. W., Crawford-Jakubiak, J. E., ... & Esposito, P. W. (2014). Evaluating children with fractures for child physical abuse. *Pediatrics, 133* (2), e477-e489.

Font, S. A., & Maguire-Jack, K. (2020). It's not "just poverty": Educational, social, and economic functioning among young adults exposed to childhood neglect, abuse, and poverty. *Child Abuse and Neglect, 101*, 104356.

Fontana, V. J., & Besharov, D. (1977). *The maltreated child.* Springfield, Ill.: Charles C. Thomas.

Forehand, R., Thomas, A. M., Wierson, M., Brody, G., &

Fauber, R. (1990). Role of maternal functioning and parenting skills in adolescent functioning following parental divorce. *Journal of Abnormal Psychology, 99*, 278-283.

Forgas, J. P. (1995). Mood and judgment: The affect infusion model (AIM). *Psychological Bulletin, 117*, 39-66.

Fowler, J. W. (1981). *Stages of faith: The psychology of human development and the quest for meaning.* New York: Harper & Row.

Fowler, J. W. (1983). Stages of faith. Conversation with James Fowler. *Psychology Today, 56-62.*

Frank, S. J., Pirsch, L. A., & Wright, V. C. (1990). Late adolescents' perceptions of their relationships with their parents: Relationships among deidealization, autonomy, relatedness and insecurity and implications for adolescent adjustment and ego identity status. *Journal of Youth and Adolescence, 19*, 571-588.

Fraser, A. M., Padilla-Walker, L. M., Coyne, S. M., Nelson, L. J., & Stockdale, L. A. (2012). Association between violent video gaming, empathic concern, and prosocial behavior toward strangers, friends, and family members. *Journal of Youth and Adolescence, 41*, 636-649.

Fraser, B. G. (1976). The child and his parents: A delicate balance of rights. In R. E. Helfer & C. H. Kempe (Eds.), *Child abuse and neglect: The family and the community.* Cambridge, Mass.: Ballinger Publishing.

Freedman, J. L., Wallington, A., & Bless, E. (1967). Compliance without pressure: The effect of guilt. *Journal of Personality and Social Psychology, 7*, 117-124.

Freud, A. (1946). *The psychoanalytic treatment of children.* London: Imago.

Freud, A. (1965). *The psychoanalytical treatment of children.* New York: International Universities Press.

Freud, S. (1933). *New introductory lectures in*

psychoanalysis. New York: Norton.

Freud, S. (1938). *An outline of psychoanalysis.* London: Hogarth.

Freud, S. (1959). Analysis of a phobia in a 5-year-old boy. In A. Strachey & J. Strachey (Eds.), *Collected papers* (Vol. 3). New York: Basic Books.

Freud, S. (1960). *A general introduction to psychoanalysis.* New York: Washington Squard Press. (Original work published 1935.)

Freud, S. (1961). *The ego and the id* (Standard ed. Vol. 19). London: Hogarth. (Originally published 1923.)

Frick, P. J., Cornell, A. H., Bodin, S. D., Dane, H. E., Barry, C. T., & Loney, B. R. (2003). Callous-unemotional traits and developmental pathways to severe conduct disorders. *Developmental Psychology, 39,* 246-260.

Friedman, K. S., & Pines, A. M. (1992). Increase in Arab women? perceived power in the second half of life. *Sex Roles, 26,* 1-9.

Friedrich, L. K., & Stein, A. H. (1975). Prosocial television and young children: The effects of verbal labeling and role-playing on learning and behavior. *Child Development, 46,* 27-38.

Friedrich-Cofer, L. K., Huston-Stein, A., Kipnis, D. M., Susman, E. J., & Clewett, A. S. (1979). Environmental enhancement of prosocial television content: Effects on interpersonal behavior. *Developmental Psychology, 15,* 637-646.

Friend, M., & Davis, T. (1993). Appearance-reality distinction: Children's understanding of the physical and affective domains. *Developmental Psychology, 29,* 907-913.

Frodi, A., Macaulay, J., & Thome, P. R. (1977). Are women always less aggressive than men? A review of the experimental literature. *Psychological Bulletin, 84,* 634-660.

Fuligni, A. J., & Eccles, J. S. (1993). Perceived parent-child relationships and early adolescents' orientation toward peers. *Developmental Psychology, 29,* 622-632.

Fultz, N. H., & Herzog, A. R. (1991). Gender differences in affiliation and instrumentality across adulthood. *Psychology and Aging, 6,* 579-586.

Funk, J. B., & Buchman, D. D. (1996). Playing violent video and computer games and adolescent self-concept. *Journal of Communication, 46,* 19-33.

Galambos, N. L., Berenbaum, S. A., & McHale, S. M. (2009). Gender development in adolescents. In R. M. Lerner & L. Steinberg (Eds.), *Handbooks of adolescent psychology* (3rd ed.). New York: Wiley.

Gallatin, J. (1975). *Adolescence and individuality.* New York: Harper & Row.

Gardner, H. (1983). *Frames of mind: The theory of multiple intelligences.* New York: Basic Books.

Garrison, W. T., & Earls, F. J. (1987). *Temperament and child psychopathology.* Newbury Park, CA: Sage.

Gelles, R. J. (1978). *A profile of violence towards children in the United States.* Paper presented at the Annenburg School of Communications Conference on "Child abuse: Cultural roots and policy options." Philadelphia, November 20.

Gelles, R. J., & Straus, M. A. (1979). Violence in the American family. *Journal of Social Issues, 35* (2), 15-38.

Gentile, D. A. (2011). The multiple dimensions of video game effects. *Child Development Perspectives, 5,* 75-81.

Gerbner, G. (1998). Cultivation analysis: An overview. *Mass Communication Research, 3-4,* 175-194.

Gergen, K. J., Gergen, M. M., & Meter, K. (1972). Individual orientations to prosocial behavior. *Journal of Social Issues, 28,* 105-130.

Giaconia, R. M., & Hedges, L. V. (1982). Identifying features of effective open education. *Review of*

Educational Research, 52, 579-602.

Gibbs, J. C. (2014). *Moral development and reality: Beyond the theories of Kohlberg and Hoffman* (3rd ed.). Upper Saddle River, NJ: Pearson.

Gibson, E. J., & Walker, R. D. (1960). The "visual cliff." *Scientific American, 202*, 64-71.

Gilbert, P. (1994). Male violence: Towards an integration. In J. Archer (Ed.), *Male violence* (pp. 352-389). New York: Routledge.

Giles, J. W., & Heyman, G. D. (2005). Young children's beliefs about the relationship between gender and aggressive behavior. *Child Development, 76*, 107-121.

Gilligan, C. (1977). In a different voice: Women's conceptions of self and morality. *Havard Educational Review, 47*(4), 481-517.

Gilligan, C. (1982). *In a different voice: Psychological theory and women's development*. Cambridge, Massachusetts: Harvard University Press.

Gilligan, C. (1990). Teaching Shakespeare's sister. In C. Gilligan, N. Lyons, & T. Hanmer (Eds.), *Making connections: The relational worlds of adolescent girls at Emma Willard School*. Cambridge, Massachusetts: Harvard University Press.

Gilligan, C. (1993). Adolescent development reconsidered. In A. Garrod (Ed.), *Approaches to moral development: New research and emerging themes*. New York: Teachers College Press.

Gilligan, C. (1996). The centrality of relationship in human development: A puzzle, some evidence, and a theory. In G. Noam & K. Fischer (Eds.), *Development and vulnerability in close relationships*. Mahwah, NJ: Erlbaum.

Glasgow, K. L., Dornbusch, S. M., Troyer, L., Steinberg, L., & Ritter, P. L. (1997). Parenting style, adolescents attributions, and educational outcomes in nine heterogeneous high shools. *Child Development, 68*, 507-529.

Glass, D. C., Neulinger, J., & Brim, O. G. (1974). Birth order, verbal intelligence, and educational aspiration. *Child Development, 45*, 807-811.

Gnepp, J. (1983). Children's social sensitivity: Inferring emotions from conflicting cues. *Developmental Psychology, 19*, 805-814.

Gnepp, J., & Chilamkurti, C. (1988). Children's use of personality attributions to predict other peoples' emotional and behavioral reactions. *Child Development, 59*, 743-754.

Gnepp, J., & Hess, D. L. R. (1986). Children's understanding of display rules for expressive behavior. *Developmental Psychology, 22*, 103-108.

Goldberg, W. A., & Lucas-Thompson, R. (2008). Maternal and paternal employment, effects of. In M. M. Haith & J. B. Benson (Eds.), *Encyclopedia of infant and early childhood development*. Oxford, UK: Elsevier.

Goldsmith, H. H., & Campos, J. (1986). Fundamental issues in the study of early temperament: The Denver Twin Temperament Study. In M. E. Lamb, A. L. Brown, & B. Rogoff (Eds.), *Advances in developmental psychology* (Vol. 4). Hillsdale, NJ: Erlbaum.

Gomez, S. H., Tse, J., Wang, Y., Turner, B., Millner, A. J., Nock, M. K. & Dunn, E. C. (2017). Are there sensitive periods when child maltreatment substantially elevates suicide risk? Results from a nationally representative sample of adolescents. *Depression and Anxiety, 34*(8), 734-741.

Good, T. L. (1979). Teacher effectiveness in the elementary school: What do we know about it now? *Journal of Teacher Education, 30*, 52-64.

Goodvin, R., Winer, A. C., & Thompson, R. A. (2014). The individual child: Temperament, emotion, self, and personality. In M. Bornstein & M. E. Lamb (Eds.), *Developmental science* (7th ed.). New York:

Psychology Press.

Goodwin, F. K., & Jamison, K. R. (1990). *Manic-depressive illness*. New York: Oxford University Press.

Gordon-Messer, D., Bauermeister, J. A., Grodzinski, A., & Zimmerman, M. (2013). Sexting among young adults. *Journal of Adolescent Health, 52* (2), 301-306.

Gorn, G. J., Goldberg, M. E., & Kanungo, R. N. (1976). The role of educational television in changing the intergroup attitudes of children. *Child Development, 47*, 277-280.

Gottfried, A. W., Gottfried, A. E., Bathurst, K., & Guerin, D. W. (1994). *Gifted IQs: Early developmental aspects: The Fullerton Longitudinal Study*. New York: Plenum.

Graham, K. L. (2020). Play. In B. Hopkins & others (Eds.), *Cambridge encyclopedia of child development*. New York: Cambridge University Press.

Gravetter, F. J., & Forzano, L. B. (2019). *Research methods for the behavioral sciences* (6th ed.). Boston: Cengage.

Gravetter, F. J., Wallnau, L. B., Forzano, L. B., & Witnauer, J. E. (2021). *Essentials of statistics for the behavioral sciences* (10th ed.). Boston: Cengage.

Graziano, A. M., & Raulin, M. L. (2013). *Research methods* (8th ed.). Boston: Allyn & Bacon.

Graziano, A., & Raulin, M. (2020). *Research methods* (9th ed.). Upper Saddle River, NJ: Pearson.

Green, M. (1989). *Theories of human development: A comparative approach*. Englewood Cliffs, NJ: Prentice-Hall.

Grim, P. F., Kohlberg, L., & White, S. H. (1968). Some relationships between conscience and attentional processes. *Journal of Personality and Social Psychology, 8*, 239-252.

Grolnick, W. S., & Ryan, R. M. (1989). Parents' styles associated with children's self-regulation and competence in school. *Journal of Educational Psychology, 81*, 143-154.

Grolnick, W. S., Gurland, S. T., DeCourcey, W., & Jacob, K. (2002). Antecedents and consequences of mother's autonomy support: An experimental investigation. *Developmental Psychology, 38* (1), 143-155.

Gross, A. L., & Ballif, B. (1991). Children's understanding emotion from facial expressions and situations: A review. *Developmental Review, 11*, 368-398.

Grotevant, H. D., & Cooper, C. (1985). Patterns of interaction in family relationships and the development of identity exploration in adolescence. *Child Development, 56*, 415-428.

Grove, J. R. (1993). Attributional correlates of cessation self-efficacy among smokers. *Addictive Behavior, 18*, 311-320.

Guerra, N. G., & Slaby, R. G. (1990). Cognitive mediators of aggression in adolescent offenders: 2. Intervention. *Developmental Psychology, 26*, 269-277.

Gutmann, D. (1975). Parenthood: Key to the comparative psychology of the life cycle? In N. Datan & L. H. Ginsberg (Eds.), *Life span developmental psychology: Normative life crises*. New York: Academic Press.

Gutmann, D. (1987). *Reclaimed powers: Toward a new psychology of men and women in later life*. New York: Basic Books.

Haidt, J., Koller, S. H., & Dias, M. G. (1993). Affect, culture, and morality, or is it wrong to eat your dog? *Journal of Personality and Social Psychology, 65*, 613-628.

Hains, A. A., & Ryan, E. B. (1983). The development of social cognitive processes among juvenile delinquents and nondelinquent peers. *Child Development, 54*, 1536-1544.

Hale, L., Kirschen, G. W., LeBourgeois, M. K., Gradisar, M., Garrison, M. M., Montgomery-Downs, H., Kirschen, H., McHale, S. M., Chang, A. M., & Buxtonj, O. M. (2018). Youth screen media habits and sleep:

Sleep-friendly screen-behavior recommendations for clinicians, educators, and parents. *Child and Adolescent Psychiatric Clinics of North America, 27* (2), 229-245.

Halpern, D. E. (1997). Sex difference in intelligence: Implication for education. *American Psychologist, 52*, 1091-1102.

Halpern, D. F. (2004). A cognitive-process taxonomy for sex differences in cognitive abilities. *Current Directions in Psychological Science, 13*, 135-139.

Hamner, T. J., & Turner, P. H. (1996). *Parenting in contemporary society* (3rd ed.). Needham Heights, MA: Allyn & Bacon.

Han, W-J., Hetzner, N. P., & Brooks-Gunn, J. (2019). Employment and parenting. In M. H. Bornstein (Ed.), *Handbook of parenting* (3rd ed.). New York: Routledge.

Hanson, G. M. B. (1999, June 28). The violent world of video games. *Insight on the News, 15* (24), 14-17.

Hansen, C. H., & Hansen, R. D. (1996). Rock music videos and antisocial behavior. *Basic and Applied Psychology, 11*, 357-369.

Harlow, H. F., & Zimmerman, R. R. (1959). Affectional responses in the infant monkey. *Science, 130*, 421-432.

Harrington, M. (2020). *The design of experiments in neuroscience*. New York: Cambridge University press.

Harris, N. B. (1992). Sex, race, and the experience of aggression. *Aggressive Behavior, 18*, 201-217.

Harris, P. L. (1989). Developmental changes in children's understanding of simple, multiple, and blended emotion concepts. In C. Saarni & P. Harris (Eds.), *Children's understanding of emotion*. Cambridge: Cambridge University Press.

Hart, C. H., Ladd, G. W., & Burleson, B. R. (1990). Children's expectations of the outcomes of social strategies: Relations with socioeconomic status and maternal disciplinary styles. *Child Development, 61*, 127-137.

Hart, D., & Chmiel, S. (1992). Influence of defense mechanisms on moral judgment development: A longitudinal study. *Developmental Psychology, 28*, 722-730.

Harter, S. (1981). A new self-report scale of intrinsic versus extrinsic orientation in the classroom: Motivational and informational components. *Developmental Psychology, 17*, 300-312.

Harter, S. (1988). Developmental processes in the construction of the self. In T. D. Yawkey & J. E. Johnson (Eds.), *Integrative processes in socialization: Early to middle childhood*. Hillsdale, NJ: Erlbaum.

Harter, S. (1990a). Issues in the assessment of the self-concept of children and adolescents. In A. LaGreca (Ed.), *Through the eyes of a child*. Boston: Allyn & Bacon.

Harter, S. (1990b). Self and identity development. In S. S. Feldman & G. R. Elliott (Eds.), *At the threshold: The developing adolescent*. Cambridge, Massachusetts: Harvard University Press.

Harter, S., & Buddin, B. J. (1987). Children's understanding of the simultaneity of two emotions: A five-stage developmental acquisition sequence. *Developmental Psychology, 23*, 388-399.

Harter, S., & Marold, D. B. (1992). Psychosocial risk factors contributing to adolescent suicide ideation. In G. Noam & S. Borst (Eds.), *Child and adolescent suicide*. San Francisco: Jossey-Bass.

Harter, S., Wright, K., & Bresnick, S. (1987). *A developmental sequence of the emergence of self affects*. Paper presented at the biennial meeting of the Society for Research in Child Development, Baltimore.

Hartup, W. W. (1974). Aggression in childhood: Developmental perspectives. *American Psychologist,*

29, 336-341.

Hartup, W. W. (1979). *Current issues in social development*. Paper presented at the biennial meeting of the Society for Research in Child Development, San Francisco.

Hartup, W. W. (1980). Children and their friends. In H. McGurk (Ed.), *Child social development*. London: Methuen.

Hartup, W. W. (1983). Peer relations. In P. H. Mussen (Ed.), *Handbook of child psychology. Vol. 4: Socialization, personality, and social development* (pp. 103-196). New York: Wiley.

Hartup, W. W., & Overhauser, S. (1991). Friendships. In R. M. Lerner, A. C. Petersen, & J. Brooks-Gunn (Eds.), *Encyclopedia of adolescence* (Vol. 1). New York: Garland.

Haviland, J. M., & Lelwica, M. (1987). The induced affect response: 10-week-old infants' responses to three emotion expressions. *Developmental Psychology, 23*, 97-104.

Hazan, C., & Shaver, P. (1987). Romantic love conceptualized as an attachment process. *Journal of Personality and Social Psychology, 52* (3), 511-524.

Hearold, S. (1986). A synthesis of 1043 effects of television on social behavior. In G. Comstock (Ed.), *Public communications and behavior: Volume 1*. New York: Academic Press.

Hedge, A., & Yousif, Y. H. (1992). Effects of urban size, urgency, and cost on helpfulness. *Journal of Cross-Cultural Psychology, 23*, 107-115.

Hefner, R., Rebecca, M., & Oleshansky, B. (1975). Development of sex-role transcendence. *Human Development, 18*, 143-158.

Heider, F. (1958). *The psychology of interpersonal relations*. New York: Wiley.

Heiman, G. W. (2014). *Basic statistics for the behavioral sciences* (7th ed.). Boston: Cengage.

Heiman, G. W. (2015). *Behavioral sciences STAT* (2nd ed.). Boston: Cengage.

Helfer, R. E. (1978). *Childhood comes first: A crash course in childhood for adults*. Lansing, Mich.: Ray E. Helfer.

Helfer, R. E., & Kempe, C. H. (Eds.). (1976). *Child abuse and neglect: The family and the community*. Cambridge, Mass.: Ballinger Publishing.

Hendrick, S., & Hendrick, C. (1992). *Liking, loving, and relating* (2nd ed.). Belmont, CA: Wadsworth.

Henggeler, S. W. (1989). *Delinquency in adolescence*. Newbury Park, CA: Sage.

Henker, B., & Whalen, C. K. (1989). Hyperactivity and attention deficits. *American Psychologist, 44*, 216-223.

Hennessy, K. D., Robideau, G. J., Cicchetti, D., & Cummings, E. M. (1994). Responses of physically abused and nonabused children to different forms of interadult anger. *Child Development, 65* (3), 815-828.

Hennigan, K. M., Del Rosario, M. L., Heath, L., Cook, T. D., Wharton, J. D., & Calder, B. J. (1982). Impact of the introduction of television on crime in the United States: Empirical findings and theoretical implications. *Journal of Personality and Social Psychology, 42*, 461-477.

Hess, R. D. (1970). Social class and ethnic influences upon socialization. In P. H. Mussen (Ed.), *Carmichael's manual of child psychology* (Vol. 2). New York: Wiley.

Hetherington, E. M. (1999). Family functioning and the adjustment of adolescent siblings in diverse types of families. *Monographs of the Society for Research in Child Development, 64* (4), 26-49.

Hetherington, E. M. (2006). The influence of conflict, marital problem-solving, and parenting on children's adjustment in non-divorced, divorced, and remarried families. In A. Clarke-Stewart & J. Dunn (Eds.),

Families count: Effects on child and adolescent development (pp. 203-237). Cambridge, England: Cambridge University Press.

Hetherington, E. M., & Parke, R. D. (1993). *Child psychology* (4th ed.). New York: McGraw-Hill.

Hetherington, E. M., Anderson, E. R., & Hagan, M. S. (1991). Divorce: effects of on adolescents. In R. M. Lerner, A. C. Petersen, & J. Brooks-Gunn (Eds.), *Encyclopedia of adolescence* (Vol. 1). New York: Garland.

Hetherington, E. M., Cox, M., & Cox, R. (1979). *Family interaction and the social, emotional, and cognitive development of preschool children following divorce*. Paper presented at the biennial meeting of the Society for Research in Child Development, San Francisco.

Hetsroni, A. (2007). Sexual content on mainstream TV advertising: A cross-cultural comparison. *Sex roles, 57* (3-4), 201-210.

Heyman, G. D., Dweck, C. S., & Cain, K. M. (1992). Young children's vulnerability to self-blame and helplessness: Relationship to beliefs about goodness. *Child Development, 63*, 401-415.

Hill, J. P. (1988). Adapting to menarche: Familial control and conflict. In M. Gunnar & W. A. Collins (Eds.), *Development during the transition to adolescence*. Minnesota Symposia on child psychology. Hillsdale, New Jersey: Erlbaum.

Hill, J. P., & Lynch, M. E. (1983). The intensification of gender-related role expectations during early adolescence. In J. Brooks-Gunn & A. C. Petersen (Eds.), *Girls at puberty: Biological and psychological perspective*. New York: Plenum.

Hilliard, L., & Liben, L. (2012, April). *No boys in ballet: Response to gender bias in mother-child conversations*. Paper presented at the Gender Development Research Conference, San Francisco.

Hines, M. (2011). Gender development and the human brain. *Annual Review of Neuroscience* (Vol. 34). Palo Alto, CA: Annual Reviews.

Hines, M. (2013). Sex and sex differences. In P. D. Zelazo (Ed.), *Handbook of developmental psychology*. New York: Oxford University Press.

Hinkley, T., Brown, H., Carson, V., & Teychenne, M. (2018). Cross sectional associations of screen time and outdoor play with social skills in preschool children. *PLoS One, 13* (4), [e0193700].

Hinshaw, S. P. (2001). Is the inattentive type of ADHD a separate disorder? Clinical Psychology: *Science of Practice, 8*, 498-501.

Hirsh-Pasek, K., & Golinkoff, R. M. (2014). Early language and literacy: Six principles. In S. Gilford (Ed.), *Head Start teacher's guide*. New York: Teacher's College Press.

HO, D. Y. E. (1986). Chinese patterns of socialization: A critical review. In M. H. Bond (Ed.), *The psychology of Chinese people*. New York: Oxford University Press.

Hoffman, L. W. (1979). Maternal employment: 1979. *American Psychologist, 34*, 859-865.

Hoffman, L. W. (1989). Effects of maternal employment in two-parent families. *American Psychologist, 44*, 283-293.

Hoffman, M. L. (1970). Moral development. In P. H. Mussen (Ed.), *Carmichael's manual of child psychology*. New York: John Wiley.

Hoffman, M. L. (1975). Altruistic behavior and the parent-child relationship. *Journal of Personality and Social Psychology, 31*, 937-943.

Hoffman, M. L. (1977). Moral internalization: Current theory and research. In L. Berkowitz (Ed.), *Advances in experimental social psychology* (Vol. 10). New York: Academic Press.

Hoffman, M. L. (1980). Moral development in adolescence,

In J. Adelson (Ed.), *Handbook of adolescent psychology*. New York: Wiley.

Hoffman, M. L. (1981). Is altruism part of human nature? *Journal of Personality and Social Psychology, 40,* 121-137.

Hoffman, M. L. (1987). The contribution of empathy to justice and moral judgment. In N. Eisenberg & J. Strayer (Eds.), *Empathy and its development*. Cambridge, UK: Cambridge University Press.

Hoffman, M. L. (1988). Moral development. In M. H. Bornstein & M. E. Lamb (Eds.), *Developmental psychology: An advanced textbook* (2nd ed.). Hillsdale, New Jersey: Erlbaum.

Hoffman, M. L. (2000). *Empathy and moral development: Implications for caring and justice*. Cambridge, UK: Cambridge University Press.

Hoffman, M. L. (2008). Empathy and prosocial behavior. In M. Lewis, J. M. Haviland-Jones, & L. F. Barrett (Eds.), *Handbook of emotions* (3rd ed.). New York, NY: Guilford.

Hoffman, M. L., & Saltzstein, H. D. (1967). Parent discipline and the child's moral development. *Journal of Personality and Social Psychology, 5,* 45-47.

Hohls, J. K., Wild, B., Heider, D., Brenner, H., Böhlen, F., Saum, K. U., Schöttker, B., Matschinger, H., Haefeli, W. E., König, H. H., & Hajek, A. (2019). Association of generalized anxiety symptoms and panic with health care costs in older age-Results from the ESTHER cohort study. *Journal of Affective Disorders, 245,* 978-986.

Holden, G. W., & Ritchie, R. L. (1991). Linking extreme marital discord, child rearing, and child behavior problems: Evidence from battered women. *Child Development, 62,* 311-327.

Holmberg, M. C. (1980). The development of social interchange patterns from 12 to 42 months. *Child Development, 51,* 448-456.

Homans, G. C. (1958). Social behavior and exchange. *American Journal of Sociology, 63,* 597-606.

Homans, G. C. (1961). *Social behavior: Its elementary forms*. New York: Harcourt Brace & World.

Hooker, K., Nesselroade, D. W., Nesselroade, J. R., & Lerner, R. M. (1987). The structure of intraindividual temperament in the context of mother-child dyads: P-technique factor analysis of short-term change. *Developmental Psychology, 23,* 332-346.

Horner, M. S. (1972). Toward an understanding of achievement motivation. *Journal of Social Issues, 28,* 156-176.

Howe, N., Ross, H. S., & Recchia, H. (2011). Sibling relations in early and middle childhood. In P. K. Smith & C. H. Hart (Eds.), *Wiley-Blackwell handbook of childhood social development* (2nd ed.). New York: Wiley.

Howell, D. C. (2014). *Fundamental statistics for the behavioral sciences* (8th ed.). Boston: Cengage.

Hower, J. T., & Edwards, K. J. (1979). The relationship between moral character and adolescent's perception of parental behavior. *Journal of Genetic Psychology, 135* (1), 23-32.

Howes, C. (1980). Peer play scale as an index of complexity of peer interaction. *Developmental Psychology, 16,* 371-372.

Hrdy, S. B., & Batten, M. (2007, June 18). Daddy dearest. *Time, 169,* 60-61.

Hull, J. G., & Young, R. D. (1983). Self-consciousness, self-esteem, and success-failure as determinants of alcohol consumption in male social drinkers. *Journal of Personality and Social Psychology, 44,* 1097-1109.

Hunter, J. E., & Hunter, R. F. (1984). Validity and utility of alternative predictors of job performance. *Psychological Bulletin, 96,* 72-98.

Hurlock, E. B. (1981). *Child development*. New Jersey: McGraw-Hill.

Huston, A. C., & Alvarez, M. M. (1990). The socialization

context of gender role development in early adolescence. In R. Montemayor, G. R. Adams, & T. P. Gullotta (Eds.), *From childhood to adolescence: A transitional period?.* Newbury Park, California: Sage.

Huston, A. C., Wright, J. C., Rice, M. L., Kerkman, D., & St. Peters, M. (1990). Development of television viewing patterns in early childhood: A longitudinal investigation. *Developmental Psychology, 26,* 409-420.

Hutt, C. (1972). *Males and females.* Baltimore: Penguin Books.

Hyde, J. S., & Else-Quest, N. (2013). Half the human experience (8th ed.). Boston: Cengage.

Isabella, R. A. (1993). Origins of attachment: Maternal interactive behavior across the first year of life. *Child Development, 63,* 859-866.

Isen, A. M. (1970). Success, failure, attention, and reaction to others: The warm glow of success. *Journal of Personality and Social Psychology, 15,* 294-301.

Isen, A. M., & Levin, P. F. (1972). Effect of feeling good on helping: Cookies and kindness. *Journal of Personality and Social Psychology, 21,* 384-388.

Isen, A. M., Clark, M., & Schwartz, M. F. (1976). Duration of the effect of good mood on helping: "Foot-prints on the sands of time." *Journal of Personality and Social Psychology, 34,* 385-393.

Isen, A. M., Horn, N., & Rosenhan, D. L. (1973). Effects of success and failure on children's generosity. *Journal of Personality and Social Psychology, 27,* 239-247.

Izard, C. E. (1971). *The face of emotion.* New York: Appleton-Century-Crofts.

Izard, C. E. (1991). *The psychology of emotions.* New York: Plenum.

Izard, C. E. (1994). Innate and universal facial expressions: Evidence from developmental and cross-cultural research. *Psychological Bulletin, 115,* 288-299.

Izard, C. E., Ackerman, B. P., Schoff, K. M., & Fine, S. E. (2000). Self-organization of discrete emotions, emotion patterns, and emotion-cognition relations. In M. Lewis & I. Granie (Eds.), *Emotion, development, and self-organization: Dynamic system approaches to emotional development* (pp. 15-36). New York, NY: Cambridge University Press.

Jacklin, C. N., & Maccoby, E. E. (1978). Social behavior at thirty-three months in same-sex dyads. *Child Development, 49,* 557-569.

Jackson, S. L. (2015). *Research methods* (3rd ed.). Boston: Cengage.

Jacobs, J. E., & Eccles, J. S. (1992). The impact of mothers' gender-role stereotypic beliefs on mothers' and children's ability perceptions. *Journal of Personality and Social Psychology, 63,* 932-944.

Jacobson, J. L. (1980). Cognitive determinants of wariness toward unfamiliar peers. *Developmental Psychology, 16,* 347-354.

Jacobson, J. L. (1981). The role of inanimate objects in early peer interaction. *Child Development, 52,* 618-626.

Jaenicke, C., Hammen, C., Zupan, B., Hiroteo, D., Gordon, D., Adrian, C., & Burge, D. (1987). Cognitive vulnerability in children at risk for depression. *Journal of Abnormal Child Psychology, 15,* 559-572.

Jaffari-Bimmel, N., Juffer, F., van IJzendoorn, M. H., Bakersmans-Kranenburg, M. J., & Mooijart, A. (2006). Social development from infancy to adolescence: Longitudinal and concurrent factors in an adoption sample. *Developmental Psychology, 42,* 1143-1153.

Jaffee, S., & Hyde, J. S. (2000). Gender differences in moral orientation: A meta-analysis. *Psychological Bulletin, 126,* 703-726.

Jiao, S., Ji, G., & Jing, Q. (1996). Cognitive development of Chinese urban only children and children with siblings. *Child Development, 67,* 387-395.

Johnson, N. (1967). *How to talk back to your television.*

Boston: Little, Brown.

Johnston, J., Ettema, J., & Davidson, T. (1980). *An evaluation of "Freestyle": A television series designed to reduce sex-role stereotypes*. Ann Arbor, MI: Institute for Social Research.

Jones, C. J., & Meredith, W. (1996). Patterns of personality change across the life span. *Psychology and Aging, 11*, 57-65.

Jones, E. E., & Davis, K. E. (1965). From acts to dispositions: The attribution process in person perception. In L. Berkowitz (Ed.), *Advances in experimental social psychology* (Vol. 2). New York: Academic Press.

Jones, E. E., Davis, K. E., & Gergen, K. J. (1961). Role playing variations and their informational value for person perception. *Journal of Abnormal and Social Psychology, 63*, 302-310.

Jones, J. H. (1981). *Bad blood: The Tuskegee syphilis experiment*. New York: Free Press.

Jones, W. H., Chernovetz, M. E., & Hansson, R. O. (1978). The enigma of androgyny: Differential implications for males and females? *Journal of Consulting and Clinical Psychology, 46*, 298-313.

Jonson-Reid, M., Kohl, P. L., & Drake, B. (2012). Child and adolescent outcomes of chronic child maltreatment. *Pediatrics, 129*, 839-845.

Jose, P. M. (1990). Just world reasoning in children's immanent justice arguments. *Child Development, 61*, 1024-1033.

Josselson, R. (1994). Identity and relatedness in the life cycle. In H. A. Bosma, T. L. G. Graafsma, H. D. Grotevant, & D. J. De Levita (Eds.), *Identity and development*. Newbury Park, California: Sage.

Joussemet, M., Koestner, R., Lekes, N., & Landry, R. (2005). A Longitudinal study of the relationship of maternal autonomy support to children's adjustment and achievement in school. *Journal of Personality, 73* (5), 1215-1236.

Juang, L. P., & Nguyen, H. H. (1997, April). *Autonomy and connectedness: Predictors of adjustment in Vietnamese adolescents*. Paper presented at the meeting of the Society for Research in Child Development, Washington, DC.

Jung, C. G. (1945). The relations between the ego and the unconscious (R. F. C. Hull, trans.). *The collected works of C. G. Jung* (Vol. VII). Two essays in analytic psychology. Princeton: Princeton University Press.

Jung, C. G. (1953). *The relations between the ego and unconscious*. In collected works (Vol. 7). Princeton: Princeton University Press(First German Edition, 1945).

Jussim, L., & Eccles, J. S. (1993). Teacher expectations II: Construction and reflection of student achievement. *Journal of Personality and Social Psychology, 63*, 947-961.

Kagan, J. (1971). *Change and continuity in infancy*. New York: John Wiley.

Kagan, J. (1972). Do infants think? *Scientific American, 226*, 74-82.

Kagan, J. (1976). Emergent themes in human development. *American Scientist, 64*, 186-196.

Kagan, J. (1989). Temperamental contributions to social behavior. *American Psychologist, 44*, 668-674.

Kagan, J. (1992). Behavior, biology, and the meanings of temperamental constructs. *Pediatrics, 90*, 510-513.

Kagan, J. (1994). *Galen's prophecy*. New York: Basic Books.

Kagan, J. (1997). Temperament and the reactions to unfamiliarity. *Child Development, 68*, 139-143.

Kagan, J. (1999). Temperament and reactions to unfamiliarity. In K. L. Freiberg (Ed.), *Annual editions: Human development 99/00* (27th ed., pp. 53-57). New York: McGraw-Hill.

Kagan, J. (2002). Bahavioral inhibition as a temperamental category. In R. J. Davidson, K. R. Scherer, & H. H.

Goldsmith (Eds.), *Handbook of affective sciences.* New York: Oxford University Press.

Kagan, J. (2008). Fear and wariness. In M. M. Haith & J. B. Benson (Eds.), *Encyclopedia of infant and early childhood development.* Oxford, UK: Elsevier.

Kagan, J. (2010). Emotions and temperament. In M. H. Bornstein (Ed.), *Handbook of cultural developmental science.* New York: Psychology Press.

Kagan, J. (2013). Temperamental contributions to inhibited and uninhibited profiles. In P. D. Zelazo (Ed.), *Oxford handbook of developmental psychology.* New York: Oxford University Press.

Kagan, J., & Moss, H. A. (1962). *Birth to maturity: A study in psychological development.* New York: John Wiley.

Kagan, J., Kearsley, R., & Zelazo, P. (1978). *Infancy.* Cambridge: Harvard University Press.

Kagan, J., Reznick, J. S., & Gibbons, J. (1989). Inhibited and uninhibited types of children. *Child Development, 60,* 838-845.

Kagan, J., Reznick, J. S., & Snidman, N. (1987). The physiology and psychology of behavioral inhibition. *Child Development, 58,* 1459-1473.

Kagan, J., Reznick, J. S., & Snidman, N. (1988). Biological bases of childhood shyness. *Science, 240,* 167-171.

Kagan, J., Snidman, N., & Arcus, D. (1993). On the temperamental categories of inhibited and uninhibited children. In K. H. Rubin & J. B. Asendorpf (Eds.), *Social withdrawal, inhibition, and shyness.* Hillsdale, NJ: Erlbaum.

Kagan, J., Reznick, J. S., Snidman. N., Gibbons, J., & Johnson, M. (1988). Childhood derivatives of inhibition and lack of inhibition to the unfamiliar. *Child Development, 59,* 1580-1589.

Kagan, J., Arcus, D., Snidman, N., Yufeng, W., Hendler, J., & Greene, S. (1994). Reactivity in infants: A cross-national comparison. *Developmental Psychology, 30,* 342-345.

Kagan, S., & Masden, M. C. (1971). Cooperation and competition of Mexican, Mexican-American, and Anglo-American children of two ages and four instructional sets. *Developmental Psychology, 5,* 32-39.

Kagan, S., & Masden, M. C. (1972). Rivalry in Anglo-American and Mexican children of two ages. *Journal of Personality and Social Psychology, 24,* 214-220.

Kahle, L. R. (1980). Stimulus condition self-selection by males in the interacting of locus of control and skill-chance situations. *Journal of Personality and Social Psychology, 38,* 50-56.

Kahn, M. (1966). The physiology of catharsis. *Journal of Personality and Social Psychology, 3,* 278-286.

Kantowitz, B. H., Roediger, H. L., & Elmes, D. G. (2015). *Experimental psychology* (10th ed.). Boston: Cengage.

Kaufmann, K. (1987). *Parental separation and divorce during the college years.* Unpublished doctoral dissertation, Harvard University.

Keenan, K., & Shaw, D. (1997). Developmental and social influences on young girls' early problem behavior. *Psychological Bulletin, 121,* 95-113.

Keith, P. M., & Schafer, R. B. (1991). *Relationship and well-being over the life stage.* New York: Praeger.

Keller, A., Ford, L. H., Jr., & Meachum, J. A. (1978). Dimensions of self-concept in preschool children. *Developmental Psychology, 14,* 483-489.

Keller, H. A., & Scholmerich, A. (1987). Infant vocalizations and parental reactions during the first four months of life. *Developmental Psychology, 23,* 62-67.

Kelley, H. H. (1967). Attribution theory in social psychology. In D. Levine (Ed.), *Nebraska symposium on motivation, 1967* (Vol. 15). Lincoln: University of Nebraska Press.

Kelley, H. H. (1971). *Attribution in social interaction.* Morristown, NJ: General Learning Press.

Kelly, J. R., Steinkamp, M. W., & Kelly, J. R. (1987). Later-life satisfaction: Does leisure contribute? *Leisure Sciences, 9* (3), 189-200.

Keltner, D. (1995). Signs of appeasement: Evidence for the distinct displays of embarrassment, amusement, and shame. *Journal of Personality and Social Psychology, 68*, 441-454.

Kempe, C. H., & Helfer, R. E. (Eds.). (1972). *Helpong the battered child and his family.* Philadelphia: J. B. Lippincott.

Kempe, C. H., Silverman, F. N., Steele, B. F., Droegemeuller, W., & Silver, H. K. (1962). The battered child syndrome. *Journal of the American Medical Association, 181,* 17.

Kennedy, R. E. (1991). Delinquency. In R. M. Lerner, A. C. Petersen, & J. Brooks-Gunn (Eds.), *Encyclopedia of adolescence* (Vol. 1). New York: Garland.

Kenney-Benson, G. A., Pomerantz, E. M., Ryan, A. M., & Patrick, H. (2006). Sex differences in math performance: The role of children's approach to schoolwork. *Developmental Psychology, 42,* 11-26.

Kenrick, D. T., Baumann, D. J., & Cialdini, R. B. (1979). A step in the socialization of altruism as hedonism: Effects of negative mood on children's generosity under public and private conditions. *Journal of Personality and Social Psychology, 37,* 747-755.

Kerr, M., Lambert, W. W., & Bem, D. J. (1996). Life course sequelae of childhood shyness in Sweden: comparison with the United States. *Developmental Psychology, 32,* 1100-1105.

Kerr, M., Lambert, W. W., Stattin, H., & Klackenberg-Larsson, I. (1994). Stability of inhibition in a Swedish longitudinal sample. *Child Development, 65,* 138-146.

Kim, E., Han, G., & McCubbin, M. A. (2007). Korean American maternal acceptance-rejection, acculturation, and children's social competence. *Family and Community Health, 30* (2), 33-45.

Kimble, G. A. (1961). *Hilgard and Marquis's conditioning and learning.* New York: Appleton-Century-Crofts.

Kinsey, A. C., Pomeroy, W. B., & Martin, C. E. (1948). *Sexual behavior in the human male.* Philadelphia: W. B. Saunders.

Kinsey, A. C., Pomeroy, W. B., Martin, C. E., & Gebhard, P. H. (1953). *Sexual behavior in the human female.* Philadelphia: W. B. Saunders.

Kirk, R. E. (2013). Experimental design. In I. B. Weiner & others (Eds.), *Handbook of psychology* (2nd ed., Vol. 2). New York: Wiley.

Kirpatrick, L., & Davis, K. (1994). Attachment style, gender, and relationship stability: A longitudinal analysis. *Journal of Personality and Social Psychology, 66,* 502-512.

Klein, J. D., Brown, J. D., Childers, K. W., Olivera, J., Porter, C., & Dykers, C. (1993). Adolesents' risky behavior and mass media use. *Pediatrics, 92,* 24-31.

Klinnert, M. D. (1984). The regulation of infant behavior by maternal facial expression. *Infant Behavior and Development, 7,* 447-465.

Knesek, G. E. (1992). Early versus regular retirement: Differences in measures of life satisfaction. *Journal of Gerontological Social Work, 19,* 3-34.

Knickmeyer, R., & Baron-Cohen, S. (2006, December). Fetal testosterone and sex differences. *Early Human Development, 82,* 755-760.

Kobak, R. R. (1992, March). *Autonomy as self-regulation: An attachment perspective.* Paper presented at the Society for Research on Adolescence, Washington, DC.

Kochanska, G. (1997). Multiple pathways to conscience for children with different temperaments: From toddlerhood to age 5. *Developmental Psychology, 33,*

228-240.

Kochanska, G., & Coy, K. C. (2002). Child emotionality and maternal responsiveness as predictors of reunion behaviors in the Strange Situation: Links mediated and unmediated by separation distress. *Child Development, 73*, 228-240.

Kochanska, G., & Radke-Yarrow, M. (1992). Inhibition in toddlerhood and dynamics of the child's interaction with and unfamiliar peer at age five. *Child Development, 63*, 325-335.

Kochanska, G., Murray, K., & Coy, K. C. (1997). Inhibitory control as a contributor to conscience in childhood: From toddler to early school age. *Child Development, 68*, 263-277.

Koffka, W. (1935). *Principles of Gestalt psychology.* New York: Harcout Brace.

Kohlberg, L. A. (1966). Cognitive developmental analysis of children's sex-role concepts and attitudes. In E. E. Maccoby (Ed.), *The development of sex differences.* Stanford, California: Stanford University Press.

Kohlberg, L. A. (1969). Stage and sequence: The cognitive-developmental approach to socialization. In D. A. Goslin (Ed.), *Handbook of socialization theory and research.* Chicago: Rand McNally.

Kohlberg, L. A. (1973). Continuities in childhood and adult moral development revisited. In P. Baltes & K. W. Schaie (Eds.), *Life-span developmental psychology: Personality and socialization.* New York: Academic.

Kohlberg, L. A. (1976). Moral stages and moralization: The cognitive development approach. In T. Likona (Ed.), *Moral development and behavior: Theory, research, and social issues.* New York: Holt, Rinehart, & Winston.

Kohlberg, L., & Ryncarz, R. A. (1990). Beyond justice reasoning: Moral development and consideration of a seventh stage. In C. N. Alexander & E. J. Langer (Eds.), *Higher stages of human development.* New York: Oxford University.

Kohlberg, L., Levine, C., & Hewer, A. (1983). *Moral stage: A current formulation and a response to critics.* Basel: Karger.

Köhler, W. (1961). Psychological remarks on some questions of anthropology. In M. Henle (Ed.), *Documents of Gestalt psychology.* Berkeley, CA: University of California Press.

Kopp, C. B. (1987). The growth of self regulation: Caregivers and children. In N. Eisenberg (Ed.), *Contemporary topics in developmental psychology.* New York: Wiley.

Kopp, C. B. (1989). Regulation of distress and negative emotions: A development view. *Developmental Psychology, 25*, 343-354.

Korn, S. J. (1984). Continuities and discontinuities in difficult/easy temperament: Infancy to young adulthood. *Merrill-Palmer Quarterly, 30*, 189-199.

Korte, C. (1980). Urban-nonurban differences in social behavior and social psychological models of urban impact. *Journal of Social Issues, 36*, 29-51.

Kostelnik, M. J., Soderman, A. K., Whiren, A. P., & Rupiper, M. (2015). *Developmentally appropriate curriculum* (6th ed.). Upper Saddle River, NJ: Pearson.

Kotre, J. (1984). *Outliving the self: Generativity and the interpretation of lives.* Baltimore: The Johns Hopkins University Press.

Krämer, M. D., & Rodgers, J. L. (2020). The impact of having children on domain-specific life-satisfaction: A quasi-experimental longitudinal investigation using the Socio-Economic Panel (SOEP) data. *Journal of Personality and Social Psychology, 119* (6), 1497-1514.

Kranz, A. M., Steiner, E. D., & Mitchell, J. M. (2022). School-based health services in Virginia and the COVID-19 pandemic. *Journal of School Health, 92*

(5), 436-444.

Krebs, D. L. (1970). Altrusim: An examination of the concept and a review of the literature. *Psychological Bulletin, 73*, 258-302.

Krisnana, I., Rachmawati, P. D., Arief, Y. S., Kurnia, I. D., Nastiti, A. A., Safitri, I. F. N., & Putri, A. T. K. (2019). Adolescent characteristics and parenting style as the determinant factors of bullying in Indonesia: A cross-sectional study. *International Journal of Adolescent Medicine and Health, 33* (5), [20190019].

Kroger, J. (2012). The status of identity developments in identity research. In P. K. Kerig, M. S. Schulz, & S. T. Hauser (Eds.), *Adolescence and beyond*. New York: Oxford University Press.

Krueger, N., Jr., & Dickson, P. R. (1994). How believing in ourselves increases risk taking: Perceived self-efficacy and opportunity. *Decision Science, 25*, 385-400.

Krystal, H. (1968). *Massive psychic trauma*. New York: International Universities Press.

Krystal, H. (1988). *Integration and self-healing: Affect, trauma, and alexithymia*. Hillsdale, NJ: Analytic Press.

Krystal, H., & Raskin, H. (1970). *Drug dependence*. Detroit, MI: Wayne State University Press.

Kubey, R., & Larson, R. (1990). The use and experience of the new video media among children and young adolescents. *Communication Research, 17* (1), 107-130.

Kuczynski, L., & Kochanska, G. (1990). Development of children's noncompliance strategies from toddlerhood to age 5. *Developmental Psychology, 26* (3), 398-408.

Kuhn, D., Nash, S. C., & Brucken, L. (1978). Sex role concepts of two and three-year-olds. *Child Development, 49*, 445-451.

Kupersmidt, J. B., & Coie, J. D. (1990). Preadolescent peer status, aggression, and school adjustment as predictors of externalizing problems in adolescence. *Child Development, 61*, 1350-1362.

Kurdek, L. A., & Fine, M. A. (1994). Family acceptance and family control as predictors of adjustment in young adolescence: Linear, curvilinear, or interactive effects? *Child Development, 65*, 1137-1146.

Kurtines, W. M., & Gewirtz, J. (Eds.). (1991). *Moral behavior and development: Advances in theory, research, and application*. Hillsdale, New Jersey: Erlbaum.

Labouvie-Vief, G., DeVoe, M., & Bulka, D. (1989). Speaking about feelings: conceptions of emotion across the life span. *Psychology and Aging, 4*, 425-437.

La Freniere, P., Strayer, F. F., & Gauthier, R. (1984). The emergence of same-sex affiliative preferences among preschool peers: A developmental ethological perspective. *Child Development, 55*, 1958-1965.

LaGasse, L. L., Gruber, C. P., & Lipsitt, L. P. (1989). The infantile expression of avidity in relation to later assessments of inhibition and attachment. In J. S. Reznick (Ed.), *Perspectives on behavioral inhibition*. Chicago: University of Chicago Press.

Lamb, M. E. (1977). The development of mother-infant and father-infant attachments in the second year of life. *Developmental Psychology, 13*, 637-648.

Lamb, M. E. (1979). Paternal influences and the father's role. *American Psychologist, 34*, 938-943.

Lamb, M. E. (Ed.). (1986). *The father's role: Applied perspectives*. New York: Wiley.

Lamb, M. E. (1988). Social and emotional development in infancy. In M. H. Bornstein & M. E. Lamb (Eds.), *Social, emotional, and personality development* (pp. 359-411). Hillsdale, NJ: Erlbaum.

Lamb, M. E., & Lewis, C. (2013). Father-child relationships. In C. S. Tamis-LeMonda & N. Cabrera (Eds.), *Handbook of father involvement* (2nd ed.). New York: Psychology Press.

Lamb, M. E., & Roopnarine, J. L. (1979). Peer influences on sex-role development in preschoolers. *Child Development, 50,* 1219-1222.

Lamborn, S. D., Mounts, N. S., Steinberg, L., & Dornbusch, S. M. (1991). Patterns of competence and adjustment among adolescents from authoritative, authoritarian, indulgent, and neglectful families. *Child Development, 62,* 1049-1065.

Langlois, J. H., Kalakanis, L., Rubenstein, A. J., Larson, A., Hallam, M., & Smoot, M. (2000). Maxims or myths of beauty: A meta-analytic and theoretical review. *Psychological Bulletin, 126,* 390-423.

Lansford, J. E. (2012). Divorce. In R. J. R. Levesque (Ed.), *Encyclopedia of adolescence.* New York: Springer.

Lansford, J. E. (2013). Single-and two-parent families. In J. Hattie & E. Anderman (Eds.), *International handbook of student achievement.* New York: Routledge.

Lapsley, D. K. (1993). *Moral psychology after Kohlberg.* Unpublished manuscript, Department of Psychology, Brandon University, Manitoba.

Lapsley, D. K. (1996). *Moral psychology.* Boulder, CO: Westview.

Lapsley, D. K., & Power, F. C. (Eds.). (1988). *Self, ego, and identity.* New York: Springer-Verlag.

Lapsly, D. K., Rice, K. G., & FitzGerald, D. P. (1990). Adolescent attachment, identity, and adjustment to college: Implications for the continuity of adaptation hypothesis. *journal of Counseling and Development, 68,* 561-565.

Laslett, A. M., Room, R., Dietze, P., & Ferris, J. (2012). Alcohol's involvement in recurrent child abuse and neglect cases. *Addiction, 107,* 1786-1793.

Latané B., & Darley, J. M. (1968). Group inhibition of bystander intervention. *Journal of Personality and Social Psychology, 10,* 215-221.

Latané B., & Rodin, J. A. (1969). Lady in distress: Inhibiting effects of friends and strangers on bystander intervention. *Journal of Experimental Social Psychology, 5,* 189-203.

Lavelli, M., & Fogel, A. (2005). Developmental changes in the relationship between the infant's attention to emotion during face-to-face communication: The 2-month transition. *Developmental Psychology, 41,* 265-280.

Lawrence, J. (1960). *A history of Russia.* New York: Farrar, Straus, & Cudahy.

Lazarus, R. S. (1991). *Emotion and adaptation.* New York: Oxford University Press.

Leaper, C. (2013). Gender development during childhood. In P. D. Zelazo (Ed.), *Oxford handbook of developmental psychology.* New York: Oxford University Press.

Leaper, C., & Bigler, R. S. (2011). Gender. In M. H. Underwood & L. H. Rosen (Eds.), *Social development.* New York: Guilford.

Leaper, C., & Bigler, R. S. (2018). Societal causes and consequences of gender typing of children's toys. In E. S. Weisgram & L. M. Dinella (Eds.), *Gender typing of children's play.* Washington, DC: APA Books.

LeBourgeois, M. K., Hale, L., Chang, A. M., Akacem, L. D., Montgomery-Downs, H. E., & Buxton, O. M. (2017). Digital media and sleep in childhood and adolescence. *Pediatrics, 140* (2), S92-S96.

Lee, C., & Bates, J. E. (1985). Mother–child interaction at the age of two years and perceived difficult temperament. *Child Development, 56,* 1314-1325.

Lee, L. C. (1992, August). *In search of universals: Whatever happened to race?.* Paper presented at the meeting of the American Psychological Association, Washington, DC.

Leedy, P. D., & Ormrod, J. E. (2013). *Practical research* (10th ed.). Upper Saddle River, NJ: Pearson.

Lei, T. (1994). Being and becoming moral in Chinese culture: Unigue or universal?. *Cross Cultural*

Research: The Journal of Comparative Social Science, 28, 59-91.

Leitner, M. J., & Leitner, S. F. (1985). *Leisure in later life.* Binghamton, NY: The Haworth Press.

LeMare, L. J., & Rubin, K. H. (1987). Perspective taking and peer interaction: Structural and developmental analysis. *Child Development, 58*, 306-315.

Lenhart, A. (2012). Teens, smartphones, and texting: Texting volume is up while the frequency of voice calling is down. Retrieved May 2, 2013, from http://pewinternet. org/~/medai/Files/Reorts/2012/PIP_Teen_Smartp hones_and-Texting.pdf

Lenhart, A., Purcell, K., Smith, A., & Zickuhr, K. (2010, February 3). *Social media and young adults.* Washington, DC: Pew Research Center.

Lent, R. W., & Hackett, G. (1987). Career self-efficacy: Empirical status and future directions. *Journal of Vocational Behavior, 30*, 347-382.

Lerner, R. M., Theokas, C., & Jelicic, H. (2005). Youth as active agents in their own positive development: A developmental systems perspective. In W. Greve, K. Rothermund, & D. Wentura (Eds.), *Adaptive self: Personal continuity and intentional self-development.* Ashland, OH: Hogrefe & Huber Publishers.

Lerner, R. M., & Von Eye., A. (1992). Sociobiology and human development: Arguments and evidence. *Human Development, 35*, 12-33.

Lester, B. M., Kotelchuck, M., Spelke, E., Sellers, M. J., & Klein, R. E. (1974). Separation protest in Guatemalan infants: Cross-cultural and cognitive findings. *Developmental Psychology, 10*, 79-85.

Lever-Duffy, J., & McDonald, J. (2018). *Teaching and learning with technology* (6th ed.). Upper Saddle River, NJ: Pearson.

Levin, J. A., Fox, J. A., & Forde, D. R. (2014). *Elementary statistics in social research* (12th ed.). Upper Saddle River, NJ: Pearson.

Levin, P. F., & Isen, A. M. (1975). Further studies on the effect of feeling good on helping. *Sociometry, 38*, 141-147.

Levine, R. V., Martinez, T. S. Brase, G., & Sorenson, K. (1994). Helping in 36 U.S. cities. *Journal of Personality and Social Psychology, 67*, 69-82.

Levinson, D. J. (1978). *The Seasons of a man's life.* New York: Knopf.

Levinson, D. J. (1980). Conceptions of the adult life course. In N. Smelser & E. H. Erikson. (Eds.), *Themes of work and love in adulthood.* Cambridge, MA: Harvard University Press.

Levinson, D. J. (1986). A conception of adult development. *American Psychologist, 41*, 3-13.

Levinson, D. J. (1996). *The seasons of a woman's life.* New York: Knopf.

Lewin, K. (1935). *A dynamic theory of personality.* New York: McGraw-Hill.

Lewin, K. (1938). The conceptual representation and measurement of psychological forces. *Contributions to psychological theory*, Vol. I, No. 4. Durham, NC.: Duke University Press.

Lewin, K. (1951). *Field theory in social science.* New York: Harper.

Lewis, M. (1998). Emotional competence and development, In D. Pushkar, W. M. Bukowski, A. E. Schwartzman, D. M. Stack, & D. R. White (Eds.), *Improving competence across the lifespan* (pp. 27-36). New York: Plenum.

Lewis, M. (2010). The emergence of consciousness and its role in human development. In W. F. Overton & R. M. Lerner (Eds.), *Handbook of lifespan development.* New York: Wiley.

Lewis, M. (2020). Selfhood. In B. Hopkins & others (Eds.), *Cambridge encyclopedia of child development.* New York: Cambridge University Press.

Lewis, J. P., & Allen, J. (2017). Alaska native elders in

recovery: Linkages between indigenous cultural generativity and sobriety to promote successful aging. *Journal of Cross-Cultural Gerontology, 32* (2), 209-222.

Lewis, M., & Brooks, J. (1978). Self-knowledge and emotional development. In M. Lewis & L. A. Rosenblum (Eds.), *The development of affect.* New York: Plenum.

Lewis, M., & Brooks-Gunn, J. (1979). *Social cognition and the acquisition of self.* New York: Plenum Press.

Lewis, M., Alessandri, S. M., & Sullivan, M. W. (1992). Differences in shame and pride as a function of children's gender and task difficulty. *Child Development, 63,* 630-638.

Lewis, M., Ramsey, D. S., & Kawakami, K. (1993). Differences between Japanese infants and Caucasian-American infants in behavioral and cortisol response to inoculation. *Child Development, 64,* 1722-1731.

Lewis, M., Stanger, C., & Sullivan, M. W. (1989). Deception in 3-year-olds. *Developmental Psychology, 25,* 439-443.

Liben, L. S., & Signorella, M. L. (1993). Gender schematic processing in children: The role of initial interpretations of stimuli. *Developmental Psychology, 29,* 141-149.

Liben, L. S., Bigler, R. S., & Hilliard, L. J. (2014). Gender development: From universality to individuality. In E. T. Gershoff, R. S. Mistry, & D. A. Crosby (Eds.), *Societal contexts of child development.* New York: Oxford University Press.

Licht, B. G., & Dweck, C. S. (1984). Determinants of academic achievement: The interaction of children's achievement orientations with skill area. *Developmental Psychology, 20,* 628-636.

Lieberman, A. F. (1977). Preschoolers' competence with a peer: Relations with attachment and peer experience. *Child Development, 48,* 1277-1287.

Liebert, R. M., Sprafkin, J. N., & Davidson, E. S. (1982). *The early window: Effects of television on children and youth* (2nd ed.). New York: Pergamon Press.

Lin, C. C., & Fu, V. R. (1990). A comparison of child rearing practices among Chinese, immigrant Chinese, and Caucasian-American parents. *Child Development, 61,* 429-433.

Lissak, G. (2018). Adverse physiological and psychological effects of screen time on children and adolescents: Literature review and case study. *Environmental Research, 164,* 149-157.

Lloyd, A. B., Lubans, D. R., Plotnikoff, R. C., Collins, C. E., & Morgan, P. J. (2014). Maternal and paternal parenting practices and their influence on children's adiposity, screen-time, diet, and physical activity. *Appetite, 79,* 149-157.

Lloyd, M. A. (1985). *Adolescence.* New York: Harper & Row.

Lo, C. K. M., Ho, F. K., Wong, R. S., Tung, K. T. S., Tso, W. W. Y., Ho, M. S. P., Chow, C. B., Chan, K. L., & Ip, P. (2019). Prevalence of child maltreatment and its association with parenting style: A population study in Hong Kong. *International Journal of Environmental Research and Public Health, 16* (7), [1130].

Locke, E. A., & Latham, G. P. (1990). *A theory of goal setting and task performance.* Englewood Cliffs, NJ: Prentice-Hall.

Loeber, R., & Stouthamer-Loeber, M. (1998). Development of juvenile aggression and violence: Some common misconceptions and controversies. *American Psychologist, 53,* 242-259.

Londerville, S., & Main, M. (1981). Security of attachment, compliance, and maternal training methods in the second year of life. *Developmental Psychology, 17,* 289-299.

Loprinzi, P. D. (2015). Dose-response association

of moderate-to-vigorous physical activity with cardiovascular biomarkers and all-cause mortality: Considerations by individual sports, exercise and recreational physical activities. *Preventive Medicine, 81*, 73-77.

Lorenz, K. (1966). *On aggression* (M. Wilson, Trans.). New York: Harcourt, Brace, & World.

Lovaas, O. I. (1973). *Behavioral treatment of autistic children.* University programs modular studies. Morristown, NJ: General Learning Press.

Lowenthal, M. F., Thurnhur, M., & Chiriboga, D. (1976). *Four stages of life.* San Francisco: Jossay-Bass Publishers.

Ludemann, P. M. (1991). Generalized discrimination of positive facial expressions by seven-and ten-month-old infants. *Child Development, 62*, 55-67.

Ludemann, P. M., & Nelson, C. A. (1988). Categorical representation of facial expressions by 7-month-old infants. *Developmental Psychology, 24*, 492-501.

Luminet, O., Bagby, R. M., Wagner, H., Taylor, G. J., & Parker, J. D. A. (1999). The relationship between alexithymia and the five factor model of personality: A facet level analysis. *Journal of Personality Assessment, 73*, 345-358.

Lundby, E. (2013).'You can't buy friends, but...' Children's perception of consumption and friendship. *Young Consumers, 14*, 360-374.

Lyle, J., & Hoffman, H. R. (1972). Children's use of television and other media. In E. H. Rubenstein, G. A. Comstock, & J. P. Murray (Eds.), *Television in day-to-day life: Patterns of use.* Washington, DC: U.S. Government Printing Office.

Lyytinen, P. (1995). Cross-situational variation on children's pretend play. *Early Child Development and Care, 105*, 35-41.

Ma, F., Heyman, G. D., Jing, C., Fu, Y., Compton, B. J., Xu, F., & Lee, K. (2018). Promoting honesty in young children through observational learning. *Journal of Experimental Child Psychology, 167*, 234-245.

Maccoby, E. E. (1959). The generality of moral behavior. *American Psychologist, 14*, 358.

Maccoby, E. E. (1980). *Social development: Psychological growth and the parent-child relationship.* San Diego: Harcourt Brace Jovanovich.

Maccoby, E. E. (1991, April). *Discussant, symposium on the development of gender and relationships.* Symposium presented at the biennial meeting of the Society for Research in Child Development, Seattle, Washington.

Maccoby, E. E., & Jacklin, C. N. (1974). *The psychology of sex differences.* Stanford, CA: Stanford University Press.

Maccoby, E. E., & Jacklin, C. N. (1980). Sex differences in aggression: A rejoinder and reprise. *Child Development, 51*, 964-980.

Main, M., & Solomon, J. (1986). Discovery of an insecure-disorganized/disoriented attachment pattern. In T. B. Brazelton & M. W. Yogman (Eds.), *Affective development in infancy* (pp. 95-124). Norwood, NJ: Ablex.

Main, M., & Solomon, J. (1990). Procedure for identifying infants as disorganized/disoriented during the Ainsworth Strange Situation. In M. Greenberg, D. Cicchetti, & M. Cummings (Eds.), *Attachment in the preschool years: Theory, research, and intervention* (pp. 121-160). Chicago: University of Chicago Press.

Main, M., & Weston, D. R. (1981). The quality of the toddler's relationship to mother and to father: Related to conflict behavior and the readiness to establish new relationship. *Child Development, 52*, 932-940.

Malatesta, C. Z. (1985). Developmental course of emotion expression in the human infant. In G. Zivin (Ed.), *The development of expressive behavior: Biology-environment interactions.* Orlando, FL: Academic

Press.

Malatesta, C. Z., & Haviland, J. M. (1982). Learning display rules: The socialization of emotion expression in infancy. *Child Development, 53*, 991-1003.

Malatesta, C. Z., Culver, C., Tesman, J. R., & Shepard, B. (1989). The development of emotion expression during the first two years of life. *Monographs of the Society for Research in Child Development, 54*, 1-103.

Maloy, R. W., Verock-O'Loughlin, R-E., Edwards, S. A., & Woolf, B. P. (2014). *Transforming learning with new technologies* (2nd ed.). Upper Saddle River, NJ: Pearson.

Maloy, R. W., Verock, R. A., Edwards, S. A., & Trust, T. (2021). *Transforming learning with new technologies* (4th ed.). Upper Saddle River, NJ: Pearson.

Mandler, G. (1975). *Mind and emotion*. New York: Wiley.

Mangelsdorf, S. C., Shapiro, J. R., & Marzolf, D. (1995). Developmental and temperamental differences in emotion regulation in infancy. *Child Development, 66*, 1817-1828.

Marcia, J. (1980). Identity in adolescence. In J. Adelson (Ed.), *Handbook of adolescent psychology*. New York: Wiley.

Marcia, J. (1989). Identity and intervention. *Journal of Adolescence, 12*, 401-410.

Marcia, J. (1991). Identity and self-development. In R. M. Lerner, A. C. Petersen, & J. Brooks-Gunn (Eds.), *Encyclopedia of adolescence* (Vol. 1). New York: Garland.

Marcia, J. (1994). The empirical study of ego identity. In H. A. Bosma, T. L. G. Graafsma, H. D. Grotevant, & D. J. De Levita (Eds.), *Identity and development*. Newbury Park, CA: Sage.

Marcia, J. (1996). *Unpublished review of Adolescence* (7th ed.). By J. W. Santrock. Dubuque, IA: Brown & Benchmark.

Marcia, J. (2002). *Identity and psychosocial development in adulthood. Identity: An International Journal of Theory and Research, 2*, 7-28.

Marcia, J., & Carpendale, J. (2004). Identity: Does thinking make it so? In C. Lightfoot, C. Lalonde, & M. Chandler (Eds.), *Changing conceptions of psychological life*. Mahwah, NJ: Erlbaum.

Markus, H., & Cross, S. (1990). The interpersonal self. In L. Pervin (Ed.), *Handbook of personality: Theory and research*. New York: Guilford.

Markus, H., & Nurius, P. (1986). Possible selves. *American Psychologist, 41*, 954-969.

Marmorstein, N. R., & Shiner, R. L. (1996, March). *The family environments of depressed adolescents*. Paper presented at the meeting of the Society for Research on Adolescence, Boston.

Marsh, H. W. (1989). Age and sex effects in multiple dimensions of self-concept: Preadolescence to early adulthood. *Journal of Educational Psychology, 81*, 417-430.

Marsh, H. W. (1990). The structure of academic self-concept: The Marsh/Shavelson model. *Journal of Educational Psychology, 82*, 623-636.

Marsh, H. W., & Cheng, J. H. (2012). Physical self-concept. *Measurement in Sport and Exercise Psychology*, 215-226.

Martin, B. (1975). Parent-child relations. In F. D. Horowitz (Ed.), *Review of child development research* (Vol. 4). Chicago: University of Chicago Press.

Martin, C. L., & Halverson, C. F., Jr. (1983). The effects of sex-typing schemas on young children's memory. *Child Development, 54*, 563-574.

Martin, R. P., Wisenbaker, J., & Huttunen, M. (1994). Review of factor analytic studies of temperament measures based on the Thomas-Chess structural model: Implications for the Big Five. In C. F.

Halverson, Jr., G. A. Kohnstamm, & R. P. Martin (Eds.), *The developing structure of temperament and personality from infancy to adulthood* (pp. 157-172). Hillsdale, NJ: Erlbaum.

Martino, S. C., Collins, R. L., Elliott, M. N., Strachman, A., Kanouse, D. E., & Berry, S. H. (2006). Exposure to degrading versus nondegrading music lyrics and sexual behavior among youth. *Pediatrics, 118* (2), e430-e431.

Mash, C., Bornstein, M. H., & Arterberry, M. E. (2013). Brain dynamics in young infants' recognition of faces: EEG oscillatory activity in response to mother and stranger. *Neuroreport: For Rapid Communication of Neuroscience Research, 24*, 359-363.

Maslow, A. H. (1965). A theory of human motivation. In D. E. Hamachek (Ed.), *The self in growth, teaching, and learning.* New Jersey: Prentice-Hall.

Maslow, A. H. (1970). *Motivation and personality* (2nd ed.). New York: Harper & Row.

Maslow, A. H. (1971). *The farther reaches of human nature.* New York: Viking Press.

Mason, J. O. (1993). The dimensions of an epidemic of violence. *Public Health Reports, 108*, 1-4.

Massad, C. M. (1981). Sex role identity and adjustment during adolescence. *Child Development, 52*, 1290-1298.

Matas, L., Arend, R. A., & Sroufe, L. A. (1978). Continuity of adaptation in the second year: The relationship between quality of attachment and later competence. *Child Development, 49*, 547-556.

Matheny, A. P., Jr. (1986). Stability and change of infant temperament: Contributions from infant, mother, and family environment. In G. Kohnstamm (Ed.), *Temperament discussed.* Berwyn, PA: Swets North America.

Mathews, G., Fane, B., Conway, G., Brook, C., & Hines, M (2009). Personality and congenital adrenal

hyperplasia: Possible effects of prenatal androgen exposure. *Hormones and Behavior, 55*, 285-291.

Matlin, M. W. (2012). *The psychology of women* (7th ed.). Belmont, CA: Wadsworth.

Matthews, K. A., Batson, C. D., Horn, J., & Rosenman, R. H. (1981). "Principles in his nature which interest him in the fortune of others....": The heritability of empathic concern. *Journal of Personality, 49*, 237-247.

Mayer, J. D. (1986). How mood influences cognition. In N. E. Sharkey (Ed.), *Advances in cognitive science* (pp. 290-314). Chichester, West Sussex, UK: Ellis Horwood.

Mayer, J. D., & Hanson, E. (1995). Mood-congruent judgment over time. *Personality and Social Psychology Bulletin, 21*, 237-244.

Mayer, J. D., Gaschke, Y., Braverman, D. L., & Evans, T. (1992). Mood-congruent judgment is a general effect. *Journal of Personality and Social Psychology, 63*, 119-132.

McAdams, D. P. (1992). The five-factor model in personality: A critical appraisal. *Journal of Personality, 60*, 329-361.

McClelland, D. C. (1961). *The achieving society.* New York: Free Press.

McClelland, D. C., Atkinson, J. W., Clark, R. A., & Lowell, E. L. (1953). *The achievement motive.* New York: Appleton-Century-Crofts.

McCombs, A., & Forehand, R. (1989, Winter). Adolescent school performance following parental divorce: Are there family factors that can enhance success?. *Adolescence, 24* (96), 871-880.

McCoy, M. L., & Keen, S. M. (2014). *Child abuse and neglect* (2nd ed.). New York: Psychology Press.

McCrae, R. R., & Costa, P. T., Jr. (1984). *Emerging lives, enduring dispostions.* Boston: Little, Brown.

McCrae, R. R., Costa, P. T., Jr., & Busch, C. M. (1986).

Evaluating comprehensiveness in personality system: The California Q-set and the five factor model. *Journal of Personality, 54*, 430-446.

McDavid, J. W., & Harari, H. (1974). *Psychology and social behavior.* New York: Harper & Row.

McDougall, J. (1989). *Theaters of the body: A psychoanalytic approach to psychosomatic illness.* New York: Norton.

McHale, S. M., & Crouter, A. C. (2003). How do children exert an impact on family life. In A. C. Crouter & A. Booth (Eds.), *Children's influence on family dynamics: The neglected side of family relationships* (pp. 207-220). Mahwah, NJ: Erlbaum.

McHale, S. M., Updegraff, K. A., & Whiteman, S. D. (2013). Sibling relationships. In G. W. Peterson & K. R. Bush (Eds.), *Handbook of marriage and family* (3rd ed.). New York: Springer.

McHale, S. M., Kim, J., Whiteman, S., & Crouter, A. C. (2004). Links between sex-typed time use in middle childhood and gender development in early adolescence. *Developmental Psychology, 40*, 868-881.

McHale, S. M., Updegraff, K. A., Jackson-Newsom, J., Tucker, C. J., & Crouter, A. C. (2000). When does parents' differential treatment have negative implications for siblings. *Social Development, 9*, 149-172.

McLoyd, V. C. (1998). Socioeconomic disadvantage and child development. *American Psychologist, 53*, 185-204.

McLoyd, V. C., Cauce, A. M., Takeuchi, D., & Wilson, L. (1992). Marital processes and parental socialization in families of color: A decade review of research. *Journal of Marriage and the Families, 62* (4), 1070-1093.

McMillan, L. (1990). Grandchildren, chocolate, and flowers. *Australian Journal of Ageing, 9* (4), 13-17.

McTavish, J. R., Gonzalez, A., Santesso, N., MacGregor, J. C. D., McKee, C., & MacMillan, H. L. (2020). Identifying children exposed to maltreatment: A systematic review update. *BMC Pediatrics, 20* (1), [113].

Mead, G. H. (1934). *Mind, self, and society.* Chicago: University of Chicago Press.

Mead, M. (1935). *Sex and temperament in three primitive societies.* New York: William Morrow.

Mead, M. (1968). *Male and female.* New York: Dell.

Mebert, C. J. (1989). Stability and change in parents' perceptions of infant temperament: Early pregnancy to 13.5 months postpartum. *Infant Behavior and Development, 2*, 237-244.

Mebert, C. J. (1991). Dimensions of subjectivity in parents' ratings of infant temperament. *Child Development, 62*, 352-361.

Meichenbaum, D., Turk, D., & Burstein, S. (1975). The nature of coping with stress. In I. Sarason & C. D. Spielberger (Eds.), *Stress and anxiety* (Vol. 1). Washington, DC: Hemisphere Publishing.

Meilman, P. W. (1979). Cross-sectional age changes in ego identity status during adolescence. *Developmental Psychology, 15*, 230-231.

Meland, E., Breidablik, H. J., & Thuen, F. (2020). Divorce and conversational difficulties with parents: Impact on adolescent health and self-esteem. *Scandinavian Journal of Public Health, 48* (7), 743-751.

Melby, L. C. (1995). *Teacher efficacy and classroom management: A study of teacher cognition, emotion, and strategy usage associated with externalizing student behavior.* Unpublished Doctoral Dissertation. University of California at Los Angeles.

Merali, N. (2002). Perceived versus actual parent-adolescent assimilation disparity among hispanic refugee families. *International Journal for the Advancement of Counselling, 24* (1), 57-68.

Mesch, G. S. (2012). Technology and youth. *New Directions in Youth Development, 135*, 97-105.

Milgram, S. (1970). The experience of living in cities. *Science, 167*, 1461-1468.

Milgram, S. (1974). *Obedience to authority: An experimental view*. New York: Harper and Row.

Milich, R., Carlson, C. L., Pelham, W. E., & Licht, B. (1991). Effects of methylphenidate on the persistence of ADHD boys following failure experiences. *Journal of Abnormal Child Psychology, 19*, 519-536.

Miller, A. L., Lo, S. L., Bauer, K. W., & Fredericks, E. M. (2020). Developmentally informed behaviour change techniques to enhance self-regulation in a health promotion context: A conceptual review. *Health Psychology Review, 14* (1), 116-131.

Miller, J. G., & Bland, C. G. (2014). A cultural perspective on moral development. In M. Killen & J. G. Smetana (Eds.), *Handbook of moral development* (2nd ed.). New York: Psychology Press.

Miller, K. E. (1990). Adolescents' same sex and opposite sex peer relations: Sex differences in popularity, perceived social competence, and social cognitive skills. *Journal of Adolescent Research, 5*, 222-241.

Miller, N. E. (1941). The frustration-aggression hypothesis. *Psychological Review, 48*, 337-342.

Miller, N. E., & Dollard, J. (1941). *Social learning and imitation*. New Heaven: Yale University Press.

Miller, P. H., & Aloise, P. A. (1989). Young children's understanding of the psychological causes of behavior: A review. *Child Development, 60*, 257-285.

Miller, P. H., & Sperry, L. (1987). The socialization of anger and aggression. *Merrill-Plamer Quarterly, 33*, 1-31.

Minor, C. A., & Neel, R. G. (1958). The relationship between achievement motive and occupational preference. *Journal of Counseling Psychology, 5*, 39-43.

Mischel, W. (1970). Sex typing and socialization. In P. H. Mussen (Ed.), *Carmichael's manual of child psychology* (Vol. 2). New York: Wiley.

Mischel, W. (1986). *Introduction to personality* (4th ed.), New York: Holt, Rinehart, & Winston.

Mischel, W., & Ebbesen, E. B. (1970). Attention in delay of gratification. *Journal of Personality and Social Psychology, 16*, 329-337.

Mitsven, S., Messinger, D. S., Moffitt, J., & Ahn, Y. A. (2020). Infant emotional development. In J. J. Lockman & C. TamisLeMonda (Eds.), *Cambridge handbook of infant development*. New York: Cambridge University Press.

Moen, P. (1992). *Women's two roles: A contemporary dilemma*. New York: Auburn House.

Moffitt, T. E. (1990). Juvenile deliquency and attention deficit disorder: Boys' developmental trajectories from age 3 to age 15. *Child Development, 61*, 893-910.

Moieni, M., Seeman, T. E., Robles, T. F., Lieberman, M. D., Okimoto, S., Lengacher, C., Irwin, M. R., & Eisenberger, N. I. (2021). Generativity and social well-being in older women: Expectations regarding aging matter. *Journals of Gerontology B: Psychological Sciences and Social Sciences, 76* (2), 289-294.

Montague, A. (1973). Man and aggression. Second Edition. London: Oxford University Press.

Montemayor, R., & Eisen, M. (1977). The development of self-conceptions from childhood to adolescence. *Developmental Psychology, 13*, 314-319.

Moore, B. S., Underwood, B., & Rosenhan, D. L. (1973). Affect and altruism. *Developmental Psychology, 8*, 99-104.

Moorehead, A. (1958). *The Russian revolution*. New York: Harper.

Morgan, G. A., & Ricciuti, H. N. (1969). Infants' responses to strangers during the first year. In B. M. Foss (Ed.), *Determinants of infant behavior, IV*. London:

Methuen.

Morrison, M. M., & Shaffer, D. R. (2003). Gender-role congruence and self-referencing as determinants of advertising effectiveness. *Sex Roles, 49,* 265-275.

Moshman, D. (2011). *Adolescent rationality and development: Cognition, morality, and identity* (3rd ed.). New York: Psychology Press.

Moskowitz, D., Schwarz, J., & Corsini, D. (1977). Initiating day care at three years of age: Effects on attachment. *Child Development, 48,* 1271-1276.

Moss, H. A. (1967). Sex, age, and state as determinants of mother-infant interaction. *Merrill-Palmer Quarterly, 13,* 19-36.

Mouchanow, M. (1918). *My empress: Twenty-three years of intimate life with the empress of all the Russias from her marriage to the day of her exile.* New York: John Lane.

Mueller, E., & Brenner, J. (1977). The origins of social skills and interaction playgroup toddlers. *Child Development, 48,* 854-861.

Mueller, E., & Lucas, T. A (1975). developmental analysis of peer interaction among toddlers. In M. Lewis & L. A. Rosenblum (Eds.), *Friendship and peer relations.* New York: John Wiley.

Mufson, L., Moreau, D., Weissman, M. M., & Klerman, G. L. (1993). *Interpersonal psychotherapy for depressed adolescents.* NY: Guilford Press.

Mullola, S., Ravaja, N., Lipsanen, J., Alatupa, S., Hintsanen, M., Jokela, M., & Keltikangas-Jarvinen, L. (2012). Gender differences in teachers' perceptions of students' temperament, educational competence, and teachability. *British Journal of Educational Psychology, 82, (Pt 2),* 185-206.

Mumme, D. L., Fernald, A., & Herrera, C. (1996). Infants' responses to facial and vocal emotional signals in a social referencing paradigm. *Child Development, 67,* 3219-3237.

Munro, G., & Adams, G. R. (1977). Ego identity formulation in college students and working youth. *Developmental Psychology, 13* (57), 523-524.

Murray, H. (1938). *Explorations in personality.* New York: Oxford University Press.

Muuss, R. E. (1988). *Theories of adolescence* (5th ed.). New York: Random House.

Neiman, L. J., & Hughes, J. W. (1951). The problem of the concept of role–A resurvey of the literature. *Social Forces, 30,* 141-149.

Neisser, U., Boodoo, G., Bouchard, T. J., Boykin, A. W., Brody, N., Ceci, S. J., Halpern, D. F., Loehlin, J. C., Perloff, R., Sternberg, R. J., & Urbina, S. (1996). Intelligence: Knowns and unknowns. *American Psychologist, 51,* 77-101.

Nelson, S. D. (1974). Nature/nurture revisited I: A review of the biological bases on conflict. *Journal of Conflict Resolution, 18,* 285-335.

Nelson-LeGall, S. (1985). Motive-outcome matching and outcome foreseeability. Effects on attribution of intentionality and moral judgments. *Developmental Psychology, 21,* 332-337.

Nelson-LeGall, S., & Jones, E. (1990). Cognitive-motivational influences on the task-related help-seeking behavior of Black children. *Child Development, 61,* 581-589.

Nemiah, J. C., & Sifneos, F. E. (1970). Affect and fantasy in patients with psychosomatic disorders. In O. W. Hill (Ed.), *Modern trends in psychosomatic medicine* (Vol, 2, pp. 26-34). London: Butterworth.

Neugarten, B. L., & Neugarten, D. A. (1987, May). The changing meanings of age. *Psychology Today,* 29-33.

Neulinger, J. (1981). *The psychology of leisure.* Springfield, IL: Charles Thomas.

Neuman, W. L. (2020). *Social science research methods* (8th ed.). Upper Saddle River, NJ: Pearson

Newcomb, A. F., Brady, J. E., & Hartup, W. W. (1979).

Friendship and incentive condition as determinants of children's task-oriented social behavior. *Child Development, 50*, 878-881.

Newcombe, N. (1996). *Child development: Change over time* (8th ed.). Harper Collins College Publishers.

Newman, D. L., Caspi, A., Moffitt, T. E., & Silva, P. A. (1997). Antecedents of adult interpersonal functioning: Effects of individual differences in age 3 temperament. *Developmental Psychology, 33*, 206-217.

Ngantcha, M., Janssen, E., Godeau, E., Ehlinger, V., LeNezet, O., Beck, F., & Spilka, S. (2018). Revisiting factors associated with screen time media use: A structural study among school-aged adolescents. *Journal of Physical Activity and Health, 15* (6), 448-456.

Nicholls, J. G., & Miller, A. T. (1984). Reasoning about the ability of self and others: A developmental study. *Child Development, 55*, 1990-1999.

Nisan, M. (1987). Moral norms and social conventions: A cross-cultural comparison. *Developmental Psychology, 23*, 719-725.

Nock, S. L., & Kingston, P. W. (1988). Time with children: The impact of couples' worktime commitment. *Social Forces, 67*, 59-85.

Nolen-Hoeksema, S., Girgus, J. S., & Seligman, M. E. (1992). Predictors and consequences of childhood depressive symptoms: A five-year longitudinal study. *Journal of Abnormal Psychology, 101*, 405-422.

Norman, J., & Harris, M. W. (1981). *The private life of the American teenager.* New York: Rawson, Wade.

Nucci, L. P., & Nucci, M. S. (1982). Children's social interactions in the context of moral and conventional transgressions. *Child Development, 53*, 403-412.

Nucci, P., & Turiel, E. (1978). Social interactions and development of social concepts in preschool children. *Child Development, 49*, 400-407.

O'Heron, C. A., & Orlofsky, J. L. (1990). Stereotypic and nonstereotypic sex role trait and behavior orientations, gender identity, and psychological adjustment. *Journal of Personality and Social Psychology, 58*, 134-143.

O'Keefe, G. S., Clarke-Pearson, K., & Council on Communications and Media. (2011). The impact of social media on children, adolescents, and families. *Pediatrics, 127* (4), 800-804.

O'Malley, P., & Bachman, J. (1983). Self-esteem: Change and stability between ages 13 and 23. *Developmental Psychology, 19*, 257-268.

Obsuth, I., Murray, A. L., Folco, S. D., Ribeaud, D., & Eisner, M. (2020). Patterns of homotypic and heterotypic continuity between ADHD symptoms, externalising and internalising problems from age 7 to 15. *Journal of Abnormal Child Psychology, 48* (2), 223-236.

Offer, D., Ostrov, E., & Marohn, R. C. (1972). *The Psychological world of the juvenile delinquent.* New York: Basic Books.

Ogletree, S. M., Martinez, C. N., Turner, T. R., & Mason, B. (2004). Pokeman: Exploring the role of gender. *Sex Roles, 50*, 851-859.

Olejnik, A. B., & McKinney, J. P. (1973). Parental value orientation and generosity in children. *Developmental Psychology, 8*, 311.

Olweus, D. (1977). Aggression and peer acceptance in adolescent boys: Two short-term longitudinal studies of ratings. *Child Development, 48*, 1301-1313.

Olweus, D. (1979). Stability of aggressive reaction patterns in males: A review. *Psychological Bulletin, 86*, 852-875.

Olweus, D. (1980). Familial and temperamental determinants of aggressive behavior in adolescent boys: A causal analysis. *Developmental Psychology, 16*, 644-660.

Olweus, D. (1993). *Bullying at school: What we know*

and what we can do. Oxford, England: Blackwell.

Olweus, D. (2013). School bullying: Development and some important challenges. *Annual Review of Clinical Psychology, 9,* 751-780.

Otten, C. A., Penner, L. A., & Waugh, G. (1988). That's what friends are for: The determinants of psychological helping. *Journal of Social and Clinical Psychology, 7,* 34-41.

Ozonoff, S., Young, G. S., Carter, A., Messinger, D., Yirmiya, N., Zwaigenbaum, L., Bryson, S., Carver, L. J., Constantino, J. N., Dobkins, K., Hutman, T., Iverson, J. M., Landa, R., Rogers, S. J., Sigman, M., & Stone, W. L. (2011). Recurrence risk for autism spectrum disorders: A Baby Siblings Research Consortium Study. *Pediatrics, 128* (3), 488-495.

Ozudogru, G. (2021). Problems faced in distance education during COVID-19 pandemic. *Participatory Educational Journal, 8,* 321-333.

Pajares, F., & Miller, M. D. (1994). Role of self-efficacy and self-concept beliefs in mathematical problem solving: A path analysis. *Journal of Educational Psychology, 86* (2), 193-203.

Pallini, S., Baiocco, R., Schneider, B. H., Madigan, S., & Atkinson, L. (2014). Early child-parent attachment and peer relations: A meta-analysis of recent research. *Journal of Family Psychology, 28,* 118-123.

Papalia, D. E., Olds, S. W., & Feldman, R. D. (1989). *Human development.* New York: McGraw-Hill.

Papini, D. R., Micka, J. C., & Barnett, J. K. (1989). Perceptions of intrapsychic and extrapsychic funding as bases of adolescent ego identity status. *Journal of Adolescent Research, 4,* 462-482.

Park, Y. S., & Kim, U. (1999). The educational challenge of Korea in the global era: The role of family, school, and government. *Education Journal, 27* (1), 91-120. Special Issue: Conference on restructuring the knowledge base of education in Asia.

Parke, R. D. (1977). Some effects of punishment on children's behavior-revisited. In E. M. Hetherington & R. D. Parke (Eds.), *Contemporary reading in child psychology.* New York: McGraw-Hill.

Parke, R. D. (1978). Perspectives on father-infant interaction. In J. D. Osofsky (Ed.), *Handbook of infancy.* New York: John Wiley.

Parke, R. D. (1990). In search of fathers: A narrative of an empirical journey. In I. Sigel & G. Brody (Eds.), *Methods of family research* (Vol. 1). Hillsdale, NJ: Erlbaum.

Parke, R. D. (1996). *New fatherhood.* Cambridge, MA: Harvard University Press.

Parke, R. D., & Buriel, R. (2006). Socialization in the family: Ethic and ecological perspectives. In W. Damon & R. Lerner (Eds.), *Handbook of child psychology* (6th ed.). New York: Wiley.

Parke, R. D., & Clarke-Steward, A. (2011). *Social development.* New York: Wiley

Parke, R. D., & Slaby, R. G. (1983). The development of aggression. In P. H. Mussen (Ed.), *Handbook of child psychology. Vol. 4: Socialization, personality, and social development.* New York: Wiley.

Parke, R. D., Leidy, M. S., Schofield, T. J., Miller, M. A., & Morris, K. L. (2008). Socialization. In M. M. Haith & J. B. Benson (Eds.), *Encyclopedia of infant and early childhood development.* Oxford, UK: Elsevier.

Parker, J. G., & Asher, S. R. (1987). Peer relations and later personal adjustment. *Psychological Bulletin, 102,* 357-389.

Parker, J. D. A., Taylor, G. J., & Bagby, R. M. (1998). Alexithymia: Relationship with ego defense and coping styles. *Comprehensive Psychiatry, 39,* 91-98.

Parsons, T., & Bales, R. F. (1955). *Family, socialization, and interaction process.* New York: Free Press.

Parten, M. (1932). Social play among preschool children. *Journal of Abnormal and Social Psychology, 27,*

243-269.

Patterson, C. J., Kupersmidt, J. B., & Vaden, N. A. (1990). Income level, gender, ethnicity, and household composition as predictors of children's school-based competence. *Child Development, 61*, 485-494.

Patterson, G. R. (1976). The aggressive child: Victim and architect of a coercive system. In L. A. Hamerlynck, L. C. Handy, & E. J. Mash (Eds.), *Behavior modification and families. I. Theory and research*. New York: Brunner-Mazel.

Patterson, G. R. (1982). *Coercive family processes*. Eugene, OR: Castilia Press.

Patterson, G. R. (1986). The contribution of siblings to training for fighting: A microsocial analysis. In D. Olweus, J. Block, & M. Radke-Yarrow (Eds.), *Development of antisocial and prosocial behavior*. Orlando, FL: Academic Press.

Patterson, G. R., & Reid, J. B. (1970). Reciprocity and coercion: Two facets of social systems. In C. Neuringer & J. L. Michael (Eds.), *Behavior modification in clinical psychology*. New York: Appleton-Century-Crofts.

Patterson, G. R., & Stouthamer-Loeber, M. (1984). The correlation of family management practices and delinquency. *Child Development, 55*, 1299-1307.

Patterson, G. R., DeBaryshe, B. D., & Ramsey, E. (1989). A developmental perspective on antisocial behavior. *American Psychologist, 44*, 329-335.

Patterson, G. R., Reid, J. B., & Dishion, T. (1992). *Antisocial boys*. Eugene, OR: Castalia Publishing.

Patterson, S, J., Söchting, I., & Marcia, J. E. (1992). The inner space and beyond: Women and identity. In G. R. Adams, T. P. Gullotta, & R. Montemayor (Eds.), *Adolescent identity formation*. Newbury Park, California: Sage.

Paul, A. M. (1999). Do parents really matter? Kid stuff. In K. L. Freiberg (Ed.), *Annual editions: Human development 99/100* (27th ed., pp. 128-130). New York: McGraw-Hill.

Paul, P. (2001, September). Getting inside Gen Y. *American Demographics, 23* (9), 42-49.

Paulhus, D. L. (2008). Birth order. In M. M. Haith & J. B. Benson (Eds.), *Encyclopedia of infant and early childhood development*. Oxford, UK: Elsevier.

Paulhus, D. L., & Shaffer, D. R. (1981). Sex differences in the impact of number of younger and number of older siblings on scholastic aptitude. *Social Psychology Quarterly, 44*, 363-368.

Paulson, F. L. (1974). Teaching cooperation on television: An evaluation of Sesame Street's social goals and programs. *AV Communication Review, 22*, 229-246.

Peck, R. C. (1968). Psychological developments in the second half of life. In B. L. Neugarten (Ed.), *Middle age and aging*. Chicago: University of Chicago Press.

Pederson, D. R., Gleason, K. E., Moran, G., & Bento, S. (1998). Maternal attachment representations, maternal sensitivity, and the infant-mother attachment relationship. *Developmental Psychology, 34*, 925-933.

Perlmutter, B. F. (1987). Delinquency and learning disabilities: Evidence for compensatory behaviors and adaptation. *Journal of Youth and Adolescence, 16*, 89-95.

Perry, D. G., & Bussey, K. (1977). Self-reinforcement in high-and low-aggressive boys following acts of aggression. *Child Development, 48*, 653-658.

Perry, D. G., & Bussey, K. (1979). The social learning theory of sex differences: Imitation is alive and well. *Journal of Personality and Social Psychology, 37*, 1699-1712.

Perry, D. G., & Bussey, K. (1984). Social development. New Jersey: Prentice-Hall.

Perry, D. G., & Parke, R. D. (1975). Punishment and alternative response training as determinants of response inhibition in children. *Genetic Psychology*

Monographs, 91, 257-279.

Perry, D. G., & Perry, L. C. (1974). Denial of suffering in the victim as a stimulus to violence in aggressive boys. *Child Development, 45*, 55-62.

Perry, D. G., Bussey, K., & Freiberg, K. (1981). Impact of adult's appeals for sharing on the development of altruistic dispositions in children. *Journal of Experimental Child Psychology, 32*, 127-138.

Perry, D. G., Perry, L. C., Bussey, K., English, D., & Arnold, G. (1980). Processes of attribution and children's self-punishment following misbehavior. *Child Development, 51*, 545-551.

Perry, N. B., Nelson, J. A., Swingler, M. M., Leerkes, E. M., Calkins, S. D., Marcovitch, S., & O'Brien, M. (2013). *Early cardiac vagal regulation predicts the trajectory of externalizing behaviors across the preschool periods*. Unpublished manuscript, University of North Carolina-Greensboro.

Peterson, C., Maier, S. F., & Seligman, M. E. P. (1993). *Learned helplessness: A theory for age of personal control*. New York: Oxford University Press.

Phelps, E. A., & LeDoux, J. E. (2000) Emotional networks in the brain. In M. Lewis & J. M. Haviland-Jones (Eds.), *Handbook of emotions* (2nd ed.). New York: Guilford.

Phillips, D. (1984). The illusion of incompetence among academically competent children. *Child Development, 55*, 2000-2016.

Piaget, J. (1932). *The moral judgment of the child*. New York: Harcourt Brace Jovanovich.

Piaget, J. (1952). *The origins of intelligence in children*. New York: International Universities Press.

Piaget, J. (1962). *Play, dreams, and imitation in childhood*. New York: Norton.

Piaget, J. (1965). *The moral judgment of the child*. New York: Free Press. (Original work published 1932).

Piaget, J. (1983). Piaget's theory. In P. H. Mussen (Ed.), *Handbook of child psychology* (Vol. 1, pp. 294-356). New York: Wiley.

Pickens, J., & Field, T. (1993). Facial expressivity in infants of depressed mothers. *Developmental Psychology, 29*, 986-988.

Picherot, G., Cheymol, J., Assathiany, R., Barthet-Derrien, M. S., Bidet-Emeriau, M., Blocquaux, S., Carbajal, R., Caron, F. M., Gerard, O., Hinterman, M., Houde, O., Jollivet, C., Heuzey, M. F. L., Mielle, A., Ogrizek, M., Rocher, B., Samson, B., Ronziere, V., & Foucaud, P. (2018). Children and screens: Groupe de Pédiatrie Générale (Société française de pédiatrie) guidelines for pediatricians and families. *Archives de Pédiatrie, 25* (2), 170-174.

Piliavin, I. M., Piliavin, J. A., & Rodin, J. (1975). Costs, diffusion, and the stigmatized victim. *Journal of Personality and Social Psychology, 32*, 429-438.

Piliavin, J. A., Dovidio, J. F., Gaertner, S., & Clark, R. D. III. (1981). *Emergency intervention*. New York: Academic Press.

Pinquart, M. (2017). Associations of parenting dimensions and styles with externalizing problems of children and adolescents: An updated meta-analysis. *Developmental Psychology, 53*, 873-932.

Pintrich, P. R., & Schunk, D. H. (2002). *Motivation in education* (2nd ed.). Boston: Allyn & Bacon.

Pleck, J. H. (1985). *Working wives/working husbands*. Beverly Hills, CA: Sage.

Pleck, J. H. (1987). American fathering in historical perspective. In M. Kimmel (Ed.), *Changing men: New directions in research on men and masculinity* (pp. 83-95). Beverly Hills, CA: Sage.

Plomin, R., Emde, R. N., Braungart, J. M., Campos, J., Corley, R., Fulker, D. W., Kagan, J., Reznick, J. S., Robinson, J., Zahn-Waxler, C., & DeFries, J. C. (1993). Genetic change and continuity from fourteen to twenty months: The MacArthur Longitudinal Twin

Study. *Child Development, 64*, 1354-1376.

Poehlmann, J., & Fiese, B. H. (2001). The interaction of maternal and infant vulnerabilities on developing attachment relationships. *Development and Psychopathology, 13*, 1-11.

Pomerantz, E. M., & Ruble, D. N. (1997). Distinguishing multiple dimensions and conceptions of ability: Implications for self-evaluation. *Child Development, 68*, 1165-1180.

Porges, S. W. (2003). Social engagement and attachment: A phylogenetic perspective. *Annals of the New York Academy of Sciences 1008*, 31-47.

Porges, S. W. (2004). Neuroception: A subconscious system for detecting threat and safety. *Zero to Three: Bulletin of the National Center for Clinical Infant Programs, 24* (5), 19-24.

Porter, B., & O'Leary, K. D. (1980). Marital discord and childhood behavior problems. *Journal of Abnormal Child Psychology, 8*, 287-295.

Portnoy, F. C., & Simmons, C. H. (1978). Day care and attachment. *Child Development, 49*, 239-242.

Potthast, N., Neuner, F., & Catani, C. (2014). The contribution of emotional maltreatment to alcohol dependence in a treatment-seeking sample. *Addictive Behaviors, 39* (5), 949-958.

Poulain, T., Peschel, T., Vogel, M., Jurkutat, A., & Kiess, W. (2018). Cross-sectional and longitudinal associations of screen time and physical activity with school performance at different types of secondary school. *BMC Public Health, 18* (1), 563.

Pratt, M. W., Golding, G., & Hunter, W. J. (1983). Aging as ripening: Character and consistency of moral judgment in young, mature, and older adult. *Human Development, 26*, 277-288.

Pratt, M. W., Golding, G., & Kerig, P. (1987). Lifespan differences in adult thinking about hypothetical and personal moral issues: Reflection or regression?. *International Journal of Behavioral Development, 10*, 359-375.

Pratt, M. W., Golding, G., Hunter, W. J., & Norris, J. (1988). From inquiry to judgment: Age and sex differences in patterns of adult moral thinking and information-seeking. *International Journal of Aging and Human Development, 27*, 109-124.

Prinz, R. J., Sanders, M. R., Shapiro, C. J., Witaker, D. J., & Lutzker, J. R. (2009). Population-based prevention of child maltreatment: The U.S. Triple P System Population Trial. *Prevention Science, 10*, 1-2.

Pueschel, S. M., Scola, P. S., & Weidenman, L. E., & Bernier, J. C. (1995). *The special child*. Baltimore: Paul H. Brookes.

Quanty, M. B. (1976). Aggression catharsis: Experimental investigations and implications. In R. C. Geen & E. C. O'Neal (Eds.), *Perspectives on aggression*. New York: Academic Press.

Quay, H. C. (1987). Intelligence. In H. C. Quay (Ed.), *Handbook of juvenile delinquency*. New York: Wiley.

Raby, K. L., Roisman, G. I., Labella, M. H., Martin, J., Fraley, R. C., & Simpson, J. A. (2018). The legacy of early abuse and neglect for social and academic competence from childhood to adulthood. *Child Development, 90* (5), 1684-1701.

Radke-Yarrow, M., Zahn-Waxler, C., & Chapman, M. (1983). Children's prosocial dispositions and behavior. In E. M. Hetherington (Ed.), *Handbook of child psychology. Vol. 4: Socialization, personality, and social development*. New York: Wiley.

Ragozin, A. (1980). Attachment behavior of day-care children: Naturalistic and laboratory observations. *Child Development, 51*, 409-415.

Raloff, J. (1997). And music videos their image. *Science News, 152*, 111.

Raynor, J. O. (1970). Relationships between achievementrelated motives, future orientation, and academic performance. *Journal of Personality and Social Psychology, 15,* 28-33.

Reardon, B., & Griffing, P. (1983, Spring). Factors related to the self-concept of institutionalized, white, male adolescent drug abusers. *Adolescence, 18,* 29-41.

Redford, L., Corral, S., Bradley, C., & Fisher, H. L. (2013). The prevalence and impact of child maltreatment and other types of victimization in the UK: Findings from a population survey of caregivers, children, and young people and young adults. *Child Abuse and Neglect, 37,* 801-813.

Rehman, S. N., & Reilly, S. S. (1985). Music videos: A new dimension of televised violence. *Pennsylvania Speech Communication Annual, 41,* 61-64.

Reiss, I. L. (1980). *Family systems in America* (3rd ed.). New York: Holt, Rinehart, & Winston.

Repacholi, B. M. (1998). Infants' use of attentional cues to identify the referent of another person's emotional expression. *Developmental Psychology, 34,* 1017-1025.

Reznick, J. S. (2013). Research design and methods: Toward a cumulative developmental science. In P. D. Zelazo (Ed.), *Oxford handbook of developmental psychology.* New York: Oxford University Press.

Reznick, J. S., Gibbons, J. L., Johnson, M. O., & McDonough, P. M. (1989). Behavioral inhibition in a normative sample. In J. S. Reznick (Ed.), *Perspectives on behavioral inhibition.* Chicago: University of Chicago Press.

Reznick, J. S., Kagan, J., Snidman, N., Gersten, M., Baak, K., & Rosenberg, A. (1986). Inhibited and uninhibited behavior: A follow-up study. *Child Development, 51,* 660-680.

Ricciuti, H. (1974). Fear and development of social attachments in the first year of life. In M. Lewis & L. A. Rosenblum (Eds.), *The origins of human behavior: Fear.* New York: John Wiley.

Ricciuti, H. N., & Breitmayer, B. J. (1988). Observational assessments of infant temperament in the natural setting of the newborn nursery: Stability and relationship to perinatal status. *Merrill-Palmer Quarterly, 34,* 281-299.

Rice, M. L., Huston, A. C., Truglio, R., & Wright, J. (1990). Words from "Sesame Street": Learning vocabulary while viewing. *Developmental Psychology, 26,* 421-428.

Rideout, V., Foehr, U. G., & Roberts, D. P. (2010). *Generation M2: Media in the lives of 8-to 18-year-olds.* Menlo Park, CA: Kaiser Family Foundation.

Riese, M. L. (1987). Temperament stability between the neonatal period and 24 months. *Developmental Psychology, 23,* 216-222.

Roberts, P., & Newton, P. W. (1987). Levinsonian studies of women's adult development. *Psychology and Aging, 2,* 154-164.

Robertson, J. F., & Simons, R. L. (1989). Family factors, self-esteem, and adolescent depression. *Journal of Marriage and the Family, 51,* 125-138.

Robinson, N. S. (1995). Evaluating the nature of perceived support and its relation to perceived self-worth in adolescents. *Journal of Research on Adolescence, 5,* 253-280.

Rogers, C. A. (1987). *Questions of gender differences: Ego development and moral voice in adolescence.* Unpublished manuscript, Department of Education, Harvard University.

Rogers, C. R. (1974). In retrospect: Forty-six years. *American Psychologist, 29,* 115-123.

Roosa, M. W. (1988). The effect of age in the transition to parenthood: Are delayed childbearers a unique group? *Family Relations, 37,* 322-327.

Rosen, B. C., & D'Andrade, R. (1959). The psychological origins of achievement motivation. *Sociometry, 22,* 185-218.

Rosen, W. D., Adamson, L. B., & Bakeman, R. (1992). An experimental investigation of infant social referencing: Mothers' messages and gender differences. *Developmental Psychology, 28*, 1172-1178.

Rosenhan, D. L., Salovey, P., & Hargis, K. (1981). The joys of helping: Focus of attention mediates the impact of positive affect on altruism. *Journal of Personality and Social Psychology, 40*, 899-905.

Rosenhan, D. L., Underwood, B., & Moore, B. (1974). Affect mediates self-gratification and altruism. *Journal of Personality and Social Psychology, 30*, 546-552.

Ross, A. H., & Juarez, C. A. (2014). A brief history of fatal child maltreatment and neglect. *Forensic Science, Medicine, and Pathology, 10* (3), 413-422.

Ross, A. O. (1979). *Psychological disorders of children: A behavioral approach to theory, research, and therapy* (2nd ed.). New York: McGraw-Hill.

Ross, N. D., Kaminski, P. L., & Herrington, R. (2019). From childhood emotional maltreatment to depressive symptoms in adulthood: The roles of self-compassion and shame. *Child Abuse and Neglect, 92*, 32-42.

Rothbart, M. K. (1971). Birth order and mother-child interaction in an achievement situation. *Journal of Personality and Social Psychology, 17*, 113-120.

Rothbart, M. K. (1989). Temperament in childhood: A framework. In G. A. Kohnstamm, J. E. Bates, & M. K. Rothbart (Eds.), *Temperament in childhood*. New York: Wiley.

Rothbart, M. K. (2011). *Becoming who we are*. New York: Guilford.

Rothbart, M. K., Ahadi, S. A., & Hershey, K. L. (1994). Temperament and social behavior in childhood. *Merrill-Palmer Quarterly, 40*, 21-39.

Rothbart, M. K., Derryberry, D., & Posner, M. I. (1994). A psychobiological approach to the development of temperament. In J. E. Bates & T. D. Wachs (Eds.), *Temperament: Individual differences at the interface of biology and behavior* (pp. 83-116). Washington, DC: American Psychological Association.

Rothbart, M. K., Posner, M. I., & Hershey, K. L. (1995). Temperament, attention, and developmental psychopathology. In D. Cicchetti & D. J. Cohen (Eds.), *Manual of developmental psychopathology* (Vol. 1). New York: Wiley.

Rubenstein, J., & Howes, C. (1976). The effects of peers on toddler interaction with mother and toys. *Child Development, 47*, 597-605.

Rubenstein, J., & Howes, C. (1979). Caregiving and infant behavior in day care and in homes. *Developmental Psychology, 15*, 1-24.

Rubin, K. H., & Asendorpf, J. B. (Eds.). (1993). *Social withdrawal, inhibition, and shyness in childhood*. Hillsdale, NJ: Erlbaum.

Rubin, K. H., & Krasnor, L. (1980). Changes in the play behaviors of preschoolers: A short-term longitudinal investigation. *Canadian Journal of Behavioral Science, 12*, 278-282.

Rubin, K. H., Bukowski, W. M., & Bowker, J. (2015). Children in peer groups. In R. M. Lerner (Ed.), *Handbook of child psychology and developmental science* (7th ed.). New York: McGraw-Hill.

Rubin, K. H., Bukowski, W., & Parker, J. G. (1998). Peer interactions, relationships, and groups. In W. Damon & N. Eisenberg (Eds.), *Handbook of child psychology* (Vol. 3, pp. 619-700). New York: John Wiley & Sons.

Rubin, K. H., Bowker, J. C., McDonald, K. L., & Menzer, M. (2013). Peer relationships in childhood. In P. D. Zelazo (Ed.), *Oxford handbook of developmental psychology*. New York: Oxford University Press.

Rubin, K. H., Burgess, K. B., Dwyer, K. M., & Hastings, P. D. (2003). Predicting preschoolers' externalizing behaviors from toddler temperament, conflict, and maternal negativity. *Developmental Psychology, 39*, 164-176.

Ruble, D. N., Parsons, J. E., & Ross, J. (1976). Self-evaluative response of children in an achievement setting. *Child Development, 47*, 990-997.

Rule, B. G. (1974). The hostile and instrumental functions of human aggression. In W. W. Hartup & J. de Wit (Eds.), *Determinants and origins of aggressive behaviors*. The Hague: Mouton.

Rushton, J. P. (1980). *Altruism, socialization, and society*. Englewood Cliffs, NJ: Prentice-Hall.

Rushton, J. P. (1989). Genetic similarity, human altruism, and group selection. *Behavioral and Brain Sciences, 12*, 503-559.

Rutherford, E., & Mussen, P. H. (1968). Generosity in nursery school boys. *Child Development, 39*, 755-765.

Rutter, M. (1968). Concept of autism: A review of research. *Journal of Child Psychology and Psychiatry, 9*, 1-25.

Rutter, M. (1986). The developmental psychopathology of depression: Issues and perspectives. In M. Rutter, C. Izard, & P. Read (Eds.), *Depression in young people: Developmental and clinical perspectives*. New York: Guilford Press.

Rutter, M. (1997). Antisocial behavior: Developmental psychopathology perspectives. In D. Stoff, J. Breiling, & J. Maser (Eds.), *Handbook of antisocial behavior*. New York: Wiley.

Rutter, M., & Giller, H. (1984). *Juvenile delinquency: Trends and perspectives*. NY: Guilford.

Saarni, C., Mumme, D., & Campos, J. (1998). Emotional development: Action, communication, and understanding. In W. Damon (Series Ed.) and N. Eisenberg (Vol. Ed.), *Handbook of child psychology: Vol. 3. Social, emotional, and personality development* (5th ed., pp. 237-309). New York: Wiley.

Sahakian, W. S. (1974). *Systematic social psychology*. New York: Intext.

Salkind, N. J. (1985). *Theories of human development*. New York: John Wiley & Sons.

Salovey, P., & Birnbaum, D. (1989). The influence of mood on health-relevant cognitions. *Journal of Personality and Social Psychology, 57*, 539-551.

Salovey, P., & Mayer, J. D. (1989/1990). Emotional intelligence. *Imagination, Cognition, and Personality, 9*, 185-211.

Salovey, P., Bedell, B. T., Detweiler, J. B., & Mayer, J. D. (2000). Current directions in emotional intelligence research. In M. Lewis & J. M. Haviland-Jones (Eds.), *Handbook of emotions* (2nd ed., pp. 504-520). New York: Guilford Press.

Saltz, E., Dixon, D., & Johnson, J. (1977). Training disadvantaged preschoolers on various fantasy activities: Effects on cognitive functioning and impulse control. *Child Development, 48*, 367-380.

Salzinger, S., Feldman, R. S., Hammer, M., & Rosario, M. (1993). The effects of physical abuse on children's social relationships. *Child Development, 64*, 169-187.

Sancilio, M. F. M., Plumert, J. M., & Hartup, W. W. (1989). Friendship and aggressiveness as determinants of conflict outcomes in middle childhood. *Developmental Psychology, 25*, 812-819.

Sanders, E. (2008). Medical art and play therapy with accident survivors. In C. A. Malchiodi (Ed.), *Creative interventions with traumatized children*. New York: Guilford.

Sanson, A., Hemphill, S. A., & Smart, D. (2004). Connections between temperament and social development: A review. *Social Development, 13*, 142-170.

Sanson, A., Prior, M., & Kyrios, M. (1990). Contamination of measures in temperament research. *Merrill-Palmer Quarterly, 36*, 179-192.

Sanson, A. V., Pedlow, R., Cann, W., Prior, M., & Oberklaid, F. (1996). Shyness ratings: Stability and correlates in early childhood. *International Journal of Behavioural Development, 19*, 705-724.

Santrock, J. W. (1975). Moral structure: Interrelations of moral judgment, affect, and behavior. *Journal of Genetic Psychology, 127*, 201-213.

Santrock, J. W. (1981). *Adolescence: An introduction.* Dubuque, Iowa: Wm. C. Brown Company Publishers.

Santrock, J. W. (1998). *Adolescence* (7th ed.). New York: McGraw-Hill.

Sarason, I., & Spielberger, C. D. (Eds.). (1975). *Stress and anxiety.* Washington, DC: Hemisphere.

Saudino, K. J., & Eaton, W. O. (1991). Infant temperament and genetics: An objective twin study of motor activity level. *Child Development, 62*, 1167-1174.

Sbarra, D. A., Bourassa, K. J., & Manvelian, A. (2019). Martial separation and divorce: Correlates and consequences. In B. H. Fiese (Ed.), *APA handbook of contemporary family psychology, Vol. 2-Applications and broad impact of family psychology.* Washington, DC: APA Books.

Schachter, F. F. (1981). Toddlers with employed mothers. *Child Development, 52*, 958-964.

Schaffer, C. E. (1993). *The role of adult attachment in the experience and regulation of affect.* Unpublished doctoral dissertation. Yale University, New Haven, CT.

Schaffer, H. R. (1966). The onset of fear of stranger and the incongruity hypothesis. *Journal of Child Psychology and Psychiatry, 7*, 95-106.

Schaffer, H. R. (1971). *The growth of sociability.* Baltimore: Penguin Books.

Schaffer, H. R., & Emerson, P. E. (1964). The development of social attachments in infancy. *Monographs of the Society for Research in Child Development, 29* (3, Serial No. 94), 1-77.

Schaie, K. W. (2012). *Developmental influences on adult intellectual development: The Seattle Longitudinal Study.* New York: Oxford University Press.

Schaie, K. W. (2013). *Developmental influences on adult intelligence: The Seattle Longitudinal Study* (2nd ed.). New York: Oxford University Press.

Schaie, K. W. (2016). Theoretical perspectives for the psychology of aging in a lifespan context. In K. W. Schaie & S. L. Willis (Eds.). *Handbook of the psychology of aging* (8th ed.) New York: Elsevier.

Schaie, K. W., & Willis, S. L. (2010). The Seattle Longitudinal Study of adult cognitive development. *International Society for the Study of Behavioral Development, 57* (1), 24-29.

Schaller, M., & Cialdini, R. B. (1988). The economics of empathic helping: Support for a mood management motive. *Journal of Experimental Social Psychology, 24*, 163-181.

Scheier, M. F., & Carver, C. S. (1992). Effects of optimism on psychological and physical well-being: Theoretical overview and empirical update. *Cognitive Therapy and Research, 16*, 201-228.

Schickendanz, J. A., Schickendanz, D. I., Forsyth, P. D., & Forsyth, G. A. (1998). *Understanding children and adolescence* (3rd ed.). MA: Allyn & Bacon.

Schiff, E., & Koopman, E. J. (1978). The relationship of women's sex role identity to self-esteem and ego development. *Journal of Psychology, 98*, 299-305.

Schiffrin, H. H., Liss, M., Miles-McLean, H., Geary, C. A., Erchull, M. J., & Tashner, T. (2014). Helping or hovering? The effects of helicopter parenting on college students' well-being. *Journal of Child and Family Studies, 23*, 548-557.

Schilling, S., & Christian, C. W. (2014). Child physical abuse and neglect. *Child and Adolescent Clinics of North America, 23*, 309-319.

Schmidt, L. A., & Fox, N. A. (1998). The development and outcomes of childhood shyness: A multiple psychophysiologic measure approach. In R. Vasta (Ed.), *Annals of child development* (Vol. 13). London: Kingsley.

Schubert, J. B., Bradley-Johnson, S., & Nuttal, J. (1980). Mother-infant communication and maternal employment. *Child Development, 51*, 246-249.

Schunk, D. H. (2001). Social cognitive theory and self-regulated learning. In B. J. Zimmerman & D. H. Schunk (Eds.), *Self-regulated learning and academic achievement* (2nd ed.). Mahwah, NJ: Erlbaum.

Schunk, D. H. (2004). *Learning theories* (4th ed.). Upper Saddle River, NJ: Prentice-Hall.

Schunk, D. H. (2012). *Learning theories: An educational perspective* (6th ed.). Upper Saddle River, NJ: Prentice Hall.

Schunk, D. H. (2020). *Learning theories: An educational perspective* (8th ed.). Upper Saddle River, NJ: Prentice Hall.

Schutte, N. S., Malouff, J. M., Post-Gorden, J. C., & Rodasta, A. L. (1988). Effects of playing video games on children's aggressive and other behaviors. *Journal of Applied Social Psychology, 18*, 454-460.

Schutte, N. S., Malouff, J. M., Hall, L. E., Haggerty, D. J., Cooper, J. T., Golden, C. J., & Dornheim, L. (1998). Development and validation of a measure of emotional intelligence. *Personality and Individual Differences, 25*, 167-177.

Schwab, D. P., Olian-Gottlieb, J. D., & Heneman, H. G. (1979). Between-subjects expectancy theory research: A statistical review of studies predicting effort and performance. *Psychological Bulletin, 86*, 139-147.

Schwartz, S. H., Feldman, K. A., Brown, M. E., & Heingartner, A. (1969). Some personality correlates of conduct in two situations of moral conflict. *Journal of Personality, 37*, 41-57.

Schwartz, D., Kelly, B. M., & Duong, M. T. (2013). Do academically-engaged adolescents experience social sanctions from the peer group? *Journal of Youth and Adolescence, 42* (9), 1319-1330.

Scott, J. P. (1992). Aggression: Functions and control in social systems. *Aggressive Behavior, 18*, 1-20.

Sears, R. R. (1958). Personality development in the family. In J. M. Seidman (Ed.), *The child*. New York: Holt, Rinehart, & Winston.

Sears, R. R. (1963). Dependency motivation. In M. Jones (Ed.), *Nebraska Symposium on Motivation* (Vol. 11). Lincoln: University of Nebraska Press.

Sears, R. R. (1972). Attachment, dependency, and frustration. In Gewirtz (Ed.), *Attachment and dependency*. Washington, DC: Winston.

Sears, R. R., Maccoby, E. E., & Levin, H. (1957). *Patterns of child rearing*. New York: Harper & Row.

Sears, R. R., Rau, L., & Alpert, R. (1965). *Identification and child rearing*. Stanford, CA: Stanford University Press.

Seifer, R., & Schiller, M. (1995). The role of parenting sensitivity, infant temperament, and dyadic interaction in attachment theory and assessment. *Monographs of the Society for Research in Child Development, 60* (2-3, Serial No. 244), 146-174.

Seligman, M. E. P. (1988, October). Baby boomer blues. *Psychology Today*, p. 54.

Seligman, M. E. P. (1989). *Why is there so much depression today?*. In the G. Stanley Hall Lecture Series. Washington, DC: American psychological Association.

Selman, R. (1980). *The growth of interpersonal understanding*. New York: Academic Press.

Shaffer, D. R. (1988). *Social and personality development* (2nd ed.). Brooks/Cole Publishing Company.

Shaffer, D. R. (1993). *Developmental psychology: Childhood and adolescence* (3rd ed.). Pacific Grove, CA: Brooks/Cole.

Shaffer, D. R. (1994). *Social and personality development* (3rd ed.). Brooks/Cole Publishing Company.

Shaffer, D. R. (1999). *Developmental psychology: Childhood and adolescence* (5th ed.). Pacific Grove, CA: Brooks/ Cole.

Shaffer, D. R. (2000). *Social and personality development* (4th ed.). Wadsworth.

Shaffer, D. R. (2009). *Social and personality development* (6th ed.). Wadsworth.

Shanahan, L., McHale, S. M., Crouter, A. C., & Osgood, D. W. (2007). Warmth with mothers and fathers from middle childhood to late adolescence: Within and between family comparisons. *Developmental Psychology, 43*, 551-563.

Shantz, C. U. (1987). Conflicts between children. *Child Development, 58*, 283-305.

Shantz, D. W. (1986). Conflict, aggression, and peer status: An observational study. *Child Development, 57*, 1322-1332.

Sharp, E. H., Coatsworth, J. D., Darling, N., Cumsille, P., & Ranieri, S. (2007). Gender differences in the self-defining activities and identity experiences of adolescents and emerging adults. *Journal of Adolescence, 30*, 251-269.

Sharp, F. C. (1928). *Ethics*. New York: Century.

Shaw, D. S., Gilliom, M., Ingoldsby, E. M., & Nagin, D. S. (2003). Trajectories leading to school-age conduct problems. *Developmental Psychology, 39*, 189-200.

Shaw, M. E., & Costanzo, P. R. (1970). *Theories in social psychology*. New York: McGraw-Hill.

Sheeber, L., Hops, H., Andrews, J. A., & Davis, B. (1997, April). *Family support and conflict: Prospective relation to adolescent depression*. Paper presented at the meeting of the Society for Research in Child Development, Washington, DC.

Sherman, B. L., & Dominick, J. R. (1986). Violence and sex in music videos: TV and rock'n'roll. *Journal of Communication, 36* (1), 79-93.

Shigetomi, C. C., Hartmann, D. P., & Gelfand, D. M.

(1981). Sex differences in children's altruistic behavior and reputations for helpfulness. *Developmental Psychology 17*, 434-437.

Shoda, Y., Mischel, W., & Peake, P. K. (1990). Predicting adolescent cognitive and self-regulatory competencies from preschool delay of gratification: Identifying diagnostic conditions. *Developmental Psychology, 26*, 978-986.

Shweder, R. A., Mahapatra, M., & Miller, J. G. (1990). Culture and moral development. In J. W. Stigler, R. A. Shweder, & G. Herdt (Eds.), *Cultural psychology: Essays on comparative human development*. Cambridge, England: Cambridge University Press.

Sibley, M. H., Pelham, W. E., Molina, B. S. G., Gnagy, E. M., Waschbusch, D. A., Garefino, A. C., Kuriyan, A. B., Babinski, D. E., & Karch, K. M. (2012). Diagnosing ADHD in adolescence. *Journal of Consulting and Clinical Psychology, 80*, 139-150.

Sieber, J. E. (1980). A social learning theory approach to morality. In M. Windmiller, N. Lambert, & E. Turiel (Eds.). *Moral development and socialization*. Allyn & Bacon.

Sifneos, P. E. (1973). The prevalence of alexithymic charicteristics and physical disease. *Psychotherapy and Psychosomatics, 26*, 65-70.

Signorielli, N., & Kahlenberg, S. (2001). Television's world of work in the nineties. *Journal of Broadcasting & Electronic Media, 45*, 4-22.

Signorielli, N., Gross, L. & Morgan, M. (1982). Violence in television programs: Ten years later. In D. Pearl, L. Bouthilet, & J. Lazar (Eds.), *Television and behavior: Ten years of scientific progress and implications for the eighties: Vol. 2, Technical reviews* (158-173). Washington, DC: United States Government Printing Office.

Silver, W. S., Mitchell, T. R., & Gist, M. E. (1995). Responses to successful and unsuccessful performance: The moderating effort of self-efficacy on the relationship between performance and attributions. *Organizational Behavior and Human Decision Processes, 62*, 286–299.

Silvern, S. B., & Williamson, P. A. (1987). The effects of video game play on young children's aggression, fantasy, and prosocial behavior. *Journal of Applied Developmental Psychology, 8*, 453–462.

Simmons, R. G., & Blyth, D. A. (1987). *Moving into adolescence: The impact of pubertal change and school context*. Hawthorne, New York: Aldine & de Gruyter.

Simmons, R. G., & Rosenberg, F. (1975). Sex, sex roles, and self-image. *Journal of Youth and Adolescence, 4*, 229–258.

Simmons, R. G., Rosenberg, F., & Rosenberg, M. (1973). Disturbance in the self-image at adolescence. *American Sociological Review, 38*, 553–568.

Simon, H. A. (1982). Comments. In M. S. Clark & S. T. Fiske (Eds.), *Affect and cognition* (pp. 333–342). Hillsdale, NJ: Erlbaum.

Simpson, J. A. (1990). Influence of attachment styles on romantic relationships. *Journal of Personality and Social Psychology, 59*, 971–980.

Slaby, R. G., & Frey, K. S. (1975). Development of gender constancy and selective attention to same-sex models. *Child Development, 46*, 849–856.

Slomkowski, C., Rende, R., Conger, K. J., Simons, R. L., & Conger, R. D. (2001). Sisters, brothers, and delinquency: Social influence during early and middle adolescence. *Child Development, 72*, 271–283.

Smetana, J. G. (1983). Social-cognitive development: Domain distinctions and coordinations. *Developmental Review, 3*, 131–147.

Smetana, J. G. (2011). Adolescents' social reasoning and relationships with parents: Conflicts and coordinations within and across domains. In E. Amsel & J. Smetana

(Eds.), *Adolescent vulnerabilities and opportunities: Constructivist and developmental perspectives*. New York: Cambridge University Press.

Smetana, J. G. (2013). Moral development: The social domain theory view. In P. Zelazo (Ed.), *Oxford handbook of developmental psychology* (Vol. 1, pp. 832–866). New York: Oxford University Press.

Smetana, J. G., & Berent, R. (1993). Adolescents' and mothers' evaluations of justifications for disputes. *Journal of Adolescent Research, 8*, 252–273.

Smilansky, S. (1968). *The effects of sociodramatic play on disadvantaged preschool children*. New York: Wiley.

Smith, P. K., & Pellegrini, A. (2013). Learning through play. In R. E. Tremblay & others (Eds.), *Encyclopedia on early childhood development*. Montreal: Centre of Excellence for Early Childhood Development.

Snarey, J. R. (1985). Cross-cultural universality of social-moral development: A critical review of Kohlbergian research. *Psychological Bulletin, 97*, 202–232.

Sneed, J. R., & Whitbourne, S. K. (2005). Models of the aging self. *Journal of social issues, 61* (2), 375–388.

Snepard, W. O., & Hess, D. T. (1975). Attitudes in four age groups toward sex role division in adult occupations and activities. *Journal of Vocational Behavior, 6*, 27–39.

Snyder, H. N. (2003). *Juvenile arrests 2001*. Washington, DC: U.S. Department of Justice. Office of Justice Programs. Office of Juvenile Justine and Delinquency Prevention.

Snyder, J., & Patterson, G. R. (1987). Family interaction and delinquent behavior. In H. C. Quay (Ed.), *Handbook of juvenile delinquency*. New York: Wiley.

Snyder, J., Reid, J. B., & Patterson, G. R. (2003). A social learning model of child and adolescent antisocial behavior. In B. B. Lahey, T. E. Moffitt, & A. Caspi (Eds.), *The causes of conduct disorder and juvenile delinquency* (pp. 27-48). New York: Guilford Press.

Snyder, M. (1987). *Public appearance/private realities: The psychology of self-monitoring*. New York: Freeman.

Solms, M. (1997). What is consciousness?. *Journal of the American Psychoanalytic Association, 45*, 681-778.

Solomon, J., Scott, L., & Duveen, J. (1996). Large scale exploration of pupils' understanding of the nature of science. *Science Education, 80*, 493-508.

Song, M. J., Smetana, J., & Kim, S. Y. (1987). Korean children's conceptions of moral and conventional transgressions. *Developmental Psychology, 32*, 557-582.

Sorce, J. F., Emde, R. N., Campos, J. J., & Klinnert, M. D. (1985). Maternal emotional signaling: Its effect on the visual cliff behavior of 1-year-olds. *Developmental Psychology, 21*, 195-200.

Spatz, C. (2012). *Basic statistics* (10th ed.). Boston: Cengage.

Speicher, B. (1994). Family Patterns of moral judgment during adolescence and early adulthood. *Developmental Psychology, 30*, 624-632.

Spence, J. T., Helmreich, R. L., & Stapp, J. (1974). The personal attributes questionnaire: A measure of sex-role stereotypes and masculinity-femininity. *JSAS Catalog of Selected Documents in Psychology, 4* (43).

Spence, J. T., Helmreich, R. L., & Stapp, J. (1975). Ratings of self and peers on sex-role attributions and their relation to self-esteem and conceptions of masculinity and femininity. *Journal of Personality and Social Psychology, 32*, 29-39.

Spielberger, C. D. (1966). The effects of anxiety on complex learning and academic achievement. In C. D. Spielberger (Ed.), *Anxiety and behavior*. New York: Academic Press.

Spielberger, C. D., Gorsuch, R. L., & Lushene, R. E.

(1970). *Manual for the state-trait anxiety inventory*. Palo Alto, California: Consulting Psychologists Press.

Spitz, R. A. (1950). Anxiety in infancy. *International Journal of Psychoanalysis, 31*, 139-143.

Sroufe, L. A. (1979a). The coherence of individual development: Early care, attachment, and subsequent developmental issues. *American Psychologist, 34*, 834-841.

Sroufe, L. A. (1979b). Socioemotional development. In J. D. Osofsky (Ed.), *Handbook of infant development*. New York: Wiley.

Sroufe, L. A. (1985). Attachment classification from the perspective of infant-caregiver relationships and infant temperament. *Child Development, 56*, 1-14.

Sroufe, L. A. (1995). Emotional development: *The organization of emotional life in the early years*. Cambridge, England: Cambridge University Press.

Sroufe, L. A., & Wunsch, J. (1972). The development of laughter in the first year of life. *Child Development, 43*, 1326-1344.

Stanger, C., Achenbach, T. M., & Verhulst, F. C. (1997). Accelerated longitudinal comparisons of aggressive versus delinquent syndromes. *Development and Psychopathology, 9*, 43-58.

Stangor, C. (2015). *Research methods for the behavioral sciences* (5th ed.). Boston: Cengage.

Stark, K. D., Rouse, L. W., & Livingston, R. (1991). Treatment of depression during childhood and adolescence: Cognitive-behavioral procedures for the individual and family. In P. C. Kendall (Ed.), *Child and adolescent therapy: Cognitive-behavioral procedures*. NY: Guilford Press.

Staub, E. (1968, April). *The effects of success and failure on children's sharing behavior*. Paper presented at the meeting of the Eastern Psychological Association, Washington, DC.

Staub, E. (1970). Child in distress: The influence of age

and number of witnesses on children's attempts to help. *Journal of Personality and Social Psychology, 14*, 130-141.

Staub, E., & Noerenberg, H. (1981). Property rights, deservingness, reciprocity, friendship: The transactional character of children's sharing behavior. *Journal of Personality and Social Psychology, 40*, 271-289.

Staub, E., & Sherk, L. (1970). Need for approval, children's sharing behavior, and reciprocity in sharing. *Child Development, 41*, 243-252.

Stayton, D. J., Ainsworth, M. D. S., & Main, M. B. (1973). The development of separation behavior in the first year of life: Protest, following, and greeting. *Developmental Psychology, 9*, 213-225.

Steblay, N. M. (1987). Helping behavior in rural and urban environments: A meta-analysis. *Psychological Bulletin, 102*, 346-356.

Stein, N. L., & Trabasso, T. (1989). Children's understanding of changing emotional states. In C. Saarni & P. L. Harris (Eds.). *Children's understanding of emotion*. Cambridge: Cambridge University Press.

Steinberg, L., Elmen, J. D., & Mounts, N. S. (1989). Authoritative parenting, psychosocial maturity, and academic success among adolescents. *Child Development, 60*, 1424-1436.

Steinberg, L., Lamborn, S. D., Darling, N., Mounts, N. S., & Dornbusch, S. M. (1994). Over-time changes in adjustment and competence among adolescents from authoritative, authoritarian, indulgent, and neglectful families. *Child Development, 65*, 754-770.

Stephen, J., Fraser, E., & Marcia, J. E. (1992). Moratorium achievement, (Mama) cycles in life span identity development: Value orientations and reasoning systems' correlates. *Journal of Adolescence, 15*, 283-300.

Stevens-Long, J. (1990). Adult development: Theories past and future. In R. A. Nermiroff & C. B. Colarusso

(Eds.), *New dimensions in adult development*. New York: Basic Books.

Stevenson, H. W., & Stigler, J. W. (1992). *The learning gap: Why our schools are failing and what we can learn from Japanese and Chinese education*. New York: Summit Books.

Stevenson-Hinde, J., & Shouldice, A. (1995). Maternal interactions and self-reports related to attachment classification at 4-5 years. *Child Development, 66*, 583-596.

Stewart, L., & Pascual-Leone, J. (1992). Mental capacity constraints and the development of moral reasoning. *Journal of Experimental Child Psychology, 54*, 251-287.

Stifter, C. A., & Fox, N. A. (1990). Infant reactivity: Physiological correlates of newborn and 5-month temperament. *Developmental Psychology, 26*, 582-588.

Stipek, D. J. (2002). *Motivation to learn* (4th ed.). Boston: Allyn & Bacon.

Stipek, D. J., & MacIver, D. (1989). Developmental change in children's assessment of intellectual competence. *Child Development, 60*, 521-538.

Stipek, D. J., Roberts, T. A., & Sanborn, M. E. (1984). Preschool-age children's performance expectations for themselves and another child as a function of the incentive value of success and the salience of past performance. *Child Development, 55*, 1983-1989.

Strang, R. (1957). *The adolescent views himself*. New York: McGraw-Hill.

Strasburger, V. C. (1990). Television and adolescents: Sex, drugs, rock'n'roll. *Adolescent Medical State Art Review, 1*, 161-194.

Strasburger, V. C. (1995). *Adolescents and the media: Medical and psychological impact*. Thousand Oaks, CA: Sage.

Streitmatter, J. (1993). Identity status and identity style: A replication study. *Journal of Adolescence, 16*, 211-215.

Strom, R., & Strom, S. (1990). Raising expectations for grandparents: A three generational study. *International Journal of Aging and Human Development, 31* (3), 161-167.

Sullivan, M. W., & Lewis, M. (2003). Contextual determinants of anger and other negative expressions in young infants. *Developmental Psychology, 39,* 693-705.

Suomi, S. J., & Harlow, H. F. (1978). Early experience and social development in rhesus monkeys. In M. E. Lamb (Ed.), *Social and personality development.* New York: Holt, Rinehart, & Winston.

Sutton, M. J., Brown, J. D., Wilson, K. M., & Klein, J. D. (2002). Shaking the tree of knowledge for forbidden fruit: Where adolescents learn about sexuality and contraception. In J. D. Brown, J. R. Steele, & K. Walsh-Childers (Eds.), *Sexual teens, sexual media* (pp. 25-55). Mahwah, NJ: Lawrence Erlbaum.

Swann, W. B. (1987). Identity negotiations: Where two roads meet. *Journal of Personality and Social Psychology, 53,* 1038-1051.

Syed, M. (2013). Assessment of ethnic identity and acculturation. In K. Geisinger (Ed.), *APA handbook of testing and assessment in psychology.* Washington, DC: American Psychological Association.

Taggart, J., Eisen, S., & Lillard, A. S. (2018). Pretense. In M. H. Bornstein & others (Eds.). *The SAGE encyclopedia of lifespan human development.* Thousand Oaks, CA: Sage.

Tamana, S. K., Ezeugwu, V., Chikuma, J., Lefebvre, D. L., Azad, M. B., Moraes, T. J., Subbarao, P., Becker, A. B., Turvey, S. E., Sears, M. R., Dick, B. D., Carson, V., Rasmussen, C., CHILD study Investigators, Pei, J., & Mandhane, P. J. (2019). Screen-time is associated with inattention problems in preschoolers: Results from the CHILD birth cohort study. *PLoS One, 14* (4), [e0213995].

Tarvis, C., & Wade, C. (1984). *The longest war: Sex differences in perspective* (2nd ed.). San Diego: Harcourt Brace Jovanovich.

Taylor, E. (1994). Syndromes of attention deficit and overactivity. In M. Rutter, E. Taylor, & L. Hersov (Eds.), *Child and adolescent psychiatry* (pp. 285-307). London: Blackwell.

Taylor, G. J., Bagby, R. M., & Parker, J. D. A. (1997). *Disorders of affect regulation: Alexithymia in medical and psychiatric illness.* Cambridge: Cambridge University Press.

Teddlie, C., Kirby, P. C., & Stringfield, S. (1989). Effective vs. ineffective schools: Observable differences in the classroom. *American Journal of Education, 97,* 221-236.

Teevan, R. C., & McGhee, P. E. (1972). Childhood development of fear of failure motivation. *Journal of Personality and Social Psychology, 21,* 345-348.

Tener, D., Katz, C., & Kaufmann, Y. (2021). "And I Let It All Out": Survivors' sibling sexual abuse disclosures. *Journal of Interpersonal Violence, 36 (23-24),* 11140-11164.

Termine, N. T., & Izard, C. E. (1988). Infants' responses to their mothers' expressions of joy and sadness. *Developmental Psychology, 24,* 223-230.

Teti, D. M., & Gelfand, D. M. (1991). Behavioral competence among mothers of infants in the first year: The mediational role of maternal self-efficacy. *Child Development, 62,* 918-929.

Thibaut, J. W., & Kelley, H. H. (1959). *The social psychology of groups.* New York: Wiley.

Thomas, A., & Chess, S. (1977). *Temperament and development.* New York: Brunner/Mazel.

Thomas, A., & Chess, S. (1984). Genesis and evaluation of behavioral disorder: From infancy to early adult life.

American Journal of Psychiatry, 141, 1-9.

Thomas, A., Chess, S., & Birch, H. G. (1968). *Temperament and behavior disorders in children*. New York: New York University Press.

Thomas, A., Chess, S., & Korn, S. J. (1982). The reality of difficult temperament. *Merill-Palmer Quarterly, 28*, 1-20.

Thompson, R. A. (2013a). Attachment development: Precis and prospect. In P. Zelazo (Ed.), *Oxford handbook of developmental psychology*. New York: Oxford University Press.

Thompson, R. A. (2013b). Interpersonal relations. In A. Ben-Arieh, I. Frones, F. Cases, & J. Korbin (Eds.), *Handbook of child well-being*. New York: Springer.

Thompson, R. A., & Newton, E. K. (2010). Emotion in early conscience. In W. Arsenio & E. Lemerise (Eds.), *Emotions, aggression, and morality: Bridging development and psychopathology* (pp. 6-32). Washington, DC: American Psychological Association.

Thompson, R. A., & Waters, S. F. (2020). Development of emotion dysregulation in developing relationships. In T. P., Beauchaine & S. E. Crowell (Eds.). *Oxford handbook of emotion dysregulation*. New York: Oxford University Press.

Thompson, W. C., Cowan, C. L., & Rosenhan, D. L. (1980). Focus of attention mediates the impact of negative affect on altruism. *Journal of Personality and Social Psychology, 38*, 291-300.

Tieger, T. (1980). On the biological basis of sex differences in aggression. *Child Development, 51*, 943-963.

Tietjen, A. M., & Walker, L. J. (1985). Moral reasoning and leadership among men in a Papua New Guinea society. *Developmental Psychology, 21*, 982-992.

Tistarelli, N., Fagnani, C., Troianiello, M., Stazi, M. A., & Adriani, W. (2020). The nature and nurture of ADHD and its comorbidities: A narrative review of twin studies. *Neuroscience and Biobehavioral Reviews,* *109* (1), 63-77.

Todd, J., Friedman, A., & Kariuki, P. W. (1990). Women growing stronger with age: The effect of status in the United States and Kenya. *Psychology of Women Quarterly, 14*, 567-577.

Toder, N., & Marcia, J. (1973). Ego identity status and responses to conformity pressure in college women. *Journal of Personality and Social Psychology, 26*, 287-294.

Tomkins, S. (1986). Script theory. In J. Aronoff, A. I. Rabin, & R. A. Zucker (Eds.), *The emergence of personality*. New York: Springer.

Tomlinson-Keasey, C., & Keasey, C. B. (1974). The mediating role of cognitive development in moral judgment. *Child Development, 45*, 291-298.

Tremblay, R. E., Boulerice, B., Harden, P. W., McDuff, P., Perusse, D., Pihl, R. O., & Zoccolillo, M. (1996). Do children in Canada become more aggressive as they approach adolescence? In Human Resources Development Canada & Statistics Canada (Eds.), *Growing up in Canada: National Longitudinal Survey of Children and Youth* (pp. 127-137). Ottawa, Ontario, Canada: Statistics Canada.

Triandis, H. C. (1994). *Culture and social behavior*. New York: McGraw-Hill.

Trickett, P. K., & McBride-Chang, C. (1995). The development impact of different forms of child abuse and neglect. *Developmental Review, 15*, 311-337.

Trickett, P. K., Negriff, S., Ji, J., & Peckins, M. (2011). Child maltreatment and adolescent development. *Journal of Research on Adolescence, 21*, 3-20.

Trivers, R. L. (1971). The evolution of reciprocal altruism. *The Quarterly Review of Biology, 46*, 35-57.

Truglio, R. T., & Kotler, J. A. (2014). Language, literacy, and media: What's the word on Sesame Street? In E. T. Gershoff, R. S. Mistry, & D. A. Crosby (Eds.), *Societal contexts of child development*. New York: Oxford

University Press.

Tubman, J. G., Lerner, R. M., Lerner, J. V., & Von Eye A. (1992). Temperament and adjustment in young adulthood: A 15-year longitudinal analysis. *American Journal of Orthopsychiatry, 62*, 564-574.

Tudge, J. (1992). Processes and consequences of peer collaboration: A Vygotskian analysis. *Child Development, 63*, 1364-1379.

Turiel, E. (1983). *The development of social knowledge: Morality and convention*. Cambridge, England: Cambridge University Press.

Turiel, E. (1997). The development of morality. In N. Eisenberg (Ed.), *Handbook of child psychology* (Vol. 3, 5th ed.). New York: Wiley.

Turiel, E. (2014). Morality and prosocial judgments and behavior. In D. A. Schroeder & W. G. Graziano (Eds.), *Handbook of prosocial behavior*. New York: Oxford University Press.

Turiel, E. (2018). Reasoning at the root of morality. In K. Gray & J. Graham (Eds.), *Atlas of moral psychology*. New York: Guilford Press.

Turnbull, C. M. (1972). *The mountain people*. New York: Simon & Schuster.

Underwood, M. K., Rosen, L. H., More, D., Ehrenreich, S. E., & Gentsch, J. K. (2012). The BlackBerry project: Capturing the content of adolescents' text messaging. *Developmental Psychology, 48* (2), 295-302.

Vaillant, G. E. (1977). *Adaptation to life: How the best and brightest came of age*. Boston: Little Brown.

Valenzuela, M. (1997). Maternal sensitivity in a developing society: The context of urban poverty and infant chronic undernutrition. *Developmental Psychology, 33* (5), 845-855.

Valkenburg, P. M., & Peter, J. (2011). Online communication among adolescents: An integrated model of its attraction, opportunities, and risks. *Journal of Adolescent Health, 48*, 121-127.

Van den Boom, D. C. (1995). Do first-year intervention efforts endure? Follow-up during toddlerhood of a sample of Dutch irritable infants. *Child Development, 66*, 1798-1816.

van IJzendoorn, M. H., & De Wolff, M. S. (1997). In search of the absent father-meta-analyses of infant-father attachment: A rejoinder to our discussants. *Child Development, 68*, 604-609.

Van Schie, G. M., & Wiegman, O. (1997). Children and video games: Leisure activities, aggression, social integration, and school performance. *Journal of Applied Social Psychology, 27*, 1175-1194.

Vandell, D. L., Wilson, K. S., & Buchanan, N. R. (1980). Peer interaction in the first year of life: An examination of its structure, content, and sensitivity to toys. *Child Development, 51*, 481-488.

Vantress, F. E., & Williams, C. B. (1972). The effect of the presence of the provocator and the opportunity to counteraggress on systolic blood pressure. *Journal of General Psychology, 86*, 63-68.

Vasta, R., Haith, M. M., & Miller, S. A. (1995). *Child psychology: The modern science*. John Wiley & Sons.

Vasta, R., Haith, M. M., & Miller, S. A. (1999). *Child psychology: The modern science* (3rd ed.). John Wiley & Sons, Inc.

Vaughn, B. E., Gove, F. L., & Egeland, B. (1980). The relationship between out-of-home care and the quality of infant-mother attachment in an economically disadvantaged population. *Child Development, 51*, 1203-1214.

Vaughn, B. E., Bradley, C. F., Joffe, L. S., Seifer, R., & Barglow, P. (1987). Maternal characteristics measured prenatally are predictive of ratings of temperamental "difficulty" on the Carey Infant Temperament Questionnaire. *Developmental Psychology, 23*, 152-161.

Vaughn, B. E., Stevenson-Hinde, J., Waters, E., Kotsaftis,

A., Lefever, G. B., Shouldice, A., Trudel, M., & Belsky, J. (1992). Attachment security and temperament in infancy and early childhood: Some conceptual clarifications. *Developmental Psychology, 28*, 463-473.

Vernberg, E. M. (1990). Psychological adjustment and experience with peers during early adolescence: Reciprocal, incidental, or unidirectional relationships? *Journal of Abnormal Child Psychology, 18*, 187-198.

Visher, E., & Visher, J. (1989). Parenting coalitions after remarrige: Dynamics and therapeutic guidelines. *Family Relations, 38* (1), 65-70.

Volker, S. (2007). Infants' vocal engagement oriented towards mother versus stranger at 3 months and avoidant attachment behavior at 12 months. *International Journal of Behavioral Development, 31*, 88-95.

Vuchinich, S., Bank, L., & Patterson, G. R. (1992). Parenting, peers, and the stability of antisocial behavior in pre-adolescent boys. *Developmental Psychology, 28*, 510-521.

Wachs, T. D. (1988). Relevance of physical environment influences for toddler temperament. *Infant Behavior and Development, 11*, 431-445.

Walden, T. A., & Ogan, T. A. (1988). The development of social referencing. *Child Development, 59*, 1230-1241.

Walker, H., Messinger, D., Fogel, A., & Karns, J. (1992). Social and communicative development in infancy. In V. B. V. Hasselt & M. Hersen (Eds.), *Handbook of social development: A lifespan perspective* (pp. 157-181). New York: Plenum.

Walker, L. J. (1980). Cognitive and perspective taking prerequisities of moral development. *Child Development, 51*, 131-139.

Walker, L. J. (2004). Progress and prospects in the psychology of moral development. *Merrill-Palmer Quarterly, 50*, 546-557.

Walker, L. J., & Frimer, J. A. (2011). The science of moral development. In M. K. underwood & L. Rosen (Eds.), *Social development*. New York: Guilford Press.

Wang, Y., Tu, R., Yuan, H., Shen, L., Hou, J., Liu, X., Niu, M., Zhai, Z., Pan, M., & Wang, C. (2020). Associations of unhealthy lifestyles with metabolic syndrome in Chinese rural aged females. *Scientific Reports, 10* (1), [2718].

Washington, J., Minde, K., & Goldberg, S. (1986). Temperament in premature infants: Style and stability. *Journal of the American Academy of Child Psychiatry, 25*, 493-502.

Waterman, A. S. (1989). Curricula interventions for identity change: Substantive and ethical considerations. *Journal of Adolescence, 12*, 389-400.

Waterman, A. S. (1992). Identity as an aspect of optimal psychological functioning. In G. R. Adams, T. T. Gullotta, & R. Montemayor (Eds.), *Adolescent identity formation*. Newbury Park, California: Sage.

Waters, E., Vaughn, B. E., Posada, G., & Kondo-Ikemura K. (Eds.). (1995). Caregiving, cultural, and cognitive perspectives on secure-base behavior and working models: New growing points of attachment theory and research. *Monographs of the Society for Research in Child Development, 60* (2-3, Serial No. 244).

Weber, M. (1930). *The protestant ethic and the spirit of capitalism* (T. Parson, Trans.). New York: Scribner's. (Original work published 1904.)

Weiner, B. (1974). *Achievement and attribution theory*. Morristown, NJ: General Learning Press.

Weiner, B. (1979). A theory of motivation for some classroom experiences. *Journal of Educational Psychology, 71*, 3-25.

Weiner, B. (1986). *An attributional theory of motivation and emotion*. New York: Springer-Verlag.

Weinraub, M., & Frankel, J. (1977). Sex differences in parent-infant interaction during free play, departure, and separation. *Child Development, 48*, 1240-1249.

Weiss, B., Dodge, K. A., Bates, J. E., & Pettit, G. S. (1992). Some consequences of early harsh discipline: Child aggression and a maladaptive social information processing style. *Child Development, 63*, 1321-1335.

Weiss, G. (1983). Long-term outcome: Findings, concepts, and practical implications. In M. Rutter (Ed.), *Developmental neuropsychiatry* (pp. 422-436). NY: Guilford.

Weiss, P. M., Wertheimer, M., & Groesbeck, B. (1959). Achievement motivation, academic aptitude, and college grades. *Educational and Psychological Measurement, 19*, 663-666.

Weissbrod, C. S. (1980). The impact of warmth and instructions on donation. *Child Development, 51*, 279-281.

Weisz, J. R., Sigman, M., Weiss, B., & Mosk, J. (1993). Parent reports of behavioral and emotional problems among children in Kenya, Thailand, and the United States. *Child Development, 64*, 98-109.

Weisz, J. R., Chaiyasit, W., Weiss, B., Eastman, K. L., & Jackson, E. W. (1995). A multimethod study of problem behavior among Thai and American children in school: Teacher reports versus direct observations. *Child Development, 66*, 402-415.

Wekerle, C., Leung, E., Wall, A. M., MacMillan, H., Boyle, M., Trocme, N., & Waechter, R. (2009). The contribution of childhood emotional abuse to teen dating violence among child protective services-involved youth. *Child Abuse and Neglect, 33* (1), 45-58.

Werner, E., & Smith, R. (1992). *Overcoming the odds: High risk children from birth to adulthood*. Ithaca, NY: Cornell University Press.

Whitbourne, S. K. (1987). Personality development in adulthood and old age: Relationships among identity style, health, and well-being. In K. W. Schaie (Ed.), *Annual review of gerontology and geriatrics* (Vol. 7). New York: Springer.

Whitbourne, S. K. (2010). *The search for fulfillment: Revolutionary new research that reveals the secret to long-term happiness*. New York: Ballantine Books.

White, P., Mascalo, A., Thomas, S., & Shoun, S. (1986). Husbands' and wives' perceptions of marital intimacy and wives' stresses in dual-career marriages. *Family Perspectives, 20*, 27-35.

Wicks-Nelson, R., & Israel, A. C. (2000). *Behavior disorders of childhood* (4th ed.). NJ: Prentice-Hall.

Widom, C. S. (1989). Does violence beget violence? A critical examination of the literature. *Psychological Bulletin, 106*, 3-28.

Wille, D. E. (1991). Relation of preterm birth with quality of infant-mother attachment at one year. *Infant Behavior and Development, 14*, 227-240.

Williams, J. A. (1979). Psychological androgyny and mental health. In O. Harnett, G. Boden, & M. Fuller (Eds.), *Sex-role stereotyping*. London: Tavistock.

Williams, J., Nelson-Gardell, D., Faller, K. C., Tishelman, A., & Cordisco-Steele, L. (2014). Is there a place for extended assessments in addressing child sexual abuse allegations? How sensitivity and specificity impact professional perspectives. *Journal of Child Sexual Abuse, 23* (2), 179-197.

Willumsen, J., & Bull, F. (2020). Development of WHO guidelines on physical activity, sedentary behavior, and sleep for children less than 5 years of age. *Journal of Physical Activity and Health, 17*, 96-100.

Wilson, E. O. (1975). *Sociobiology: The new synthesis*. Cambridge, MA: Harvard University Press.

Wilson, R. S., & Matheny, A. P. (1986). Behavior-genetics research in infant temperament: The Louisville Twin Study. In R. Plomin & J. Dunn (Eds.), *The study of temperament: Changes, continuities, and challenges*. Hillsdale, NJ: Erlbaum.

Winch, R. (1971). *The modern family* (3rd ed.). New York: Holt.

Winterbottom, M. (1958). The relation of need for achievement to learning experiences in independence and mastery. In J. Atkinson (Ed.), *Motives in fantasy, action, and society*. Princeton, NJ: Van Nostrand.

Wintre, M. G., & Vallance, D. D. (1994). A developmental sequence in the comprehension of emotions: Intensity, multiple emotions, and valence. *Developmental Psychology, 30*, 509-514.

Wise, T. N., Mann, L. S., & Shay, L. (1992). Alexithymia and the five factor model of personality. *Comprehensive Psychiatry, 33*, 147-151.

Witherington, D. C., Campos, J. J., Harriger, J. A., Bryan, C., & Margett, T. E. (2010). Emotion and its development in infancy. In J. G. Bremner & T. D. Wachs (Eds.), *Wiley-Blackwell handbook of infant development* (2nd ed.). New York: Wiley.

Wolf, D. (1990). Being of several minds: Voices and versions of the self in early childhood. In D. Cicchetti & M. Beeghly (Eds.), *The self in transition: Infancy to childhood* (pp. 183-212). Chicago: University of Chicago Press.

Wolfe, B. (1964). *Three who made a revolution* (2 vols.). New York: Time Reading Program,

Wolff, M., Rutten, P., & Bayer, A. F. III (1992). *Where we stand: Can America make it in the race for health, wealth, and happiness?*. New York: Bantam Books.

Worobey, J., & Blajda, V. M. (1989). Temperament ratings at 2 weeks, 2 months, and 1 year: Differential stability of activity and emotionality. *Developmental Psychology, 25*, 257-263.

Wright, J. C., & Huston, A. C. (1983). A matter of form: Potentials of television for young viewers. *American Psychologist, 38*, 835-843.

Wrightsman, L. S. (1977). *Social psychology* (2nd ed.). Brooks/Cole Publishing Company.

Xie, H., Li, Y., Boucher, S. M., Hutchins, B. C., & Cairns, B. D. (2006). What makes a girl (or a boy) popular (or unpopular)? African American children's perceptions and developmental differences. *Developmental Psychology, 42*, 599-612.

Yager, G. G., & Baker, S. (1979). *Thoughts on androgyny for the counseling psychologist*. Paper presented at the Annual Convention of the American Psychological Association (Eric Document Reproduction service NI. ED 186825).

Yang, K. S. (1982). Causal attribution of academic success and failure and their affective consequences. *Acta Psychological Taiwanica, 24*, 65-83.

Yang, K. S. (1986). Chinese personality and its change. In Bond, M. H. (Ed.). *The psychology of the Chinese people*. New York: Oxford University Press.

Yanof, J. A. (2013). Play technique in psychodynamic psychotherapy. *Child and Adolescent Psychiatric Clinics of North America, 22*, 261-282.

Yilmaz, G., Demirli Caylan, N., & Karacan, C. D. (2014). An intervention to preschool children for reducing screen time: A randomized controlled trial. *Child Care, Health, and Development, 41* (3), 443-449.

Yin, R. K. (2012). Case study methods. In H. Cooper (Ed.), *APA handbook of research methods in psychology*. Washington, DC: American Psychological Association.

Yoshikawa, H. (1994). Prevention as cumulative protection: Effects of early family support and education on chronic delinquency and its risks. *Psychological Bulletin, 115*, 28-54.

Yu, A. B., & Yang, K. S. (1994). The nature of achievement motivation in collectivist societies. In U. Kim, H. C. Triandis, C. Kagitcibasi, C. S. Choi, & G. Yoon (Eds.), *Individualism and collectivism: Theory, method, and applications*. London: Sage publication, Ltd.

Zahn-Waxler, C., Radke-Yarrow, M., & King, R. A.

(1979). Child rearing and children's prosocial initiations toward victims of distress. *Child Development, 50*, 319-330.

Zahn-Waxler, C., Radke-Yarrow, M., Wagner, E., & Chapman, M. (1992). Development of concern for others. *Developmental Psychology, 28*, 126-136.

Zajonc, R. B. (1968). Cognitive theories in social psychology, In G. Lindzey & E. Aronson (Eds.), *Handbook of social psychology* (2nd ed.). Addison-Wesley.

Zajonc, R. B. (1975, August). Birth order and intelligence: Dumber by the dozen. *Psychology Today*, pp. 39-43.

Zajonc, R. B., & Mullally, P. R. (1997). Birth order: Reconciling conflicting effects. *American Psychologist, 52*, 685-699.

Zajonc, R. B., Markus, H., & Markus, G. B. (1979). The birth order puzzle. *Journal of Personality and Social Psychology, 37*, 1325-1341.

Zarbatany, L., Hartmann, D. P., Gelfand, D. M., & Vinciguerra, P. (1985). Gender differences in altruistic reputation: Are they artifactual?. *Developmental Psychology, 21*, 97-101.

Zelazo, P. D., Helwig, C. C., & Lau, A. (1996). Intention, act, and outcome in behavioral prediction and moral judgment. *Child Development, 67*, 2478-2492.

Zeman, J., & Garber, J. (1996). Display rules for anger, sadness, and pain: It depends on who is watching. *Child Development, 67*, 957-973.

Zick, C. D., & McCullough, J. L. (1991). Trends in married couples' time use: Evidence from 1977-1978 and 1987-1988. *Sex Roles, 24*, 459-487.

Zigler, C. B., Dusek, J. B., & Carter, D. B. (1984). Self-concept of sex-role orientation: An investigation of multidimensional aspects of personality development in adolescence. *Journal of Early Adolescence, 4*, 25-39.

Zillmann, D., & Mundorf, N. (1987). Image effects in the appreciation of video rock. *Communication Research, 14*, 316-334.

Zimmerman, B. J., Bandura, A., & Martinez-Pons, M. (1992). Self-motivation for academic attainment: The role of self-efficacy beliefs and personal goal setting. *American Educational Research Journal, 29*, 663-676.

Zollner, H. S., Fuchs, K. A., & Fegert, J. M. (2014). Prevention of sexual abuse: Improved information is crucial. *Child and Adolescent Psychiatry and Mental Health, 8* (1), 1-9.

Zunker, V. G. (1990). *Career counseling: Applied concepts of life planning* (3rd ed.). Pacific Grove, CA: Brooks/Cole.

찾아보기

인명

ㄱ

곽금주 121
김명순 425, 428

ㄷ

도현심 274, 281, 491

ㅂ

박성연 276, 380
박영신 482, 496

ㅅ

서봉연 205
신의진 96
심희옥 414, 514, 520

ㅇ

유안진 360, 429
이순형 230, 294, 295

이은해 417
이재연 376, 428
임정하 417

ㅈ

장휘숙 108
정순화 227, 360
정옥분 145, 155, 227, 237, 242, 370, 394, 396, 415, 417, 447
조수철 503, 507

ㅎ

황혜신 230

니콜라이 황제 20
빅토리아 여왕 29
알렉산드라 황후 20
알렉세이 왕자 20
유소포프 왕자 23

A

Achenbach, T. M. 511
Ainsworth, M. D. S. 83, 88, 90, 94, 97, 106
Anastasi, A. 494
Aristoteles 260, 261, 431
Asch, S. E. 42
Asendorpf, J. B. 157, 160
Atkinson, J. W. 471, 472, 473, 475, 480

B

Bales, R. F. 233, 358
Bandura, A. 39, 191, 192, 193, 235, 253, 257, 264, 265, 266, 299, 306, 332, 375, 402, 404, 452, 483
Bates, J. E. 146, 154, 156
Baumrind, D. 284, 340, 365, 491

Belsky, J. 96, 97, 99, 105, 152, 159, 377
Bem, S. L. 225, 238, 239
Berk, L. E. 415, 426
Berkowitz, L. 258, 259, 260, 262
Berndt, T. J. 379
Bettelheim, B. 505
Bornstein, M. H. 124
Bowlby, J. 86, 87, 88, 96, 100, 106, 359, 520
Branden, N. 187
Bretherton, I. 87, 107
Bridges, L. 115
Brislin, R. 72
Bronfenbrenner, U. 451
Brooks, J. B. 518
Brooks-Gunn, J. 121
Bulleit, T. N. 379
Buss, A. H. 149, 252, 257
Bussey, K. 80, 195, 223, 254, 283, 326, 338

C

Campbell, D. T. 70
Caspi, A. 156
Cassidy, J. 413

Chess, S. 147, 153, 154, 155
Cicchetti, D. 375, 376, 377
Constantinople, A. 239
Cooley, C. H. 185
Costa, P. T. Jr. 162, 164
Crandall, V. J. 467, 468, 472, 473, 474, 495
Cummings, E. M. 276, 278

D

Darwin, C. 327
Dodge, K. A. 266, 268, 269, 273, 279
Dollard, J. 38, 251, 257
Dornbusch, S. M. 276
Dreikurs, R. 409
Dweck, C. S. 220, 477, 478, 496

E

Eisenberg, N. 279, 330, 335, 338, 354
Erikson 80, 169, 170, 171, 172, 173, 181, 203, 205, 206, 207, 209, 213, 439, 524

F

Feshbach, N. 252, 255, 258, 271, 273, 280, 287, 451
Festinger, L. 44
Fowler, J. W. 324
Fox, N. A. 157
Freud, A. 418
Freud, S. 26, 64, 80, 193, 221, 250, 254, 257, 260, 309, 313, 329, 359

G

Gardner, H. 138
Gelles, R. J. 374, 375
Gibson, E. J. 125
Gilligan, C. 182, 212, 300, 301, 313, 314, 315
Goleman, D. 133
Gutmann, D. 246

H

Hamner, T. J. 387
Harlow, H. F. 87, 400
Harter, S. 188, 190, 191, 194, 468
Hartup, W. W. 271, 278, 279, 348, 349, 400, 416, 428
Hazan, C. 106, 108, 109

Heider, F. 44

Helfer, R. E. 371, 376

Hetherington, E. M. 219, 379, 385, 386, 388, 395

Hobbes, T. 249

Hoffman, M. L. 287, 313, 318, 319, 327, 328, 330, 336, 339, 341, 346

Homans, G. C. 39, 328

Ⓘ

Izard, C. E. 112, 113, 116

Ⓙ

Jacklin, C. N. 216, 218, 224, 280, 281, 496

Jung, C. G. 238, 247

Ⓚ

Kagan, J. 84, 100, 102, 119, 145, 152, 157, 158, 160

Kanner, L. 501, 502

Kempe, C. H. 371, 376

Kinsey, A. C. 56

Kohlberg, L. A. 223, 224, 228, 295, 299, 304, 306, 307, 313, 320, 322, 323, 330, 401, 402

Labouvie-Vief, G. 129

Lamb, M. E. 104, 105, 111, 234, 360, 385

Lapsley, D. K. 293, 294

Levinson, D. J. 176, 178, 179, 180, 181, 182

Lewin, K. 44

Lewis, M. 120, 121, 122, 130, 160

Lorenz, K. 255, 256, 257

Lovaas, O. I. 505

Maccoby, E. E. 216, 218, 224, 229, 280, 281, 310, 416, 496

Main, M. 90

Malatesta, C. Z. 114, 116

Marcia, J. 186, 205, 206, 207, 209, 212, 213

Maslow, A. H. 187, 197, 198, 203

Mayer, J. D. 133, 134, 139

McClelland, D. C. 466, 468, 469, 470, 489

McCrae, R. R. 162, 164

Mead, G. H. 185

Mead, M. 66, 232, 273, 359

Milgram, S. 74, 306, 353

Miller, N. E. 38, 257

Mischel, W. 132, 193, 221, 223, 494

Murray, H. 469

Muuss, R. E. 323

Ⓝ

Nelson, S. D. 293

Neugarten, B. L. 167, 168

Neulinger, J. 431, 432

Nisan, M. 304

Nucci, P. 303

Ⓞ

Olweus, D. 271, 274, 275, 446

Ⓟ

Parke, R. D. 104, 105, 305, 379

Parsons, T. 233, 358

Parten, M. 426, 428

Patterson, G. R. 275, 276, 277, 285

Paul, A. M. 153

Perry, D. G. 80, 195, 223, 254, 283, 305, 326, 338

Petersen, A. C. 417

Piaget, J. 64, 290, 292, 293, 294,

401, 402, 409, 421

Plato 260, 261

Pleck, J. H. 244, 360

Plomin, R. 146, 149

Porges, S. W. 515

R

Rogers, C. R. 185

Rothbart, M. K. 145, 150, 152,
154, 155, 156

Rousseau, J. J. 249

Rubin, K. H. 154, 160, 161, 398,
407, 425, 428

Rutter, M. 502

S

Saarni, C. 131

Salkind, N. J. 50, 52, 53

Salovey, P. 133, 134, 139

Santrock, J. W. 232, 310, 522

Schaie, K. W. 58, 59

Schunk, D. H. 192, 194, 482

Sears, R. R. 82, 99, 258, 270

Seligman, M. E. P. 193, 521

Selman, R. 196

Shaffer, D. R. 55, 61, 254, 277,
283, 291, 326, 469, 489

Shaver, P. 106, 108, 109

Sheehy, G. 245

Sigelman, C. 55, 61

Smetana, J. G. 302

Smilansky, S. 421, 424

Solomon, J. 90

Spence, J. T. 239

Spielberger, C. D. 480, 481

Sroufe, L. A. 94, 103, 108, 114

Stangor, C. 71

Stanley, J. C. 70

Strang, R. 185

Suomi, S. J. 400

T

Thomas, A. 147, 153, 154, 155

Thompson, R. A. 126, 129

Tremblay, R. E. 279

Turiel, E. 299, 301, 304

Turner, P. H. 387

V

Vaillant, G. E. 173, 174, 175, 176

van IJzendoorn, M. H. 104

Vandell, D. L. 404, 405

W

Walker, L. J. 296, 299, 301

Walker, R. D. 125

Waters, E. 93

Weber, M. 470

Weiner, B. 473, 474, 475

Whitbourne, R. 165, 166, 167

Willis, S. L. 59

Wilson, E. O. 327

Wrightsman, L. S. 20

Z

Zajonc, R. B. 42, 493

Zimmerman, B. J. 87

내용

5요인 모델 162
ADHD 506, 508, 509, 510
BSRI 239
COVID-19 479
DSM 500
EAS 모형 149
EQ 133
HOME 492, 493
MAX 112
NYLS 모형 147
PAQ 239
Rothbart 모형 150
Sesame Street 453, 454, 455, 456, 457
Tuskegee 연구 76, 77
WHO 450

ㄱ

가상놀이 420, 424
가설 54
가설검증 63
가외변인 54, 69
감각추구성향 461
감정이입 139, 286, 328, 335, 336, 338
개방성 162
개인적 영역 302
개인지능 139
거부 아동 411
거세불안 221
게슈탈트이론 41
게슈탈트 접근법 42, 43
결혼만족도 377
경력강화 174
경험적 연구 50
계모가족 387
계부가족 387
계시살이 370
고립 아동 411
고전적 조건형성이론 262
공포장애 514
관계형 따돌림 447
관찰학습 222, 309, 420
구강기 27
구성놀이 424
권위있는 부모 366
권위주의적 부모 366
귀납적 추론 341
귀인양식 508
귀인이론 43, 44, 473, 474
규범적 사건 167, 168
균형이론 44
그랜트 연구 173
금지된 장난감실험 130, 305
기능놀이 424
기본정서 116
기술연구 62

ㄴ

남근기 27
남근선망 32
남성성 239, 240
남성성 우월효과 241
낯가림 99, 114, 119
낯선 상황 실험 88, 90, 91, 97
내재적 정의 291
내재화 장애 499
내적 작동모델 106, 109
내적 타당도 70
내적 통제 195, 474
놀이치료 419
놀잇감 419

ㄷ

다른 목소리 300, 315
다문화가정 393, 394, 395
다문화 수용성 396
다중지능이론 138
단계 모델 169
단순 계부모가족 388
대리경험 483
대리학습 403
대상영속성 개념 84, 89, 102, 114
대안가설 471
대인관계 지능 139
대체행동의 발달 309
대표성 56
도구적 공격성 118, 279
도구적 역할 238, 358
도덕적 감정 290
도덕적 영역 302
도덕적 판단 290, 306
도덕적 행동 290, 306
도식 85, 165
독립변수 53, 69
동물행동학적 이론 255
동시대 출생집단 효과 58, 60, 61
동화 85
둔감화 가설 452

딥페이크 462, 463

ㄹ

리바이어던 249

ㅁ

마약범죄 527
만족지연 132
만족지연 능력 494
면경자아 185
면접법 65
모방이론 38
모집단 55, 65
몰입되지 않은 놀이 426
무관심한 부모 366
무력감학습이론 477
무선표집 56, 57
무작위 할당 69
문서연구 62
미분화 241
미분화 단계 227

ㅂ

반사회적 행동 283, 286, 510
반성유전 32
반응결정단계 268

반응성 150
반응탐색단계 268
발달정신병리학 499
방관자 효과 343
방관자적 놀이 426
방어기제 28, 32, 173
방임 373, 376
배려의 도덕성 301, 314
베르테르 효과 522
변별자극 83
변별화 263
변수 53
복합 계부모가족 388
복합정서 116
본능이론 254, 260
본능적 억제력 256
부모교육 378, 443
부정적 정체감 209, 524
부호해석과정 267
부호화단계 268
분리불안 89, 101, 102, 114, 119
분리불안 장애 516
불안 28
불안수준 480, 481
불안장애 514, 516
비교문화연구 72

비규범적 사건 168
비참여관찰 67
비행 청소년 204, 524

ㅅ

사건의 발생시기 모델 167
사례연구 63
사회공포증 516, 518
사회교환이론 39, 328
사회생물학적 이론 326
사회성 149
사회인습적 영역 302
사회인지 195
사회적 미소 116
사회적 보상 328
사회적 비교 195, 404
사회적 비용 328
사회적 정보처리이론 266
사회적 참조 124
사회학습이론 39, 264
상관계수 68
상관연구 67
상수 53
상위 통제 308
상태불안 480, 481
생리적 욕구 198

생산성 대 침체성 171
생식기 27
생활공간 45
성 안정성 229
성 일관성 229, 231
성 항상성 228, 229, 230
성격장애 513
성공경험 483
성공획득동기 471
성도식이론 225
성도식화 225
성실성 162
성역할 강화 242, 243
성역할 고정관념 230
성역할 동일시 221, 223
성역할 변화 244
성역할 사회화 220
성역할 정체감 231
성역할 초월이론 227
성유형화 223, 247, 282
성인애착면접 107
성적 학대 373, 376
성취가치 472
성취기대 472
성취동기 220, 467, 470, 490
성취동기이론 469

성취욕구 466, 467
성취욕구이론 471
성취지향성 477
성취행동 467, 470, 480, 481, 496
섹스팅 460, 461
소망적 사고 476
수단적 공격성 252
수행 206
순응성 162
순차적 접근법 60
스크린 타임 450
시각벼랑 실험 125
신경발달장애 500
신경증 162
신경지 515
신체적 학대 372, 376
실제적 자아 185, 210
실패회피동기 471
실험연구 69
실험집단 69
심리적 양성성 238

아니마 238, 247
아니무스 238, 247
아동복지법 372

찾아보기

아동학대 365, 370
아동학대 및 유기 371
아동학대 증후군 371
안드로겐 232
안전기지 102
안전의 욕구 198
안정애착 91
애정과 소속의 욕구 199
애착 Q-sort 93
약물남용 528
양극화 단계 227
양성성 240
양성성으로의 변화 247
양심 28, 311, 330
엄격함 368
엄부엄모 370
엄부자모 358, 370
에로스 250
에믹 접근법 72
에스트로겐 232
에틱 접근법 72
엘렉트라 콤플렉스 30, 221
여가교육 433
여성성 239, 240
역할갈등 34
역할기대 34

역할수용 196, 336, 338
역할수용능력 299, 331
역할이론 33, 36, 45
연구윤리 지침 78
연습효과 59
연합놀이 426
열린 교육 440, 442
영역구분이론 301, 304
영역혼재 현상 302, 304
오이디푸스 콤플렉스 221, 309
온고지신 429
왕따 414, 446
왕따 현상 445
외동이 381
외적 타당도 70
외적 통제 195, 474
외톨이형 따돌림 447
외향성 162
외현화 장애 499
우범소년 523
우울증 519, 520, 521
우주 지향의 도덕 323
우주적 전망 323
우주즉아 323
원초아 27, 309, 310, 420
위기 206

음주 530
이상적 자아 185, 210
이지메 446
이차적 강화인 82, 258
이차적 현상 302, 304
이차정서 116, 120
이타적 행동 333, 334, 335
인간욕구의 위계 198
인공지능 463
인과관계 69, 70
인기 아동 411
인상형성 42
인생 과업 169
인생구조 177
인습적 수준 296
인자형 143
인지적 부조화이론 44
일반화 263
일차정서 116

ㅈ
자극 일반화 40
자극-반응이론 37
자기수정 50
자기이해 지능 139
자기조절 150

자기통제 193, 306
자기효능감 191, 192, 193, 404,
　　482, 483, 485, 488
자부엄모 370
자부자모 370
자살 522
자아 27, 309, 310
자아개념 183, 184
자아개념 모델 165
자아실현 197
자아실현의 욕구 200
자아실현인 200
자아이상 28, 311, 330
자아정체감 184, 203, 204
자아존중감 183, 187, 200, 205
자아존중감의 욕구 199
자아초월 323
자아통합감 181
자애로움 368
자연관찰 66
자율적 도덕성 291
자폐스펙트럼장애 501
자폐증 502
잠복기 27
장이론 44
저항애착 92

적대적 공격성 118, 252, 258, 279
전인습적 수준 296
전통놀이 429
정서규제 능력 129, 131, 415
정서성 149
정서이해 능력 124, 126, 128
정서적 관리 134
정서적 이해 134
정서적 지각 134
정서적 통합 134
정서적 학대 373, 376
정서지능 133, 139, 140, 141
정서지수 133
정서표현불능증 137, 138, 139
정신분석이론 254
정의의 도덕성 301, 314
정체감 동화 166, 167
정체감 성취 206
정체감 위기 204
정체감 유실 208, 209
정체감 유예 207
정체감 조절 166, 167
정체감 혼미 209
정화 260
정화가설 451
정화(淨化)이론 260, 261

조사연구 65
조작적 조건형성이론 262
조절 85
조형 309
조화의 적합성 103, 153, 156
종단적 접근법 59
종속변수 53, 69
좌절-공격성이론 257
중년 전환기 176
중요한 타자 185
지각적 중심화 401
지혜 173
질문지법 65
집단따돌림 444, 445, 446, 448

ㅊ

참여관찰 67
철사엄마 87, 88
체계적 둔감법 517, 518
체계적 연구 50
초월 단계 227
초자아 27, 309, 310, 330, 420
촉법소년 526
추상적 사고 186
출생순위 381
충동적 공격성 262

친밀감 대 고립감 170

ㅋ

카타르시스 260, 451
쾌락원리 27, 331

ㅌ

타나토스 250
타율적 도덕성 291
타임아웃 기법 286
텔로미어 432
통제의 소재 195, 475, 476
통제집단 69
통합감 대 절망감 172
투쟁본능 255
특성 모델 162
특성불안 480, 481
특성이론 270

ㅍ

편모가정 386
편부가정 386

평행놀이 426
표본 55, 65
표집 56
표현적 역할 238, 358
표현형 143
품행장애 511
프리스타일 454

ㅎ

하인츠와 약사 296, 298
하인츠의 갈등 322
학교공포증 517, 518
학교폭력 444, 445
학급응집력 448
학습된 무력감 192, 477, 479, 480, 520
학습이론 262
학업성취도 479
한부모가정 386
항문기 27
해석단계 267
행동수정 프로그램 285

행동억제 145, 152, 157
허용적 부모 366
형겊엄마 87, 88
헬리콥터형 부모 368
현상학적 접근 42
현실원리 27
현장연구 66
혈우병 29
협동놀이 426
형식적 · 조작적 사고 296
혼란애착 92
혼자놀이 426
활동성 149
회상연구 63
회피애착 91
횡단적 접근법 58
후광 효과 43
후인습적 수준 296
휴머노이드 421
흡연 529

저자 소개

정옥분(Ock Boon Chung)

〈약력〉

서울대학교 사범대학 가정학과 졸업

서울대학교 대학원 석사과정 졸업(아동학 전공 석사)

미국 University of Maryland 박사과정 졸업(인간발달 전공 Ph.D.)

고려대학교 사범대학 교수, 고려대학교 사회정서발달연구소 소장, 한국아동학회 회장,

　　한국인간발달학회 회장, 미국 University of Maryland 교환교수,

　　ISSBD(International Society for the Study of Behavioural Development) 국제학술대회

　　조직위원회 위원장, 고려대학교 의료원 안암병원, 구로병원, 안산병원 어린이집 고문 역임

현재 고려대학교 명예교수

〈저서〉

영유아발달의 이해(제4판, 학지사, 2024), 성인·노인심리학(제4판, 학지사, 2024)

전생애 인간발달의 이론(제4판, 학지사, 2024), 발달심리학(제4판, 학지사, 2024)

아동발달의 이해(제4판, 학지사, 2023), 청년심리학(제3판, 학지사, 2021)

성인·노인심리학(제3판, 학지사, 2019), 발달심리학(제3판, 학지사, 2019)

아동발달의 이해(제3판, 학지사, 2018), 영유아발달의 이해(제3판, 학지사, 2018)

사회정서발달(개정판, 학지사, 2017), 유아발달(학지사, 2016)

영아발달(개정판, 학지사, 2016), 영유아발달의 이해(개정판, 학지사, 2015)

전생애 인간발달의 이론(제3판, 학지사, 2015), 청년발달의 이해(제3판, 학지사, 2015)

청년심리학(개정판, 학지사, 2015), 발달심리학(개정판, 학지사, 2014)

성인·노인심리학(개정판, 학지사, 2013), 아동발달의 이해(개정판, 학지사, 2013)

아동심리검사(학지사, 2012), 영아발달(학지사, 2012), 아동연구와 통계방법(학지사, 2010)

성인·노인심리학(학지사, 2008), 아동학 연구방법론(학지사, 2008)

유아교육 연구방법(학지사, 2008), 청년발달의 이해(개정판, 학지사, 2008)

전생애 인간발달의 이론(개정판, 학지사, 2007), 사회정서발달(학지사, 2006)

청년심리학(학지사, 2005), 발달심리학(학지사, 2004)

영유아발달의 이해(학지사, 2004), 전생애발달의 이론(학지사, 2004)

아동발달의 이론(학지사, 2003), 아동발달의 이해(학지사, 2002)

성인발달과 노화(교육과학사, 2001), 성인발달의 이해(학지사, 2000)

청년발달의 이해(학지사, 1998)

〈공저〉

보육학개론(5판, 학지사, 2022), 보육교사인성론(학지사, 2021)

제4차 표준보육과정을 반영한 보육과정(학지사, 2020), 아동권리와 복지(2판, 학지사, 2020)

결혼과 가족(학지사, 2020), 예비부모교육(3판, 학지사, 2019), 부모교육(3판, 학지사, 2019)

보육학개론(4판, 학지사, 2019), 정서발달과 정서지능(개정판, 학지사, 2018)

예비부모교육(2판, 학지사, 2016), 노인복지론(2판, 학지사, 2016)

보육과정(3판, 학지사, 2016), 아동권리와 복지(학지사, 2016)

부모교육(2판, 학지사, 2016), 보육학개론(3판, 학지사, 2016)

보육교사론(학지사, 2015), 결혼과 가족의 이해(학지사, 2014)

생활과학 연구방법론(학지사, 2014), 보육과정(2판, 학지사, 2013)

보육학개론(2판, 학지사, 2012), 아동복지론(학지사, 2012)

보육과정(학지사, 2009), 애착과 발달(학지사, 2009)

노인복지론(학지사, 2008), 보육학개론(학지사, 2008)

부모교육(학지사, 2008), 예비부모교육(학지사, 2007)

정서발달과 정서지능(학지사, 2007)

Parenting beliefs, behaviors, and parent-child relations:

A cross-cultural perspective(공편, Psychology Press, 2006)

결혼과 가족의 이해(시그마프레스, 2005)

고등학교 인간발달(교육인적자원부, 2003)

배려지향적 도덕성과 정의지향적 도덕성: 아산재단 연구총서 제123집(집문당, 2003)

부모교육: 부모역할의 이해(양서원, 2000)

인간발달: 발달심리적 접근(개정판, 교문사, 1997)

사랑으로 크는 아이(계몽사, 1996)

유아의 심리(중앙적성출판사, 1994)

인간발달: 발달심리적 접근(교문사, 1989)

가족과 환경(교문사, 1986)

〈역서〉

학위논문작성법: 시작에서 끝내기까지(공역, 시그마프레스, 2004)

청년발달의 이론(공역, 양서원, 1999)

인간발달의 이론(교육과학사, 1995)

인간발달 II: 청년기, 성인기, 노년기(교육과학사, 1992)

부모교육 이론과 적용(공역, 국민서관, 1989)

〈논문〉

Sex-Role Identity and Self-Esteem among Korean and American College Students(University of Maryland 박사학위논문, 1983)

전통 '효' 개념에서 본 부모역할인식과 자녀양육행동(1997)

영아기 기질 및 부모의 양육행동에 따른 2~4세 아동의 행동억제에 관한 단기종단연구: 8개국 비교문화연구를 위한 기초연구(2003)

Behavioral Inhibition in Toddlers: Initial Findings from the International Consortium for the Study of Social and Emotional Development(2004)

A Cross-Cultural Study of Behavioral Inhibition in Toddlers: East-West-North-South(2006)

A Mediated Moderation Model of Conformative Peer Bullying(2012) 외 논문 다수

사회정서발달(제3판)

Social and Emotional Development (3rd ed.)

2006년 4월 25일 1판 1쇄 발행
2013년 9월 10일 1판 3쇄 발행
2017년 1월 25일 2판 1쇄 발행
2021년 4월 25일 2판 2쇄 발행
2025년 1월 10일 3판 1쇄 발행

지은이 • 정옥분

펴낸이 • 김진환

펴낸곳 • ㈜ 학지사

04031 서울특별시 마포구 양화로 15길 20 마인드월드빌딩

대표전화 • 02-330-5114   팩스 • 02-324-2345

등록번호 • 제313-2006-000265호

홈페이지 • http://www.hakjisa.co.kr

인스타그램 • https://www.instagram.com/hakjisabook

ISBN 978-89-997-3278-2 93180

정가 29,000원

출판미디어기업 학지사

간호보건의학출판 **학지사메디컬** www.hakjisamd.co.kr
심리검사연구소 **인싸이트** www.inpsyt.co.kr
학술논문서비스 **뉴논문** www.newnonmun.com
교육연수원 **카운피아** www.counpia.com
대학교재전자책플랫폼 **캠퍼스북** www.campusbook.co.kr